As Faces Escuras da Grande Mãe

Como usar o poder da sombra na cura da mulher
Lua negra • Asteroides • Deusas

As Faces Escuras da Grande Mãe

COMO USAR O PODER DA SOMBRA NA CURA DA MULHER
LUA NEGRA • ASTEROIDES • DEUSAS

Mirella Faur

ALFABETO

Copyright© 2016 pela Editora Alfabeto

Direção Editorial: *Edmilson Duran*
Diagramação: *Décio Lopes*
Ilustração da Capa: Tabatha Melo
Projeto da Capa: *Léa Mariz*
Revisão de Textos: *Luciana Papale*

DADOS INTERNACIONAIS DE CATALOGAÇÃO NA PUBLICAÇÃO

Mirella, Faur

As Faces Escuras da Grande Mãe – Como usar o poder da sombra na cura da mulher • Lua negra • Asteroides • Deusas / Mirella Faur | 3ª edição | São Paulo | Editora Alfabeto – 2021.

ISBN 978-85-98307-39-8

1. Religião da Deusa 2. Deusas 3. Ritos e cerimônias I. Título.

CDD – 291.211   CDU – 299.93

Todos os direitos reservados, nenhuma parte desta publicação poderá ser reproduzida por qualquer meio ou forma sem a prévia autorização da Editora Alfabeto ou da autora, com exceção de resenhas literárias, que podem reproduzir algumas partes do livro, desde que citada a fonte.
A violação dos direitos autorais é crime estabelecido na Lei n. 9.610/98 e punido pelo artigo 184 do Código Penal.

EDITORA ALFABETO
Rua Protocolo, 394 | CEP 04254-030 | São Paulo/SP
Tel: (11)2351-4720 | E-mail: editorial@editoraalfabeto.com.br
www.editoraalfabeto.com.br

Dedicatória

Dedico este livro às mulheres que, sozinhas ou em círculos, reverenciam e celebram as Luas Negras e as Deusas Escuras, integrando a polaridade luz e sombra e resgatando assim a antiga, diversa e completa gama dos atributos sagrados femininos.

Agradecimentos

Agradeço à deusa Hécate, cuja tocha iluminou e guiou desde sempre os meus caminhos, fortalecendo o meu ser nos desafios, ciladas e embates ao longo da vida.

Que Ela também possa me guiar, sustentar e proteger na travessia do último portal e me receber na Sua morada.

Sumário

Apresentação 13
O Mandamento da Deusa Escura 19
Considerações sobre a Deusa Escura..21
O Culto da Deusa Escura 23
O Surgimento da Dicotomia e das Polaridades.................................27
O Predomínio do Cérebro Esquerdo e o Medo da Morte 31
A Deusa Escura como Representação da Sombra Feminina.............33
A Sombra..39
    Meditação para lidar com as sombras 41
    Conhecer e usar o poder de cura da sombra 44
A Lua Negra 47
    Os Ciclos da Lua Negra na Vida Humana 50
    A Lua Negra e a Cura da Alma 55
A Interpretação Astrológica da Deusa Escura Lilith 59
    1 – Lilith como Asteroide..61
    2 – Lilith como Estrela Fixa 63
    3 – Lilith como Lua Escura *(Dark Moon Lilith)*......................64
    4 – Lilith como Lua Escura nos Signos Astrológicos................69
    5 – Lilith Como Lua Negra *(Black Moon Lilith)*....................72
    6 – Lilith / Lua Negra nos Signos Astrológicos e Casas Zodiacais 82
Práticas Ritualísticas e Mágicas para a Cura da Sombra 89

Roteiro Básico para as Práticas Ritualísticas e Mágicas 93
Arquétipos de Deusas Escuras e Asteroides Associados....................101
    Asteroides Associados às Deusas Escuras..................................105
    Baba Yaga, a Velha Selvagem da Floresta................................108
    Black Annis, Assustadora Anciã Irlandesa..............................123
    Cailleach, A Velada Criadora Celta da Paisagem.....................129
    Cerridwen, Guardiã do Caldeirão da Transmutação................151
    Cymidei Cymeinfoll, Deusa Galesa Doadora de Vida e Morte.............162
    Coatlicue, A Grande Mãe Asteca..165
    Dakinis, Mensageiras Espirituais Tibetanas............................176
    Durga, a Poderosa Guerreira e Protetora Hindu......................186
    Ereshkigal, Soberana Suméria do Mundo Subterrâneo............196
    Erínias, Eumênides, Fúrias, Regentes Gregas da Retaliação.............204
    Éris, Deusa Grega Provocadora da Discórdia...........................211
    Hécate, Senhora dos Caminhos, das Escolhas e Decisões............218
    Hel, a Soberana Nórdica do Mundo dos Mortos......................246
    Holda, e suas Equivalentes *Hölle*, *Huldra*, *Perchta* –
    Padroeiras da Tecelagem, do Inverno e da Magia.....................264
    Inanna, a Rainha Suméria do Céu...277
    Iyá-Mi, Senhoras Iorubás dos Pássaros da Noite.....................295
    Kali, a Negra Mãe Hindu, Senhora do Tempo.........................309
    Lilith, Rainha Misteriosa da Noite..325
    Macha, a Ruiva Guerreira e Soberana Celta.............................343
    Madona Negra, a Deusa Velada do Cristianismo.....................357
    Maeve, Soberana e Sedutora Guerreira Celta...........................370
    Matrikas, Mães Ancestrais Hindus...381
    Medeia, Sábia Curandeira e Maga Grega.................................389
    Medusa, Deusa Guardiã com Cabelos de Serpentes................395
    As *Moiras*, Fiandeiras Gregas do Destino.................................410
    Morgen Le Fay, a Senhora de Avalon..418
    Morrigan, Soberana Celta da Guerra e da Morte.....................431
    Nebty, as Duas Senhoras Egípcias: a Deusa Abutre e a Deusa Serpente....448

Néftis (Nephtys), Amiga e Protetora dos Mortos 455

Nix/Nyx, a Senhora Grega da Noite 464

Nornes, as Senhoras Nórdicas do Destino 473

Oyá / Iansã, a Senhora Iorubá dos Nove Céus 484

Pele, a Mulher que Devora e Modela a Terra 497

Perséfone, Donzela da Primavera e Rainha do Mundo dos Mortos 513

Ran (Rahana), a Rainha Nórdica dos Afogados 531

Rhiannon, Deusa Equina Celta, Regente da Morte e Regeneração 536

Scatach, a Mulher que Semeava o Medo 544

Sedna, Regente Inuit das Profundezas do Mar 552

Sekhmet, a Impiedosa Força Solar Egípcia 562

Sheela-Na-Gig, Guardiã Celta do Portal da Vida e da Morte 571

Skadhi (Scathe), Giganta Nórdica Regente do Inverno 580

Tiamat, Deusa Dragão, Mãe do Caos Primordial 589

Thorgerd Holgabrud, Deusa Flecheira da Islândia 606

Tuonetar, Rainha dos Mortos da Finlândia 609

Tlazolteotl, Aquela que Comia a Sujeira e Limpava os Pecados 616

Valquírias, Guerreiras Aladas e Protetoras Sobrenaturais 623

O Chamado da Deusa Escura 639

Palavras Finais 643

Bibliografia 653

Índice Remissivo 659

Apresentação

Nasci na fase negra da Lua, às seis horas da tarde de uma sexta-feira de dezembro, quando a escuridão da noite ocultava o brilho da neve que cobria a minha terra natal. Segundo consta, demorei a nascer, talvez antevendo as dificuldades e desafios da minha vida atual e a tenacidade necessária para a sua superação.

Apesar de ser uma criança tímida, solitária e sensível, eu não tinha medo de escuro, e amava contemplar o céu noturno e ler à luz de velas. Mesmo ouvindo os contos de fadas com a descrição dos perigos das florestas escuras povoadas de seres fantasmagóricos, não ficava amedrontada, pois os meus temores eram oriundos da existência cotidiana. Guerra, exércitos passando, notícias trágicas de mortos e prisioneiros, confisco de bens, prisões, fuzilamentos, o convívio diário com as perseguições e privações do governo comunista eram os vilões que não pertenciam ao meu mundo imaginário, mas faziam parte de cada dia e noite, presentes em toda batida na porta ou aparição de pessoas desconhecidas.

Por não ter tido uma formação religiosa formal (meu país era ortodoxo e depois foi tornado forçosamente ateu) não fiquei impregnada pela dicotomia cristã. Como minha avó dizia, eu era bem "pagã", devido ao meu precoce interesse por lendas, benzimentos, plantas, superstições, contato com a natureza e a colorida e visível passagem das estações, as quais me encantaram muitos anos antes de conhecer os *Sabbats* e a mitologia celta e nórdica. A dualidade luz e sombra existiam para mim no conceito de permitido e proibido; possível ou impossível; livre ou aprisionado; tendo casa, comida e segurança ou vivendo na miséria.

Quando cheguei ao Brasil em janeiro de 1964, a minha vida adquiriu outra dimensão. Não era apenas o encanto tropical, o calor e a beleza do Rio de Janeiro, mas a tão sonhada liberdade. Ser livre, viver sem medo da perseguição política, expulsão do trabalho e prisão (devido à minha "má origem social"), poder trabalhar sem a permanente endoutrinação política, além de ter dinheiro próprio para gastar eram encantos nunca antes vividos por mim.

A minha sede em ter uma conexão espiritual e sem enquadramento religioso – já existente na Romênia, mas voluntariamente abafada e ocultada – floresceu no campo fértil das inúmeras vertentes e opções espirituais brasileiras e me levou para uma longa e intrincada busca. Percorri inúmeros caminhos, percebi, senti e vivi a dicotomia neles existente do certo/errado, proibido/permitido, bom/ruim, claro/escuro, dia/noite, direita/esquerda, masculino/feminino, acima/abaixo. Até mesmo na Umbanda Esotérica – que segui durante algum tempo –, existia a separação entre as entidades de luz e as que pertenciam à "esquerda" (às sombras), sem falar na superioridade hierárquica masculina, justificada pelas alterações hormonais, e a dita inconstância psíquica das mulheres devido aos seus ciclos lunares; o perigo das "menotoxinas do sangue menstrual" (os povos antigos europeus acreditavam que o útero produzia uma substância tóxica, a menotoxina) que podiam contaminar pelo toque, objetos sacros e os "varões", o conhecimento e o poder mágico e ritualístico mais poderoso e abrangente dos chefes e sacerdotes, a eles atribuído desde a antiguidade. Negavam-se assim séculos de sabedoria mágica e iniciática feminina, logo no Brasil, onde tinham sido as Mães de Santo que guardaram e ensinaram a sabedoria ancestral e sagrada dos Orixás africanos.

Sempre li muitos livros de mitologias diversas e, até mesmo antes de entrar na Senda da Deusa, percebia nos mitos clássicos uma intolerância conceitual acerca das deusas, principalmente as ditas "Escuras". Graças ao estudo e prática da Astrologia, pude redimir dentro de mim a dualidade Sol-Lua; a descoberta das interpretações mais recentes da Lua Negra, Lua Escura e dos asteroides das Deusas Escuras como Lilith e Hécate, me trouxeram a confirmação da minha ancestral convicção sobre a necessária complementariedade e integração dos polos opostos, porém complementares.

Tão logo me distanciei da Umbanda Esotérica e de outras práticas espirituais que seguia, dediquei a minha busca e prática espiritual ao ensino, à divulgação e às vivências da Sacralidade Feminina. Comecei a realizar – na chácara onde morava em Brasília – rituais públicos dos plenilúnios, centrados em arquétipos de deusas de várias tradições, abertos apenas às mulheres. Devido ao interesse crescente nos assuntos antes desconhecidos, algumas mulheres pediram para formar um grupo de estudo. O primeiro grupo que se formou – seguido por muitos outros – se reunia na fase da Lua Negra, mas os assuntos abordados nos aprendizados e vivências abrangiam, além dos arquétipos das Deusas Escuras, inúmeros outros temas ligados à sacralidade feminina. Nos plenilúnios, os arquétipos reverenciados eram as deusas correspondentes ao dia em que era lua cheia, descritos no meu primeiro livro – *O Anuário da Grande Mãe* –, alternando com as Matriarcas das 13 Lunações do calendário xamânico (que tinha conhecido através do livro de Jamie Sams, adquirido em 1994).

O dia 13 de agosto, dedicado à deusa Hécate, era comemorado por nós em um cruzamento de trilhas campestres, próximo à Chácara Remanso. Ao redor da encruzilhada pouco frequentada, havia uma pequena capela católica, onde eram celebradas apenas as missas de domingo. Infelizmente, tive que desistir dos rituais da Lua Negra neste local tão adequado à egrégora de Hécate, devido às implicações do pároco que, mesmo sem saber do que se tratava, pediu para que parássemos com aquilo que ele denominou de "macumbas de mulheres", o que me trouxe na memória as perseguições cristãs do passado. Certamente não parei, apenas escolhi outro lugar, não mais no cerrado nem nas proximidades, mas dentro da Chácara Remanso onde morávamos. O círculo de pedras feito pelo meu marido ao redor de um grande pau-de-balsa passou a ser o local dedicado aos rituais e oferendas da Lua Negra, aberto para as mulheres dos grupos de estudo. Com o passar do tempo, esta árvore tornou-se um verdadeiro "totem" de oferendas, pedidos e agradecimentos representados por objetos, plantas, fitas, pedras, conchas, sementes, flores e talismãs depositados nas suas raízes.

Após a minha mudança de Brasília, o círculo sagrado de mulheres *Teia de Thea* continuou a celebrar a Lua Negra, cerimônia reservada apenas aos grupos de estudo, diferente dos rituais públicos dos plenilúnios, honrando o arquétipo da Deusa regente do dia e a Matriarca do mês. Anualmente, na noite do dia 13 de agosto, comemora-se a "Noite de Hécate", honrando os seus múltiplos aspectos e atributos e aberta a todas as mulheres, assim como as comemorações dos pontos de mutação na Roda do Ano.

Longe de Brasília, após o lançamento do meu livro *Círculos Sagrados para Mulheres Contemporâneas*, comecei a sentir – cada vez mais premente – um antigo chamado da *Face Escura da Grande Mãe*, me intimando a escrever com maior profundidade e detalhes sobre os atributos da Lua Negra e das Deusas Escuras. Inicialmente pretendia discorrer apenas sobre as Madonas Negras, e para isso, em 2012 fiz uma viagem de estudo ao Sul da França, seguindo os passos de Maria Madalena e os resquícios atuais do antigo culto da Madona Negra. Porém, experiências profundas, memórias de vidas anteriores e consequências dolorosas após esta peregrinação, me fizeram perceber com clareza que a "noite escura da minha alma" apontava para uma tarefa mais ampla, incluindo outros aspectos da *Mãe Negra*.

Desde o começo eu intuía – e depois tive confirmações "de fato" –, que escrever sobre as Deusas Escuras, ainda mais com as poderosas configurações planetárias existentes ao longo da elaboração do livro (Plutão em Capricórnio, Urano em Áries, Saturno percorrendo os signos de Virgem, Libra, Escorpião e Sagitário), e que tocavam pontos sensíveis do meu mapa natal, iria me mostrar na prática a atuação das sombras nos comportamentos das mulheres do meu convívio espiritual. A realidade ultrapassou meus temores, presenciei e vivi manifestações das sombras femininas, principalmente quando foram ativadas ou exacerbadas pela influência do masculino. Várias situações ao longo dos anos de 2013 e 2014 foram revelando de forma mais ou menos sutil como as interferências do patriarcado – externo e seu reflexo interno existente em cada mulher – traziam à tona manifestações das sombras femininas, sem que aquelas que estavam sendo "atuadas", percebessem ou evitassem estas influências perniciosas e desagregadoras no convívio grupal. Aceitei, por mais que aqueles episódios revelassem a existência de sombrias projeções interpessoais, e que tudo isso fazia parte do "sacrifício" inerente a cada ato de transmutação e cura das feridas ancestrais. "Mexer no caldeirão" das Deusas Escuras era um convite para que gotas dos venenos arcaicos da opressão feminina respingassem em quem estava abrindo as brechas para a sua atuação, com a possibilidade do atual reconhecimento e necessária transmutação.

Meditei bastante a respeito dos sinais e dos múltiplos desafios envolvidos neste projeto, vesti minha roupagem de Guerreira espiritual consciente da minha responsabilidade, trocando a espada pelo computador e me colocando, sem reservas ou temor, a serviço da Grande Mãe, nas suas múltiplas *Faces Escuras*. Entreguei à Senhora Hécate o direcionamento deste livro, pedi a abertura dos portais do meu conhecimento e compreensão com a Sua chave mágica, a iluminação do roteiro a ser seguido com a sua tocha sagrada e invoquei a proteção do Seu manto de poder para me defender das armadilhas e perigos dos caminhos; visíveis, disfarçados ou ocultos. Muitas das mensagens que recebi ao longo do meu trabalho espiritual "vinham" em inglês e uma delas foi que norteou a minha dedicação em escrever este livro:

"The night is dark, the way unknown
I journey with no light or sign, no fear or hope,
Without knowing if I'm near or far from you, Mother,
For I see the path behind,
But not where you are leading me."

Em tradução livre seria mais ou menos assim:

"A noite é escura, o caminho desconhecido,
eu sigo sem luz ou qualquer sinal, sem medo ou esperança,
sem mesmo saber se estou perto ou longe de Ti, Mãe,
pois eu vejo a estrada atrás de mim,
mas não sei para onde Tu me levas, Mãe."

O Mandamento da Deusa Escura

Sabedoria e fortalecimento são os dons da Escura Senhora da Transformação. Nós a conhecemos como Kali, Hécate, Cerridwen, Lilith, Perséfone, Morgana, Ereshkigal, Durga, Inanna, Oyá, Tiamat e por milhares de outros nomes.

"Ouça-me criança e conheça-me assim como Eu Sou. Acompanho-te desde que nasceste e ficarei ao teu lado até voltares a mim no fim do crepúsculo. Sou a amante sedutora e apaixonada que inspira os sonhos dos poetas. Sou aquela que te chama no fim da tua jornada. Meus filhos encontram o merecido repouso no meu abraço após terminarem suas missões. Sou o ventre que dá a vida a todas as coisas, mas sou também o túmulo sombrio e silencioso. Tudo retorna a mim para morrer e renascer no Todo. Sou a Feiticeira indômita, a Tecelã do Tempo, o Mistério dos Tempos. Eu corto os fios para trazer os filhos de volta a mim. Eu degolo os cruéis e bebo o sangue dos impiedosos. Engole teu medo e vem a mim, para descobrir a verdadeira beleza, força e coragem. Sou a Fúria que descarna a injustiça, sou a forja incandescente que transforma teus demônios interiores em ferramentas de poder. Abra-te ao meu abraço e supera as tuas resistências.

Sou a espada brilhante que te protege do mal. O cadinho em que todos teus aspectos se fundem no arco-íris da união. A profundeza aveludada do céu noturno, as névoas que refletem aquilo que te atemoriza e das quais tu irás emergir, vibrante e renovada. Procura-me nas encruzilhadas e serás transformada, pois uma vez que olhares minha face, não mais poderás retornar. Eu sou o fogo cujo beijo desfaz as correntes. Sou o caldeirão em que todos os opostos crescem para se conhecerem mutuamente. A Teia que liga todas as coisas, a Curadora de todas as feridas, a Guerreira que endireita tudo que está errado ao longo dos tempos. Transformo os fracos em fortes, os arrogantes em humildes; levanto os oprimidos e dou poder aos desesperados.

Eu sou a Justiça temperada com Compaixão. Mas acima de tudo, criança, sou parte de ti; existo dentro de ti. Procura-me dentro e fora e te tornarás mais forte. Conheça-me. Ousa caminhar na escuridão para que despertes para o Equilíbrio, a Iluminação e a Integração. Leve meu Amor contigo para toda parte e encontre o Poder para ser aquela que tu queres ser."

Considerações sobre a Deusa Escura

Na nossa sociedade atual a escuridão é associada com perigo, morte, mal, destruição, isolamento, medos, pesadelos e perdas. Sendo educados e regidos pelos conceitos solares, passamos a temer, rejeitar e desvalorizar tudo o que é ligado aos aspectos e atributos ocultos tanto da Lua, como da noite, da mulher, do inconsciente, da velhice e destruição, da transmutação e da morte, valores personificados pelas imagens e mistérios da Deusa Escura.

Ao longo da história, o papel original da Mãe Escura como "Renovadora" foi esquecido e negado, colocando-se em realce apenas o seu poder destruidor. Apesar dos inúmeros arquétipos que a descreviam como a "Mãe Negra" e a "Anciã Ceifadora", os historiadores e padres cristãos limitaram seus atributos aos de um ser maligno, perigoso, ameaçador, vingativo, venenoso e demoníaco. As culturas patriarcais a definiram como um símbolo da sexualidade devoradora feminina, causadora das transgressões morais e religiosas dos homens, levando-os à perda do seu poder e à morte. Foram enfatizadas as características destrutivas e as aparências horrendas de deusas arcaicas como Kali dançando sobre os cadáveres nos locais de cremação, ou segurando a cabeça decapitada e sangrenta de Shiva, seu consorte. Ou Lilith, voando de noite como um demônio alado, que seduzia homens e matava crianças. Medusa, cujo olhar petrificava os homens, ou a anciã Hécate à espreita nas encruzilhadas acompanhada pela sua matilha de cães demoníacos e aves de rapina.

As respostas para as perguntas que inevitavelmente surgem sobre as razões destas imagens atemorizantes e de como e quando a arcaica *Mãe Escura* passou a personificar nossos medos – da escuridão, do oculto, da transmutação, do poder feminino, da descoberta das nossas sombras e verdades, da decadência física e da morte –, são encontradas na transição dos valores matrifocais para patriarcais, na sociedade, cultura e religião.

Pesquisas recentes na arqueologia, história, arte antiga e mitologia, revelam evidências sobre a transição ocorrida em torno de 2000 a.C. nas estruturas religiosas e sociais que governavam a humanidade. Sociedades matrifocais que cultuavam deusas da Terra e da Lua – como Tiamat, Inanna, Ishtar, Asherah, Ísis, Deméter, Perséfone, Hécate, Ártemis entre outras –, foram substituídas aos poucos pelos cultos dos heróis e deuses solares como Gilgamesh, Marduk, Baal, Amon Rá, Zeus, Jeová e Apolo. Com esta transição para o culto solar e os valores masculinos e guerreiros, os símbolos lunares, telúricos e do sagrado feminino começaram a desaparecer da sociedade e da memória das pessoas, as antigas, práticas, mitos e tradições sendo reprimidas, distorcidas, perseguidas e esquecidas.

O Culto da Deusa Escura

Milênios antes dos cultos solares e dos mitos patriarcais, a Lua era venerada como a principal divindade feminina. Seus mitos e símbolos existiram em diversos países onde a Deusa Escura foi cultuada com inúmeros nomes, como Kali, Durga, as Dakinis, Ereshkigal, Hécate, Perséfone, as Moiras e as Fúrias, Nêmesis, Nix, as Górgonas, Néftis, Sekhmet, Cailleach, Cerridwen, Morrigan, Macha, Hel, Holda, Ran, Oyá, Coatlicue, Baba Yaga ou a Madona Negra.

Desde o início do período paleolítico, 40.000 anos atrás, existem evidências sobre o culto de uma divindade feminina. Os povos da Era Glacial a honravam esculpindo figuras femininas em rochas, ossos, marfim ou argila, enfatizando os atributos de fertilidade e nutrição da Deusa Mãe nos traços exagerados dos seios, nádegas e vulvas, com pouca ou nenhuma definição dos rostos. Nos últimos séculos, as escavações arqueológicas trouxeram à luz do dia e da nossa consciência, milhares destas inscrições rupestres, estatuetas, gravuras e amuletos (em torno de trinta mil), encontrados desde a Sibéria Central e em toda a Eurásia.

A *Grande Mãe* era considerada o princípio criador e organizador do Universo, que personificava nas suas representações as forças da vida, morte e renascimento. Seu domínio abrangia além do mundo humano os reinos (animal, vegetal e mineral), o céu, a terra, o mundo subterrâneo, os oceanos, lagos e rios, bem como as estações da natureza e os ciclos cósmicos, sazonais e humanos. Estas crenças se tornaram os fundamentos dos cultos da Grande Deusa do período neolítico (em torno de 9000 a.C.), quando assentamentos humanos e culturas agrárias se estabeleceram no

Oriente Médio e no Mediterrâneo, como confirmaram os achados de Çatal Huyuk, Hacilar e Jericó.

A Deusa neolítica abrangia a renovação constante e periódica da vida, que não era separada da morte. Havia um profundo respeito pelos ciclos naturais lunares e femininos, a sexualidade era vista como sagrada, fonte de procriação e prazer. A Mãe Divina era multifacetada e recebeu nomes, atributos e formas diferentes de acordo com as características e necessidades específicas dos povos que a cultuavam. Diferentemente do princípio masculino, a Deusa era imanente em toda a natureza e venerada nas fontes, grutas, florestas, topos das colinas, rios, mares, círculos de pedras e em todos os lares. Nas sociedades matrifocais as mulheres detinham papéis relevantes como sacerdotisas, curadoras, parteiras, adivinhas e detentoras dos mistérios dos rituais para proteção, abundância, segurança dos seres vivos, plantios, bem como os cuidados ritualísticos com os moribundos, mortos e antepassados.

Em torno de 3000 a.C. as culturas da Deusa – que tinham florescido ao redor do mundo durante pelo menos 30.000 anos – começaram o seu declínio devido ao fortalecimento e expansão das tribos patriarcais e nômades, que cultuavam deuses solares e guerreiros. Entre 4000-2500 a.C. ondas sucessivas de migrações das tribos protoindo-europeias do Norte da Europa e da Ásia Central se deslocaram para Índia, Oriente Próximo e Oeste europeu. Os povos nômades eram conquistadores, usavam cavalos e armas de bronze e reverenciavam deuses dos raios, trovões e combates, sendo antagonistas dos cultos da Deusa das culturas agrárias e pacíficas. Conhecidos como arianos, hititas, luvianos (antigos anatólios), kurgos, dorianos, semitas e hebreus, eram governados por reis e sacerdotes, adoradores dos deuses guerreiros. As pesquisas arqueológicas indicam o começo de invasões coincidindo com as catástrofes naturais e as guerras que destruíram as culturas indígenas do Oriente Próximo e Europa. Predominou a violência, escravidão, pilhagem, estupros, mortes e queimas dos templos e lares dos povos conquistados. As mulheres perderam o papel da sua autoridade anterior, espiritual ou social, e progressivamente foram proibidas de exercer qualquer ritual ou culto da Deusa.

As tribos patriarcais ergueram suas civilizações e religiões sobre a ruína e a conquista dos povos que reverenciavam a Terra como Mãe e a Lua como Deusa; eles impuseram seu modelo de organização embasado na dominação e destruição por tecnologias cada vez mais eficientes. Os valores da sacralidade feminina, os direitos e dons das mulheres começaram a desaparecer nas brumas do esquecimento, devido a permanente negação, repressão e perseguição. O sexo da principal divindade foi mudado de Mãe para Pai e as figuras de Deus, rei, sacerdote e pai substituíram os valores e a importância da Deusa, rainha, sacerdotisa e mãe; mitos e rituais foram reescritos com base nos novos conceitos. A Deusa foi transformada em consorte, amante e filha dos deuses, e o casamento forçado da Deusa com os deuses e dos líderes patriarcais com as sacerdotisas, serviu para destruir a linhagem da sucessão matrilinear com a sua substituição pela supremacia patriarcal, divina e humana.

A vitória final da transição é ilustrada nos mitos indo-europeus em que heróis solares matam dragões e serpentes, representações arcaicas da Deusa e das forças telúricas. O herói Marduk matou sua mãe Tiamat, os filhos-serpentes de Gaia – Tifon e Píton – foram mortos por Zeus e Apolo, Perseu decapitou Medusa e Jeová destruiu a serpente Leviatã. Este movimento de erradicação das antigas civilizações e valores matrifocais culminou nos esforços do judaísmo, islamismo e cristianismo em anular e banir a Deusa, destruindo templos, altares, bosques sagrados e estátuas das antigas divindades, procurando assim apagar seus nomes, atributos e costumes da memória dos povos.

O Surgimento da Dicotomia e das Polaridades

A consequência da guerra contra a Deusa foi a polarização na psicologia humana entre os deuses masculinos portadores da luz e vindo do Céu e as divindades femininas ocultas na escuridão da noite e nas entranhas da Terra. A luz se tornou equivalente do bem, a escuridão sinônimo do mal, a perseguição da Deusa sendo vista como o combate entre as forças da luz e da escuridão, culminando com a vitória do Deus sobre a Deusa.

As imagens da Deusa não mais representavam a Mãe compassiva, fonte da criação e sustentação da vida, mas uma simbologia associada ao mal, à escuridão. As mulheres – suas manifestações telúricas – eram impuras e culpadas do pecado original, precisando ser punidas. Consideradas propriedades dos pais e maridos, foram reprimidas em casamentos impostos e monogâmicos para assegurar a legitimidade da linhagem patriarcal. Filhos fora do casamento eram desprovidos de direitos sociais e marginalizados, enquanto as mães solteiras e as adúlteras eram julgadas, aprisionadas e mortas como sendo prostitutas. Mesmo na Grécia clássica, louvada como o berço da democracia, as mulheres não tinham direitos legais, nem podiam passar seu nome aos filhos. O amor ideal era entre dois homens, um mais velho sendo considerado o mestre do mais jovem. A representação feminina era desprovida de qualidades espirituais e intelectuais, sua única função sendo a de gerar e cuidar de filhos legítimos.

A igreja cristã romana suprimiu metodicamente todo o tipo de informação fora dos preceitos bíblicos. As antigas academias gregas foram fechadas e as obras clássicas dos poetas e filósofos, queimadas. A chama sagrada dos templos de Vesta foi apagada, o templo de Elêusis fechado e depois destruído, e no século V, a grande biblioteca de Alexandria queimada, destruindo assim o último repositório da antiga sabedoria e dos conhecimentos ancestrais. Também no século V o Concílio Papal de Constantinopla proibiu a crença na reencarnação e baniu todas as convicções e costumes ligados à passagem das estações e às práticas folclóricas. A Inquisição e a mortífera caça às bruxas da Idade Média eliminaram sistematicamente todas as pessoas que continuavam a lembrar, praticar, ensinar e preservar os conhecimentos da Antiga Tradição. Parteiras, curandeiras, benzedeiras, adivinhas e devotas dos cultos da Deusa foram estigmatizadas como bruxas e malfeitoras, perseguidas, torturadas e assassinadas, tendo seus bens confiscados pela igreja cristã.

A sociedade matrifocal e os valores e cultos centrados na reverência à Deusa foram banidos da mente humana, a humanidade mergulhando na escuridão da pré-história e entrando no reino das lendas e fantasias. Resquícios dos ensinamentos matrifocais e da tealogia sobreviveram por algum tempo nas práticas dos Mistérios de Elêusis ou de Ísis, nas oferendas e cerimônias escondidas de deusas como Deméter, Perséfone, Hécate, Ártemis, Ísis, Kali ou Cibele, reaparecendo nas lendas medievais, nas crenças populares e nos contos de fadas.

As novas religiões patriarcais evoluíram para o monoteísmo e os antigos panteões compostos de inúmeras divindades, espíritos elementais e ancestrais, foram reduzidos a um único Pai divino, supremo no Céu e na Terra, todos os outros deuses sendo denunciados como ídolos pagãos. A destruição final da antiga representação da Deusa Tríplice culminou com a sua transformação na tríade cristã do Pai, Filho e Espírito Santo (este último assumindo o lugar da Mãe, a pomba que o representava sendo um antigo símbolo da deusa Afrodite). Os atributos da virgem e da mãe permaneceram como imagens para o ideal feminino, o filho tendo sido concebido sem contato sexual. A doutrina religiosa cristã rejeitou e renegou totalmente o terceiro aspecto da Deusa, a "Senhora da Lua Negra" e da "Anciã Ceifadora". A humanidade foi desprovida da importância do sexo e da inevitabilidade da morte como componente da renovação, que reside na fase escura do processo cíclico. A crença no renascimento foi considerada heresia, os ritos funerários antigos e o casamento sagrado visando à regeneração, abolidos como práticas pagãs perniciosas para a alma cristã.

O Predomínio do Cérebro Esquerdo e o Medo da Morte

Estudos acadêmicos sugerem que os povos antigos pensavam de forma diferente do homem moderno. Eles usavam ambos os hemisférios cerebrais, as mensagens emitidas pelo hemisfério direito e captado pelo esquerdo, eram consideradas como divinas e seguidas com respeito e fé.

Sabemos atualmente que o hemisfério direito tem uma polaridade feminina ou *yin*, enquanto o esquerdo é *yang* ou masculino. Quando o cérebro direito predomina, o conceito do mundo é circular, cíclico e intuitivo, tudo é interconectado. O céu, a terra, os reinos (humano, animal, vegetal e mineral) bem como as forças, espíritos da natureza e divindades eram consideradas manifestações interdependentes de um universo vivo e inteligente. A Deusa lunar ilustrava o mistério da renovação através das suas fases, as pessoas não temiam a morte e a escuridão e as honravam como aspectos do eterno ciclo da vida / morte / renascimento.

O hemisfério esquerdo tem a polaridade masculina, é linear, analítico, lógico e visual, focando nas diferenças e não nas semelhanças como o direito, distinguindo entre objeto e sujeito. Após 1500 a.C. – quando acredita-se que começou a ser usado o hemisfério esquerdo do cérebro –, os seres humanos perceberam uma distinção entre eles e o resto da criação. Devido aos cataclismos naturais que começaram a ocorrer na metade do segundo milênio a.C., a humanidade passou a temer sua destruição pelas forças da natureza – como erupções vulcânicas, inundações, terremotos – por vê-las como energias separadas, que deveriam ser dominadas, e não se harmonizando com elas como era feito anteriormente. O medo da morte foi o resultado da percepção do cérebro esquerdo que negava o tempo cíclico, vendo-o como um processo linear, em que o fim não é ligado a um novo começo. Vida e morte não eram mais aceitas e reverenciadas como fases alternantes da existência, mas opostos conflitantes, valorizando a vida e temendo ou negando a morte.

Os dogmas cristãos postulavam a existência de apenas uma vida, que devia ser vivida de acordo com as novas leis morais reveladas por um Deus supremo e único. A desobediência a estas leis levava ao pecado e à inerente punição. A falta de conversão ao furioso Deus patriarcal pedindo seu perdão e salvação levava ao sofrimento eterno no Inferno da danação. Não havia a possibilidade de uma explicação ou redenção pela compreensão dos erros e sua absolvição. O inferno cristão nada tinha a ver com o reino subterrâneo da Antiga Religião, que era um espaço entre vidas, incididas no ventre escuro da Mãe Terra para purificação, cura e preparação para o renascimento. As religiões monoteístas patriarcais criaram a dualidade Céu e Inferno, bem e mal, recompensa e punição.

A humanidade começou a temer a escuridão por ser sinônimo de sofrimentos e torturas infindáveis no Inferno, destinadas a todos que não tinham se convertido à religião do Pai. O terror se estendeu às imagens e práticas da Deusa Escura e da Lua Negra, associando-as à morte e não à renovação. Por serem separadas do seu papel na renovação cíclica, a Deusa Escura e a Anciã tornaram-se as imagens aterrorizantes do mal, que perseguia e devorava os seres humanos. O aspecto escuro da Deusa passou a ser odiado, proibido e suprimido, relegado às camadas profundas do inconsciente e considerado a personificação da escuridão repleta de demônios, seres sombrios e perigos.

A Deusa Escura como Representação da Sombra Feminina

Na nossa atual cultura ocidental, a Deusa Escura – como a terceira face, anciã, da Deusa Tríplice – personifica muitos dos atributos sagrados femininos, antes cultuados e respeitados, depois rejeitados e condenados. Os antigos conhecimentos das artes oraculares, magia, cura, sexualidade sagrada, os mistérios do nascimento, morte e regeneração, foram banidos da sociedade patriarcal e dogmática. Para a maioria das pessoas, tudo aquilo que aparentemente ameaça a segurança dos seus conceitos racionais é evitado ou negado. Não somente os ensinamentos da Deusa Escura e da Lua Negra foram marginalizados e depois ignorados, como também a existência das sombras individuais e coletivas. A negação de um aspecto do Todo é a chave da formação da sombra.

Segundo a psicologia Junguiana, a sombra é constituída por características psíquicas escuras, sendo rejeitada pelas qualidades inatas e reprimida por normas sociais e culturais, mesmo que ela expresse traços da nossa personalidade. Na sombra ocultamos aquilo que não gostamos em nós, que consideramos ameaçador, vergonhoso ou inadequado, bem como certos valores e qualidades positivas que desconhecemos, reprimimos ou temermos expressar. A sombra também nos traz mensagens do inconsciente que, através de sonhos e visões, revelam processos que operam abaixo do limiar da mente consciente.

Quando conceitos culturais e condicionamentos familiares e sociais nos obrigam a negar ou reprimir partes de nós mesmas, exilamos as sombras para o nosso inconsciente e não permitimos que elas floresçam como características conscientes da nossa identidade. As divindades das mitologias e das religiões correspondem aos arquétipos que habitam na psique e se manifestam como forças e traços da personalidade. Da mesma forma como os preceitos morais e culturais baniram e difamaram a Deusa Escura mítica e seus ensinamentos, nós também fomos condicionadas a negar e detestar traços da nossa personalidade que correspondiam às qualidades da Deusa Escura. Assim, todas as manifestações rejeitadas da essência feminina foram equiparadas com a Deusa Escura e passaram a simbolizar as sombras. Porém, além de englobar as qualidades mágicas e regeneradoras da Anciã Escura, as sombras femininas também contêm alguns dos atributos jovens, maternos e guerreiros da Deusa Tríplice. Características como independência, assertividade, resiliência, sexualidade, tenacidade para vencer e poder mágico e pessoal são temidas pela cultura patriarcal, que pressionou as mulheres a desvalorizar, rejeitar ou negar estas qualidades.

O perigo desta negação e rejeição consta na distorção dos aspectos femininos que, por não serem reconhecidos e valorizados, são introjetados para o inconsciente, alterando assim a nossa percepção do mundo, prejudicando a forma de vermos e compreendermos a nós mesmas e aos outros. O condicionamento cultural e os preconceitos religiosos nos impuseram imagens falsas e negativas das características escuras do feminino. A literatura é repleta de conceitos negativos da Deusa Escura, inspirando temor pela inexorabilidade do nosso destino regido pelas Parcas ou Nornes, pelo julgamento e retribuição de Nêmesis ou a perseguição das Fúrias. O medo masculino era ligado ao temor da vingança de Medeia e Circe, da petrificação pelo olhar de Medusa, do vampirismo feito por Lâmia e Lilith levando à impotência. A mais temida era Hécate, que era descrita ficando à espreita nas encruzilhadas e sempre pronta para conduzir ou abduzir os incautos ao seu mundo subterrâneo.

A mulher que podia representar uma ameaça ao patriarcado era ridicularizada, temida e rejeitada, considerada manipuladora, vingativa, ciumenta, invejosa, dominadora, interesseira e mesquinha. Ela era representada na literatura e no folclore como *Rainha má, Mulher decaída,*

Mãe terrível, Bruxa desalmada, Madrasta invejosa, Sogra dominadora ou *Velha feia e perigosa*. Porém, estes aspectos femininos distorcidos vivem na psique de todos nós, homens e mulheres, como pensamentos negativos, os "demônios" pessoais levando a fobias, neuroses, obsessões e compulsões. Estas sombras povoam o nosso interior com sentimentos de culpa, medo, vergonha, egoísmo, inveja, ciúme, raiva, agressividade, com emoções de fracasso, abandono, baixa autoestima e rejeição, criando assim disfunções, compulsões, dependências, imperfeições, violências e abusos.

A *sombra* é denominada também de *face escura* por ocultar os medos que não reconhecemos ou rejeitamos, mas que exercem seu poder nas nossas vidas. Ela é o medo primal oriundo dos níveis instintivos, e atua como uma motivação principal nas escolhas e fugas cotidianas. As nossas opções e ações são diretamente proporcionais ao controle que a sombra exerce sobre nós. Se o medo contido na sombra se torna dominante, nos sentiremos insatisfeitas e frustradas, o que nos prejudica na nossa integração e empoderamento. Porém, esta atuação não chega ao nosso conhecimento pelo simples fato de a sombra permanecer inconsciente, nos impulsionando para a repetição de comportamentos ou ações prejudiciais. Sem saber qual é a verdadeira causa das escolhas e atitudes, é difícil mudar.

Nossos medos primais e atávicos também ocasionam o modo errado de julgar a nós e aos outros; a exteriorização e transferência das nossas sombras para os demais são denominadas de *projeção*. A projeção é o "método" preferido da sombra para evitar que reconheçamos medos e emoções negativas, e assim, acabamos as transferindo aos outros. Por isso, a projeção é a causadora das dificuldades pessoais e interpessoais. No entanto, como mesmo a sombra tem um pouco de luz, a *Lua Negra* também possui uma dádiva para nós, que é o conhecimento de como podemos curar nossos aspectos sombrios. Denominado de *ouro da sombra* por Jung, este conhecimento revelado pela astrologia da Lua Negra nos permite encontrar o caminho da cura pela integração da sombra no nível consciente. Conhecendo as dificuldades, compreendendo os medos inconscientes e as motivações das reações que aparecem como consequência, teremos clareza, coragem e perseverança suficiente para realizar as mudanças necessárias.

A astrologia da Lua Negra também possui um enfoque espiritual, por indicar a área da personalidade que revela o "quantum" espiritual, ou seja, a conexão – ou a falta dela – com a fonte do amor, perdão e abundância universal. Quando estamos conectadas, a vida flui suavemente e a harmonia permeia o nosso ser. Em contraste, o distanciamento da Fonte se manifesta pela presença dos medos e bloqueios que habitam a sombra. Para compensar a falta de fé na conexão divina, o Ego usa a sombra como uma máscara do poder pessoal. Este fato é um resquício instintivo remanescente do desejo inconsciente e atávico de lutar pela sobrevivência e encontrar poder, gratificação e proteção. O cérebro reptiliano ou "velho" é a parte cerebral que é responsável pela atitude de "fuga ou ataque", ou seja, garantir a nossa sobrevivência. As reações de defesa perante um perigo não são racionais, mas instintivas e exageradas. Ao sentirmos medo ou uma ameaça, inconscientemente são desencadeados diversos comportamentos repetitivos – de raiva ou passividade agressiva –, que serão projetados sobre alguém.

Podemos nos reconciliar com a sombra e nos elevar para outro nível de consciência quando conhecermos quais são os medos primários que manifestamos, e em que assuntos interpessoais eles se projetam. Desta maneira saberemos identificar quando reagimos aos medos, reconhecendo que eles não são partes integrantes do nosso eu divino e que, portanto, podem ser superados. Transmutar a sombra começa com compreensão e busca de meios práticos para curar a separação que existe entre ela e a nossa verdadeira natureza. Somente assim iremos alcançar a transmutação e integração do nosso verdadeiro ser.

A sombra floresce e se fortalece quando está em "exílio", pois age de maneira "subversiva" para influenciar e dominar a personalidade. Ela irrompe repentinamente do inconsciente nos períodos de exaustão e estresse, quando os "demônios internos" se manifestam como raiva, ódio, cobiça, ciúme, inveja ou vingança, e nós reagimos de forma violenta, autodestrutiva ou obsessiva. Quando ultrapassamos os limites da nossa resistência, a sombra distorcida e reprimida influencia a própria personalidade, e o eu consciente perde o controle. Mesmo se nos sentirmos chocadas e assustadas com o nosso comportamento, não temos poder para parar.

Podemos reconhecer a atuação da sombra feminina nas atitudes compulsivas e obsessivas das mulheres que "amam demais", da esposa traída ou da amante abandonada, quando a sombra despeja o veneno da sua raiva e vingança sobre os cônjuges, suas parceiras ou amantes. Atos considerados histéricos no período pré-menstrual ou na menopausa, ou manipulações e exigências da mulher frustrada ou infeliz, são manifestações consequentes à rejeição de certos aspectos da natureza feminina, que irrompem descontroladamente pela angústia da dor e a ameaça da perda.

A ativação da sombra nos obriga a confrontar aspectos escondidos, renegados ou ocultados de nós mesmas – por nos causar vergonha, humilhação ou fracasso – na esperança de que ninguém irá descobri-los. Como desculpa por estas atitudes inexplicáveis ou "ataques" inesperados, alegamos provocações externas, afirmando que "não fazem parte da nossa conduta habitual". Perdemos assim a oportunidade de reconhecer e curar os mecanismos destrutivos da sombra.

> UM ALERTA: devemos ter em mente que nem a sombra feminina, nem as imagens míticas da Deusa Escura, sejam intrinsicamente más, porém, devido ao condicionamento cultural e a pressão da educação, criamos efeitos destrutivos pela negação e repressão da totalidade dos aspectos femininos. Quando nossas mentes são permeadas pelo medo ou pelo ódio, tendemos a projetar nos outros, aquilo que mais tememos ou detestamos. A negação e distorção dos atributos mágicos, sexuais e regeneradores da Deusa Escura, levou à sua projeção como uma força demoníaca do mal, e a escuridão foi equiparada com a vingança destrutiva da Deusa Escura. A sombra se torna em tudo aquilo que ameaça a nossa segurança e ela se expressa no dia a dia através de pessoas e acontecimentos prejudiciais, atraídos pelas emoções negativas.

A Deusa Escura e seus ensinamentos – vistos pelo patriarcado como inimigos que deviam ser destruídos – assumiram a forma de *sombra feminina coletiva*. As deusas escuras fazem parte da natureza arquetípica do inconsciente coletivo. O processo secular de repressão e projeção levou à demonização da Deusa Escura e aos horrores da Inquisição, que torturou e matou milhões de mulheres, assim como animais pretos. É importante assinalar que a atuação da sombra é geralmente inconsciente e que boas intenções e raciocínios intelectuais não resolvem, nem resultam em cura. É necessário um trabalho interior e terapêutico para nos tornarmos conscientes dos nossos aspectos escuros e para aceitarmos assim, a nós mesmas e aos outros, em toda a existente complexidade.

O primeiro passo para a transformação é a aceitação, sem julgar o que é claro ou escuro, bem ou mal, desejável ou não, permitido ou proibido. No processo alquímico da integração, as polaridades opostas se fundem e dão origem a um novo ser completo. A sombra suprimida ou rejeitada leva ao desequilíbrio da psique pelo exagero do polo oposto. Por exemplo, suprimir o feminino escuro levará à ênfase do aspecto masculino da "luz" e a criança interior irá sofrer pelas críticas, necessidade de perfeição e a busca permanente da aceitação e valorização em detrimento dos próprios valores.

À medida que a mulher compreende a sua necessidade de integração, ela irá perceber que as Deusas Escuras irão ajudá-la a se libertar das amarras dos condicionamentos e encontrar sua verdade interior, expressando as suas facetas "claras", bem como as "escuras", sem medo ou identificação com os parâmetros masculinos e exigências socioculturais.

A Sombra

Todas as mulheres são magas, a nossa magia é a habilidade inata de criar e transformar nossas experiências de vida. Como mulheres, a opção de que dispomos, é se iremos praticar essa magia conscientemente e qual o potencial mágico que usaremos. O resultado deste processo é o surgimento de uma "nova mulher", emergindo da limitação para a plenitude e se alegrando com este movimento de libertação e expansão, uma verdadeira dança rumo à realização. Primeiramente devemos identificar claramente quem somos e quais são os nossos problemas e dificuldades. Depois precisamos nos aceitarmos como somos e avaliar se a nossa conduta até agora foi correta, de acordo com a própria consciência. E por fim, nos abrirmos para todo o potencial, poder, habilidades e possibilidades latentes e existentes em nós, reprimidas ou desconhecidas. A dança é complexa, cheia de movimentos intrincados e delicados. Cada mulher tem o seu próprio ritmo, podendo escolher os passos, a cadência e as sequências. Mas há uma recompensa no final da árdua caminhada: quando finalmente pudermos usar todo o nosso poder e potencial, a vida se encherá de alegrias.

Um dos estágios mais desafiadores deste trabalho interior de conscientização e transmutação é identificar a sombra, para isso requer-se honestidade e sinceridade. Usando o escudo da sombra expressamos emoções, desejos e necessidades, mas sem mostrar o Eu verdadeiro. A sombra é o falso Eu, que nos dá um falso poder, e foi criada para encobrir nossos temores, a falta de confiança em nosso verdadeiro Ser. Ela corresponde ao *Eu negativo,* a capa que criamos por medo. Medo de que se mostrássemos quem realmente éramos, o que sentíamos, pensávamos ou desejávamos, não teríamos sido aceitas, aprovadas ou amadas. Mas, por a termos usado por muito tempo, a sombra passa a ser um comportamento automático, um padrão de resposta.

Se não reconhecermos a nossa sombra, continuaremos a nos sentir irrealizadas, enfraquecidas, diminuídas e assustadas. A sombra é a defesa que temos contra as inseguranças, e sempre a chamamos para nos ajudar a manipular e conseguir o que pensamos estar precisando dos outros. Se precisarmos de atenção, reconhecimento ou segurança para encobrir nossos medos, a sombra nos proporcionará. E para isso ela é muito eficiente; mas o que ela consegue obter, não dura, e vamos precisar conquistar tudo isso de novo, o que nos mantém aprisionadas dentro dos mesmos padrões negativos.

Se nos recusarmos a confrontar a sombra, vamos acabar reconhecendo-a em outras pessoas: familiares, relacionamentos, parceiros, chefes ou amigos, que podem nos apresentar aqueles padrões negativos que negamos em nós mesmas. Se não lidarmos com a nossa sombra interior, certamente iremos atraí-la numa manifestação exterior. Aquilo que detestamos em outras pessoas muitas vezes existe dentro de nós, de maneira disfarçada ou evidente. Um dos desafios clássicos nos contos de fadas ou nos mitos é encontrar a Madrasta, a Velha Malvada, a Bruxa, o Ser maligno que vai transformar a heroína em pedra ou adormecê-la, fazê-la perder a cabeça ou castigá-la de alguma forma. A Bruxa pode aparecer como uma velha sinistra, com aparência assustadora, desfigurada, ou camuflada em formas inofensivas e até sedutoras. Ela é encontrada numa floresta escura ou num outro lugar sombrio, sem saída ou sem saber como encontrar o caminho de volta.

Como mulheres conscientes, devemos estar dispostas a entrar na "Floresta Escura" do nosso inconsciente para encontrar a Sombra, a faceta negativa do feminino. Confrontar e conhecer esta parte do nosso psiquismo é um passo importante no processo de integração. Neste caminho enfrentamos os mesmos desafios de iniciação, integração e transformação como descritos nos contos de fadas. "Entrar na Floresta escura" é encarar o nosso lado sombrio, sem medo, e desafiar o poder da "Bruxa", reconhecendo sua atuação sobre nós, mas conquistando individualidade e poder de decidir e agir por si mesma.

Meditação para lidar com as sombras

No tarô, o arcano da Lua representa o acesso ao centro de poder intuitivo, além do mergulho no consciente e subconsciente para alcançar a compreensão do destino, que será manifestado como o Sol arquetípico e astrológico. A Lua é o ovo primordial que gera o Sol, rege a natureza cíclica, as marés da vida, a essência feminina. Ela abrange também os sonhos, percepções e visões e a iniciação no uso dos poderes psíquicos. Mas também representa tudo o que é oculto, que é ligado às sombras e que deve ser revelado para que os aspectos luminosos apareçam.

Compreender, aceitar e integrar as sombras é um passo importante no crescimento espiritual. Ignorar ou rejeitar os aspectos escuros impede a plena expressão do nosso ser e eles podem irromper de forma inesperada e descontrolada. Ao integrá-las, a nossa visão torna-se clara e nosso potencial energético se expande. Precisamos ter coragem para olhar e reconhecer nossas sombras, conquistar os medos e assumir o controle da própria vida. Conforme diz um antigo ditado: *Se encarcerar os demônios no porão, eles vão demolir a casa*. Por trás de cada medo existe um potencial não realizado. Muitos dos traços negativos estão interligados, precisam ser descobertos aos poucos, até encontrar a raiz, que ao ser exposta, facilita e simplifica a remoção das camadas que ocultam o *Self*.

O inconsciente se expressa com imagens, símbolos, arquétipos; após serem identificados durante a introspecção, cria-se uma "arte sagrada", importante no processo mágico. Será usada uma meditação dirigida, que alcançará o mundo inconsciente para expor a "máscara" principal, que será depois desenhada e manifestada no plano físico, servindo para outras meditações e finalmente queimada ou enterrada em um processo catártico e de transmutação. Nomear a sombra nos dá poder sobre ela e o conhecimento de perceber e saber quando é usada e como pode ser retirada ou transmutada.

Relaxe o corpo, centrando-se na respiração, feche os olhos e silencie seus pensamentos, distanciando-se de preocupações e dúvidas. Siga as diretrizes descritas a seguir:

"Imagine uma névoa branca ao seu redor, formando um escudo protetor. Aos poucos, você percebe uma árvore muito antiga, com raízes profundas, entre as quais vê no chão coberto com musgo uma tampa pesada e coberta com símbolos gravados. Você se esforça para levantá-la e após algumas tentativas consegue. Por baixo dela vê uma escadaria de pedras escuras, com paredes cobertas de raízes e liquens. Uma luminosidade difusa irradiando por trás das paredes lhe permite descer os degraus em espiral anti-horária. Você desce devagar e percebe entalhados nas paredes, inúmeros sigilos, símbolos mágicos complexos, dos quais um lhe chama a atenção em especial. Anote-o mentalmente, pois ele é a chave da sua máscara das sombras. Após olhar e anotar tenta tirá-lo da parede e vê que ele se solta fácil. Segure-o nas mãos percebendo a sua forma e seu peso e continue descendo a escadaria até chegar à frente de uma porta de ferro, antiga, pesada e com uma fechadura estranha. Tenta abrir a porta, mas ela está fechada. Pensa em desistir e voltar, mas, de repente, vê o símbolo da sua mão esquentando e pulsando. Olhando de novo o seu formato, descobre que ele corresponde à fechadura da porta e assim consegue abri-la. Em seguida, percebe um espaço circular muito escuro, com a exceção de um ponto luminoso que pulsa à sua frente. Ao chegar perto, nota que o reflexo de luz sai de uma máscara presa na parede. Você a retira e vê seu nome inscrito nela. Com certo cuidado a coloca no seu rosto e permanece em silêncio, formulando algumas questões em relação à sua sombra: como ela se manifesta e influencia negativamente sua vida? Como pode solucionar os problemas e dificuldades por ela representados e assim vencer as barreiras? Uma voz ressoa em sua mente e você ouve e anota respeitosamente a mensagem, sabendo que agora, de posse destas informações, caberá a você, integrar ou transmutar a sua sombra. Olhe bem para a máscara, coloque-a de volta na parede, saia da câmara, suba a escada e deixe o símbolo no mesmo lugar de onde o tirou. No topo da escada vê a névoa branca lhe envolvendo devagar e depois se dissipando."

Abra os olhos e complete a tarefa a seguir:

1. Desenhe a sua máscara.
2. Perceba qual é o nome dela.
3. Como você contribui para a sua manutenção?
4. Quais são seus efeitos na sua vida?
5. O que ela impede você de criar ou realizar?
6. O que necessitará fazer para solucionar estes problemas?
7. Qual é seu aprendizado por meio dela?
8. Qual é o seu novo nome mágico.
9. Qual poder que ele representa e o que precisa fazer para preservá-lo?

Feche os olhos, relaxe o corpo e silencie a mente, continuando a meditação.

"Ainda em pé na escada pegue a máscara, coloque-a no rosto. Sinta-se atravessando um túnel do tempo em que imagens e cores passam vertiginosamente ao seu lado. Uma cena lhe chama atenção, é o momento em que a máscara foi criada. Entre e participe desta cena, anote as pessoas e as emoções que ela lhe evoca, bem como os pontos do seu corpo onde a energia ficou presa. Respire e aumente a sensação corporal com cada respiração, permita-se ficar impregnada com a energia até a saturação. Quando chegar ao auge, verbalize ou manifeste a emoção (como uma catarse) para desbloquear e transmutar a dor guardada. Desça a escada até ela terminar dentro de uma gruta, onde borbulha uma fonte luminosa. Deite-se no chão de pedras ao lado da fonte e relaxe, com respirações longas e profundas. Imagine-se flutuando acima da cena, sentindo-se leve e tranquila, em conexão com o seu Ser divino e sábio. Continue respirando e perceba como a máscara se torna mais sutil, quente, leve, luminosa. As suas cores e forma mudam na medida em que ela é assimilada e integrada na sua consciência, tornando-se sua aliada. Ouça seu novo nome, impregnado de novas qualidades e força. Continue respirando e perceba o ambiente ao seu redor, olhe para a máscara, veja e agradeça o seu poder reconquistado. Volte a subir a escada e devolva o símbolo (que pode ter mudado) no mesmo lugar de onde o pegou na parede."

Conhecer e usar o poder de cura da sombra

As imagens da Deusa Escura e sua associação com os mistérios da Lua Negra que existem no inconsciente coletivo, também estão presentes no inconsciente pessoal. Para podermos conhecer e usar os poderes curadores e regeneradores das deusas escuras, precisamos nos conectar de forma positiva com a sombra feminina, que atua em cada mulher e homem e cuja rejeição leva a desequilíbrios e sofrimentos. Para algumas pessoas os arquétipos da Deusa Escura manifestados na sombra feminina aparecem como temas significantes ao longo das suas vidas, em diversas situações e relações. Para outras, a erupção do material sombrio é ocasional e opera de forma oculta, nociva e inconsciente.

A sombra é como um fantasma que habita dentro de nós e que comanda de maneira sutil e prejudicial a nossa vida. Faz-nos agir de forma autossabotadora, sem que a gente perceba, levando-nos a entrar em situações de sofrimento ou conflitos. A maioria das pessoas não percebe a ação sorrateira da sombra. Elas pensam que estão comandando livremente suas vidas, e não fazem ideia do quanto essas forças inconscientes estão gerando problemas em todas as áreas. A nossa tendência é não olhar para a sombra. Muitos ignoram completamente a sua existência, outros sabem que ela existe, mas a subestimam, por não terem uma real noção do quanto a sombra está presente em nossos pensamentos e ações, como um pano de fundo que influencia tudo. Outras vezes não queremos olhar para ela, evitando assim de entrarmos em contato com sentimentos dolorosos ou que não gostamos de admitir que possuímos (medo, inveja, raiva, ódio, cobiça, prepotência, agressividade etc.). Essas emoções são então reprimidas, gerando mais sombra. O fato de não olhar para elas, nada resolve. Pelo contrário, quanto mais empurramos essas emoções para o inconsciente, piores os estragos na nossa vida. A sombra prospera e cresce pela falta de "luz". Essa luz seria o nosso reconhecimento e percepção consciente dessas emoções. Assim, elas podem vir à tona para serem curadas.

A sombra gera um desconforto interior manifestado como ansiedade; leva-nos para os vícios e compulsões, para os mais diversos tipos de comportamentos negativos e autodestrutivos. A maioria das pessoas não tem a menor noção de que existem forças inconscientes que as levam a agir dessa ou daquela forma. Elas pensam que suas atitudes negativas se devem à educação, influência de forças externas ou falta de força de vontade. Enquanto não enxergam a verdade, a sombra prospera e amplia o seu espectro de atuação.

Além de abranger os aspectos rejeitados da psique, a sombra é também mensageira do inconsciente, nos pressionando para eliminar toxinas psíquicas, purificando conceitos mentais e reações emocionais em nós mesmas, nos relacionamentos e ao nosso redor. Quando nos sintonizamos com os atributos da Deusa Escura de maneira violenta, destrutiva, assustadora e dolorosa, devemos compreender este processo e transmutar a negatividade que ameaça o nosso bem-estar. Por sermos autoras das projeções – que representam os próprios aspectos negativos –, influenciamos de forma tóxica o ambiente em que vivemos, podendo provocar reações desagradáveis naqueles que recebem o impacto da nossa bagagem sombria. Por outro lado, se nós formos o alvo de projeções alheias, seremos vulneráveis à carga negativa das outras pessoas e podemos nos identificar com ela, entrando em conflitos internos de autossabotagem e cobrança dos presumíveis erros.

Curar o feminino escuro requer que, tanto o autor, quanto o receptor das projeções, reconheça e aceite os seus aspectos negados e reprimidos, para assim poder integrar a sua total personalidade. Devemos ter sempre em mente que os aspectos da Deusa Escura – personificados como sombras na nossa psique –, não são essencialmente maus, nem têm uma vida própria fora das nossas projeções mentais. O mal atribuído às deusas escuras não é a sua verdadeira essência, mas a forma em que foi distorcido pelas repressões culturais e religiosas. A escuridão se torna destrutiva apenas quando é negada, pois ela pode retornar e nos assombrar através de situações e pessoas ao longo da nossa vida.

A psicologia Junguiana recomenda que para curar as feridas e sofrimentos causados pela rejeição e negação de aspectos que pertençam à nossa totalidade, devemos penetrar nos recônditos do próprio subconsciente, encontrar e nos relacionar com as sombras que lá se ocultam. Precisamos reconhecer que temos qualidades e defeitos e que somos capazes de transformar as energias causadoras de problemas e sofrimentos em atitudes construtivas, que beneficiem nossas vidas e relações. No processo de resgate da nossa sombra e na conexão com a Deusa Escura, torna-se importante aceitarmos com compaixão aqueles aspectos que tínhamos anteriormente negado, desprezado ou rejeitado. Somente assim iremos curar a nossa criança interior e liberar o potencial de renovação que habita na escuridão.

No budismo tibetano existe uma prática meditativa com a "Mãe Negra", divulgada no século XI por Machig Labdron e denominada *Chod*. O propósito é o apaziguamento dos "demônios" criados pelos padrões emocionais negativos e que se manifestam como raiva, ódio, orgulho, cobiça, gula e ignorância. A essência da prática é convidar os demônios para uma grande festa e não tentar matá-los ou destruí-los. Para isso visualiza-se uma grande oferenda feita de comidas gostosas, incluindo as sombras egoicas. Os aspectos rejeitados e famintos aparecem e se saciam das oferendas, e depois de satisfeitos e apaziguados, desaparecem das nossas vidas. O mestre tibetano Tsultrim Allione ensina que, ao alimentarmos nossos demônios com raiva e frustrações, eles vão continuar a nos perturbar. Se lhes oferecermos amor e compaixão, derretem-se as suas resistências, eles evoluem e são libertados do sofrimento, que é nosso também.

À medida que fizermos as pazes com as nossas partes perdidas e rejeitadas, também iremos purificar as imagens e aspectos da Deusa Escura, através da aceitação e do nosso amor. Aos poucos, iremos notar uma diminuição das nossas expressões de raiva, medo, rejeição, decepção, ou fracasso, alcançando a essência original e verdadeira do feminino escuro, que existe dentro de todas nós. Assim como nos contos de fadas "beijar o sapo" leva à sua transformação em príncipe, poderemos resgatar e integrar nossos fragmentos escuros e alienados, alcançando assim a plena integração. A Deusa Escura facilita a nossa transformação através da morte dos velhos aspectos egoicos e das falsas premissas. Todavia, para facilitar o nascimento do novo Eu, devemos encarar os medos, apegos e amarras, e transmutá-los por meios mágicos e psicológicos com coragem, tenacidade e fé.

A Lua Negra

A Deusa personifica nas suas faces e aspectos as energias das fases lunares – nova, crescente, cheia, minguante – e semelhante a elas, também segue os ciclos vitais e naturais do nascimento, crescimento, morte e renascimento. O aspecto associado com a Deusa Escura é o da Lua Negra, quando no final da minguante, dois dias e meio antes da nova, a lua desaparece da nossa visão. Depois deste período de dormência e escuridão, a luz da lua emerge como o fino arco da fase nova, que aos poucos cresce e culmina na lua cheia, para gradativamente diminuir até desaparecer, novamente.

No livro *Círculos Sagrados para mulheres contemporâneas*, há um capítulo sobre a *Consciência lunar*, págs. 207-261, que aborda por extenso, informações sobre *Os Mistérios do Sangue. Ciclos, Práticas e Arquétipos Lunares* e as influências das fases da lua. Para evitar repetições, no presente trabalho o enfoque será dado à revisão dos conceitos negativos da Lua Negra, sua associação com a Deusa Escura e a descrição de arquétipos de deusas relacionadas com ela, além da descrição dos seus significadores astrológicos como também os da Lua Escura e Lilith (asteroide e estrela fixa).

Como premissa básica, devemos aceitar desde o início que a Lua Negra existe em todos os ciclos da vida e sistemas cognitivos. O seu significado é oculto e difícil de acessar devido aos nossos condicionamentos culturais e religiosos de que *devemos temer e evitar tudo o que é oculto, misterioso ou invisível*. Porém, na Tradição da Deusa, podemos e devemos resgatar os conhecimentos e os rituais usados antigamente pelas mulheres, em diversas culturas e lugares do mundo, para a sua cura, transformação e renovação.

As qualidades essenciais da Lua Negra são *mudança* e *transformação* que, mesmo sem uma validação científica ou explicação racional, nos permitem atravessar os portais entre as dimensões sutis e aceitar o ciclo do "eterno retorno" – morte e renascimento, fim e recomeço. A Lua na sua alternância de fases reflete as mesmas flutuações de expansão e retração do corpo humano e da nossa psique. Ao longo das nossas vidas, experimentamos a necessidade alternante de luz e sombra, crescimento e decadência, criação e destruição, nascimento e morte. Infelizmente, os padrões sociais e religiosos nos ensinaram a temer e evitar assuntos ligados à morte e escuridão, incluindo a fase escura da Lua, que marca a transição entre a morte do velho e o nascimento do novo.

A escuridão prenuncia a luz, assim como a gestação precede o nascimento, e o sono permite o repouso e a recuperação física e mental. Precisamos de um tempo de silêncio e descanso para sonhar e nos curar; da mesma forma a fase escura da Lua permite o descarte das energias desnecessárias e a preparação para um novo despertar da criatividade. A falta de visão noturna nos condicionou a considerarmos a escuridão perigosa e ameaçadora, associando uma fase difícil da nossa vida com a imagem da *noite escura da alma* povoada de medos, perdas, abandono, isolamento, incapacidade ou alienação. A Lua Negra passou a simbolizar nossos medos perpétuos: envelhecimento, doença, perdas e morte e as memórias dolorosas das feridas íntimas e dos traumas (como abortos, estupros, violências, crimes, ataques e disfunções). Guardamos segredos, dores e medos ocultados na escuridão do inconsciente.

Como nosso condicionamento nos programou com a percepção da escuridão como sendo "a caverna repleta de dor e perda", reagimos com medo, ansiedade, confusão, depressão ou desespero, cada vez que atravessamos períodos difíceis rotulados como "fases escuras" da vida. Não fomos educadas para saber que a vida oscila entre períodos bons e difíceis e que cada fim é o precursor de um novo ciclo.

Precisamos resgatar o antigo valor da escuridão – da Lua e da vida – como um momento necessário para avaliar, descartar e renovar, e assim, favorecer a nossa transformação e cura, que são as dádivas das Deusas regentes da Lua Negra.

O mistério da morte e regeneração pertence à fase escura da Lua; as três noites sem a luz lunar equivalem ao fim da vida, e o reaparecimento do fino crescente lunar na quarta noite prenuncia o renascimento e um novo começo. Os povos antigos acreditavam que os mortos eram levados pelo véu escuro das deusas da Lua Negra para o reino subterrâneo da Mãe Terra, onde aguardavam sua regeneração para um novo nascimento. A serpente que se renova ao trocar sua pele é um símbolo arcaico e sagrado, que sintetiza o mistério da morte e do renascimento. O ciclo vegetativo das plantas representava o ritmo lunar e o calendário agrícola dos povos antigos foi criado para acompanhar e celebrar os ciclos das estações e da vida vegetal, animal e humana. O movimento essencial da vida é cíclico e o ritmo lunar resume o padrão recorrente de como a vida surge, alcança a plenitude, definha, decai e morre, para reiniciar seu ciclo e renascer eternamente.

Em diversas culturas antigas, o período durante a lua negra era reverenciado como sendo sagrado, reservado aos rituais das deusas escuras, às práticas de divinação e expansão da visão, aos ritos de passagem e cultos dos ancestrais. Somente com a transição das sociedades lunares e matrifocais, para as culturas solares e patriarcais, que a fase escura da Lua passou a ser temida como prenúncio de desgraças, perigos e cataclismos naturais, a sua duração sendo propícia à prática de Magia Negra, aos abusos, crimes e vampirizações. Assim como a própria Lua Negra, os animais a ela associados – serpentes, gatos (principalmente pretos), lobos, corujas, aranhas, aves de rapina, sapos – foram difamados como portadores de malefícios, azares e infortúnios.

O verdadeiro significado e o poder sutil da Lua Negra residem no seu simbolismo de *final de um ciclo*. Todos os ciclos têm uma "fase negra", fato natural na eterna mutação e regeneração da forma, o seu final sendo a transição para a renovação.

No ciclo lunar, a fase negra corresponde ao tempo de hibernação da semente, que se prepara para germinar e brotar no invólucro escuro e protetor da terra, e ao período de dois dias e meio que antecede a lua nova. No ciclo do dia e da noite, a fase escura corresponde ao auge da escuridão, duas horas antes do amanhecer, um período considerado propício para intuições, visões, meditação, cura e oração. No ciclo anual, a fase escura corresponde ao inverno, que na Roda do Ano Celta era comemorado no *Sabbat Samhain* ou na *Noite de Walpurgis* (31 de outubro), quando os véus entre o mundo dos vivos e dos mortos se tornavam mais tênues e o intercâmbio entre a vida e a morte era favorecido. No Hemisfério Norte a fase da Lua Negra se manifesta em torno do solstício de inverno, quando prevalecem emoções de solidão, frustração, dificuldades financeiras ou familiares, coincidindo com a proximidade do fim do ano e a diminuição do dia, predominando as nuvens cinzentas, o frio, a escuridão e as doenças do inverno.

Os Ciclos da Lua Negra na Vida Humana

Ao longo da nossa vida passamos periodicamente por fases em que prevalecem as energias da Lua Negra, marcando experiências de dor, perdas, infortúnios, morte e a necessária renovação. Além das fases pessoais, existem também períodos semelhantes comuns a diversos grupos humanos, em função da sua idade biológica.

Da mesma forma como temos de dormir a cada noite e recuperar as energias para o dia seguinte, há fases na vida em que devemos nos interiorizar, nos isolar e renovar no acolhimento do silêncio e da escuridão. Estas oportunidades existem não somente nas Luas Negras, mas também em certos períodos anuais ou cíclicos, enumerados a seguir:

- A cada noite nas últimas horas antes de acordar.
- A cada mês na fase da Lua "fora de curso".
- Durante o ciclo menstrual.
- A cada mês nos três dias e meio da fase da Lua Balsâmica, antes da Lua Nova.
- A cada mês durante os dias quando a Lua passa pela décima segunda casa do nosso mapa natal.
- Anualmente no mês antes do nosso aniversário.
- Anualmente durante o mês quando o Sol passa pela décima segunda casa do nosso mapa natal.
- Anualmente durante as horas escuras antes do Solstício de inverno.
- Nos retornos de Saturno e no ano que antecede o retorno de Saturno.

- Durante os trânsitos na décima segunda casa do nosso mapa natal de Júpiter, Saturno, Quíron, Netuno, Urano e Plutão.
- Durante eclipses.
- Durante trânsitos importantes de Plutão e Saturno nos pontos sensíveis do nosso mapa natal.
- Durante os trânsitos relevantes em relação à nossa Lua Negra, Lua Escura e os asteroides das deusas escuras.
- Após a menopausa.
- Os últimos dias, semanas, meses ou anos antes da nossa morte física.

O mês antes do nosso aniversário – associado à fase da Lua Negra do nosso ciclo anual – é chamado de "inferno zodiacal"; ele se torna cada vez mais compatível com sua denominação à medida que envelhecemos. A partir de certa idade, a expectativa juvenil do aniversário é permeada pelo medo do envelhecimento e os inerentes problemas decorrentes dele. Para nós, mulheres, a passagem dos anos é sombreada pelo aumento das rugas e a diminuição gradativa dos encantos físicos, da vitalidade e das possibilidades de reconhecimento social e profissional. Principalmente no Brasil, as candidatas para bons empregos precisam possuir além da qualificação profissional, uma boa aparência e a especificação de uma idade entre tais e quais valores. Além das considerações acima descritas, o mês que antecede o "retorno solar" nos oferece menos energia para atividades externas devido à programação oculta da nossa mente e corpo, que necessitam de uma diminuição do ritmo cotidiano para avaliar prioridades e propósitos e recarregar as energias através da introspecção e repouso. Ao resistir a este movimento vital de interiorização, iremos abrir espaço não para a renovação, mas para um aumento de preocupações, ansiedade, estresse, decepção e insatisfação.

A fase da Lua Negra também é associada aos assim chamados *Mistérios do Sangue*: menstruação, gravidez e menopausa. Ao sobrepor o ciclo lunar sobre o menstrual, podemos observar que a lua cheia corresponde à ovulação e a negra equivale à menstruação, conceito válido para as mulheres que pertencem ao *Ciclo da Lua Branca*. Quando a ovulação coincide com a Lua Negra e a menstruação com a lua cheia, a mulher pertence ao *Ciclo da Lua Vermelha*. Diferentemente do tipo

Lua Branca, que tem melhores condições energéticas para expressar suas energias criativas e nutridoras por meio da procriação (sendo considerada a "boa mãe"), a mulher *Lua Vermelha* direciona suas energias criativas para o desenvolvimento interior e pode usar sua energia sexual para fins mágicos; por isso é chamada de "maga ou feiticeira". Ambos os ciclos são expressões da energia feminina, nenhum deles sendo melhor ou mais certo que o outro. Ao longo da sua vida, a mulher vai oscilar entre os ciclos branco e vermelho, em função das suas emoções e variações hormonais ou circunstanciais.

Quando a mulher é alinhada com o ritmo do seu corpo, durante o seu *ciclo menstrual* ela deseja – e precisa – se retirar das atividades cotidianas e repousar em silêncio e inação. Porém, o mundo moderno não permite à mulher se recolher na "Cabana Lunar" ou na "Tenda Vermelha" como faziam suas ancestrais, em busca de cura e regeneração. Ao negar esta necessidade intrínseca à sua condição feminina e continuar como se nada acontecesse com seu corpo e emoções, a mulher exacerba a sintomatologia costumeira e seu corpo se revolta expressando cólicas, hipersensibilidade, ansiedade, irritabilidade, depressão, dores, tensões, raiva, lágrimas, ou seja, a difamada TPM (tensão pré-menstrual), abafada com remédios, ignorada, controlada ou anulada com hormônios.

As antigas culturas – centradas na reverência à Deusa e no respeito à mulher – sabiam que a menstruação representava o momento de maior poder da mulher, quando as suas energias psíquicas e espirituais eram exaltadas e suas "antenas" podiam recepcionar avisos, mensagens e visões dos planos sutis. Por temerem o poder feminino, as sociedades e religiões patriarcais declararam que o período menstrual tornava as mulheres impuras e perigosas, impedindo sua participação nas cerimônias religiosas e na vida comunitária por "contaminar colheitas, adoecer animais e plantas, enfraquecer homens e amaldiçoar inimigos". Assim, a menstruação tornou-se um *tabu* e somente agora, com o ressurgimento dos movimentos ecofeministas e da sacralidade feminina, que as antigas deturpações e distorções dos ciclos femininos foram abolidas e "aqueles dias" tornaram-se – novamente – momentos de poder, transformação e cura.

Nos meus livros anteriores (*O Anuário da Grande Mãe; O Legado da Deusa e Círculos sagrados para mulheres contemporâneas*) têm informações mais amplas sobre os "Mistérios do Sangue" e a bênção do ventre, bem como rituais individuais e coletivos para os ritos de passagem da menarca, gravidez, parto e menopausa.

Outra face da vida feminina associada com a Lua Negra é o último mês da gravidez, quando a alegria pelo nascimento próximo do filho é mesclada com medos, preocupações, dores e dificuldades, antecipando os desafios da maternidade. Torna-se importante que a futura mãe veja a transição para outro estágio da sua vida como um portal a ser atravessado, com coragem, confiança e fé na proteção da Grande Mãe.

A menopausa é a fase final do ciclo menstrual e a que mais se aproxima dos temores e desafios da Lua Negra. Nas antigas culturas, as mulheres pós-menopausa eram respeitadas e honradas como sábias, possuidoras do poder de cura, visão e magia. A cultura moderna ao negar o valor da escuridão e da idade projetou seus falsos valores e temores sobre as mulheres idosas. A menopausa sinaliza o começo da "fase escura da vida", não como ostracismo ou decadência, mas como o início do amadurecimento psíquico, da expansão de dons esquecidos ou reprimidos, um tempo para se cuidar, expandir, evoluir e partilhar a riqueza interior e a sabedoria aprimorada ao longo das vivências e experiências.

À medida que a mulher pós-menopausa confronta as mudanças no seu corpo e a transformação no seu estilo de vida, ela irá perceber que algo da sua antiga identidade está sumindo devido à mudança de prioridades – não mais cuidar dos outros, e sim de si mesma. Ela precisará descartar velhos padrões na maneira de pensar, sentir, agir e começar a expandir seus horizontes, interesses e realizações. Acima de tudo e sempre, deverá reprogramar ideias e conceitos negativos relativos ao envelhecimento e à decorrente desvalorização e marginalização social das mulheres de mais idade. É necessário ter coragem e assertividade para se movimentar com graça, energia e segurança nos anos de maturidade física, aceitando sem sofrimento ou negação as mudanças inerentes à idade.

Ao descartar camadas seculares de distorções patriarcais em relação aos dissabores do envelhecimento, a mulher, consciente do seu valor, poderá ver sem sofrimento as mudanças do seu corpo e se conectar com o poder mágico, místico e misterioso da fase escura do ciclo lunar. A menopausa proporciona o confronto e a aceitação da morte, enquanto ainda se tem tempo de viver. Se resgatarmos o poder da Lua Negra e da Deusa Escura, seus ensinamentos vão nos libertar do medo da mudança, da transição, do envelhecimento e da morte. "Enterra-se" o velho ciclo e "parteja-se" o nascimento do novo.

A última fase da Lua Negra na nossa vida começa quando nos aproximamos do inevitável fim, que pode ser precedido por limitações, doenças e uma crescente incapacidade. É o período em que nos deparamos com a inexorabilidade da morte e com as nossas crenças – ou falta dela – em relação à vida pós-morte. Pela conduta da sociedade moderna – que evita e nega o contato com a morte – perdemos e nos distanciamos dos antigos conceitos filosóficos que preparavam as pessoas para o "último rito de passagem", sem temor ou sofrimento. Precisamos encarar a morte como um processo natural e inevitável, vencendo o pânico diante do desconhecido e renunciando à vontade de adiar o fim da vida por apegos ou medos. À medida que aprendermos o desapego e aceitarmos conscientemente a ideia da morte, poderemos aceitar nossas limitações e viver melhor, valorizando a qualidade e não a duração, escolhida pelas "Senhoras do Destino" no nosso nascimento e desconhecida por nós.

Além destes períodos coletivos de Lua Negra existem os associados com perdas pessoais, com as inerentes fases de sofrimento e desespero. Atravessamos uma Lua Negra cada vez que terminamos um relacionamento, perdemos um emprego, residência, status ou círculo de amizades, quando somos confrontadas com mortes de familiares, perdas financeiras, mudanças dramáticas impostas ao nosso estilo de vida ou sistema de crenças. A reação decorrente pode ser de desespero, revolta, inércia, depressão, sofrimento, imobilidade ou luto. A escritora e pesquisadora Elisabeth Kübler-Ross definiu assim *os estágios do luto*: negação, isolamento, raiva, negociação e depressão, que são atravessados antes da aceitação final da situação e a transição para a expressão de uma nova identidade ou sistema de vida. Se não nos permitirmos este prazo de luto, poderemos ter problemas futuros, manifestados no corpo físico ou na nossa mente.

Como atravessar os períodos da Lua Negra

Quando entrarmos em uma destas fases da Lua Negra – que podem durar dias, e até anos – precisaremos reunir todas as nossas energias e nos movimentar através dos estágios do processo com tranquilidade e fé, evitando pânico, desânimo, depressão ou desespero. Devemos ter em mente que esta fase escura corresponde à finalização de todos os processos cíclicos e que ela é necessária numa transição, para começar um novo processo. A transformação ocorre durante a Lua Negra de todos os ciclos, quando a matéria contida em uma determinada forma já cumpriu sua função e se desintegra liberando energia, que poderá ser usada para uma nova estrutura, um novo formato ou conteúdo.

As fases lunares espelham o ciclo de criação, preservação e desintegração, em todos os processos em que existe um começo, meio e fim. Enquanto a lua *crescente* representa a criação, a *cheia* a preservação e a *minguante* a destruição, a Lua Negra é a transição entre a destruição do velho e a criação do novo, processo chamado de transformação. É na Lua Negra que ocorre a cura e a renovação, com a criação de novas formas de expressão pessoal, relacionamentos, habilidades, crenças e valores.

A dor e o desespero que surgem no processo de liberação da energia vital das formas ultrapassadas contribuem para a reutilização desta energia, visando um novo objetivo. Precisamos encarar os medos e ter a coragem de nos libertar das amarras dos condicionamentos e limitações, confiando na condução da Deusa Escura para atravessar, sem sofrer, os períodos da Lua Negra e renascer no raiar de um novo dia.

A Lua Negra e a Cura da Alma

No nível da transformação psicológica, consideramos como entrada na fase da Lua Negra, quando permitimos que algo velho e não mais necessário para a nossa vida morra, e assim, estamos prontas para abraçar uma nova identidade ou propósito.

As experiências da fase escura – no nível físico e psicológico – se processam durante a ausência da luz lunar. Ao passarmos pela fase escura de um processo cíclico, percebemos aspectos da nossa psique que não conseguimos compreender no NÍVEL DA MENTE CONSCIENTE. Considerada o "ventre da alma", a fase escura guarda os registros e memórias do nosso passado, desta ou de outras vidas. É no esconderijo oculto da mente inconsciente que se escondem os fantasmas do nosso passado, e é lá, que ficam as feridas da alma que aguardam a sua cura. As energias da fase escura nos puxam magneticamente para as camadas profundas do vasto oceano da unidade. Esta imersão na consciência do Todo se reflete na nossa vida como o clamor da alma para buscar a conexão com o plano divino e assim curar a sensação de separação e solidão.

As buscas espirituais, bem como a fuga da realidade através de dependências químicas, comportamentais ou afetivas, são os meios que as pessoas usam para encontrar a paz e a serenidade em uma realidade distante, existente entre os mundos e as encarnações. Neste espaço sutil, a fase escura oferece uma abertura para as camadas profundas do nosso inconsciente, onde podemos ter acesso aos registros do passado e do presente, assim como lampejos e visões do futuro. O budismo chama este espaço intermediário de *Bardo*, onde é possível ter contato com as divindades e os seres espirituais. Alcançando este recanto da nossa psique, podemos encontrar através dele nossos guias e protetores espirituais ou anjos guardiões, e receber seus ensinamentos de amor incondicional e compreensão transcendental. Porém, também lá estão à espreita "demônios" cujas faces espelham medos, fracassos, frustrações, negações, raiva, ciúme, inveja, cobiça, violência e ignorância. As "raízes" angelicais e demoníacas surgem das nossas alegrias e sofrimentos do passado, e suas ramificações de sucesso ou fracasso alcançam o futuro. A fase escura é o nosso elo com o passado e o futuro, o reservatório das memórias esquecidas, mas também das possibilidades e do potencial do que pode vir a ser.

As múltiplas camadas do nosso inconsciente têm o registro do passado pessoal e coletivo, incluindo lembranças da vida atual – adolescência, infância, vida intrauterina, concepção – desde o nascimento, até a morte em vidas passadas. Mesmo sem ser acessível à mente consciente, este material psíquico exerce uma marcante influência sobre a maneira com que percebemos e reagimos ao mundo. As forças ocultas, que dominam nossas ações e modelam a nossa vida, são guardadas nas camadas profundas da psique e não são conhecidas pela nossa mente consciente. Deste material oculto nascem e são nutridas nossas experiências e reações conscientes.

Conhecida como carma ou motivação inconsciente, esta força determina como irá se formar a tessitura da nossa vida, resultado das ações e aprendizados das vidas anteriores. As fases escuras nos oferecem a oportunidade de descobrir e curar as feridas da alma e assim usufruir da riqueza da nossa psique, para viver de forma mais criativa, plena e integrada com as forças cósmicas. Citando uma frase budista: *"Se quiser saber quem você foi na sua vida passada, olha para as circunstâncias presentes. Se quiser saber quem você será na próxima vida, olhe e avalie suas ações presentes."*

De acordo com a compreensão do *carma*, sabemos que as perdas e dores que experimentamos durante as fases da Lua Negra são reflexos das nossas ações prejudiciais, de lições não aprendidas e relacionamentos não resolvidos em vidas passadas, além da bagagem da vida atual. Aceitando as causas dos sofrimentos, perdas e injustiças que experimentamos nas fases escuras como sendo oriundas do passado próximo ou remoto, poderemos usufruir do potencial de transformação e cura da Lua Negra. Porém, não basta aceitar passivamente nosso carma, mas buscar a transformação ativa e consciente das atitudes e ações causadoras dos resultados negativos. Nossos padrões cármicos inconscientes que necessitam de compreensão e solução na vida atual são contidos na fase escura do nosso processo de transformação.

Para alcançar o potencial de cura da Lua Negra devemos expandir nossa consciência, viver em harmonia com todos os seres da criação, sem prejudicar ninguém, nem a nós mesmas, praticando conceitos de amor incondicional, perdão, aceitação, conexão com a fonte divina e união com a mente universal.

A Interpretação Astrológica da Deusa Escura Lilith

Sem entrar nos detalhes da interpretação de Lilith nos mapas astrológicos, é relevante conhecer o seu simbolismo, que representa suas facetas arquetípicas como Deusa, Lua Negra e asteroide. O mito de Lilith será detalhado no capítulo dedicado às deusas escuras, abordando nas descrições a seguir apenas a diferença entre as denominações e os atributos da Lua Negra. A Deusa Escura Lilith é representada na Astrologia por quatro aspectos diferentes, evidenciando atributos diversos do mesmo arquétipo. As respectivas quatro tabelas podem ser encontradas no site *Astrodienst*: http://www.astro.com usando as siglas anotadas ao lado de cada aspecto.

* LILITH COMO LUA ESCURA (Dark Moon Lilith) ou Waldemath Black Moon (h58) pode ser – ou não – um corpo físico, supostamente visto por algumas pessoas e que, segundo alguns astrólogos, é a mais importante coordenada por representar sua natureza incontrolável. Ela representa a dor de Lilith no exílio e sua determinação em planejar e executar a vingança. Foi avistada em 1618 e supõe-se que se assemelha a uma esférica de poeira, confirmando sua natureza legendária, como um espírito nebuloso da noite. Leva 119 dias para dar a volta ao redor da Terra e passa dez dias em cada signo zodiacal. A localização de Dark Moon Lilith se encontra no livro *The Lilith Ephemeris de Delphine Jay* (AFA 1983, vide Bibliografia).

LILITH COMO LUA NEGRA (Black Moon Lilith), conhecida sob dois aspectos: Mean Black Moon (h21), que usa a órbita média da Black Moon teórica e True Black Moon, Lua Negra verdadeira ou oscilante, Oscilating Lilith (h13), que usa a órbita real da Black Moon (nove anos e passando nove meses em cada signo). Sendo o apogeu da órbita lunar, o ponto mais longínquo da Terra, a Lua Negra não é um corpo físico, apenas um alinhamento, assim como os Nós Lunares. As efemérides para Black Moon Lilith se encontram no livro *The Black Moon Book 1920-2010* de Demetra George e Francis Santoni (vide Bibliografia).

LILITH (ASTEROIDE 1181), o único atributo com características físicas, sendo a representação real de Lilith no cinturão de asteroides. Sua órbita é de quatro anos, seu diâmetro de 67 km e foi descoberto em 1927 por Benjamin Jekhowsky, seu glifo sendo de uma mão estilizada. É considerado um fragmento de um antigo planeta e sua constituição é rochosa. As efemérides para o asteroide podem ser encontradas no livro *Asteroid Goddesses de Demetra George* (ACS 1986, vide Bibliografia).

LILITH COMO ESTRELA FIXA: Algol, o "demônio", a estrela situada no grau 26 da constelação de Touro e também na Cabeça da Medusa da constelação Perseu. Ela representa o olhar petrificante da Medusa, tem o dobro do tamanho do nosso Sol e é formada por duas estrelas que se eclipsam alternadamente e assim causam variações na sua magnitude e na intensidade dos seus efeitos.

Existem controvérsias e contestações a respeito da existência diferenciada da *Lua Negra* e da *Lua Escura*; às vezes as duas Luas são amalgamadas, outras vezes fundidas com o arquétipo de *Lilith*. As três Lilith astronômicas englobam todos os seus aspectos sob o mesmo nome, cada um contendo o simbolismo integral do arquétipo e correspondendo às três faces da Deusa Tríplice: *Donzela* (o asteroide), *Mãe* (a Lua Escura ou *Dark Moon*) e a *Anciã* (*Black Moon* ou Lua Negra).

1 – Lilith como Asteroide

O asteroide portando o número 1181 foi descoberto em 1927 por Benjamin Jekhowsky e é a única representação sólida de Lilith, localizado no cinturão de asteroides ao redor do Sol, entre Marte e Júpiter. Sua órbita é de quatro anos, sua cor é branca, seu símbolo é uma mão estilizada que sinaliza, adverte, saúda ou abençoa e a sua interpretação segue as possibilidades deste gesto.

O asteroide Lilith simboliza a paixão feminina, a capacidade de liberar a raiva reprimida e resolver os conflitos de poder oriundos da inferiorização da mulher nos relacionamentos. O perigo da sua influência reside na dificuldade da pessoa em se enquadrar nas normas sociais ou no convívio grupal, sendo sua personalidade excêntrica. O asteroide descreve o primeiro estágio da jornada mítica onde Lilith é suprimida, humilhada, rejeitada e se afasta do cônjuge, afirmando sua independência e foge tomada de fúria para o deserto selvagem, se refugiando no exílio. Telúrica e prática, ela manifesta desta forma o seu protesto contra a submissão a Adão.

PALAVRAS-CHAVE: rebelião, feminismo, liberdade sexual, luta pela liberdade de expressão, confronto, instinto, exílio, cura pela imposição de mãos (simbolizada pelo desenho da mão), atitudes não convencionais, reações instintivas, comportamento inovador, postura independente, conceitos feministas. Na astrologia sua energia se assemelha com a lua crescente, o vigor da donzela, a rebelde que luta pela liberdade e justiça. Pode ser visto como uma ponte terrena para Éris, refletindo seu aspecto turbulento e desagregador ou um aspecto sombrio de Urano.

Como arquétipo da Deusa Escura o asteroide Lilith é associado com a oitava casa no mapa astral, com o signo de Escorpião, o arquétipo de Perséfone, a estrela Algol, a constelação de Ofiúco (Ophiuchus), bem como aos temas de sexo, obsessão, transformação, magia, tabus, morte. Ele pode personificar os aspectos coletivos escuros, ocultos ou demoníacos, a repressão do sexo e suas distorções pela repressão religiosa e normas sociais, o esquecimento de como usar e desenvolver a intuição.

ENSINAMENTOS: auxilia as práticas espirituais e sexuais, os oráculos, a astrologia, o ocultismo, a magia. Lilith como Lua Escura (Dark Moon) descreve a dor sentida no seu exílio, o que a fez planejar e executar a sua vingança. Como Lua Negra (Black Moon) mostra a transmutação da sua imagem distorcida para a sua expressão inicial sadia.

Sua energia é primal, sem ser domesticada ela existe em todos nós, mas foi denegrida, proibida, perseguida e atribuída às bruxas, aos viciados ou pervertidos. Lilith representa o aspecto "demonizado" da mulher, resultado de projeções culturais de longa data, que definiam os atributos e funções femininas como "perigosas, vergonhosas e indignas de confiança". Originariamente as pessoas influenciadas por Lilith eram místicas, sendo sacerdotes, curadores, videntes ou magos que lidavam com os mistérios da morte e regeneração, que conheciam e respeitavam os ciclos de nascimento, crescimento e desintegração. Lilith representa o direito de reivindicar o poder original da Deusa Escura, a aceitação da escuridão e não somente da luz como facetas da natureza humana. Ela não pertence somente às feministas ou aos homossexuais, mas une e harmoniza os gêneros, as discrepâncias e contradições humanas, seguindo as leis do carma e respeitando as verdades individuais. Sua energia não pode ser negada ou retificada por ser oriunda da profundeza da psique. É um traço da personalidade que é mantido oculto ou o poder interior que passa despercebido, o potencial intelectual não revelado.

No MAPA ASTROLÓGICO o asteroide mostra onde e como experimentamos os temas de ressentimento, rejeição, raiva explosiva, divergências de poder e fuga; ele revela a área dos conflitos e dos julgamentos sociais, que impõem estereótipos de comportamento feminino em função das normas ou dos padrões patriarcais e masculinos. Assinala segredos, aspectos misteriosos ou escuros, aponta aborrecimentos, dúvidas, medos; se bem aspectado indica poder interior, força de resistência, habilidade em seduzir ou persuadir e como precisa afirmar e viver a verdade pessoal.

Nos mapas femininos o asteroide Lilith descreve as situações repressivas, quando não somos livres para nos expressar, nem aceitas ou valorizadas por quem realmente somos, ou ficamos impedidas de agir, escolher ou determinar as circunstâncias da nossa vida. Podemos ser obrigadas a obedecer aos outros ou pressionadas para suprimir qualidades consideradas inaceitáveis ou ameaçadores como sexualidade, rebeldia, independência. As experiências de negação e humilhação contribuem para o acumulo de ressentimentos abafados, que podem provocar uma explosão de raiva reprimida, quando – enfim – falaremos a nossa verdade. Porém, expressar esta clareza pode ameaçar os relacionamentos com parceiros, parentes, chefes, dirigentes espirituais ou membros dos grupos; nesta situação, quando não podemos mais aceitar a submissão, seremos forçadas a expressar a raiva, a rejeição, a traição, e fugir.

Pela sua semelhança com Escorpião, quando posicionado neste signo, sua ação é intensificada, para o bem (aumenta o poder da vontade e da sedução) ou mal (excessos sexuais, violência). Lilith pode também representar a energia maternal, mas se assemelha mais à Lua Negra, sendo a mãe sábia ou guerreira, que protege seus filhos com garra e determinação. Pode agir com fúria e violência quando defende seus filhos ou luta pelas mudanças e desta forma causa dores, feridas da alma ou pelo contrário, favorece o caminho para o sucesso.

Lilith não é má, nem maléfica, ela é profunda e intensa nas suas ações e propósitos, atrai ou repele pessoas, cria ligações cármicas, corta amarras, provoca paixões ou mágoas, ou seja, curando e ferindo. Para a mulher moderna, Lilith aconselha lidar de forma objetiva com as limitações, confrontando-as e exigindo igualdade nas atividades, papéis políticos e sociais, parceria nos relacionamentos e recusando se submeter à autoridade injusta e arbitrária. Nos relacionamentos pessoais o asteroide reflete os temas da rejeição, traição, isolamento, raiva, ostracismo, autonomia, independência, sedução, manipulação e dominação. A sua essência reside nas ações que buscam e afirmam a expressão e a integração nos assuntos da raiva, sexualidade, assertividade e resolução dos conflitos.

2 – Lilith como Estrela Fixa

A estrela *Algol* situada na constelação de Touro, a 26 graus, é considerada a mais maléfica do zodíaco e foi equiparada com Lilith. Denominada também de "Olho" ou "Cabeça da Medusa", esta estrela representa o ciclo natural da morte e desintegração, inerente ao desenvolvimento natural e cíclico da vida vegetal, animal e humana. Ela pode ser vista como um aspecto da "Mãe Ceifadora", às vezes associada às deusas Kali ou Hécate.

Como o "Olho da Medusa", a luz oscilante desta estrela revela a verdade oculta na alma, vê a realidade sob seus inúmeros disfarces, defesas e ilusões e analisa as aspirações e sonhos com objetividade e imparcialidade. O seu simbolismo é ligado ao mito de Medusa, cuja cabeça foi decapitada pelo herói Perseu, uma alusão ao poder masculino dominando e aniquilando a energia feminina escura. Porém, da cabeça sangrenta da Górgona saiu voando Pégaso, o cavalo alado, representando o voo da imaginação e o poder alquímico da criatividade e transformação. A decapitação também liberta a alma da sua identificação com o corpo e os apegos da matéria, permitindo a sua elevação pela transcendência.

3 – Lilith como Lua Escura (Dark Moon Lilith)

Existem relatos antigos sobre a existência de um segundo satélite da Terra que, por ser raramente visto, foi denominado de Dark Moon Lilith ou Lua Escura. Ele pode ser visto somente quando o céu é escuro e a Lua Negra está em oposição com o Sol ou quando ela atravessa o disco solar, estando, portanto, em conjunção. Este satélite tem um quarto do tamanho da Lua e está três vezes mais distante, levando 119 dias para fazer uma volta ao redor da Terra e ficando dez dias em um signo zodiacal. O símbolo da Lua Escura é de um círculo cortado transversalmente por uma linha oblíqua.

A sua natureza não foi totalmente comprovada, acredita-se que é semelhante a uma esfera de nuvem prateada, que absorve a luz em lugar de refleti-la. O seu efeito é impessoal, diferente da Lua, que expressa emoções subjetivas e pessoais. A Lua Escura representa o instinto primal, objetivo e impessoal que repercute além dos planos físicos e emocionais. Quando a sua expressão é negada, o seu efeito é negativo. Quando sua energia emocional é canalizada para os centros superiores, ela aumenta a habilidade mental, criativa, estética e até mesmo espiritual.

Os escritos esotéricos e antigos de Ivy Goldstein Jacobson (autor das efemérides da Lua Escura) e sua citação no livro de Laura Walker (vide Bibliografia) atribuem à Lua Escura uma natureza etérea. Ela seria a reminiscência energética de um planeta desintegrado, cujos restos formam atualmente o "Cinturão de Asteroides". Apesar da Lua Escura não mais existir no plano físico, ela existiu no passado e seu conceito atual a representa como "a sombra", a parte inconsciente da nossa psique, responsável por muitas das nossas ações e escolhas. Este planeta, desaparecido devido a uma catástrofe cósmica, era conhecido nos antigos textos como *Tiamat* ou *Krypton,* o "planeta perdido", localizado entre os planetas Marte e Júpiter (onde se encontra agora o cinturão de asteroides). Como a energia é indestrutível, os campos (eletromagnético, gravitacional e energético) de *Tiamat* sobreviveram à sua destruição e continuam a existir no plano sutil como a Lua Escura astrológica que, mesmo invisível, influencia nossas vidas. Para compreender melhor o arquétipo de Tiamat, recomenda-se ler o texto referente a ela no capítulo sobre as deusas escuras (pág. 589).

Tiamat era conhecida como "A Mãe" que tinha dois aspectos: "Mãe Nutridora" e "Ceifadora", polaridade que representa exatamente a essência da Lua Escura e suas duas faces; benéfica e maléfica, morte e renascimento. Simbolicamente, o "vazio escuro" que surgiu após a desintegração de Tiamat, seria a própria essência energética da Lua Escura, que está reaparecendo agora como um emissário no caminho da sacralidade feminina apontando para o reconhecimento da importância da escuridão no equilíbrio da mulher.

O significado da Lua Escura é ligado à percepção do absoluto, aos sacrifícios em termos psíquicos e às vivências espirituais. Como contraparte da Lua, ela reflete nossas experiências infantis e define os padrões de relacionamento interpessoal.

Sua colocação no mapa indica como ultrapassar condicionamentos culturais e familiares e criar estratégias para a convivência, expressão da criatividade e evolução. Seus trânsitos nos atingem em um nível muito profundo e reagimos através dos medos guardados nas nossas sombras. Podemos ter uma reação rápida ou não, dependendo da sua localização e dos seus aspectos no nosso mapa. No período chamado de noite escura da alma, descemos até o fundo do poço do inconsciente e encontramos o aspecto da "Mãe Ceifadora" que nos ajuda a remover bloqueios e limitações e nos eleva ao encontro da "Mãe Nutridora", que prenuncia o novo ciclo após a purificação e o fortalecimento do ser. O abismo criado pela negação da Lua Negra – onde reside a Mãe Escura – assumiu na nossa psique as características de algo sombrio e incontrolável, o domínio dos temores e dificuldades pessoais. Mas ele também é o terreno fértil para o nascimento de novas possibilidades e o encontro das ferramentas adequadas para a transmutação. Os trânsitos da Lua Escura nos purificam e agem removendo as restrições físicas e emocionais que limitam a nossa realização, abrindo assim novas oportunidades, através da renovação proporcionada pela Mãe Nutridora, após a limpeza feita pela Mãe Devoradora.

A Lua Escura não foi compreendida e aceita durante muito tempo por ser vista como um símbolo astrológico escuro e maléfico, devido à sua associação com a escuridão. Porém, é a escuridão da noite que nos proporciona a cura e a renovação, o "vazio escuro" representado por Tiamat que nos traz a reunião com as partes abandonadas, perdidas ou desconhecidas de nós mesmas, nos devolvendo a harmonia e a integração através do autoconhecimento e fortalecimento do nosso ser.

A definição de Lilith como *Lua Escura* foi dada em 1918 pelo astrólogo Sepharial após o seu relato em que dá os detalhes sobre a identificação do novo satélite no signo de Escorpião. Antes disso, em 1846, Johan Galle, em Berlim, anunciou a descoberta de uma segunda Lua que era escura e raramente visível. Em 1898 o astrônomo George Waldemath confirmou a locação da Lua Escura e os cálculos posteriores de Sepharial detalharam seu ciclo e órbita o que lhe proporcionou o nome de *Waldemath Black Moon*. Dois séculos antes, em 1618, o astrônomo Riccioli tinha relatado a observação deste corpo escuro, confirmado depois em 1700 por Maraldi e Cassini. Seguiram-se vários outros relatos e cálculos até as efemérides definitivas de Delphine Jay em 1983.

O interesse no estudo de Lilith foi obscurecido pelas descobertas dos novos planetas e dos asteroides. Quando os primeiros satélites artificiais foram lançados em 1957-58 foi constatado que a Terra pode ter outros satélites naturais próximos a ela, mas por períodos curtos. São *meteoroides* que tocam a atmosfera superior e perdem velocidade, e assim, alguns deles entram em órbita por um máximo de 150 horas. Lilith – derivada da palavra *laylah* em hebraico – significa noite, um termo compatível com a escuridão em que este satélite orbita e também com o aspecto escuro do ser humano. A influência de Lilith permanece na sombra da natureza humana, além dos estímulos emocionais da Lua propriamente dita, que são mais acessíveis à nossa mente.

Na Cabala o nome Lilith corresponde à *coruja*, cujo grito é ouvido de noite, mas que permanece na escuridão. Sob a denominação de *"pássaro noturno que grita"*, Lilith define a natureza humana no estágio escuro da consciência. A Lua pode ser comparada com a atividade *exotérica* dos padrões subconscientes, surgindo na nossa consciência como reações emocionais instintivas e memória pessoal. Lilith aparece como a atividade *esotérica* do subconsciente, se manifestando como respostas mentais instintivas e memória social. Ela descreve aquilo que é oculto ou nebuloso no caráter humano, ou a busca da gratificação acima de considerações emocionais ou materiais. Como manifestação da Lua Escura, simboliza de que forma e em quais áreas nós vivenciamos os aspectos distorcidos de Lilith: a sua angústia, amargura, tristeza, traição, alienação, medo, ódio, rejeição da sexualidade e desejo de vingança.

Pela sua posição no mapa astral, Lilith indica onde, ou por meio de que ou quem, é manifestada a objetividade emocional ou a sua ausência. Ela atua de forma positiva sobre o intelecto ativando talentos, mas impede a realização de desejos ou interesses egoístas criando medos e bloqueios. Quando os medos são encarados, a colocação de Lilith no mapa (conforme é resumido na descrição a seguir) torna-se o portal para um nível mais elevado de compreensão espiritual e o decorrente amadurecimento.

A Lua Escura descreve o nosso período de exílio, quando por rejeição, a sombra distorcida pela dor envenena a nossa psique com imagens de vingança e retaliação. Ao internalizar esta energia, ela se vira contra nós e se torna amarga, odiosa, acusadora e vingativa, podendo nos transformar em uma pessoa solitária, que se sente rejeitada e alienada dos demais. A repressão da energia sexual de Lilith leva à interiorização da raiva que se vira contra si mesma, causando frigidez, esterilidade, frieza emocional ou expressões sexuais destrutivas. Quando projetamos e exteriorizamos a sombra de Lilith, nos tornamos suas vítimas e perpetuamos seus aspectos nocivos, que incluem sedução, manipulação sexual, abuso e ostracismo. Esta fase escura descreve também como planejamos e executamos nossa retaliação, atraindo assim entidades espirituais maléficas, que podem nos ferir e destruir pela sua manifestação grotesca na nossa vida.

A Lua Escura nos oferece um espelho que reflete a nossa dor nas sombras escuras da psique. Os ensinamentos da Deusa Escura nos possibilitam achar a chave para o nosso renascimento através do autoconhecimento, pois o espelho dela reflete a verdade ou a negação. Ela nos liberta para sermos nós mesmas, livres de corpo e alma como Lilith, ou nos ensina a separar a realidade das ilusões e mentiras como Kali. É a sua luz que irá nos conduzir na escuridão, e nos seus braços iremos nos recolher no final da dança espiralada, antes de atravessar os portais para o Além. A Deusa Escura é a força que nos movimenta, conduzindo nossa vida da fase minguante para a crescente, do velho para o novo, da destruição para criação, da morte ao renascimento. Para manter o ciclo do eterno retorno, ela corta os apegos que nos enquadram em condicionamentos ultrapassados, pois ela é a essência da mudança e transformação. A Deusa Escura ativa o poder que vem do nosso ventre e nos incentiva para falar nossa verdade, manter a integridade, protestar contra as injustiças, expor o mal, negar a falsidade e exigir a verdade dos outros, sempre que nos deparamos com dominação, mentiras e opressão. Ela é chave para a expansão da consciência e a escuridão lunar vela seu grande mistério, o da renovação e renascimento.

No MAPA ASTROLÓGICO ela mostra onde e como experimentamos os aspectos distorcidos de Lilith na nossa vida como: angústias, amargura, alienação, medos, recusa da sexualidade, negação dos desejos e da satisfação pessoal e vingança. Como manifestação da Lua Negra ela representa o aspecto "malvado" de Lilith, que pode ser canalizado para liberar a negatividade através da criatividade, psicoterapia, bioenergética, arteterapia, ou fazendo os "sacrifícios" necessários para seguir um caminho espiritual. Ela age de duas maneiras: ou encaramos nossos "demônios" e os soltamos de forma segura, ou os deixamos nos seus esconderijos, de onde eles podem sair, nos alcançar e ferir.

PALAVRAS-CHAVE: vingança, sombra, raiva, sadomasoquismo, pesadelos, fantasmas, demônios, bruxaria, toxinas, drogas, contos de fadas, ninfomania, dor emocional, psicose, catarse, desejos não realizados, compulsão, fobias, loucura.

Ela se assemelha ao asteroide Éris e ao planeta Plutão, pois sua atuação sombria é semelhante às energias do mundo subterrâneo.

4 – Lilith como Lua Escura nos Signos Astrológicos

EM ÁRIES – indica a necessidade de se expressar com clareza, rapidez e integridade, o que pode dificultar os relacionamentos ou diminuir o calor afetivo. Reconhecer a sua projeção nos outros é um auxílio para temperar a beligerância e intransigência, beneficiando a percepção e paciência. Cultivar a coragem, intuição e carisma permite vencer dúvidas e evitar rompantes.

EM TOURO – propicia a produtividade, estabilidade e responsabilidade, desde que não haja exageros na busca de realização financeira, sensorial e sexual. A conexão com a terra e o enraizamento fortalecem a autoestima e a confiança em si mesma e evitam decepções e perdas. É importante cultivar os dons espirituais e repartir com os demais os frutos e recursos da Mãe Terra, se preocupando com objetivos ecológicos e humanitários.

EM GÊMEOS – para resolver o paradoxo da dualidade, deve ser aprimorada a capacidade da síntese e desenvolvida a intuição. A inconsistência e ambivalência geminiana diminuem quando a mente é calma e pode ser ouvida a voz do coração. As percepções múltiplas e a criatividade espontânea requerem, além de vários meios de comunicação, expressão rápida. Precisa cuidar do aspecto "trapaceiro" e da tendência em iludir ou enganar (a si e aos outros), bem como evitar mudar, repetidamente, de um objetivo para outro.

EM CÂNCER – há uma forte influência das lembranças e condicionamentos maternais e familiares e a tendência de repetir padrões emocionais e comportamentais herdados. Torna-se importante adquirir uma independência e maturidade emocional, para assim resolver a contradição entre o temperamento sensível e influenciável de Câncer com a postura impessoal e universal de Lilith. Superando a dependência afetiva e desenvolvendo o potencial criativo e espiritual, a cornucópia da Mãe Divina irá suprir as necessidades pessoais e permitir o voo da alma.

Em Leão – incentiva a criatividade mesmo em um cenário de caos, focando a intenção e testando a força do ego. Para abrir os canais criativos aos impulsos cósmicos é necessária a pureza da expressão, evitando a motivação interesseira. A força motriz de Lilith em Leão é a elevação da expressão pessoal ao nível espiritual; o coração deve estar presente em qualquer atividade ou situação, senão a vitalidade solar diminui. O perigo reside na prepotência, comodismo, rebeldia ou exagero da "sombra" leonina e a dramatização no "palco" da vida.

Em Virgem – há uma ressonância evidente com os ritmos naturais e o pulsar da terra e da vida. Os talentos inatos e a metodologia pessoal devem ser incentivados para evitar frustrações. Problemas de saúde ligados à somatização e ao excesso de sensibilidade requerem atenção e uso de terapias alternativas, bem como se deve evitar a poluição ambiental e o excesso de perfeccionismo. Existe uma característica inata de se fixar no negativo, em lugar de valorizar o positivo, tendência que, ao ser reconhecida e transmutada, irá permitir a sintonia com a beleza, a evolução e os ciclos da natureza, honrando assim todos os recursos da Mãe Terra.

Em Libra – a chave mítica pertence à deusa Maat, que mantém a harmonia das esferas e rege as leis celestiais. Se o coração e a alma são leves como a pena da verdade de Maat, o equilíbrio é garantido, mas exige um compromisso sério e duradouro. Nos relacionamentos, o ajuste da sutil balança dos acertos cármicos é percebido apenas no nível espiritual. Há um permanente intercâmbio nos relacionamentos, as ideias podem ser harmônicas ou divergentes e o resultado depende da intenção real – de competição ou cooperação – que pode ser oculta ou distorcida pelas palavras. As opções e escolhas feitas – mesmo sem termos conhecimento disso – podem alterar de forma drástica as nossas vidas e as dos outros. Existe um talento inato para buscar e encontrar conexões e relações por afinidade de ideias, propósitos e filosofias, propiciando assim diálogos e a união das polaridades.

Em Escorpião – Lilith tem seus efeitos intensificados na busca do equilíbrio entre amor e desejo, confiança e traição, medos e superação. As águas escuras e congeladas de Escorpião escondem rochas submersas, que podem impedir o fluxo de energia. O poder recusado, não usado ou bloqueado vai encontrar seu próprio curso e sua ação pode ser destrutiva. Porém, a resiliência e a capacidade de regeneração pelo amor transpessoal abrem os portais para a conexão com a fonte universal. O amor perfeito e a intensidade da fusão jamais serão preenchidos pelo "outro", mas a dissolução dos desejos no fluxo do amor incondicional dissipará a névoa escura dos apegos e medos e permitirá a regeneração.

EM SAGITÁRIO – a busca pela "verdade, plena, total e permanente" é o lema da Lilith neste signo, buscando alinhar as leis sociais com as leis cósmicas. Porém, a verdade pode assumir diversas versões e proporções míticas em função dos interesses, objetivos e normas éticas e morais individuais. O lado escuro aparece quando o idealismo se transforma em fundamentalismo, corrompendo crenças e ideais. Mentiras, traições e falsidades são alvos da flecha da "Caçadora Celeste", que almeja a superação dos conceitos limitantes e das amarras. O centro galáctico da Via Láctea se encontra em Sagitário e representa o poder cósmico que impulsiona e favorece uma abordagem profunda na busca da verdade.

EM CAPRICÓRNIO – controle, capacidade e autossuficiência são os testes para que a responsabilidade capricorniana possa se manifestar. A força vital pode ser modelada em função do objetivo almejado e da habilidade em lidar com o autocontrole, antes de tentar controlar os outros. O enfoque prático do senso de responsabilidade é aplicado na mudança ou melhora dos padrões adquiridos e das tradições herdadas do passado. No entanto, isso deve ser feito com integridade, honrando o legado ancestral e abrindo o caminho para as gerações futuras. Para manter a simplicidade, eficiência e qualidade devem ser usados os meios adequados, lidando com a falta de reconhecimento alheio ou a interferência das energias negativas como inveja e competição desleal, procurando permanecer fiel a si mesma.

EM AQUÁRIO – há um interesse genuíno nos assuntos sociais e um desejo de contribuir em atividades que ampliem a consciência. Devido à sensibilidade ampliada e à abertura para o recepcionamento das energias cósmicas, podem aparecer alterações no campo energético corporal que, ao mesmo tempo em que favorecem insights repentinos, podem ocasionar disfunções sutis ou problemas físicos. A amizade e a parceria com pessoas compartilhando dos mesmos valores e objetivos favorece a criatividade e realização. Mas, em condições e situações que não beneficiam a expansão da consciência, acentua-se a sensação do "não pertencimento" ao contexto coletivo ou do deslocamento individual em relação ao Todo.

EM PEIXES – a percepção psíquica acentuada torna difícil diferenciar entre ilusões, sonhos e realidade. O contato com a água, principalmente salgada, auxilia a limpeza áurica e o acúmulo de impressões e resíduos energéticos, captados permanentemente através do contato com outras pessoas ou oriundos dos próprios devaneios e percepções. É necessário aprender a distinguir a fonte da emissão energética e saber diferenciar entre os vários níveis da realidade, evitando fugas, dependências ou perturbações psíquicas. Cercar-se de beleza, tranquilidade e harmonia, ajuda os anseios da alma a entrar em comunhão com as energias elevadas e se distanciar das vibrações densas e prejudiciais.

5 – Lilith Como Lua Negra (Black Moon Lilith)

Sem ter uma presença física, esta Lua Negra é definida por um *ponto abstrato, geométrico*, semelhante ao Ascendente ou aos Nós Lunares, sendo descrita por astrólogos esotéricos como uma "segunda Lua etérica". A Lua descreve uma trajetória elíptica ao redor da Terra; a órbita lunar é uma elipse com dois pontos focais: um sendo o centro da Terra e o outro a Lua Negra, que é considerada o *apogeu* da órbita lunar, o ponto mais distante da Terra e oposto ao *perigeu*, que é o mais próximo. A longitude do foco vazio dessa elipse, que coincide com o apogeu lunar verdadeiro, é a Lua Negra ou Lilith, conforme o conceito de Dom Néroman (astrólogo famoso e autor de várias obras). Ambos os pontos, o apogeu e o segundo ponto focal, localizam-se no eixo maior da elipse orbital; vistos da Terra, estão na mesma direção, portanto, ocupam o mesmo lugar no Zodíaco.

Astrologicamente, Lilith, como Lua Negra é um ponto virtual associado à maior distância (apogeu) da Lua em relação à Terra. A projeção no zodíaco tropical deste ponto visto desde a Terra vai determinar a posição zodiacal de Lilith, que percorre um signo a cada nove meses, período médio de uma gestação. Este simbolismo lunar é associado à maternidade e ao poder de gerar mudanças durante seu trânsito; uma volta completa no zodíaco leva aproximadamente, nove anos.

A Lua Negra é, portanto, um campo de força determinado por um eixo que une os pontos onde a Lua atravessa o equador; é a posição mais usada nos mapas e seus atributos são semelhantes à Lua Escura. Nas efemérides os cálculos assinalam dois valores: a Lua Negra *média* (calculada considerando a órbita como sendo regular) e a *verdadeira*, que leva em conta as oscilações de forma e velocidade.

Como parte integrante do sistema Terra-Lua, a Lua Negra é um vórtex energético conectado ao centro terrestre. Neste contexto, Lilith é ligada à energia ígnea profunda, a pirosfera, a esfera central e incandescente do globo que sustenta o corpo do planeta e também nutre os nossos corpos. A energia vital do Sol proporciona a manifestação da vida sob todas as suas formas telúricas e alimenta o fogo central, a Lua Negra atuando como a "irmã" escura da Terra.

Como um segundo centro da orbita lunar, Lilith representa os desafios nos relacionamentos que, pela sua influência, são experiências profundas de encontro de almas e amalgamação de emoções poderosas. Ela também expande a dinâmica dos relacionamentos – além das energias da Lua e de Vênus – para dimensões mais sutis, tendo um forte impacto na área afetiva.

No NÍVEL SIMBÓLICO Lilith liberta a mulher no contexto social, enquanto a Lua enquadra a mulher no ambiente doméstico.

No NÍVEL SUTIL ela nos proporciona o contato com a inteligência emocional alimentada pela sabedoria instintiva, atuando em associação com o sistema Terra-Lua-Sol, sendo a ponte mais próxima entre a Lua e o Sol. Ela é o ponto misterioso que nos incita a avaliar e purificar os desejos negativos, para alcançar a verdade profunda do nosso coração e perceber os anseios das nossas almas. O seu aprendizado é da vivência intensa, seguida de desapego e entrega para o chamado da nossa alma. A sua energia é sutil, invisível, mas perceptível, ativando o desejo do coração e vencendo as limitações, por ser impulsionada pelo espírito.

A Lua Negra personifica os ciclos de morte e renascimento, conduzindo-nos para o encontro com a nossa verdade e a decorrente transmutação. O segredo da transformação alquímica de Lilith reside na escuridão da fase final do processo tríplice lunar, onde a Deusa Escura regente da Lua Negra destrói para renovar, iluminando a verdade para percebermos como as pessoas e as situações realmente são. As suas revelações nos permitem descobrir e encarar as nossas sombras e ter acesso ao poder de transformação nelas contido. A influência da Lua Negra – assim como a dos planetas – depende do signo, da casa e dos aspectos que formar no mapa astral individual. Por representar valores radicais, realça o melhor e o pior, fundindo os contrários.

A Lua Negra fornece as informações antes ocultas e inconscientes sobre a existência da "sombra", os medos primários que bloqueiam ou sabotam a nossa vida e que determinam a forma com que julgamos a nós e aos outros. Resgatar e vivenciar este conhecimento oculto ou esquecido representa um ato de nutrição espiritual fornecido pela energia maternal do arquétipo. Reunindo as partes perdidas ou desconectadas de nós mesmas, a Lua Negra nos devolve o poder de integração e reafirmação da nossa essência sagrada, telúrica e lunar.

O símbolo astrológico da Lua Negra se assemelha a uma *foice* escura ou um semicírculo com uma cruz embaixo. A foice da Deusa corta aquilo que é falso, não essencial e desprovido de autenticidade, algo que pode ser assustador para muitas pessoas. Enxergar a verdade nas estruturas e relacionamentos nos impulsiona para nos libertarmos de tudo que é baseado em falta de respeito ou de confiança mútua. A compreensão e clareza obtidas pelo simbolismo da Lua Negra nos auxiliam a reconhecer nossas carências e falsas necessidades, que nos forçaram assumir ou aceitar papéis que não estão em concordância com nossos verdadeiros Eus. Ela nos conduz para sentirmos a insatisfação com aqueles aspectos da nossa vida que nos pressionam a negar nossas crenças e necessidades ou para rejeitar parceiros sexuais que não nos respeitam ou honram a nossa individualidade.

As deusas regentes da Lua Negra incentivam e fortalecem o *Self*, não para promover separatividade ou egocentrismo, e sim para a integridade individual, pois elas nos obrigam a nos enxergar com coragem e honestidade e rejeitar as estruturas e relacionamentos que são embasados em falta de respeito, ilusão ou dependência. Devemos reconhecer a nossa responsabilidade em ativar e usar o poder interior para o nosso fortalecimento, e não para exercê-lo sobre alguém. A manifestação da Lua Negra na nossa vida nos incentiva a expressar nosso verdadeiro Eu, com integridade e autenticidade, nos fortalecendo para evitar situações em que somos vulneráveis ou não ousamos expressar nosso poder.

Nas efemérides da Lua Negra existem duas colocações denominadas de posição: VERDADEIRA (True) ou MÉDIA (Mean). Na posição verdadeira ela se move muito rápido, em torno de 0°20' por dia, às vezes é retrógrada e tem uma órbita oscilante, próxima à mudança do rumo. Ela é calculada de acordo com estas variações e, devido ao seu movimento retrógrado, pode coincidir em certas épocas do ano com a Lua Negra média. A posição média é calculada em função do apogeu lunar teórico, baseado na órbita média da Lua, sem levar em conta as variações excêntricas da elíptica lunar; ela se desloca diariamente 0°07' e é mais estável. Em geral, a distância entre elas não é maior de 12°, mas às vezes isso é suficiente para colocá-las em signos diferentes. Ambas formam um "corredor" da Lua Negra e se assemelham ao asteroide Éris e ao planeta Netuno, com seus efeitos nebulosos – e às vezes perigosos –, por abrir as portas ao desconhecido.

Diversos astrólogos preferem uma ou outra colocação, às vezes ambas. Alguns usam a média por ser um sistema antigo e bem estabelecido, citado em vários livros. Outros preferem a posição corrigida, mesmo sendo mais difícil de calcular. E, por fim, aqueles que usam ambas, interpretam a Lua Negra média como a *causa*, e a verdadeira como o *efeito*, aceitando a natureza dual e ambígua da Lua Negra geral. Por ser a cor negra a ausência da luz ou o resultado da completa absorção dos raios lunares, percebemos nesta definição a sua natureza ambígua, sem enfatizar com isso a simbologia costumeira da cor negra (angústia, revolta, oculto, mal, perigo, magia).

A interpretação astrológica da Lua Negra enriquece a análise do mapa natal, definindo melhor o caráter do nativo. Lilith simboliza a vida interior, os poderes ocultos, os dons latentes, o inconsciente e o subconsciente, a atuação ou influência de energias sutis, reprimidas ou negadas. Também lhe são atribuídas ações compulsivas e irrefletidas, as influências ou consequências cármicas e os aspectos instintivos e sombrios da personalidade que escapam ao controle racional, as chamadas "sombras". Por representar o apogeu lunar, a Lua Negra também indica o auge ou clímax de situações e dificuldades nos relacionamentos, o *animus* (o aspecto masculino e a imagem do homem ideal para a mulher) e a *anima* (o aspecto feminino e a imagem da mulher ideal para o homem). Devemos reconhecer a "sombra" como um repositório das nossas fraquezas e assim conhecer a motivação principal das nossas escolhas e decisões. "Expor a sombra" é uma experiência desconfortável, ela está resguardada no inconsciente, representada pelos medos primais, julgamentos críticos e as projeções (o material do inconsciente sendo projetado em pessoas, situações, ideias ou ideais), sendo reconhecida através da posição da Lua Negra no nosso mapa.

Em função da colocação da Lua Negra no mapa astrológico, percebe-se como e onde devem ser cortadas as amarras, os nossos falsos papéis, decepções e ilusões, expressando quem nós somos de fato, na nossa essência. Mergulhando na escuridão podemos liberar a dor, nos purificar e resgatar as nossas partes perdidas ou rejeitadas, completando assim a inteireza do nosso ser. A Lua Negra identifica as sombras e define também os medos primais, instintivos, característicos de cada signo astrológico. São eles: Áries – medo da falta de valorização; Touro – medo da escassez; Gêmeos – medo da rejeição; Câncer – medo do abandono; Leão – medo da mudança; Virgem – medo do fracasso; Libra – medo da solidão; Escorpião – medo da perda; Sagitário – medo da desmotivação; Capricórnio – medo da displicência; Aquário – medo da perda de poder; Peixes – medo da vulnerabilidade.

A causa-raiz dos medos primais é a separação da nossa essência espiritual, distanciamento que ativa as sombras e os medos; precisamos reconhecer quando o medo é oriundo da sombra e transcendê-lo através da conexão com a Fonte Divina. Quando estamos conectadas espiritualmente, a nossa vida flui harmoniosamente e temos acesso ao amor e abundância universal. Trazer as sombras à luz da consciência nos permite compreender quais são os medos que nos limitam, e assim, teremos mais liberdade para fazer escolhas alinhadas com o nosso bem-estar. A Lua Negra nos permite irmos além das sombras e descobrirmos a nossa conexão – ou falta dela – com a fonte de amor e abundância universal.

Conectadas com a fonte divina iremos fluir com suavidade e harmonia; a falta de conexão permite a manifestação dos medos, personificados como sombras.

PALAVRAS-CHAVE: magia, magnetismo, força criativa, energia Kundalini, sexo tântrico, sedução, intuição, habilidades psíquicas, imaginação, cura psíquica, hipnose, carisma, xamanismo, drogas psicodélicas, estados alterados de consciência.

Alguns astrólogos comparam a Lua Negra a Plutão, como sendo sua contraparte feminina; no entanto, se observarmos o glifo de Lilith, poderemos compará-la com Saturno. Ambos são representados pelo meio-círculo da alma e a cruz da matéria e, por conseguinte, ambos representam circunstâncias limitadoras e disciplinadoras que nos forçam a atitudes realistas: Lilith – no plano emocional; Saturno – no nível material. Assim como Saturno nos limita materialmente onde não há falta de responsabilidade e comprometimento, Lilith frustra e inibe onde existe imaturidade emocional e sentimentalismo exacerbado. Sendo um foco vazio da órbita lunar, portanto, pessoal, representa um aspecto obscuro e não perceptível de si mesmo, características que procuramos não enxergar, escondidas em algum recanto do inconsciente, impulsos primitivos ocultos e não reconhecidos. Enquanto a nossa alma (Lua) abriga experiências de outras vidas, do passado e da herança ancestral, Lilith simboliza a criatividade original, um instinto não revelado, um talento não reconhecido. Por ser o foco vazio da órbita lunar, à Lilith são associados sentimentos de falta, perda, ausência, frustração, de coisas e situações insatisfatórias que precisam ser bem compreendidas – sempre no contexto do signo, casa, aspectos e movimento (direto ou retrógrado).

Comparativamente, conforme Jung, a estrutura da psique pode ser dividida em três partes assim descritas:

1. Cume da montanha, que corresponde ao consciente, à atuação dos astros no nível pessoal (Sol, Lua, Mercúrio, Vênus, Marte, Júpiter);
2. Camada intermediária das montanhas, o inconsciente pessoal, o lado da nossa personalidade de difícil acesso, o aspecto sombrio que precisa ser pesquisado e reconhecido (Saturno e Lilith). Ambos podem ser vistos a olho nu, mas requerem grande esforço de percepção.

3. Nível interno e profundo das montanhas, o inconsciente coletivo, que reflete um comportamento geracional, comum a vários indivíduos, que respondem de maneira semelhante às mesmas circunstâncias (Urano, Netuno, Plutão). Assim, Lilith, na maioria das vezes se torna tão mal compreendida aos olhos da humanidade quanto Saturno, pois ambos nos trazem experiências profundamente transformadoras e que requerem sacrifícios e desapegos.

Apesar das semelhanças de Lilith com Saturno e Plutão, ela difere deles. Saturno traz frustrações, culpas e perdas, Plutão favorece a angústia, transformação e expiação, mas nenhum deles age com o impacto repentino da Lua Negra, nem proporciona a rebeldia ou insubordinação. Muitas vezes, a Lua Negra oferece um fio condutor na delicada engrenagem da interpretação astrológica. Mas, para isso, é importante vê-la como um elo de conexão espiritual com o cosmos, sem rotulá-la simplesmente como um planeta benéfico ou negativo. A Lua Negra tanto traz dificuldades e obstáculos, quanto expande nossa capacidade de vencê-los e assumirmos as rédeas da nossa vida.

Há uma semelhança entre a influência de Lilith e Saturno como foi demonstrada pelo astrólogo Sepharial. Ambas são forças que disciplinam e estabilizam, Lilith em relação aos desejos negativos, Saturno associado aos assuntos materiais malconduzidos. Como resultado das experiências decorrentes destas influências, uma maior objetividade emocional é alcançada, levando ao amadurecimento. À medida que diminuem os desejos ou interesses egocêntricos e aumentam os anseios intelectuais, criativos, humanitários e espirituais, Lilith se torna a chave benéfica que permite o acesso aos planos sutis da mente, do psiquismo ou do espírito. Neste processo de libertação do ego, para analisar com frieza a situação e permitir-se a expansão da consciência, Lilith se assemelha a Urano.

Observada cuidadosamente, Lilith é extremamente positiva se for vista como a força da independência, do desapego, do amadurecimento emocional e da reverência ao poder feminino. No entanto, como tudo no Universo possui uma polaridade positiva e outra negativa, seu lado negro é mais facilmente identificado e exerce influência sobre a natureza dos desejos pessoais e o poder de não submissão. Uma vez que Lilith representa um ponto imperceptível da trajetória lunar, seu simbolismo é associado a uma parcela não reconhecida do relacionamento materno, representando os aspectos mais obscuros e negativos da nossa própria mãe. Consequentemente, cria-se um padrão de comportamento completamente inconsciente de si mesmo, ou a repetição de um perfil materno que rejeitamos, mas que, sem nos darmos conta, continuamos assumindo, atraindo todas as frustrações a ele associada.

Portanto, podemos associar à Lilith traços psicológicos infantis não desenvolvidos, experiências da infância mal resolvidas ou negativamente elaboradas e, principalmente, imaturidade emocional não reconhecida (que terá como consequência uma negação ou frustração nos assuntos da casa astrológica onde Lilith se localiza). Sentimentos de inferioridade, vitimização e medos irracionais surgem como resultado da falta de maturidade emocional. O que sentimos como falta ou perdas são, na verdade, valores negados que costumamos atribuir negativamente à própria mãe ou à família. Enquanto não reconhecermos nossa parcela de responsabilidade nos comportamentos idênticos aos da mãe, permaneceremos na posição de crianças, imaturas diante da vida e sujeitas as mais diversas frustrações como resultado. É importante reconhecermos o aspecto mais sombrio de Lilith no nosso mapa para conseguirmos usufruir de sua luz e poder.

Devido à sua semelhança com Plutão, ela é mais atuante no signo de Escorpião e também nos outros signos de água, sua manifestação sendo diminuída e reprimida nos signos da terra. Infelizmente, muitos astrólogos contemporâneos não levam em consideração a presença de Lilith nos mapas, alegando a famosa "falta de comprovação científica" em lugar de estudar na prática a sua ampla gama de aspectos e influência multifacetada. Lilith simboliza o poder da noite, é um aspecto da Mãe Negra, o arquétipo da mulher selvagem e livre. Ela corta o superficial, expõe o essencial e revela a consciência pura e a essência indômita, sem se deixar tolher por limitações, sacrifícios e a inevitável dor. Seu poder é fascinante e mágico, ao mesmo tempo enigmático, tentador e inacessível. Lilith abre os portais para o conhecimento oculto, para o inconsciente e para os níveis profundos da nossa verdadeira natureza, sendo, portanto, uma guia valiosa e um auxílio na expansão da consciência.

Tanto na sua representação como Lua Negra quanto no seu atributo como Deusa Escura, Lilith será sempre um contraponto energético com a Lua, amplificando a temática lunar e feminina como: intuição, dons psíquicos, flutuações hormonais e emocionais, lembranças intrauterinas e de vidas passadas, ciclos femininos e ritos de passagem. Citando do livro *L'Astrologie* de Jöelle de Gravelaine: *"Somente quem alcançou o reino da Lua Negra conquistou o conhecimento do inconsciente, que é fonte, passado, origem. Assim, possuirá o poder no mundo presente e poderá vislumbrar o futuro, de certa maneira poderá escapar ao tempo, pois transcendeu os limites."* Qualquer que seja o nome e a face da Lua Negra, Lilith é o espelho que reflete o poder da intransigência, a lucidez sem fraqueza, o despertar da consciência, que requer sacrifícios e sofrimentos para cortar o supérfluo e encontrar o essencial. Através dos antigos símbolos e múltiplas faces da Deusa Escura, podemos ativar a chama da vida interior e alcançar a riqueza do inconsciente.

Independentemente do arquétipo astrológico escolhido para descobrir e conhecer sua influência no mapa natal é importante lembrar que a sua verdadeira atuação se encontra além das reações pessoais e conceitos racionais. Lilith simboliza a vida interior, os poderes ocultos, os dons latentes, os registros inconscientes e a permanência das energias sutis negadas ou reprimidas. Ela ativa os desejos no nível da alma e aponta como as intenções pessoais interferem no esquema programado para nós pelas forças cósmicas. Lilith vive naqueles aspectos da nossa vida que não podemos mudar, mas se alcançarmos a sua magia, as portas irão se abrir. "Abraçar Lilith" requer coragem, abertura, encantamento, compaixão e amor. Ela toca o espaço primordial que existe dentro de nós, que não pode ser intimado ou controlado, mas que responde se for por ela "convidada". O convite deve ser criativo, abrindo o coração, percebendo as intuições, acreditando nos sonhos e sinais. A expressão artística é uma forma de dialogar com ela, e por isso está presente em histórias, canções, poemas, dramas, desenhos e pinturas. Para descobrir como ela age, podem ser usadas terapias corporais que ao trabalhar com campos energéticos sutis alcançam as áreas inconscientes e liberam a energia vital de Lilith presa nos nossos corpos. Lilith revela os pontos que estão com energia estagnada, influencia o sistema nervoso, as glândulas endócrinas, a produção dos neurotransmissores, o equilíbrio químico, bem como ativa os chacras.

Ao abrir a nossa percepção psíquica, Lilith liga o nível pessoal ao transpessoal e nos conduz pelos meandros misteriosos dos níveis místicos e mágicos; ela nos leva além da razão e revela nossa verdadeira natureza e a amplitude do nosso ser. Sua atuação é profunda e tântrica, e nos mostra o espelho cósmico para encararmos o que projetamos. Quando nos livramos de todos os julgamentos e conceitos pessoais e coletivos, desnecessários e obsoletos (a assim chamada "mala pesada" que foi acumulada ao longo dos anos), a mente se abre para a força vital criativa que se expressa nas mais diversas maneiras. Se negarmos e resistirmos às nossas percepções, Lilith revelará seu aspecto demoníaco e vingativo. Ela é a matéria escura, uma das Faces da Deusa Escura, uma energia invisível, mas que permeia o universo e nos conecta aos níveis astrais e etéreos da força vital e da consciência expandida.

Nesta época de transmutação das amarras e do renascimento do sagrado feminino, Lilith ilumina o caminho interior de cada buscadora com o poder da verdade e do amor. Através dos seus arquétipos personificados pelas deusas escuras, a Lilith astrológica nos liberta do falso autocontrole e nos permite a entrega para o chamado do coração, seguindo a intuição como guia e alcançando assim a nossa sacralidade feminina. Lilith pode ser considerada o prenúncio cósmico dos movimentos de libertação da mulher e um significador relevante no resgate da sacralidade feminina, representando as reformas sociais e a igualdade baseada em realizações e não na estrutura social. Os mapas das mulheres que iniciaram e se sobressaíram nos movimentos feministas mostram a colocação de Lilith em posições de destaque, tanto pelo signo e casa, como pelos aspectos com outros planetas.

Pessoalmente, desde que iniciei meus estudos e a prática de aconselhamento astrológico há mais de 40 anos, senti-me atraída pela misteriosa presença de Lilith nos mitos e nos mapas natais. Talvez porque meus primeiros livros de astrologia fossem da escola francesa, que citavam Lilith e o valor da sua interpretação, ou devido à sua forte influência no meu mapa natal, aos poucos fui descobrindo e analisando a presença da Lua Negra, da Lua Escura e do asteroide Lilith, próximos à minha Lua natal, no signo de Escorpião. E também os asteroides Vesta e Perséfone em conjunção com o meu Ascendente, configurações que justificavam a minha longínqua, forte e permanente atração pelos temas ocultos, o empenho e a dedicação aos estudos e a sintonia com conceitos e arquétipos femininos. A confirmação – na prática – da influência astrológica e da atuação sutil ou manifesta de Lilith, me veio ao longo dos anos com o estudo de centenas de mapas (a maioria de mulheres), revelando a multiplicidade astrológica dos efeitos de Lilith e da Lua Negra.

Para auxiliar as pessoas que queiram identificar o modo como a Lua Negra atua no seu mapa natal, segue um resumo das suas características nos signos e nas casas zodiacais. Atualmente, diversos programas astrológicos encontrados na internet disponibilizam as efemérides da Lua Negra. E sua principal característica é associada às qualidades de Lilith como personagem mítica e bíblica, conforme será descrito no seu verbete correspondente no capítulo das deusas escuras (pág. 325).

6 – Lilith / Lua Negra nos Signos Astrológicos e Casas Zodiacais

Para simplificar a interpretação – cujo propósito é apenas informativo e não conclusivo – será levada em consideração a posição da Lua Negra no signo e na casa correspondente.

LUA NEGRA EM ÁRIES OU NA PRIMEIRA CASA – IDENTIDADE, PERSONALIDADE, self – Imprime um comportamento e um perfil astrológico ambíguo; enquanto no nível inconsciente a pessoa não se permite usar os meios necessários para alcançar seus desejos, ao mesmo tempo pode impor sua vontade de forma violenta. Por ter consciência desta violência interior tende a evitar conflitos, mas, ao inibir seus impulsos, terá dificuldade em realizar seus desejos e se autoafirmar. Também confere poder magnético e facilita a liderança se conseguir equilibrar seus próprios desejos, e os dos demais, aprendendo a controlar os impulsos egoístas. Agindo como mediadora ou iniciadora, auxilia os outros a ampliar sua consciência ao ensiná-los a lidar com conflitos. As características inatas favorecem atividades criativas, filosóficas e místicas. De todas as colocações astrológicas da Lua Negra, esta é a que melhor integra os valores simbólicos de Lilith, desde que sejam apaziguados os conflitos internos. Como tema para meditação, aconselha-se explorar a identidade.

Lua Negra em Touro ou na segunda casa – finanças, valores, bens – Existe uma ambiguidade no apego dos bens materiais: ao mesmo tempo em que a pessoa almeja mais, instintivamente rejeita aquilo que pode prendê-la aos outros ou às posses. Muitas vezes estas duas tendências se alternam ao longo da vida; numa fase há o empenho na busca do conforto, amor e dinheiro, em outra podem surgir perdas e decepções, e a solução é o desapego. O ciclo pode se repetir alternando ganhos e perdas no nível material e emocional, o que leva ao desequilíbrio na vida pessoal. As emoções são muito intensas, às vezes dolorosas, uma "fome de amor" permanente, oriunda da infância ou de uma vida passada, buscando a compensação através do dinheiro. Devido à hipersensibilidade inata, é importante desenvolver os seus talentos, principalmente musicais e perseverar na realização material progressiva. Como tema para meditação, favorece a conexão com o corpo e os sentidos.

Lua Negra em Gêmeos ou na terceira casa – comunicação, mente, educação, vizinhos – A dificuldade aparece na comunicação e no encontro da parceria. Às vezes as lacunas da educação e realização profissional persistem levando ao distanciamento intelectual ou ao interesse em assuntos pouco habituais. Devido à natureza independente, são favorecidas as pesquisas ou atividades intelectuais intensas, o que pode levar à sobrecarga mental, a excitação seguida de depressão. É importante aprimorar a habilidade da comunicação, aprendendo e partilhando, ouvindo e falando, para controlar os pensamentos e superar a insegurança verbal e mental e a dificuldade de adaptação. Existe a possibilidade de realizar obras importantes através das palavras. O tema para meditação é analisar os conceitos pessoais sobre conhecimentos e sabedoria e como o intelecto favorece ou atrapalha o caminho espiritual.

Lua Negra em Câncer ou na quarta casa – mãe, origem familiar, lar, final da vida – A preocupação com a família é constante e existem dificuldades no relacionamento com a mãe, que pode ser prepotente ou opressiva. A reação em relação à mãe alterna entre afinidade e rejeição, amor e ódio, representando um empecilho à própria evolução. Existe uma carência atávica em relação a assuntos familiares, o que determina a busca de segurança nos relacionamentos e, ao mesmo tempo, evitando se apegar com medo do abandono. Alternam-se fases de busca e de rejeição na área afetiva, prevalecendo a instabilidade e a insegurança. Para combater esta tendência, é importante criar um mundo próprio, fortalecer a autoestima, curar a relação mãe-filha e colaborar em atividades ligadas a mulheres, problemas infantis, comunitários e sociais. O tema para meditação é a avaliação das emoções e a cura dos conflitos.

Lua Negra em Leão ou na quinta casa – assuntos afetivos, filhos, diversões – Existe um conflito constante entre o conhecimento do próprio valor e a sensibilidade acentuada. Questionamentos ligados à autoestima levam a incertezas em relação à expressão do poder pessoal. Ao mesmo tempo em que existem dúvidas, há uma intensa necessidade para encontrar e expressar a verdadeira identidade. Mesmo sabendo da existência de dons latentes e intuindo a capacidade para sua realização, há uma relutância e insegurança em se mostrar ou afirmar. Há um contínuo conflito entre aspirações, desejos, sonhos, conhecimento, possibilidades e a autossabotagem, com antecipação de fracassos. A busca da perfeição é um entrave no processo criativo, o medo do insucesso ou de perdas afetivas leva ao recuo perante possíveis conquistas e relacionamentos. Porém encontram-se soluções através do progressivo autoconhecimento, transmutação dos medos e assertividade. Quanto mais reforçar a autoconfiança e silenciar a autocrítica, mais perspectivas de realização criativa e intelectual vão aparecer. O tema para meditação é a avaliação da força, coragem e ousadia para enfrentar os riscos e medos na busca da realização.

Lua Negra em Virgem ou na sexta casa – trabalho, saúde, caridade – É importante vencer o complexo de inferioridade e o medo do fracasso investindo em uma área específica e vencendo as limitações autoimpostas. O maior desafio é não se deixar escravizar pela ânsia da perfeição, pelo apego aos detalhes e o exagero da organização metódica. As limitações – internas ou externas – criam um comportamento sistemático e obsessivo, que pode levar a distúrbios psicossomáticos ou a tendências fóbicas. As áreas mais adequadas para trabalhar são as relacionadas com assuntos de saúde, causas sociais ou obras filantrópicas, direcionando assim a vontade inata de ajudar, colaborar e servir. Na meditação, o objetivo é ampliar o centramento, o silêncio e a introspeção, para favorecer o desenvolvimento da intuição.

LUA NEGRA EM LIBRA OU NA SÉTIMA CASA – PARCEIROS, CÔNJUGE, INIMIGOS DECLARADOS – Esta colocação da Lua Negra direciona para uma permanente busca de harmonia, paz e justiça, característica que dificulta os relacionamentos, tornando-os instáveis e complicados. Ao mesmo tempo em que existe uma busca de parceria, há também a rejeição inconsciente, devido ao medo de se apegar ou ser dominada. Aparentemente recusando as parcerias e ao mesmo tempo sofrendo com a solidão, o conflito interno dificulta os relacionamentos. Existe também um medo constante de ser julgada, proveniente talvez, de represões na infância ou vindo de uma vida passada. Para conviver de forma harmoniosa é necessário compreender e curar a origem e as consequências deste padrão inconsciente de comportamento. Uma vez removidos os bloqueios, abre-se um novo canal de interação e apreciação do convívio com outras pessoas. Na meditação, deve ser enfatizada a necessidade do desapego e da entrega para ouvir a voz interior e assim, saber como pacificar os conflitos.

LUA NEGRA EM ESCORPIÃO OU NA OITAVA CASA – ATITUDES EM RELAÇÃO AO SEXO, MORTE, VIDAS PASSADAS, HERANÇAS – Oriundos de traumas da infância ou repercutindo de memórias de vidas passadas, os medos permeiam a sua vida, levando a atitudes autodestrutivas ou de fuga da realidade. Há ao mesmo tempo uma sede interna para uma realização espiritual ou a busca de propósitos elevados, além de uma revolta interior, que pode se expressar como raiva, senso crítico, cinismo, prepotência, dissimulação ou atitudes arriscadas. Porém, a atração pelos aspectos escuros e os assuntos ocultos oferece uma oportunidade de aprendizado e transcendência. Desenvolver as habilidades psíquicas, praticar meditação e seguir um caminho espiritual são meios seguros para transcender os instintos, ter controle sobre os impulsos e desenvolver a espiritualidade. A coragem em desvendar mistérios pode ser uma ferramenta para estudos ocultos e para usar os conhecimentos em benefício dos outros, porém sem tentar dominar, manipular ou controlar. Na meditação, a ênfase deve ser dada ao desenvolvimento da intuição.

LUA NEGRA EM SAGITÁRIO OU NA NONA CASA – EDUCAÇÃO SUPERIOR, CRENÇAS, BUSCA ESPIRITUAL – Ao mesmo tempo em que há uma atração pela liberdade e por assuntos filosóficos, o medo impede de se libertar e se entregar ao desconhecido. Existe uma dificuldade para definir os ideais, e a solução é permanecer no conformismo, apesar da ausência da satisfação. Porém, se for seguida a ânsia de liberdade e verdade sem se deixar aprisionar por conceitos dogmáticos, irá encontrar novos horizontes que vão permitir o desabrochar da natureza espiritual e a expansão da consciência. É importante evitar os extremos – descrentes ou fanáticos – e se empenhar em definir o seu caminho espiritual, sem deixar-se enquadrar, nem tentar impor sua autoridade sobre os outros. A necessidade inata para estabelecer seus próprios códigos morais e valores espirituais pode levá-la para direções totalmente diferentes daqueles da sua origem ou educação. O desafio consta em equilibrar o livre pensar com a integração no mundo, sem renegar a ordem estabelecida para afirmar a sua independência, nem abrir mão dos princípios intelectuais e espirituais, adquiridos nesta ou em outras vidas. Na meditação é favorecido o desenvolvimento da criatividade, a autoconfiança e a coragem para ousar e se expressar.

LUA NEGRA EM CAPRICÓRNIO OU NA DÉCIMA CASA – PAI, CARREIRA, PROJEÇÃO NA COMUNIDADE, EXPRESSÃO NO MUNDO – A ambiguidade se reflete na relação familiar, o pai pode ser amado ou odiado, mas tem uma influência marcante. Apesar da ambição inata existe uma recusa inconsciente em alcançar sucesso ou, pelo contrário, para corresponder ao desejo paterno, abrir mão do seu próprio sonho. A consequência do conflito interior é uma rebeldia, latente ou manifestada, contra a hierarquia e as autoridades. Por não tolerar fraquezas – nem em si nem nos outros – há a tendência de estabelecer metas elevadas que, ao não serem atingidas, levam à revolta interior. O desejo do sucesso – talvez trazido de uma vida pregressa – tem como lema "tudo ou nada". Quando bem aspectada, a Lua Negra pode conferir notoriedade e status, por ter vencido obstáculos, graças à habilidade pessoal e aos sacrifícios feitos para vencer. O tema da meditação é avaliar, perceber e reconhecer como lida com o poder – pessoal e alheio.

LUA NEGRA EM AQUÁRIO OU NA DÉCIMA PRIMEIRA CASA – ASSOCIADOS, AMIGOS, GRUPOS, INTERESSES, ESPERANÇAS, PROJETOS – O idealismo excessivo em relação às amizades pode ser um empecilho na criação de laços significativos. Ao mesmo tempo, a pessoa alimenta ideais de fraternidade e solidariedade, mas se isola dos grupos. Enquanto não perceber e vencer esta contradição interna, estará sujeita às rejeições, precisando ser mais seletiva na escolha das amizades. Por necessitar de uma sintonia nos valores e objetivos, é importante buscar a companhia de pessoas afins e evitar pertencer a grupos em que precisaria renunciar às suas verdades, valores e livre expressão. O progresso e o futuro são assuntos relevantes na sua vida e por isso é importante desenvolver sua criatividade e partilhar suas ideias em projetos humanitários, ecológicos ou de preservação da biodiversidade. Há um preço a pagar: retificar seu egocentrismo e aprender como ser solidário e generoso sem precisar abrir mão da sua individualidade. Na meditação podem ser abordados temas de interesse grupal, coletivo ou global.

LUA NEGRA EM PEIXES OU NA DÉCIMA SEGUNDA CASA – INCONSCIENTE, SEGREDOS, INTERESSES METAFÍSICOS, DOENÇAS, VÍCIOS, MARCAS DE VIDAS PASSADAS – Esta posição da Lua Negra pode purificar a alma ou escravizá-la devido ao predomínio das habilidades psíquicas e experiências sobrenaturais ou, por outro lado, ao excesso de emoções e devaneios com tendência a se evadir da realidade. Pode haver uma abertura para objetivos espirituais, mas alternando com ideais materialistas, levando à confusão e instabilidade. É necessário controlar a imaginação excessiva através de disciplina, meditação, atividades que permitam expressar a riqueza criativa e espiritual. Música, pintura, fotografia ou escrita são áreas apropriadas para canalizar as emoções e a inspiração, evitando assim a sensação de alienação ou aprisionamento. Usar a lógica e a análise racional para compreender os mistérios dos mundos sutis irão evitar que a mente se perca e perambule nas experiências psíquicas ou nas visões sobrenaturais. O controle também é imperioso para evitar a fuga da realidade através de drogas, álcool, magia negativa ou forças astrais perigosas. A busca espiritual é constante e deve ser orientada e cuidada para que a alma encontre seu caminho rumo à união com o divino, além de partilhar seus dons com os outros. A meditação favorece a abertura controlada e equilibrada de novos canais de comunicação com outros níveis de consciência.

Conclusão

Todas as distorções psicológicas que não conseguimos aceitar e elaborar conscientemente nas áreas onde são colocados os astros no nosso mapa natal, irão se manifestar no ponto em que está situada a nossa Lilith ou Lua Negra. Para superar as emoções destrutivas, precisamos reconhecê-las, entendê-las e aceitá-las. Somente quando tivermos a coragem e a honestidade de ver e aceitar totalmente as emoções e desejos por mais "escuros" que sejam, apenas quando eles forem compreendidos e avaliados, poderemos ver que são supérfluos para a nossa defesa e não nos servem mais. Esse é o caminho para a integração da Lua Negra, com seriedade, responsabilidade e paciência. As distorções das forças planetárias podem ser resumidas em palavras-chave: egocentrismo (Sol), mágoas (Lua), dissimulação (Mercúrio), luxúria (Vênus), agressividade (Marte), exagero (Júpiter), rigidez (Saturno), rebeldia (Urano), ilusão (Netuno), sede de poder (Plutão).

Desta sucinta descrição, pode ser observado que a análise da Lua Negra enriquece e expande a interpretação do mapa astral. A prática ou a simples avaliação no horóscopo pessoal vai confirmar a sua importância, principalmente para as mulheres que fazem parte do caminho da espiritualidade feminina e buscam a expansão da consciência.

Práticas Ritualísticas e Mágicas para a Cura da Sombra

Existem diversos métodos e abordagens – psicológicos, bioenergéticos, xamânicos e terapêuticos – para reconhecer, confrontar e assimilar os significados, transmutar os efeitos e integrar os nossos aspectos sombrios. No presente trabalho serão dadas informações básicas para poder usar – de maneira mágica e ritualística – os símbolos e a sabedoria contidos nos mitos das deusas escuras e aplicá-los para o nosso autoconhecimento e transformação. Citando o escritor James Hillman do livro *Ao encontro da Sombra*:

> *"A cura da sombra requer o reconhecimento dos nossos aspectos reprimidos ou rejeitados, a maneira em que os racionalizamos, ou que os projetamos nos outros, como ferimos a nós mesmas na busca de realizações sem termos feito previamente a integração pela aceitação absoluta de nosso verdadeiro ser. Depois de assumir a responsabilidade pelas nossas projeções sombrias, podemos reverter a direção e seus efeitos, transformando-as em pensamentos, emoções, e ações opostas."*

Com este objetivo na mente e no coração o conhecimento dos símbolos e da sabedoria contidos nos mitos das deusas escuras, torna-se uma poderosa ferramenta mágica para o nosso aprimoramento e transformação. As orientações a seguir são adequadas tanto para o uso individual, quanto para grupos ou círculos sagrados femininos, fazendo as necessárias adaptações. Enquanto a mulher sozinha poderá usar menos objetos mágicos e mais projeção mental e visualizações, as dirigentes dos grupos ou as integrantes de um círculo podem lançar mão da sua criatividade e conhecimento, enriquecendo o cenário ritualístico e expandindo os procedimentos mágicos. Amplas orientações para a realização de rituais grupais são encontradas no livro *Círculos Sagrados para Mulheres Contemporâneas* (vide Bibliografia).

A Lua Negra ou os últimos dias da Lua minguante são as melhores fases lunares para a remoção de projeções negativas, transmutação das sombras, eliminação de padrões comportamentais negativos e hábitos prejudiciais. Estas fases correspondem à maré vazante, ao fim dos ciclos, à morte que precede a renovação da vida, sendo, portanto, favoráveis para a liberação de bloqueios, medos, tensões e memórias dolorosas. A energia da lua minguante fortalece o poder para mudar, transmutando áreas estagnadas, desequilibradas ou bloqueadas, fechando ciclos e situações e abrindo portais para a renovação, que será trazida pela lua nova e crescente. Durante os três dias de escuridão da Lua Negra são favorecidas as práticas mágicas para a remoção de energias escuras e negativas, a criação de escudos de proteção e busca de sabedoria inata, intuitiva e ancestral. A Lua Negra possibilita o acesso ao mundo dos mistérios, revela verdades ocultas, expõe os aspectos sombrios da psique e facilita projeções astrais, meditações xamânicas, transe espontâneo, canalização de mensagens espirituais e o uso de oráculos. A escuridão manifestada no plano material pela ausência da luz lunar aprofunda a introspecção e o mergulho no labirinto interior. Esta jornada, amparada pela proteção e condução da Deusa Escura, auxilia a complementação do poder pessoal pela descoberta e integração das sombras pessoais que, ao serem reconhecidas, aceitas e integradas, perdem sua ação nefasta e destrutiva.

O trabalho mágico – individual ou coletivo – realizado durante a Lua Negra visa confrontar a sombra, conhecê-la, assimilá-la ou transmutá-la e assim aprender com ela. A energia e o poder da Deusa Negra finalizam os ciclos, e como "Ceifadora", ela destrói tudo o que esgotou seu tempo, cumpriu sua finalidade e não serve mais. O terreno – material, psíquico, emocional ou mental – deve ser limpo para que haja a germinação de novas possibilidades e atitudes. No vazio e no silêncio do seu reino, a "Senhora da Escuridão" nos ajuda, orienta e sustenta para descobrir, reconhecer e aceitar os aspectos sombrios e renegados do próprio ser.

Após mergulharmos nas profundezas do mundo interior e nos despirmos das máscaras do falso Eu, encontraremos a nossa autêntica identidade.

O ato de confrontar, contemplar e assimilar o poder da sombra individual representa a verdadeira iniciação nos mistérios da Lua Negra e da Deusa Escura, iniciação que exige mudanças, transformações e novos rumos. Sem morte não há renascimento, sem fim não pode haver um novo começo, sem desintegração e dissolução do velho não há renovação. Somente ao aceitar-se na sua totalidade – mescla de luz e sombra, dor e alegria, medo e coragem, conquistas e perdas, sucessos e fracassos, erros e acertos – que a mulher consciente do seu poder mágico e espiritual, irá resgatar a sua completa e verdadeira essência, sagrada e eterna.

Roteiro Básico para as Práticas Ritualísticas e Mágicas

1. Escolher o objetivo – Independentemente de o ritual ser planejado ou espontâneo, para que ele seja eficiente e de longo alcance, a sua finalidade deve ser bem definida e a intenção clara e afirmada no seu início. A declaração feita com voz alta ou mesmo sussurrada, cria uma atmosfera energética e mental propícia para a mobilização dos recursos mágicos e espirituais. Devemos sempre afirmar que o ritual vise "o bem de todos os seres e do Todo", selando assim a intenção e o procedimento correto. A escolha da Deusa Escura que será invocada para orientar, apoiar e proteger o ritual deverá ser feita antes do seu começo e em função do objetivo ou da necessidade a ser trabalhada. Recomenda-se estudar o mito e conhecer sua simbologia para agir com conhecimento e segurança. Além das sugestões indicadas em cada um dos textos, a mulher poderá ouvir sua intuição e adaptar o procedimento para outra finalidade, sabendo que o conhecimento do mito e a conexão prévia com o arquétipo são fundamentais e essenciais.

2. Criar o espaço sagrado – O espaço físico destinado ao ritual pode ser em um ambiente fechado ou na natureza, desde que sejam encontradas condições de segurança e privacidade. Neste caso, o ritual deve ser simples e adaptado às condições do local, com ênfase no círculo de proteção e no pedido de permissão, ajuda e bênção das forças espirituais guardiãs do habitat. Em um ambiente fechado convém escolher um horário em que não haja interferências externas e definir o suporte material a ser usado (uma mesa, círculo de giz no chão) ou trabalhar em

um recanto do jardim. Antes da criação do círculo de proteção precisamos purificar o lugar, salpicando em toda a sua volta água do mar (ou água com um pouco de sal grosso), circulando depois no sentido anti-horário com incenso, vela e uma "vassourinha" de galhos verdes (que pode ser usada para "espanar" as paredes, os móveis e o chão).

Em qualquer ritual é necessário ter um altar como ponto de imantação e fixação das energias ativadas pelas orações, invocações e visualizações. Porém, mesmo o altar mais simples arrumado em cima de uma mesinha ou prateleira, deverá ter um centro (a imagem ou um símbolo da Deusa Escura que será invocada, uma drusa de cristais de rocha ou um cristal de ametista) e os objetos representando os quatro elementos mágicos colocados nas respectivas direções (seguindo a tradição celta ou xamânica, conforme detalhado no livro *Círculos Sagrados para Mulheres Contemporâneas*). Estes objetos são: uma vela ou lamparina, um cálice com água e conchas, um incenso adequado ao arquétipo e um pote de barro com terra, pedras, sementes ou cristais. É muito útil ter à mão um pequeno caldeirão de ferro ou uma vasilha de cerâmica para a queima de papéis.

Uma vez preparado e purificado o espaço ritualístico é necessário proceder à purificação pessoal com um banho de sal grosso, ervas aromáticas e essências, ou apenas passando ao seu redor fumaça de sálvia ou um incenso natural (como breu com arruda e sal grosso). Segue-se o centramento necessário para favorecer a transição do mundo profano para o sagrado. Os meios usados são exercícios respiratórios, relaxamento autoinduzido, ouvindo músicas suaves ou entoando *mantras* para acalmar a mente, apaziguar as emoções e entrar em contato com o Eu divino.

O círculo de proteção pode ser criado visualizando uma cúpula de proteção na forma de uma esfera de luz (branca ou lilás), ou usando batidas compassadas de tambor ou chocalho. Para um ritual individual, não são necessárias as evocações detalhadas dos poderes dos elementos e das direções, que fazem parte dos roteiros usados em círculos e grupos. As batidas do tambor – que representam as batidas do coração da Mãe Terra – facilitam a introspecção e a conexão com os planos sutis e as forças espirituais. Uma vez criada uma cúpula energética ou um círculo de proteção, a barreira energética plasmada deverá ser reaberta no final do ritual e o excedente de energias direcionado para algum objeto de poder ou entregue para terra. A maneira mais elaborada para criar um círculo de proteção requer a visualização dos poderes elementais; para isso deve se ficar de frente para a respectiva direção, absorvendo dentro de si pela respiração o poder de cada elemento e girando ao redor do altar no sentido horário. Podem ser feitas evocações dos seres elementais da natureza enquanto visualiza-se suas qualidades e atributos, delimitando o perímetro áurico do círculo e traçando com o bastão mágico símbolos de proteção (pentagramas ou runas) para cada direção. No final, com os braços e a cabeça elevados, invoca-se a Deusa Escura, mentora, regente e padroeira do ritual.

3. O RITUAL PROPRIAMENTE DITO – O objetivo de um ritual é criar um portal que dá acesso aos níveis sutis do universo, ultrapassando as barreiras e limitações dos condicionamentos mentais, culturais, emocionais e comportamentais. Através de uma profunda meditação, usando as batidas de tambor ou mantras é possível expandir a percepção e projetar a consciência na direção almejada, conseguindo assim obter insights, intuições, visões ou mensagens espirituais. Sem a necessidade de usar produtos químicos ou plantas alucinógenas, a meditação – livre ou dirigida – precedida de uma preparação adequada, favorece o surgimento ao nível consciente de imagens, emoções reprimidas e memórias guardadas no subconsciente, proporcionando a cura pela maior compreensão e a transformação pessoal. Ao mesmo tempo, a meditação permite a comunicação com o supraconsciente (o Eu divino), a conexão com os planos sutis e as energias espirituais e divinas.

A principal finalidade de um ritual realizado por mulheres que trilham o caminho da sacralidade feminina é permitir, facilitar e aprofundar a conexão e a comunhão com a Deusa, atraindo suas energias para cura, expansão de consciência, fortalecimento da essência feminina, ampliação das habilidades e a autotransformação desejada. Para poder sair da realidade "comum" (cotidiana, material e objetiva) e alcançar a dimensão "incomum" (sutil, espiritual e intuitiva) é necessário criar um campo energético usando os símbolos, atributos e qualidades da Deusa que iremos invocar. É imprescindível programar e preparar previamente e com cuidado o roteiro, os objetos, imagens e sons, para que a prática ritualística alcance todos os sentidos e permita a conexão profunda no nível espiritual e sua repercussão posterior, nas mudanças e melhoras da nossa vida. Mesmo que o ritual seja individual e sem ser muito rebuscado, é sempre importante criar uma egrégora energética com as seguintes finalidades: definir o limiar de separação e a transição do mundo profano para o sagrado, facilitar a abertura de portais para os planos sutis e direcionar posteriormente as energias atraídas para os objetivos almejados.

Os rituais para as Deusas Negras podem ser simples ou elaborados, mas realizados sempre dentro de um círculo de proteção ou esfera de luz. Como o trabalho com as sombras implica em mudanças posteriores percebidas durante o ritual, a transmutação e liberação dos bloqueios e das energias negativas pede o uso de: um caldeirão (para queimar as anotações daquilo que deve ser liberado); pastilhas de cânfora para facilitar a queima de ervas secas (arruda, eucalipto, sálvia) queimando e purificando o ambiente; incenso natural (sálvia, breu, pau-santo) para completar a purificação; água com sal grosso para aspergir; tambor ou música com batidas de tambor para induzir a meditação. A toalha e a vela no altar devem ser de cor escura (roxa ou preta), assim como a roupa e o xale usados no ritual. Outros complementos – como pau de chuva, pedras semipreciosas escuras (ônix, obsidiana, ágata natural, hematita, ametista ou cristal enfumaçado), argila para modelar, papel e lápis de cera para desenhar, sons telúricos para propiciar a catarse ou até mesmo uma fogueira ao ar livre – vão depender do arquétipo da Deusa e das possibilidades da mulher (ou do grupo).

Para aprofundar a meditação e favorecer os insights e percepções, pode ser usado um espelho preto (vide sua confecção no livro *Círculos Sagrados para Mulheres Contemporâneas*), exercícios bioenergéticos e respirações ritmadas para provocar a catarse, confecção de máscaras de papel ou argila representando a sombra (que serão depois queimadas ou enterradas), banhos de imersão ou de cachoeira após o uso de compressas de argila (nos pontos de fixação corporal das energias que foram liberadas), descrição por escrito ou desenho da experiência de libertação e transformação, oração de agradecimento e – para finalizar – uma oferenda de gratidão para a Deusa invocada.

A conexão intuitiva e a criatividade individual permitem ampliar, modificar e diversificar estas diretrizes básicas, cuidando para que sejam seguidos os detalhes específicos de cada Deusa (tradição, elementos e locais naturais, roteiro de acordo com o mito e o objetivo desejado) e as palavras-chave das Luas Negras descritas a seguir.

Lua Negra em:	Descrição	Elemento Mágico
Áries	Permite a exploração e a expansão da identidade.	fogo
Touro	Possibilita a cura de lembranças dolorosas associadas com o corpo e a sobrevivência material.	terra
Gêmeos	Facilita a incursão nos mistérios ocultos e a libertação dos condicionamentos e registros mentais limitantes.	ar
Câncer	Propicia a cura de feridas emocionais e lembranças traumáticas oriundas da infância, dos relacionamentos familiares ou afetivos.	água
Leão	Amplia a coragem e permite a remoção dos medos associados com a expressão pessoal, profissional ou social.	fogo
Virgem	Libera os condicionamentos limitantes ligados à afirmação profissional e transmuta a submissão adquirida, aceita ou imposta.	terra
Libra	Proporciona mudanças da autoimagem, abrindo mão da busca da perfeição e da idealização excessiva de pessoas e situações.	ar
Escorpião	Fortalece o mergulho no mundo das sombras e ativa a intuição para encontrar e usar os recursos da transmutação.	água
Sagitário	Auxilia encontrar a ousadia da guerreira para derrotar os inimigos e evitar as armadilhas do caminho.	fogo
Capricórnio	Favorece avaliar os obstáculos que devem ser removidos do caminho, descobrir e transmutar os jogos de poder da sua vida.	terra
Aquário	Facilita a conexão com os seres elementais e espirituais dos outros reinos da criação, que podem auxiliar nos projetos comunitários.	ar
Peixes	Auxilia o mergulho nas lembranças de outras vidas, na libertação e cura dos sofrimentos atuais e dos medos deles decorrentes.	água

Quando há uma *décima terceira Lua Negra* no ano zodiacal, ela será dedicada para honrar a *Grande Tecelã*, a *Deusa Aranha* ou a *Mulher Pensamento,* que entrelaça as energias e os resultados das outras lunações e tece uma nova padronagem de expressão da mulher. Em qualquer uma das Luas Negras, as deusas escuras destroem os velhos padrões de comportamento, mentais e emocionais e direcionam energias renovadas para a integração de novas aptidões, ideais e possibilidades. Como *Anciãs Sábias,* elas guardam e preservam a sabedoria do tempo e sabem que o bem e o mal, são polos opostos, mas que se complementam e entrelaçam. A complexidade da existência humana deve transcender a dualidade e, através de uma nova visão mais simples, integrativa e amorosa, incluir a dimensão do sagrado na vida profana e cotidiana.

As finalidades dos rituais de conexão com as deusas escuras variam entre:

- Remoção (de bloqueios, medos, limitações, padrões comportamentais nocivos).
- Cura (transmutar lembranças dolorosas, liberar dores reprimidas, reconstruir a integridade psíquica após perdas, doenças, traumas violentos, injustiças, traições).
- Proporcionar a integração psíquica (pelo reconhecimento e transmutação das sombras).

O uso de objetos materiais associados ao arquétipo da Deusa Escura que será invocada oferece o substrato energético necessário para conduzir, concentrar e ancorar a energia plasmada pela união da vontade (força motiva) e do desejo (força emotiva), fortalecida pela permissão, proteção e bênção da Deusa. Lembrar que, desejar somente não basta, assim como o ato de querer sem desejar não mobiliza energia suficiente para materializar seu objetivo, mesmo que ele corresponda às condições energéticas criadas durante o ritual. Sabemos que, "a magia é a arte de transformação da consciência pela vontade" (segundo a definição clássica da ocultista Dion Fortune), no entanto, todo e qualquer ritual deve receber a permissão e proteção divina, para que ele não prejudique outros seres e beneficie a todos os envolvidos. Nas situações em que a mulher sofreu injustiças, traições ou outro tipo de violências, jamais buscar uma retaliação, vingança ou retribuição do mesmo teor. Lembrar-se sempre de que existe o equilíbrio cósmico, e a lei do carma ensina, que toda ação, leva a uma reação do mesmo teor energético e que tudo que será feito, de uma forma ou outra, voltará triplicado ao emissor.

Também é importante saber que depois de uma catarse, encontro doloroso com aspectos sombrios ou reprimidos, remoção de bloqueios, resíduos energéticos negativos e de memórias traumáticas, é indispensável fazer uma purificação energética, uma recomposição áurica e o centramento psíquico, mental e emocional. "Limpar o terreno antes de plantar novas sementes e iniciar mudanças" é uma diretriz essencial para finalizar uma cura alcançada em um ritual ou durante uma prática mágica com a Deusa Escura. Esta renovação poderá ser feita durante a lua nova ou crescente com: banhos de limpeza, uso de essências florais, exercícios de centramento, meditações, visualizações e orações direcionadas para os aspectos curadores e renovadores da Grande Mãe. Orientações detalhadas sobre a condução de rituais realizados em grupos são encontradas no livro *Círculos Sagrados para Mulheres Contemporâneas*. No mesmo livro citado, são encontradas práticas recomendadas para as fases da lua nova e cheia, além de rituais de energização, com a ajuda dos elementos.

Arquétipos de Deusas Escuras e Asteroides Associados

"Eu honro o desconhecido em que a Grande Senhora Escura espera, eu aprecio a tirada de máscaras e o precioso dom das lágrimas, eu agradeço os momentos em que Ela me despe e fico comovida pela magnitude da sua bondade e as dádivas do seu amor. Pois é somente assim que o meu ego pode ser domado e a amargura do meu coração retirada; é pela dureza da sua compaixão que eu posso ser erguida da ruina e aridez do meu conflito interior. Por isso eu reverencio, louvo e sou grata à Grande Senhora Escura, pois as suas bênçãos são infinitas, sua compaixão vasta e o dom da sua graça poderoso e curador."

"A escuridão surgindo." Queen of the Great Below. Sophie Reicher

A luz e a escuridão são as duas polaridades do universo, que se entrelaçam permanentemente nas nossas vidas, sabendo que nenhuma delas é superior, ou melhor. A escuridão é o espaço em que se processa a renovação e o renascimento, é o ventre materno ou o vazio primordial, origem da vida. Mas também é o poder misterioso da Lua Negra e das deusas escuras, que nos permite o renascimento das cinzas das transformações cíclicas. Após milênios passados na escuridão da negação, perseguição e esquecimento, a sacralidade feminina está ressurgindo e se difundindo cada vez mais. Através do estudo dos mitos, das práticas ritualísticas e mágicas, reuniões e rituais em círculos sagrados, as mulheres contemporâneas estão redescobrindo e honrando não apenas os aspectos luminosos dos arquétipos divinos, mas também os escuros, que foram os mais difamados, perseguidos e banidos pelas religiões patriarcais e as filosofias fundamentalistas.

Precisamos reconhecer e celebrar as deusas escuras para favorecer a nossa própria integração, cura e renovação. Elas nos conduzem na descoberta e identificação dos nossos próprios aspectos prejudiciais, as chamadas "sombras", para nos libertarmos das amarras dos medos, projeções negativas e padrões comportamentais nocivos. O redimensionamento dos valores e conceitos ligados ao sagrado feminino se processa tanto no nível individual, quanto coletivo, sendo necessário um trabalho interior de integração, antes de confrontar a manifestação da escuridão no mundo externo e contribuir para a almejada complementação das polaridades.

No NÍVEL INDIVIDUAL a integração entre luz e sombra irá abrir a comunicação e a interação entre consciente e inconsciente, recriando novas modalidades de expressão.

No NÍVEL CULTURAL, ECONÔMICO, SOCIAL, ARTÍSTICO E RELIGIOSO serão criadas as premissas para uma maior tolerância, respeito pelas diferenças e aceitação dos paradoxos. Mesmo que isso agora pareça utópico, vale a pena acreditar e se empenhar nesta direção.

O presente trabalho é uma tentativa para incentivar as mulheres contemporâneas a conhecer e adotar para si mesmas as dimensões pouco reconhecidas e cultuadas da Grande Mãe, representadas pelos arquétipos das deusas escuras, cuja importância foi negada, difamada e distorcida pelo patriarcado, tendo enfatizados apenas seus poderes destrutivos, transmutadores e desafiadores, tão necessários e importantes na manutenção do equilíbrio universal, quanto seus dons geradores, nutridores e renovadores da vida.

Cada vez mais os antigos mitos e lendas se fazem presentes na nossa vida como preciosos auxiliares. Os mitos eram respeitados pelos povos antigos como sendo a representação plástica das suas tradições e sabedoria.

No NÍVEL EXTERNO, as lendas transmitidas ao longo das gerações por via oral, descreviam a história da criação e da humanidade.

No NÍVEL INTERNO e nos ensinamentos místicos, os mitos abordavam os aspectos psicológicos do ser humano e os associavam com personagens míticos. As histórias das divindades representavam caracteres e roteiros básicos ao alcance dos indivíduos, que podiam assim encontrar o significado das suas vidas. Denominados por Carl Jung de padrões eternos da alma, os mitos contêm a inspiração divina que pode ajudar os homens na sua busca de autoconhecimento, crescimento e cura. Os antigos mitos e lendas continuam a viver nos nossos sonhos, fantasias, símbolos, ações e interações das nossas vidas, sendo a linguagem natural do inconsciente coletivo. Segundo o mitólogo e historiador Joseph Campbell, "as divindades vivem em nós como forças da nossa personalidade e suas histórias representam os temas míticos que modelam nossas vidas". Ao mergulhar no universo mítico, conhecendo, compreendendo e vivenciando aspectos e atributos de um arquétipo divino, estaremos ampliando a nossa percepção sutil e o nosso autoconhecimento, pois poderemos entrar em sintonia e ressonância com memórias ocultas ligadas a eventos, pessoas ou circunstâncias da nossa vida – passada ou presente.

Na cosmologia grega existem três mitos principais que relatam a criação do mundo. Em um deles Homero considera a deusa do mar Tétis como *A Mãe do Mundo*. No segundo Hesíodo atribui este poder a Gaia, *A Grande Mãe Terra*. No terceiro, a tradição órfica considera Nix, *A Deusa da Noite Escura* como Mãe do Mundo, pois foi ela quem pôs o ovo cósmico. As três versões da criação correspondem a uma das faces da Deusa Tríplice e a um dos aspectos da consciência humana. As divindades criadas por Gaia são associadas com as dimensões sensoriais da mente consciente e luminosa, que percebem um mundo sólido, tangível e telúrico. Os filhos de Nix nos levam à escuridão do inconsciente, um território sem forma e não físico, reino dos nossos tesouros e inimigos ocultos. As divindades que surgiram de Tétis ligam as profundezas escuras do oceano com as ondas da superfície, onde a luz se reflete. Elas são as mediadoras que se movimentam entre a esfera consciente, luminosa e o inconsciente escuro da nossa psique.

Os povos antigos não imaginavam o inconsciente como uma parte oculta da psique humana, mas como uma realidade externa. As profundezas ocultas e assustadoras do mundo subterrâneo eram vistas como uma região desconhecida e misteriosa, morada dos espíritos e considerada um lugar real, geográfico que podia ser visitado. As Rainhas Regentes do mundo subterrâneo eram as deusas da Lua Escura, que detinham o poder da morte, podendo destruir tudo o que tinha sido criado no mundo de cima, detendo também os poderes do renascimento e imortalidade no eterno ciclo de morte e vida. As deusas escuras eram guardiãs dos mistérios, sonhos, visões, profecias e do conhecimento mágico que permitia compreender os segredos dos poderes ocultos. Somente com a ajuda de uma Deusa Escura que poderia ser estabelecida uma relação segura e o auxílio dos poderes subterrâneos.

A visão contemporânea da psicologia confirma a antiga sabedoria, sugerindo que um relacionamento seguro com o poder do inconsciente é alcançado pela abordagem da sombra. A antiga Deusa Escura rejeitada e perseguida durante milênios voltou ao mundo atual, personificada nos conceitos psicológicos e simbolizando a sombra feminina. Como as "Filhas da Noite" habitam nos recônditos escuros da psique, elas não podem ser alcançadas pela mente consciente e nem se manifestam na luz do dia. Se respeitarmos as forças escuras do nosso inconsciente, as deusas escuras vão nos beneficiar com percepções, cura e renovação. Mas, se rejeitarmos e ignorarmos suas *Filhas* – que personificam nossas *sombras* –, a escuridão irá irromper de forma inesperada na nossa realidade consciente, principalmente nos momentos de fragilidade emocional ou psíquica. Podemos comparar esta atuação das sombras como uma ação punitiva pela sua rejeição, que vai provocar distúrbios e destruição na nossa vida.

As culturas patriarcais distorceram o arquétipo da Deusa Escura, tornando-o um ser maligno, imbuído de poderes demoníacos e caricaturado como a bruxa malvada, consorte do demônio. Por termos perdido o conhecimento dos poderes de renovação e cura e sermos impregnadas de medos e preconceitos, nossa capacidade de regeneração foi diminuída e nossos relacionamentos envenenados por complexos e jogos de poder. O nosso maior desafio é mergulhar nas profundezas emocionais, enfrentar sentimentos reprimidos, liberar energias bloqueadas e trazer à luz da consciência a nossa escuridão interior, para que seja reconhecida, curada e integrada. À medida que nossas projeções da sombra são reabsorvidas, poderemos enxergar com maior objetividade, equilibrar emoções, sentimentos e instintos para sermos capazes de uma expressão pessoal positiva, criativa e dinâmica. Ao optar por uma abertura na nossa escuridão interior, conseguiremos reativar os arquétipos latentes da Deusa Escura existentes na nossa memória, reunir as energias emocionais da água e a sustentação pela terra, nos nutrir e assim curar as feridas e mágoas do passado pelo perdão e amor.

Portanto, para nos curarmos em todos os níveis, precisamos penetrar na escuridão do nosso inconsciente e criar uma relação de respeito, amor e aceitação com os aspectos da Deusa Escura. Desfazendo as distorções mitológicas, religiosas e históricas das deusas regentes da Lua Negra e descobrindo como o arquétipo da Deusa Escura foi denegrido, corrompido e permeado por falsidade e maldade, iremos resgatar os aspectos negligenciados da nossa psique e superar os medos da morte e da anulação em busca da nossa cura.

Para o presente trabalho foram escolhidos arquétipos representativos de vários panteões e culturas, sem, no entanto, abranger toda a vasta mitologia e simbologia das deusas escuras existentes nas diversas épocas, lugares e civilizações antigas do mundo, e nas tradições nativas de alguns povos indígenas. Em alguns casos foi apresentado o asteroide associado com o arquétipo da Deusa e a sua interpretação na leitura do mapa natal.

Asteroides Associados às Deusas Escuras

Os asteroides fazem parte de um grupo numeroso de pequenos corpos planetários (menores do que a nossa Lua) situados, na grande maioria, no Cinturão Principal de Asteroides, entre as órbitas de Marte e Júpiter. Mais de 12.000 asteroides têm órbitas bem determinadas, eles orbitam o Sol aproximadamente na mesma direção dos planetas (de Oeste para Leste) e a maioria no mesmo plano. A sua descoberta se iniciou a partir do ano de 1800 e os primeiros quatro conhecidos e nomeados com nomes de deusas antigas – Ceres, Pallas Atena, Juno, Vesta – representaram aspectos do princípio feminino arquetípico rejeitado pela cultura patriarcal. Antes da sua descoberta, os únicos significadores astrológicos do princípio feminino nos mapas tradicionais eram Lua (a mãe) e Vênus (esposa, amante). Em 1970 a primeira efeméride dos asteroides foi publicada por Eleanor Bach e os novos aspectos do feminino começaram a penetrar lentamente na consciência da humanidade. Foram identificados aproximadamente 36.000 asteroides, com órbitas precisas, e em média existem 100 em cada grau do zodíaco.

O significado astrológico dos asteroides começou a ser construído no final do século XX. Logo depois das suas descobertas, os astrólogos começaram a definir suas constituições a partir das suas características físicas, da órbita, do posicionamento entre os planetas e do significado mitológico do nome que receberam. Depois da descoberta de um objeto estelar pelos astrônomos vem à consciência a sua função ou qualidade na personalidade descrita e estudada pelos astrólogos. Na década dos anos 70, com a descoberta de Quíron (1977), o estudo astrológico dos asteroides tomou maior expansão. É interessante para cada mulher conhecer a lista dos asteroides com seus significados astrológicos, escolher aqueles que chamam a sua atenção e, a partir de seu nome e simbolismo mítico, estudar as influências astrológicas no seu mapa natal. Os asteroides correspondem ao arquétipo feminino contido nos seus nomes mitológicos; eles funcionam como elos entre a consciência pessoal e coletiva facilitando a transformação. Quando estão em evidência no mapa natal de uma pessoa, eles indicam a presença de um potencial de transformação. A extensão em que os assuntos psicológicos representados pelos asteroides são percebidos e vivenciados na vida pessoal, revela o grau e a forma em que irá se processar a transformação. É importante que a vivência destas transformações seja consciente, para que possa ser expandida a consciência e ampliada a percepção. As Deusas regentes dos asteroides atuam como veículos energéticos favorecendo a transformação. Elas representam aquelas experiências, vivências ou crises que modificam as funções cerebrais e abrem a percepção para frequências cósmicas e coletivas. Certas mudanças vibratórias representam o despertar do princípio feminino na psique individual, necessário para efetuar um equilíbrio planetário.

Na interpretação mítico-psicológica dos mapas astrológicos, o posicionamento dos asteroides que têm o mesmo nome das deusas escuras, representam as sombras pessoais, existentes nas mulheres e homens. A interpretação dos asteroides no mapa natal deve seguir as mesmas diretrizes que são usadas para os planetas, levando em consideração sua colocação nas casas e nos signos zodiacais e as suas conjunções planetárias. Porém, seu "peso" é muito menor do que dos planetas e dos quatro asteroides maiores (Ceres, Vesta, Pallas Atena e Juno). A importância de cada asteroide no mapa varia de uma pessoa para outra, sendo mais relevante quando ele está em conjunção ou oposição com a Lua ou o Sol, o Ascendente ou Descendente, situado nas casas 4,7 ou 10, em aspecto com os outros planetas pessoais, Quíron, Lilith e os asteroides maiores (acima citados) e recebendo aspectos importantes (conjunção, oposição) dos planetas transitantes. Atualmente, os novos meios tecnológicos (programas de computador na internet, efemérides, associações de astrólogos) possibilitam o acesso às colocações dos asteroides nos mapas natais.

No site *www.astro.com* pode ser feito o desenho de seu mapa natal incluindo o posicionamento do asteroide que quiser.

No link *http://www.astro.com/horoscopos/pt/ahor.asp* chamado de "Seleção alargada de Mapas" da para incluir o cálculo do posicionamento de todos os asteroides.

No *http://www.astro.com/swisseph/astlist.htm#H* encontra-se uma lista com os nomes e números de quase 15.000 asteroides.

O site *http://pt.wikipedia.org/wiki/Lista_de_aster%C3%B3ides* tem a lista com todos os asteroides conhecidos, com seus nomes, números, data de descoberta e descobridor – 100 mil asteroides.

No site *http://www.cfa.harvard.edu/iau/MPEph/MPEph.html* encontram-se as Efemérides e a localização de qualquer asteroide em coordenadas equatoriais RA e Declinação.

Por não fazer parte do propósito principal do livro – centrado nos mitos e rituais das deusas escuras – as informações sobre os asteroides são limitadas ao espaço disponível. Cabe a cada mulher que trilha a senda da sacralidade feminina e que busca a sua identidade mítico-astrológica, completar as lacunas com maiores conhecimentos teóricos e a aplicação prática no seu próprio mapa.

Baba Yaga, a Velha Selvagem da Floresta

"Baba Yaga, Baba Yaga! Eu a procuro na floresta de bétulas
Caminhando até a sua casa nos confins do mundo
Apoiada sobre pés de galinha e cercada de caveiras,
Ensine-me as magias da Anciã
Como atrair e repelir, como viver e morrer
Como lutar e ceder, como me despir e renascer
Você é a Mulher Selvagem, A Velha da floresta
Que não se deixa domar, nem dobrar
Ensine-me a sua magia, estou na frente da sua porta
E preciso descartar tudo que não me serve mais
Queimando tudo no seu forno, vou renascer fortalecida
E voarei na sua carruagem, que é um almofariz."

Adaptação de uma canção infantil romena

Antiga deusa eslava da morte Baba Yaga é descrita em inúmeras lendas e histórias do Leste europeu (da área nomeada pela escritora Marija Gimbutas de "Velha Europa", onde floresceram as antigas civilizações da Deusa), como um ser sobrenatural, manifestado como uma mulher velha, deformada e feroz. Ela é descendente de uma antiga deusa eslava regente da morte e da regeneração e a análise linguística do seu nome revela características pré-históricas. *Yaga* da raiz protoeslava *yêga* significa "doença, arrepio, sofrimento, medo, raiva", enquanto no dialeto samoiedo *nga* significa "deusa da morte". A palavra *baba* é encontrada em várias línguas dos Balcãs (serba, croata, eslovena, búlgara, romena, russa, polonesa e ucraniana), sendo equivalente a avó, mulher velha, parteira, bruxa. *Babushka, babcia e babusia* significam "avó" em russo, polonês e ucraniano.

Nas lendas, Baba Yaga voa em um almofariz, usando o socador como remo, e mora na escuridão da floresta, longe das moradas humanas, em uma cabana giratória, apoiada sobre pés de galinhas que deram origem a um dos seus apelidos, *Velhas pernas ossudas*. As janelas servem como olhos e quando chega um visitante, a casa desce para o chão rangendo de forma sinistra. A fechadura de sua porta é uma boca cheia de dentes afiados; a cerca é feita com ossos humanos, com crânios na parte superior, cujas órbitas brilhantes iluminam a escuridão. Nas lendas, a sua cabana (igual a dos camponeses chamada de *izba*) somente abre a porta quando é dita uma frase mágica. A aparência de Baba Yaga é desagradável: velha e muito magra, ossuda e corcunda, com nariz e queixo pontudos, dentes de aço, verrugas e pelos no rosto, cabelos emaranhados, seios caídos, longas e pontudas garras. Quando ela aparece, um vento forte começa a soprar, as árvores se dobram e gemem e as folhas secas rodopiam no ar, anunciando a chegada de um grupo de espíritos da floresta que acompanham Baba Yaga. Usando uma vassoura de galhos de bétula ela varre e apaga suas pegadas, seja na terra, seja no ar, para ninguém descobrir seu esconderijo. Se as crianças forem desobedientes, ela as leva para a sua casa, feita com paredes de ossos e cerca de crânios humanos cujos olhos brilham no escuro.

Seu nome varia nas lendas entre Baba Yaga, Baba Yakha, Kostianaya, Yezi Baba, Baba Cloantza e ela é associada à Lua, nuvens, inverno, serpente, pássaro, pelicano, sendo considerada uma deusa telúrica, uma ancestral totêmica, matriarca tribal ou Mãe arquetípica. O pelicano e os pássaros são seus animais totêmicos, mas ela também se metamorfoseia em serpente, sapo, tartaruga, camundongo, caranguejo, abelha, égua, bode ou em objetos inanimados. Quando não voa no almofariz, ela fica na sua casa deitada sobre o fogão ou no chão, ocupando o espaço entre uma parede e outra por ter aumentado seu tamanho.

A sua conexão com pássaros indica a sua origem pré-histórica, como descendente das Deusas-abutre ou Deusas-corujas europeias, personificações do poder da morte e regeneração. Nos contos folclóricos russos, Baba Yaga se alimenta bicando crianças ou adultos com seu bico de pelicano e dentes de aço, mas também é descrita como uma anciã amável e sábia. No folclore húngaro ela era uma boa fada, que depois se transformou na bruxa malvada, realçando assim sua enigmática ambiguidade, enquanto para os romenos, Baba Cloantza era sinônimo da Mãe da Floresta, a anciã Guardiã dos mistérios das plantas e forças da natureza. A antiguidade do seu arquétipo persistiu na antiga Dácia no culto de pedras megalíticas com feições antropomórficas chamadas de *Babas* (velhas), encontradas em vários pontos dos Montes Cárpatos na Romênia.

Em algumas das centenas de lendas e histórias que existem a seu respeito (a primeira referência por escrito é de 1755), Baba Yaga também é descrita como uma tríade de irmãs, acompanhadas de três cavaleiros, montados em cavalos da mesma cor que a pele deles: branca, vermelha, preta, que representam o nascer do sol, o dia e a noite. Outras vezes Baba Yaga tem vários tipos de guardiões e auxiliares: um cachorro raivoso, um gato traiçoeiro, gansos agressivos e um arbusto com espinhos que arrancam os olhos dos que chegam perto da sua cabana. Ela é ajudada por três pares de mãos fantasmagóricas, sem corpos, que cuidam de todas as tarefas domésticas. Os visitantes podem ser bem recebidos se passarem nos testes aos quais são submetidos e se comportarem seguindo suas regras. Se eles começarem a fazer perguntas e debocharem da sua casa e aparência, serão destinados para a ceia, após serem banhados, bem alimentados e assados. Em casos especiais, quando o visitante vem pedir sua ajuda e tem um bom caráter ou sofreu injustiças e violência dos seus semelhantes, Baba Yaga oferecerá conselhos, amuletos, encantamentos e magias. Mas, se ele for de má fé ou mentir, será sumariamente assado e comido.

Apesar de ser apresentada como uma força cruel e irascível, traiçoeira e imprevisível, Baba Yaga age como uma justiceira que avalia o valor das pessoas, sua idoneidade e merecimento, sem visar no início preparar delas um jantar suculento. Por isso, como outros personagens folclóricos, Baba Yaga representa mais uma força da natureza do que apenas um símbolo de destruição. Ela age de forma ambígua e imprevisível, pode ser cruel e malvada, mas também sábia e benevolente, após testar a pureza da mente e do coração daqueles que a procuram. Neste sentido, ela representa a purificação que precede o renascimento, eliminando os resíduos perniciosos e os venenos das falhas passadas, limpando o terreno para que novas sementes possam germinar e crescer, melhor do que antes. Também é uma deusa da colheita, não apenas dos grãos, mas das pessoas, pois ela nos semeia, cuida, corta, guarda no seu ventre escuro e nos replanta novamente.

Nas suas lendas aparecem outros personagens, como jovens, madrastas, enteadas e maridos viúvos que casam novamente, mas não querem saber das filhas. As madrastas e enteadas são egoístas, vaidosas, preguiçosas e malvadas, tripudiando da filha do marido, que é mais bonita e prendada. Os nomes e os cenários diferem nas diversas versões, as mais conhecidas são da *Vassilissa* e *Marúsia,* a primeira história magistralmente analisada e adaptada pela escritora Clarissa Pinkola Estés no livro *Mulheres que correm com os lobos.*

Vassilissa é uma jovem que recebeu da sua mãe, antes dela morrer, uma boneca que, se fosse bem cuidada, iria lhe aconselhar e proteger do mal. A nova esposa do pai e suas filhas não fazem nada em casa, obrigando Vassilissa a fazer todo o trabalho doméstico. Como elas são menos atraentes do que Vassilissa e muito invejosas, planejam matá-la e para isso a enviam à casa de Baba Yaga para pedir-lhe brasas para o fogo, que elas mesmas tinham apagado. A boneca guia a moça na floresta escura. Ao conseguir chegar à casa de Baba Yaga, ela é bem tratada e recebe algumas tarefas difíceis para cumprir, mas é auxiliada de forma inesperada por três pares de mãos misteriosas que aparecem do nada. Após cumprir a última e mais difícil tarefa – de separar grãos diferentes misturados em uma enorme pilha – Vassilissa obtém o fogo que tinha ido buscar, contido em um crânio humano. Enquanto ela empreende o caminho de volta, a casa do seu pai pega fogo e a madrasta e suas filhas morrem carbonizadas, mas Vassilissa é poupada e fica livre.

Simbolizando a busca espiritual que requer entrar na floresta escura do inconsciente, onde estão ocultos os inimigos invisíveis e os medos, Vassilissa consegue atravessar a escuridão, pois, cada vez que teme ter se perdido ou errado o caminho, ela consulta a boneca (que é idêntica a ela) e simboliza a sua intuição. Quando chega à frente da cerca encimada por crânios flamejantes, Vassilissa quer recuar, mas ouve a voz de Baba Yaga perguntando o que ela quer. Quando descreve seu pedido, é novamente interrogada com esta frase: "por que acredita que será atendida?"; sua resposta "porque pedi" é certa e lhe permite entrar. Vemos neste exemplo o conselho milenar que *"precisamos pedir – e merecer – para recebermos ajuda".* As tarefas exigidas parecem impossíveis de serem cumpridas no prazo estipulado, mas Vassilissa é ajudada pela sua boneca e pelos três pares de mãos fantasmagóricas que apareceram de repente. Quando ela obtém o fogo, se assusta com o crânio e quer jogá-lo no mato, mas a boneca a impede. O fogo que queima a casa e as moças malvadas simboliza a fogueira na qual devemos queimar nossos medos e amarras do passado, com a ajuda da Deusa Escura, alcançando assim nossa liberdade. Em um nível simbólico, Vassilissa retrata a inocência da jovem camponesa, e sua boneca representa o espírito intuitivo e a força de fé, enquanto Baba Yaga representa a força e sensatez da idade. Baba Yaga é a eterna *Mulher Selvagem* da cabana, a feiticeira arquetípica, a *Anciã*, que viu tudo e que sofreu tudo; ela é ao mesmo tempo uma *Russalka* (ou ninfa das árvores) e a própria *Mãe da Árvore do Mundo*. Ela nos chama, exige de nós que deixemos nossa inocência primaria e a ingenuidade para trás, usando seus ensinamentos para aumentar os nossos poderes mágicos.

O mitólogo russo Vladimir Propp sugere que a cabana de Baba Yaga é associada com as *izbas* – cabanas zoomórficas nativas –, onde os neófitos eram simbolicamente "queimados" nos rituais e testes da iniciação xamânica. É o lugar da transmutação, o "coração negro" do mundo subterrâneo, a morada dos ancestrais representados pelas caveiras ao redor da sua cabana. A floresta é o reino dos perigos, mas também da ajuda inesperada dos seres sobrenaturais e espíritos auxiliares, os *leschii* (espíritos da floresta descritos nos mitos russos). As tribos matriarcais da Sibéria tinham nos seus altares feitos de troncos de bétula uma boneca esculpida em madeira, vestida e estendida ao longo do altar. Esta descrição corresponde à imagem de Baba Yaga, que ficava deitada com a cabeça numa parede da sua cabana, os pés na outra e seu longo nariz alcançando o teto, para poder "sentir o cheiro de russos chegando". Os antigos povos eslavos faziam as cremações em pequenas cabanas cercadas por pilares sustentando crânios. No folclore russo, finlandês e eslavo, existem inúmeras lendas e histórias sobre Baba Yaga, e nas regiões remotas das tribos *saami,* se encontravam estatuetas e altares feitos de troncos de árvores, com oferendas para ela.

A mitologia eslava considera que as histórias sobre Baba Yaga se originaram nas crenças e mitos dos povos do Norte europeu (Rússia, Balcãs, Sibéria e Finlândia), que veneravam deusas representadas por estatuetas de pedra chamadas *Yaga* ou "Babas douradas", invocadas para auxílio, conselhos e profecias. Os russos, que conquistaram as tribos fino-úgricas, denominaram as estátuas de *Babas* e os xamãs usavam oferendas para elas antes de fazer profecias, o que explica a necessidade de Vassilissa alimentar a sua boneca para que ela a aconselhasse. O escritor Michael Shapiro afirma que Baba Yaga é oriunda de dois protótipos pré-históricos representados pela *serpente* e pelo *pelicano*, cujo nome indígena é *baba* em alguns dialetos russos, ucranianos e búlgaros. O pelicano se alimenta de peixes, mas também é um pássaro de rapina; Baba Yaga tem um nariz longo semelhante ao bico do pelicano. Outra semelhança é o fato de Baba Yaga jamais andar, somente voar no seu pilão e quase não falar, a não ser quando alguém ultrapassava o seu espaço; os pelicanos são silenciosos, menos quando são atacados ou têm o seu território invadido. Baba Yaga é uma figura lendária ambígua – às vezes uma bruxa feia e perigosa, outras vezes uma anciã sábia e benevolente que ajuda a heroína. As lendas dos Balcãs a descrevem como a ancestral que auxilia seu povo, mas pune e castiga as pessoas más e egoístas e aquelas que buscam o conhecimento mágico para usá-lo em benefício próprio ou para o mal.

Na sua apresentação ambígua, a serpente seria o seu aspecto maléfico e o pelicano a face benevolente, pois ele tem uma associação mítica e lendária com sacrifício e maternidade altruísta (na ausência de comida, ele alimenta os filhotes arrancando suas penas e doando-lhes seu próprio sangue). A mãe-pelicano se empenha incessantemente para alimentar e proteger – até mesmo ferozmente – seus filhotes. Neste contexto, o pelicano pode simbolizar tanto os atributos cruéis, quanto os benevolentes de Baba Yaga, enquanto a serpente é o símbolo da renovação pela troca de pele. Na sua apresentação como serpente ou dragão, Baba Yaga é a "Guardiã da Água da Vida e da Morte", a fonte mágica procurada pelos heróis, cuja água eles podem obter como presente ou lutando com ela. A sua cabana é um lugar de transmutação e para obter auxílio de Baba Yaga devemos saber como pedir sua ajuda, com humildade e sinceridade. Depois de sermos forçadas a olhar no espelho escuro do mundo subterrâneo, encarar e reconhecer nossas falhas e imperfeições, Baba Yaga pode verter sobre nós a "Água da Vida" e nos ajudar alcançar uma real transformação.

No folclore romeno Baba Cloantza é semelhante à Baba Yaga, mas o seu mito foi adaptado e acrescido de elementos cristãos. Ela aparece como uma velha fiandeira, que chora e canta a sua dor por ser velha e não conseguir ter um amor na vida. Por isso, ela faz um pacto com o Diabo para receber de volta a sua juventude e poder ser amada por um jovem. Depois de cumprir os pedidos do Diabo, ele a engana, a joga numa lagoa onde ela se afoga e de onde se ouve, ao anoitecer, o seu canto de dor (em romeno a palavra dor é equivalente a "saudade"), tentando atrair os viajantes para ficarem com ela. O culto das Babas romenas é muito antigo – oriundo da mitologia geto-dácica e os arquétipos são semelhantes aos traços, celtas e nórdicos – pois naquelas culturas, as mulheres velhas eram honradas e respeitadas por serem parteiras, curandeiras, magas e videntes. O nome Baba (velha) é encontrado nos vários contos de fadas, lendas e nos aglomerados de pedras antropomórficas como as das montanhas Bucegi (Cárpatos da Transilvânia, com misteriosos túneis subterrâneos). Diferente do Oeste da Europa, no Leste europeu – onde imperava o cristianismo ortodoxo –, a Inquisição não chegou e os aspectos e arquétipos femininos persistiram nas lendas, nos nomes das santas padroeiras dos dias da semana (Santa Segunda até Santa Sexta), em diversas Babas míticas – com ações e comportamentos maléficos ou ambivalentes – e nos personagens dos contos de fadas. O sincretismo religioso europeu permitiu que muitas divindades pagãs gregas, germânicas, celtas ou dacas sobrevivessem no imaginário coletivo, tendo seus atributos e qualidades transferidas para os santos cristãos, preservando assim de forma dissimulada o princípio universal feminino.

Baba Yaga – assim como outras deusas anciãs e escuras – foi estereotipada como representação da escuridão, morte e decadência da idade. Porém, ela não é apenas o fim do ciclo, ela é o próprio ciclo, tanto a terra escura que cobre os mortos, quanto o solo fértil que protege as sementes antes da sua germinação. A sua cabana giratória é o próprio giro das estações e seus três cavaleiros comandam o ciclo diário – o branco anuncia a alvorada, o vermelho, o meio do dia e o preto a chegada da noite. Ela pode ser terrível e incontrolável; livre e selvagem como o raio, a tempestade, o vento e o fogo dos incêndios. Seus testes são difíceis, sendo alcançados pela dor e o desapego e exigindo coração puro e sabedoria. Baba Yaga nos obriga a passarmos dos limites pré-estabelecidos, mostrando que somos capazes de muito mais do que imaginamos. Ela é o caos, a força que cria e destrói, que provoca as mudanças e nos obriga a encarar a própria fraqueza, descobrindo assim a nossa força. Porém ela guarda a "Água da Vida e da Morte", tendo o poder de nos libertar da opressão e do domínio que outros detêm sobre nós.

Quando estamos prontas para sermos livres, devemos descer ao mundo subterrâneo e buscar a ajuda de Baba Yaga para descobrir o nosso verdadeiro ser, assim como Vassilissa voltou dos testes segurando o fogo que representava o seu poder. Mas a *Velha da Floresta* não fará o trabalho que é nosso, ela não age como uma Mãe protetora que apenas remove o sofrimento e desfaz as amarras. Como representação da *Anciã* sábia, Baba Yaga nos ensina como remover preconceitos e medos, separar as sementes podres das boas, descobrir outras perspectivas e alcançar o topo das nossas reais possibilidades. Ela pode nos destruir ou iluminar, removendo as limitações da nossa personalidade, obrigando-nos a nos olharmos no espelho negro do Mundo Subterrâneo e nos auxiliando a renascer ao despejar sobre nós a "Água da Vida". A sua cabana não é agradável, nem bonita, seus testes são árduos e sua cura pode ser amarga e dolorosa se não estivermos abertas para olhar – sem recuar –, no espelho da verdade. Mas se tivermos a coragem e a determinação de ouvir sua voz sem medo, iremos aprender, crescer e nos transformar com a sua sabedoria.

O arquétipo de Baba Yaga é poderoso e deve ser respeitado; confrontar e integrar suas lições fortalece as heroínas que buscam sua ajuda e que devem ouvir a voz da intuição – "a boneca". Como símbolo da Anciã, ela exige respeito e consideração para as mulheres idosas e aconselha as jovens a manterem seu coração puro, cuidar de todos os seres da criação e buscar a Deusa, confiando na sua intuição e no chamado da alma. No nível mágico, Baba Yaga auxilia no rompimento das amarras – internas e externas – no conhecimento e na avaliação das nossas sombras e o descarte dos medos e limitações, alcançando a nossa transmutação. Devemos lembrar que, sendo um arquétipo da Deusa Escura, Baba Yaga é a Guardiã da Água da Vida e da Morte, Senhora da Transformação e do Renascimento, a Anciã sábia, que conhece os segredos das ervas e as usa para curar.

Prática mágica

"Baba Yaga, nós chegamos até a porta da sua casa mágica e lhe pedimos auxílio, pois você é a Guardiã da Fonte Sagrada, das águas da vida e da morte. Ensina-nos como descartar tudo o que não nos serve mais, renascendo com a força da Mulher Selvagem e caminhando na senda da nossa verdade. Mãe Antiga mostre-nos como voar e alcançar outros mundos, nos tornando mais sábias e seguras e tendo sempre a sua proteção e orientação!"

No livro *Mulheres que correm com os lobos*, a autora Clarissa Pinkola Estés descreve de forma criativa e terapêutica o encontro da heroína Vassilissa com Baba Yaga, dividindo em etapas a jornada iniciática da menina indo sozinha para a floresta, mas sendo guiada pela intuição. Seguem algumas orientações para a prática mágica inspirada neste conto. Leia com atenção o texto que descreve o arquétipo de Baba Yaga, prepare cuidadosamente o ambiente e o altar, crie um círculo de proteção e faça uma oração para a Mãe Escura; sente-se depois de maneira confortável e procure se centrar com respirações rítmicas. Ao som de batidas de tambor, comece uma visualização, em que irá se deslocar – por sua vontade e o poder da imaginação ativa – para encontrar a Baba Yaga no meio da floresta, na cabana onde ela mora. O percurso seguirá as etapas resumidas do livro de Clarissa, os detalhes do caminho, casa e aparência da Baba Yaga, "construídos" pela imaginação e a intuição de cada praticante.

PRIMEIRA ETAPA: ao assumir-se como uma mulher sozinha, num ambiente selvagem e desconhecido, abra seus sentidos para perceber e evitar perigos e armadilhas, assumindo a responsabilidade por sua própria proteção. Avalie as dependências e inseguranças, os empecilhos que travaram o seu crescimento e os medos de enfrentar as sombras (alheias e próprias).

SEGUNDA ETAPA: encontrar e vivenciar os aspectos sombrios e rejeitados do seu ser. Crie um relacionamento – por mais difícil que seja – com as sombras e avalie até que ponto é quem gostaria (ou poderia) ser, permitindo-se assim deixar morrer o Velho Eu para nascer a Nova Mulher.

Lembre-se que os aspectos sombrios – indesejáveis ou perigosos para o ego – foram reprimidos, mas que eles muitas vezes ocultam dores e qualidades que podem ser úteis se forem descobertos, aceitos e integrados.

TERCEIRA ETAPA: aprender a desenvolver a sensibilidade inata e seguir a intuição, para mergulhar no inconsciente misterioso onde estão guardados os tesouros simbólicos da natureza instintiva. A boneca de Vassilissa pode servir como um símbolo mágico para confeccionar um amuleto de proteção ou um talismã, representando a intuição oculta na sabedoria da psique. Resgate a voz da sua própria intuição, abafada ou negada pela educação familiar e as restrições culturais, sociais e religiosas. Conecte-se com a riqueza do legado ancestral feminino, passado de mãe para filha ao longo do tempo e que irá fortalecer a fé na sua intuição.

QUARTA ETAPA: descreve o encontro com a Deusa Selvagem representada pela Baba Yaga, que irá fortalecer o próprio poder de mulher, que ousa aceitar e expressar a sua natureza selvagem, negada e reprimida pelos padrões e limitações dos sistemas patriarcais.

QUINTA ETAPA: alcançar o conhecimento das purificações interiores (limpar, escolher, alimentar, lavar, tecer, separar os elementos), auxílios necessários ao transpor seu simbolismo para a cura psíquica do "feminino selvagem". A tarefa iniciática associada à descrição das atribuições de Vassilissa na casa da Baba Yaga simboliza a purificação das personas. Crie uma nova organização interna, ative o fogo interior, nutra os anseios da alma, fortaleça os desejos e pensamentos reprimidos e renove os seus valores.

SEXTA ETAPA: resume as tarefas psíquicas da mulher no seu processo de crescimento e evolução: aprender a discriminar, separar, distinguir o importante e benéfico daquilo que é supérfluo ou ultrapassado, reconhecendo o ciclo vida-morte-vida como inerente à natureza selvagem e também à evolução humana.

SÉTIMA ETAPA: tentar aprender mais sobre os mistérios da vida, morte e renascimento, aceitando e vivenciando o ritmo básico e natural, para diminuir o medo perante as mudanças, a passagem do tempo, o envelhecimento e a inevitável morte. À medida que a mulher amplia a sua compreensão, irá vivenciar melhor os ritmos mutáveis das suas fases lunares e da sua condição feminina.

OITAVA ETAPA: conhecer a sua própria força selvagem, que lhe permite resgatar sua confiança, intuição e poder feminino ancestral.

NONA ETAPA: usar a sua percepção aguçada para reconhecer a sombra negativa da própria psique ou das pessoas e acontecimentos externos. Reformular e transmutar as sombras pessoais com o poder da "Mulher Selvagem", que ousa, acredita, cria e destrói. A tarefa mais árdua não é apenas o resgate da intuição, mas preservá-la no consciente, deixando viver ou morrer aquilo que faz parte do eterno ciclo de transmutação e renovação.

Por mais complexa que seja a descrição das etapas do conto de Vassilissa, elas podem ser resumidas, adaptadas e aplicadas para a realidade individual. Como fios condutores de simbologia mágica, as etapas sugerem como podem ser utilizados objetos e procedimentos ritualísticos para ativar e direcionar a intuição, entrar na "Floresta Misteriosa", transmutar as sombras, encontrar a "Mulher Selvagem" ou a "Anciã Sábia" e delas receber a energia, força, coragem e segurança necessárias para integrar estas qualidades na sua psique.

SUGESTÃO DE RITUAL para a "Anciã da Floresta", que deve ser realizado na Lua Negra e repetido durante as três noites entre a Lua Negra e a lua nova.

MATERIAL NECESSÁRIO para a realização deste ritual: uma vela preta (ou outra cor bem escura), um pano ou xale preto para cobrir a sua cabeça, música com batidas lentas de tambor, roupas escuras, incenso de benjoim, pinheiro ou mirra. Acenda o incenso e circule com ele por toda a sala em sentido anti-horário, depois o coloque sobre o altar. Acenda a vela preta, leve-a ao redor da sala, também no sentido anti-horário, colocando-a depois no altar. Apague todas as luzes, deixando apenas a vela como iluminação. Sente-se diante do altar e cubra a sua cabeça com o pano, de modo que você não enxergue nada no recinto onde se encontra. Inicie a música, feche os olhos, respire compassadamente e relaxe seu corpo.

Visualize-se de pé dentro de um túnel tosco e mal iluminado, cavado na rocha no meio de uma densa floresta. A trilha pela qual segue está tortuosa, as paredes são ásperas e com inscrições rupestres, e desce cada vez mais profundamente dentro da terra, o que aumenta seus temores ao se sentir perdida. Você ouve batidas de tambor à distância, e após muitas curvas e voltas no túnel, se encontra à entrada de uma vasta caverna, cujo teto e as paredes distantes estão ocultas pelas sombras. No centro da caverna, um enorme caldeirão, com velas alinhadas em trilhas conduzindo até ele. Atrás do caldeirão há um assento, esculpido em rocha negra cintilante, e sentada neste trono, uma figura silenciosa trajando uma túnica preta, com o rosto oculto pelo capuz e se apoiando num bastão. Um movimento de uma de suas mãos indica que deve se aproximar; você caminha por entre as fileiras de velas até alcançar o caldeirão. A figura diante de você se ergue e puxa o capuz, revelando um rosto ossudo e cinzento, vincado pela idade, mas que irradia um imenso poder. Os olhos são fundos e escuros, mas mergulham nos seus, que sente que são capazes de ver o seu verdadeiro eu, pois nada pode ser ocultado dessa Velha Mulher Sábia. O seu corpo é curvado pelo passar dos anos e ela carrega um bastão encimado por uma caveira. Ela aponta o bastão na sua direção e lhe faz algumas perguntas.

Ao ser questionada sobre o porquê de sua vinda a este recanto escuro e distante, descreva o que deseja e precisa que seja alterado em sua vida, o que lhe causa insatisfação, dor ou tristeza no momento atual, quais medidas deve tomar para melhorar a sua saúde, prosperidade, relação afetiva. Mas não diga como deseja que as mudanças ocorram, e esteja preparada para aceitar quaisquer modificações que a Anciã apresente. Ela toca você com o bastão na cabeça, coração e ventre, se aproxima mais e lhe sussurra o que deve fazer, depois dá três voltas ao seu redor, enquanto murmura palavras estranhas, deixando-a atordoada e com o pulso acelerado.

Preste muita atenção a qualquer coisa que lhe seja dita, pode ser que a Anciã lhe peça para entrar no caldeirão. Esta é uma experiência espiritual fortíssima, que varia de mulher para mulher e é extremamente pessoal. Se decidir entrar no caldeirão, a Anciã tocará sua mente, coração e ventre com seu bastão, tomará sua mão para ajudá-la a entrar e depois de um tempo necessário para a sua purificação a ajudará a sair. O que cada pessoa experimenta no caldeirão é completamente diferente, pode passar por uma iniciação, ter visões do futuro e/ou até mesmo ver seu corpo físico ser destruído até os ossos, para que em seguida seja reconstruído. Pode reviver velhas experiências, numa exibição forçada para que veja os erros que cometeu e evite cometê-los novamente no futuro. Algumas experiências como a perda de entes queridos, podem ser extremamente emocionais, mas são necessárias. Na maioria das vezes, a sensação de perda é seguida pelo contato com a pessoa amada, para mostrar que nada é totalmente destruído ou perdido.

Quando sair do caldeirão e estiver novamente em pé na caverna, diante da Anciã, pode ver símbolos ou objetos que terão um significado especial para você. Alguns desses símbolos podem parecer obscuros nessa ocasião, tanto no seu sentido quanto na sua imagem. Apenas os aceite, pois a explicação virá mais tarde. No final, a Anciã a abençoa com seu bastão e você se sente espiralando pela escuridão, voltando à consciência física. É provável que fique um pouco desorientada no início, pois as vibrações da Lua Negra são bastante diferentes das da nossa realidade. Abaixe o pano de seu rosto e olhe ao redor da sala, talvez veja ou sinta a presença de alguns seres de outros planos que estejam perto para lhe ajudar a se orientar. Eles querem prestar auxílio para que você reflita sobre o que aprendeu. Permaneça sentada por mais algum tempo e agradeça à Anciã por sua ajuda.

Preste atenção aos seus sonhos a partir deste dia até a lua cheia, anotando todas as impressões e símbolos que aparecerem. Nós perderemos oportunidades de mudar se não seguirmos os conselhos da Anciã por termos sido reprimidas e amedrontadas por muito tempo, sem coragem de assumir nosso lado selvagem. As verdades dela não são agradáveis, nem os seus conselhos fáceis de seguir para alcançarmos nossa cura; mas, se recuarmos diante dos desafios e nos negarmos a olhar no espelho da verdade, não aproveitaremos os ensinamentos recebidos para alcançar assim a nossa transformação.

Questões para reflexão após a meditação:

1. Como você lida com as mudanças da vida? Existe algum medo ou receio nesses momentos? O final dos ciclos pode ser vivenciado como transformador, portas para novos começos se abrindo ou como fins absolutos, fazendo com que a pessoa se feche para os recomeços. É normal ter certo receio dos finais, afinal, não sabemos o que vem pela frente no novo ciclo, é difícil trocar o conhecido pelo incerto. Mas esse sentimento não pode ser forte o bastante para nos paralisar, precisamos ser nutridas pela Baba Yaga, devemos nos manter fortes e confiantes no futuro. Isso acontece através do planejamento da finalização e do novo ciclo, bem como mantendo o foco na sabedoria acumulada no ciclo que termina. O que esse ciclo lhe ensinou? Ele será levado para as próximas etapas da vida?

2. A pessoa sacrifica algo ou a si mesma sempre que transforma aquilo que será ofertado em algo sagrado. O que cumpre função sagrada para você? Quem ou o que está em primeiro lugar na sua vida? O que é tão importante para você a ponto de valer seu sacrifício, sua morte (simbólica)? O que lhe nutre?

3. Perdemos o contato com o envelhecimento, a nossa realidade exige que todos "precisam" ser (ou parecer) jovens. Juventude virou sinônimo de saúde e beleza, como se não existisse estética no processo de envelhecer e nas pessoas mais idosas. Quantos anos você tem e quantos anos têm a sua mente e o seu coração? Baba significa velha, mas também sábia e feiticeira (aquela que transforma). Quando não aceitamos a evidência do envelhecer, negamos a maior transformação pela qual podemos passar: viver a nossa história.

4. Baba Yaga é uma figura poderosa de transformação. A casa de ossos mostra algo aparentemente morto, que é usado de forma construtiva, tão viva que até se move (graças aos pés de galinha, a casa da Yaga muda sempre de lugar). Quais aspectos em você ou em sua vida parecem "mortos" ou profundamente adormecidos? Uma vez identificados, é fundamental fazer as pazes com esses pontos, permitir que se mostrem de forma criativa e que se tornem sua maior força, seu

refúgio. Permita-se transformar aquilo que precisa ser transformado, e coopere para integrar esses aspectos, aproveitando-os de forma construtiva. Nesse potencial para integração e transformação está a essência da sabedoria de Baba Yaga: finalizar os ciclos para que se possa recomeçar.

As deusas regentes da Lua Negra promovem mudanças drásticas, pois para abrir espaço para o novo, deve-se destruir o velho. Acima de tudo, você deve estar preparada para aceitar e seguir as mudanças que virão. As mudanças são sempre difíceis, mas à medida que for assumindo o seu poder, saberá como lidar com os desafios e criar uma nova ordem na sua vida. A sabedoria é adquirida através de sofrimentos, dores e aprendizados, devemos relembrar as vidas das nossas ancestrais e como elas sobreviveram nos tempos difíceis e nas guerras pela sua determinação, força e resiliência.

Black Annis, Assustadora Anciã Irlandesa

"A face dela tem a cor do carvão e seu único dente é avermelhado como ferrugem. Tem garras longas e pontudas, cabelo espinhento e cinzento como arbustos secos. Seu único olho pisca mais rápido do que uma estrela no céu de inverno. E ela se move mais rápido que um peixe girando no redemoinho."

Canção escocesa sobre a velha bruxa de Dane Hills

"Crianças pequenas que corriam nas colinas de Dane Hills, eram alertadas de que Black Annis ficava à espera para pegá-las e carregá-las para o seu esconderijo, onde as arranhava até a morte com suas garras pontudas, sugando-lhes o sangue e pendurando suas peles para secar."

Publicado em Leicester Chronicle em 1874

Em várias lendas e histórias do folclore inglês é mencionada uma enigmática figura chamada *Black Annis, Black Agnes, Black Anna ou Cat Anna*. Ela é descrita como uma velha alta, de pele azulada, cabelos emaranhados, dentes afiados, às vezes apenas com um olho e longas garras. Sua morada era numa gruta, que ela teria cavado com suas garras nas colinas *Dane Hills*, na periferia de Leicester. Na entrada da gruta havia um enorme carvalho em cujas raízes Black Annis se escondia, aguardando a passagem de visitantes desprevenidos – principalmente crianças – que ela agarrava, levava para sua gruta, chupava o sangue, comia sua carne e das peles confeccionava sua saia e uma capa. Na falta de vítimas humanas, ela caçava carneiros e ovelhas, sendo temida pelas famílias dos camponeses e pelos pastores.

Muitas gerações de crianças ouviam o refrão materno: *"não ande lá fora depois de escurecer, pois Black Annis vai lhe pegar"*. Acreditava-se que o barulho dos seus dentes mastigando os ossos das vítimas ouvia-se até longe da sua gruta, confundindo-se com os trovões das tempestades por ela provocadas. Como ela costumava pegar as criancinhas dos berços colocados perto das janelas, as casas do estado de Leicester tinham janelas altas e estreitas, com maços de ervas mágicas amarradas ao redor para impedir a sua entrada. Com o passar do tempo, a gruta – que era evitada devido à presença de Black Annis –, foi coberta pelos deslizamentos de terra, e a partir do século XIX construções foram erguidas no seu lugar. No entanto, a sua figura aterrorizante ainda é temida e lhe foi atribuída outra moradia em uma caverna perto de Argyl.

A sua origem é muito antiga, sendo oriunda da mitologia celta ou germânica dos arquétipos das deusas Danu, Anu, Cailleach ou Hel; outras fontes a consideram uma *banshee* ou *bean-sidi*, os espíritos ancestrais ligados a certas famílias ou descendentes do "Povo das fadas". O escritor Ronald Hutton acredita que Black Annis foi embasada na figura de Agnes Scott, uma freira sempre vestida de preto, que viveu como eremita em uma gruta. Durante a perseguição religiosa após a reforma protestante, a figura da freira foi distorcida e apresentada como a bruxa que perseguia crianças e animais ou como uma anciã vidente, que previu a morte de Ricardo III. Finalmente, Black Annis apareceu como personagem em um melodrama do período Vitoriano, em que representa uma mulher que matou seu marido e filhos e depois virou bruxa. Nas colinas Dane Hills, na segunda-feira da Páscoa chamada *Black Monday* era encenada pelas autoridades uma "caça à lebre", mas em lugar de lebre, um gato preto morto embebido em licor de anis era amarrado no rabo de um cavalo e arrastado pelas ruas ou perseguido por cães. Posteriormente a caça foi substituída por uma feira anual. Outra hipótese sobre a lenda de Black Annis é um poema escrito em 1797 sobre uma anciã com olhos selvagens, garras longas, pele azul e caveiras humanas presas na sua saia. A gruta onde ela supostamente morava, bem como o carvalho ao lado, existiu de fato, mas os poucos versos foi a única descrição literária da temida bruxa.

Dependendo da região, outros efeitos destrutivos e manifestações de *Annies* e *Annises* lhe foram atribuídos: em Cornwall acreditava-se que Black Annis provocava tempestades, afundava embarcações e matava os marinheiros, diferente de *Gentle* (a gentil) *Annis* que impedia a chegada dos furacões. Nas Highlands escocesas uma anciã de pele azul chamada *Cailleach Bheur* congelava a terra batendo no chão com seu cajado. Ela tinha apenas um olho no meio da testa, seus dentes eram vermelhos brilhando no rosto azul e Black Annis era considerada uma manifestação dela.

A origem mítica de Black Annis é bastante confusa por mesclar e se sobrepor a outros arquétipos de anciãs divinas. As pessoas temiam as anciãs por ter esquecido que elas eram representantes dos poderes destrutivos da Deusa, que eram indispensáveis e sempre presentes no eterno ciclo de vida-morte-renascimento. A perseguição das anciãs pela Inquisição devia-se à sua associação com as artes divinatórias, magias, dons proféticos e curadores. Estatísticas confirmam que as bruxas torturadas e assassinadas pela Inquisição eram na sua maioria mulheres de certa idade, que detinham um dom especial pelo qual eram respeitadas e procuradas pelas suas comunidades. Depois do fim da Inquisição permaneceu o desprezo pelas mulheres idosas, associadas com demência, maldades, verrugas e pelos no rosto e um aspecto desgrenhado. Permaneceu esquecido na bruma dos tempos o papel importante que as anciãs detinham nas antigas culturas, em que eram respeitadas pela sabedoria adquirida ao longo das suas vidas e que lhes permitia serem valiosas e sábias conselheiras e curandeiras.

Existe uma interessante mescla de nomes e características nas lendas celtas em relação aos nomes de Annis, Anna, Anu e Danu ligados à Grande Mãe Celta Danu ou Anu, que foi difamada e "enegrecida" pelos missionários cristãos, que a tornaram uma bruxa perigosa para desencorajar o culto pagão da Deusa. O nome Anna permaneceu na adaptação cristã dos atributos de cura da deusa Anu como Santa Anna, padroeira das fontes termais. Anu (Anann, Danu, Dana-Ana) era a deusa irlandesa da fertilidade e abundância da terra. Às vezes era vista como o aspecto benévolo da Deusa em oposição à guerreira Morrigan; outras vezes fazendo parte da tríade divina com Badb e Macha. Suas sacerdotisas auxiliavam doentes e moribundos e eram invocadas no culto dos ancestrais. Duas colinas no condado de Kerry foram nomeadas *Paps of Anu* (os seios de Anu) em sua honra e no topo delas, encimadas por *cairns* (aglomerados de pedras com propósitos sagrados), eram comemorados os Sabbats e acesas fogueiras no solstício de verão. Na complexa mitologia celta a deusa Anu é ligada ao povo mítico Tuatha de Danann sendo a sua divindade principal. Como Deusa Mãe, protetora dos rebanhos, regente da prosperidade, Anu foi imortalizada na constelação de Cassiopeia (Llys Don). As colinas Dane Hills citadas na lenda de Black Annis e contendo a sílaba ancestral e sagrada *Dan* eram o local principal do seu culto e seu mito mencionava um grande carvalho, que teria sido plantado por ela na entrada da gruta. Duas bolotas deste carvalho foram acalentadas por ela e delas nasceram os deuses Dagda e Brigid. Uma das metamorfoses de Anu (e também de Brigid) era como cisne, representando a pureza da mulher e a beleza da maternidade.

Black Annis era o aspecto de *Anu* como Anciã, Anu sendo a *Senhora da morte, destruição e transformação*. Ela controlava a mudança das estações e era regente do Sol, da Lua e do Céu. O seu animal totêmico era o gato preto e por isso era conhecida como *Cat Anna*, cuja bebida preferida era o licor de anis. Estes elementos míticos foram distorcidos e inseridos na história popular de Black Annis e no desfile macabro do gato morto embebido no licor. O principal tema da lenda – pegar e comer crianças – pode ser a reminiscência de algum tipo de oferenda pré-histórica feita em tempos de calamidades naturais, quando eram sacrificados seres humanos. Ou o costume antigo, em que as crianças que nasciam deformadas, com disfunções graves e deficiências motoras, eram sacrificadas por não terem chances de sobreviverem durante os invernos rigorosos e a falta de comida. Por mais cruel que isso possa parecer-nos nos dias de hoje, os povos antigos sabiam que a morte era apenas uma fase no ciclo de vida e renascimento, que a Grande Mãe recebia no seu ventre os corpos e protegia as almas à espera da reencarnação. Black Annis era a *Face Ceifadora da Deusa* e mesmo regendo o inverno e a escuridão, ela também ela era ligada à primavera e ao renascimento, quando se manifestava o outro aspecto da Deusa como doadora da vida. A *Deusa Escura* preside a decomposição, dissolução e conclusão dos ciclos, sendo tão presente na natureza e na vida humana quanto a sua contraparte da *Deusa Luminosa*.

Black Annis era ao mesmo tempo protetora e controladora da vida, cuidando para que apenas as crianças saudáveis sobrevivessem e tivessem assegurada a sua alimentação. A imagem de "chupar a vida dos corpos até secá-los" é uma metáfora da crença antiga na Deusa Escura como *psicopompo* – conduzir as almas para o mundo subterrâneo – o habitat descrito como uma gruta guardada por uma árvore longeva como o carvalho ou o teixo (símbolo da Árvore da Vida da mitologia nórdica). É possível que, antes de ser denegrida e temida como um ser maléfico, Black Annis teria sido a guardiã das colinas e do mundo subterrâneo, representado por grutas e cavernas, as moradas do antigo "Povo das Fadas" (*Fay People*) e dos ancestrais (*Sidhe ou Banshee*), que anunciavam a morte dos familiares com seu choro. Podemos ver uma semelhança entre Black Annis e a deusa hindu Kali, cuja pele também é escura, tem um colar de caveiras, se alimenta de cadáveres e é associada com destruição e renovação. Existe também a comparação com Baba Yaga, a Anciã da floresta escura, que testava os buscadores antes de lhes entregar a chama do conhecimento. Os mitos destas deusas confirmam o antigo ditado de que *"a escuridão é o prenúncio da luz"* e a ligação entre as anciãs detentoras da sabedoria e o medo dos homens perante seus mistérios. As *Anciãs Escuras* presidiam os processos de dissolução, decadência e conclusão de ciclos, mas também se transformavam em donzelas portadoras da luz da renovação. O mundo subterrâneo que acolhia os mortos, também propiciava o brotar das sementes, a morte antecedendo o renascimento e sendo o complemento e sequência inevitável da vida.

Prática mágica

O objetivo desta prática é desfazer-se dos medos que ocasionam fobias, pesadelos, obsessões e depressão. Nossos medos e os vários sintomas da depressão – ignorada ou reprimida – são os nossos "demônios" pessoais representados pelas sombras. Ignorar ou negar a sua existência contribui para torná-los ainda mais traiçoeiros e perigosos.

Após centramento e uma respiração compassada, crie o círculo de proteção: no PLANO FÍSICO, usando os quatro elementos mágicos sobre o altar coberto com uma toalha preta; no NÍVEL MENTAL, visualizando uma cúpula de luz violeta e no NÍVEL ASTRAL, evocando os atributos e poderes dos guardiões das direções e dos elementos, que foram enumerados no arquétipo de Cailleach (página 129). Sentada no chão numa posição confortável e ouvindo música com batidas de tambor xamânico, faça uma oração de proteção e peça a permissão de Black Annis para entrar na sua gruta. Após sentir que recebeu a autorização e "ver" a gruta na sua tela mental, encolha-se na posição fetal, relaxe profundamente pela respiração e traga na sua memória lembranças dolorosas da infância, do período intrauterino ou de épocas da sua vida – atual ou passada – quando passou por situações de abandono, rejeição, medos, insegurança, angústia, depressão, traição, pânico.

Localize no corpo a fixação destas energias perniciosas, aprofunde as lembranças de medo, abandono e rejeição. Identifique situações, pessoas, personagens de histórias contadas e as proibições usadas para reprimir a sua livre expressão, espontaneidade ou criatividade quando era criança. Traga-as para o corpo, a mente e o coração com a ajuda de Black Annis. Quando sentir que chegou ao auge da escuridão e do sofrimento, inicie uma respiração em ritmo acelerado, estenda as pernas e braços, e visualize a figura da Gentle Annis, removendo suas sombras, mágoas e dores e enterrando-as no fundo da caverna. Acompanhe mentalmente este ato mágico realizado pela contraparte benéfica de Black Annis. Aos poucos, a escuridão da caverna está diminuindo, a luz aumenta e ilumina o ambiente permitindo-lhe sair. Veja-se caminhando na beira de uma praia, sentindo a brisa fria e salgada, limpando os resíduos energéticos negativos ainda existentes na sua memória e no seu corpo.

Após algumas respirações profundas, espreguice-se e depois se levante, agradecendo a ajuda divina e dos guardiões, para depois abrir o círculo mágico criado. Finalize com uma oferenda de licor de anis, entregue perto de algumas pedras ou no pé duma árvore com grandes raízes, como gratidão pela remoção das suas sombras, dos medos e bloqueios oriundos da sua infância e pela permanente proteção e ajuda divina.

Cailleach, A Velada Criadora Celta da Paisagem

"Cailleach é 'Aquela com duas faces', uma, jovem, na cor do azul real, bonita e desejável, criando e nutrindo uma nação; a outra, de um negro profundo, enrugada e gasta por ser mais velha que o tempo, mas que protege e ensina seu povo. Como Mãe Antiga e Anciã, Ela é a eterna e poderosa Cailleach, que está conosco desde o início e permanecerá até o fim, punindo as injustiças e as violências cometidas contra a Natureza com seu veloz poder, pois a destruição é necessária para renovar a vida."

Order of the White Moon. Silver Wolfwinds

"Mais velha do que o tempo Eu sou, mais velha do que os animais e as plantas Eu sou, pois Eu existia quando a Terra ainda estava incandescente, quando os ossos da Terra eram forjados. Eu não sou o rio, mas o leito que o acolhe, Eu não sou o oceano, mas o ventre do qual ele nasceu, Eu não sou a Terra, mas o substrato que a sustenta, pois Eu sou a própria memória da terra e sou mais velha do que o meu próprio nome."

The Bones of the Earth. Queen of the Great Below. Leni Hester

Evidências históricas e mitológicas revelam que na Europa antiga, no período neolítico, antes da difusão das culturas indo-europeias, existia um culto continental de uma Deusa Mãe. Da mesma forma na Irlanda, habitada por milhares de anos antes da chegada dos celtas – os primeiros imigrantes indo-europeus – a cosmologia e a reverência religiosa eram centradas na energia feminina, considerada origem do universo e de todas as formas de vida. Com o passar do tempo, os valores indo--europeus reorientaram os conceitos ideológicos e místicos do enfoque matrifocal nativo para uma estrutura patriarcal, divina e religiosa. Na Irlanda, a tradição de uma Deusa Mãe, cósmica e telúrica, foi bastante preservada e houve a continuidade da soberania feminina, reconhecida pelos seus atributos de fertilidade e pela sua manifestação e presença na natureza. Porém, não existia um culto organizado de uma única Deusa Mãe, a sagrada presença feminina era um foco central na consciência humana e na cultura, manifestada tanto como uma extensão do amor filial pela mãe divina, quanto na identificação da terra com o ventre (fonte de vida e nutrição) e do túmulo (local da morte e da dissolução). Nesta polaridade divina eram combinados ambos os aspectos de um mesmo arquétipo: criador e nutridor, destruidor e renovador. Enquanto em outras culturas os aspectos míticos e arquetípicos deram origem às diversas figuras da *Grande Mãe* (regentes da fertilidade, amor, criação, nutrição, sustentação) e da "Ceifadora" (padroeiras da privação, hostilidade, guerra, destruição, morte), os mitos originais celtas e irlandeses combinam em uma mesma personagem estes atributos contraditórios, porém complementários.

Na cultura celta, apesar da presença de um extenso panteão masculino, a essência divina feminina – cósmica e telúrica – permeia o Todo com a sua energia e poder. Na tradição irlandesa, o relacionamento dos heróis semidivinos (que nas narrativas representam os aspectos míticos dos deuses celtas) com a Deusa, é um tema central e constante. Há um contraste, no entanto, entre o assim chamado "tempo feminino", cíclico, associado a ritmos cósmicos e biológicos e o "tempo masculino", que progride em sucessão linear e histórica, descrevendo façanhas e conquistas dos heróis para burlar e escapar da morte. Os mitos e as histórias masculinas são dominados pelos atos heroicos de seres divinos ou semidivinos, enquanto os mitos femininos estão repletos de referências geográficas de lugares, estações, fases e características naturais ligados à vida, morte e transformação de figuras femininas divinas ou semidivinas.

Os nomes dos arquétipos divinos femininos permanecem na paisagem e nos lugares das assembleias sagradas, onde eram celebrados os ritos de passagem e os festivais agrícolas. As Deusas invocadas nestas datas personificavam as forças da natureza – tanto produtivas, quanto destrutivas – que deviam ser dominadas com violência pelos homens para que atendessem aos seus interesses, mas que depois eram reverenciadas para que fosse aplacada a sua vingança. Assim, a figura da mulher é deixada fora do tempo, desprovida de passado ou futuro, não sendo nem verdadeira, nem falsa, enterrada profundamente no solo, como arquétipo e importância (política, histórica e religiosa). Desta forma, na tradição medieval irlandesa, a Deusa Mãe é reduzida a uma soberana ou rainha territorial, cuja autonomia e autoridade foram diminuídas ao longo dos tempos e usadas pelas dinastias patriarcais, que competiam pela hegemonia política. Porém, no nível esotérico e mítico, a Deusa Mãe mantém sua majestade e poder nas formas do relevo geográfico, nas histórias dos lugares e costumes e sobrevivendo nas memórias, lendas e imaginação popular.

Levando em consideração esta premissa, entendemos porque em todo o mundo gaélico – da Irlanda ao País de Gales e Escócia – são encontradas até hoje tradições e histórias de Cailleach, a *Anciã Sobrenatural*, associada a montanhas, colinas, lagos, rios, grutas, pedras e câmaras subterrâneas, cujas formas e localizações tinha sido Ela mesma que modelou e fixou. Primal e antiga, Cailleach é tão velha quanto à natureza e o próprio tempo; sua lembrança persiste nos encontros sobrenaturais dos humanos com seres e dimensões do "Outro Mundo".

A mais proeminente das figuras da *Anciã Sobrenatural* ou da *Velha velada* (significado do seu nome) é *Cailleach Bheara,* uma Deusa Escura, regente da grande península do sudoeste da Irlanda – Beara. Neste lugar ermo – porém legendário – aportaram os Milesianos, guerreiros que destronaram os seres míticos Tuatha de Danann e os obrigaram a se ocultar nos reinos subterrâneos, onde continuaram reinando sobre as forças da natureza. *Cailleach Bheara* personifica a Soberana territorial, cujo poder é tão vasto quanto indomável, mas ao mesmo tempo fertilizador e nutridor para a existência humana. Suas representantes no mundo real são as parteiras, as mulheres sábias, as videntes e as carpideiras, que até hoje prestam serviços às comunidades. Foram o poder e as ações de *Cailleach Bheara* que modelaram colinas, determinaram o curso dos rios e a forma dos lagos, a localização das ilhas e das grutas. As tempestades, ventanias e marés revelam seu poder de mudar o tempo e as histórias antigas descrevem sua atuação divina e soberana na formação geotectônica da paisagem, pois *Cailleach* carregava rochedos enormes no seu avental e os que caíam ou ela jogava, se transformavam em montanhas e colinas. Ela é associada com os grandes monumentos megalíticos de Knowth e Loughcrew. As características geográficas atuais e as lendas sobre sua formação lembram à humanidade a comunhão arcaica com o "Outro Mundo", perpetuando a sua lembrança na consciência do povo e na tradição cultural e mística.

Cailleach, também conhecida como *Cailleach Bheurr ou Bheara*, é uma figura mitológica, possivelmente uma divindade ancestral, cujo culto permaneceu, sobretudo na Escócia e na Gália Céltica, bem como no panteão celta da Inglaterra (onde é conhecida como Black Annis), Irlanda e Cornualha. Pela falta de registros históricos e como a sua descrição existe apenas nas lendas e nomes de lugares, presume-se que ela era a deusa dos habitantes pré-celtas e que foi depois adotada pelos celtas uns 2000 anos atrás. A sua função seria a de proteger todos os animais no inverno e no outono e cuidar da natureza, embora se acredite também que ela era o próprio "espírito do inverno", que não permitia que a natureza se desenvolvesse livremente. Os irlandêses consideravam-na uma deidade primariamente benéfica, protetora do gado, enquanto os ingleses lhe outorgaram uma atitude maléfica. Os gauleses veneravam-na como a deusa-fada da sabedoria, e os escoceses consideravam-na apenas como uma deidade do inverno, sem acrescentar a ela nenhum atributo adicional. Um famoso poema irlandês define a sua antiguidade: *"existiram três grandes eras: a era do teixo, a era da águia e a era de Cailleach"*. Pouco se sabe sobre a sua verdadeira origem, mas o culto dela permaneceu nas canções, poemas, lendas e folclore. A palavra *Cailleach* significa *Mãe anciã* ou *Mulher velha* no gaélico moderno, e provém do irlandês antigo *caillech* (véu), que provavelmente tem a mesma origem que o latim *pallium* (pálio, capa). Este termo passou para a língua gaélica durante as invasões romanas no território celta; ao adaptar a palavra à dicção celta, o "p" mudou para "c", e a terminação foi substituída por *ach*, que neste idioma servia para marcar adjetivos qualificativos. O significado literal de Cailleach seria *a velha com véu, a anciã velada*, vocábulo por vezes usado como sinônimo de bruxa na Irlanda e na Escócia. Cailleach faz parte de outras palavras como "freira, coruja, mulher sábia, vidente, feiticeira, bruxa"; a origem de *Bheurr* é desconhecida, *Berry*, uma das suas variantes, significa "baga, semente" em inglês e em gaélico significava "cortante" assim como era o frio do inverno. Acredita-se que deste vocábulo derive o nome da península de Beara, na Irlanda, possível local de origem desta deusa. O significado completo do nome *Cailleach Bheurr*, em todas as suas variantes, poderia ser *a Anciã com véu, que habita em Beara*. Outro possível significado desta palavra em gaélico é "amarelo", cor considerada própria da morte e da putrefação.

A deusa Cailleach era representada usualmente como uma anciã de cabelos brancos, pele azulada, um só olho no centro da testa, dentes de urso e presas de javali. Às vezes aparecia como uma giganta com um só olho brilhando no meio de um rosto azulado ou uma velha com dentes vermelhos ou verdes, cabelos brancos desgrenhados, cobertos com um lenço, usando roupas cinzentas, um avental enfeitado com cristais de gelo e uma espécie de xale ou de capa escocesa nos ombros. Nas costas carregava uma sacola com flechas de ouro e um arco de madeira de sabugueiro, para atacar a quem matasse lobos, javalis e cervos, animais que defendia. Segundo outra versão, ajudava os caçadores a localizarem esses animais, indicando-lhes onde e quando lançar as flechas. Nos poemas era chamada de "Aquela com duas faces": uma jovem, na cor azul real, bonita e desejável, criadora e nutridora e a outra de um negro profundo, enrugada, acinzentada e envelhecida por ser "mais velha do que o tempo", que protegia e ensinava seu povo, mas que punia aqueles que destruíam a natureza e tiravam a vida dos animais. Ela era protetora dos animais selvagens: cervos, lobos, raposas, felinos como gatos pretos e linces, javalis, cabras montanhesas, gansos selvagens.

Outras lendas falam do seu bastão mágico, feito de galhos de árvores sagradas, que usava para secar as folhas no início do outono e para se transformar em uma rocha no fim do inverno. No seu avental carregava rochedos e pedras que iam caindo quando caminhava, originando assim todos os vales, colinas, montanhas e lagos. No inverno, segundo outras tradições, ia montada num grande lobo que voava, distribuindo o frio em todas as regiões e direcionava o poder dos quatro ventos: *o que assobiava, o que cortava, o rodopio que arrancava galhos e telhados e o que provocava sofrimento e choro*. Não podemos considerar Cailleach uma mera deusa da destruição e morte, pois ela possui qualidades de transformação e renovação, como pode ser visto na brotação da primavera após os meses de hibernação e repouso da terra. Ela cuidava dos animais durante os meses de inverno, assim como zelava sobre as sementes ocultas na escuridão da terra. Como protetora dos cervos chamada *Cailleac Beinne Bric* nas Highlands escocesas, os caçadores a respeitavam e não caçavam além do necessário, preservando sempre um número adequado de fêmeas e filhotes. Ela também era conhecida com uma *Tecelã*, que ajudava as mulheres trabalhadoras e punia as preguiçosas, assim como fazia a deusa Holda.

Cailleach possui qualidades universais, ela não é apenas uma deusa regente da fertilidade ou morte, mas uma deidade tanto transcendente, quanto imanente. Ela é associada com rios, lagos fontes, pântanos, mar e tempestades, com rochas, pedras, monumentos megalíticos e menires, com gado, porcos, ovelhas, lobos, cervos, javalis, pássaros, peixes, árvores e plantas. Às vezes ela assume formas de égua cinzenta, gaivota, águia, garça ou corvo marinho, corre pelas colinas seguidas de corças e javalis e pula de uma colina para outra. Foi ela que criou as montanhas, os lagos, os *cairns*, menires e sítios megalíticos. Chamava tempestades, acalmava os ventos ou provocava incêndios e nevascas, como "filha do pequeno Sol", Cailleach é o poder elemental do inverno, frio, vento e tempestade, que se fortalece à medida que os dias diminuem e as noites aumentam. O seu cetro com inscrições no alfabeto Ogham tinha o poder de cura e também da maldição; com ele formava a paisagem e controlava o tempo, ao batê-lo no chão a terra endurecia e congelava e nada mais crescia. Na primavera ela jogava seu cetro nas raízes do azevinho e urze, suas plantas sagradas, para guardar seu poder do frio e inverno, enquanto se metamorfoseava numa rocha cinzenta que exalava umidade. Vários relatos mencionam Cailleach cavalgando sobre lobos e javalis, principalmente durante as tempestades de fevereiro. Cailleach podia renovar permanentemente a sua juventude e os inúmeros homens que ela amou morriam de velhice, enquanto ela rejuvenescia ao mergulhar nas águas azuladas do lago Loch Ba, buscando depois outro jovem para se nutrir e revigorar com o seu amor. Na sua fazenda ela contratava trabalhadores que, somente iriam ser pagos, se a ultrapassassem no rendimento do trabalho. Iludidos pela sua aparência de mulher idosa, frágil e corcunda, os homens concordavam, mas morriam de estafa ao tentar manter o mesmo ritmo que ela, pois a sua força era sobrenatural, criando *cairns* em uma única noite, fato que reforça a lenda dela ter sido a *Criadora da paisagem*.

A crença mais comum entre os celtas da Grã-Bretanha era que, na realidade, Cailleach, a velha feiticeira protetora, era a mesma divindade que Brigid, a deusa do fogo, da poesia e da primavera. No final da estação invernal, Cailleach, segundo as histórias dos gauleses, tornava-se voluntariamente em uma rocha de grande tamanho, situada junto a um azevinho, local onde não crescia grama. Segundo outras lendas celtas, ela viajava no dia 31 de janeiro para a ilha de Avalon, onde era situada a "árvore da juventude eterna", cujos frutos ela comia para se tornar nova e atraente, transformando-se assim em Brigid. Nesta apresentação assistia à celebração do *Sabbat Imbolc*, o ritual celta do início da primavera, para que a terra renascesse e florisse. Outra versão da mesma história afirma que na realidade, a Cailleach mantém Brigid prisioneira durante o ano para libertá-la no *Imbolc*, o seu ritual sagrado.

Outra crença dos celtas era que Cailleach "nascia" velha no início do inverno e depois ia rejuvenescendo, sem se converter em pedra, nem viajar até Avalon, mas através de um processo natural. Esta tradição estava difundida, sobretudo, em Gales e na Inglaterra. *A Rainha do Inverno* – título que lhe atribuiram os celtas –, protegia os druidas e transformava-se em grou (uma ave migratória com pernas e pescoço longos, com plumagem cinza e uma espécie de "coroa" vermelha na cabeça) para se deslocar a grandes distâncias. Cailleach buscava guerreiros e heróis nas florestas pedindo-lhes amor, e quando recebia sua aquiescência, transformava-se numa linda e jovem mulher. Tinha pelo menos cinquenta filhos, entre os quais havia alguns de povos e raças diversas. Segundo as diferentes tradições celtas, a tríade formada por *Brigid, Danu e Cailleach* simboliza a sucessão das estações, a fertilidade da terra e o ciclo da vida e da morte, natural e humana. Nas lendas que descrevem a batalha entre Cailleach e Brigid, esta tríade representa o passar do tempo, a juventude, maturidade e velhice.

Nas suas diversas apresentações, Cailleach é a personificação da idade avançada e da sabedoria, regente do inverno, que ela chamava pulando de uma colina para outra e sacudindo seu bastão mágico, feito de um galho de bétula, azevinho ou salgueiro. Ela era a "Senhora das Colinas Sagradas" (*Sidhe*) e dos "Portais para o Mundo das Fadas" (*Fay People*), pois também regia sonhos e percepções sutis, sendo a *Mãe Anciã regente das pedras e rochas*, as pedras sendo os ossos sacros e os registros das memórias da terra. Ela também era guardiã de vários animais, as renas e os cervos sendo especialmente protegidos por ela contra os caçadores, além dos javalis, ursos, lobos, raposas, gatos pretos, pássaros e peixes. Na Escócia, Cailleach era considerada filha de *Grainne,* a deusa do sol de inverno, a ancestral dos clãs dos caledonianos, chamada de *Giganta das geleiras* que protegia seu povo e o acalentava no interior das montanhas sagradas. A origem de Cailleach foi sempre bastante incerta, segundo uma tradição oral ela pertencia à raça dos *Corcu Duibne,* aparentada com os Tuatha De Danann, que eram seus descendentes. Fontes diferentes contam que o seu pai era *Cuí Roí,* um herói celta, outras afirmam que o seu pai era Dagda, deus criador da raça dos Tuatha De Danann e em algumas lendas, a deusa Morrigan era a sua irmã ou sua mãe. Ambas eram consideradas deusas da sabedoria, mas Morrigan também era regente da guerra. Dagda e Cailleach teriam concebido juntos o seu filho, *Angus McOg,* deus do amor.

Como deusa neolítica Cailleach era conhecida como *Anciã azulada, Deusa ursa, Deusa javali, Velha com cara de coruja,* tendo sido cultuada durante milênios pelos povos protoceltas, que mesclaram e fundiram seus vários aspectos em imagens que evocavam tanto o amor, quanto o terror: ela controlava as estações e o tempo, sendo regente da terra e do céu, da Lua e do Sol, do frio e das tempestades. Supõe-se que sua ausência nos mitos da Irlanda e Escócia – sendo lembrada apenas pelos nomes de lugares e nas histórias – se deve à sua origem pré-celta, tendo sido trazida pelos emigrantes das longínquas regiões do centro e Norte da Europa. Seus inúmeros nomes variavam entre *Cally Berry* e *Caillighe* na Irlanda do Norte, *Caillech Bherri,* Anciã de Beara e *Digne* na Irlanda do Sul, *Cailliach ny Gromach* na Ilha de Man, *Carline, Dirra, Scotia, Mala Liath* e *Nicnevin* na Escócia, *Black Annis* na Grã-Bretanha. Outros nomes mencionados são: *Cailleach Bolus, Cailleach Bui, Cailleach Corca Duibhne, Digne, Digi No Duineach, Mag Moullach.* Na Escócia, a região da Caledônia é ligada a ela e, por ser uma Mãe Escura, é associada com *Kalika,* um aspecto da deusa hindu Kali. O escritor Robert Graves supõe que Cailleach seria outra manifestação das deusas escuras como as irlandesas *Scatach* e *Macha* e a nórdica *Skadhi.* Nos contos de fadas, Cailleach é a Anciã que morre de velhice e renasce como uma linda donzela ou a fada malvada que traz o inverno, o granizo e a morte. Com o advento do patriarcado, a sua ancestral figura foi deturpada para a bruxa malvada, de pele escura, um só olho no meio da testa, dentes esverdeados ou vermelhos, longas garras, cabelos emaranhados e uma corcova coberta com um xale. Nas noites de inverno ela assumia a forma de uma velha esfarrapada que chegava às casas pedindo abrigo e um copo de leite quente. Aqueles que a acolhessem recebiam suas bênçãos de várias maneiras, mas se a recusassem ou a maltratassem, eram por ela amaldiçoados e punidos.

As menções a Cailleach são frequentes na zona de Argyll e Bute, na Escócia onde era conhecida como *Beinn Cailleach Bheur* e *Beinn na Cailleach,* a "Rainha do inverno", a "Criadora de inúmeras montanhas e colinas" com pedras carregadas no seu avental ou nas suas costas, algumas talhadas com martelo para lhe servir como escadarias. Às vezes, as alças da sua sacola rasgavam-se e as pedras se espalhavam ao acaso, como foi criado o *Cairn na Caillich.* Outras vezes, ela amontoava pedras enquanto arava a terra como foi no monte Schiehallion quando formou *Sidh Chaillean,* "o monte da velha". No folclore existem histórias sobre sua transformação numa rocha em *Beinn na Cailleach* – onde ainda se encontra um *cairn* pré-histórico – situada na ilha de Skye, que seria um dos seus refúgios favoritos. Muitos *cairns* e menires como os da ilha de Lewis são a ela consagradas. Em Antrim existe uma pedra chamada *Shanven* "a velha mulher", considerada sagrada, onde as pessoas deixavam oferendas de biscoitos e manteiga. Esta pedra teria sido criada no final da formação de outra colina, quando Cailleach descansou sobre ela deixando as marcas dos seus joelhos e cotovelos; se algum incauto a mexesse do lugar, no dia seguinte ela retornava para o local inicial. Em Armagh acreditava-se que Cailleach Bheara vivia numa gruta sob a colina megalítica de *Slieve Gullion,* onde se faziam peregrinações no *Sabbat Lammas.* Uma formação de pedras acima de Kilross era chamada de "casa de Cailleach", mas ela foi posteriormente destruida por fanáticos cristãos.

Apesar dos esforços dos padres cristãos para anular a verdadeira imagem de Cailleach e destruir seus locais sagrados, as lendas e histórias do folclore preservaram sua verdadeira essência como um ser sobrenatural regente do inverno, dos rochedos e dos animais. Ela continua sendo lembrada e honrada nas fontes e rios das montanhas, onde as pessoas procuram renovar sua vitalidade e vigor, prolongar a juventude e curar doenças. A fonte *Taber Cailleach* em Banffshire era muito procurada e os peregrinos deixavam suas oferendas e pedidos após darem nove voltas ao seu redor e beber da água milagrosa. O mais alto pico da Escócia chamado *Ben Navis* era um local sagrado e dedicado a Cailleach na sua manifestação como *Nicnevin*. Chamada por Walter Scott de *Mãe Encantada dos camponeses escoceses*, Cailleach foi louvada em inúmeros cantos e histórias. Em antigas lendas é conhecida como *Cailleach na Cruachan*, "a bruxa de Ben Cruachan" (a montanha mais alta desta região) que teria criado o lago Awe (conforme está descrito em uma pintura mural atual). No topo da montanha existia uma fonte da qual Cailleach sempre bebia. A fonte estava coberta por uma laje de pedra, para evitar que a água transbordasse e inundasse a região e que devia ser colocada sempre de volta. A lenda afirma que num dia Cailleach, muito cansada por pastorear cervos, pegou no sono depois de beber água, sem repor a laje. Assim que o Sol se pôs, a fonte transbordou inundando os vales, formando primeiro um rio e depois o lago Awe, antes que a Deusa colocasse a laje de volta. O transbordamento de um curso de água ou lago é um tema comum nos contos gaélicos que falam, por exemplo, no relato irlandês da criação do rio Boyne pela deusa Boann. Cailleach é associada com escarpas e montanhas proeminentes, por cujas encostas descem torrentes da neve derretida causando inundações e destruição, mas também fertilizando os vales.

Na Irlanda Cailleach faz parte de uma tríade de deusas acompanhada de suas irmãs – *Cailleach Bolus* e *Cailleach Corca*. Seu lugar sagrado encontra-se na península de Beara, na fronteira entre Cork e Kerry. Sua essência é contida em uma formação rochosa, cuja estrutura geológica é única na região e que reproduz o perfil de uma mulher idosa. Lá, na parte noroeste da ilha, à beira-mar, ela é reverenciada até hoje com oferendas de pequenos objetos, cristais, pedras e moedas. No Oeste da Irlanda, o penhasco mais meridional das falésias de Moher (*Cliffs of Moher*) no condado de Clear é conhecido como a *Hag's Head* (Cabeça da Bruxa), em irlandês *Ceann na Cailleach*. Cailleach era reverenciada no *Samhain* como a *Velha Bronach*, regente das *Banshee* (ancestrais), cujo choro era ouvido no sibilar do vento que assola permanentemente a região.

Os túmulos megalíticos de Loughcrew situados no topo de *Slieve na Calliagh* (a montanha da anciã) são famosos por uma pedra enorme virada para o norte, com uma abertura em forma de vulva e com círculos gravados na sua superfície. Reproduzindo o formato de uma cadeira, é honrada como o seu trono (o trono da bruxa) e considerada um vórtice de poder telúrico. O *Cairn T* deste local é um típico *Passage tomb* (câmara mortuária), em que os raios do nascer do sol no equinócio atravessam o corredor e iluminam uma câmara interna repleta de inscrições rupestres. O ponto mais tempestuoso da costa de Mull era seu lugar preferido, onde a velha deusa sentava sobre uma pedra e olhava para o mar. Uma gruta nas proximidades era considerada como o lugar de ordenha das suas ovelhas e os rochedos de *Lora Falls* eram suas escadas e também das suas cabras. Um promontório chamado de *Tarbh Conraidh* representava o touro de Cailleach, cujo mugir fecundava as vacas que o ouviam; porém uma vez ele saiu perseguindo uma vitela e Cailleach o transformou em rochedo.

Algumas montanhas da Escócia guardam o nome da Cailleach no seu aspecto de "Senhora das Montanhas" (*Cailleach na Mointeach*), como as duas colinas semelhantes aos seios de uma mulher da ilha de Skye (*Beinn na Cailleach*) e as montanhas Pairc da ilha de Callanish, que imitam o perfil de uma mulher deitada chamada *Sleeping Lady*. No centro deste lugar sagrado, a cada dezoito anos a Lua "dança" no horizonte ao atingir o ponto extremo do seu deslocamento para Sul, unindo assim a jovem Brigid e a velha Cailleach. Na Ilha de Man, sob o nome de *Caillagh ny Groamach* ela é considerada a personificação dos poderes destrutivos da natureza como as tempestades e ventanias. Acredita-se que ela anuncia o inverno lavando seu xale no famoso redemoinho de Corryvreckan ao norte da ilha de Jura, quando, durante três dias, o ruído da chegada da tempestade é ouvido até milhas de distância do litoral. Quando termina de lavar seu xale, o mesmo, de cinzento, tornou-se branco e a neve começa a cobrir a terra. Durante o inverno, Cailleach perambula pela terra, batendo com seu bastão nas árvores e no chão que ficam cobertos pela neve, impedindo que apareça algum sinal de renascimento da terra. No auge do inverno na Escócia costumava-se esculpir num tronco de carvalho o rosto de *Cailleach Nollaigh*, "A velha do inverno", que representava o frio e a morte. Na noite do *Sabbat Yule* o tronco era queimado até se tornar cinzas, uma superstição de que o frio, o gelo e a morte iam se afastar das casas. Este costume foi seguido até 1900, desaparecendo aos poucos com o esquecimento das antigas tradições. O último dia de inverno era denominado *A Cailleach,* seguido de *Latha na Caillich* – o equinócio de primavera – quando o reinado dela terminava.

Existia uma relação entre Cailleach, o plantio e a colheita dos cereais, pois foi ela que ensinou os homens como semear e moer os grãos, respeitando as épocas certas. Na Escócia, até recentemente, costumava-se transformar as últimas espigas de milho na figura de uma mulher, coberta com um simulacro de roupas e fitas coloridas, representando Cailleach e chamada de *Carline* ou "Fome". O camponês que terminava a colheita em primeiro lugar confeccionava a boneca de palhas e a jogava no campo do vizinho que ainda não tinha terminado a colheita, e assim por diante. O último devia cuidar da boneca até o próximo ano, levando-a para sua casa e "alimentando-a" com pão e vinho. Havia uma acirrada competição entre os camponeses para evitar ter que cuidar da Anciã. Como se acreditava que aquele que guardasse e zelasse pela representação de Cailleach era predestinado a morrer cedo ou perder seus animais, ninguém queria ser o seu guardião, por isso se apressava a enviar a figura para um vizinho. Este gesto era visto como um desafio ou insulto, muitas vezes resultando em derramamento de sangue. Para passar o totem de Cailleach a outra fazenda – de forma incógnita – era escolhido um jovem saudável, instruído para galopar ao anoitecer ao redor do campo que ainda não tinha sido colhido, jogando a figura da Anciã no meio das espigas e continuando seu galope para não ser descoberto, preso e submetido a punições e humilhações.

Localizada em *Gleann Cailliche*, perto de Glen Lyon, fica *Tig nam Bodach* ("a casa da bruxa"), em um lugar pouco divulgado e de difícil aceso, com desvios e um rio que transborda com as chuvas de primavera. A "casa da bruxa" é uma estrutura de rochas em forma de cabana, coberta com turfa, contendo no seu interior pedras com formas humanas moldadas pela água (talvez pelas geleiras), conhecidas como "Cailleach e as suas crianças". A lenda conta que Cailleach e sua família foram abrigadas pelos camponeses locais e enquanto estavam lá, a terra era sempre verde e fértil. Quando foram embora, Cailleach sacudiu seu avental e com as pedras dele caídas formou a pequena estrutura, que foi respeitada como o seu altar durante séculos. Segundo a lenda, ela confiou as pedras com formas humanas aos camponeses, ensinando-os para que as colocassem do lado de fora do abrigo no *Sabbat Beltane* (começo do reinado de Brigid quando Cailleach se transforma em pedra) e guardando-as de volta no abrigo no *Samhain* (quando Cailleach reassume sua forma de anciã e a regência do frio e da neve). Nos meses de verão (do calendário celta), do primeiro de maio ao primeiro de novembro, as pedras representando Cailleach e sua família – a maior delas tendo uma posição de destaque por representar a própria Deusa – são colocadas, até hoje, fora do santuário pelos pastores locais e são levadas de volta no começo do inverno. Este é considerado o mais antigo ritual pagão, nunca interrompido em toda a Europa, relacionado com a divisão primordial da Roda do Ano celta em apenas duas estações, verão e inverno, o reinado quente da Deusa Jovem e o tempo frio e escuro regido pela Deusa Anciã.

Com o passar do tempo e o predomínio das lendas e costumes patriarcais, a indomável Anciã que pulava sobre colinas e vivia acompanhada de animais selvagens, que chamava as tempestades e criava as montanhas, foi transformada pelos historiadores cristãos em uma infeliz mulher idosa, que ficava sentada sobre uma pedra lamentando a velhice, a perda dos encantos, dos prazeres do amor com reis e guerreiros, temendo a aproximação da morte, sendo uma desprezível caricatura e renegação do poder mágico e ancestral de Cailleach. A *Velha das montanhas* do folclore era capaz de renovar sua vitalidade nas fontes sagradas e sua idade não era motivo de vergonha e dor, mas exemplo de vigor e poder. O antigo poema irlandês do século IX – *O lamento da velha mulher de Beara* – é um monólogo em que Cailleach descrevia com nostalgia seus sete períodos de juventude, durante os quais seus maridos seguidamente morriam de velhice e seus descendentes eram os criadores de raças e tribos. Ela era mais velha do que as rochas, e sua idade era um sinal de poder e sabedoria, sendo respeitada como *Sentainne*, a "Velha Mulher Sábia", assim como aparece no mito irlandês sobre as eras históricas, que as define como: "a era do teixo, da águia e da Anciã de Beara".

Cailleach Bheara é o arquétipo mitológico e cosmológico encontrado nas histórias e no folclore irlandês e escocês, que reúne em si a personificação da soberania e da anciã sobrenatural. Seus aspectos são múltiplos, pois ela age como formadora da paisagem, ancestral divina de tribos e pessoas, modelo de longevidade – passando continuamente de jovem à anciã – e símbolo de soberania da terra. Ela é a anciã mais famosa na literatura irlandesa e continua viva no folclore, nos mitos gaélicos e celtas, considerada por alguns autores como a *Anciã Divina* dos celtas pagãos e *Senhora das colinas sagradas*. Devido à sua complexidade, Cailleach Bheara representa uma multiplicidade de formas e funções, difíceis de diferenciar e que continuam interligadas do ponto de vista histórico e funcional. Em uma das interpretações ela seria uma versão da "Mãe Divina", de origem indo-europeia ou somente europeia; em outra ela é representante da "Anciã Divina" do mundo celta, ligada à tradição da soberania feminina.

Cailleach Bheara pode também ser vista como uma figura feminina sobrenatural e selvagem, às vezes sendo antagonista dos homens, semelhante às personificações da natureza agreste da tradição nórdica. *Cailleach* significava "velada" e *Bheara* "pontudo, cortante", uma alusão aos ventos gelados do inverno. Como regente do inverno, ela o chamava pulando de uma colina para outra e sacudindo seu bastão mágico. As fontes escocesas associam Cailleach Bheara / Bheur com as tempestades e ventanias, as nuvens pesadas e as ondas agitadas do mar no inverno; ela também é ligada às montanhas e rochedos, aos animais selvagens e ao bem-estar e fertilidade dos cervos. Pela semelhança com algumas histórias nórdicas, o folclore escocês atribui como "pátria" de Cailleach Bheara a Noruega, de onde ela teria trazido as rochas para formar as colinas e encostas da Escócia e das Ilhas Hébridas. A mais famosa representação irlandesa de Cailleach como uma rocha é na península Beara, próximo ao lugar chamado *Eyeries,* cujo nome é semelhante ao termo norueguês *eyrr* significando "praia pedregosa", encontrado também na costa escocesa e na Ilha de Man.

Percebe-se desta complexa e longa enumeração de nomes e atributos, que a figura de Cailleach Bheara permeia a mitologia celta, a literatura medieval gaélica, o folclore irlandês e escocês e uma possível conexão nórdica. Alguns autores lhe atribuem uma origem mais remota e antiga, como uma continuação no mundo celta de raízes indo-europeias e do culto de *Magna Mater* da Idade da Pedra, principalmente o aspecto selvagem e ameaçador da *Mãe Terrível*.

Na tradição oral irlandesa, Cailleach Bheara é o termo que descreve uma figura sobrenatural feminina, com aspectos ligados à natureza selvagem e também aos de Rainha soberana. O ASPECTO FÍSICO E NUTRITIVO da "Rainha soberana da terra" está presente na sua função de criadora e modeladora da paisagem. Por ter criado ilhas, lagos, colinas, rochedos, trovão, tempestade, enchentes, confirma-se o seu poder geotectônico na formação de detalhes telúricos semelhantes ao seu corpo. O ASPECTO DESTRUTIVO E NEGATIVO da Anciã é ligado ao perigo que certas regiões representam para o ser humano como escarpas, precipícios, topo das montanhas ou as intempéries durante a noite e no inverno. As lendas deste segundo aspecto material a descrevem como uma presença gigante que cobre a terra e passa por ela continuamente, sendo uma força dinâmica, móvel e vital que provoca ventos, ondas e deslocamentos de terra. Como símbolo de longevidade, Cailleach Bheara é semelhante ao teixo e à água, precedendo o dilúvio cristão, mas que foi substituída pelos monges cristãos e pelas figuras dos santos, a maioria sendo de homens conforme a hegemonia patriarcal cristã, que eliminou a existência da energia feminina do mundo divino e natural. A figura de Bean Feasa, a "mulher sábia" das lendas irlandesas e personificação de Cailleach como um espírito do "outro mundo" – resquício das lendas antigas da anciã curadora e conselheira –, foi perseguida pelos padres cristãos, que a nomearam de "velha demoníaca". Na condição de curadora e vidente, a Bean Feasa podia localizar animais perdidos ou roubados, diagnosticar e curar várias doenças, descobrir e afastar influências negativas do "outro mundo", prever acidentes e mortes, impedir vampirizações e possessão espiritual maléfica, beneficiar os plantios e a fertilidade vegetal, animal e humana, contribuir para a resolução de conflitos pessoais e tribais. Ela também atuava como parteira e condutora espiritual nos ritos de passagem, principalmente no encaminhamento dos espíritos dos falecidos (como carpideira) e no culto dos ancestrais.

Após a expansão celta na Europa – que deixou muitas marcas no continente –, surgiu uma teoria que atribui a origem do topônimo "Galiza ou Galícia", no norte da península Ibérica, a "Cailleach". Quando o Império romano começou a conquista da Galiza, os seus exércitos entraram pelo sul da Lusitânia marchando para o norte; a primeira tribo celta a entrar na batalha foi apelidada pelos romanos como *Callaeci*. Este vocábulo aparenta ser uma adaptação latina de "os adoradores de Cailleach", o que sugere que Cailleach era uma importante deidade desta região. A região dos *Callaeci* era conhecida como *Cale* (atual Porto), onde prosperava a cultura *castreja*, ao pé das colinas e regada pelo rio Douro. A cultura *castreja* desenvolveu-se no século VI a.C., numa ampla zona do noroeste da Península Ibérica, entre os rios Douro e Návia e a Oeste do Maciço Galaico, tendo desenvolvido um tipo muito peculiar de assentamentos, chamados *castros*, diferentes de outras áreas da península. Os romanos distinguiam entre *Cale* (estabelecimento), *Calleaeci* (nome com o qual designavam os habitantes) e *Portus Cale* (o porto de *Cale*). A região inteira converteu-se em província romana, com o nome de *Gallaecia* e *Portus Cale* se transformou no atual "Portugal". Não se sabe a razão pela qual os romanos decidiram nomear a província como *Callaecia* ou *Gallaecia*, os *callaeci* sendo apenas uma tribo entre todas as tribos dessa futura província romana. Alguns autores sustêm a ideia de que o nome originou-se do termo usado para descrever "os adoradores de Cailleach": *Kallaikoi,* assim chamados pelos comerciantes gregos, que supostamente chegaram às costas da Galiza antes dos romanos.

O reino de Cailleach começava no *Samhain,* o *Sabbat* que comemorava a morte da vegetação e o início do inverno, com a chegada do frio, da escuridão e das nevascas, quando a Anciã tomava o bastão branco da Donzela – Brigid, o escurecia e cobria com cristais de gelo. No *Sabbat* oposto na Roda do Ano – *Beltane* – Cailleach escondia seu bastão de poder sob um arbusto de azevinho e se metamorfoseava em uma rocha cinzenta, anunciando assim o término do inverno. Em outros mitos, ela se transformava em uma jovem mulher na véspera de *Imbolc*, sendo, portanto, a figura complementar e oposta de Brigid (ou aspectos de uma mesma deusa) e recebia de volta o bastão branco guardado por Brigid durante a primavera e o verão e que no *Samhain*, pelo seu toque, voltava a ser escuro e coberto de gelo. Em um mito da Escócia, relata-se que, durante os meses de inverno, Cailleach mantinha a deusa Brigid cativa no topo da montanha Ben Nevis sendo, portanto, a Guardiã do portal para a escuridão e da estagnação da metade escura do ano, quando toda a vida diminuía seu ritmo, a seiva descendo para as raízes, os animais entrando em hibernação e os seres humanos silenciando e mergulhando no seu interior. Assim como a crisálida que permanece imóvel durante o inverno até a chegada da primavera, toda a vida ficava suspensa pelo toque do negro e gelado bastão de Cailleach. Os antigos acreditavam que durante as tempestades Cailleach sacudia seus cobertores e no fim do verão ela lavava seu xale nas ondas do mar do Oeste, e quando o sacudia, a neve começava a cobrir as colinas. Quando batia no chão com seu cajado, a grama se transformava em agulhas de gelo e assim permanecia até que Brigid irradiava sobre a terra seu calor e luz. Ela era invocada para afastar o perigo das tempestades e das doenças de inverno e para abençoar suas representantes na terra: anciãs, curandeiras, benzedeiras, parteiras, carpideiras e videntes.

O ritual do *Samhain*, celebrado em 31 de outubro, também conhecido em inglês como *Halloween* (contração de *All Hallows Eve* – "Dia de todos os santos"), era o ritual mais importante do calendário celta, celebrado no final do verão e do ano celta e que etimologicamente significava "o final do verão". *Samhain* era uma festa da última colheita e de despedida, quando a deusa Danu morria ou, segundo outra versão do mito, viajava para uma terra afastada, acompanhada de sua corte de fadas. Os celtas colhiam todos os seus produtos antes da noite do dia 31 de outubro, porque acreditavam que depois dessa data, estes já não pertenciam ao mundo humano, mas a Cailleach. No *Samhain*, Cailleach era invocada mediante diversos cânticos para que cuidasse dos campos, da natureza e do mundo, bem como outorgasse sabedoria aos seus fiéis. Tratando-se de um ritual cujo simbolismo predominante é o da vida e da morte como partes de um ciclo natural, os celtas acreditavam que a "fronteira" entre o mundo dos vivos e dos mortos se dissolvia nesta data, pelo qual se justifica a atitude celta de deixar lugares livres na mesa para os seus entes falecidos. Por volta de 43 a.C., dois festivais originários romanos se fundiram com o *Samhain* celta: *Feralia*, dia dos mortos e *Pomona*, dia em que se comemorava o nascimento dessa deusa, criadora dos frutos e das plantas. Quatrocentos anos depois, para apagar os resquícios dos cultos pagãos, o Papa Bonifácio IV declarou o primeiro de novembro como "Dia de todos os santos", em honra a todos os mártires, virgens e demais integrantes do calendário católico, e no ano 1000 d.C., adicionou-se a esta celebração o "Dia dos finados", que se comemora no dia seguinte, sobrepondo assim, em definitivo, as datas cristãs sobre as festas pagãs e anulando a sua origem verdadeira.

A memória dos tempos antigos permanece oculta em muitas lendas e histórias folclóricas, lembrando épocas de quando a Anciã era honrada e reverenciada como a *Condutora para a morte*: d*os heróis* quando eles se perdiam numa floresta escura, ou *das heroínas* para o sono transformador, ao serem aprisionadas atrás das muralhas de um castelo à espera do seu despertar. Estas histórias simbolizam antigos *ritos de passagem*, em que os desafios e os testes eram os sinais que pontuavam o rumo para a transformação e evolução da alma. A escuridão era associada com os novos começos, com o potencial da semente oculta no solo e a sabedoria expressa nas figuras de poderosas deusas anciãs, cuja tarefa era catalisar as mudanças no contexto natural, cultural ou individual através do poder transformador da escuridão, na transição da morte para uma nova vida. A natureza dualista da Deusa da Soberania que regia a vida, fertilidade e morte, era simbolizada pela sua capacidade de metamorfose, alternando a forma da jovem bela (vida) e a feia anciã (morte). Com o passar do tempo, a Anciã foi rebaixada para a figura da "Madrasta vingativa, da Bruxa malvada e da Velha punidora" e o respeito e reverência perante a Mãe Negra e a Anciã, distorcidos no pavor da velhice, da escuridão e da morte. As anciãs não mais são honradas atualmente pela sua sabedoria, mas denegridas pelo espectro temido do envelhecimento e da decrepitude, a morte passou a ser temida, ocultada e negada e a escuridão vista como sinônimo de perigo e mal. Porém, ao resgatar os antigos conceitos matrifocais, as mulheres contemporâneas reencontram a reverência e o respeito perante as Anciãs, Senhoras do Tempo, da Escuridão e da Sabedoria, tornando-se as Suas mensageiras no processo de transmutação e renovação de valores e comportamentos, partilhando com os demais a visão da Natureza como Nossa eterna e amada Mãe.

A figura misteriosa de Cailleach transmitida nos mitos e narrativas irlandesas resultou de uma complexa amalgamação de ideias e imagens cronológicas, religiosas e literárias que foram desenvolvidas e modificadas ao longo dos tempos. Os princípios e imagens principais representam Cailleach sob dois aspectos: como personificação da soberania feminina e como Anciã, ligada às forças sobrenaturais e de outros mundos. A descrição de Cailleach como uma figura sobrenatural ou bruxa foi a consequência das citações na literatura irlandesa medieval dos efeitos destrutivos da soberania feminina como "Deusa ou Rainha da morte". A importância de Cailleach é visível até hoje, milênios após a desaparição da cultura que lhe deu origem, por ser honrada como Anciã sobrenatural, associada a montanhas, colinas, lagos, rios, grutas, rochas e câmaras subterrâneas, cujas formas e localizações ela mesma criou e cuja energia telúrica reverbera e é percebida pelas pessoas sensitivas.

Nas minhas várias viagens para Inglaterra, Escócia, Irlanda, País de Gales, Ilhas Hébridas pude sentir a presença de Cailleach nos inúmeros círculos de menires, cairns e câmaras subterrâneas que visitei. Os que mais me impressionaram pelo poder que emanava dos menires impregnados pelos antigos cultos à "Senhora das Montanhas" e à "Anciã das pedras" foram: Castle Rigg Stone Circle, na Inglaterra, algumas montanhas da Escócia como as duas colinas semelhantes aos seios de uma mulher da ilha de Skye, as montanhas da ilha de Lewis que imitam o perfil de uma mulher deitada chamada Sleeping Lady. No seu lugar sagrado da península de Beara, a formação rochosa que reproduz o perfil de uma mulher idosa vibra com a sua egrégora ancestral. Porém, quando sentei no "trono da bruxa" no topo de Slieve na Calliagh (a montanha da anciã) em Loughcrew, pude sentir, de fato, a sua presença ao meu lado, no uivar do vento entre as pedras antigas e no vórtice de poder telúrico emanado dos menires ao redor.

Prática mágica para promover a transformação pessoal

Devido à sua antiguidade e à ausência de fontes escritas, é difícil saber quais eram os verdadeiros símbolos e objetos mágicos usados nos rituais de Cailleach. As CORRESPONDÊNCIAS são as encontradas nos seus mitos como montanhas, colinas, rochedos, picos enevoados, rios, lagos, fontes, pântanos, mar, tempestades, árvores e plantas, sítios megalíticos, cairns, menires. Os SEUS ANIMAIS: gato preto, corvo, gado, touro, porcos, ovelhas, lobos, pássaros, peixes, gaivotas, águias, garças e corvos marinhos, cervos, corças e javalis. A ESTAÇÃO DO ANO é o inverno e OS DIAS a ela consagrados são Imbolc (primeiro de fevereiro, quando cede o lugar a Brigid), o equinócio de primavera (em torno de 21 de março) e Samhain (30 de outubro, quando ela reassume seu lugar recebendo o cetro da Brigid). Devido à sua conexão com velhice e inverno, ela é festejada no dia 5 de fevereiro dedicado à Santa Ágata na Espanha, a herdeira da anciã Cailleach como padroeira da troca de estações. Ela era descrita como uma velha que carregava em um saco os restos do inverno, deixando no seu lugar a primavera. Na Rússia sua equivalente era a anciã Mokosh, celebrada no festival da primavera, que recebia como oferenda pele e lã de ovelha, para que favorecesse o trabalho das mulheres.

Além de ritos de passagem como o de menopausa, perda de órgãos, falecimento de entes queridos, vigília e enterro, o arquétipo de Cailleach é adequado para criar rituais pessoais que buscam a transformação, para descartar velhos hábitos e comportamentos, descobrir e abraçar novas possibilidades de expressão e realização.

Ritual (individual ou coletivo)

Prepare um altar coberto com uma toalha de cor escura (roxa ou preta), escolhendo um sábado na fase da lua negra, nova ou crescente, depois do pôr do sol. Vista roupas escuras e cubra-se com um xale ou véu. Coloque no altar um caldeirão de ferro ou barro cheio de terra (para o Norte), incenso de lavanda e essência de pinheiro ou carvalho (para Leste), uma vela prateada (ou branca) e uma vela preta (ou roxa) em suportes adequados (para o Sul), uma taça com água de fonte, mar ou chuva (no Oeste), seu bastão mágico (ou um galho de árvore amarrado com cristais e fitas), uma pedra colhida na praia ou em um lugar sagrado, uma imagem de Cailleach ou de uma montanha consagrada a ela, um colar ou pulseira de hematita, um espelho, um pedaço de papel pergaminho ou de seda, um imã, uma caneta preta e um cesto com seis maçãs.

Crie um círculo mágico evocando os poderes das direções e dos elementos correlatos: LESTE (ar, vento, poder mental), SUL (fogo, Sol, chama sagrada, vontade, vigor), OESTE (água, mar, chuva, desejo, Lua) e NORTE (terra, pedras, manifestação, objetivo). No CENTRO invoque a deusa Cailleach, pedindo sua permissão e orientação para o ritual, bem como a proteção dos espíritos ancestrais e dos guardiões espirituais pessoais. Visualize ao redor – para proteção mágica – um círculo de menires e alguns dos animais sagrados da Deusa nas suas respectivas direções: águia, touro, salmão, lobo. Risque um pentagrama com o bastão mágico para cada direção e sobre o caldeirão do Centro e invoque Cailleach, com a citação de alguns dos seus nomes e atributos. Em seguida devem ser escolhidos e enunciados em voz alta o(s) objetivo(s) deste ritual de transformação como: medos ligados ao envelhecimento, dificuldade em mudar padrões comportamentais ultrapassados, lembranças negativas do passado, feridas emocionais oriundas de relacionamentos, perdas ou traições, rigidez excessiva, apego a dinheiro, situações ou pessoas, insegurança, solidão, depressão.

Unte a vela preta com a essência, de cima para baixo, mentalizando a intenção ritualística sendo impregnada neste suporte material. Acenda a vela preta e o incenso e escreva aquilo que quer descartar ou transformar em tiras cortadas do papel, firmando mentalmente sua vontade e desejo de descartar as programações e lembranças negativas. Amasse cada tira e a queime no caldeirão até terminar com todas as tiras. Apague a vela preta soprando e a quebre visualizando o descarte da negatividade. Peça à deusa Cailleach que a ajude nesta libertação e segure a pedra visualizando Sua força, representada pelos rochedos e montanhas e seu poder de trazer os ventos da libertação.

Unte a vela prateada com essência de cima para baixo, visualizando a sua renovação energética e a abertura para novos meios de expressão. Acenda-a e visualize as novas energias, possibilidades, comportamentos, valores e objetivos que quer atrair para sua vida no lugar de tudo aquilo que foi descartado. Escreva em tiras de papel esta nova programação e segure cada tira acima da vela, sem queimar, mentalizando com firmeza o seu propósito. Depois toque cada papel com seu bastão, imaginando a sua chama sagrada imantando as palavras escritas com a força da vontade e a energia do desejo. Guarde estes papéis no seu altar com a pedra e o imã, ao lado da imagem dos locais sagrados de Cailleach e da vela, que poderá ser trocada por outras de sete dias até alcançar o seu pedido.

Em seguida segure o colar ou a pulseira de hematita e ore pedindo a Deusa que imante as pedras com a energia de atração dos seus propósitos e a força por ela transmitida para ativar o seu poder pessoal. Coloque o colar ou a pulseira, segure a pedra e a vela prateada e sinta a energia do ritual fluindo pela sua aura, ativando e fortalecendo seus vórtices de poder, ampliando a sua coragem, autoconfiança e fé em seu poder para se transformar e renovar. Olhe-se no espelho e perceba na sua aura quais são os dons que ainda não manifestou na vida, deixe que a voz interior os sussurre para você e veja-se sob uma nova luz: serena, capaz, feliz e realizada. Faça algumas afirmações positivas ou crie um estribilho de autoafirmação, para repetir cada dia nas suas orações.

Proceda aos agradecimentos das forças espirituais invocadas, agradeça aos guardiões das direções e dos elementos pela sua presença e ajuda, desfaça o círculo de proteção no sentido contrário ao que foi traçado e leve as maçãs cortadas na horizontal – para revelar o pentagrama formado pelas sementes – e um pouco de suco de maçã ou vinho tinto para deixar ao pé de uma árvore velha ou perto de pedras, em sinal de gratidão a Cailleach pela energia nelas impregnada, do poder da morte e da renovação. Guarde o colar no seu altar e use-o quando precisar se sentir com mais força de decisão, afirmação ou negação daquilo que não seja para o seu bem maior. Tome no final um banho de remoção das energias negativas residuais (com sal grosso e ervas específicas, como arruda, guiné, folhas de eucalipto e sálvia).

À medida que for percebendo que já integrou os aspectos e a energia de renovação na sua personalidade e vida, queime as tiras de papel, sopre as cinzas ao vento e agradeça à deusa Cailleach pela realização completa do seu ritual de transformação.

Cerridwen, Guardiã do Caldeirão da Transmutação

"Mulher sábia, anciã, mãe e mestra,
Você diminui a escuridão do céu e parteja o nascer do sol,
Possuidora de energia e sabedoria,
Criadora do movimento e do significado,
Dê-me da sua força, ensine-me sua sabedoria.
No seu grande caldeirão Awen,
Eu experimento sua magia e conheço seu poder,
Eu transformo minha forma e aprendo com seu conhecimento.
Assim, eu começo a minha busca e ouço a sua inspiração,
Para um novo começo, o fim e a inevitável morte,
Meu renascimento sendo guiado por você, Grande Cerridwen."

Cerridwen (Goddess alive!) Michelle Skye

"Eu sou o vento do mar, eu sou a onda tempestuosa, eu sou o gavião do rochedo, eu sou a lágrima do Sol, eu sou a linda flor, eu sou o salmão na corredeira, eu sou o lago da planície, eu sou a palavra desafiadora, eu sou a flecha pronta para batalha. Eu sou a Deusa que fez a trilha nas montanhas, que conhece a idade da Lua, que conhece onde o Sol repousa, que conhece o fio afiado da lâmina e da palavra."

Song of Amergin. celticmeditations.com

Um dos símbolos mais antigos da mitologia celta é o *Caldeirão da transmutação*, honrado como mistério central da religião por simbolizar o renascimento do ventre da Deusa Escura (o ventre representado pelo caldeirão). Sua magia se devia à capacidade da transmutação, processada através de mudanças, experiências, desafios e o recebimento final da inspiração divina (denominada *grael*). Acreditava-se que o caldeirão era capaz de transformar a forma material em essência espiritual e de favorecer a preparação da bebida da imortalidade e da inspiração. Denominado *Awen* no mito da deusa Cerridwen, o caldeirão era o receptáculo sagrado da sabedoria divina e do dom da inspiração, o meio mágico para a regeneração no ventre escuro da Deusa Anciã. Ele foi o precursor do Santo Graal, considerado uma fusão do caldeirão mágico do paganismo celta e do cálice do cristianismo. O elo entre a deusa Cerridwen e o caldeirão mágico foi descrito em um manuscrito do século XIII – *O livro de Taliesin* (coleção de alguns dos mais antigos poemas em galês, muitos deles atribuídos ao poeta Taliesin, em atividade perto do final do século VI) e também mencionado no poema épico galês *Mabinogion*. Em ambas as fontes, o nascimento do poeta é associado com circunstâncias sobrenaturais e elementos mágicos, ligados ao mito de Cerridwen.

Cerridwen (Cerridwyn) era uma deusa galesa anciã, guardiã do caldeirão, dotada com a habilidade da metamorfose (assim como outras divindades celtas), profetisa e regente dos processos de vida, morte e regeneração. Ela era a única capaz de preparar a poção mágica contida no caldeirão do conhecimento. A dualidade do seu dom divino, de proporcionar tanto a morte quanto a vida e a regeneração, é simbolizada também pelos seus filhos que representavam dia e noite, luz e escuridão, Céu e Mundo Subterrâneo, verão e inverno. Cerridwen representa a "Face Anciã" da Deusa Tríplice celta; seu nome tem como origem os termos galeses ceryd "admoestar com amor" e gwen "branco e abençoado". Apesar da sua representação habitual como uma mulher velha, chamada de "A anciã da criação" ou simplesmente "A anciã", ela era uma deusa que mudava sua forma, passando de jovem à mulher madura ou velha, incluindo também sua metamorfose em animais. Como deusa da fertilidade e abundância, ela era chamada de "Deusa Mãe, soberana dos cereais", a porca sendo seu animal totêmico e que representava a fecundidade do mundo subterrâneo, bem como o poder materno (criador e destruidor, que dá e tira a vida).

Cerridwen é associada com a Lua, os dons de inspiração, a poesia, as profecias, a habilidade da metamorfose, o ciclo de vida e morte, sendo a *Guardiã da sabedoria e do conhecimento*. É ao mesmo tempo uma *Deusa parteira e protetora dos mortos*, pois o mesmo poder que conduz os corpos para a morte traz a vida; no seu ventre gera-se a vida, mas a vida antecede a morte. Seu aspecto de *Anciã* representa o conhecimento de todos os mistérios que só a idade e a experiência podem proporcionar. Cerridwen é a Deusa regente do caos e da paz, do início e do fim, da harmonia e da desarmonia, a Deusa que devemos reverenciar nos momentos de dificuldades e pedir-lhe a transmutação dos desafios e malefícios.

No seu mito conta-se que ela vivia no meio do lago Bala, no Norte do País de Gales, ao lado de seu marido *Tegid Foel* e dois filhos gêmeos, a filha *Creirwy* (cujo nome significava luz, beleza) e o filho *Morfran* (o corvo), o equivalente de Affagdhu (feio, escuro). Enquanto a moça era de cor clara, alegre e dotada de uma beleza estonteante, o rapaz era deformado, feio, mal-humorado, a pele escura e o corpo peludo. Os irmãos eram evidentes representantes das polaridades: luz/sombra, dia/noite, verão/inverno, belo/feio, Céu/Mundo Subterrâneo.

Preocupada com a aparência do filho – que ela não podia mudar mesmo sendo uma deusa – e desejando que ele fosse aceito pela sociedade, Cerridwen decidiu preparar uma poção mágica no seu caldeirão, que lhe conferisse os dons da inspiração e sabedoria, tornando-o assim num renomado bardo. Como costumeiro nas magias celtas, a poção devia ferver e ser misturada sem parar durante um ano e um dia, condensada finalmente para três gotas que continham a sabedoria do mundo, o restante sendo apenas veneno. Para auxiliar nesta tarefa Cerridwen chamou duas pessoas: um rapaz chamado *Gwion Bach* para mexer no caldeirão e um velho cego – *Morda* – para cuidar do fogo. Ambos assumiram suas tarefas sem reclamar, enquanto Affagdhu, que era o beneficiário, não quis participar de nada.

Cerridwen começou a estudar manuscritos antigos sobre as propriedades das plantas e as configurações planetárias benéficas para favorecer o preparo da poção mágica. Ela juntou no caldeirão água de fontes sagradas, espuma do oceano, ervas e raízes mágicas colhidas em diferentes lugares, horas e estações, que iam favorecer o despertar da intuição e da inspiração. No final do período de preparação de um ano e um dia, Cerridwen colocou seu filho Affagdhu na frente do caldeirão pedindo-lhe que ficasse atento quando o elixir ficasse concentrado e pronto para que as três gotas saltassem para fora. Desinteressado, Affagdhu adormeceu, enquanto Cerridwen entrou em transe após recitar os encantamentos mágicos (ou em outra versão, adormeceu exausta pelo trabalho demorado). Enquanto isso, Gwion mexeu com tanta força no caldeirão, que o líquido borbulhante espirrou e as três gotas caíram na sua mão; em seguida o caldeirão explodiu. Sentindo a dor da queimadura, o rapaz colocou instintivamente a mão na boca para buscar alívio, mas no mesmo momento, ele adquiriu o conhecimento e toda a sabedoria do mundo, compreendendo todos os segredos do passado e do futuro. Outras fontes citam uma história diferente, em que Gwion empurrou Affagdhu que estava vigiando a poção e pegou as preciosas gotas ele mesmo, antes que o caldeirão explodisse devido ao resíduo do líquido transformado em veneno.

Enfurecida pela perda do precioso elixir que conferiu o dom de sabedoria para Gwion e não ao seu amado filho, Cerridwen correu atrás do rapaz, perseguindo-o sem cessar, mesmo depois da sua metamorfose em diversos animais. Cada vez que ele assumia a forma de um animal, ela se transformava no predador dele. A caça tornou-se uma guerra entre poderes mágicos, cada um dos oponentes se metamorfoseando em vários animais. Gwion transformou-se numa lebre que fugiu rapidamente, enquanto Cerridwen assumiu a forma de um galgo ágil e correu atrás dele, quase conseguindo abocanhá-lo. Gwion conseguiu escapar e correu para um rio onde se tornou um peixe, enquanto Cerridwen assumiu a forma de uma lontra, que o perseguiu sem parar sob a água, até que ele se viu forçado a transformar-se num pássaro e alçou voo. Ela, transformada em falcão com garras fortes e visão aguçada, o seguiu com rapidez e não lhe deu descanso no ar. Quando estava prestes a alcançá-lo, cansado da perseguição e temendo pela própria vida, Gwion avistou um monte de trigo peneirado no solo de um celeiro e mergulhou no meio deles, transformando-se num dos grãos, certo de que Cerridwen não ia reconhecê-lo. Porém ela, sem sentir cansaço e atiçada pela caça, aguçou sua vista e se transformou numa galinha negra, que ciscou no trigo, encontrou o fugitivo e o engoliu crente de que tinha vencido a batalha.

Todavia, nove meses e dez lunações depois da semente engolida e gestada no ventre de Cerridwen, nasceu um lindo menino. Apesar da decisão de matá-lo assim que nascesse, Cerridwen ficou tocada pela sua beleza e seu ar radiante; comovida o embrulhou em uma bolsa de pele de foca e depois o jogou no mar. Alguns dias depois, o príncipe celta Elphin, passeando na beira mar ouviu um choro de criança e salvou o belo menino; impressionado pela sua aparência radiante deu-lhe o nome *Taliesin*, que significava "testa alta e brilhante". Quando adulto Taliesin tornou-se o legendário bardo galês, dotado de uma fantástica sabedoria e inspiração, sendo conselheiro de reis, exímio mago e honrado como a genuína encarnação da sabedoria druídica. Sendo ao mesmo tempo um arquétipo sobrenatural amalgamado com uma figura histórica, Taliesin considerava sua sabedoria como um dom divino, uma coletânea de memórias de todas as suas encarnações anteriores.

A caça e as metamorfoses seguidas têm intrigado durante séculos estudiosos de história e mitologia. Uma das teorias interpreta os obstáculos como a enumeração do empenho e da determinação do discípulo, para alcançar as metas do treinamento mágico imposto pelo mestre. O período de um ano e um dia era o tempo de estudo exigido pelos mestres celtas, antes da iniciação ou passagem de grau dos seus discípulos. Era também um prazo usado em vários trabalhos mágicos e em determinados procedimentos legais na antiga sociedade celta. Cerridwen na realidade estava treinando Gwion, testando o seu real valor e potencial, superando sua própria raiva e frustração para melhor conhecer e aceitar o futuro papel dele nas lendas celtas. Outra explicação encontrada em algumas fontes associa os animais da caça com alguns dos totens dos clãs celtas, simbolizando a força e as habilidades dos guerreiros nas batalhas. O peixe – ou melhor, o salmão – a lebre, o falcão, a lontra e os pássaros são animais mágicos celtas. Os grãos são a essência do deus agrícola, que se sacrifica e entrega seu poder e força para que as espigas cresçam. Todavia, o galgo e a galinha não possuem poderes mágicos, portanto esta teoria é desprovida de fundamento mítico. Uma prática celta para adivinhação que constava em fazer oferendas para as divindades, comer carne crua e depois chupar o polegar – chamada *Imbas Forosnai* –, talvez tenha sido inspirada pelo mito de Cerridwen e Gwion. No relato mítico do herói irlandês *Finn Mc. Cool* conta-se que ele adquiriu sabedoria lambendo seu dedo, queimado enquanto assava um salmão (o animal totêmico celta detentor da sabedoria).

A sacerdotisa e pesquisadora Jhenah Telyndru – no seu livro *Avalon within* (vide Bibliografia) – compara a caça aos diferentes estágios da transformação da alma, progredindo das sombras do inconsciente para a vontade consciente. Neste cenário, cada par de animais é associado a um elemento. A lebre e o galgo pertencem a TERRA; o peixe e a lontra, à ÁGUA; o pássaro e o falcão ao AR e a galinha e o grão, ao FOGO. As transformações e seus elementos correspondentes simbolizam o desenrolar da vida individual. AR seria o nascimento; FOGO, a juventude; ÁGUA, a maturidade e a TERRA, velhice e morte. Por ter renascido, após a sua morte, do ventre de Cerridwen, Gwion simboliza a crença celta na reencarnação ou a volta do espírito para a terra, assumindo outro corpo e forma.

O prazo de um ano e um dia é uma referência ao calendário pagão formado de 13 meses lunares de 28 dias cada, somando 364 dias e acrescentando mais um dia "branco" para o total de 365. Este mesmo prazo aparece em muitas outras lendas, mitos e contos de fadas e levou à perseguição cristã do número 13, considerado de mau augúrio e associado à bruxaria. No entanto, a tradição pagã persistiu em muitos nomes e símbolos como os famosos "Treze tesouros da Bretanha", possivelmente símbolos lunares, associados às constelações zodiacais e descritos como: espada, cesto, chifre para beber, carruagem, faca e pedra para afiar, caldeirão, tacho, corda, travessa, tábua de xadrez, vestuário, manto. Os treze meses do calendário menstrual eram representados nas paredes do templo de Tarxien em Malta como uma porca com treze tetas, semelhante à descrição celta de Cerridwen como "a Porca Branca".

O mito de Cerridwen e o seu caldeirão mágico retratam a crença galesa da qual, para que a verdadeira inspiração divina se manifestasse no mundo, era necessário passar pelo processo de morte e renascimento. O ventre de Cerridwen, assim como o seu caldeirão, tinha o potencial de gerar todas as manifestações da criação, sendo o começo e o fim da vida. Cerridwen é ao mesmo tempo uma criadora e iniciadora, na realidade ela é o próprio receptáculo do renascimento, pois engoliu Gwion e depois lhe deu a vida; o simbolismo do grão comido pela galinha é uma alegoria da semente enterrada na terra para renascer. Ao beber as três gotas proibidas, Gwion teve a visão perfeita da divindade representada por Cerridwen. Perseguido e castigado pela Deusa ele não podia morrer realmente, pois tinha o conhecimento perfeito; por isso, a deusa o ingeriu na forma de grão de trigo e ele se integrou à divindade de Cerridwen. Quando Gwion se apodera dos segredos de Cerridwen representados pelas três gotas, se produz um caos comparável ao do nascimento. A partir desse momento, aparece a necessidade de reconstruir a unidade perdida, de voltar atrás, até a mãe, e dessa forma se produzirá um "novo nascimento". Gwion Bach não morre, ele volta para o ventre da mãe para um novo amadurecimento, fecunda a própria mãe e renasce pela segunda vez como Taliesin, o bardo que conhece os segredos do mundo e da divindade.

Essa narração, embora seja da época cristã, é baseada na crença arcaica de que o homem nada tem a ver com o fenômeno do parto, que é função específica da mulher. O homem não era considerado "pai dos filhos" no sentido que nós damos agora a esse termo, pois antigamente se desconhecia a paternidade fisiológica e o pai era completamente alheio ao nascimento dos filhos. Característica de uma sociedade que consideramos primitiva (no sentido pejorativo da palavra), na verdade esta crença representa um estágio de uma civilização que não era pior ou menos evoluída do que o paternalismo exacerbado da civilização romana, ou os nossos conceitos atuais. Na sociedade matrilinear, o pai não desfrutava de nenhum privilégio em relação aos filhos e não tinha, portanto, direito ao seu afeto, precisando se empenhar para ganhá-lo. Por outro lado, não tendo as responsabilidades financeiras que envolviam uma família, se sentia mais livre para deixar que seus instintos paternais se desenvolvessem. Na sociedade paternalista que insiste sobre o papel biológico do pai, se reforçam todos os conflitos de natureza edipiana, destruindo o equilíbrio da sociedade matrifocal que promovia para o pai uma relação desinteressada, isenta de toda autoridade e buscando o amor. Além disso, as sociedades paternalistas e patriarcais consideram até hoje a mulher como uma máquina de prazer ou de procriação e insistem sobre a sacrossanta virgindade das jovens.

A aparição de Cerridwen na vida de alguém (em sonhos, presságios ou visões) ou a busca de uma conexão com ela, pressagia situações de morte e renascimento, algo deve morrer e deve ser deixado para trás, para que o novo possa renascer; a matéria não pode ser criada ou destruída, mas é sujeita a transformações. A dança das estações nos ensina como viver plenamente, aceitando todas as faces da existência, que incluem a morte e o renascimento. A plenitude é vivida quando temos a consciência de que cada passo que damos na vida é também um passo para a morte e o renascimento, seremos plenos e conscientes quando aceitarmos a nossa dança entre essas duas condições. Fazemos parte do processo cósmico de reciclagem e devemos aceitar que o fim faz parte da nossa vida, assim como o começo. Precisamos ter coragem para o desapego (de medos, hábitos, coisas, pessoas, situações de acomodação ou emoções negativas); iremos receber de volta aquilo que deixamos ir, transmutado para uma forma mais benéfica e abundante, o que irá aumentar o nosso poder e expandir a nossa consciência.

Mergulhando no caldeirão de Cerridwen poderemos alcançar nossos objetivos, encontrar a força para superar adversidades, transmutar os bloqueios e os medos e encontrar a luz no momento da morte. Não devemos encarar a morte como o fim, mas como um renascimento. Quando aprendermos a abrir mão de certas coisas e situações, estaremos aprendendo a morrer espiritualmente, de várias pequenas maneiras ao longo da vida. No momento da morte, o ato de abrir mão se multiplica milhares de vezes e a liberação proporciona uma conexão divina totalmente nova. Os místicos ensinam que *"para poder mergulhar na presença divina, é necessário exercitar o desprendimento. A totalidade só é conquistada quando aceitarmos entrar na dança da morte e do renascimento".*

Prática mágica

A caça mágica enfatiza o papel de Cerridwen no ciclo natural de nascimento, morte e renascimento. Seu movimento não é caótico, mas medido e visto em forma de círculos. Ela e seu caldeirão representam o começo e o fim, a madrugada luminosa e a escuridão da noite; ela é a força que nos ajuda a nascer de novo, superando decepções, frustrações, doenças e morte. Espiralando eternamente, Cerridwen lembra-nos que de cada fim nasce um começo e que cada começo tem um fim, vida e morte sendo apenas aspectos do cosmos rodopiando e mudando eternamente. A sua mensagem é: *"cada fracasso contém em si um sucesso"*. Um antigo canto celta para a invocação de Cerridwen – usado até hoje – é originário da Escócia, sem que se saiba a data exata da sua origem ou o significado das palavras. Sua finalidade visava invocar o poder de Cerridwen no corpo, na alma e no espírito, para que a pessoa se tornasse um canal aberto e deixasse passar a energia da Deusa ao entoar estes antigos e mágicos versos por três vezes:

Amores Cerridwen
Calami carbones stultorum moenia chartee
Calami carbones stultorum moenia chartee

O ritual descrito a seguir foi inspirado na prática anual de purificação – que antecede os rituais anuais de Iniciação e Passagem de Grau – do círculo sagrado feminino Teia de Thea de Brasília. Mesmo tendo sido elaborado para ser um ritual grupal e reservado, ele foi adaptado nesta versão para ser realizado por praticantes solitárias ou em grupos.

Procure realizar este ritual na fase minguante ou negra da Lua, na proximidade do Sabbat Samhain ou Imbolc. Arrume o altar com uma toalha preta, os quatro elementos (vela preta, cálice com água e uma pitada de sal marinho, incenso de cedro e uma vasilha de barro com terra) e imagens dos animais que os representam no mito (lebre ou galgo para TERRA; peixe e lontra para ÁGUA; pássaro e falcão para o AR e galinha e grãos para FOGO). Providencie um caldeirão para queimar ervas secas, um sino e um banho de pétalas de flores para despejar sobre você no final do ritual. Crie o círculo de proteção dando uma volta ao redor do altar, pedindo a presença e auxílio dos elementos, seus guardiões e animais totêmicos e evoque os atributos mágicos: a inspiração (dos silfos), a força vital (das salamandras), a intuição (das ondinas) e a sustentação mágica (dos gnomos).

Invoque a deusa entoando por três vezes o seu canto e declare o começo do ritual com a frase ritualística: *"pelo ar que é seu sopro, pelo fogo que é seu espírito, pela água que é seu sangue e pela terra que é seu corpo eu (nome) inicio este ritual em meu benefício e para o bem de todos e do todo. Estou entre os mundos, além das fronteiras do tempo, onde dia e noite, nascimento e morte, alegria e tristeza se unem e se fundem entre si."*

Medite por algum tempo sobre decepções, frustrações, doenças, perdas, fracassos que tenham sombreado sua vida e ainda permanecem como lembranças dolorosas. Peça à deusa que permita a sua transmutação e que lhe transmita a coragem para se desligar de tudo que já passou e que possa viver de uma forma mais plena e luminosa no presente, após passar pelo desapego e o renascimento.

Desloque-se mentalmente para a morada de Cerridwen (uma gruta numa ilha no meio do lago) e veja o seu grande caldeirão mágico borbulhando com um líquido escuro. Aproxime-se e ajoelhe-se perante ele, pedindo a permissão da Deusa para nele colocar todos os seus registros e resíduos negativos, nomeando-os e vendo a sua materialização à medida que os coloca no caldeirão. Perceba como eles se dissolvem no líquido escuro; após um tempo, o ambiente é envolvido por uma névoa branca e você sente que em suas mãos estão aparecendo símbolos de energias positivas, que substituíram as negativas e ultrapassadas que queimou. Anote-as mentalmente e aguarde para ouvir, sentir ou perceber alguma mensagem da deusa para colocar na prática as mudanças necessárias para concretizar a sua transformação. Para finalizar agradeça e volte – mental e energeticamente – para o lugar onde estava sentada.

Pegue agora punhados das ervas secas e queime-os no seu caldeirão (usando pastilhas de cânfora), nomeando-os um por um com os resquícios e reverberações das energias prejudiciais das quais quer se livrar. Repita a queima até não se lembrar de nenhuma memória dolorosa e permaneça ao lado do caldeirão até tudo terminar. (OBSERVAÇÃO: se este ritual for realizado em grupo, a dirigente poderá conduzir uma catarse coletiva para expurgar os resíduos negativos). Após o necessário centramento com respiração profunda e alinhamento energético, declare em voz alta a certeza do desligamento do passado negativo e anote mentalmente uma afirmação positiva que irá repetir cada vez que algum apego queira voltar para você. Agradeça a Deusa pela ajuda recebida, depois aos guardiões evocados e desfaça o círculo caminhando ao redor do altar em sentido anti-horário. Tome um banho de purificação e desimpregnação fluídica (com sal marinho, ervas e essência do seu signo), depois despeje sobre si, da cabeça aos pés, o banho de flores, sentindo a sua renovação energética e selando assim a sua passagem das sombras para a luz.

Permaneça em silêncio e introspecção por algum tempo, procurando perceber ou intuir alguma mensagem ou orientação vinda da deusa Cerridwen. Medite sobre seus projetos ainda não realizados e como os sabotou alegando sua idade e falta de preparo. Faça uma lista com seus dons e qualidades que independem de idade ou das restrições a ela ligadas e coloque-a no seu altar para visualizar a manifestação dos seus planos, o fortalecimento da sua saúde e do seu poder mental com a ajuda e a orientação da deusa Cerridwen.

Como oferenda de gratidão para a Deusa, assuma um compromisso de colaborar em algum projeto de defesa dos animais ou do meio ambiente e recite este poema em voz alta.

"Eu lhe dou a vida e lhe dou também a morte,
Fases que fazem parte de tudo o que vivencia ao longo da espiral,
O caminho espiralado é a própria existência,
Sempre seguindo, sempre crescendo e mudando,
Nada morre que não renascerá, nada existe que não vá morrer.
Quando você vem a mim, Eu lhe dou as boas-vindas,
E depois a recebo no meu ventre, o caldeirão da transmutação,
Onde você será mexida e virada, fervida e triturada,
Derretida e amassada, reconstituída e reciclada.
Você sempre voltará a mim e seguirá o seu ciclo, renovada.
Morte e vida são apenas pontos de transição
Ao longo da Senda Eterna e Espiralada!"

"Oráculo da Deusa" Amy Sophia Marashinsky

Cymidei Cymeinfoll, Deusa Galesa Doadora de Vida e Morte

"Cymidei Cymeinfoll é a passagem através do tempo que jamais se altera, porém, a nossa união com ela nos modifica para sempre. Seja através da reencarnação física, renascimento transformador ou iluminação espiritual, nossa jornada para dentro e fora do seu caldeirão, nos muda para sempre. Jamais seremos as mesmas após um encontro com Cymidei e, apesar do seu nome ter se perdido nas brumas do Outro Mundo, o poder e a magia permanecem reais e verdadeiras."

Cymidei Cymeinfoll. *(Goddess afoot)* Michelle Skye

Oriunda da mitologia galesa, esta deusa com nome difícil de pronunciar (em português seria *Keemidei Keemeenvol*) ficou esquecida na passagem do tempo, por ter sido substituída por outras deusas, cujos mitos ficaram em maior realce. Mesmo pouco divulgada, ela continua presente na nossa existência atual assim como esteve séculos atrás, por ser uma *regente da vida e da morte,* aparecendo tanto no primeiro grito do recém-nascido, como no último sopro do moribundo. Ela representa uma ponte entre o mundo material e o mundo subterrâneo, entre o aqui/agora e o Além, a ponte que todas nós devemos atravessar por duas vezes.

Cymidei é mencionada pela primeira vez em *Mabinogion*, o poema épico medieval do País de Gales, permeando os relatos de dois reis guerreiros, Bran, "O Abençoado", rei do Reino Unido e Matholwch, o rei da Irlanda, que estavam em disputa e negociando a posse do *Caldeirão da Regeneração*. O renomado caldeirão era um bem extraordinário para possuir em tempos de guerra, pois ele devolvia a vida aos guerreiros mortos se eles fossem jogados no seu interior. O guerreiro voltava à vida tendo todos os seus dons e sentidos, menos o da fala, um detalhe que revelava que ele não estava verdadeiramente vivo. Esta era a prova de que o guerreiro voltou do Outro Mundo mudado pela experiência da passagem, transformado e renascido das brumas que separavam os mundos.

A história de Cymidei começa na Irlanda, onde ela residia dentro do lago do "Caldeirão da Regeneração", com seu marido Llasar Llaes, um homem enorme com cabelos ruivos e que era visto carregando um caldeirão nas costas. Ao se encontrar com o rei Matholwch (pronuncia-se *math-ol-ooch)*, ele se vangloriou que a sua mulher, a giganta Cymidei, podia parir um guerreiro adulto a cada seis semanas. Esta capacidade geradora fenomenal, bem como o fato dela morar dentro do lago do "caldeirão mágico" define a origem de Cymidei como sendo um ser do Outro Mundo. Matholwch percebe a vantagem de ter os inúmeros filhos de Cymidei aumentando o seu exército e convida o casal para morar com ele. Durante um ano o convívio das famílias é tranquilo, mas no segundo ano surgem conflitos e desavenças provocados pelos filhos de Cymidei e Matholwch é obrigado, pelos conselheiros, a idealizar um plano para se livrar dos arruaceiros. Sem querer provocar a ira dos filhos de Cymidei e entrar num conflito armado com eles, ele prepara uma cilada construindo um abrigo de ferro, coberto com carvão e atraindo a família para lá com muita comida e bebida. Quando os guerreiros ficaram totalmente embriagados, os conselheiros do rei colocaram fogo na cobertura de carvão, esperando que todos fossem queimados vivos. Porém, somente os guerreiros morreram; Cymidei e seu marido conseguiram escapar vivos. O estranho nesta história é que não se menciona mais o "Caldeirão da Regeneração", em que Cymidei poderia colocar seus filhos para ressuscitarem. Ela sai da Irlanda com seu marido e o caldeirão, sem se preocupar com seus filhos mortos, e se apresenta na Inglaterra, na corte do rei Bran, O Abençoado, oferecendo-lhe o caldeirão em troca de moradia e proteção, o que lhe foi concedido. A sua permanência tranquila na área favoreceu a fertilidade e a prosperidade da terra, bem como aumentou novamente a família de Cymidei.

Conclui-se do mito que o "Caldeirão da Regeneração" é apenas um símbolo, uma extensão do ventre fértil de Cymidei, uma deusa regente dos ciclos de nascimento e morte, um portal pelo qual as almas chegam e saem do mundo material. Ela é o verdadeiro *Caldeirão,* o crisol mágico pelo qual todos nós devemos passar quando nascemos e morremos. Por isso Cymidei sabe que seus filhos mortos vão retornar ao seu ventre, transformados e mudados, com características e atributos diferentes, tanto físicos, quanto emocionais. Ela não buscou seu renascimento colocando-os no "Caldeirão da Regeneração" para não impedir a jornada deles para o Além e a sua volta – modificados – para o seu ventre.

Ela quer que suas almas mudem e evoluem e, mesmo sofrendo com a perda deles, não quer provocar a sua estagnação sem permitir a evolução e a transformação. A magia de Cymidei ultrapassa seu corpo, o caldeirão é apenas o seu símbolo como Deusa da vida e da morte, que fica com um pé no mundo dos seres humanos e o outro no Além. Ela é o caldeirão verdadeiro, o vaso da abundância e da mudança, uma ponte entre os mundos. Assim como no mito da deusa Cerridwen, o caldeirão proporcionava renascimento físico e espiritual e, como um símbolo poderoso, ele permaneceu nos mitos arthurianos na forma do Graal, o Cálice sagrado catalizador do aperfeiçoamento e renascimento do espírito.

Podemos usar o arquétipo de Cymidei para nos auxiliar em uma prática de meditação regressiva. Sem procurar fazer uma regressão de memória (que requer um preparo e condução especializada) iremos criar um ambiente e condições especiais para favorecer uma profunda introspecção e uma egrégora de proteção mágica. Após um curto relaxamento e centramento, invocamos a ajuda de Cymidei para encontrar alguma resposta ou orientação para um problema de relacionamento, a remoção de um bloqueio ou de um padrão negativo arraigado no nosso comportamento (associado a algum medo, fobia ou sonhos repetitivos). Uma vez identificado, iremos transferir a energia negativa representada por este problema para um ovo de galinha caipira e galado. Para isso iremos passar o ovo – rolando-o em movimentos circulares – por todo o nosso corpo, começando com a cabeça, rosto, pescoço, peito, braços, mãos, tronco, abdômen, pernas e pés, insistindo naquelas áreas em que percebemos bloqueios, energias estagnadas, marcas de dores ou doenças psicossomáticas. À medida que retiramos os bloqueios e as energias aprisionadas, iremos entoar uma oração de agradecimento e finalizaremos a purificação, fazendo três afirmações de expurgo, terminando com a frase tradicional "está feito, feito, feito". O ovo será quebrado em um copo de água com sal marinho e despejado em um buraco cavado na terra, salpicando por cima carvão, sal marinho e um punhado de ervas aromáticas.

Coatlicue, A Grande Mãe Asteca

"Mesmo tremendo perante as incertezas do futuro, que possamos enfrentar doenças, adversidades e a morte com a força que nos faz dançar e desafiar nossos medos."

Borderland's Poetry. Gloria Anzaldua

"No caminho para Tula havia uma montanha chamada Coatepec, a 'colina das serpentes', onde vivia Coatlicue, a Mãe dos quatrocentos deuses. Um dia, ela varria a sua casa de Coatepec e, de repente, achou uma bola de penas brancas, que ela guardou entre seus seios e continuou varrendo. Quando terminou de varrer procurou a bola de penas, mas ela tinha desaparecido. Neste exato momento Coatlicue descobriu que estava grávida."

Oração asteca do Códice Florentino
(conjunto de doze livros criados entre 1540 e 1585)

Os astecas eram um povo pobre e nômade, que migrou para o México nos séculos XII-XIII d.C. e se fixou em uma ilha no meio do lago Texcoco chamada Tenochtitlan. O povo asteca era politeísta e suas divindades eram relacionadas com os elementos naturais, por eles temidos e por isso reverenciados. Diferentes dos toltecas eram vistos como bárbaros, que precisavam permanentemente de vítimas (os prisioneiros), para que os deuses garantissem proteção e sobrevivência. A dificuldade em entender a mitologia asteca é devida à pluralidade de deuses (mais de 1600) e à diversidade de aspectos atribuídos a uma mesma divindade. A cultura asteca do México tem um caráter patriarcal, mas uma pesquisa mais profunda revela uma forte conotação feminina através da serpente, o mais significativo e frequente símbolo encontrado nos mitos e na cultura do país. Nos mitos, a Deusa é imensamente poderosa, descrita como a *Mãe Terrível*, associada com a escuridão e o mundo subterrâneo que, no entanto, era um lugar de repouso e renovação. A feroz *Mãe Terra* que trazia a destruição e a morte era também a *Mãe Doadora* da beleza na primavera e da riqueza dos grãos no verão. Os astecas atribuíam ambivalência a todos os conceitos femininos e honravam a serpente como uma criatura escura que ao mesmo tempo trazia luz, cura e sabedoria. À medida que os astecas se distanciaram da sua origem tolteca que era matrilinear, a sua cultura foi se tornando cada vez mais patriarcal e guerreira, com uma religião exigindo pesados sacrifícios ao deus da guerra. Mesmo assim, eles continuaram a reverenciar a Deusa Mãe e a terra.

Conhecida como a *Senhora da saia de serpentes*, Coatlicue é a mais antiga divindade asteca e, possivelmente, também pré-colombiana. Com natureza dual, Coatlicue é tanto uma fonte de doença e morte, quanto uma deusa de cura e padroeira dos ritos e práticas femininas. Supostamente, ela era oriunda de Aztlan, cuja exata localização é desconhecida, variando entre o Norte do México até áreas do Novo México e Colorado, hipótese apoiada pela semelhança da língua asteca e a dos índios hopi do Sudoeste dos Estados Unidos. As lendas descrevem sua morada no topo de uma montanha cercada de água, descrição adequada às ilhas do Pacífico, porém podendo também ser a área ao redor dos dois vulcões localizados na ilha Ometepi do lago Nicarágua. Um argumento a favor desta ilha são os nomes de um casal de divindades (às vezes descritos como um só ser andrógino) chamado Omecihuatl e Ometecubili. A palavra asteca *ome* significa "dois", mas a hopi *oma* é "nuvem" e *omic* é "alto". A repetida associação da serpente com fogo e nuvem encontrada em vários mitos do México, pode ter origem na imagem de Coatlicue como *Senhora da saia de serpentes*, que vivia no topo de uma montanha e era reverenciada nos altares feitos de lava vulcânica.

Coatlicue é a personificação das forças da natureza e uma Deusa que destrói as formas de vida individual, porém promove também o seu renascimento. Assim como a deusa egípcia Nut, Coatlicue engole a cada noite o Sol e o dá à luz na manhã seguinte, após ele ter atravessado o seu corpo, do Oeste até o Leste. A serpente personifica a essência de Coatlicue, por representar a vida na Terra, ela vive tanto sobre o chão, quanto nas profundezas da terra. Como símbolo asteca do feminino, da fertilidade, do espaço e tempo infinitos, a serpente de Coatlicue representa o arquétipo da Mãe Negra, a Terra, de cujo ventre nasce toda a vida e para onde tudo também retorna. Era chamada de "Terra coberta pelas flores na primavera" e "Aquela de cujo ventre o Sol nasce diariamente".

Uma divindade eterna fluindo ao longo de eons no caos misterioso, que carregava no seu ventre as sementes de todas as formas de vida, sendo tanto a Criadora quanto a Destruidora.

As imagens de Coatlicue são raras, a sua principal representação é de uma estátua massiva (de granito), descoberta em 1790 e colocada na praça central do México, mas removida depois para o museu, para impedir que a Deusa fosse novamente cultuada pelos índios. Pesando duas toneladas e datada do período pré-colombiano, a estátua possui garras, presas, escamas, uma saia de cascavéis e uma cabeça formada de duas serpentes, colocada sobre um corpo humano. Cobras corais entrelaçadas aparecem no lugar dos braços e da cabeça, sugerindo o sangue pingando; seus seios flácidos sugerem sua eterna fertilidade e nutrição. Este detalhe é descrito no seu mito, quando após ser decapitada, duas cabeças de serpentes saíram do seu pescoço. As suas mãos têm garras de ave de rapina, seus pés lembram os de uma tartaruga gigante e revelam sua conexão com a terra. O seu colar é feito de cabeças e mãos humanas intercaladas com corações, e seu cinto – originariamente coberto de ouro – tem como fecho uma caveira. O cinto é atributo das Deusas Mães e representa sua virgindade perene, como simbolismo de autossuficiência, independentemente da maternidade e do poder sexual. Esta representação tenebrosa retrata o aspecto devorador da terra, que decompõe tudo o que morre e devolve depois transformado para a natureza.

Como aparência e caráter, Coatlicue se assemelha à deusa hindu Kali, tendo em comum a destruição da vida necessária para seu renascimento. Coatlicue é a *Mãe Terra*, uma *Mãe Negra* que devora tudo e é sedenta por sangue, o que lhe era ofertado no início da primavera, através do sacrifício de uma jovem, feito pelos sacerdotes astecas. Mas ela é também uma deusa da vegetação, a *Senhora das Plantas*, cuja ajuda era invocada antes dos plantios. Coatlicue era reverenciada com vários títulos: *Deusa Mãe que deu origem a todos os seres celestiais, Deusa do fogo e da fertilidade, Senhora da vida, morte e renascimento, Mãe do Sol, da Lua e das estrelas*. Era conhecida também como *Toci* (avó), *Teteoinan* (Mãe dos deuses), *Cihuacoatl* (A Senhora das serpentes) e *Tlazolteotl* (a Deusa devoradora das imundícies), guardiã das mulheres mortas durante o parto.

A maior parte das apresentações artísticas astecas enfatiza o seu lado doador da morte, pois a Terra, mesmo sendo uma mãe amorosa, tem um lado devorador que consome tudo o que vive. Coatlicue guarda no seu peito as cabeças, mãos e corações dos seus filhos, para que sejam purificados pelo seu amor maternal, assim como a terra recebe os mortos para que se tornem parte dela. Ela une em si os atributos da terra que se torna o túmulo dos vivos, mas também é o ventre que gera a vida. A lenda de Coatlicue foi descrita de forma poética por Merlin Stone em *Ancient Mirrors of Womanhood*.

"Nos dias remotos dos povos do México, Coatlicue se escondeu em uma nuvem que pairava sobre o topo da montanha das serpentes, Coatepec, em Aztlan, sua terra natal. Auxiliada pelos seres em forma de serpentes, ela deu à luz ao Sol, à Lua e a todas as quatrocentas estrelas. Ela dava a vida, mas também a morte e o colar de caveiras era uma forma de lembrar que cada ser devorado por ela iria renascer, pois todos eram filhos que ela gerava, nutria, cuidava e recebia no seu peito quando seus dias sobre a terra tinham acabado. Nos seus altares de lava, o espelho de obsidiana lhe revelava cada dia o destino de todos seus filhos. Certo dia, enquanto Coatlicue varria a sua morada no Monte Coatepec, ela achou uma bola de penas de beija-flor e a guardou no seu peito. Sem que percebesse, as penas a engravidaram e ela soube que ia gerar um filho guerreiro, Huitzilpochtli (ou Tezcatlipoca). Quando seus quatrocentos filhos souberam da novidade ficaram enraivecidos, considerando que a mãe os tinha desonrado decidiram se vingar, matando a mãe e o filho ainda no seu ventre.

Chorando pela ingratidão e o ódio dos filhos, Coatlicue ouviu o filho não nascido acalmando-a com a promessa que ia defendê-la. Quando os irmãos chegaram, Huitzilpochtli – que era predestinado a ser o deus solar – emergiu do ventre materno completamente armando e com um escudo coberto de penas de águia. Ele primeiro decapitou Coyolxauhqui, que era a filha preferida, mas fazia parte da rebelião; a mãe chorando pela sua perda pegou a cabeça e a colocou no céu, onde se transformou no disco prateado da Lua. Os outros filhos foram mortos quase todos e os sobreviventes fugiram para o Sul. No meio do tumulto, outras duas filhas de Coatlicue se salvaram. Uma era Xochiquetzal, que ensinou depois às mulheres a arte de fiar, tecer, bordar, pintar, esculpir e cantar, além de como fluir com os ritmos e fases da vida. Por honrar a unidade que existe além da dualidade, ela passou a ser conhecida como a 'Guardiã da terra dos mortos', sendo cultuada no Dia dos Mortos com oferendas de calêndulas, sua flor sagrada. A outra filha que sobreviveu era Malinalxoa, herdeira dos poderes da mãe e invejada por Huitzilpochtli, que proibiu os astecas que a cultuassem. Huitzilpochtli se tornou a suprema divindade e um modelo do reino asteca, pois assim como matou e perseguiu seus irmãos para assumir sozinho o poder, os astecas também invadiram e se apoderaram dos bens de outros povos."

O mito descrito é na realidade uma metáfora para explicar o domínio separado dos luminares Sol e Lua, a deusa lunar estando sempre acompanhada pelas estrelas, suas irmãs. Em algumas versões do mito, Coatlicue é decapitada pelos filhos, antes de Huitzilpochtli sair do seu ventre, quando do seu pescoço saíram duas serpentes, e é desta forma que ela é representada nas imagens. Quando a sua enorme estátua foi desenterrada em 1790, os colonizadores europeus a consideraram uma monstruosidade pagã e, após um tempo, foi enterrada novamente para impedir seu culto pela população nativa que ainda preservava suas tradições e lhe fazia oferendas. Depois de sucessivas exumações e enterros, somente no século XX foi desenterrada em definitivo e agora se encontra no Museu Nacional de Antropologia da cidade do México. Outras duas estátuas menores também foram encontradas, em péssimo estado de conservação.

Segundo a análise de pesquisadores e historiadores, Coatlicue era realmente a *Mãe Criadora e Destruidora*, cuja fertilidade era responsável pela riqueza da terra, mas que almejava se nutrir dos corações humanos e somente produzia frutos se fosse regada com sangue. Coatlicue representa a força cósmica dinâmica que dá a vida, mas é mantida pela morte, uma força trágica, porém bela e suprema. Segundo algumas opiniões, Coatlicue é equiparada com *Chicomecoatl*, a deusa dos grãos e da nutrição, que necessitava de sacrifícios humanos para produzir alimentos e nutrir animais e humanos. A sua saia com cinco serpentes seria a representação das quatro direções cardeais, mais o centro. Ao mesmo tempo Coatlicue era também a personificação de *Tlaltecuhtli*, a tartaruga da terra, enquanto *Tonantzin* era a "Mãe Terra" redentora. Como *Chicomecoatl,* a "Mãe do Milho", a deusa é representada como Deusa Tríplice: a *Donzela* coberta com flores aquáticas, a *M*ãe cujo abraço dava a morte e a *Anciã* levando o Sol como um escudo. É provável que fosse esta a apresentação originária da *Mãe Terra,* cultivada pelos povos que antecederam os astecas no centro do México e cujos ritos eram menos sangrentos do que os sacrifícios de jovens feitos por aquele povo, para propiciar a fertilidade da Mãe Terra e celebrar a colheita.

Vários relatos foram registrados por testemunhas oculares de um macabro ritual mexicano religioso, celebrado no final da colheita de milho. As mulheres dos "pueblos" soltavam seus cabelos e os sacudiam durante danças noturnas, mimetizando o crescimento do milho. A figura central era *Xalaquia* – uma escrava ou prisioneira – com o rosto pintado de amarelo e vermelho para representar as cores do milho. Sem saber o seu destino macabro, ela rodopiava com as outras mulheres, até que o sacerdote a agarrava pelos cabelos, tirava suas roupas para depois enfiar um punhal de obsidiana no seu peito, arrancando o coração palpitante e o oferecendo a Chicomecoatl. O objetivo era aplacar "a fome da Deusa" e obter dela a abundância das colheitas.

Escritoras feministas atuais como Ana Castilho e Gloria Anzaldua expõem corajosamente a natureza destrutiva das deusas astecas doadoras da vida e da morte, personificando um processo cósmico e que é assimilado no movimento feminista da libertação. Interpretadas como forças arcaicas presentes na mitologia e religião, os arquétipos de Coatlicue e Xalaquia, "a venerada e a suplicante, a que consome e a consumida", são interligadas em um rito cósmico e eterno de expansão e contração. As autoras expõem a essência do ciclo de vida e morte como aspectos pertencendo ao movimento da Mãe Terra, da sua fome saciada por oferendas, para que ela doasse abundância para a terra. Os aspectos escuros da Deusa – morte e destruição – são complementados e integrados pelas dádivas divinas do amor sensorial e da fertilidade biológica, mental e espiritual.

As feministas chicanas contemporâneas do México (Chicanismo ou Xicanismo é um movimento atual, que analisa os papéis sociais, históricos, políticos e econômicos das mulheres mexicanas e hispânicas), têm resgatado as tradições indígenas e os mitos antigos para dar um novo contexto e reformulação aos assuntos do gênero e aos relacionamentos interpessoais em conexão com a espiritualidade ancestral. O resgate da figura poderosa de Coatlicue visa restabelecer o equilíbrio entre o masculino e o feminino, perdido com a instauração do império asteca militarista, machista e patriarcal e o domínio opressivo posterior dos colonizadores espanhóis e missionários católicos. Deu-se ênfase a um dos aspectos de Coatlicue – Tlazolteotl – "a regente das impurezas" (vide seu mito na pág. 616), foi associada ao pecado devido à sua qualidade sedutora e voluptuosa, que incitaria homens e mulheres ao adultério. Porém, ela também é conhecida como a "removedora da corrupção e sujeira" podendo perdoar e purificar os pecados e as falhas morais.

Atualmente, em lugar dos arquétipos ancestrais da Grande Mãe, está sendo colocada em destaque a figura da *Virgem Morena* – a *Virgem de Guadalupe* – isenta de qualquer conotação de sexualidade e incentivadora da passividade feminina. Visando a remoção das restrições patriarcais e religiosas que impedem a participação ativa das mulheres e a liberdade da sua expressão sexual, as feministas *Chicanas* se empenham na reabilitação das antigas deusas indígenas, despertando assim o espírito de independência e autoafirmação feminina. Sem mais ceder seu lugar – como foi descrito no mito quando o deus solar decapita a deusa lunar e assume seu lugar – as *Chicanas* estimulam a redefinição da identidade feminina, assumindo o domínio sobre "as serpentes", ou seja: seu corpo, sua expressão sexual e mental, a independência, o potencial inato e as ambições de realização pessoal. O objetivo é integrar as qualidades de transmutação dos obstáculos e das violências contra as mulheres simbolizadas pelas serpentes, com o poder nutridor e fertilizador da terra existente nos atributos de Coatlicue.

De acordo com a escritora Gloria Anzaldua *"a essência de Coatlicue é a energia que promove os processos emocionais e psíquicos que levam ao mergulho interior e ao reconhecimento das forças negativas que afetam a vida das mulheres como racismo, pobreza, inferiorização, menosprezo, assédio, homofobia e misoginia".* Coatlicue favorece o reconhecimento do sofrimento e a clareza para identificar *o que e quem* deve ser confrontado. Em lugar de aceitar a passividade da vítima, Coatlicue encoraja a resistência e oposição contra as energias e manifestações destrutivas.

Várias escritoras feministas postulam uma conexão entre Cihuacoatl, a padroeira das parteiras e das mulheres que morrem no parto e a figura legendária mexicana da La Llorona (a mulher que lamenta e chora). Semelhante à Deusa, a Llorona se veste de branco e perambula durante a noite, chorando a morte dos seus filhos, muitos deles afogados por ela mesma. No folclore, a Llorona emerge como personificação da traição e resistência maternas, representadas pelas mães que se opõem à ditadura, guerra, pobreza e dependência econômica e emocional de homens. Semelhante a Cihuacoatl, a Llorona é uma figura perigosa e destrutiva, que mata seus filhos em momentos de insanidade, abuso, desespero ou vingança por ter sido abandonada pelo marido ou cedendo ao pedido dele. Ela também mata filhos de outras mulheres por inveja e seduz os homens para matá-los depois. A precursora de Llorona era usada pelos sacerdotes astecas como um modelo para obter mais vítimas para ofertar aos deuses. Eles pediam para uma das mulheres personificar Cihuacoatl e carregar um berço vazio, mas que continha uma faca sacrificial; depois da procissão, a mulher era levada a um rio e afogada, mas deixando antes o berço com a faca na beira, como um sinal que os deuses exigiam mais sacrifícios sangrentos. É evidente a deturpação do simbolismo pré-colombiano de Cihuacoatl pelos astecas, cuja cultura era militarista, violenta e embasada em sacrifícios sangrentos. O arquétipo inicial de Cihuacoatl era de uma deusa da terra, regente da vida e da guerra, reproduzindo o simbolismo do ato de dar à luz. Os astecas a transformaram em uma agente de destruição, anulando seu aspecto de fertilidade e proteção das parturientes.

A lenda atravessou as fronteiras de México e chegou ao Sul dos Estados Unidos e outros países, a heroína recebendo nomes indígenas ou cristãos, mas descrevendo sempre a dor da mulher que procura seus filhos e chora, o sofrimento da mãe, esposa, filha, mulher traída e abandonada, que está penando por ter usado a solução errada para seus problemas, tendo perdido seu poder. A história é usada para assustar e disciplinar crianças, alertar jovens para não se deixar seduzir pelo status, riqueza, promessas, ilusões. Do ponto de vista feminista é vista como uma maneira patriarcal de controlar as mulheres chicanas para não se rebelar e desprezar a maternidade.

Outra heroína mexicana é *La Gritona*, que se tornou consciente da morte e destruição representada pelo domínio masculino e da resistência necessária para resistir à agressão, apesar do medo e da costumeira submissão. Ela induz as mulheres a reconhecer o patriarcado e se rebelar contra ele, em lugar de aceitar a dominação e se tornar vítima da violência familiar ou social. Muitas vezes, a idealização do amor romântico abafa a voz interior da Gritona e não reconhece os perigos ocultos do patriarcado aceitos pela Llorona. A mudança da La Llorona em La Gritona acontece à medida da transformação da dor e sofrimento em autossuficiência e autonomia, saindo da companhia da *Soledad* (solidão) e *Dolores* (dor), para encontrar *Felícia* e *Graça*, recuperando a autoestima, confiança e expressão pessoal. O grito representa a libertação e assertividade, o resgate da voz abafada por milénios de domínio e controle masculino. Uma mulher somente irá se afastar do opressor violento (pai, marido, amante, filho, chefe) quando ela decide isso por si mesma e faz ouvir a sua voz, antes abafada.

Os espanhóis foram mais longe ainda, associando *Coatlicue* com a *Senhora de Guadalupe* e Cihuacoatl equiparada com a sedutora *Llorona*, traiçoeira e assassina. Esta descrição binária representando as mulheres ora passivas e seguras, ora ativas e perigosas, nega a dualidade existente nos arquétipos de Coatlicue e Llorona, ou seja, a resistência feminina contra a destruição. A verdadeira imagem de *Llorona* simboliza a força feminina que resiste às injustiças, hierarquias masculinas, violência, opressão e perseguição e assume o perfil de *La Gritona*, a que grita em lugar de chorar.

Prática mágica para a renovação energética

A riqueza simbólica dos aspectos e atributos de Coatlicue e os detalhes dos seus mitos favorecem o uso de uma ampla gama de recursos e procedimentos magísticos. A sua escolha depende das necessidades da mulher em função da sua história pessoal. É necessária uma prévia avaliação dos "venenos" psíquicos, das lembranças dolorosas associadas com traição, injustiça, perseguição, marginalização, falta de reconhecimento do valor pessoal, bem como sentimentos reprimidos de raiva, vergonha, inveja, culpas, remorsos, vulnerabilidade, medos, inação, inércia, precipitação nas decisões e ações (perder a cabeça), ceder seu espaço, ser vencida, humilhada, dominada ou "mutilada" (no nível psíquico, emocional ou mental).

A prática será dividida em duas fases:

1. Expressar dor, raiva, vergonha, culpa, humilhação, opressão, pela descrição das emoções, verbalmente e anotando-as com caneta preta num papel. Em seguida queimar o papel em um recipiente de barro, com a ajuda de pastilhas de cânfora. Lavar as mãos, purificar-se com incenso de copal ou "palo santo". Ir para um espaço aberto (jardim, quintal), dar um salto e gritar assumindo o aspecto da La Gritona, até liberar a energia negativa residual. Agradecer à deusa Tlazolteotl pela remoção das suas "impurezas" e a transmutação delas em energias de renovação e fortalecimento.

2. Com uma caneta azul reescrever os episódios das vivências negativas como gostaria que elas fossem; positivas e benéficas para si. Expressar afirmações positivas para a sua nova expressão como mulher forte, livre, segura, autossuficiente, capaz; "imprimi-las" energeticamente em um cristal de rocha e uma esmeralda (pedra ou joia), girando a pedra entre suas mãos, soprando por três vezes e tocando sua testa, coração e ventre. Colocar depois o papel, o cristal e a pedra no seu altar e repetir as afirmações com convicção, se olhando no espelho e fixando o ponto central da testa, entre as sobrancelhas. Repetir a prática durante sete dias, quando irá colocar a joia e guardar o cristal consigo, ambos abençoados e imantados com as energias de fortalecimento pessoal e proteção, em nome da Deusa.

3. Abençoar-se no final com essência de alecrim em nome da Mãe Terra, sentindo-se renovada e fortalecida; escrever algumas afirmações positivas para a sua vida, que irá repetir na frente do espeço durante outros sete dias. Como gratidão, levar uma oferenda para a Deusa, deixando-a perto de uma água corrente ou no pé de uma árvore frondosa. As oferendas podem ser de sangue menstrual, da resina "sangue de dragão", de urucum, vinho tinto, suco de amoras, grãos, sementes, penas brancas, flores amarelas e brancas (simbolizando o Sol, a Lua e as estrelas, os filhos da deusa Coatlicue).

Lembrar-se que os medos, remorsos, culpas e apegos precisam de um tempo para se extinguir; durante este período de transição, deverá evitar a sua recorrência na mente (pelas lembranças) ou no coração (pelas emoções), se distanciando assim da dor das recordações. Contribua para seu processo de cura com essências florais, suporte terapêutico, orações, meditação e um ritual de perdão (para si e para as outras pessoas envolvidas).

Dakinis, Mensageiras Espirituais Tibetanas

"Meus amigos, precisamos crescer e parar de fingir que não sabemos de que se trata. Ou, se de fato não tínhamos percebido, vamos acordar e nos dar conta de que tudo o que pode ser perdido, será perdido. Portanto vamos chorar as nossas perdas, mas não agir como se fôssemos traídos pelas promessas secretas da vida. A única promessa da vida é a sua impermanência e ela a cumpre com rigorosa impecabilidade."

The Dakini Speaks. Jennifer Welwood

"Consagradas ao aspecto destruidor da Deusa Tríplice, as Dakinis preparavam os moribundos para a morte, consolavam suas famílias e conduziam os ritos funerários. Depois que elas mesmas passavam pelo seu último rito de passagem, assumiam a sua manifestação espiritual e conduziam os espíritos para a misteriosa 'Terra do Estado Intermediário'. Como Dakinis gentis ou ferozes, elas tinham como dever recompensar as pessoas virtuosas e punir as pecadoras."

Bardo Thodol (O Livro Tibetano dos Mortos)

No budismo tibetano – sistema filosófico e religioso conhecido pelo seu rico e multifacetado simbolismo – as Dakinis aparecem como figuras misteriosas e complexas. Vistas como emanações da mente iluminada, elas representam o princípio universal da sabedoria manifestado em forma feminina e que beneficia todos os seres humanos. São representadas de duas maneiras: LUMINOSAS, as mensageiras do dharma e ESCURAS, ou mundanas. Dharma significa Lei no sentido mais amplo, bem como viver de acordo ou em harmonia com a lei (seja por estatutos legais ou pela lei natural), sendo assim "o caminho da justiça, a maneira correta, o comportamento adequado, decente ou apropriado". Ambos os grupos detêm poderes sobrenaturais e mágicos.

As DAKINIS ESCURAS ou mundanas estão ainda presas no mundo cíclico do *Samsara* (ciclo das encarnações) e se apresentam com formas humanas ou astrais, tanto como lindas fadas, quanto como seres demoníacos e carnívoros, ou mensageiros celestes (bodhisattvas protetores).

As DAKINIS ILUMINADAS são detentoras de sabedoria, que se libertaram do *Samsara* e fazem parte de uma de cinco famílias: Vajra, Ratna, Padma, Carma e Buda. Seu nascimento se dá de três maneiras: as que se iluminaram espontaneamente (como Tara e Vajra yogini), as nascidas nos reinos celestes ou que alcançaram este reino pelo seu empenho, e aqueles seres humanos evoluídos, que atingiram a iluminação espiritual durante a sua encarnação.

No seu ASPECTO LUMINOSO E BENIGNO as Dakini aparecem como seres sobrenaturais sutis e imortais, celestes e etéreos, de natureza volátil, que existem desde sempre e que orientam e testam a dedicação e cumprimento dos compromissos espirituais dos iniciados. Suas imagens as mostram como mulheres lindas e nuas, segurando taças feitas de caveiras contendo sangue menstrual – o elixir da vida – e armas diversas (arcos, flechas, adagas). Usam cabelos longos e soltos, guirlandas (malas) de caveiras e se apoiam em bastões com forma de tridentes. Na mitologia ocidental são equiparadas com anjos, elfos, fadas; nos mitos hindus foram associadas com as Apsaras, as graciosas e voluptuosas ninfas e com as Gandharvas, as dançarinas celestes. Para os praticantes budistas, a Dakini simboliza os vários níveis da realização espiritual individual: o reconhecimento da sacralidade do corpo (feminino e masculino), o encontro profundo entre a mente e o corpo durante os estados meditativos, o reino visionário das práticas ritualísticas e o espaço do silêncio contemplativo e vazio mental. A mente de um lama ou guru é vista como sendo a sua Dakini, por englobar o vazio e a sabedoria.

As Dakinis agem como protetoras da sabedoria, atuando como um canal de comunicação sutil ou sendo a própria fonte de graça e iluminação. Ao mesmo tempo, elas revelam – ou ocultam – comunicações espirituais, profecias ou presságios, sendo valiosas colaboradoras na compreensão e interpretação de textos sagrados, parceiras ou consortes nos planos sutis das práticas tântricas. A Dakini iluminada ou *Dharma Dakini* da tradição tibetana tem os poderes sobrenaturais e aspectos benéficos de uma Mãe Divina, sendo um guia espiritual dos budistas e que confere visões aos praticantes de ioga e tantra e seus discípulos. Ela é a Guardiã dos pontos de transição da vida, transmissora da graça divina, musa da inspiração e mestra na expansão da consciência, sendo uma mensageira entre o Céu e a Terra, honrada no vigésimo quinto dia do ciclo lunar.

Portanto a *Dakini* pode ser definida como a natureza sutil e misteriosa da mente em forma feminina, ventre celeste, vazio criativo, espelho da serenidade mental, emanação arquetípica da essência do ser, que é capaz de evoluir para uma oitava mais elevada, expandindo sua compreensão para além de conceitos e condicionamentos. Sua "morada" e refúgio é o hemisfério direito; seu contato é alcançado pela contemplação, silêncio mental e intuição. A Dakini nos convida cortar as amarras, ilusões e limitações, dançar em êxtase com a beleza da verdade divina e honrar a sabedoria feminina. A sua dança evoca o movimento da energia no espaço e no céu, que tanto representa o potencial de todas as manifestações, quanto à impermanência e o vazio de todos os fenômenos. Ela pode transformar energias e emoções negativas em consciência de luz e testar o controle dos iniciados sobre suas paixões, apegos e desejos. No nível humano pode se materializar como uma mulher sábia, consorte de um guru ou mestra iluminada. A mais famosa personificação humana foi *Yeshe Tsogyel*, uma personagem mítica que teria vivido entre os anos de 757 e 817, consorte do guru tântrico Padmadasambhava e mestra devocional que alcançou a iluminação. Chamada de "Oceano de sabedoria cósmica", mestra compassiva e manifestação da iluminação, ela é considerada um Buda feminino, um modelo de ascensão, que transmutou sua dor e pela compaixão perdoou seus estupradores, proporcionando-lhes o despertar espiritual.

As DAKINIS DA SABEDORIA podem auxiliar os seres humanos, os conduzindo e afastando do seu caminho obstáculos físicos e espirituais, despertando o chamado e o potencial espiritual, oculto ou latente. Elas servem como "refúgio" quando seguimos o exemplo de Buda para vencer as barreiras, reforçar nossos aspectos positivos e buscar a libertação do ciclo das encarnações. O simbolismo feminino das Dakinis é ligado ao espaço e à habilidade de gerar novas possibilidades e atividades como apaziguar, enriquecer, magnetizar e destruir. *Apaziguar* ameniza os medos; *enriquecer* amplia os merecimentos e a vida; *magnetizar* atrai as circunstâncias favoráveis para apoiar o desenvolvimento espiritual e *destruir* é para cortar os obstáculos do caminho. Ao invocar conscientemente uma Dakini, podemos entrar em conexão com a sua energia. Porém, para aplicar corretamente os métodos de meditação se faz necessária uma orientação pessoal e o apoio de um mestre; aplicar simplesmente diretrizes lidas num livro não é suficiente e até mesmo pode prejudicar. Sem o mestre, devemos nos limitar à contemplação de uma imagem das Dakinis e tentar manter a nossa mente estável, sem oscilar ou mudar de foco, para vencer assim a distração. Meditações específicas como *Vipassanā* ou *Vipasyanā* (sânscrito) que significa insight – ver as coisas como elas realmente são – que foi ensinada na Índia há 2500 anos por Gautama, ajudam estabilizar a mente, após bastante dedicação e treinamento.

Uma Dakini oriunda da tradição budista Uddyana é a deusa *Kurukulla*, cujo nome significa *Aquela que é a fonte do conhecimento* e descrita como tendo quatro ou oito braços. Muitos pesquisadores acreditam que ela era uma antiga deusa tribal, semelhante à deusa hindu Durga, que foi associada depois com a deusa budista Tara, o que levou à denominação de Kurukulla como sendo a *Tara Vermelha*. O seu principal atributo – que persiste até hoje entre os tibetanos – é a sua função mágica como "encantadora", ou seja, enfeitar pessoas para dominá-las. Outra faceta de Kurukulla é sua regência do amor e sexualidade (semelhante à Afrodite), quando é descrita como uma voluptuosa e sedutora jovem de dezesseis anos de idade, número que simboliza a perfeição por ser quatro vezes quatro. Pode parecer estranha a inclusão de uma deusa da sexualidade em uma religião de monges celibatários, mas ela inclui também praticantes que lidam com atribuições sociais e familiares, o budismo visando principalmente a iluminação e a libertação do *Samsara*. Kurukulla segura nas mãos um arco e flecha, (trançados com flores para despertar os desejos na mente dos homens), um gancho e uma corda para capturar e amarrar. Ela é linda e seu corpo nu (livre de condicionamentos) voluptuoso e sedutor tem a cor vermelha para indicar seu poder mágico de sedução. Seus quatro braços simbolizam *amor, compaixão, alegria e equanimidade* (constância e igualdade de ânimo, serenidade em qualquer circunstância), mas o seu colar de cinquenta caveiras que pingam sangue indica o seu poder de aniquilar cinquenta energias negativas. Ela dança sobre um cadáver por encantar e subjugar o demônio do Ego e se apoia sobre um disco solar avermelhado (devido à sua natureza quente e ardente) ou flutua sobre uma flor de lótus vermelha que simboliza a consciência iluminada.

Para invocar Kurukulla, a sua imagem deve ser o centro da conexão (com todos os seus detalhes antes descritos) e a repetição dos seus mantras: *Ram, Hrim* e *Hum*. Para esvaziar a mente, visualiza-se o disco lunar, sobre o qual se manifesta depois, flutuando, a Dakini (com as características antes descritas). Ela irradia três raios de luz (branca, vermelha e azul) e que vão tocar os seus chacras (frontal, laríngeo, cardíaco), abençoando a realização dos seus objetivos. Entoe depois o mantra *OM* por três vezes e agradeça a bênção.

Nos textos budistas das Dakinis são descritas *quatro funções mágicas*: *magia branca* para acalmar, pacificar e curar; *magia amarela* para atrair prosperidade, abundância, sucesso, conhecimento; *magia vermelha* para encantar, atrair, magnetizar e subjugar (a função principal de Kurukulla); *magia negra* para destruir o mal e os obstáculos do caminho espiritual. Estas quatro funções são ligadas as *quatro portas do palácio espiritual*: a branca no LESTE, a amarela no SUL, a vermelha no OESTE e a preta no NORTE.

A magia atua no nível energético, que é intermediário entre o plano mental e físico e age através do ritual. Diferente do conceito ocidental – que reconhece apenas dois tipos de magia (preta e branca) – os budistas têm como objetivo mágico aliviar o sofrimento e agir com compaixão para afastar o mal, jamais para praticá-lo. Por isso, independentemente da cor da magia, no budismo a intenção é sempre branca, pois sem compaixão, nenhum ritual é aceito ou praticado. Sabe-se, no entanto, que no folclore e nos costumes populares são descritos encantamentos e preparo de amuletos e poções. Para estas práticas mais simples, não se requer a meditação aprimorada e um preparo espiritual aprofundado, apenas é necessário que se invoque Kurukulla para alcançar os objetivos (comuns também aos seguidores de tradições afro-americanas e afro-brasileiras) como: afastar inimigos, ganhar causas na justiça, ter sucesso nos projetos pessoais, harmonizar relacionamentos e afastar perigos e seres negativos do caminho.

No aspecto escuro as Dakinis são descritas tendo feições distorcidas e ferozes, gestos ameaçadores, imbuídas de poderes maléficos, destrutivos e vingativos. Nos mitos do período pré-budista são descritas como espíritos femininos de natureza sombria, encontradas nos campos de batalha, velórios, enterros, cemitérios e crematórios. Foram equiparadas pelos estudiosos ocidentais com as bruxas e fadas escuras, consideradas sombras pessoais ou projeções da fantasia patriarcal, ligadas aos atávicos medos masculinos perante os poderes femininos. No hinduísmo e na mitologia indiana, estes seres poderosos são considerados acompanhantes da deusa Kali, cuidando de moribundos e funerais, aparecendo como seres atemorizadores, com vários braços segurando armas, vestidas com peles de tigre, cavalgando aves de rapina, comendo carne crua e bebendo sangue, representando assim o processo da decomposição física. Muitas vezes, nos cuidados com os moribundos, as Dakinis aspiravam o último sopro da pessoa falecida com o "beijo da paz", simbolizando assim a aceitação do espírito errante pela Deusa.

A função das Dakinis como *psicopompos* (seres que guiam as almas dos mortos nas transições entre as polaridades como morte e vida, noite e dia, Céu e Terra) se assemelha às Vilas eslavas, Banshee celtas ou Valquírias nórdicas. Como sacerdotisas dedicadas à deusa *Kali* no seu aspecto de "Destruidora", as Dakinis se reúnem de noite nos campos de cremação para se acostumar com o cheiro e a visão da morte e assim superar seus próprios medos. No texto *Kalevala* (coleção de antigas canções populares que permaneceram vivas na tradição oral das populações finlandesas), cita-se como deusa que regia sobre os túmulos *Kalma* (equivalente de Kali Ma). Nas migrações para o ocidente, as tribos indo-europeias primitivas (conhecidas depois como celtas, teutões, godos, saxões, dacos, francos, eslavos) levaram consigo a imagem e os atributos da deusa escura Kali, cultuada pelos ciganos como Sara-Kali, como Caillech pelos celtas, Kele pelos irlandeses, Hel pelos nórdicos, Baba Yaga pelos eslavos ou até mesmo Sheilah-na-Gig, cuja figura esquelética lembrava as feições de Kali.

Uma Dakini escura ou mundana, chamada *Nakashi* ou *Ghoul,* não alcançou a iluminação e ficou presa no *Samsara* – o ciclo das encarnações – portanto sendo sujeita ao sofrimento, apegos, emoções negativas, morte e renascimento. Às vezes, ela serve a uma divindade ajudando os discípulos a superar obstáculos na sua evolução espiritual, ou atua como disciplinadora e "mensageira das sombras", despertando paixões destrutivas e propósitos egoístas como testes e desafios dos processos iniciáticos. Como *psicopompo* conduz os mortos para o reino subterrâneo;

segura a "lâmpada da libertação" e usa a guirlanda de caveiras que representam as vidas passadas. É comparada à Valquíria dos mitos nórdicos, à Morrigan celta e às Fúrias ou Erínias da mitologia grega, atuando como agente purificador do carma negativo e condutora das retificações. A sobreposição de nuvens escuras e claras que antecedem uma tempestade é interpretada como o confronto entre grupos antagônicos de Dakinis.

Muitas thangkas (pinturas rebuscadas hindus) representam de forma metafórica e detalhada características e atributos das Dakinis. Como exemplo serve uma thangka do século XVIII, que retrata um casal divino abraçado, pisando sobre representações da morte e dançando sobre um disco solar cercado por oito Dakinis. A Deusa tem a cor azul clara e dois braços: no direito tem uma kartrika (adaga curva para decepar cabeças) e o esquerdo abraça o pescoço do Deus. O Deus tem oito cabeças (as da direita são brancas e as da esquerda, vermelhas), dezesseis braços e quatro pernas; a sua cor é azul escuro e é enfeitado com uma longa guirlanda de caveiras. Os braços do lado direito seguram taças feitas de caveiras, contendo uma figura humana e vários animais (gato, leão, boi, burro, javali, elefante, camelo). Os braços do lado esquerdo seguram o mesmo tipo de taça com os quatro elementos, o Sol e a Lua, além de símbolos de morte e de abundância. As Dakinis formam um semicírculo ao redor do casal e representam as oito direções cardinais – as principais e as intermediárias –, seguindo uma sequência, da esquerda para a direita, começando no Oeste. Elas têm cores diversas e seguram objetos específicos de poder. Ao seu redor uma aureola de chamas representa a sabedoria adquirida, cercada por uma roda de quarenta e cinco caveiras (as vidas passadas).

- Oeste: Vetali, cor vermelha dourada, tartaruga na mão direita, caveira na esquerda;
- Sudoeste: Chandali, cor cinza, com uma roda na mão direita e um arado na esquerda;
- Sul: Chauri, cor dourada, tambor na mão direita, javali na esquerda;
- Sudeste: Shabari, cor prateada, segura um monge na mão direita e um leque na esquerda;
- Leste: Gauri, cor preta, adaga na mão direita, peixe na esquerda;

- NORDESTE: Pukkashi, azul safira, leão na mão direita, machado na esquerda;
- NORTE: Ghasmari, cor verde, serpente na mão direita, caveira na esquerda;
- NOROESTE: Dombini, cor amarela, bastão na mão direita elevada, a mão esquerda aponta para o lado; ela está pisando triunfante sobre a personificação de desejos e apegos.

Na religião hinduísta da Índia, as Dakinis são consideradas as atendentes da deusa Kali. Semelhantes à deusa, elas se apresentam como seres femininos de aparência macabra, se alimentando com carne crua e bebendo o sangue das vítimas. Às vezes assumem funções grotescas, com formas de animais ou peixes. Na tradição esotérica do Tibet, a sua interpretação é diferente, vistas como mães poderosas, com dons sobrenaturais, que proporcionam visões e orientações aos seus seguidores e aos praticantes da *Kundalini Yoga* e do tantrismo. A Dakini do budismo tibetano é indomável, ela libera os bloqueios energéticos e dissolve os padrões congelados e enrijecidos para que as portas da mente se abram para o novo. As Dakinis aparecem nos momentos cruciais de forma desafiadora e repentina para libertar seus adeptos das amarras conceituais e comportamentais. Os encontros com as Dakinis proporcionam percepções espirituais e expansão da consciência, após o mergulho no vazio, sendo vistas como as "Mães do vazio". Textos tibetanos e tântricos fazem referência a uma "Terra das Dakinis", um assentamento matriarcal no oeste do Tibet, denominado *Odiyana* ou *Nadyana*, que significava "meio para voar", onde os dirigentes eram mulheres. Neste lugar residiam xamãs e sacerdotisas famosas, que transmitiam seus conhecimentos aos iogues que as procuravam.

Apesar de serem descritas no Tibet a partir do século VIII, as Dakinis descendem de seres sobrenaturais femininos muito mais antigos, oriundos do começo da humanidade, conforme foi comprovado por irmandades tibetanas, que descendiam de comunidades matriarcais ancestrais e que reverenciavam divindades femininas. Existem relatos antigos que descreviam experiências de êxtase xamânico, em que o espírito das mulheres em transe se movimentava no espaço como se fosse um pássaro.

Nos desdobramentos astrais, o espírito se distancia do corpo físico e ascende aos mundos superiores ou desce ao mundo subterrâneo em busca de cura e resgate da alma. Os antigos rituais xamânicos femininos eram usados para auxiliar no processo do nascimento e da morte e conduziam às experiências de desdobramento, projeção astral e "voo" do espírito, favorecendo assim a dissolução das limitações do ego. Em todas as culturas antigas *voar* era o modelo arquetípico da jornada do espírito para o Céu, que podia ser feito várias vezes antes da morte final, com a ajuda de uma auxiliar espiritual. Os xamãs eurasianos precisavam completar uma jornada de iniciação no processo de morte e ressureição antes de ter a permissão de trabalhar como curadores. Neste processo iniciático o xamã contava com a ajuda de um espírito guardião feminino, um ser angelical ou uma parteira celeste, que se manifestava como um pássaro (coruja, águia, cisne ou corvo).

Dakini é um termo sânscrito sem equivalente masculino, originado da palavra tibetana Khadro (que se move pelo espaço), *Kha* significando céu e *dro*, andar, ou seja, "alguém que se desloca no céu", se referindo aos seres femininos que se movimentavam no vazio ou voavam no espaço. Supõe-se que as práticas tântricas (hinduístas ou budistas) teriam surgido entre as xamãs (mulheres curadoras) e as sacerdotisas siberianas das tribos e comunidades ancestrais matrilineares. Sabe-se que "deusas pássaro" e "mulheres aladas" existiram ao longo dos tempos em várias culturas, desde o período paleolítico (30.000 a.C.) e que os primeiros xamãs eram mulheres. Os diferentes termos para os xamãs masculinos surgiram muito mais tarde, depois das migrações das tribos nativas para o ocidente. Achados arqueológicos da Idade de Ferro, encontrados desde o Mar Negro até as montanhas de Altai na Sibéria, revelaram imagens elaboradas de xamãs-mulheres com adereços, joias e objetos específicos, que indicavam a sua liderança espiritual, tendo posturas corporais semelhantes às Dakinis. As Dakinis podem se manifestar nas mulheres e, apesar de que nem todas as mulheres são Dakinis, qualquer mulher pode alcançar a condição de Dakini através de longos e profundos rituais, retiros espirituais, dedicação integral e práticas xamânicas. São observados vestígios da tradição matriarcal das Dakinis nas práticas do budismo tibetano e no tantrismo como os mantras, cânticos, meditações, posturas corporais e orações.

A escritora Vicki Noble descreve as semelhanças entre as práticas ritualísticas tibetanas com relatos xamânicos femininos universais, tendo como elementos comuns: vasilhas especiais com especiarias (açafrão), esculturas de pão, flores e incensos como oferendas, espelhos, colares, desenhos corporais com ocre vermelho, instrumentos musicais de percussão, lenços e trajes específicos. As *sadhanas* (rituais) da tradição tântrica *Vajra yogini* se caracterizam por gritos estridentes usados para favorecer o distanciamento do ego e o "voo" do espírito, além de ritos sexuais e experiências sensoriais extáticas. Diferente do budismo ensinado por Buda – que almeja a anulação da expressão emocional e do desejo –, o tantrismo tibetano preservou os encantamentos, magias, danças, divinações e práticas da sexualidade sagrada, centradas nos arquétipos das Dakinis.

Mesmo sem seguirmos uma tradição budista ou tântrica, podemos honrar as Dakinis como mensageiras entre o mundo telúrico e os planos espirituais, delas recebendo inspiração e compreensão dos ensinamentos sagrados e das lições dos mestres, bem como cura para nossas aflições físicas, mentais, emocionais e espirituais. Elas protegem as verdades ancestrais das distorções humanas e abençoam a caminhada de buscadores sinceros e dedicados. No entanto, elas permanecerão ao seu lado apenas se forem colocadas na prática as orientações e visões delas recebidas, com o devido respeito e gratidão e após uma adequada preparação espiritual (melhor ainda se for com a orientação de uma mestra), ouvindo mantras tibetanos, praticando respiração yoga para silenciar a mente e mentalizando o desapego e transmutação dos comportamentos negativos, medos e apegos materiais.

Durga, a Poderosa Guerreira e Protetora Hindu

"Eu me ajoelho perante Ti Durga, eu abaixo a minha cabeça e oro com fervor.
Proteja-me Durga. Teus braços são um abrigo contra todas as maldades,
Acolha-me nos Teus braços e proteja-me Grande Durga!
Om Dum Durgayei Namaha!"
Om Shree Matre Namaha (eu me ajoelho perante a Mãe)
Jai Ambe Gauri, Jaya Shyaamaa Gauri
(eu louvo a Mãe Dourada, eu honro a Mãe Negra)
Jaya Jagatambe, Hey Maa Durga!
(Vitória para Ma Durga, a Mãe do Mundo)

Mahabharata (texto sagrado do hinduísmo)

De acordo com a religião hindu, Durga é a "Mãe do Universo", suprema e inacessível, no entanto, uma das deusas mais amadas. Sua proteção é inexpugnável, como a de uma fortaleza e ela também elimina o sofrimento. Durga existe eternamente nos corações e mentes dos seus devotos, ela modela, nutre e dissolve nomes e formas, ilumina os sete vórtices de poder do corpo sutil humano. Quando forças demoníacas ameaçam o Universo, ela é a sua defensora e a vitória alcançada restabelece o equilíbrio. Durga simboliza também a energia transformadora dentro de nós, que dissolve os aspectos da personalidade que estamos prontos para deixar ir. No Sul da Índia ela é cultuada como uma deusa guerreira, enquanto no Norte é reverenciada como a noiva de Shiva e guardiã da unidade familiar. O culto de Durga existe na Índia desde o século V a.C. e continua sendo um dos mais populares no hinduísmo, celebrado cada ano com um festival – Durga Puja – que lembra uma mescla do Natal cristão e o carnaval, em um país onde sua religião tem 4000 anos.

Para compreender a complexidade do seu arquétipo, devemos partir do princípio de que a Deusa representa uma totalidade de muitas formas e nomes. Na teologia hindu, os poderes primais são: Criação, Preservação e Destruição. Nas tradições europeias, o poder agressivo pertence ao polo masculino, em contraste com o poder feminino receptivo e nutridor. Na religião hindu o princípio masculino permanece passivo, até ser ativado pelo feminino. Durga é *o supremo poder do Ser Supremo*, o mais conhecido mito é sua vitória, quando matou o demônio Mahisha metamorfoseado em búfalo, depois que os deuses tinham falhado. A seguir, a história desta luta tirada de *Markandeya Purana*, 82-83.

"Uma longa luta existiu entre os deuses liderados por Indra e os antideuses cujo rei era Mahisha, 'o poderoso', que venceu a guerra e se instalou no Céu, enquanto os deuses perambulavam pela Terra, sem moradias. Decididos em reverter a situação, os deuses liderados por Shiva e Vishnu concentraram seus poderes e os manifestaram como jatos de fogo colorido em vermelho, branco e preto, saindo das suas bocas e que, unindo-se, materializaram-se como uma belíssima forma feminina, pura e radiante. Ela era Durga, a Grande Deusa, que personifica a união de todos os poderes dos deuses e semideuses juntos. O poder de Shiva formou a cabeça; o de Yama, os cabelos; de Vishnu, os braços; o poder da Lua, os seios e de Brahma, os pés. Do poder do Sol se formaram os dedos dos pés; de Vasus, as unhas; de Cubara, o nariz; de Prajapati, os dentes; de Agni, os olhos; de Vayu, as orelhas. Cada deus entregou as suas armas à deusa: Shiva entregou o seu tridente (trishula); Vishnu, seu disco (chakra) e Brahma, o japamala e o licor da imortalidade (amrita). Os semideuses presenteiam igualmente à Durga suas armas e atributos: Varuna dá-lhe a concha; Agni, sua lança; Indra, o raio; Yama, um bastão; Surya, seus raios dourados, com os quais a pele da deusa brilha como o próprio Sol. A montanha Himavat a presenteia com um leão mágico como montaria. O exército inimigo, poderoso como o mar enraivecido, ataca a deusa, que simplesmente permanece sentada em seu círculo de fogo, pois as armas demoníacas não conseguem atingir a deusa. O leão balança a juba, e ela sopra sua concha, produzindo um som aterrorizante e anunciando uma vitória que seria prontamente sua. A cada exalação que ela faz, um novo exército se materializa, prestes à batalha. As Matrikas, as energias de todos os deuses, vêm igualmente em seu auxílio. Finalmente, ela invoca os poderes que os deuses tinham lhe outorgado para materializar Kali, a devoradora do tempo, que é sua forma mais terrível. Durga começa a lutar, matando todos os guerreiros que ousam colocar-se ao alcance de suas armas mortíferas. Ao ver seu exército assim dizimado, Mahishasura solta um grito de ira e assume sua forma de búfalo. Começa a galopar em direção à deusa matando todos

os guerreiros que seu alento de fogo alcança. Quando Durga percebe o ataque do búfalo-demônio, concentra novamente suas forças e começa assim uma feroz e sanguinária luta entre eles. Mahisha ou Mahisasma, depois que assumiu diversas formas se transformou em búfalo. Durga lançou seu laço e prendeu o búfalo, que instantaneamente se transformou num imenso leão. A deusa corta a cabeça do leão, mas este se transforma em um elefante, que por sua vez é prontamente decapitado por ela. Mahishasura assume novamente sua forma de búfalo e é preso ao chão pelo pé de Durgai, que finalmente corta sua cabeça, vencendo assim a batalha. Quando o demônio morre, seu exército inteiro se esvai no ar. Então, Deuses, Devas, Gandharvas, Apsaras e humanos vêm apresentar seus respeitos e agradecimentos, fazendo um puja para ela. 'Inclinamo-nos perante ti. És a boa fortuna dos virtuosos, a inteligência nos corações dos eruditos, a fé no coração dos bons, a modéstia no coração dos justos. Que possas sempre proteger o universo'."

Um dos aspectos mais notáveis dos cultos hinduístas é a sua elaborada e diversa iconografia. Existem muitas representações de Durga, suas pinturas e estátuas estão em todos os templos e altares e cada um dos detalhes retrata algo sobre sua natureza e atributos. Durga é extremamente bela, geralmente coroada com ouro, vestida com sáris vermelhos (cor do poder), ricamente bordados, cavalgando um leão ou um tigre; estes detalhes revelam atributos de coragem, poder, vontade, determinação. Às vezes ela tem três olhos, o esquerdo indicando desejo ou a Lua; o direito, ação ou o Sol e o centro da testa, fogo e conhecimento. É cercada por oito ou mais *yoginis*, espíritos femininos portando espadas e consideradas feiticeiras, ou por *Dakinis*, forças femininas aterrorizantes.

A imagem de Durga matando o demônio metamorfoseado em búfalo é o retrato do triunfo das forças do Bem sobre o Mal. Os símbolos que caracterizam Durga são as armas que ela segura nas mãos.

- A concha de Vishnu, o poder do som.
- O arco e flechas doados por Rama que representam energia.
- O raio do Indra que pode destruir qualquer coisa.
- O botão de lótus é a espiritualidade doada por Brahma.
- O disco giratório (no seu dedo), o chacra de Vishnu que destrói o mal.

- A espada representa o conhecimento de Shiva que corta através da confusão.
- O tridente, também de Shiva, combate a inação e a ação, causas dos males físicos, mentais e espirituais. O tridente simboliza as três qualidades humanas: *Satwa* (a pureza mental e a mente contemplativa), *Rajas* (atividade e energia dos desejos e ambições) e *Tamas* (letargia e estresse). Para ter paz e felicidade devemos ter o equilíbrio entre elas.

Outros objetos de poder incluem taça de vinho, *mala* (rosário hindu), escudo ou lança. Nas imagens, o leão parece feroz, o búfalo agonizante, enquanto a deusa é serena, sorrindo, aparentemente prestando pouca atenção à batalha, porém percebe-se a sua concentração perfeita do corpo, mente e espírito. Durga é armada e perigosa, uma eficiente protetora contra qualquer mal. A palavra sânscrita *durga* significa um lugar protegido e difícil de alcançar. Ela protege a humanidade ao destruir as forças malignas: as energias negativas e os vícios como arrogância, egoísmo, ciúme, ódio, maldade, preconceitos, cobiça.

Uma descrição diferente dos símbolos os associa com suas oito mãos, que protegem os fiéis em todas as direções. O chacra com o *disco giratório* na sua mão direita superior representa o *dharma*, o cumprimento dos deveres e responsabilidades. A *concha* na sua mão esquerda superior – que produz o mantra *OM* – simboliza a felicidade em realizar os deveres, sem ressentimentos. A *espada* – na segunda mão direita inferior – simboliza o conhecimento que ajuda na erradicação dos vícios e das qualidades negativas. O *arco e a flecha* – na sua segunda mão esquerda inferior – simbolizam energia e recomendam que ao enfrentar dificuldades na vida, devemos preservar nossos valores e caráter. O *lótus* – na terceira mão esquerda inferior – simboliza desapego e desprendimento e ensina a expansão da consciência, assim como a flor de lótus se eleva da lama e revela sua beleza imaculada. Esta é a única maneira de receber as bênçãos. O *bastão* – na terceira mão inferior – é o símbolo de *Hanuman* e representa devoção e entrega, aceitando os fatos da nossa vida como a vontade divina e mostrando devoção e aceitação. O *tridente* – na quarta mão direita inferior – significa a coragem para eliminar os aspectos negativos e enfrentar os desafios. A quarta mão direita inferior estendida simboliza o perdão e as bênçãos; devemos perdoar a nós e aos outros pelos erros e males causados. *O leão* é o símbolo das tendências animalescas descontroladas (raiva, arrogância, egoísmo, ciúme, maldade) e o fato dele ser montado por Durga, é um lembrete e incentivo às pessoas para conhecerem seus defeitos e não ser por eles controlados. *O tigre* representa o poder ilimitado possuído por Durga e usado para proteger e destruir o mal.

A deusa Durga é venerada sob nove formas e nomes, cada aspecto reverenciado durante um dia do festival *Navratri* no mês sagrado de Aswin (entre setembro e outubro).

1. *Shailaputri*, "a Filha das Montanhas" – uma das primeiras encarnações de Durga – monta um touro e segura um tridente e um lótus; equiparada com Parvati, a consorte de Vishnu.
2. *Brahmacharini* é cultuada no segundo dia do Festival, como uma deusa que segura um rosário e uma vasilha de água e ensina austeridade e o caminho para o êxtase.
3. *Chandraghanta* cavalga o leão, segura um lótus e tem uma meia lua na testa. Simboliza paz e prosperidade e possui dez mãos.
4. *Kushmanda* é a Criadora do Universo, cujo brilho criou o ovo cósmico. Acredita-se que a sua luz impede o domínio da escuridão sobre a Terra. Cavalga um leão e tem dez mãos.
5. *Skanda* Mata, a mãe de Kartikeya, carrega o filho nos braços, está sentada sobre um lótus e tem três olhos.
6. *Kathyayani* é a filha do sábio Kathya.
7. *Kaalratri* é a forma mais feroz de Durga, tem a pele escura, a aparência descuidada, três olhos e uma guirlanda de relâmpagos. Apesar de aparentar fúria e agressão, ela assegura aos seus devotos que irá protegê-los do mal.
8. *Maha Gauri* demonstra paz e pureza, é vestida de branco, cavalga um touro e leva nas mãos o tridente (*trishul*) e um pequeno tambor (*damaru*). A sua mão direita é elevada em sinal de bênção.
9. *Siddidatri* cavalga um leão e é a mais benévola forma de Durga, abençoando todos os devotos e lhe conferindo poderes mágicos.

As nove formas citadas são apenas as principais, pois Durga tem 108 nomes oficiais que são entoados nas orações e canções. As mais conhecidas são *Devi, Deusa, Jaya, Mangalaya, Vi Jaya, Varada, Auspiciosa, Conquistadora, Doadora, Vitoriosa*. Os outros títulos (sem citar os complicados nomes hindus) são: *A Deusa dos três mundos, Aquela que é lindamente vestida e usa guirlandas bonitas, A que se assemelha ao Sol nascente, Bonita como a lua cheia, A portadora de muitas armas, A destruidora de Mahisha, Deusa suprema celestial, A que confere a vitória na guerra, A que garante a remoção do sofrimento, Doadora de bênçãos, Protetora dos viajantes e da terra, Protetora contra a ignorância, desespero e males causados por inimigos, Guardiã das colinas e do mar, Deusa benevolente que garante sucesso em todos os empreendimentos.*

Durga é considerada uma manifestação de Shakti ou uma combinação das qualidades de Lakshmi, Sarasvati, Kali, que se expressa pelas suas armas, emblemas e mudras (gestos rituais). Ela representa a pura energia divina (*jyoti*) que é a personificação do poder feminino e criativo. Como Grande Mãe, é a destruidora dos demônios que existem dentro ou fora de nós. Ao mesmo tempo feroz e paciente, como personificação da compaixão divina, Durga nos oferece conhecimento, força, energia, ação, sendo nossa Protetora e Defensora divina. Em situações de perigo ou pânico devemos apelar a Ela, mas devendo manter o nosso equilíbrio, avaliando a real natureza dos nossos desafios e problemas e o apego aos antigos padrões de medos limitantes. Podemos nos ver ajoelhados aos pés de Durga, percebendo a força que emana das suas armas e que afastam os nossos inimigos. Mesmo como protetora, Durga é uma "Mãe Terrível" também para nós, mostrando como devemos encarar os medos e limitações, descobrir nossas verdades e, com a sua ajuda, agir ou decidir.

Celebrações de Durga

O festival *Navratri* ou *Durga Puja* dura nove dias, do final de setembro até começo de outubro, cada dia sendo dedicado a uma forma específica da Deusa. Esta festa é a maior e mais popular entre os festivais hindus, sendo não apenas uma data religiosa, mas um feriado nacional em toda a Índia e nas comunidades hindus no mundo. A razão deste festival é celebrar a visita que Durga – encarnada como *Uma* – faz aos seus parentes no mundo humano. Pode ser visto como o Natal europeu ou o carnaval brasileiro, quando tudo para e todo mundo se empenha em preparar decorações e imagens de barro. As imagens mostram Durga sozinha ou cercada pelos seus quatro filhos: *Kartik, Ganesh, Sarasvati e Lakshmi*, representando o *Protetor, o Iniciador do puja, o Conhecimento e a Provedora* aspectos que em sua totalidade manifestam o poder amplo de Dureza. Principalmente no Sul da Índia, o festival é uma celebração extática, com uma ininterrupta série de cantos de louvação, poemas, orações, oferendas, danças, comidas e bebidas, cada dia tendo uma cerimônia diferente. No final, as imagens são entregues de forma ritualística no rio, para levar Durga de volta ao seu marido – Shiva ou Vishnu – na sua morada nas montanhas, de onde fluem os rios. São entoados cantos melancólicos chamados *agamami*, para as pessoas se despedirem da Deusa.

Em Bengali o festival tem duração de dez dias e as pessoas seguem alguns preceitos religiosos e jejuns nos primeiros dias para depois mergulharem na atmosfera de alegria e celebração. Comemoram-se as seguintes etapas:

- MAHA SHASTI – a chegada de Durga e dos seus filhos à Terra é anunciada com tambores e remoção de véus das estátuas de Durga.
- MAHA SAPTAMI – no sétimo dia, no nascer do Sol, uma árvore é vestida com seda amarela e bordados vermelhos para personificar Durga, tornando-se o ponto central das procissões conduzidas por sacerdotes e músicos e com oferendas de nove tipos de plantas consagradas à Deusa.
- MAHA ASHTAMI – comemora a vitória de Durga vencendo o demônio Mahishasura em forma de búfalo. Em alguns lugares remotos ainda se sacrificam animais, prática cada vez menos usada. São recitados hinos em sânscrito e feitas oferendas de flores e as meninas são honradas com uma cerimônia Kumari puja.
- MAHA NAVAMI – o nono dia, é o auge da celebração, que começa após uma cerimônia de purificação e continua com música e dança.
- DASHAMI é o último dia, quando as pessoas se despedem com tristeza da Deusa, cujas estátuas são levadas para o rio.

Sendo a personificação do poder cósmico, Durga é difícil para definir, suas qualidades sendo excessivas e opostas. Quando furiosa, ela é associada com Kali e apesar delas terem representações e cultos diferentes, são aspectos da mesma energia feminina – *Shakti*. Os hindus acreditam que Kali se originou da testa de Durga com o propósito de matar os demônios Shimbu e Nishumbu. No calor da batalha, Kali perdeu o controle e começou a destruir tudo que encontrava ao seu redor, parando somente quando o deus Shiva ficou prosternado à sua frente. Uma imagem popular de Kali a mostra pisando no peito de Shiva, com os olhos arregalados e a língua à mostra, como se fosse por espanto ou remorso.

No entanto, Durga é também *Mataji, a Mãe do Universo*, que ensina as mulheres a encontrarem seu poder interior e a independência para conseguirem alcançar seus objetivos. Durga é um modelo para desafiar os estereótipos sociais, ela apoia as mulheres que decidem permanecer solteiras ou adotam comportamentos e relacionamentos diferentes dos padrões habituais, desafiando restrições, proibições ou perseguições. Ela é a companheira e aliada das mulheres que desafiam as convenções e regras impostas pelas estruturas sociais ou culturais patriarcais e masculinas. A rebeldia personificada por Durga deve ser fundamentada na definição clara dos valores e objetivos honestos, justos e íntegros. Semelhante ao arcano da *Força* do tarô, a postura de Durga cavalgando – ou abrindo a boca – de um leão ou tigre, é uma perfeita ilustração da liberdade e domínio necessários para enfrentar limitações, destruir amarras e criar uma nova forma de expressão pessoal. Como uma comparação, pode-se dizer que Durga tem as habilidades guerreiras de Kali, mas sem a sua ferocidade e descontrole. Durga reúne em si a beleza, a força física, a ação ou espera, a habilidade de destruir ou curar, protegendo assim a individualidade integral das mulheres.

Durga pode ser invocada como proteção nos embates, desde que a motivação seja justa, pois a retidão pessoal é essencial para obter a sua ajuda. Ela promove apenas causas corretas e que beneficiem o Universo. Por isso é necessário meditar bastante antes de invocá-la, para avaliar se a causa é justa e não prejudicará outras pessoas.

Ritual para Durga

Diferentemente de outros arquétipos divinos, Durga – assim como Kali – é uma *deusa viva*, seu culto fazendo parte de uma das maiores religiões atuais e as suas celebrações mobilizando um imenso séquito de devotos. Ela foi reverenciada desde os mais remotos tempos e é mencionada nas escrituras sagradas hindus como os Puranas e Vedas. Pelas diferenças geográficas, culturais e sociais, existem variações na maneira em que a deusa é honrada. Por isso, mesmo que não temos muita proximidade com a cultura hindu, se nos prepararmos com respeito e cuidado, estudando suas características e atributos, poderemos atrair suas bênçãos e pedir que ela faça parte da nossa vida.

Sem precisarmos de um templo ou de sacerdote para realizarmos um culto individual (*pujana*) na nossa casa, devemos preparar um espaço adequado, em cujo centro iremos colocar um altar coberto com uma toalha de seda amarela, uma imagem ou estatueta da Durga, incenso de sândalo, guirlandas de flores (amarelas ou vermelhas), uma lamparina ou vela vermelha. Como oferenda, arroz cozido com açafrão ou curry, algumas laranjas ou mangas e chá indiano, temperado com *garam masala* (mistura de especiarias).

As etapas a seguir são as seguintes:

1. PURIFICAÇÃO – pessoal (banho com sal e essência de sândalo) e do ambiente (incenso de sândalo). Para honrar a origem de Durga, devemos vestir uma túnica indiana (amarela ou vermelha) ou um sári. Para completar a purificação, salpicaremos no altar e no ambiente, água aromatizada com essência (de rosas, melissa, laranjeira).

2. HARMONIZAÇÃO – entoar mantras olhando a imagem da Deusa (o mais simples é OM ou os mais específicos do CD: Hey Ma Durga, de Krishna Das).

> *"Hey Ma Durga, Hey Ma Durga*
> *Jai Jagadambe Hey Ma Durga,*
> *Ma Kali Durge Namo Namah*
> *Jai Jagadambe Ma Durga, Jai Jagadambe Ma Durga*
> *Hey Ma Durga, Hey Ma Durga."*

3. Honrar as quatro direções (começando no Leste) juntando as palmas das mãos e dobrando os joelhos em saudação para cada direção.
4. Louvar Durga – ler ou rememorar o seu mito quando derrotou o demônio-búfalo. Entoar seu mantra de reverência Jai Mata Durga Jai Jai (reverencio a Mãe Durga) ou entoar seus títulos. Acender vários bastões de incenso e balançá-los na frente da imagem.
5. Contemplar a imagem de Durga observando cada detalhe do seu corpo, ornamentos, armas. Depois de algum tempo, fechar os olhos e vê-la na sua tela mental enquanto entoa seu mantra. Aos poucos irá perceber a sua presença, envolvendo-a no seu brilho, removendo medos e bloqueios. Afirmar com convicção que está protegida e segura no seu maternal abraço (pode criar uma afirmação mental ou por escrito, que irá pronunciar quando sentir algum medo ou perigo ao seu redor).
6. Uma ampliação desta visualização pode ser feita ao se concentrar em algum objetivo específico, algum obstáculo ou energia negativa (interna ou externa). Sentindo a presença de Durga ao seu lado, imaginar o crescimento do seu poder interior, o fortalecimento da sua vontade e coragem tomando conta do seu ser. Projetar mentalmente estas qualidades ampliadas como se fossem flechas alcançando seu alvo, eliminando os obstáculos e aniquilando as negatividades. Manter a visão da sua vitória e conquistas na sua mente e perceber como a sua aura ficou impregnada com o vermelho da ação corajosa e o dourado do sucesso alcançado.
7. Agradecimento – inclinar-se perante a imagem, elevar a vasilha com o arroz, o chá, as flores e as frutas colocadas sobre uma bandeja, agradecendo a presença e proteção da Deusa na sua vida. Apagar a vela com os dedos molhados e guardar os objetos do altar. Levar depois a oferenda para um rio, lago, mar ou perto de uma árvore frondosa.

Ereshkigal, Soberana Suméria do Mundo Subterrâneo

"Ereshkigal olhou para Inanna com o 'olhar da morte'; pronunciou palavras de ódio contra ela e Inanna caiu sem vida no chão. Depois, o seu corpo inerte foi pendurado num gancho na parede."

Trecho do poema sumeriano "A descida de Inanna"

"Inanna foi se encaminhando para a Terra sem retorno, a Terra da completa escuridão. Ela estava indo no caminho sem retorno para a Casa das Sombras, a Casa sem portas para sair. Inanna pediu para entrar na morada sem luz, onde a poeira era alimento, onde as vestimentas eram de penas como as dos pássaros e onde se ouviam apenas os gritos de dor e solidão de sua irmã, Irkalla, a Rainha do Mundo Subterrâneo."

http://www.sacred-texts.com

Para muitas pessoas este trecho do poema sumeriano resume tudo o que se sabe sobre *Ereshkigal*, a irmã da deusa Inanna. Ela é raivosa, sente ciúme e inveja por sua linda e jovem irmã, é vingativa, perigosa e amarga, aparecendo no poema como uma mera antagonista e perseguidora de Inanna. Do ponto de vista psicoespiritual, Ereshkigal personifica a sombra, tudo o que é reprimido, escondido e desvalorizado dentro de nós. Porém, ela não é apenas uma simples coparticipante no mito, assustadora e mesquinha, raivosa, lamurienta e vingativa. Ereshkigal é a *Regente dos limites, da dor e da compaixão, Aquela que cuida das tarefas ingratas, A Senhora dos aprendizados por meio de sacrifícios*. Ela é uma das divindades que nos auxiliam a nos tornarmos mais fortes através dos desafios, testes e provações.

Ereshkigal aparece citada em três mitos originários do antigo Oriente Próximo, onde foi reverenciada a partir de 3000 anos a.C. Os textos que sobreviveram à passagem do tempo e às perseguições religiosas são fragmentários e existem diversas versões oriundas de eras diferentes, mas que têm em comum a descida de Inanna para o reino da sua irmã.

No início dos tempos, os deuses sumerianos dividiram os mundos entre si. *An* assumiu a regência do Céu, *Enlil* do mar e como ninguém queria

Kur, o Mundo Subterrâneo, ele foi entregue à *Ereshkigal (ou Irkalla)*. Algumas fontes citam que ela foi levada à força para seu novo habitat, outros autores acreditam que ela aceitou de bom grado fazer aquilo que ninguém mais queria, mas sem saber que uma vez que entrasse lá, não mais podia sair. Com o passar do tempo, morando na dimensão escura e vazia, se alimentando apenas com barro e água turva, Ereshkigal perdeu sua alegria de uma época em que era uma deusa da vegetação e corria livremente no meio da natureza. Ela se tornou uma figura escura e distante, com feições rígidas e severas, temperamento raivoso, invejoso e vingativo. Depois de certo tempo, os deuses celestes baniram *Gugulana*, o *Grande Touro Celeste* para o mundo subterrâneo por achá-lo culpado de violências, abusos e estupros. Condoída com o sofrimento dele, Ereshkigal o cuidou e aceitou como marido, contribuindo assim para a sua mudança e renovação.

À medida que a humanidade foi se multiplicando e se espalhando na Terra, aumentou o número de mortos que chegavam ao reino de Ereshkigal. Ela os engolia e, por ser estéril, cuidava deles como se fossem seus filhos, mas seu ventre crescia pelo acúmulo deles e por isso ela chorava de dor, resignação e tristeza. Um dia, Gugulana foi morto por Gilgamesh a mando de Inanna e Ereshkigal o engoliu também, mas sua tristeza e revolta se tornaram insuportáveis, pois agora ela tinha ficado totalmente só, por culpa de Inanna.

Foi neste período que Inanna, sua irmã celeste, decidiu visitá-la, usando o luto pela morte de Gugulana como pretexto para satisfazer sua curiosidade e conhecer o mundo subterrâneo. Plena de dor e raiva, Ereshkigal ordenou ao guardião chefe, Neti, a desafiar Inanna e pedir-lhe que se despisse dos seus pertences reais. Mesmo ficando nua na frente da sua irmã, Inanna não se curvou perante a soberana da escuridão, nem demonstrou nenhuma compaixão ou solidariedade com a sua dor e solidão. Enfurecida ao extremo, Ereshkigal fulminou Inanna com o "Olhar da Morte" e ordenou aos serviçais que pendurassem o cadáver dela num gancho na parede. Ela queria que sua irmã sentisse o desespero da solidão, do abandono e da impotência em reagir.

Três dias depois apareceram duas criaturas estranhas e assexuadas, chamadas *Galatur* (ou *Galas*), enviadas pelo deus *Enki* (avô das irmãs), que sentaram ao lado de Ereshkigal e começaram a se lamentar e chorar, assim como ela. Comovida pela compaixão dos estranhos, ela perguntou-lhes como poderia recompensá-los, pois a solidariedade amistosa deles fez cessar a sua dor. Os Galas pediram apenas uma coisa: o cadáver preso na parede. Ereshkigal acabou concordando perante a insistência deles, mantendo assim sua promessa de gratidão e sabendo que a drástica experiência de morte da Inanna tinha sido suficiente para o seu aprendizado e transformação. Depois de receber dos Galatur *a comida e a água da vida*, enviadas pelo deus Enki, Inanna retornou ao seu palácio, mas teve que prometer enviar outra pessoa no seu lugar. Esta parte do relato será descrita com detalhes no mito de Inanna na página 277.

É importante ir além da descrição clássica da imagem e comportamento de Ereshkigal, que aparece no mito como uma vilã, invejosa, amarga, se vingando da beleza, posição e poder real da sua irmã. Além de equipará-la com a "sombra", tanto de Inanna como de todas nós, precisamos compreender a dicotomia da sua natureza, que personifica ao mesmo tempo a *Deusa das tarefas ingratas, A Guardiã dos limites* e *Aquela que se lamenta*. Ereshkigal é cruel, mas também compassiva, ela força as mudanças naqueles que chegam sem permissão ou com arrogância em seu reino. Ela detém o poder da morte, mas também sofre com as mortes na Terra, acolhe os mortos no seu escuro ventre para a renovação, tendo estes atributos:

Como *Deusa das tarefas ingratas*, ela cuida das mulheres em situações difíceis: empregos miseráveis, salários injustos, tarefas pesadas ou repugnantes, relacionamentos violentos ou humilhantes, que lhes foram impostos ou elas aceitaram para sobreviver. Ela é a padroeira das mulheres cujo trabalho não é reconhecido ou recompensado, que labutam em ambientes insalubres, lidando com lixo e cadáveres, nos matadouros, necrotérios, cemitérios ou açougues, as "parias" da sociedade moderna.

Como *Aquela que lamenta*, Ereshkigal nos lembra de defender nossos limites, de negar o excesso de atribuições ou resistir em ceder às imposições, regras e opressões. Ela nos ensina como expressar nossa dor, lamentar as perdas, sem negar o sofrimento, mas buscar a solução das suas causas, sem complacência ou passividade com os que o provocaram, mas também sem vingança, ressentimento ou rancor.

Como *Guardiã dos limites,* Ereshkigal personifica a nossa voz interior que grita "chega, não quero mais" quando ultrapassamos nossos limites – físicos, mentais, emocionais, espirituais. Ela nos ensina como reivindicar nossa liberdade de escolha, de insistir para que nossas queixas sejam ouvidas, nossos direitos respeitados e nossos esforços reconhecidos e agradecidos. Podemos levar para ela nossos lamentos e sobrecargas e pedir-lhe que nos ensine como sermos leais e verdadeiras com nossos valores, metas, limitações e possibilidades, evitando assim chegar ao acumulo do desespero, depressão, revolta ou acomodação. Nós iremos reverenciá-la ao honrar e respeitar a nós mesmas, sem nos acomodar e apenas lamentar o que nos aflige, mas nos solidarizando com outras mulheres, chorando a dor e as perdas alheias. A raiva de Ereshkigal se manifesta quando alguém ultrapassa seus limites ou transgride suas leis; ela busca a justiça, mas respeita o que lhe foi imposto e que aceitou como missão. Ereshkigal jamais tenta sair do seu mundo para ingressar no dos outros, pois, por ser ela a *Regente dos Mortos,* é considerada impura e não pode entrar no Céu, nem caminhar na Terra. Enquanto Inanna sempre segue sua vontade, se alegrando com sua beleza e liberdade, desfrutando da sexualidade e poder, Ereshkigal nos ensina a respeitar os limites, nos proteger no nível físico, psíquico, mental ou espiritual, sem permitir que os outros se aproveitem da nossa vulnerabilidade ou inação.

Como *Senhora do mundo subterrâneo,* Ereshkigal pode ser nossa guia e protetora nas "descidas" – voluntárias ou involuntárias – que podem acontecer nas nossas vidas. Mesmo que jamais possamos eliminar a presença de Ereshkigal no mundo, podemos dar-lhe o reconhecimento e a gratidão por ela ter assumido as tarefas dolorosas e difíceis, das quais nenhuma outra divindade quis se incumbir.

Como *Senhora da descida árdua,* Ereshkigal sustenta todos aqueles que se entregam aos atos e ritos sacrificiais para alcançar a própria cura ou a dos demais seres, chegar à transcendência e ao êxtase, à custa do sofrimento físico e sua superação pela vontade.

A DESCIDA VOLUNTÁRIA se realiza quando percebemos que precisamos de uma mudança radical, que exige o "desnudar-se" das amarras do passado, sejam elas afetivas, conceituais ou comportamentais. Precisamos ter a coragem de nos despir de tudo o que não nos serve mais, encarar o choque ao enxergar a nossa sombra e aceitar o sacrifício de nos vermos "despidas". Podemos fazer esta descida de forma ritualística ou através de novas escolhas. Ereshkigal pode nos ajudar para cortar as amarras, que ela irá receber, consumir e transmutar. Durante este processo devemos mostrar compaixão para o nosso eu inferior, lamentar e chorar a nossa dor, depois pedir a ajuda dos aliados espirituais e a permissão da "Rainha das Sombras" para voltarmos a nossa realidade.

A DESCIDA INVOLUNTÁRIA acontece quando nos sentimos sobrecarregadas e impotentes perante problemas que não podemos resolver através de dinheiro, amigos ou atitudes positivas. Esta descida forçada acontece com a morte de seres amados, doenças, perdas, acidentes, desemprego, na "noite escura da alma", na depressão ou no desespero perante fatalidades. Nestes casos Ereshkigal pode nos ajudar enfrentar as passagens difíceis e encontrar nosso caminho de cura e transformação, sem revolta, raiva ou negação da dor, mas aceitando e buscando sair da escuridão para a luz.

No tarô, Ereshkigal pode ser equiparada com a *Rainha de espadas*, que corta as ilusões e negações e revela a verdade com seu olhar frio e penetrante; ela não tolera autopiedade, passividade ou acomodação. Com a precisão de uma cirurgiã, ela corta o que deve ser removido, mesmo que isso provoque dor, mas que é necessário para curar a ferida. A sua ação é curadora, mesmo que implique em aflição, aceitação e desapego. A "Rainha de espadas" é assemelhada com as mulheres amarguradas pelo sofrimento e perdas como a viúva, a mulher solitária, traída ou abandonada. Sem aceitar o aspecto negativo destes estereótipos (bruxa, viúva negra, megera, víbora) Ereshkigal pode ensinar o poder da dignidade e da coragem em aceitar a própria realidade, sem inveja dos outros, raiva ou vingança.

Para obter a ajuda de Ereshkigal, precisamos lhe mostrar que conhecemos e nos solidarizamos com a sua dor, que admiramos e honramos sua abnegação em realizar "tarefas ingratas" e viver na escuridão. Participar em trabalhos voluntários nas causas humanitárias, grupos de apoio e ajuda a doentes terminais, alcoólatras ou dependentes químicos, prevenção de suicídios, mortes, auxílio nas calamidades naturais, nas imigrações ou em comunidades carentes, recebe o seu total apoio por aliar na prática a compaixão com a ação. Apesar de ela ser uma Deusa Escura e Regente dos Mortos, Ereshkigal apoia os movimentos de pacificação, o combate à violência humana, para diminuir o uso de armas químicas, abolir as minas terrestres e as retaliações armadas nos conflitos. Ela é protetora das vítimas da injustiça, das mulheres e crianças que sofreram abusos, estupros, sequestros e violências, daqueles que são obrigados ao trabalho escravo, morte voluntária como "homens bomba", tráfego de drogas ou prostituição.

Podemos invocar Ereshkigal quando nos sentimos oprimidas, bloqueadas, reprimidas, em desespero por querer mudar, mas sem coragem ou força para encarar nossas sombras interiores. Porém, não se deve pedir a sua ajuda se a motivação e o desejo de mudança não são verdadeiros, se hesitamos em descobrir e explorar os recantos escuros da nossa realidade interior ou se esperamos soluções "mágicas", sem nos empenharmos em agir e mudar.

Ao nos conectarmos com o seu mito e lembrarmos do seu sofrimento (isolada na escuridão, sem comida, amor, sexo, beleza, alegria, filhos ou amigos, tendo que deglutir os mortos e a podridão do mundo humano), podemos expressar nossa raiva justificada por sermos obrigadas a fazer "tarefas ingratas" e lamentarmos sobre nossas dificuldades e privações. Podemos fazer este desabafo de maneira ritualística como uma catarse, e depois avaliar e descartar o que não queremos mais e como estabelecer e defender nossos limites.

Honrar Ereshkigal significa honrar também as coisas difíceis da nossa vida, que não podemos evitar, mas que vão nos fortalecer se as aceitarmos sem raiva ou lamúrias. O desespero, a depressão e as perdas podem ser honrados como aprendizados, que nos permitem focar e valorizar mais as coisas boas que a vida nos oferece. Como formas de reconhecer e honrar Ereshkigal, podemos agradecer e recompensar as pessoas que fazem "tarefas ingratas", assinar petições e reclamar sobre injustiças sociais e políticas, participar de campanhas contra poluição, desmatamento, extinção de espécies vegetais e animais, discriminações, violências, corrupção, gastos injustos, drogas, invasões, ataques suicidas, atos criminosos, matança de crianças e mulheres, guerras, mortes. Podemos também nos compadecer daqueles que sofrem e buscar dar a eles conforto e auxílio com palavras, doações e ações.

Ritual para Ereshkigal

Podemos usar nossa intuição e sabedoria interior para criar uma conexão com ela. Para isso precisamos aquietar nossa mente, nos proteger invocando a nossa deusa madrinha e protetores espirituais e, após pedir a permissão de Ereshkigal, aguardar alguma mensagem – percebida intuitivamente –, para uma situação específica da nossa vida.

Para um ritual formal, o ambiente deve ser purificado com incenso de mirra; no altar, sobre uma toalha preta, colocar uma vela preta ou roxa, a imagem de uma caverna ou gruta, uma pedra preta (ônix, obsidiana, hematita, quartzo enfumaçado), uma oferenda de pão preto, vinho tinto, penas pretas, galhos de cipreste.

Após uma técnica que favoreça o alinhamento energético (respiração polarizada, batidas de tambor ou meditação dirigida) visualize o caminho para chegar até Ereshkigal. Pode ser um longo corredor escuro, uma escadaria que desce em espiral ou um portal na entrada de uma gruta, com um guardião. Depois de pedir a permissão para entrar, espere até perceber a presença (energética ou visual) da Deusa. Ajoelhe-se e oferte-lhe sua compaixão pela solidão, suas perdas, sua missão ingrata, entoando um lamento, gemidos ou murmúrios com ela. Somente depois poderá pedir a permissão para expor a sua dor pessoal ou o desejo de mudança, desapego e transmutação. Permita que a orientação de Ereshkigal se torne perceptível por palavras, imagens ou a voz interior. Agradeça e volte pelo mesmo trajeto para o "aqui-agora"; leve depois a oferenda com gratidão e reverência para um lugar ermo na natureza, perto de rochas ou árvores secas.

> ATENÇÃO: por lidar com uma força poderosa que pode ativar a sombra pessoal, é importante estar muito centrada e cuidar do seu equilíbrio psíquico e emocional, para evitar qualquer intromissão ou atuação de seres espirituais negativos ou energias densas. Lembrar que, mesmo sendo a deusa dos mortos, Ereshkigal não irá lhe pedir um sacrifício de sangue, nem incentivar sentimentos ou ações de vingança, punição ou retaliação. Para evitar qualquer interferência de energias intrusas, é de suma importância invocar a ajuda e proteção dos mentores e auxiliares espirituais e negar qualquer "convite", sugestão ou ação que prejudique alguém ou a si mesma.

A lenda de Ereshkigal e Inanna é oriunda da atual região do Oriente Médio, que antigamente era uma terra fértil, pacífica e rica, atualmente árida, violenta e devastada pelas guerras. Precisamos da ajuda de ambas as irmãs, Inanna e Ereshkigal, para buscar e encontrar medidas que favoreçam o apaziguamento dos conflitos, a retirada dos tanques e das minas terrestres, o salvamento das mulheres violentadas, estupradas ou casadas à força, dos abortos de fetos femininos, das crianças mortas ou vendidas como escravas ou noivas precoces, o combate do incentivo às práticas de castração e punição das mulheres, da aceitação e permissão da pedofilia, da destruição dos antigos monumentos sagrados, da exploração, perseguição e expatriação dos povos desprovidos de alimentos, abrigos e meios dignos de sobrevivência. É nestas situações que *Aquela que lamenta* pode atender aos pedidos de quem realmente quer ajudar, seja agindo e contribuindo de alguma forma, seja participando ativamente das mudanças (nas redes sociais, pela mídia, nos locais atingidos pelas guerras, fome, epidemias ou nos projetos humanitários e de ajuda aos refugiados ou atingidos por desastres e calamidades).

Erínias, Eumênides, Fúrias, Regentes Gregas da Retaliação

"As terríveis Erínias entretêm-se a entretecer o meu destino, enclausuradas nas cavernas do medo. São poderosas as Erínias e até mesmo os outros deuses temem os seus decretos, porque ninguém foge ao destino que elas inventam. São inevitáveis as Erínias, mas eu ignoro-as. Podem uivar as Erínias como os cães da morte, podem incluir todas as tragédias no meu horóscopo. Mesmo assim ignoro-as, como desnecessárias mulheres para sublinhar a morte."

Poesia à solta. José Torre

"Escorraçadas do pecado e do sagrado, habitam agora a mais íntima humildade do cotidiano. Sem clamor, sem olhar, com as meticulosas mãos do dia a dia elas nos desafiam.
Elas são a peculiar maravilha do mundo moderno, sem rosto e sem máscara, sem nome e sem sopro, são as hidras de mil cabeças da eficácia que se avaria. Já não perseguem sacrílegos e parricidas, preferem vítimas inocentes, que de forma nenhuma as provocaram."

FÚRIAS Sophia de Mello Breyner Andresen

Muito antes dos deuses do Olimpo reger a Grécia, os mitos pré-helênicos mencionavam a existência de três donzelas de pele escura, com hálito pútrido, aspecto repelente, cabelos formados por serpentes e gotas de sangue escorrendo dos seus olhos. Vestidas em túnicas cinzentas com cintos de serpentes e sacudindo açoites de tiras de couro com pontas de metal, elas emitiam sons como latidos ou mugidos e perambulavam nas noites em busca daqueles que tinham infringido as leis primordiais da linhagem e dos elos familiares. Elas representavam as forças *ctônicas* que mantinham a coesão da sociedade matriarcal e puniam todos aqueles que tinham derramado sangue dos parentes da linhagem maternal. Se uma mãe fosse ofendida ou assassinada, as *Erínias* apareciam para vingar o pior crime, o matricídio. Os gregos acreditavam que o sangue de uma mãe ferida ou morta contaminava o seu agressor com um veneno sutil chamado *miasma* e que se manifestava como maldição materna, contaminando também quem tentasse defender o criminoso e atraindo a fúria implacável das Erínias. Para tentar evitar a sua vingança, lhes eram oferecidas orações chamando-as de *Eumênides*, "As benévolas" em lugar de *Fúrias,* ou *Semnai,* "As veneráveis".

Denominadas de "Filhas da noite eterna", por Ésquilo e "Filhas da Sombra e da Terra" por Sófocles, as Erínias eram um grupo de três deusas sombrias, cujos nomes individuais eram Tisifone (retaliação/destruição), Megera (raiva/inveja) e Alecto (a interminável). Tisifone açoitava os transgressores e espalhava a peste e os flagelos contagiosos. Megera semeava as discórdias e disputas, enquanto Alecto atormentava os criminosos até levá-los à loucura. Elas nasceram das gotas de sangue que caíram sobre a terra quando Urano foi castrado pelo seu filho Cronos, sendo, portanto, deusas muito antigas, filhas de Gaia (terra) e Urano (céu), netas de Nix (noite) e contemporâneas dos Titãs, as predecessoras das divindades olímpicas.

As Erínias representam os elementos primais do inconsciente, a raiva primal e atávica manifestada pelo desejo de vingança diante de uma ameaça real ou iminente. Quando elas assumem o controle sobre uma pessoa, esta chegará aos extremos da violência e, quando Éris atua na comunidade, a guerra é inerente. Seja na luz do dia ou na escuridão da noite, as Erínias não poupam ninguém que tenha transgredido as leis matriarcais, pois o seu domínio se iniciou antes do advento do patriarcado e elas puniam somente aqueles que tinham desprezado o parentesco consanguíneo matrilinear. Para amenizar sua justificada fúria, faziam-se oferendas nos seus santuários com: ovelhas pretas, pombas brancas, mel, açafrão, gengibre e narcisos. Seus títulos nas invocações variavam entre *Semnai Theai* "As gentis", *Dirae,* "As fortes", *Eumênides* "As benévolas". Mas elas se manifestavam na maior parte das vezes como *Potniae* "As terríveis", *Manias* ou *Fúrias,* "As vingativas".

No drama "As Eumênides" de Ésquilo, é descrita a perseguição de Orestes por ter assassinado sua mãe Clitemnestra (que tinha matado seu marido). Orestes, açoitado pelas Erínias, fugiu sem rumo, até que se abrigou no templo de Apolo e pediu clemência. O voto final do seu julgamento foi dado por Atena, que o absolveu do matricídio. As Erínias – enraivecidas pela recusa de seguir as antigas leis em favor das novas leis da sociedade patriarcal –, ameaçaram destruir a Terra. Para apaziguá-las,

Atena lhes prometeu sacrifícios e honrarias e assim elas se enquadraram na nova ordem e receberam o nome de *Eumênides,* cuja ação vingativa passou a ser controlada pelos deuses do Olimpo.

O cristianismo adotou o arquétipo das Fúrias na sua adaptação como servidoras do Deus patriarcal, acusadoras e vingadoras dos pecadores. Eram representadas nas igrejas como gárgulas ou estátuas grotescas tendo cabeças de cães. Na arte grega elas eram retratadas como belas mulheres com feições sérias, vestidas como caçadoras, portando tochas e chicotes e com serpentes nos cabelos, semelhantes às Górgonas. Elas viviam no submundo onde torturavam as almas que tinham passado pelo veredito de Hades e se encarregavam de criar o remorso e a necessidade do perdão. As Erínias tinham um templo em Atenas que servia como abrigo aos criminosos à espera dos julgamentos; eles deviam oferecer sacrifícios e jurar sobre o altar que iam dizer a verdade.

O nome das Erínias era pronunciado com respeito e temor, sem olhar para suas estátuas e santuários. Alguns autores confundem as Erínias com Nêmesis, mas suas atuações são em áreas diferentes, Nêmesis punia os deuses, enquanto as Erínias puniam os mortais. *Tisifone* era a vingadora dos assassinatos e homicídios praticados contra os pais, irmãos, filhos e parentes; ela açoitava os culpados até enlouquecê-los. *Megera* personificava o rancor, a inveja, a cobiça e o ciúme, castigando principalmente os delitos contra o matrimônio. Ela perseguia as vítimas e gritava nos seus ouvidos, continuamente, lembrando-lhes as falhas cometidas. *Alecto*, a implacável e eternamente encolerizada, castigava os delitos morais como ira, cólera, soberba, ganância. Ela espalhava doenças e maldições e seguia o infrator, sem parar, com a tocha acesa, para que ele não dormisse em paz.

Sendo forças primitivas, as Erínias atuavam como vingadoras dos crimes, exigindo a punição dos homicídios com a morte, perseguindo os criminosos mesmo no mundo dos mortos, pois seu campo de ação não tinha limites. Elas começavam a agir quando alguém as invocava clamando por vingança; eram implacáveis, porém justas, não se deixavam abrandar por sacrifícios ou suplícios e castigavam as ofensas contra a sociedade e a natureza como os perjúrios, assassinatos e crimes contra a família. Como guardiãs da linhagem, as Erínias defendiam os direitos e os vínculos de apego com pessoas, lugares e coisas materiais. Quando o parentesco primal do ego com a mãe era transgredido, as Erínias irrompiam com toda a força da sua fúria subterrânea.

Nos mitos as Erínias causaram doenças, loucura e morte, sua finalidade sendo não somente punir, mas lembrar a vítima – pelos conflitos mentais e o peso na consciência – do sacrilégio cometido ao transgredir as leis e direitos maternais e derramar sangue dos familiares. Elas zelavam pela preservação da ordem social e moral e o respeito às leis da natureza, corrigiam a desobediência dos filhos aos pais e às pessoas mais velhas, bem como o perjúrio, a violação das regras de hospitalidade, a conduta imprópria, castigando os criminosos no Tártaro (o mundo subterrâneo) para que expiassem as atrocidades cometidas. Como executoras e vingadoras, as Erínias seguiam o rastro do sangue derramado para encontrar, torturar e punir os crimes consanguíneos fazendo jus ao seu nome grego erino *eu persigo e castigo*. Elas auxiliavam Nêmesis, a deusa da vingança e carcereira do Tártaro e puniam também infrações e crimes que não eram citados nas leis, como as agressões contra estranhos, mendigos, animais e pássaros. Seus açoites eram conhecidos como *os chicotes da consciência* e em muitos casos, a punição era uma loucura autodestrutiva e pesadelos intoleráveis, provocados pelo veneno que escorria dos seus olhos provenientes das serpentes de seus cabelos.

A atuação das Erínias no mundo atual

Enquanto os mitos gregos descreviam através de arquétipos divinos, seres sobrenaturais e heróis e as questões humanas, sociais e políticas da civilização patriarcal helênica – questões restritas às disputas e guerras em torno de reis e pessoas marcantes daquela época –, o nosso cotidiano revela de forma assustadora e deplorável a ação conjunta de Éris e das Erínias. Diariamente somos bombardeados por notícias veiculadas pela imprensa ou sabidas pela viva voz das vítimas da nossa vizinhança. Crimes hediondos, estupros, raptos, mutilações, linchamentos, atentados, incestos, matricídios, patricídios, fratricídios e os terríveis infanticídios, além de pedofilia e profanação de lugares e objetos sacros, fazem parte do nosso cotidiano.

Como podemos agir e nos proteger não somente dos fatos em si, mas da pesada egrégora que aumenta na intensidade e atuação à medida que são espalhadas e repetidas notícias trágicas e fatos hediondos, ampliando os medos e a insegurança e nutrindo assim a fúria e o desejo de vingança coletiva? São as forças macabras que saem do Tártaro e colocam em movimento as energias dissonantes da discórdia, dos conflitos e disputas (por motivos banais e não pelas razões do mundo antigo ligados às heranças reais, posse de reinos, raptos de princesas ou lutas pela fama e glória) e dos crimes hediondos entre pais, filhos, irmãos, cônjuges, parentes, amantes e amigos. Energias que prejudicam a todos e que vão alimentar espíritos conturbados e seres desequilibrados do plano físico, umbral e astral.

O que fazer? Adotar a atitude do avestruz e fazer de conta que isso não existe, que não vai nos acontecer ou não nos diz respeito? Ou entrar no pânico global e local, apavoradas e aprisionadas pelos nossos medos e fantasmas pessoais, uma das táticas usadas pelas Erínias? É evidente que as práticas de centramento, equilíbrio energético, harmonização com meditação, sons, mentalizações e afirmações positivas são recursos eficazes, que devem ser praticados com assiduidade e convicção (acreditando no poder das palavras e dos pensamentos benéficos). Podemos também tentar transpor para uma explicação astrológica o simbolismo dos arquétipos míticos e das sombras (externas e internas) e sua ação sobre nossa psique.

Quando deixamos que na nossa vida "Saturno (ou Cronos) castre Urano" permitimos, por um senso de dever, que compromissos ou responsabilidades, novas ações, direções ou mudanças ligadas à nossa segurança não se concretizem. Se reprimirmos ou bloquearmos o impulso uraniano de mudança, favoreceremos a manifestação das Erínias no nosso interior, criando ressentimentos ou raiva contra aqueles que impedem nosso movimento ou inveja daqueles que são livres para progredir. Ao contrário, se usarmos o impulso de Urano para romper com as rígidas estruturas vigentes e buscar algo novo, sentiremos a fúria saturnina perante a nossa rebeldia ou imprudência, motivando também a atuação das Erínias. Uma vez ativadas, as Fúrias se manifestam nas várias áreas da nossa vida como: término dos relacionamentos, conflitos familiares, desentendimentos profissionais ou simplesmente fatos banais do cotidiano (brigas no trânsito, discussões nas lojas, notícias alarmistas na internet, maledicências nas redes sociais ou desentendimentos com vizinhos ou amigos). Sabemos que muitas vezes uma palavra, um comentário ou gesto inofensivo pode atuar como catalisador – de raiva reprimida, inveja oculta ou rebeldia ignorada – e a decorrente explosão de emoções negativas e descontroladas levará a situações desastrosas ou irremediáveis.

Não podemos inibir ou proibir a ação de Éris ou das Erínias se tiver sido criado um terreno energético, mental, emocional ou astral propício para a sua manifestação. Lembrando também que a sua ação se estende ao longo do tempo, pois seus chicotes vão açoitar a consciência e de nada vai adiantar os remorsos ou lamúrias por sentimento de culpa (que é outro aliado das Erínias).

Para sairmos deste impasse podemos usar outro detalhe do mito grego, lembrando que do sêmen de Urano – vertido após sua castração por Saturno – formou-se uma espuma branca no mar, e dela nasceu Afrodite, a deusa do amor, da beleza, da harmonia e do equilíbrio. Se usarmos estas energias a nosso favor, apresentarmos novas ideias e alternativas e expô-las com calma, equilíbrio e ponderação, poderemos abrandar a tendência conservadora e rígida de Saturno e evitar os rompantes e impulsos de Urano. Com tato e inspiração venusiana, Urano pode ser persuadido para expor suas propostas com suavidade e diplomacia, enquanto Saturno poderá vencer o apego às estruturas rígidas e conservadoras e ter maior flexibilidade e "jogo de cintura".

Estas sugestões podem ser válidas no nível interpessoal e familiar. Porém, quando se trata do sistema vigente, que se recusa a ceder às imposições ou negociações, talvez tenhamos que apelar para as Eumênides, pedindo sua ajuda e benevolência, para encontrar um melhor caminho para nós. As Erínias, divindades de aspecto dual, podem ser vencidas pela bondade e purificação interior e se transformar nas *Eumênides* ou *Benévolas*, quando a razão reconduz a consciência à harmonia.

Antes de apelar para estas forças poderosas, precisamos nos preparar energética e psicologicamente, criando uma aura de harmonia e equilíbrio, dentro e fora de nós. Através de uma respiração ritmada e visualizando um casulo de luz branca ao nosso redor, iremos chamar a ajuda dos nossos espíritos auxiliares e invocar a nossa Deusa Madrinha, entregando-lhe o nosso problema e pedindo sua intercessão perante as Eumênides. Após um tempo, em que continuaremos respirando e visualizando, perceberemos se o nosso pedido foi aceito e agradeceremos a ajuda recebida, exalando profundamente e sentindo o alívio pela solução divina do nosso problema.

Asteroide Erynia

Descoberto em 1918 por Maximilian Wolf da Alemanha este asteroide recebeu o número 889 e faz parte do cinturão principal. Na sua interpretação astrológica no mapa individual devem ser seguidas as correlações com as Deusas que deram origem ao seu nome, pois não há nenhuma literatura a respeito.

Éris, Deusa Grega Provocadora da Discórdia

"Cante agora minha Musa sobre a Deusa do Caos que surgiu do quantum primevo, Deusa da entropia, Deusa da anarquia, Aquela que cria e destrói, no intervalo entre o nascer e o pôr do sol. Ela liberta a nossa alma da prisão de carne e nos traz renascimento com seu sopro fantasmagórico. Seu nome é Éris, Deusa que sacode os mundos, que dança na lâmina do punhal e jamais erra um passo na escuridão. Ela está sempre aqui, mas se olhar, você não a verá, precisa fechar os olhos para perceber a sua dança."

Book of the Goddess. Anna Livia Plurabelle

*"...Eu sou Éris, a Deusa, uma tonelada de linho é a minha moeda
Porque eu sou o décimo planeta do sistema solar e,
Numa ogiva perfeita, gira Dysnómia, a minha filha..."*

Utopikus Cirkus. Manuel Almeida e Souza

Na mitologia grega, Éris era a deusa padroeira dos conflitos, das brigas e do desentendimento, equivalente à romana Discórdia. Integrante das divindades primevas, Éris era filha de Nix (a regente escura da noite) e de Erebus (o deus da escuridão). Nix era considerada a mãe dos mistérios, das doenças e da morte, dos sonhos e feitiços, enquanto Erebus habitava no mundo subterrâneo e regia a noite e a morte. Outra hipótese cita Éris e Ares concebidos por Hera quando ela tocou o cardo branco, enquanto que, ao tocar a flor negra do abrunheiro, ela concebeu Discórdia. Desprezada por Hera, sua mãe, por não ter muita beleza, Éris procurou companhia na Via Láctea – lar dos Titãs e outras deidades – casando com o titã Éter, com o qual concebeu catorze filhos. Cada um deles dotado de um poder maligno, o que a definiu como Mãe dos Males.

Éris sintetizou nos seus atributos o caos e a discórdia que levavam aos conflitos, brigas, lutas, guerras e mortes. Na arte grega ela era representada com uma aparência escura e desleixada, cabelos despenteados, roupas rasgadas e um ar ameaçador e raivoso. Suas armas eram o punhal, uma víbora viva e sibilante que ela segurava em uma mão e uma tocha acesa na outra. O punhal era usado para atacar as vítimas pelas costas, a víbora simbolizava medo e maldade e a tocha, a devastação causada pela guerra. A sua vasta "família" incluía divindades associadas com a maldade, discórdia e morte. Seus irmãos eram *Tanatos* (gêmeo de *Hipnos*, deus do sono), o impiedoso e invencível deus da morte, *as Keres*, que profanavam os túmulos, *Oizys,* a regente do sofrimento, ansiedade e desespero, *Momus*, o maldoso deus da calúnia, *Geras,* o temido deus dos problemas da velhice, *Nêmesis*, deusa vingadora pela justa retribuição, *Caronte,* o barqueiro que transportava os mortos, *Lissa,* a deusa da fúria indomável, as *Fúrias ou Erínias*, deusas da vingança e retaliação e *Apate*, regente do embuste.

Na mitologia grega também são citados os *filhos de* Éris (com Aegis, o deus da guerra) descritos a seguir: as *Neikea,* regentes das discussões e do ódio, as *Hisminas*, espíritos femininos da rebelião e brigas nas ruas, os *Fonos,* espíritos malignos que incitavam os crimes e chacinas fora dos campos de batalha, as *Macas,* deusas do combate e das lutas. Além deles as *Androctasias* personificavam a matança e as devastações, os *Pseudologos* regiam as mentiras e as falsidades, as *Anfilogie* eram deusas das disputas, dúvidas e traições, os *Algos* representavam lágrimas, dores, doenças, sofrimento, tristeza e desespero, *Horcos* era o vingador dos perjúrios e juramentos falsos, *Ponos*, o deus do trabalho pesado, do desânimo e da fadiga, *Limos*, o deus da fome e penúria, *Disnomia*, a padroeira dos "fora da lei" (enquanto, *Eunomia* acabava com as brigas) e *Ale*, deusa da decepção e ruína. Certos autores citam Éris como irmã de Ares (neste caso sendo filha de Zeus) ou sua consorte, mãe de *Pontus* (sofrimento), *Algea* (dor), *Ate* (erros) e *Lethe* (esquecimento). Estes seres eram chamados pelos gregos de *Daemons* e de *Desgraça*s pelos romanos. Como irmã e companheira de Ares, Éris o auxiliava no derramamento de sangue e preenchia o coração dos combatentes com ódio para que eles continuassem a matança.

Devido a sua natureza maléfica, os deuses mantinham Éris afastada das suas reuniões e festas. Por isso, ela não foi convidada ao casamento de Peleus e Tétis, onde brilhavam as deusas Hera, Atena e Afrodite. Enfurecida por ter sido menosprezada, Éris decidiu se vingar e apareceu de repente na festa, jogando no meio das deusas uma maçã de ouro inscrita com apenas estas palavras: *te (i) Kalliste (i)*, "para a mais bonita". A provocação levou a uma discussão entre as deusas, cada uma clamando pelo título e pedindo a intervenção de Zeus. Para escapar desta ingrata missão, Zeus chamou como juiz o pastor de ovelhas Paris, que na realidade era o príncipe de Troia. Para obter aprovação, as deusas se desnudaram revelando seus encantos a Paris, sem que ele fizesse uma opção, enfeitiçado pela beleza peculiar de cada uma. Para suborná-lo, as deusas começaram a lhe oferecer dádivas: Hera lhe propôs o maior poder político, Atena, a habilidade guerreira que ia lhe assegurar fama e riqueza. Porém, quem ganhou a competição foi Afrodite, que lhe prometeu o amor da mais bela mulher, Helena. Foi este oferecimento que desencadeou a guerra de Troia, pois Helena era mulher de Menelau, o rei de Esparta.

A moral do presente ofertado por Éris às deusas é que *a discórdia assim incitada inevitavelmente ia levar à escolha entre poder, riqueza e amor.* Postula-se que a influência da discórdia não pode ser ignorada, pois igualdade e idoneidade não são energias que permanecem quando Éris oferece propostas atraentes. Os seus sussurros podem mergulhar familiares, amigos e até países no abismo da ganância e violência pela disputa e perseguição de objetivos destrutivos como ouro, poder, fama. Sem perceberem o mal contido nos sussurros de Éris, as pessoas se deixam persuadir pelo desejo de mostrar sua superioridade ou legitimar suas aspirações. Éris se apresenta cada vez que surge um problema, movida pelo prazer de provocar desentendimentos, enquanto as Erínias – ou Fúrias – aparecem como instrumentos de vingança divina perante as falhas humanas.

O filósofo grego Hesíodo distingue duas manifestações de Éris. Uma é a que provoca discórdia e combates, a outra que impulsiona a ganância movida pela inveja das conquistas alheias, que desperta inimizades e rivalidades. A atuação maléfica de Éris promove conflitos e guerras e estimula a vingança "olho por olho, morte por morte". Mesmo sem ser amada e sendo descrita como uma figura repulsiva, Éris possui a mente e os corações de muitos mortais. Quando inicia uma disputa ela tem uma aparência insignificante, mas aos poucos a sua cabeça alcança o céu, porém continua com os pés no chão. Muitas brigas não têm como base um desentendimento real ou racional, mas um tipo de "possessão" que resiste até que outra força assuma o lugar de Éris, pois dela não se pode esperar uma conciliação. Citando Hesíodo: *"a Discórdia é a última das divindades disposta para acabar uma discussão"*. Porém, quando Éris se afasta, a sua oposta *Harmonia (*ou *Concórdia)* assume seu lugar e imprime sua energia ao ambiente e aos beligerantes.

Quando a Discórdia se manifesta, ela não avisa aos mortais "olhem o meu rosto repulsivo, seja maldoso com seus vizinhos", mas atua nas mentes ativando seus instintos agressivos, sua cobiça ou belicosidade. Assim, os filhos de Éris começam a agir e atiçam as disputas, a deslealdade, as mentiras e quebras de juramentos, o que leva às brigas e guerras, violência e mortes, sofrimento e miséria. Éris é considerada uma deusa que não pode ser evitada quando as suas emanações influenciam as mentes dos homens, motivando a sua ânsia de poder, fama ou riqueza e espalhando assim a escuridão e a destruição.

No nível individual, se o corpo está em Harmonia, a saúde prevalece, mas quando a Discórdia assume o controle do corpo e da mente, a consequência será a doença e o desequilíbrio. Se a mente está tumultuada por opiniões e desejos opostos, quando se perde a real dimensão da situação e se instala a turbulência, perde-se o equilíbrio e a harmonia mental, emocional e física. A Discórdia transforma o ritmo harmonioso do ser em uma dissonância vibratória, que afeta todos os aspectos da vida, pois Éris podia transformar a mais bela música em uma estridência sonora. Assim como ela encorajava brigas e batalhas, também incentivava rixas, discussões, disputas, mentiras, atos ilegais e maldições.

Como evitar a influência de Éris e dos seus filhos e parentes: é imprescindível buscar e manter o equilíbrio e a harmonia mental e emocional, se afastar e evitar entrar em brigas ou provocar discussões, não incorrer em mentiras e falsidades, para assim afastar os inevitáveis problemas, confusões, sofrimentos, separações e perdas (afetivas ou materiais). Quanto mais cultivar a Harmonia na sua vida, mais afastada permanecerá a Discórdia e seu séquito de malefícios.

Na visão de Hesíodo não existe apenas uma manifestação de Éris sobre a Terra. Enquanto uma promove conflitos e guerras, sendo cruel e obedecida cegamente pelos homens possuídos por sua energia, a outra é filha de Nix e Cronos, que habita no éter, mas é enraizada na terra. Esta deusa é mais propícia aos homens, pois ela motiva a vontade de trabalhar e progredir, mesmo que seja por competição, inveja ou ambição exagerada. Nesta manifestação, Éris era honrada como *regente da competição correta e justa* antes do início dos jogos olímpicos. Éris foi adotada como padroeira da religião moderna chamada *discordianismo*, iniciada na década de 50 a qual apresenta uma versão mais benigna de Éris como *filha do vazio*, regente da desordem e irmã de Harmonia, a regente da ordem.

Outra lenda de Éris descreve o enfurecimento de Hera ao ouvir o casal de namorados Politecnos e Edon se vangloriarem do seu amor, que era mais intenso e verdadeiro do que o de Hera e Zeus. Para punir a sua arrogância, Hera enviou Éris que preparou uma armadilha, na qual permitiu a Politecnos violentar a irmã de Edon; ao saber deste fato, Edon sacrificou o filho de Politecnos. As deusas puniram ambos, transformando-os em pássaros. O conto clássico "A bela adormecida", foi inspirado – parcialmente – na atuação de Éris no casamento de Peleus e Tétis. Assim como Éris, uma fada malvada amaldiçoa a princesa como vingança por não ter sido convidada ao seu batismo.

Planeta Éris

Recentemente o nome de Éris foi dado a um corpo celeste descoberto há pouco tempo e a nomeação foi permeada pelas energias discordantes do seu arquétipo. Em 5 de janeiro de 2005 a equipe do astrônomo americano Michael Brown identificou um misterioso corpo celeste, nomeado UB-313. Organizações científicas do mundo inteiro declararam que UB-313 seria o muito falado e esperado "décimo planeta" do nosso sistema solar. Por ser um planeta enigmático e supostamente o décimo, os astrônomos usaram a letra X (o "planeta X" correspondendo também ao numeral romano dez), para batizá-lo como Xena, o nome de uma heroína guerreira de um seriado da TV. No entanto, a sua denominação oficial dependeria da aprovação da União Astronômica Internacional (IAU), que iria se reunir em agosto de 2006 e definir o termo "planeta". Para a surpresa, descontentamento, incompreensão e revolta de muitos (cientistas e leigos) a nova classificação não apenas rejeitou o UB-313 como planeta, mas também excluiu Plutão. Ambos foram incluídos em uma nova categoria de "planetas anões", assim como Ceres, o maior dos asteroides, descoberto em 1801, que tinham inicialmente considerado planeta, mas posteriormente rebaixado como um componente do cinturão de asteroides existentes entre Marte e Júpiter. Após a confusa, incompreensível e controvertida decisão da IAU, Michael Brown propôs o nome de Éris para o novo planeta anão e Disnomia para a sua Lua.

Do ponto de vista astronômico, Éris é o corpo celeste do sistema solar mais distante do Sol, três vezes mais longínquo do que Plutão, com uma órbita ainda mais excêntrica do que a dele. Por isso, enquanto Plutão leva 248 anos para percorrer sua órbita, Éris demora 556 anos, fato que dificulta o estudo astrológico das suas características. Em 1928 Éris entrou no signo de Áries, no grau 20, passando para o grau 21 em 2008. Os aspectos que Éris faz com um planeta nos mapas coletivos ou individuais duram alguns anos, prolongando assim seus efeitos.

Foi ignorado pelos astrônomos presentes o simbolismo mítico da deusa grega Éris como regente das disputas e combates, incentivadora de ciúmes, raivas, inveja, agressão e competição entre homens. A sua atuação e influência se fez fortemente presente como foi demonstrado pelo tumulto, discussões intermináveis e os ânimos feridos da reunião de IAU em Praga. Além da discórdia causada pela presença de Éris invocada como "madrinha" do novo planeta, a consternação geral foi aumentada pela reavaliação de Plutão, sua desclassificação e exclusão do grupo dos planetas. Como se não bastasse a nomeação de Éris, a sua Lua foi chamada de Disnomia, a filha regente dos assuntos ilegais e imorais, em lugar de escolher sua outra filha Eunomia, "a que termina as brigas" e cuja natureza é apaziguadora, algo que pelo visto não fez parte das opções dos astrólogos presentes.

Na astrologia Éris representa o princípio da percepção ativa da desordem, do conflito e da confusão, podendo ser vista como uma oitava maior de Lilith. Éris é uma candidata para a regência de Libra, suprindo assim a ausência do aspecto escuro da deusa Vênus, a atual regente. Assim como os arquétipos de Lilith e Maria Madalena, a possível regência de Éris é combatida pelos astrólogos tradicionais, que lhe negam o acesso aos status exclusivo dos planetas regentes. No mapa natal seus efeitos podem ser vistos como um amálgama das influências de Marte, Mercúrio e Netuno, em relação principalmente à sétima casa, dos relacionamentos. Por ter um período orbital muito longo, os seus efeitos astrológicos vão se estender por períodos prolongados. Devido à sua inclinação orbital de 44°, a sua passagem pelos signos zodiacais irá exaltar os efeitos negativos de um determinado signo por muito tempo. Podemos constatar isso no mundo atual, pois desde que Éris entrou no signo de Áries em 1928 a humanidade tem passado pela segunda guerra mundial, suas consequências desastrosas e outras diversas guerras, massacres e mortandades. A discórdia e a violência fazem parte do nosso dia a dia e cada vez mais se torna difícil conciliar interesses e pontos de vistas, realizar acordos ou apaziguamentos entre povos, nações e governos.

No entanto, podemos ver outra possibilidade da atuação de Éris, que seria uma mudança drástica da nossa consciência, sacudindo a estagnação e apego aos padrões comportamentais antigos. Precisamos definir uma nova escala de valores e ações que abranja outra forma de compreensão da realidade e que beneficie Gaia, a nossa Mãe e todos os seres da Sua criação. Refletir sobre a atuação de Éris e sua numerosa e maléfica família, pode auxiliar-nos a mudar nossos comportamentos agressivos, controlar nossa irascibilidade e intolerância, evitar reagirmos nas provocações ou dissabores cotidianos, diminuindo desta forma a extensa influência de Éris no nível individual, familiar, grupal, nacional e mundial.

Hécate, Senhora dos Caminhos, das Escolhas e Decisões

"Oh, Grande e terrível Rainha, que preside os três caminhos, ouve-me agora,
Confere-me Tuas bênçãos enquanto me prosterno à Tua frente,
Ouve minhas palavras ao me ajoelhar em obediência e respeito,
Pois a Ti dediquei meu coração como um altar e a minha lealdade Te ofereço.
Grande Mãe, Tu que me guias, protege e abençoas sempre
E eu Te honro e reverencio como uma dedicada filha Tua,
Oh Poderosa Senhora, Tu brilhas tanto que até as estrelas esmaecem diante de Ti
Tua tocha ilumina meus caminhos e eu me deixo guiar por Ti.
Senhora e irmã, Tu que me conheces melhor do que eu mesma e que guardas
as chaves do meu coração,
Eu Te entrego os meus segredos para Tu os guardares contigo
Amiga, cujas palavras são doces como mel e suaves como sussurros do vento,
Que me abraça e cuida, sendo a companheira que me sustenta
quando os outros me abandonam,
A Ti dedico este ritual como uma expressão da minha devoção e perfeito amor!"

Invocação embasada numa devoção de Aleister Crowley
(Citada por Tara Sanchez em The Temple of Hécate)

"Hécate, Tu és a calma do outono e a turbulência do inverno, o cheiro da terra molhada após a passagem das tempestades, o voo do corvo e o grito da coruja, o brilho ameno do entardecer e o encanto da luz da Lua, o cintilar da neve no inverno e o colorido alegre da primavera. Tu és o silêncio da Morte e os cantos da Vida, Tu és Senhora, Mãe, Rainha e toda-abrangente Soberana!"

Hekate: A Devocional. Vivienne Moss

  O arquétipo de *Hécate* é tão multifacetado e abrange tantas possibilidades de descrição, conexão e reverência, que é extremamente difícil resumi-lo em apenas um trecho do livro. Devemos ter em mente que o seu culto existiu durante milênios e que na antiguidade Hécate inspirou poetas e filósofos, magos, sacerdotisas, parteiras e curandeiras, além de ser venerada por pessoas comuns que lhe pediam bênçãos, auxílio e proteção. Ao longo dos tempos a sua imagem evoluiu, se modificou, ficou escondida durante a Inquisição e emergiu novamente nos rituais e práticas atuais dos seguidores neopagãos, dos grupos Wicca e dos círculos sagrados femininos, que seguem a Tradição da Deusa.

Devido à escassez de fontes históricas, arqueológicas e mitológicas fidedignas, a diversidade das interpretações e cerimônias realizadas atualmente reflete a afinidade, profundidade da conexão e criatividade dos adeptos. Ela tanto representava a protetora maternal que atuava como parteira, a jovem e forte donzela, quanto a perigosa e amedrontadora anciã. Estes aspectos eram análogos às fases da Lua e ao ciclo de vida, morte e regeneração. Alguns a consideram uma deusa escura regente do mundo subterrâneo, enquanto outros a veem como uma deusa luminosa que revela os caminhos com a tocha da iluminação. Representada principalmente como *Deusa da lua minguante e negra, Senhora das encruzilhadas e da noite,* ela aparecia coroada com serpentes e folhas de oliveira, velada ou com três cabeças de animais diversos. Hécate detém o domínio de diversos mundos, cujas portas ela abre com sua chave, abençoa aqueles que a respeitam e reverenciam, mas pune os que transgridem as leis da natureza e ferem mulheres e crianças.

Louvado, amado, temido ou odiado durante milênios, o poder de Hécate jamais desapareceu, apenas ficou oculto na sombra à espera da sua redescoberta, guardado nos registros do inconsciente e revelado nos sonhos, visões, mensagens e lembranças ancestrais. Muitas das suas imagens e aspectos podem parecer confusos ou conflitantes, às vezes simplificados e reduzindo sua figura a uma simples deusa lunar ou à tríplice manifestação da Grande Mãe. Todavia, o seu poder é muito mais amplo, abrangendo a terra e o céu, os caminhos e o mundo subterrâneo, os mistérios da vida, morte e renascimento, sendo definida por filósofos como *a mais misteriosa e complexa deusa do mundo antigo.* Devido à sua multiplicidade de aspectos e atributos, Hécate foi equiparada ou associada com outras deusas como: Selene, Ártemis, Cibele, Deméter, Perséfone, Ísis, Ereshkigal, Bendis, Britomartis, Bona Dea, Brimo, A Deusa cretense das Serpentes e as magas Medeia e Circe.

As origens de Hécate são encontradas na Ásia Menor e no Sudoeste da atual Turquia, sendo que em Trácia, Karia e Ionia seu culto era muito difundido e poderoso. O único templo conhecido era em Argos onde era cultuada desde o século IV a.C., mas existem provas de que era ainda anterior a esta data e são citados altares ctônicos em grutas e cavernas. Os mais importantes e conhecidos altares dedicados a ela são três: na ilha de Samotrácia (século VI a.C.), em Miletus e em Lagina, onde Hécate era celebrada anualmente e honrada acima dos outros deuses. Havia uma procissão anual em Didima onde se fazia a reverência da *Hécate das portas*. No famoso santuário de Deméter e Perséfone de Elêusis, havia um altar menor e dedicado a *Hécate Propilaia*, além de uma entrada subterrânea, pouco divulgada e destinada para as oferendas. A maior coletânea de informações provém da Grécia helenística e ela foi amplamente descrita por Hesíodo (século VIII a.C.), Empédocles (século V a.C.) e Porfírio (300 d.C.). Um detalhe interessante na vida destes filósofos era o seu vegetarianismo e a sua convicção de que a dieta alimentar ideal na Idade do Ouro era sem nenhum tipo de carne. Eles condenavam o consumo de carne que prejudicava as qualidades da alma e a conexão com os deuses. Portanto, os sacrifícios e oferendas de cães pretos atribuídos aos cultos de Hécate são distorções – ou difamações – tardias, pois Porfírio recomendava oferendas de incenso, mirra, benjoim, açafrão, alho, folhas de arruda, verbena, teixo, mandrágora, azeite, vinho tinto, grãos, azeitonas, galhos de cipreste, carvalho, oliveira e moedas de cobre.

Hécate é conhecida como uma antiga deusa, descrita em mitos milenares pré-helênicos, cultuada originariamente na Trácia como a representação arcaica da Deusa Tríplice; associada com a noite, lua negra, magia, profecias, cura e os mistérios da morte, renovação e nascimento. Uma estátua antiga do século VIII a.C. representa Hécate alada e segurando uma serpente. O lago Averno da Itália – uma cratera de um vulcão extinto – cercado de uma floresta densa e escura era considerado o local sacro de Hécate. Algumas fontes atribuem a origem do nome à palavra egípcia *hekat* ou *hequit* que significaria "todo o poder", já que supostamente o arquétipo de Hécate teria se originado em mitos do sudoeste asiático, da Mesopotâmia e Ásia Menor, que foram assimilados no panteão egípcio como Hequit e mais tarde passados para a religião greco-romana.

Hequet (Hequit, Heket, Hekat) era a manifestação da Grande Mãe originária de Núbia, Samotrácia e Colchis, cultuada em Aegina, Argos, Atenas e Egito, regente dos partos, das mulheres e crianças, Senhora da magia e sabedoria, Deusa dos ciclos da vegetação e da vida. O termo *heq* ou *hek* designava as mulheres idosas e sábias, Matriarcas e curandeiras das tribos, *hekas* sendo o poder mágico da palavra. Apesar de ser uma deusa menor no panteão egípcio, Hequet agia de maneira poderosa nas transições da vida humana. Geralmente era descrita como uma mulher com cabeça ou uma figura estilizada de sapo, que era seu animal totêmico, representando abundância, crescimento, nova vida. *Hequet* era a protetora das parturientes e a guia que conduzia a alma (*ka*) após a morte; foi reverenciada como a padroeira do renascimento e também da germinação, fertilidade e criação, vegetal e humana. Ela representava o começo e o fim do ciclo que gerava a vida, com a sua ajuda as sementes germinavam e as crianças eram geradas. Como esposa de Khnum, o deus que moldava os corpos na sua roda de oleiro, Hequet entregava o sopro da vida para o feto recém-formado, antes de colocá-lo no ventre da mãe. Assim como Hequet conduzia a entrada do espírito em uma nova vida, ela também auxiliava a transição do mundo material para o espiritual, transmutando os medos e prenunciando regeneração e renascimento. Os amuletos dedicados a Hequet eram em forma de sapos ou lírios, ambos associados com fertilidade, nascimento e renovação.

Os gregos tiveram dificuldades para enquadrar Hécate em seu esquema de divindades, mas acabaram considerando-a filha dos Titãs Perses e Astéria (irmã de Leto, a mãe de Ártemis e Apolo), sendo, portanto, prima de Ártemis. Por ser filha de Titãs estelares, regentes da luz, Hécate usava uma tiara de estrelas que iluminava os escuros caminhos da noite, bem como a vastidão da escuridão interior. Mitos mais antigos lhe atribuíram uma origem mais primal, como filha de Érebo e Nix, sendo conhecida como *Afratos*, "A sem nome" e Pandeina, "A terrível", descrita com cabelos de serpentes e um colar de testículos. Como a única dos Titãs que preservou seu pleno poder, Hécate era honrada como *A primeira e a última, Aquela sem forma e de todas as formas*, a própria alma do Universo, Criadora de tudo que existia. Como neta de Febe, a Titã que personificava a Lua, e de Nix, a deusa ancestral da noite, Hécate também era uma *Rainha da Noite*, tendo o domínio do céu, da Lua, das marés e sendo indutora dos sonhos e dos pesadelos. Neste aspecto levava sobre a testa o crescente lunar (a tiara chamada *pollos*), uma ou duas tochas nas mãos e serpentes enroladas no seu pescoço ou braços. Acreditava-se que Hécate fora outrora uma das *Erínias,* pois seus símbolos são idênticos (tochas, serpentes, sombras, etc.). Também já foi citada como uma das *Moiras,* pois tanto Hécate, quanto sua filha Circe, podiam intervir nos fios do Destino.

Sua verdadeira origem permanece bastante misteriosa, caracterizada mais pelas suas funções e os seus atributos do que pelas lendas em que aparece. Os mitos gregos relatam que Zeus lhe concedeu um lugar especial entre os deuses, embora ela não pertencesse ao grupo olímpico, mas aos seus ancestrais Titãs; ele respeitou seu antigo poder de dar ou negar suas dádivas aos mortais. Hécate ficou conhecida como *Hécate Trivia* ou *Triformis*, a regente do céu, da terra e do mar, além do mundo subterrâneo, doadora da riqueza e das bênçãos da vida cotidiana. Na esfera humana ela presidia os três grandes mistérios: nascimento, vida e morte, bem como regia o poder de transformação e regeneração. Por ter uma origem muito antiga, cuja essência e significado foram se modificando com o passar do tempo, foi equiparada com outras deusas e delas assimilou e incorporou atributos e mitos, o que explica a grande diversidade de nomes e dons atribuídos a ela.

Hécate era associada com cerimônias de iniciação nos diversos mistérios e templos do mundo antigo como os de Elêusis, Selinus (na Sicília), Samotrácia, Argos e Aegina. Na cidade de Lagina (na atual Turquia) era reverenciada como a *Guardiã dos portais do mundo subterrâneo* e também como protetora da cidade, desviando os perigos, pragas e invasões. Perto de Lagina havia uma cidade chamada *Hecatésia*, onde foi descoberto um templo dedicado a Hécate e onde se realiza anualmente – desde 1990 – um festival com o mesmo nome. Venerada em Trácia e Atenas desde o século V a.C. o seu culto se difundiu rapidamente ao redor do Mar Egeu até o Mar Negro em Colchis, sendo associado com o de Hermes, Apolo, Cibele, Mitras, Deméter e Perséfone, às vezes com o de Zeus e Reia (considerados por alguns escritores como seus pais). O pai Titã de Hécate, Perses, era associado com destruição, na agricultura e na guerra, representado às vezes com feições caninas, o que explicaria a ligação de Hécate com cães, principalmente o Cérbero com três cabeças. Sua mãe, Astéria, era a deusa do céu estrelado, regente dos sonhos, visões, oráculos, profecias, necromancia, astrologia e rituais noturnos, dons que foram herdados por Hécate. As fontes gregas consideram Hécate uma deusa virgem – assim como Ártemis – ou mãe de Circe e Medeia, famosas feiticeiras. Os romanos atribuíam a Hécate a maternidade de Saturno, Ops e Jano, equiparando-a, portanto, com Gaia.

Como descrição simbólica *da natureza tríplice da Deusa*, Hécate era representada como três mulheres juntas, porém cada uma virada para uma direção ou com idades diferentes (jovem, madura, anciã), uma figura com três cabeças e seis braços portando tochas ou com cabeças características de diferentes animais. Ela transmitia o poder de olhar para três direções ao mesmo tempo, o que sugeria que algo do passado estava ligado com o presente e influenciava planos futuros. As três faces passaram a simbolizar seu poder sobre o mundo subterrâneo, onde ela morava, ajudando a deusa Perséfone julgar os mortos; a terra, onde perambulava pelos caminhos nas luas novas e nas noites escuras e o mar, onde tinha seus casos ocultos de amor. A tríplice apresentação de Hécate é comparável ao seu *triplo domínio sobre o mar, a terra e o céu*. Seus símbolos eram a *chave*, por ela ser a Guardiã do mundo subterrâneo, detentora dos segredos da magia e da reencarnação; o *chicote ou a corda trançada*, que revelava o seu lado punitivo e seu papel de Condutora das "almas errantes" (a missão do *psicopompo*), o *cordão umbilical*, bem como o poder de medir, amarrar ou soltar e o *punhal* ou *foice*, representando seu poder eterno sobre a morte e seu uso na magia (transformado depois no *athame* das feiticeiras e bruxas). A sua morada era nas grutas e cavernas e ela andava pelos cemitérios à procura das "almas errantes" para conduzi-las ao seu reino subterrâneo. Suas acompanhantes eram as *Erínias* ou *Fúrias* (as deusas que puniam os transgressores das leis e os que ofendiam ou matavam as mães), *Empusas* (espectros), *Circe*, *Medeia* e *Silla* (feiticeiras), *Cercopsis* (espíritos zombeteiros) e *Mormo* (mortos vivos). Todos estes seres constituíam uma legião noturna, acompanhada na sua passagem – durante as tempestades ou nas noites escuras –, do latido ou uivo dos cães. Os deuses companheiros eram: *Hermes* (protetor dos viajantes além de condutor das almas), *Tanatos* (morte), *Hipnos* (sono) e *Morfeu* (sonhos).

Pouco a pouco, a deusa Hécate adquiriu uma caracterização diversa, sendo considerada como uma Deusa Escura, que presidia a magia e os feitiços, ligada ao mundo das sombras; ela aparecia aos magos e às feiticeiras com um archote em cada mão, ou sob a forma de diversos animais: égua, cadela, leoa, ursa, coruja ou loba. É a ela que foi atribuída a invenção da feitiçaria, e as lendas a ligaram às magas por excelência: Circe e Medeia, Circe sendo filha de Hécate e ora mãe, ora tia de Medeia.

Desde épocas primevas, antes de o panteão patriarcal ter se estabelecido, Hécate era vinculada com o lado escuro da Lua, mas a sua presença era percebida e honrada em suas três fases. A Lua na verdade não tem luz própria, é um astro escuro que apenas reflete a luz solar. A lua cheia é a Lua vista pela luz do Sol, a lua nova e negra é a verdadeira face da Lua. Como *Hécate Triformis* ou *Tricéfalos* ela era a regente dos três mundos, aparecendo como um grupo de três deusas ou uma só, com três rostos ou três cabeças, usando uma coroa tríplice e acompanhada por três animais (cão, serpente, leão ou cão, cavalo, lobo ou urso) que representavam as estações (primavera, verão, inverno). Sua tríplice representação na natureza era *Selene*, a Lua, *Ártemis*, a caçadora na terra e *Hécate* no mundo subterrâneo, tríade que controlava os ciclos de nascimento, vida e morte. Os aspectos lunares eram simbolizados por *Ártemis* como lua crescente, *Selene*, a lua cheia e *Hécate*, a lua minguante e negra. Nas fases da vida feminina, *Ártemis* era a virgem, *Perséfone*, a jovem e *Hécate*, a anciã, ou visto de outra forma: *Perséfone*, a filha, *Deméter*, a mãe e *Hécate*, a avó. Como descrição dos relacionamentos femininos, *Hebe* era a donzela, *Hera*, a mulher e *Hécate*, a viúva. Nos mistérios agrícolas a semente era *Kore/Coré*; a espiga amadurecendo, *Perséfone* e os grãos colhidos, *Hécate*.

No mito do rapto de Perséfone por Hades, Hécate é a figura chave, a única que ouve os gritos de Perséfone, que intercede perante Hélios para ele revelar o paradeiro da jovem e que empresta sua tocha para Deméter buscar a filha. É Hécate quem conduz Perséfone de volta para a terra – contribuindo assim para o reencontro de mãe e filha e o renascimento da natureza – e é ela que acompanha Perséfone de volta ao escuro reino de Hades (onde ela permanecerá durante os meses de inverno). Este mito constituiu a base dos *Mistérios Eleusínios,* que celebraram durante dois milênios *o eterno retorno* dos ciclos de nascimento, vida, morte e renascimento, com rituais embasados nas práticas agrícolas do ciclo vegetativo. Enquanto Deméter era a força que promovia o crescimento vegetal acima da terra, Hécate sustentava o desenvolvimento das raízes, assegurando a nutrição das plantas e Perséfone trazia a plenitude e a beleza da colheita. Sua antecessora, a egípcia *Heh Ka, Hequet* ou *Hekit,* (a deusa com cabeça ou corpo de sapo) tinha o poder da vida, morte e renascimento, renovando o ciclo da existência – exemplificado pela evolução da semente em espiga, do girino em sapo, do embrião até o nascimento – e assistindo todas as fases.

É fácil perceber o entrelaçamento entre o claro e o escuro da Lua, pois o lado visível da Lua, o aspecto de Ártemis, que reflete o pulsar da vida, é ligado com o lado oculto, sombrio e inconsciente representado por Hécate. Dentro do mundo subterrâneo – representado pelo ventre fértil da terra –, a vida e a morte coexistem em um mesmo processo cíclico, em que o "ser" e o "não ser" vivem juntos, sem conflito. A conexão com Hécate nos revela os sonhos guardados, os desejos ocultos, os segredos do inconsciente e revela o potencial latente para a fertilização de novas possibilidades. Por isso Hécate é vista como uma guia no reino oculto da alma e invocada nas terapias de regressão, renascimento e nos rituais de transmutação de medos, fobias, apegos e culpas.

Devido à sua natureza multiforme e misteriosa e à ligação com os poderes femininos "escuros", as interpretações patriarcais distorceram o simbolismo antigo desta deusa protetora das mulheres e enfatizaram seus poderes destrutivos ligados à magia negra (com sacrifícios de animais pretos nas noites de lua negra) e os ritos funerários. O desenvolvimento no período clássico da sociedade patriarcal deu origem a uma visão dualista das forças espirituais, vistas em um perpetuo embate entre as positivas e negativas, o bem e o mal. Hécate tornou-se o alvo predileto da personificação do mal e foi recebendo uma aura de perigo misterioso, de horror e negatividade demoníaca. Ela foi transformada na *Rainha das bruxas*, responsável por atos de maldade, missas negras, desgraças, tempestades, mortes de animais, abortos, perda das colheitas e atos satânicos. A percepção distorcida dos atributos de Hécate foi consolidada na psique ocidental durante o período medieval, quando a igreja cristã projetou este arquétipo nas pessoas pagãs do campo – que seguiam seus antigos costumes e rituais ligados à fertilidade – rotulando-as de "malévolas adoradoras do demônio, bandos de bruxas praticantes de ritos e cerimônias abomináveis", os encontros e rituais sendo realizados nas noites escuras e em certas datas tidas como maléficas. Estas invenções tendenciosas levaram à perseguição, tortura e morte pela Inquisição de milhares de "protegidas de Hécate", as mulheres "suspeitas" de serem Suas seguidoras e também os animais a Ela associados (cachorros e gatos pretos, sapos, serpentes e corujas). Os carrascos da Inquisição condenaram e exterminaram milhões de mulheres durante os cinco séculos da sua atuação, perseguindo, torturando e matando aquelas que eram vistas como devotas de Hécate, por serem dotadas de poderes curadores, mágicos e visionários. Hécate foi denegrida e seu culto proibido por ser a padroeira das parteiras, curandeiras, benzedeiras, videntes e xamãs, cujos poderes eram cobiçados pelos médicos e execrados pela igreja. Suas seguidoras foram as vítimas prediletas da Inquisição, perseguidas e condenadas por serem bonitas ou feias, jovens ou velhas, virgens ou viúvas, com verrugas ou sinais, pobres ou ricas, independentes ou dementes, ignorantes ou sábias, cristãs ou pagãs, acusadas de bruxaria, magia negra, incêndios, enchentes, calamidades naturais, seca, pragas, epidemias, esterilidade, guerras e pacto com o demônio, que lhes conferia poderes em troca das suas almas.

No intuito de abolir qualquer resquício do Seu poder, Hécate foi caricaturizada pela tradição patriarcal como uma bruxa perigosa e hostil, à espreita nas encruzilhadas nas noites escuras, buscando e caçando com sua matilha de cães pretos, viajantes e almas perdidas, levando-os para o escuro reino das sombras vampirizadoras, acompanhada de seu séquito de fantasmas e seres "demoníacos" e castigando os homens com pesadelos, poluções noturnas e perda da virilidade. As imagens horrendas e chocantes são projeções dos medos inconscientes masculinos perante os poderes "escuros" da Deusa, padroeira da independência feminina, defensora contra as violências e opressões das mulheres e regente dos seus rituais de proteção, transformação, autodefesa e afirmação.

Hécate, a Senhora das encruzilhadas

No seu aspecto de *Guardiã dos caminhos da vida e do mundo subterrâneo*, Hécate é um arquétipo primordial do inconsciente pessoal e coletivo, que nos permite o acesso às camadas profundas da memória ancestral. É representada no plano humano pelo xamã e *psicopompo* que se movimentam entre os mundos, pela vidente que olha para o passado, presente e futuro e pela curadora que transpõe as pontes entre os mundos e traz comunicações espirituais para a cura e regeneração dos seus semelhantes. Ela rege os processos misteriosos do ciclo do "eterno retorno", a vida, a morte e o renascimento sendo entrelaçado no processo alquímico da transmutação. Nas representações (estatuetas, baixos relevos, pinturas) aparecia com três cabeças, de mulheres de idades diferentes ou com características dos seus animais de poder (mais frequentemente o cão, a serpente ou égua, leão ou lobo). Os seus seis braços seguram tochas e símbolos de poder (chave, punhal ou foice, corda ou chicote). A foice é mais específica e feminina do que o punhal, por ser símbolo do aspecto ceifador – da colheita e da vida – sua forma sendo ligada aos cornos lunares (lua crescente e minguante). A lâmina descreve o dom do discernimento, saber o que cortar (hábitos prejudiciais, doenças dolorosas, fraquezas, medos, insegurança). Nas portas das antigas casas gregas havia sempre uma representação ou símbolo seu para atrair proteção. A materialização de Hécate como "Senhora das Encruzilhadas" era no pilar sagrado *Hecaterion, Hectaerion ou Hecataion*, colocado no cruzamento de três caminhos – do passado, presente e futuro – e representando a deusa com três cabeças e seis braços, que seguravam três tochas e seus emblemas sagrados: a chave, a corda e o punhal. A *chave* abria as portas para os mistérios ocultos e a sabedoria do além. A *corda* era o cordão umbilical do renascimento e da renovação. O *punhal* – depois transformado no *athame* – cortava as ilusões e as amarras, sendo símbolo do poder mágico.

Hécate, em grego, significa *A distante* ou *A remota*, por proteger os lugares ermos e remotos, sendo a guardiã das estradas, protetora dos viajantes, pescadores, marinheiros e das passagens, principalmente das encruzilhadas onde convergiam três caminhos. Nestes locais, os gregos percebiam melhor a presença de Hécate, por isso lhe ergueram estátuas tricéfalas ou pilares sagrados chamados *Hecaterion* e deixavam oferendas dos seus alimentos ritualísticos, as famosas "ceias de Hécate". Invocada como *A Distante*, ou *Kratais*, *A Poderosa*, Hécate era protetora dos lugares ermos, dos caminhos e das encruzilhadas de três vias, onde recebia as oferendas deixadas nas noites escuras compostas de grãos, vinho tinto, romã, mel, carne e pelo de animais pretos a ela consagrados. Lá, ela aparecia segurando tochas nas mãos e acompanhada por cães pretos uivando; devidamente invocada, ela revelava segredos, mostrava a entrada para o mundo subterrâneo, permitia e ajudava no intercâmbio com os mortos. Seu guardião era Cérbero, o cão tricéfalo, representando a estrela Sirius da constelação do Cão. Acredita-se que o termo *Hecateias* atribuído às estátuas, na realidade designava as sacerdotisas oraculares que serviam nestes locais. Os dias dedicados à Hécate eram o fim do mês, as sextas-feiras (principalmente se fossem nos dias treze), os eclipses, 13 de agosto e 16 de novembro. Atualmente, grupos neopagãos a reverenciam no *Sabbat Samhain*, a "Noite das ancestrais" e no Dia dos Finados.

Hécate Pritania, a Rainha dos mortos e do mundo subterrâneo

Neste aspecto Hécate era Guia e protetora invisível dos espíritos, auxiliando-os na sua passagem do mundo dos vivos para o local de repouso e regeneração do mundo subterrâneo. Nas lendas era descrita como o *Anjo fosforescente* (*Phosphoros*), simbolizando o brilho das decomposições e fermentações que transformavam os resíduos orgânicos em um composto fértil. Seus antigos bosques sagrados de teixos, álamos e ciprestes foram transformados em cemitérios cristãos; o teixo era a sua árvore sagrada por excelência, um símbolo da morte e também da imortalidade por ser perene e longeva, dizia-se que suas raízes nasciam do mundo dos mortos e sua resina exalada pelas folhas ajudava na purificação dos espíritos. Como regente da morte e decomposição física, Hécate também promovia a fertilidade da terra e o nascimento de novas sementes, acolhidas pelo ventre fértil e escuro da terra. Ela aparece nos cemitérios auxiliando a libertação do espírito do corpo físico, mas também buscava e recolhia as almas perdidas, que ela cuidava e orientava para seguirem seu destino, após o julgamento e a retificação dos seus erros. Acompanhada pelas suas três irmãs – as *Erínias* ou Fúrias – eram julgados e punidos todos aqueles que tivessem ofendido, violentado ou matado suas mães; juntas, elas ajudavam nas purificações e expiações dos criminosos.

Hécate regia as grutas que eram entradas para seu reino subterrâneo, onde ela morava com Hades, Perséfone e seus irmãos: *Tanatos* (morte), *Hipnos* (sono) e *Morfeus* (sonho). Quando os cães uivavam, acreditava-se que Hécate passava, ela mesma podendo aparecer como uma grande cadela preta. O cão era animal totêmico das deusas da morte por conduzir os espíritos e perceber sua presença no plano astral, por isso quando um cão uivava para a Lua, supunha-se que ele anunciava uma morte ou a passagem de Hécate. Cães pretos eram ofertados a Hécate pelos praticantes da magia negra, fato que contribuiu para a ênfase dada aos seus poderes destrutivos e macabros nos mitos helênicos.

Hécate, a Senhora da Visão e da Magia

Hécate confere a todas as mulheres habilidades intuitivas, proféticas, mágicas e curadoras. Ela é a xamã arquetípica que se movimenta entre os mundos, ligando o plano visível ao invisível e abrindo os véus para que possa ser enxergado o que for necessário para cura e regeneração. Por olhar para as três direções, Hécate vê os padrões que conectam no tempo eventos e situações, ela abre o conhecimento do passado, dá a direção segura para o presente e desvenda os perigos, as promessas e possibilidades do futuro. Hécate envia os sonhos proféticos e os sinais sutis, ela sussurra segredos e orienta a comunicação intuitiva com os espíritos, sendo a mensageira ancestral do mundo psíquico. Na sua manifestação como *Antaia ou Anthea*, a "Senhora das visões noturnas", a sua luz difusa inspira artistas, visionários e videntes, mas se for absorvida em demasia, sua energia pode provocar alucinações, pesadelos e desequilíbrios psíquicos e mentais.

Como *Padroeira da magia,* Hécate era invocada nos rituais noturnos, nas oferendas e antes do uso de oráculos, para ensinar os segredos das plantas e o poder dos encantamentos. Sua proteção era invocada pelas mulheres gregas antes de saírem de casa e para a segurança dos seus filhos e familiares. No dia 13 de agosto um grande festival homenageava Hécate como a *Senhora das Tempestades*, para que as colheitas fossem protegidas das chuvas torrenciais, as moradias e seus habitantes poupados de inundações e descargas elétricas.

Hécate Trivia, a Guardiã dos Mistérios Ocultos

Hécate Trivia nos auxilia relembrar e transmutar o passado, curar e fortalecer o presente, enxergar e realizar o futuro, sendo guia e protetora no limiar das transições. Se ela for devidamente honrada, nos concede os dons da visão, inspiração, criatividade e regeneração. Se for renegada ou reprimida, a sua sombra se manifesta como inércia, estagnação e desequilíbrio mental. Por ser a regente da morte, ela representa além do lado destrutivo da vida, as forças necessárias para tornar possível a cura e renovação. A sua função paradoxal é enxergar na escuridão e iluminar os caminhos, pois a sua chave abre o acesso para a riqueza do inconsciente e sua tocha ilumina as sombras e os medos. Hécate nos guia no mundo escuro onde podemos ter a revelação dos mistérios, receber uma visão ou mensagem. Mas o caminho para a sua sabedoria inclui a descida no submundo do nosso inconsciente. As imagens simbólicas que aparecem nos sonhos são mensagens de Hécate, que nos revelam os dramas e conflitos interiores, que podem se transformar em medos, fobias e pesadelos. Por isso Hécate era temida como a "Velha Bruxa", com olhos penetrantes, nariz adunco e corcunda, que enviava demônios para torturar as mentes dos homens, mãe dos vampiros que traziam o terror noturno e os fantasmas dos medos. Hécate tanto era personificada pela parteira que assistia aos nascimentos, como também pelas mulheres que ajudavam os moribundos, facilitando o desligamento do espírito e sua travessia entre os mundos. Portanto, ela pode ser a nossa parteira interior, que nos ajuda nos livrar do "peso morto": atitudes ultrapassadas, conceitos limitantes, lembranças dolorosas, atitudes compulsivas ou obsessivas. Ela é a testemunha silenciosa que observa, anota e registra os nossos processos interiores, sendo um precioso auxílio na exploração do inconsciente e nas terapias da psique. Assiste e auxilia em todos os processos de nascimento difícil: para escrever um livro, realizar uma obra de arte, compor uma música, dirigir uma peça de teatro ou filme, ensinar ciências ocultas, exercer atividades xamânicas ou cuidar de clientes atuando como psicoterapeuta.

Hécate Trivia é honrada na noite de 16 de novembro e no *Sabbat* celta *Samhain*, bem como é invocada nas comemorações dos ancestrais dos diversos cultos pagãos europeus, antigos ou atuais.

Podemos invocar Hécate como *Guardiã dos Mistérios* do nosso próprio inconsciente, para que abra os recantos sombrios com a sua chave mágica e ilumine o nosso caminho com a luz da Sua tocha sagrada, para transmutação e renovação. Ela nos protege nas encruzilhadas da vida, nos orienta nas escolhas e decisões, nos dando a certeza de que, ao ouvirmos a voz da nossa alma e do nosso coração, saberemos escolher o caminho certo, para a expressão e realização do sagrado poder que a Deusa nos concedeu. Hécate é a verdadeira *Guia* do mundo oculto da alma, caldeirão mágico e receptáculo alquímico que recebe e transmuta processos psíquicos e resíduos energéticos nocivos, gruta sagrada onde precisamos entrar, silenciar, pedir a cura e aguardar o nosso renascimento (físico, mental, emocional e espiritual).

Como *regente da lua escura* Hécate personifica tanto os ciclos de morte (nos obrigando a encarar os medos que surgem durante as crises existenciais), quanto os de renovação (que requerem mudanças e o desapego daquilo que já morreu ou passou). O patriarcado nos ensinou a temer Hécate como a bruxa má e hostil, que leva os vivos para o mundo dos mortos, na realidade isso descreve a sua missão como *psicopompo*. É importante lembrar e divulgar sempre, que estas imagens horrendas e chocantes são meras projeções do medo inconsciente do patriarcado perante os poderes femininos, que ficaram gravadas no inconsciente coletivo, reforçadas por séculos de repressão e interpretação errônea dos poderes da noite, da lua negra e de Hécate.

Hécate espalhava para todos os homens a sua benevolência, concedendo as graças para os que lhe pediam como: prosperidade material, o dom da eloquência na política, a vitória nas batalhas, na superação esportiva ou nos jogos. Os seus privilégios estendiam-se a todos os campos ao invés de se limitar a alguns como era, em geral, com as outras divindades. Hécate era invocada particularmente como a

Deusa que nutria a juventude, em pé de igualdade com os gêmeos Ártemis e Apolo e como a protetora das crianças, sendo também enfermeira, parteira, padroeira e curandeira de jovens e de mulheres.

Hécate como manifestação da Deusa Tríplice

Personificando a *Anciã*, Hécate reúne os poderes da Donzela e da Mãe, pois Ela tem a visão do passado e do presente e a sabedoria para prever o futuro. Ela é a Iniciadora, Protetora e Mestra que nos conduz no labirinto dos testes e aprendizados, é a eterna *Senhora da Luz Velada* que nos assiste no nascimento e nos recebe no final da vida, conduzindo-nos para o mundo espiritual e nos ensinando os mistérios da morte, transmutação e renascimento. Como Deusa Tríplice pode ser invocada na lua crescente (no seu aspecto de *Donzela*) para termos uma nova perspectiva em relação a um assunto ou situação, na lua cheia quando precisarmos de proteção, força e sustentação (como *Mãe*) ou buscando na lua negra sabedoria, poder mágico e oracular (como *Anciã*). Independentemente destas diferenças sutis dos seus atributos, Hécate pode ser invocada em qualquer fase lunar, sempre que a mulher precisar da proteção e ajuda Dela.

No tarô Hécate corresponde aos arcanos da Sacerdotisa, Eremita e Lua e seu simbolismo pode ser resumido no seu antigo nome *Aquela que sabe usar a vontade, A distante* e *A mais brilhante*. Nos momentos de crise, Hécate é a *Parteira* que nos ajuda a superar os medos do desconhecido, a *Mãe compassiva* que nos cuida e nutre para o nosso crescimento pessoal. Como "Ceifadora" ela nos ensina como cortar os véus das ilusões, despir as máscaras do falso eu, romper as amarras dos condicionamentos limitantes, vencer obstáculos e descobrir recursos ignorados ou reprimidos do nosso potencial inato. No aspecto de *Pritania, a Rainha Invisível,* ela ensina o poder do silêncio e da introspecção para nos conectar com *Kratais (A poderosa),* o seu aspecto de força, que sustenta e protege na luta contra os "monstros" do nosso interior, nos auxilia para encarar e integrar os nossos aspectos sombrios e evitar sua manifestação nociva (depressão, inércia, estagnação, medo, raiva, compulsões, dependências, pesadelos). E como *Soteira,* ela é a salvadora que nos conduz para nossa redenção e renovação.

Os nomes e títulos de Hécate

Os múltiplos e variados epítetos e títulos de Hécate incluem nomes e designações que diferem em função da fonte ou da época histórica que os cita. Para serem usados nas invocações, orações e rituais escolhi os mais significativos títulos e epítetos:

Adamantea *(A invencível)*, Alexeatis *(Aquela que afasta o mal)*, Aidonea *(A Senhora do mundo subterrâneo)*, Ameibousa *(Aquela que transforma)*, Arkui *(A tecelã das teias)*, Brimo *(A terrível)*, Dadophoros *(A que leva as tochas)*, Dea Triformis *(A Deusa Tríplice)*, Drakaina *(A Senhora dos dragões)*, Empylios *(Aquela que guarda o portal)*, Einalian *(A que anda pelo mar)*, Kalliste Anassa, *(A rainha das fadas)*, Krokopeplos *(A que veste o manto cor de açafrão)*, Nerteron Prytanin *(A Senhora dos mortos)*, Noctiluca *(A luz da noite)*, Nycteria *(A Senhora da Lua Escura)*, Nyktipotos *(Aquela que perambula de noite)*, Pantos Kosmou Kleidokhos *(A guardiã das chaves do cosmos)*, Pasikratea *(A Rainha universal)*, Pasimedousa *(A regente de tudo)*, Phileremos *(A solitária)*, Psychopompo *(A guia das almas)*, Skotia *(A que anda no escuro)*, Zootrophos *(Aquela que nutre a vida)*.

Hécate Adonea *(A Senhora do mundo subterrâneo)*, Hécate Agrotera *(A caçadora)*, Hécate Antaia *(Aquela que envia as visões noturnas)*, Hécate Despoína *(A Senhora)*, Hécate Enodia *(A que protege os caminhos)*, Hécate Kthonia *(Soberana do mundo subterrâneo)*, Hécate Kleidoukhos *(A guardiã das chaves)*, Hécate Kratais *(A poderosa)*, Hécate Kuorothophos *(Aquela que cuida das crianças e protege a maternidade)*, Hécate Perses *(A filha de Perses)*, Hécate Phosphoros *(A portadora da luz)*, Hécate Propolos *(A que guia e conduz)*, Hécate Propylaia *(A que protege os portais)*, Hécate Prytania *(A invencível Rainha dos mortos)*, Hécate Skylakagetis *(A condutora dos cães)*, Hécate Soteira *(A Salvadora)*, Hécate Trikephalos *(com três cabeças)*, Hécate Trimorphis *(com três formas)*, Hécate Trioditis *(A guardiã dos três caminhos)*, Hécate Trivia *(Senhora das encruzilhadas)*.

Bem como: *A distante, Condutora das almas, Deusa das encruzilhadas, Rainha da Noite, Padroeira das bruxas, Senhora da Magia, Soberana de muitos nomes.*

Devido à multiplicidade dos nomes, os atributos de Hécate podem ser resumidos em treze títulos que descrevem sua área de atuação: 1. *Chtonia*, a anciã senhora do mundo subterrâneo; 2. *Cratais*, a poderosa; 3. *Enodia*, a guardiã dos caminhos e viagens; 4. *Kleidouchos*, a guardiã das chaves; 5. *Kourotrophos*, a guardiã dos nascimentos e das crianças; 6. *Phosphoros*, a detentora da tocha que ilumina; 7. *Propolos*, a guia e companheira que conduz; 8. *Propylaia*, a protetora das portas e entradas; 9. *Prothiraia*, a parteira e protetora dos partos; 10. *Prytania*, a rainha dos mortos; 11. *Soteira*, a salvadora e redentora; 12. *Trivia* ou *Trioditis*, a senhora das encruzilhadas; 13. *Triformis* ou *Trimorphis*, a deusa tríplice, com três formas.

Como *Chtonia* (ou *Kthonia*) Hécate é a Anciã padroeira das profundezas da terra, regente da velhice e do inverno e detentora da sabedoria ancestral. Seus altares eram colocados diretamente no chão das florestas ou embaixo de árvores velhas, diferentes dos altares dos templos dos deuses olímpicos. Como *Cratais (ou Kratais)* Hécate era assemelhada com a deusa marinha Kratais, a mãe do monstro Scylla. A missão de Proteção de Hécate era dividida entre *Enodia*, *Trivia*, *Trimorphis* e *Trioditis* que zelavam pelos viajantes e as encruzilhadas de três caminhos onde eram deixadas as "ceias de Hécate" O ritual *Deipnon* – a purificação pessoal e da casa – acontecia na noite mais escura, honrando Hécate como "Portadora da Luz", com uma doação de comida nas encruzilhadas. As oferendas mais comuns neste dia eram de pão, queijo, figos, azeitonas, carne, ovos, alho, alho-poró, bolos de cereais com especiarias, vinho e mel, tudo cercado por velas.

A Guardiã das Chaves era *Hécate Kleidouchos;* das portas, limiares e transições *Hécate Propylaia;* enquanto *Propolos* era a Guia e Companheira das mulheres por elas invocada nos seus altares ao sair de casa ou nos momentos de aflição e medo. As Protetoras das Crianças, dos Partos e das Parturientes eram *Kourotrophos*, que cuidava dos fetos, das mães e dos nascimentos; *Protiraia*, a Parteira Divina (herdeira da deusa egípcia Hekit) e *Soteira*, a Salvadora e Redentora. *Hécate Fósforos (Phosphoros)*, a Portadora da Tocha auxiliava as almas na sua transição de um estado para outro (no nascimento e na morte) e orientava os adeptos nas iniciações e sob esta forma Perséfone foi guiada na sua volta do mundo subterrâneo. *Hécate Protiraia* auxiliava tanto nos Nascimentos, quanto na Condução das Almas e sua proteção, enquanto *Pritania* era a "Rainha do Mundo dos Mortos", que acolhia e ajudava na sua cura e preparação para o renascimento.

A simbologia de Hécate é complexa e pode ser resumida assim:

- Objetos mágicos: chave, punhal/foice, corda/chicote, tocha, caldeirão, espelho negro, bola de cristal, labirinto giratório serpentíneo (*Strophalos*);
- Animais: cão (seu acompanhante) e gato preto, cavalo, leão, urso, serpente, sapo, répteis, dragão (que puxa sua carruagem), corvo, coruja, morcego;
- Plantas: álamo preto, teixo, cipreste, romã, amendoeira, carvalho, alho, arruda, artemísia, aloe, louro, dente-de-leão, papoula, lavanda, verbena, mandrágora e beladona (atenção, as últimas duas plantas são tóxicas, jamais podem ser inaladas ou ingeridas);
- Aromas: incenso e essências de sândalo, mirra, cardamomo, açafrão, benjoim, olíbano, cânfora, cipreste, aloe;
- Velas nas suas três cores (branco, vermelho, preto);
- Pedras: da Lua, ágata, opala e pérolas negras, ônix, obsidiana, hematita, magnetita, quartzo esfumaçado;
- Oferendas: ovos galados crus, cabeças de alho, azeitonas, queijo, mel, azeite, vinho tinto, cevadinha, sementes de papoula, pão de grãos, biscoitos de aveia em forma de semiluas, salpicados com gergelim preto e sementes de papoula, vela preta. Números: 3, 9, 13;
- Amuletos: chave, pentagrama, olho grego, *estrophalos* ou "Roda de Hécate" (um emblema da reencarnação de uma espiral formada por uma serpente), objetos de bronze, o "círculo de Hécate" (uma esfera dourada com uma safira no centro para ser usada girando durante a meditação ou uma mandala giratória sobre fundo preto), uma magnetita ou hematita em forma de coração;
- Datas tradicionais para a sua celebração: 13 de agosto (para pedir a proteção das casas e lavouras); 16 de novembro (reverência e gratidão), a lua negra, o *Sabbat Samhain*, o último dia de cada mês ou do ano.

Antigamente, as mulheres que a cultuavam, pintavam suas mãos e pés com hena e colocavam o símbolo da lua tríplice (*triluna*) nas suas testas; para reverenciá-la se ajoelhavam, abrindo os braços e elevando a cabeça para o céu, colocando em seguida as mãos no chão, abaixando a cabeça e tocando a terra com a testa. Hécate era invocada antes das mulheres saírem das suas casas e, para afastar as energias negativas, a soleira da casa era varrida da esquerda para a direita, de dentro para fora, a vassoura sendo um antigo e poderoso objeto mágico. Todos os animais selvagens e as aves noturnas eram consagrados a Hécate, o que aponta para a sua descendência do arquétipo neolítico da "Senhora dos Animais" e a sua manifestação arcaica como o "cão da Lua". A sua aparição era assinalada pelo latido dos cachorros, o uivo dos lobos e o farfalhar das corujas e morcegos.

As oferendas feitas pelas mulheres gregas incluíam maçãs e romãs (representando a morte e o renascimento), alho (proteção contra as energias negativas), mel (para atrair doçura), azeite (para fluir melhor com a vida), vinho tinto (como gratidão) e bolos de centeio com sementes de papoulas (para propiciar prosperidade). O espelho negro, uma espiral diferente chamada de *Strophalos,* o eixo de *Helike,* uma esfera dourada com uma safira no meio, eram seus objetos mágicos menos conhecidos, mas muito significativos, por representar a visão sutil e a proteção nos labirintos da vida.

O arquétipo de Hécate conquistou lugar nas mentes e corações de várias gerações; inúmeros artistas, escritores, poetas e dramaturgos foram inspirados por ela, filósofos tentaram decifrar seus mistérios, padres e pastores a denegriram, mas milhares de mulheres a procuram cada vez mais, reverenciando seus poderes e cultuando suas Faces com fé, devoção e profundo respeito. Atualmente várias escritoras, pesquisadoras e místicas estão procurando suprir as lacunas das origens e atributos de Hécate, estudando textos antigos, revelando os significados ocultos dos antigos mitos, unindo em um todo harmonioso verdades históricas e míticas, porém permeadas com a sua conexão espiritual e intuição pessoal. Desta forma foram "devolvidos" a Hécate os seus complexos e amplos poderes ancestrais, resumidos desta forma:

- SENHORA DOS MISTÉRIOS (Lua, noite, mundo subterrâneo, inconsciente, sonhos, experiências psíquicas, visões) e detentora da sabedoria (intuitiva, psíquica e ancestral);
- GUARDIÃ DOS PORTAIS E PORTADORA DAS CHAVES (entre luz e sombra, consciente e inconsciente, razão e intuição) e condutora das almas, parteira e curadora;
- Senhora dos Caminhos, das Encruzilhadas e das Transições: entre passado, presente e futuro, o mundo material e espiritual, a luz e a escuridão, a vida e a morte, a realidade telúrica e a do mundo subterrâneo, o carma e o darma.

Rituais para Hécate

Na antiguidade Hécate era honrada por todas as pessoas – como comprovam seus altares encontrados nas entradas das casas –, que buscavam sua proteção contra as más influências do mundo exterior e a atuação dos espíritos maléficos. Ela era invocada também nos ritos de fertilidade, nos nascimentos e nas transições, incluindo a morte, além das práticas mágicas para atrair amor, prosperidade e sucesso. Por ser uma deusa regente do céu, mar, terra, mundo subterrâneo, grutas e encruzilhadas, Hécate pode ser honrada e invocada para vários objetivos e rituais e em diversos lugares (perto do mar, grutas, rochedos, florestas, encruzilhadas ou nos altares pessoais).

A conexão com Hécate representa para nós um valioso e poderoso meio para acessar a intuição e o conhecimento inato, desvendar e curar nossos processos psíquicos, aceitar a passagem inexorável do tempo e transmutar nossos medos perante o envelhecimento e a morte. Hécate nos ensina que o caminho que leva à visão sagrada e que inspira a renovação, passa pela escuridão, desapego e transmutação. Ela detém a chave que abre a porta dos mistérios e do lado oculto da psique; sua tocha ilumina tanto as riquezas, quanto os terrores do inconsciente, que precisam ser reconhecidos e transmutados. Ela nos conduz pelas armadilhas da escuridão e nos revela o caminho da renovação e salvação. Porém, para receber Seus dons visionários, criativos ou proféticos, precisamos mergulhar nas profundezas do nosso mundo interior, encarar o reflexo da Deusa Escura dentro de nós, honrando Seu poder e Lhe entregando a guarda do nosso inconsciente.

Ao buscarmos e integrarmos a Sua presença em nós, Ela irá nos guiar nos processos psicológicos e espirituais e no eterno ciclo de morte e renovação. Porém, devemos sacrificar ou deixar morrer o velho, encarar e superar medos e limitações; somente assim poderemos flutuar sobre as escuras e revoltas águas dos nossos conflitos e lembranças dolorosas, cortar as amarras e os medos com seu punhal sagrado e emergir livres e leves para um novo ciclo.

No atual renascimento das antigas tradições da Deusa, compete aos círculos sagrados femininos, resgatar as verdades milenares, descartando e desmascarando imagens e falsas lendas, que apenas encobrem o arcaico medo patriarcal perante a força mágica e o poder ancestral feminino. A civilização patriarcal incutiu um medo secular nas mulheres perante a figura distorcida de Hécate, vista como uma bruxa terrível, malévola e perigosa que podia levar as mulheres a desenvolver um sentido de independência perante o masculino. Mas, se resgatarmos as suas qualidades e atributos antigos, encontraremos nela uma gentil guardiã e compassiva mestra. Ela está presente nas encruzilhadas tríplices que existem em todos os níveis do nosso ser representados como espírito, mente e corpo. Devemos reconhecer que a imagem tenebrosa e ameaçadora de Hécate é um mero registro do medo inconsciente do feminino que os homens condicionados e programados por conceitos e valores patriarcais unilaterais, projetaram ao longo de milênios neste arquétipo.

Temos que mergulhar no lado sombrio do nosso inconsciente, compreendê-lo e aceitá-lo, integrando-o na nossa psique. Pois, se o evitarmos, criaremos ou reforçaremos a dualidade polarizada em opostos e energias antagônicas e continuaremos perpetuando a visão dualista do mundo. Devemos descobrir e nos relacionar com a nossa Hécate interior, como a Guardiã da própria consciência, do nosso lado sombrio e, ao estabelecer uma relação com ela, confiar na sua proteção, ajuda e orientação. Somente assim permitiremos uma melhor percepção das riquezas e possibilidades do mundo inferior pessoal, nos tornando seres completos e integrados, capazes de lidar com as nossas polaridades, sem projetar de imediato, conceitos dualistas do "bem" e "mal" nos eventos, situações e pessoas.

Atualmente podemos nos relacionar com Hécate sem preconceito ou medo, honrando-a como *Guardiã do nosso inconsciente*, que tem nas mãos a chave dos reinos sombrios existentes em nós e que traz a tocha para iluminar as profundezas do nosso ser interior. Para resgatar as qualidades regeneradoras, fortalecedoras e curadoras de Hécate dentro de nós, precisamos descartar as crenças falsas, os conceitos errados, redimir e descobrir a verdadeira face de Hécate, entrando na sua luz velada, que ilumina os arquétipos pessoais e transpessoais. As imagens reprimidas no inconsciente tornam-se – após sua liberação – em energias criativas, que removem a energia bloqueada e a imobilização, nos levando para um novo ciclo de renascimento e renovação.

Hécate nos ensina que o caminho para a visão, que permite a renovação, encontra-se no movimento espiralado pela escuridão, quando a sabedoria é adquirida através das experiências e desafios da vida. Para receber os dons de Hécate precisamos buscar, encontrar, nos conciliar e honrar Seus aspectos existentes dentro de nós mesmas, sejam eles claros ou escuros. Entregando-lhe a guarda do nosso inconsciente, sem resistir aos processos de mudança, poderemos ampliar e perceber melhor a riqueza oculta do nosso próprio mundo subterrâneo. Ao reverenciar Hécate precisamos louvar e honrar a sua presença, ofertando-lhe uma vela na lua negra e nas encruzilhadas dos nossos caminhos, dar-lhe algo que nos pertenceu, mas que já cumpriu seu ciclo e objetivo. Assim poderemos atravessar o limiar entre a escuridão e a luz, entre passado e presente e resgatar o nosso próprio poder: lunar, telúrico e ctônico.

Para encontrar Hécate, é preciso aquietar, silenciar e escutar. Ela mora nas profundezas da alma, no silêncio da mente, no espaço liminar entre luz e escuridão. Sua voz ecoa nas reverberações dos sonhos, no relampejar das intuições. Se quiser que Ela venha e fale com você, afaste-se do mundo exterior e abra sua percepção interior.

Preparação

No famoso livro *Chaldean Oracles* – usado e citado pelos magos medievais e modernos – é descrita uma prática chamada a *armadura de Hécate*, adotada também no cristianismo para a defesa contra as forças da escuridão. Mesmo sendo Hécate uma deusa escura, esta prática simples pode ser usada em qualquer outro tipo de ritual e mesmo na vida cotidiana para proteção ao sair de casa. Ela consta na visualização de um invólucro luminoso ao redor do corpo, intensificando a luz até perceber a sua materialização em uma armadura ou manto protetor, que será desfeito mentalmente no final do ritual.

Como em todos os rituais para a Deusa, convém evitar alimentação pesada antes de sua prática, bem como álcool, estimulante e substâncias modificadoras da consciência. É recomendável tomar um banho de desimpregnação fluídica com uma infusão de folhas de arruda, cipreste e artemísia, acrescida de uma colher de sopa de sal marinho e outra de vinagre de maçã. No meu livro anterior *Círculos Sagrados para mulheres contemporâneas,* é descrito um ritual mais abrangente para ser feito por um círculo de mulheres, incluindo INVOCAÇÕES específicas para seus aspectos e EVOCAÇÕES das direções, elementos e animais sagrados.

No presente trabalho vou apresentar uma sugestão mais simples para ser realizada individualmente, desde que sejam criados um ambiente sagrado e um círculo de proteção. Por menor que seja o espaço, ele deve ser purificado varrendo ao seu redor com uma vassoura de galhos verdes (eucalipto, cipreste ou guiné) e defumado com incenso de mirra. Se for possível, uma defumação mais completa é feita queimando cascas de alho e folhas secas de arruda e cipreste sobre brasas, em um recipiente de barro, iniciando o fogo com uma pastilha de cânfora. Uma vez purificado o espaço, prepara-se o altar colocando sobre uma toalha preta, no seu centro, uma imagem de Hécate, cercada por objetos mágicos nas direções: vela branca (na direção Sul), um cálice com água (Oeste), uma vasilha de barro com terra preta (Norte) e um incenso de mirra (Leste). Outros objetos podem ser as insígnias de Hécate (punhal, corda, chave), pedras pretas, penas de coruja, cristais e uma cesta de oferendas – alho, romã ou maçã, ovo caipira cru, cevadinha em grãos, mel, azeite, vinho tinto, ervas secas. Em função do objetivo do ritual acrescentam-se: papel, caneta e lã preta (para banimento), chave ou pentagrama (para proteção), punhal (para fortalecimento do poder pessoal), um pedaço de corda (para amarrar e retirar energias negativas).

Cria-se o círculo de proteção: fisicamente no chão (com uma corda, riscado com giz), no ar circulando com a vela e o incenso ao redor no sentido horário; mentalmente visualizando uma luz prateada formando uma esfera acima e abaixo do espaço: e magicamente riscando pentagramas com o punhal, o bastão ou o dedo indicador nas sete direções (as quatro direções cardeais, acima, abaixo e no centro). Entoa-se o mantra *Hek, Hekas, Hécate* por sete vezes e invoca-se a presença de Hécate acompanhada pelos seus animais sagrados (no Norte o cão negro, no Leste a coruja, no Sul o leão, no Oeste a serpente).

Acende-se a vela e medita-se olhando para a chama para firmar o propósito ou perceber intuitivamente uma mensagem de Hécate. Existem inúmeras possibilidades ritualísticas, porém as mais simples e adequadas para o mundo moderno são os objetivos de proteção, desligamento e banimento de resíduos energéticos negativos (provenientes de relacionamentos desfeitos, situações traumáticas, percepção de invasão e vampirização energética vindo de pessoas conhecidas ou desconhecidas, lembranças dolorosas, amarras fluídicas ou vibrações maléficas), de entraves na realização pessoal (afetiva, profissional, material, intelectual, espiritual), medos e bloqueios energéticos (definidos ou não).

Atualmente existe uma profusão de "receitas mágicas" para realizar um ritual para Hécate. Para incentivar mais a conexão pessoal, evitar ler anotações durante o ritual ou repetir de forma automática frases e gestos, aconselho ler sobre o mito e os seus atributos antes do ritual, depois aquietar a mente e buscar ouvir a voz de Hécate como uma sutil mensagem interior. O conhecimento e o centramento são preparos indispensáveis para evitar "deslizar" na imaginação e saber separar a verdadeira intuição das elucubrações mentais. Para isso aconselho ler com atenção todas as informações sobre Hécate e intuir quais dos seus títulos e atributos são adequados ao seu objetivo. Em seguida escolha o *objeto mágico* em função do seu propósito:

- CHAVE: pode ser usada tanto para abrir (novas possibilidades na expressão pessoal e profissional ou encontrar soluções para relacionamentos e questões de saúde), quanto para fechar (brechas da vulnerabilidade emocional ou psíquica, fragilidades, credulidade, medos, insegurança). A chave pode ser material e usada como amuleto de proteção ou "criada" mentalmente no plano astral para servir nas meditações.
- CORDA: pode ser substituída por lã preta e usada para nela imantar energias negativas que serão desintegradas pela queima. Após refletir e identificar os obstáculos, entraves, bloqueios, atuação de energias dissonantes ou resíduos maléficos na sua vida, anote-os em tiras de papel que serão amarradas com a lã e queimadas em um caldeirão de ferro ou recipiente de cerâmica. Use uma pastilha de cânfora para iniciar a queima e ervas secas apropriadas ou resinas (olíbano, mirra, breu) no final, para neutralizar os miasmas.
É importante que não torne a falar, nem pensar nos assuntos que foram entregues ao processo de desintegração. Com a finalidade de proteção, pode ser imantada e abençoada uma trança de fios de seda (branca, vermelha e preta) que será usada presa no corpo ou na bolsa. Este recurso é muito útil no período menstrual, na gravidez ou em caso de doenças quando a aura é mais tênue e a vulnerabilidade maior. Jamais usar corda ou fios para "amarrar" pessoas ou situações, nem enviar energias de vingança ou retribuição caso tenha sido prejudicada por alguém. Lembrar para pedir sempre a proteção de Hécate e antes de iniciar o ritual, visualizá-la abençoando seu pedido.
- Punhal, foice ou *athame*: é usado para atrair e direcionar energias positivas ao criar o círculo mágico, riscar pentagramas ou runas em cima de projetos descritos no papel ou sobre si mesma. Pode ser substituído por um bastão, galho de árvore ou o dedo indicador. Jamais usá-lo para fins de vingança, tentar impor sua vontade sobre outra pessoa ou revidar em caso de suspeita de ataques psíquicos; se estes forem reais, procure a ajuda de pessoas idôneas e habilitadas no nível mágico e espiritual para sua retirada e transmutação.

Independentemente do objetivo e do objeto mágico escolhido, deve-se pedir sempre a permissão e a ajuda da deusa Hécate. Respeitar a ética mágica e lembrar-se da lei de ação e reação e do princípio do trabalho mágico *faça o que quiseres desde que não prejudiques a ninguém e nem a ti mesma*, bem como a recomendação: *tudo o que fizeres voltará a ti triplicado.*

Para reforçar um pedido visando à obtenção de um emprego, melhora financeira, cura, fortalecimento pessoal ou harmonização do relacionamento, depois de escrever com tinta vermelha sobre um papel ou pergaminho o que deseja, quer ou precisa, ele será passado sobre a chama da vela e a fumaça de incenso. Risque sobre ele o pentagrama entoando o mantra *Hek, Hekas, Hekate* e as palavras mágicas mencionadas nos antigos papiros gregos: *Askion* (escuridão), *Kataskion* (luz), *Lix* (terra), *Tetrax* (roda do ano), *Damnameneus* (Sol), *Aision* (verdade). Guarde o papel no altar pessoal sob a imagem de Hécate e peça sua intervenção e ajuda. Ao conseguir a realização do pedido, agradeça a Hécate e queime o papel, espalhando as cinzas, seja soprando-as no ar ou salpicando sobre a terra.

Sempre que for criado um círculo mágico, no final do trabalho e após os agradecimentos para Hécate e os auxiliares espirituais, ele deverá ser "desfeito", retirando a corda, caminhando com a vela e o incenso ou riscando pentagramas no ar no sentido inverso (anti-horário) em que ele foi criado. Visualiza-se a energia usada para a formação do círculo sendo atraída para o punhal, dedo indicador ou bastão e depois direcionada para a terra *para o bem do Todo e de todos*. A oferenda será levada para um lugar seguro na natureza (de preferência no cruzamento de caminhos) e deixada perto de uma árvore antiga, rio ou mar.

Asteroide Hécate

Descoberto oficialmente por J.C.Watson em 1868, o asteroide número 100 foi nomeado Hécate por ser *Hecaton* o nome grego para 100. A sua orbita – no cinturão externo de asteroides entre Marte e Júpiter – é de 5,43 anos e ele faz parte da família de Higeia, um grupo de asteroides escuros. Na astrologia Hécate representa os limites entre o conhecido e o desconhecido, os períodos de transição e é ligada à lua negra. Ela ilumina as nossas sombras com as suas tochas e acorda os nossos "demônios" internos para que possamos reconhecê-los. Os seus cães pretos "farejam" e alertam sobre a ameaça da depressão, para cuja cura Hécate detém a chave. Com a sua ajuda podemos ativar o nosso potencial mágico, enxergar no escuro, assumir a responsabilidade para a causa das nossas feridas e receber o conhecimento para a cura. Hécate pode nos ajudar a reconhecer quais são as melhores decisões a fazer, revelando o que é oculto ou o que não tivemos coragem para enxergar. Ela abre as portas fechadas e auxilia a passagem entre aquilo que foi, está sendo ou virá a ser. Senhora da morte e renascimento, ela nos sussurra a verdade que temos medo de enxergar. Através do autoconhecimento e do despertar da sabedoria interior, ela nos conduz de volta da escuridão para a nossa luz, superando medos e nos libertando das amarras.

No mapa astrológico, Hécate indica o fim de algo antes de um novo começo, apontando a direção que precisamos discernir e seguir e a maneira em que podemos resgatar as partes perdidas de nós mesmas. Hécate é a Guardiã do nosso inconsciente e nos possibilita entrar em contato com as partes perdidas da nossa psique, como a xamã arquetípica que se movimenta entre o mundo visível e o invisível de forma fluída e fácil, nos entregando a visão mágica para a nossa cura e regeneração. Quando pedimos a sua ajuda podemos perceber a sua inspiração ou suas mensagens nos sonhos e visões. Quando a negamos e rejeitamos, a sua sombra se manifesta nos pesadelos, depressão, estagnação, bloqueios da energia criativa, mania de perseguição ou fobias. No seu antigo atributo de "Parteira e Condutora da alma", ela rege a transição entre o fim e o início de algo e indica – pela posição no signo e na casa do mapa natal – como nos movimentar entre passado e futuro e atravessar limiares.

Como "Senhora dos caminhos", ela nos auxilia nos períodos de indecisão, alinhando a nossa mente inconsciente com a consciente e revelando qual é a melhor opção ou direção a seguir.

Devemos levar em conta a colocação do asteroide no signo e na casa astrológica, seus aspectos com Sol, Lua e as cúspides da casa 1, 4, 7 ou 10, para depois analisar os aspectos de Hécate com os planetas pessoais, Quíron, os quatro maiores asteroides e os trânsitos dos planetas exteriores. Medite sobre os temas mitológicos dos aspectos mais relevantes que se manifestam pra você, quais áreas da sua vida o asteroide influencia e use as palavras chave dos signos e casas. O asteroide Hécate detém um lugar importante nos mapas de curadores, xamãs, magos, médiuns, videntes e conselheiros psíquicos que, fortalecidos e amparados pela luz de Hécate, podem assistir e orientar seus clientes da melhor forma possível.

Hel, a Soberana Nórdica do Mundo dos Mortos

> *"Rainha da escuridão, filha de Loki,*
> *Poderosa Hel, quando procurarmos Teus vales,*
> *Abençoe-nos Senhora, com Tua face brilhante,*
> *Mostre-nos um caminho através das sombras,*
> *Onde os ancestrais estejam nos aguardando,*
> *E as memórias todas se escondendo,*
> *Na Tua clemência agora confiando,*
> *Hel, nós estamos Te saudando."*
>
> *Asatrú. Diana Paxson*

Na tradição nórdica, o mundo dos mortos era associado com seres sobrenaturais femininos que apareciam com aspectos diferentes como emissárias, condutoras dos espíritos ou regentes do além. Esta associação decorre do culto arcaico da Deusa Mãe, com suas faces de *Criadora* e *Nutridora, Protetora* e *Ceifadora*. A Deusa nórdica é multifacetada, guardiã dos pontos de transição e passagens, presente nos vários momentos da vida que necessitam uma mudança e que são celebrados pelos ritos de passagem, o nascimento sendo o primeiro rito, e a morte, o último. A Deusa da Morte não está confinada apenas ao mundo subterrâneo, nem é separada da Deusa Doadora e Mantenedora da Vida, ambas sendo representações dos ciclos biológicos e sazonais, responsáveis pela complexa e misteriosa teia do nascimento, crescimento, vida, decadência, morte, renovação e renascimento.

O arquétipo da deusa Hel favorece o culto dos ancestrais e a reverência aos mortos, sua proteção e ajuda podendo ser invocadas para o desligamento do espírito, auxiliando-o logo após a morte e durante a vigília, no enterro, na cremação ou nos ritos "in memoriam". Hel é uma das mais incompreendidas e mal interpretadas deusas das antigas culturas. A sua imagem e atuação foram distorcidas e difamadas pela dominação patriarcal e usadas pelo cristianismo como uma tática apavorante para conduzir os povos para o "caminho correto" e como um espectro macabro para a punição dos pecados. Para compreender a sua real importância, tão válida hoje quanto antigamente, devemos conhecer sua origem e os mitos a ela associados na cultura escandinava.

Hel, Helle, Hela ou Heljar era uma deusa arcaica da Idade da Pedra, a regente nórdica do reino subterrâneo, Senhora do mundo dos mortos e do Além, Rainha das Sombras. Seu nome foi usado pelos missionários cristãos como sinônimo do inferno (*hell* em inglês, hölle em alemão, hellir em norueguês arcaico, equivalentes à caverna). Mas o real significado do seu nome é "Aquela que esconde ou cobre", pois em seu reino – na direção Norte – ficam as almas daqueles que não morreram nos campos de batalha ou por violência (humana ou da natureza), mas pela velhice e doenças, bem como as mulheres e crianças mortas durante o parto. O "reino de Hel" é ao mesmo tempo túmulo e ventre gerador, a morte sendo uma etapa do processo contínuo de mudanças. Os que morriam de maneira heroica ou por atos nobres eram levados pelas Valquírias para os salões de Odin e Freyja, as moças solteiras iam para o palácio de Gefjon, os afogados para os reinos subaquáticos de Aegir e Ran. Existia também a possibilidade dos devotos irem para o mundo daquela divindade que tinham reverenciado e cultuado durante a sua vida.

Hel era a filha da giganta Angrboda e do deus Loki, irmã dos monstros Jörmungand (a "serpente do mundo", cujos anéis rodeiam Midgard, o mundo dos homens) e de Fenrir (um lobo imenso que, ao abrir a boca, seu maxilar inferior tocava a terra e o superior alcançava as estrelas). Era descrita como uma mulher dividida em metades, com atributos alegóricos opostos: metade preta e sombria, metade branca e luminosa, semiviva e semimorta, meio decrépita e meio jovem. Tendo nascido em uma gruta escura, ela visitava o mundo dos homens cavalgando uma égua preta de três patas e espalhava fome, guerras e epidemias, os temidos infortúnios que assolavam o mundo antigo, considerados pela igreja cristã como sendo suas pragas, vinganças e maldições.

Nas lendas, Hel aparece nas cidades assoladas por epidemias, conduzindo uma charrete puxada por um cavalo de três patas, carregando um ancinho e uma vassoura para juntar os mortos e levá-los consigo. O pássaro vermelho de Hel irá anunciar com seu canto o início de Ragnarök, o fim do mundo dos deuses, quando ela ajudará seu pai Loki na guerra contra os deuses Aesir. Alguns escritos relatam que Hel também morrerá depois que o gigante Surt atear fogo aos mundos e a Terra sucumbir mergulhada no mar. Ela seria a terceira deusa a morrer, assim como Sunna e Bil, as regentes do Sol e da Lua. Porém, é difícil aceitar a suposição da destruição de Hel por ser ela a representação da morte, que é uma constante permanente em todos os ciclos naturais e em todas as fases cósmicas e telúricas.

O nome da deusa Hel passou por uma "contaminação" semântica entre os povos cristianizados da Alemanha, Escandinávia e anglo-saxões, sendo sobreposto à descrição terrível do mundo subterrâneo da tradição indo-iraniana. Após a identificação do reino de Hel com o conceito mediterrâneo de um mundo de tormentas e sofrimentos, o Norte europeu assimilou a visão cristã de um mundo subterrâneo caracterizado pela punição e expiação dos pecados. Portanto, a visão inicial dos poemas islandeses e do historiador Snorri foi distorcida pela influência cristã, deturpação favorecida pelas metáforas que descreviam a deusa Hel de uma forma apavorante para os leigos. O nome da deusa foi usado para designar o mundo infernal, a morada das almas penadas aguardando sua expiação e punição. Na realidade, os detalhes "lúgubres" da figura de Hel, representam de forma metafórica os poderes das antigas divindades telúricas Vanir e a relação entre a morte e a fertilidade da terra. Por um lado, Hel é a terra representada pelo túmulo apavorante, mas por outro, ela é a Mãe Terra que acolhe, protege e nutre no seu escuro ventre as sementes para que elas possam nascer. Nos eventos cósmicos de Ragnarök, Hel exerce seu aspecto protetor, resguarda as almas dos deuses Baldur e Hödur e permite sua volta no final dos combates, para a reconstrução do Novo Mundo.

Os povos nórdicos acreditavam em várias formas de reencarnação, não necessariamente nos moldes dos conceitos modernos. Em vários poemas existem referências sobre renascimento de certos heróis ou reis, com a continuidade dos nomes, mas sem elos genéticos entre si, escolhidos deliberadamente para conferir às crianças no rito da "nomeação" as qualidades da pessoa falecida. Ao receber o nome e a proteção espiritual do clã (*kin fylgja*), a criança adquiria também um *orlög* (destino) semelhante ao morto, como provam os vários personagens históricos chamados *Helgi*, que tiveram carreiras, vidas e mortes parecidas.

Esta crença impedia que os nórdicos nomeassem seus filhos com os nomes de parentes que tiveram mortes prematuras, acidentes ou vidas desafortunadas. Vários aspectos da estrutura psicoespiritual humana podiam ser separados pós-morte e transmitidos pela linhagem familiar. Os elementos mais importantes neste processo eram: *hamingja* (sorte, poder espiritual), *hamr* ou *hide* (apresentação física) e *fylgja* (espírito guardião individual, que assumia uma forma compatível com a natureza anterior). A transmissão destes componentes é atestada por vários relatos nas sagas, confirmando que eles dependiam da linhagem familiar e do nome. Estas características assemelham-se mais com conceitos da metagenética do que com a reencarnação propriamente dita. As imagens descritivas de Ragnarök representam a transição da alma individual que, após a desintegração da forma física, desloca-se para o Além.

Pesquisadores e escritores consideram Hel como uma deusa arcaica do Neolítico, período em que o culto dos mortos prevalecia nos rituais por serem os falecidos considerados forças ancestrais telúricas, benéficas para a fertilização do solo e o aumento da produção agrícola. Na decomposição dos cadáveres cria-se húmus, o substrato com potencial regenerador do solo e da flora. O ciclo evolutivo da semente a partir do seu plantio no ventre escuro da terra ilustra a metamorfose humana como a evolução da planta nas suas fases de nascimento, florescimento, frutificação, decadência e morte, voltando para a terra como substrato fertilizador para um novo ciclo. Os nórdicos – assim como outros povos antigos – não viam a morte como o fim, mas uma etapa necessária de um processo contínuo de mudanças, *o reino de Hel* (ou Helheim) sendo simultaneamente túmulo e ventre gerador.

O culto de Hel iniciado na Idade da Pedra estendeu-se até a Idade do Bronze como comprovam monumentos megalíticos e ritos funerários que honravam os poderes imemoriais dos mortos. As câmaras subterrâneas (*burial mounds*) e os *cairns* (amontoados de pedras com objetivos ritualísticos) representavam as residências dos ancestrais, reverenciados no fim das colheitas e nas comemorações especiais. Nos mitos agrícolas, as sementes depositadas na terra e aguardando sua germinação, crescimento e colheita, eram vistas como a descrição do perpétuo ciclo de vida, morte e ressurreição da natureza, que se renovava e transformava sem cessar. Da morte geravam-se novos processos vitais e garantia-se a sucessão das gerações, os ancestrais reencarnando no meio dos seus descendentes. Mesmo durante a Idade Média, Hel continuava sendo a guardiã das almas pagãs (não cristãs) e das crianças mortas sem serem batizadas. Porém, ela era principalmente a guardiã das pessoas mortas por doenças, acidentes e velhice.

Hel representa a Lua Negra, a face escura da Deusa como "Ceifadora" ou Mãe Devoradora, o aspecto sombrio e transformador de Frigga. O seu reino *Niflheim* ou *Helheim* simboliza a parte profunda do inconsciente, a "sombra", a sede dos conflitos, bloqueios, medos, traumas, fobias, compulsões e manias. Halja era o termo nórdico para "limbo", o plano sutil onde as almas esperavam a vez de encarnar, transformado posteriormente pela igreja cristã em um lugar de danação e expiação. Segundo o historiador e escritor Snorri Sturluson, Helheim (o reino de Hel), Niflheim (o mundo da névoa) ou Nifelhel (o mundo da escuridão), eram termos equivalentes do Mundo Subterrâneo, a "morada dos mortos", encontrado embaixo de uma das três raízes de Yggdrasil, a "Árvore do mundo". Snorri cita várias vezes o termo Niflheim (não encontrado nos poemas) como um mundo anterior à criação da Terra, um reino escuro, nebuloso e frio situado na extremidade Norte do Eixo Cósmico, oposto a Muspelheim, o reino regido pelo fogo cósmico, ambos participando ativamente no processo primevo da criação. Hel domina e rege as forças do Mundo Subterrâneo, da morte e da escuridão, ela simboliza a linhagem milenar dos antepassados que habitam o submundo, no extremo norte do eixo cósmico.

Segundo Snorri, Niflheim tem uma função cosmogônica e cosmológica, mas também participa no presente mítico, como morada dos mortos, que teria sido entregue por Odin a Hel, filha de Loki. O domínio que Odin deu a Hel era um reino formado por nove círculos ou planos concêntricos, que iriam abrigar todos os que morressem de causas naturais (como doenças ou velhice), as mulheres que morriam nos partos, as crianças abortadas, os natimortos e aqueles seres humanos enviados a ela como punição, devido aos crimes cometidos. Como agradecimento, Hel presenteou Odin com dois corvos – *Huginn* e *Muninn* (Pensamento e Memória) – que são os mensageiros entre os mundos e levam para Odin notícias de tudo o que se passa nos mundos dos deuses, dos homens e dos mortos.

Odin e Hel espelham temperamentos e personalidades opostas que criam um equilíbrio de poder no mundo. Ambos recebem mortos nos seus reinos, porém Odin escolhe apenas os melhores guerreiros para viverem com ele em Valhalla e prepará-los para a batalha final de Ragnarök, enquanto Hel recebe todos aqueles que precisam de repouso e renovação. Odin é o Pai Supremo associado com o Céu, Hel é a Rainha do Mundo Subterrâneo, ligada à Terra. Odin é conhecido pela sua eloquência e sabedoria, Hel fala pouco e reina em silêncio. Ambos são avisados sobre a iminência de Ragnarök por pássaros (dourado para Odin, vermelho para Hel), as imagens de ambos apresentam defeitos físicos. Odin tem apenas um olho (o outro ele cedeu para obter conhecimento) e Hel é formada por metades: preta e branca, morta e viva. A cidade de Hel, *Valgrind*, era povoada por *Trolls*, os seres encarregados de levar os inimigos das divindades para serem "cozidos" no borbulhante caldeirão *Hvergelmir*. Perto deste caldeirão e da fonte que o alimentava, encontrava-se a terceira raiz – "infernal" – de Yggdrasil, roída incessantemente pelo dragão Nidddhog. As outras duas raízes se estendiam para Asgard, o mundo das divindades Aesir e para Jötunheim, o reino dos gigantes de gelo.

A escuridão e o silêncio de Niflhel não eram situações negativas ou punitivas, mas condições típicas dos túmulos como as portas de entrada para o Além. Os mortos eram os "Filhos de Hel", recebidos e cuidados por ela, com paciência, compaixão e carinho, à espera da sua regeneração e renascimento. Hel era a receptora e guardiã dos segredos, que destruía os medos e as dores das doenças incuráveis, que lembrava a todos a impermanência da vida, pois até mesmo os deuses não eram imunes à morte. Os animais associados com a morte – águia, corvo, lobo, serpente – são fatores relevantes no Ragnarök. A serpente como símbolo da morte é um motivo comum na arte e na literatura nórdica, que repete o mito indo-europeu da "caça ao dragão e às serpentes venenosas". O lobo representa a morte no combate, enquanto a águia e o corvo são aves de rapina, que se alimentam de cadáveres e aparecem como presságios nefastos. No Ragnarök, quando Odin é engolido pelo lobo Fenrir, este fato simboliza a "passagem" das faculdades mentais e espirituais. Porém, as mandíbulas do lobo são rasgadas pelo Vali, filho de Odin, representando a sobrevivência da consciência em uma forma diferente. O combate de Thor com a "Serpente do Mundo" é a luta vital contra a criatura que representa a dissolução. Finalmente Frey, o regente da vida física e da terra, sucumbe perante Surt, cujas chamas consomem o cosmos, descrevendo o fogo das cremações usadas pelos povos nórdicos. Apesar da derrota dos deuses, eles são vitoriosos no final, pois uma Nova Terra é criada e o poder dos antigos deuses é herdado pelos filhos, revelando a esperança da renovação e do renascimento. No entanto, a nova vida não é estática ou estável, pois o dragão Nidhogg permanece como um aviso, lembrando que a ameaça da morte continuará existindo, até que os indivíduos e o mundo irão progredir para um novo estágio de transformação, com a inerente ampliação e mudança das suas consciências.

Além das opções citadas (*Valhalla, Niflhel* e as moradas de algumas divindades), muitos espíritos podiam permanecer nos seus túmulos, principalmente nos coletivos, das colinas mortuárias (*burial mounds*). Estes espíritos agiam de forma amistosa com seus descendentes e com as pessoas que os honravam e respeitavam seus locais de descanso, mas se alguém escavava os seus túmulos para roubar os pertences com eles enterrados, ficavam enfurecidos e os profanadores sofriam doenças, acidentes ou má sorte.

Mergulhar no reino de Hel significa entrar em um estado de energia em potencial e repousar até despertar novamente. *Niflhel* é a antítese de *Valhalla*, onde seus hospedes estão em um estado frenético de energia, seja lutando entre si, seja festejando. A passagem para Valhalla é difícil, requerendo a assistência de uma Valquíria para atravessar um grande rio caudaloso e cheio de corredeiras e ainda passar pela estreita fonte *Bifrost* guardada pelo deus Heimdall. Para chegar a Niflhel atravessa-se uma ponte larga pavimentada com cristais sobre *Gjoll*, o "rio dos ecos", um portal dourado – *Helgrind* – e pede-se permissão à guardiã *Mordgud* para entrar. Descrita como uma mulher alta, magra e extremamente pálida, olhos cinzentos penetrantes como a lâmina da espada, cabelos encaracolados presos sob um elmo de metal, com vários colares e pulseiras de ouro e envolta por um manto preto preso com um cinto dourado, Mordgud tinha uma aparência cadavérica, voz cavernosa e atitudes sinistras. Como guardiã, ela questionava aqueles que queriam entrar no reino de Hel sobre sua motivação, caso fossem vivos e sobre seu merecimento, se fossem mortos, pedindo também algum tipo de presente (geralmente as moedas de ouro que eram deixadas nos túmulos junto dos mortos).

Os espíritos chegavam ao reino de Hel nos seus cavalos, barcos ou carruagens em que tinham sido cremados (ou enterrados). Os povos nórdicos tinham o costume de amarrar os pés dos falecidos com um tipo especial de sapatos, pesados e fortes, chamados *os sapatos de Hel*, para que seus pés não sofressem com as longas travessias, ou, segundo outras fontes, para impedir sua volta ao mundo dos vivos. Para apaziguar o terrível e monstruoso cão *Garm,* que vigiava a entrada para o portão Helgrind, eram oferecidos *pães de Hel*, enquanto para a guardiã Mordgud (ou Mödgurdr), devia ser pago um "pedágio" com ouro ou sangue. Antes de entrar na morada de Hel, os espíritos ficavam parados ouvindo o som borbulhante de *Hvergelmir,* o rolar das geleiras nos rios *Elivagar* e, olhando para um dos rios – *Slith* –, formado por uma mistura de sangue, lágrimas e venenos e repleto de espadas e punhais, lembravam-se de todos os juramentos falsos feitos no decorrer das suas vidas. Hel tinha vários tipos de "alojamentos" para os hóspedes que chegavam diariamente, dependendo da forma em que tinham morrido (de doenças, velhice, no parto ou executados por crimes e perjúrios). Tendo em vista a visão lúgubre do reino de Hel e sua atmosfera triste e sombria, os homens nórdicos preferiam se jogar em um abismo ou se matar como heróis com a própria espada e assim ir para Valhalla, do que esperar a decrepitude e as doenças da velhice. Muitas mulheres seguiam este exemplo para acompanhar os maridos e se atiravam nas piras de cremação, aguardando a união dos seus espíritos nos salões das divindades que cultuavam.

A residência de Hel era um palácio grande, sombrio, úmido, inóspito e gelado chamado *Elvidner*, com uma ponte por cima de um precipício, uma porta imensa, paredes altas e uma soleira chamada "ruína". Ela se alimentava em um prato denominado "fome", usava o garfo "penúria" e a faca do "emaciamento", sendo servida por seus auxiliares "senilidade" e "decrepitude", tendo como companheiros o "atraso" e a "lentidão" e sempre defendida pelo cão infernal *Garm*. Sua cama era chamada "doença", o cobertor era "angústia", as cortinas, "má sorte". O caminho que levava à sua morada era a "provação", com uma ponte que atravessava o "rio dos ecos" Gjoll, passando pela "floresta de ferro" com árvores metálicas, cujas folhas cortavam como punhais. Finalmente, chegava-se ao portão Helgrind, guardado pela giganta Mordgud, que avaliava as motivações dos visitantes antes de permitir-lhes a passagem.

Diferentemente de *Niflheim* – o nome usado pelo historiador Snorri – *Niflhel* é um termo encontrado nos poemas dos *Skalds* (poetas islandeses) e descrito como uma versão inferior do reino de Hel, que abrigava certos espíritos, principalmente daquelas pessoas que tinham cometido maldades, perjúrios e crimes enquanto vivos. Em Niflhel existe uma região chamada *Naströnd*, destinada aos que infringiram as leis dos deuses e dos homens e onde lhes era concedida a oportunidade de expiar as faltas cometidas. Ao passar pelos portões de Naströnd, "a praia dos cadáveres", com telhado de serpentes venenosas, os que tiveram uma vida criminosa ou imprópria eram lançados às águas geladas impregnadas de veneno de serpentes e com vapores tóxicos. Depois de um longo sofrimento expiatório, mergulhavam nas águas da nascente rodopiante Hvergelmir para a sua purificação, porém sem escapar depois ao seu despedaçamento pelo voraz dragão *Nidhogg*. O dragão simboliza o processo iniciático de desmembramento xamânico na descida dos xamãs ao mundo subterrâneo, para passar pela morte simbólica e o renascimento pela iniciação. Naströnd concedia a oportunidade de viver uma segunda vida, redimindo as falhas cometidas, com o renascimento nas águas primordiais de Hvergelmir, o reservatório das águas cósmicas, que se infiltram pelo subsolo e alimentam os rios e oceanos terrestres.

No mundo nebuloso e escuro de Niflhel, onde tudo é indeterminado e indistinto, se encontram ocultas as memórias da origem e do final dos Tempos. A cortina de névoa isola e protege o espaço da "Rainha da Morte" – Helheim – tornando-o longínquo, isolado e inacessível, situado no ponto mais ao Norte do Submundo, no lugar mais escuro, por detrás da raiz mais distante de Yggdrasil. Apesar de separados, Niflhel e Helheim são indissociáveis na estrutura do Mundo Inferior; eles interagem, mas é a Hel que cabe a supremacia do "Reino das Sombras", seu palácio Elvidner sendo localizado em *Helgardh,* o centro da espiral de nove voltas (ou camadas) que constituía o Helheim. A fronteira entre Niflhel e Helheim – os dois reinos do mundo subterrâneo – é muito tênue e quase se sobrepõe. Niflhel é o palco da Grande Criação onde nascimento e morte são polos do eterno ciclo de criação, no interior e na superfície da terra. Hel participa – como a Guardiã dos reinos subterrâneos – na integração de substâncias orgânicas e inorgânicas, que se sedimentam e materializam no globo terrestre.

Na mitologia nórdica, Helheim não era um local de condenação, tortura ou sofrimento. A deusa Hel não representava a Morte como é conhecida no conceito cristão, nem infligia tormentos; ela apenas acolhia as almas dos falecidos e os mantinha no seu reino inexorável. Os exageros e distorções cristãs deturparam a simbologia pagã de Hel e a transformaram em um ser cruel, horrendo e destrutivo. Hel era definida por uma face dupla, assim como a Lua. A parte inferior do seu corpo e suas pernas representavam a força da vida e irradiavam uma luz branca lunar, enquanto a parte superior era pintada de azul pálido, sem vida, como a escuridão estéril da lua nova. Como divindade das profundezas, Hel detinha o poder sobre nascimento, crescimento e morte, assim como das fases lunares que regem as marés e os biorritmos humanos. Sendo a guardiã dos reinos subterrâneos, Hel absorvia o poder criador e regenerador da fonte primordial Hvergelmir e participava nos complexos processos de circulação energética e criação constante no interior e na superfície da Terra, através dos rios e fontes medicinais. Os povos nórdicos acreditavam que os redemoinhos frequentes nos mares da Escandinávia (o assim chamado *Maelstrom*) eram as portas para o "Reino da Morte" por provocarem naufrágios e acidentes. Os redemoinhos recriam uma espiral, considerada o vórtice mágico dos xamãs, através do qual gira o *Axis Mundi*, o "Eixo Cósmico", permitindo o acesso ao Submundo. As imagens espiraladas funcionam como portas de entrada para o Mundo Profundo nas viagens extáticas dos xamãs e eram usadas como decorações nas máscaras para facilitar o transe.

Helheim é o domínio do inconsciente e dos instintos, que guarda as memórias arcaicas, emoções recalcadas e os sentimentos reprimidos. Mas, ao mesmo tempo, é fonte da nossa criatividade, sendo o mundo dos mistérios ocultos – da morte e do renascimento. O caminho até Hel era percorrido em nove noites, sugerindo o tempo de gestação para um novo nascimento do ventre da Mãe Negra. Nas culturas arcaicas, as mulheres eram as guardiãs do Mundo Inferior como se vê na figura de Mordgud, que guardava o acesso ao Reino da Morte, permitindo a passagem apenas àqueles que revelassem seu nome, linhagem e motivo da sua vinda. Na tradição nórdica o mundo dos mortos era associado a seres espirituais femininos, que apareciam como mensageiras e condutoras dos espíritos ou regentes do além. Mordgud representa o desafio da purificação e desprendimento dos condicionamentos físicos e psíquicos que proporcionam o nascimento do verdadeiro Eu, com a ajuda da deusa Hel para libertar o nosso espírito. A viagem ao Helheim implica no descarte e morte das máscaras da nossa persona e o reencontro com a verdadeira individualidade.

As imagens atemorizadoras não necessariamente correspondem à visão original do reino de Hel, tendo sido complementações posteriores, feitas por tradutores e escritores da visão cristã do limbo e do inferno. O antigo significado do reino de Hel era o mundo subterrâneo da tradição xamânica, para onde se podia chegar pelo transe profundo, a projeção astral ou o uso de plantas alucinógenas. Quando as *völvas* (videntes) e os xamãs iam "visitar" seu reino, para poder atravessar com segurança os véus entre os mundos, eles usavam uma máscara mágica (representando sua *fylgja* ou "animal de poder"), ou um manto astral (*helkappe*) que os tornasse "invisíveis" e os protegesse em seu deslocamento pela "realidade não comum" (xamânica). Nas viagens xamânicas ou projeções astrais, os xamãs entravam em transe profundo e, pedindo a permissão dos guardiões e da deusa Hel, percorriam os caminhos e os portais que lhes eram permitidos, até alcançar o mundo dos espíritos e obter respostas ou orientações para as questões apresentadas, antes de voltar pelo mesmo trajeto.

Nas práticas oraculares atuais usadas pelos grupos de praticantes da tradição *Asatrú* e principalmente pelo grupo *Hrafnar* (conduzido pela sacerdotisa e escritora Diana Paxson) usa-se a viagem para Helheim como um meio de comunicação com os espíritos dos mortos, método denominado *Seidhr*. Por ser um método que exige um amplo conhecimento mitológico, uma cuidadosa preparação pessoal, um ambiente ritualístico (com sons mântricos, tambores e invocações) e um grupo previamente preparado para apoiar, conduzir e sustentar o "vidente", não será descrito, nem recomendado, no atual trabalho. Informações amplas podem ser encontradas no livro *Mistérios nórdicos. Deuses. Runas. Magias. Rituais* (vide Bibliografia) no subcapítulo *Seidhr* págs. 413-419 e *Spaecraft* 419-422.

Após séculos de distorção e difamação do verdadeiro poder e da importância de Hel, poderemos restabelecer a sua verdadeira imagem como ventre telúrico da Grande Mãe, o útero escuro, misterioso e silencioso da Mãe Negra, que recebe as almas para lhes dar abrigo, silêncio e regeneração. Assim como a terra recebe dentro de si os resíduos, ossos e folhas secas para proporcionar a decomposição e o substrato fértil para a germinação das sementes, assim é o reino da deusa Hel, que acolhe no seu escuro abraço os mortos à espera do renascimento.

Hel representa a inevitabilidade da vida e da morte, ela faz parte dos padrões inconscientes da humanidade, seus poderes são latentes enquanto o coração bate, mas se manifesta no momento da transição entre vida e morte, quando o cérebro alcança um clarão de consciência da sua transição física e da imortalidade da alma, antes da parada das funções vitais. Nestes instantes Hel se torna visível e conduz a alma para o seu próprio habitat, no seu escuro reino. Hel jamais permitia a volta dos seus "súditos", não pelo seu "insaciável apetite pelos mortos" como foi descrito em algumas lendas, mas pelo fato da morte ser irreversível e inerente a qualquer ser vivo.

Como "Senhora da Morte", Hel é uma força constante na nossa vida, perene e onipresente, percebida nas folhas que caem no outono, nos insetos esmagados, nos animais abatidos ou atropelados nas estradas, nos velhos que vão dormir e não acordam mais, nas crianças que nascem sem terem vivido ou nos doentes terminais que temem, relutam e não aceitam o seu inevitável fim. Hel anuncia a mudança na eterna dança da vida, ela traz a morte e as alterações que modificam nossos pontos de vista e comportamentos, nos auxiliando no desapego de conceitos, costumes e padrões ultrapassados. Ela é o impulso e a sustentação na transformação e ela abre seus braços para receber a todos nós no momento crucial e final da nossa vida como protetora dos doentes, velhos e inocentes. É Hel que nos auxilia no descarte de velhos costumes e comportamentos, que nos empurra para mudar e nos modificar, sendo o impulso eterno para transformação e renovação.

Uma época adequada para honrar Hel é no *Sabbat* celta ou *Sumbel* nórdico *Samhain*, no "Dia dos Mortos" ou numa noite de Lua Negra. Amplas informações sobre a morte e sugestões de rituais podem ser encontradas no livro *O Legado da Deusa. Ritos de passagem para mulheres,* editora Alfabeto.

Símbolos de Hel

- CONEXÕES: terra preta, lama, gelo; CORES: preto, branco, cinza, vermelho; ANIMAIS: corvo, égua preta, pássaro vermelho, cão, serpente; PLANTAS: amoreira preta, teixo, azevinho, cogumelos sagrados, meimendro, mandrágora; PEDRAS: ônix, azeviche, fósseis, obsidiana, hematita, quartzo enfumaçado; DIA: sábado; PLANETA: Saturno.
- OBJETOS: foice, clepsidra, manto com capuz, xale, caldeirão, máscara de animais, elmo de metal, ponte, portal, gruta, espiral de nove voltas, ossos, cinzas.
- RITUAIS: último rito de passagem (morte, vigília, funerais), auxílio nas doenças terminais para facilitar o desligamento do espírito, despedidas, finalizações, culto dos ancestrais, viagens xamânicas para o mundo subterrâneo, trabalhos de cura com a sombra, terapia de regressão de memória, transe oracular (*Seidhr*).
- PALAVRAS-CHAVE: desapego, libertação, finalização.
- DATAS: Samhain, dia dos mortos, aniversário das ancestrais, lua negra.

Ritual de conexão com a deusa Hel

O Sabbat *Samhain* e a comemoração de "Finados" são considerados dias propícios para abertura dos portais entre o mundo dos vivos e o reino dos mortos. Reverenciam-se nestas datas os ancestrais e conduzem-se meditações para entrar em contato com o Mundo Subterrâneo. Sem ser confundido com uma sessão espírita ou necromancia, empreender uma viagem xamânica ou seguir uma meditação ou visualização dirigida, necessita a preparação de um ambiente adequado e o seguimento de certos passos ritualísticos, adaptados em função das condições individuais ou grupais.

Uma jornada para o Mundo Subterrâneo pode despertar emoções ambíguas, ansiedade e temor ou a expectativa das revelações e mensagens. O Mundo Subterrâneo equivale ao nosso subconsciente, ao plano sutil em que podem ser encontrados guias, aliados e mestres espirituais, bem como memórias e personificações dos nossos ancestrais. Mesmo sem temer esta "descida", é necessário uma preparação prévia, proteção energética e espiritual, prudência e discernimento no recebimento de sinais e mensagens.

MATERIAL NECESSÁRIO: uma vela metade preta e metade branca, um pote com terra e gelo, incenso de mirra, cedro ou pinheiro, pedras pretas (ônix, obsidiana, madeira petrificada), toalha preta no altar com um ou mais destes símbolos: clepsidra, caldeirão de ferro, espiral de nove voltas, máscara ou imagem de águia, corvo, serpente, lobo, pássaro preto e um objeto de uma ancestral. Quem conhece as runas, pode pintar com tinta preta sobre cartolina branca as seguintes runas: Algiz, Hagalaz, Isa, Eihwaz, Ansuz e Peordh, com tinta preta sobre cartolina branca. Para criar o círculo de proteção usa-se um bastão de cristal ou um galho velho caído no chão. Como oferenda: pão preto, vinho seco, frutas escuras ou secas. A oficiante usará um manto com capuz – ou um véu – na cor preta e depois de traçar o círculo e riscar runas ou pentagramas nas sete direções (as quatro direções cardeais e também, acima, abaixo e no centro do altar), fará as evocações dos elementos e dos guardiões das direções, seguidas das invocações às divindades com seus atributos:

NORTE: o poder da terra, o guardião Nordhri e a deusa Rinda; LESTE: o poder do vento, o guardião Austri e o deus Odin; SUL: o poder do fogo, o guardião Sudhri e o deus Loge; OESTE: o poder da água, o guardião Vestri e a deusa Ran; CENTRO: o poder da terra ancestral e as deusas Erda e Jord; ACIMA: pedir a permissão e bênção das Nornes; ABAIXO: pedir permissão e proteção de Hel.

Quem não se sentir à vontade em fazer estas invocações pode dispensá-las, fazendo apenas uma oração para Hel, pedindo sua permissão e proteção para uma viagem ao seu reino. Quem quiser um ritual mais detalhado pode escolher algum do livro *Mistérios nórdicos. Deuses.*

Runas. Magias. Rituais, no capítulo "Rituais rúnicos" pág. 434, principalmente a "Preparação do ambiente" pág. 438, "Proteção" págs. 447-449 e *Disablot* ou *Samhain* págs. 393-395.

Para entrar em contato com os ancestrais ou memórias ocultas das suas vidas passadas, as evocações dos atributos das direções serão mais simples e objetivas: TERRA (Norte) – proteção e centramento; AR (Leste) – percepção sutil e comunicação; FOGO (Sul) – força e energia vital; ÁGUA (Oeste) – fluxo e harmonia; ESPÍRITO (Centro) – deusa Hel e os espíritos ancestrais. Invoca-se a permissão e proteção de Hel para poder entrar em contato com alguma ancestral e dela receber mensagens e orientações para a vida atual.

Depois de um centramento através de respiração rítmica e relaxamento físico, conecte-se com a egrégora nórdica e peça permissão e proteção da deusa Hel e de suas ancestrais. Acenda a vela e o incenso, segure a pedra preta ou o objeto que pertenceu à ancestral e inicie uma mentalização dirigida seguindo este trajeto:

"Desloque-se mentalmente até as terras nórdicas, sobrevoando montanhas, fiords, florestas e geleiras; Quando perceber a presença do seu aliado ou guia ao seu lado, peça-lhe que a conduza até Yggdrasil; Chegando à frente da imensa árvore milenar, ajoelhe-se entre suas raízes e peça permissão para descer até o reino de Hel. Ao olhar para o chão, vê um colar de âmbar à sua espera; ao colocá-lo com gratidão, sabe que será o seu talismã de proteção durante a jornada; Olhando com atenção, vê uma abertura entre as raízes da árvore. Entre com cuidado por ela e deslize devagar na escuridão reinante, até o mundo subterrâneo; A sua frente ouve o ruído forte de uma água correndo. É o rio gelado Gjoll, que deverá seguir, procurando ficar longe da presença do cão Garm. Porém, quando ele avança raivosamente em cima de você, jogue-lhe algo que lhe pertence, mas que deseja descartar (medo, apego, bloqueio) e que toma a forma de um grande osso; Pare na frente da ponte dourada Gjallarbru onde está vigiando a guardiã Mordgud. Exponha-lhe o motivo da sua visita, ofereça-lhe a projeção mental de uma moeda ou joia de ouro e aguarde a sua permissão para passar; Atravesse a ponte e siga; daqui em diante irá percorrer um trajeto pessoal que a levará ao encontro da sua ancestral. No caminho poderá perceber a presença dos auxiliares

de Hel e deverá refletir como reage em relação às dificuldades por eles impressos no mundo atual e qual a sua contribuição para minimizar a fome, a penúria, a violência, as doenças; Peça à sua ancestral alguma mensagem ou orientação, agradeça à deusa Hel o ensinamento e volte pela mesma ponte, agradecendo também à guardiã Mordgud; Faça o caminho de volta seguindo o mesmo trajeto e deixe o colar de âmbar no mesmo lugar em que o encontrou.

No final da visualização, abra devagar os olhos, estique o corpo, exponha-se ao Sol ou vista um agasalho, coma algo salgado, tome uma sopa e beba bastante chá quente. Anote suas percepções, apague a vela com os dedos levando o que dela sobrou com uma oferenda de pão preto e vinho tinto para as raízes de uma árvore velha ou perto de rochas.

Guarde a pedra no seu altar e use-a como um meio de comunicação com a ancestral ou no resgate de memórias antigas que, se forem dolorosas ou prejudiciais à sua vida atual, podem ser anotadas no papel e queimadas ritualisticamente na chama de uma vela preta ou uma fogueira. Se houver um padrão de comportamento familiar negativo ou lembranças de sofrimentos femininos ancestrais, pode realizar um ritual de cura da linhagem maternal ao redor de um caldeirão ou fogueira, colocando ervas e galhos secos nas chamas, batendo tambor ou sacudindo um chocalho. Imagine a liberação e transmutação – pelo fogo – das energias ancestrais negativas em novos recursos de cura e realização no presente.

Viagem astral ou xamânica para o reino de Hel

É de suma importância avaliar a motivação ou a necessidade de empreender uma viagem para o mundo subterrâneo, que é o lugar onde residem nossos registros do inconsciente, os sonhos, visões e onde fica a morada dos nossos ancestrais. Existe um paradoxo que deve ser analisado e compreendido: ao mesmo tempo em que é um plano sutil que pode nos oferecer visões e orientações, ele é repleto também com imagens e seres lúgubres e assustadores, a maioria criada pela imaginação dos escritores cristãos, mas que acabaram sendo plasmados pela sua repetição, os medos deles decorrentes sendo imantados no nosso subconsciente.

Quando explorar o mundo subterrâneo é importante cuidar da proteção psíquica, criando escudos fluídicos, visualizando runas de proteção, entoando mantras e orações, usando um talismã e chamando pelos nossos animais de poder e guias espirituais.

> ATENÇÃO: Desaconselho práticas de Seidhr oracular ou busca de mensagens no reino de Hel para pessoas que não pertencem a grupos de estudos e práticas mágicas, seja da tradição nórdica, xamânica ou celta.

Mesmo que a visualização ou meditação possa ser interrompida quando se sentir ameaçada, existe sempre o risco de atrair e trazer consigo energias densas e maléficas, ou sofrer a atuação de espíritos rudimentares, vingativos ou vampirizantes.

No ritual de *Samhain* ou outra data de comemoração dos ancestrais, a deusa Hel pode ser honrada com orações de gratidão por cuidar dos espíritos dos seus ancestrais ou de entes queridos falecidos por doenças ou parto, mencionando seus nomes e acendendo velas em sua memória. Se tiver guardado objetos deles, pode ser feita uma purificação com os elementos (vela, incenso, essência e colocação sobre uma drusa de cristais de quartzo) mentalizando a dispersão dos resíduos negativos neles contidos e a preservação dos bons fluidos.

Para agradecer a Hel podem ser deixadas oferendas, nos túmulos, ao lado de árvores velhas, perto de rios e de rochedos (as pedras são os ossos da Mãe Terra). Além de velas com metades pretas e brancas podem ser incluídas plantas, pedras, penas, imagens da sua simbologia. Por ser a sua palavra-chave *desapego*, em lugar de oferenda pode ser feita uma doação para organizações humanitárias, auxílio para crianças órfãs ou doentes, para mulheres vítimas de violências ou abusos sexuais, asilos e instituições de pessoas idosas, com deficiências físicas ou mentais. Como Hel recebe os espíritos de todos que morreram por velhice, doenças, suicídios, crimes, violências, desastres e acidentes, a doação pode se estender às organizações de ajuda aos animais (em extinção ou vítimas de abandono e crueldade humana). Além destas iniciativas, esclarecer aos outros sobre o verdadeiro simbolismo e importância de Hel, também é um gesto de oferenda e auxílio aos demais.

Devemos aceitar e partilhar que, mesmo sem acreditar em reencarnação ou vidas passadas, a vida é apenas uma fase do nosso ciclo de evolução, a morte continuando o aprendizado e aperfeiçoamento espiritual.

Asteroide Hel

Registrado com o número 949, descoberto em 1921 por Max Wolf, mas pouco estudado ainda, este asteroide que porta o nome da temida *Senhora do Mundo Subterrâneo*, pode ser visto como um símbolo de morte e transformação da própria Deusa. A deusa Hel auxilia quando lhe é solicitada a ajuda, mas é vingativa com aqueles que invadem seu reino ou transgridem as leis naturais.

Holda, e suas Equivalentes *Hölle, Huldra, Perchta* – Padroeiras da Tecelagem, do Inverno e da Magia

*"Hail Senhora Holda, eu honro a Tua sabedoria e os segredos que guardas,
Ensine-me como ter paciência e inspiração para o meu trabalho
Não vou recuar, nem temer o desconhecido cuja chave Tu tens.
Serei determinada e corajosa, irei trabalhar com concentração,
Terei cuidado para manifestar na minha vida os Teus ensinamentos
E dar as boas-vindas para a contínua transformação
Te louvo e Te agradeço Senhora Branca,
seja sempre a minha mentora e guardiã."*

Exploring The Northern Tradition. Galina Krasskova

O culto das deusas nórdicas levava em consideração todas as suas faces, como *Criadoras e Nutridoras, Ceifadoras e Destruidoras*, simbolizando as próprias manifestações criadoras e destrutivas da Natureza, bem como os aspectos claros e sombrios do ser humano. Eram honradas como sendo as "Senhoras" das manifestações da natureza: montanhas, florestas, rochedos, lagos, rios, fontes, Sol, Lua, calor e luz, bem como neve, escuridão, frio, inverno, tempestades e naufrágios. Elas representavam as fases e ciclos das forças naturais, as estações e intempéries; regiam tanto a geração, vida e plenitude, quanto à decadência, velhice e morte; personificavam luz e escuridão, calor e frio, o viço da juventude e a sabedoria das ancestrais.

Antes que os barcos fossem símbolos das conquistas Vikings ou servissem como túmulos dos guerreiros (substituindo os troncos de árvores usados antigamente), eles simbolizavam nos petróglifos a Deusa como a "Doadora de Vida e Luz". O barco representava a *yoni* (vulva) ou o veículo da deusa solar para se deslocar pelo céu, sendo um dos motivos mais frequentes encontrado em inscrições ou nos túmulos. Nos primórdios das sociedades neolíticas, os mortos eram enterrados nus, em posição fetal e pintados com argila vermelha (simbolizando o sangue uterino), para reproduzir o seu renascimento do ventre escuro da Mãe Terra, após o devido repouso necessário para a sua regeneração.

Existem mais de mil inscrições em pedras dedicadas às *Matronas* ou *Mães Tríplices* germânicas; no centro dos seus templos sempre existia uma nascente representando a "Fonte da Criação". A reverência às fontes remonta ao período neolítico e em muitas delas foram encontradas, posteriormente, fragmentos de estatuetas femininas destruídas pelos cristãos. As Matronas, Matres ou Mães tríplices eram as reminiscências dos arquétipos das *Mães Criadoras* do passado europeu, personificadas pelas *Matriarcas* das tribos, enquanto as *Mães e Mulheres das Florestas* permaneceram como *Huldre Folk*, "o povo da deusa nórdica" *Huldra* (ou *Holda*). Com o passar do tempo, no entanto, deu-se ênfase cada vez maior ao culto e às oferendas para divindades masculinas, bem como aos valores dos guerreiros (honra, conquista, gloria, poder), comuns nas tradições celtas, saxãs e nórdicas. Mesmo assim, foram preservados nomes e mitos das deusas, apesar de fragmentados ou minimizados.

No folclore germânico, resgatado pelos contos de fadas dos irmãos Grimm, *Frau Holle* é a patrona sobrenatural da tecelagem, do nascimento de crianças e animais domésticos, associada também com o inverno, magia e a "Caça Selvagem", sendo equivalente das deusas escandinavas *Huldra*, *Huld* ou *Holda*. Estes nomes foram encontrados na Alemanha em inscrições em latim datadas entre 197-235 d.C. e foram relacionados com os arquétipos escandinavos de *Hlodyn* (deusa da terra e mãe de Thor), com *Nerthus* (a Mãe Terra) e principalmente, com *Frigga* (Rainha celeste), devido aos seus nomes complementares de *Frau Goden* e *Frau Frekke*, na sua qualidade de dirigentes da "Caça Selvagem". Existe também uma similitude de simbolismo e etimologia entre o termo alemão *Holl(d)a*, e o inglês arcaico *Hella*, ambos relacionados à morte e à morada dos mortos e o gótico *Hultha*, significando "dobrar, inclinar". Em lendas e histórias populares, encontradas em várias regiões da Alemanha, Holda assume além dos nomes citados no título, os de *Frau Berchte, Frau Percht* e *Striga Holda*.

A igreja cristã reconheceu a popularidade do culto das deusas Holda e Perchta, como resulta de um texto do século XIII, em que o autor lamenta que os camponeses orem mais para elas do que para a Virgem Maria. Ainda no século XV – antes do início da "caça às bruxas" – os clérigos condenavam as mulheres que deixavam oferendas para Perchta durante o Natal, visando obter boa sorte e prosperidade no Novo Ano. Estas oferendas eram colocadas nos telhados de casas na Alemanha, Áustria e Suíça, enquanto homens vestidos com peles e máscaras encenavam a "Caça Selvagem", correndo pelas ruas gritando, tocando sinos e brandindo açoites.

Se Holda fosse honrada, ela aparecia como uma linda jovem de vestido branco e coroada, conferindo fertilidade a terra e prosperidade para as famílias. Se ela fosse ignorada ou insultada, se transformava na velha com cabelos desgrenhados, nariz adunco, presas de lobo e olhos vermelhos faiscantes, que deixava no seu rastro azar, doença e morte. Nesta apresentação ela era responsável pelo inverno, tempestades de neve e a regência do mundo subterrâneo. Como protetora das crianças, o comportamento de Holda também era ambivalente, ela lhes trazia presentes no Natal, mas os punia se fossem rebeldes, desobedientes ou preguiçosas. As almas das crianças não nascidas eram por ela guardadas numa fonte e ao enviá-las para nascer, Holda podia doar-lhes boa sorte, saúde e prosperidade ou conduzi-las para morar com o "Povo das Fadas".

Nos séculos XVIII e XIX, caricaturas de Holda apareceram nos contos de fadas nas figuras de "Mãe Ganso", madrasta malvada ou bruxa perigosa e vingativa, distorcendo assim o arquétipo das antigas deusas germânicas honradas no Norte e Leste europeu. Holda era muito antiga, seu culto sendo anterior aos de Hel e Freyja, que herdaram algumas das suas características e aspectos como regentes do mundo subterrâneo ou da sexualidade e magia. A raiz *huldu* das línguas nórdicas, islandesa e alemã – que significava "gente escondida" – era associada aos elfos e gnomos, e sua Rainha era Holda, enquanto Hella regia o mundo subterrâneo e, semelhante à Holda, governava a morte. Holda era a padroeira do cultivo do linho e das artes de fiar e tecer, atividades exclusivamente femininas, cercadas de proibições, tabus e regras, que deviam ser seguidas à risca sob o risco de punição.

Por ser descrita voando durante a noite e conduzindo grupos de espíritos na assim chamada "Caça Selvagem", Holda revela claramente sua origem pagã como *Deusa do vento e da chuva*, que abençoava os campos com fertilidade e abundância. Durante os séculos de perseguição cristã, Holda foi demonizada e transformada numa velha malvada e

"Rainha das bruxas", com as quais voava trazendo tempestades de granizo e neve. Como *Anciã* representada de forma caricaturada (corcunda, com nariz grande e cabelos desgrenhados), era associada ao ciclo de nascimento, morte e renascimento. Em alguns mitos ela morava na floresta, acompanhada de animais, em outros, ela se escondia no fundo de um poço e recompensava as moças trabalhadoras com ouro, punindo as preguiçosas ao cobri-las com piche. Como *padroeira do lar e da lareira*, ela presidia sobre as tarefas domésticas, a fiação e a tecelagem, simbolizando as virtudes, dons e sabedoria feminina. Algumas lendas lhe atribuem a guarda das crianças natimortas ou as que não foram batizadas, por isso havia o costume de abençoar e dar o nome à criança durante os primeiros nove dias após seu nascimento para "protegê-la contra Holda". Esta difamação cristã era diametralmente oposta à sua antiga atribuição de proteger os recém-nascidos ou guardar as almas dos não nascidos na sua fonte, um santuário de paz e cura. No folclore se dizia que Holda trazia as crianças para suas mães voando ou montada sobre um ganso, uma variante da história da cegonha que trazia as crianças no seu bico.

No folclore escandinavo, *Huldra* é uma criatura silvestre atraente, aparecendo como uma linda mulher nua, com longos cabelos, mas cujas costas são como um tronco oco de árvore, que terminava com um rabo – de vaca ou raposa. Na Noruega, Huldra é uma camponesa com trajes típicos, que atrai os homens na floresta para terem sexo; se ela ficasse satisfeita os recompensava, se não, os matava e levava seus espíritos consigo para o mundo subterrâneo. Às vezes ela raptava crianças ou as substituía pelos seus próprios filhos, feios e rebeldes. Se ela casasse com um camponês, ao entrar na igreja ia perder a cauda, mas continuava atraente. Porém, se sofresse maus tratos do marido, ela ia castigá-lo com severidade, tirando sua audição, fala, visão ou juízo. Lendas sobre as aparições de Holda raptando crianças ou punindo as preguiçosas e desobedientes eram contadas pelas mães e avós para assustar e melhorar seu comportamento com a ameaça de terem seu abdômen cortado e preenchido com lixo. Apesar destas distorções e ameaças cristãs, o culto de Holda ainda sobrevive nas áreas rurais da Alemanha, Dinamarca e Áustria, honrando seus atributos protetores das casas, mulheres e crianças e a fertilização da terra com a chuva e a neve por ela trazidas.

Qualquer que seja o seu nome e seu mito ou lenda, *Holda* é uma deusa multifacetada, que pode aparecer como uma mulher radiante se banhando ao meio-dia num lago ou rio, ou como uma velha avó, que conduz sua carruagem no meio da névoa ou nas tempestades. As moças que fiavam e teciam com afinco podiam contar com sua ajuda para terminarem mais rapidamente suas tarefas, mas as preguiçosas a temiam por dela receberem castigos, como espetadas, trabalho desfeito, fusos quebrados ou fios embolados. Na Idade Média ela foi transformada na bruxa malvada que conduzia a "Caça Selvagem" composta de bruxas, pagãos e almas de crianças não batizadas. No folclore nórdico ela é descrita como a mãe das semideusas Thorgerd e Irpa, uma mulher idosa vestida de branco, oculta na neblina ou como a Soberana dos *Huldre folk*, o povo dos *goblins, elfos e trolls*, espíritos guardiões das colinas, florestas e montanhas.

O maior realce de Holde é como *padroeira das tecelãs*, a atividade feminina associada com a magia e o mundo sobrenatural. Holda ensinou às mulheres a transformação das hastes de linho em fios, bem como a arte do seu cultivo, do fiar e tecer. A tecelagem era uma importante e contínua atividade das mulheres nórdicas, que lhes permitia ganhar dinheiro, além de providenciar roupas e cobertas para os familiares. Holda era celebrada na véspera de Natal (a versão cristã da antiga *Modersnatt* ou *Modranicht* – "A noite da Mãe"), durante os "doze dias brancos" ou na "décima segunda noite" correspondendo à Epifania cristã. Neste período era proibido fiar, tecer ou bordar, o trabalho sendo reassumido depois.

Holda personificava o tempo que modificava a terra, ela trazia neve quando sacudia seus travesseiros, chuva quando lavava roupas, neblina quando acendia o fogão, tempestades quando andava na sua carruagem, trovões e chuva quando socava o linho deixado de molho para amolecer no rio. Ela aparecia geralmente de duas formas: uma linda moça loura, vestida de branco ou uma velha com nariz afiado e dentes grandes e proeminentes, com roupas cinzentas ou pretas e cabelos desgrenhados. *No seu aspecto benevolente e gentil*, ela é jovem e faz aparecer o Sol quando penteia seus longos cabelos louros, ou passeia na carruagem dourada puxada por joaninhas. *No seu aspecto sombrio*, como uma velha brava e feia, com um pé deformado pela roda de fiar, e que trazia um fuso comprido para espetar as tecelãs preguiçosas ou embaralhava os fios dos seus fusos e teares. Holda é associada também com fontes, poços – onde guarda as almas das crianças não nascidas – e lagos, onde poderia ser vista na sua manifestação como a "Dama Branca", uma misteriosa mulher envolta em neblina. As mulheres que desejavam engravidar se banhavam nestes lagos, implorando as bênçãos de Holda e lhe ofertando fusos e linho.

Enquanto Holda é representada no Norte da Alemanha como "Condutora dos Mortos", no Sul do país ela aparece cercada das almas de crianças não nascidas (ou mortas sem o batismo da religião cristã), o que realça o poder ambivalente de Holda/Perchta como *protetora das almas que saem ou entram no mundo físico*. A conexão de Holda com o mundo espiritual através do fiar e tecer serviu para a igreja cristã transformá-la na "bruxa que voava montada sobre um fuso", acompanhada de espíritos de mulheres que saiam dos seus corpos voando durante as noites de lua negra ou iam para as reuniões nas noites de lua cheia, nas clareiras das florestas, no topo das colinas ou nos círculos de menires. Documentos canônicos e eclesiásticos a equipararam com outras deusas como Diana, Herodias, Richella, Aradia, Hel, as Matronas, Epona, Hécate e Abundia e no folclore com as figuras de bruxas malvadas que testavam ou puniam as heroínas. Por serem consideradas padroeiras das bruxas, as seguidoras dos seus cultos foram julgadas e condenadas como seres maléficos e perigosos para a sociedade cristã, torturadas e depois queimadas nas temidas fogueiras da Inquisição.

A mais famosa lenda de Holda foi contada pelos irmãos Grimm e descrita como *Frau Holle* ou *Mutter Hulda*. Uma mãe tinha duas filhas, a mais velha mimada e preguiçosa, a caçula mal-amada e explorada, tendo que fazer sozinha todas as tarefas domésticas, inclusive fiar diariamente montes de linho. Um dia, ela espetou o dedo com a ponta do fuso e quando foi lavar o sangue na água do poço, do qual ao lado estava fiando, o fuso lhe escapou da mão e mergulhou na profundeza da água escura. Temendo ser punida, ela pulou dentro do poço para procurá-lo, mas descobriu-se entrando no mundo encantado de Holda, onde permaneceu por algum tempo trabalhando para ela. Impressionada pela eficiência do seu trabalho, rápido e bem feito, Holda encheu o avental da moça com ouro e a enviou de volta para sua casa. Cheia de inveja e cobiça, a mãe mandou a outra filha para repetir o feito da caçula e trazer mais ouro. Esta, no entanto, era preguiçosa e Holda puniu a sua natureza lerda e indisciplinada cobrindo-a com piche, antes de mandá-la de volta para a sua mãe.

O intervalo entre o solstício de inverno e o Novo Ano era celebrado nas culturas antigas do Hemisfério Norte como *os doze dias brancos*, caracterizados pela ambiguidade, o *conflito entre caos e ordem, bem e mal, fim e recomeço*. Durante os "doze dias" as deusas Holda e Berchta – ou Perchta – (as *Senhoras Brancas*) conduziam suas carruagens de vento e neve, envoltas em neblina branca, abençoando e ativando a fertilidade da terra, trazendo presentes para os trabalhadores e punindo os preguiçosos. Lendas e contos de fadas germânicos descrevem as *Senhoras Brancas* como lindas criaturas etéricas, semelhantes aos elfos, vestidas de branco, que apareciam durante os dias ensolarados, penteando seus longos cabelos dourados e conferindo riquezas – como pedaços ou moedas de ouro –, para aqueles que mereciam. Estes personagens eram resquícios dos antigos arquétipos das deusas que, por serem proibidos pelo cristianismo, foram reprimidos e depois esquecidos, sobrevivendo apenas no folclore e na literatura. Nos tempos antigos, as mulheres não trabalhavam durante os "doze dias" e celebravam as "treze noites" com rituais para o fortalecimento feminino, tecendo novos projetos no silêncio e na introspecção da escuridão, que depois eram abençoados pelas "Senhoras Brancas", as regentes deste período.

Os nomes das "Senhoras Brancas" – que representavam antigas deusas anciãs – variavam entre *Holda, Hölle, Huldra, Berchta, Perchta, Percht, Latva, Habetrot* em função dos lugares em que eram cultuadas. A sua representação também diferia, tendo em comum estas características: pele enrugada, cabelos brancos em desalinho, nariz e queixos pontudos e penetrantes olhos azuis. Suas atitudes podiam ser benévolas ou maldosas em função das suas *atribuições* como: acelerar ou recompensar o trabalho das mulheres, ativar a fertilidade (da terra, dos animais e seres humanos), punir a preguiça, cobiça, gula, injustiça ou maldade. Contava-se que elas apareciam sobrevoando os campos e as comunidades, cavalgando lobos, javalis ou raposas, "dirigindo" um pilão ou uma peneira ou conduzindo a *Caça Selvagem*. Chamada de *Perchtenjagd*, esta cavalgada noturna e fantasmagórica, composta de seres sobrenaturais e espíritos humanos (de pessoas mortas ou desdobramentos astrais de xamãs, magos e bruxos), era a tropa que recolhia as almas perdidas ou dos recém-falecidos.

As "Senhoras Brancas", portanto, eram as reminiscências dos antigos arquétipos das deusas anciãs, que se deslocavam no ar durante as noites de lua cheia carregando fusos, predizendo a sorte ou transmitindo antigos conhecimentos. Elas ensinavam à humanidade os segredos da agricultura e das artes domésticas (fiar, tecer, bordar, trabalhar a argila, colher ervas e preparar poções, unguentos e cataplasmas), cuidar, educar e curar crianças, manter vivas as tradições ancestrais e os antigos ritos de passagem femininos. As mulheres lhes ofertavam pão, mel, leite, mechas dos seus cabelos (substituídas depois por tranças de pão), plantas curativas e grãos. As lendas das deusas tecelãs, que puniam as preguiçosas espetando-as com seus fusos, serviam como incentivo para o trabalho e prometiam recompensas para aquelas que caprichavam na sua arte. As deusas pré-cristãs associadas com as atividades de fiar e tecer como *Holda, Frau Holle, Berchta, Percht, Frau Gode*, além de serem as padroeiras das tecelãs (premiando as trabalhadoras e punindo as preguiçosas), eram conhecidas também por outros aspectos sombrios ligados à punição. Contava-se nas lendas que elas abriam o estômago e o enchiam com palha ou serragem daqueles "transgressores" que cortavam lenha, teciam, costuravam ou lavavam roupas durante os "doze dias brancos" e nos festivais da Roda do Ano, comiam seus pratos preferidos e as oferendas nos dias a elas consagrados. As crianças rebeldes ou que não comiam bem eram ameaçadas com imagens assustadoras, ou com a conhecida história de serem "levadas dentro de um saco" por uma das anciãs.

Apesar destas descrições sinistras cristãs, as "Senhoras Brancas" eram *guardiãs primordiais das crianças*, ninando-as quando choravam de noite, guardando as almas delas nos seus poços entre as encarnações, ajudando as mães nos partos ou entregando presentes às mulheres e às crianças nos dias das suas comemorações. Todas estas lendas são fontes importantes para a compreensão das antigas crenças, costumes e cultos das deusas anciãs, que supervisionavam as atividades domésticas e artesanais e cuidavam de mulheres e crianças. Muitos destes costumes e crenças foram incorporados nas descrições de santos cristãos, assim como foram adotadas as datas do calendário pagão para as festas cristãs. Na adoração de Maria e de diversas santas, durante muito tempo, as mulheres continuaram levando seus pedidos às fontes, acompanhados das oferendas costumeiras para as deusas como comidas tradicionais que incluíam biscoitos de aveia, bolinhos com gengibre cobertos com açúcar de confeiteiro (imitando a neve), panquecas com mel e manteiga e chá de sabugueiro. São provas disso oferendas que foram encontradas em várias capelas cristãs constituídas de grãos, queijo, manteiga, mel, leite, ovos e pão, além das fitas, tranças e pedaços de roupas, que ainda são deixadas perto das fontes curativas, nas regiões mais afastadas dos países nórdicos.

As deusas Holda, Holle, Berchta e Perchta se originaram dos arquétipos divinos dos aspectos da Grande Mãe como *Guardiã da Natureza e Senhora dos Animais*. Seus animais totêmicos variavam entre lobos, raposas, cães, bodes, cavalos, ursos ou aves de rapina (cujo bico se assemelhava aos seus narizes), aranha, ganso, coruja e joaninha (que puxava sua carruagem). Perchta tinha vários nomes dependendo da região da Alemanha ou época do seu culto, que era parecido com o da escandinava Holda. Na Holanda era conhecida como *Vrou Elde*, regente da Via Láctea e descrita tendo um pé grande e deformado, semelhante ao de ganso ou cisne, a marca deixada pelo uso excessivo da roda de fiar ou indício da sua capacidade de metamorfosear-se nestas aves, voando junto delas. Seus adeptos lhe deixavam comida e bebida pedindo em troca fertilidade e prosperidade. A igreja proibiu o culto e as oferendas desta "bruxa perigosa e nociva para a alma cristã", mas guardou resquícios do seu simbolismo na lenda de Santa Luzia e do Papai Noel. Na Escandinávia, Berchta era equiparada com *Huldra*, acompanhada de um séquito de ninfas da floresta que, ocasionalmente, procuravam a companhia de homens para dançar. As ninfas – ou *Huldre folk* – eram identificadas pelo rabo de vaca que aparecia sob as suas vestes brancas e eram conhecidas como protetoras do gado nos pastos das montanhas. A denominação de *Perchten* (no plural) foi dada às acompanhantes de deusas anciãs como Perchta e suas equivalentes (as eslavas *Baba Yaga*,

Perchta Baba, a alemã *Saelde* ou *Selga* e a etrusca *Befana*) e às máscaras com feições de animais, que continuam sendo usadas até hoje nas regiões montanhosas da Áustria e Suíça.

No século XVI as Perchten receberam duas apresentações: as benévolas e bonitas (Schöne Perchten) adornadas com fitas, folhagens, flores e correntes douradas, e as escuras, malévolas e feias (Finster Perchten) com garras, presas afiadas, chifres, peles de animais pretos e rabos de cavalo. Encenava-se um combate ritualístico chamado Perchtenjagd entre os dois grupos, almejando a vitória da luz sobre a escuridão, enquanto homens vestidos como as "Perchten escuras" passavam pelas casas fazendo muito barulho para afastar delas fantasmas e maus espíritos. As pessoas eram abençoadas pelas "Perchten luminosas" com uma mistura de cinzas e fubá, simbolizando o poder de regeneração da vida após a morte, ritualizando assim o triunfo da força vital e da luz sobre os poderes negativos do caos, da escuridão e da morte.

No fim da Idade Média, um mito comum se espalhou do Norte ao Sul e do Leste a Oeste da Europa. Era a descrição da *procissão de espíritos* (de seres vivos ou dos mortos) conduzidos por uma anciã e que aparecia nas noites de *Walpurgis*, *Samhain* e *Yule* (respectivamente a véspera de 1º de maio, 31 de outubro e Natal). A condutora tinha nomes diversos, cavalgava um corcel negro com olhos de brasas e sua passagem por cima de uma casa era um mau augúrio. Até o ano de 1500 as pessoas deixavam oferendas de comidas e bebidas para *Perchta (ou Bertha) com nariz de ferro*, para obter a sua benevolência e proteção e evitavam sair nas noites da "Caça Selvagem", para não serem por ela arrastadas.

Holda pode ser invocada atualmente para encantamentos relacionados ao tempo (desde que seja respeitado o equilíbrio ecológico e sempre em benefício da Natureza e não dos interesses pessoais), na celebração do solstício de inverno e das ancestrais, para abençoar a casa e a família, conduzir atividades artesanais e criativas, proteger as parturientes e as crianças (antes e depois de nascerem). Um ritual específico da *Noite de Walpurgis* (30 de abril), ainda usado nos lugares mais remotos da Alemanha e adotado pelos praticantes neopagãos, visa invocar e atrair as bênçãos da deusa Holda para a casa e os familiares. Segue a sua descrição resumida, com as evocações dos atributos tradicionais:

Purifica-se o ambiente com incenso de cedro ou pinheiro e cria-se o círculo mágico, salpicando sal ou circulando com uma vela branca ao redor. Evocam-se os poderes das direções usando estes atributos: NORTE – o poder dos dedos gelados de Holda, que transformam a paisagem em seu manto de neve brilhante; LESTE – o poder do vento que limpa as nuvens escuras e traz esperanças de boa sorte e renovação; SUL – o poder do fogo sagrado, cujo brilho se reflete nas lareiras e seu calor derrete medos e obstáculos; OESTE – o poder da água que limpa e renova, conduzindo o barco da nossa vida para um abrigo seguro; CENTRO – invocar o poder dos guias e protetores espirituais e sua proteção para as casas e os familiares.

OBJETIVO DO RITUAL: honrar e invocar a deusa Holda e pedir suas bênçãos para a nossa vida, girando a "Roda do Ano" a nosso favor, nos trazendo novas oportunidades de expansão, aprendizagem e realização. Usam-se palavras adequadas e imagens que representem a preparação da terra para novas semeaduras, o florescimento dos projetos, a alegria e a paz no lar e nos relacionamentos, a abundância e o reconhecimento do nosso trabalho.

Pede-se a bênção da deusa Holda para as crianças recém-nascidas ou as que vão nascer, para as mães e mulheres da família, e a sua ajuda para continuar e ampliar o legado deixado pelas ancestrais. Podem ser escritos pedidos específicos em tiras de papel, que depois serão queimadas ritualisticamente no caldeirão ou na fogueira, visualizando a sua realização, prenunciada pela fumaça que se eleva como as orações aceitas pela deusa Holda.

Conduz-se uma visualização em que a deusa Holda se manifesta no seu aspecto benévolo, chegando em sua carruagem puxada por joaninhas, sorrindo e mostrando como melhor tecer e conduzir a sua vida. Ao perceber o seu abraço bondoso de avó milenar, agradecer suas bênçãos e presença em seu dia a dia, desde que ela cuidou e conduziu a sua atual reencarnação, tirando-a do seu sagrado e eterno poço de luz e amor (a fonte das almas à espera do nascimento). Leva-se depois uma oferenda de biscoitos de aveia, mel, maçãs, leite, grãos ou pão de cereais, deixando tudo ao lado de um rio ou córrego, embaixo de uma árvore frondosa ou perto de um arbusto com flores brancas. Podem ser usados fios de lã ou linho para amarrar pedidos e pendurá-los nos galhos de árvores frutíferas ou floridas. Outra opção é bordar a imagem do seu objetivo atual visualizando sua realização, enquanto está usando a agulha e os fios como condutores da energia de manifestação.

Em caso de aborto ou criança natimorta em família (ou de amigos), recomenda-se fazer um ritual mais simples, pedindo à deusa Holda que receba o espírito da criança no seu abraço amoroso e a conduza de volta para o seu poço sagrado, aguardando uma nova oportunidade de encarnar.

Para invocar os poderes da deusa Holda no seu *aspecto transmutador*, pode ser usado um ritual de "corte das cordas". Inicia-se o ritual um dia depois da lua cheia, continuando a mentalização até a lua nova. O material necessário consta em um rolo de barbante fino de algodão, uma tesoura, um altar com os elementos das quatro direções (ar, fogo, água e terra), tendo no centro um pequeno caldeirão de ferro ou cerâmica e uma imagem da Deusa.

Depois de criar um ambiente sagrado (com a purificação, criação de um círculo mágico, evocação dos guardiões e dos elementos), invoca-se a deusa Holda pedindo a sua bênção e permissão para o ritual. Depois de um curto relaxamento físico e mental e o centramento energético, procure se lembrar de situações em que não conseguiu exercer seu poder (de escolha, decisão, afirmação, mudança, realização) por medo, insegurança, crenças limitantes ou pressão de outras pessoas. À medida que irá lembrar-se destas situações, enrole um pedaço de corda naquela parte do seu corpo que representa bloqueios, amarras, marcas negativas, feridas emocionais ou uma limitação específica do seu poder (por exemplo: nos pés, tornozelos, joelhos, pernas, mãos, dedos, ventre, tórax, costas, olhos, boca, garganta, cabeça). Concentre-se mentalmente e emocionalmente em cada uma das situações em que foi impedida de exercer o seu poder e impregne energeticamente a corda com esta vibração. Anote em pedaços de papel o significado de cada corda e, após cortá-la, enrole-a ao redor do papel e guarde tudo ao lado da sua cama. Durante o intervalo entre uma fase da lua e a outra, em cada noite, antes de dormir, segure as cordas e releia o seu significado. Na noite da lua nova trace o círculo mágico, acenda a vela e o incenso do seu altar, invoque a deusa Holda e queime no caldeirão – uma por uma – as cordas, fazendo uma catarse energética com batidas de tambor, sapateado e gritos. Sinta e visualize a desintegração energética, enquanto a fumaça está subindo como uma oração de gratidão para a deusa Holda. Desfaça o círculo mágico e leve as cinzas para enterrá-las ao pé de uma árvore velha ou um arbusto com flores brancas, agradecendo à Deusa e aos seus protetores pela libertação, purificação e empoderamento alcançados.

Asteroide Holda

Classificado com o número 872, este asteroide faz parte do cinturão principal, tem um período orbital de 4,5 anos e foi descoberto em 1917 por Max Wolf. Devido à ausência de literatura a seu respeito, a interpretação no mapa astrológico deve seguir o simbolismo associado com o arquétipo que lhe deu o nome, levando em consideração a colocação do asteroide na casa e no signo astrológico e avaliando os aspectos com os planetas e os outros asteroides em realce no mapa.

Inanna, a Rainha Suméria do Céu

"Aquela que chegou do alto eu louvarei,
A grandiosa rainha do céu, Inanna, eu louvarei,
A tocha pura incendiada no céu, eu louvarei,
A luz divina iluminando o dia, eu louvarei,
A mais nobre no céu e na terra, coroada com grandes cornos,
Filha mais velha da Lua, Inanna, eu louvarei."

Estrela da Tarde. Antologia de Poemas Helena Barbas, 2004 on line

"No entardecer Tu brilhas suave e cintilante
De madrugada Tu brilhas poderosa e radiante,
No céu tens Teu lugar, assim como o Sol e a Lua
Na terra és conhecida pela Tua beleza e poder.
Para Ti eu oro, sagrada Sacerdotisa Celeste
A Ti Inanna, eu louvo e reverencio sempre."

Canto babilônio para Inanna. Patrícia Monaghan

 A Deusa foi venerada por milhares de anos no Oriente Próximo, ao longo das várias civilizações que floresceram e sumiram entre 3500-500 anos a.C. Foi conhecida sob vários nomes: *Ishtar, Astarte, Anahita, Ma, Asherah*, porém o seu nome mais antigo era *Inanna*, da cultura sumeriana. Reverenciada como a *Senhora do Céu e da Terra*, de cujo ventre fluía a abundância dos frutos da natureza e cujo brilho se refletia na estrela matutina ou vespertina, esta deusa poderosa detinha o poder da criação, o controle das leis do Céu e da Terra, o pleno poder de julgamento e decisão, a força da fertilidade e do amor.

 A antiga terra da Suméria (entre os vales dos rios Tigre e Eufrates) era desolada, árida e assolada por ventos. Mas com muita determinação e engenhosidade, os sumerianos conseguiram, através da irrigação e dos rituais de fertilidade, transformá-la no Jardim do Éden. Foram construídas várias cidades-estados, cercadas de campos e dominadas por templos de vários andares, chamados de *Ziggurat*. A cidade dedicada ao culto de Inanna era *Erech (Uruk)*, onde foram encontrados importantes vestígios do seu templo *Eanna* "A Casa do Céu", que tinha imponentes construções, altares e inúmeras estátuas e inscrições (os achados estavam em várias camadas arqueológicas datadas entre 5000-3000 anos a.C.). O templo era servido por sacerdotes e sacerdotisas, músicos, cantores, hieródulas e eunucos. Ao redor do templo tinha depósitos de cereais (administrados pelas sacerdotisas), tribunais de justiça, salas de cura e locais para o trabalho dos escribas e adivinhos.

A maior contribuição da Suméria para a civilização foi a invenção do complexo sistema de escrita com caracteres cuneiformes, impressos em tabletes de argila com "canetas" de junco. No início, a escrita começou com gravações pictográficas, usadas pelas sacerdotisas para guardar a contagem dos alimentos distribuídos por elas para a população. Depois, nos tabletes registraram-se mitos, poemas, canções de amor, lamentações, orações e declarações éticas e espirituais dos sumerianos (foram encontrados aproximadamente 6000 tabletes). Os hinos, poemas, mitos e contos sobre a vida dos deuses e os rituais para entrar em contato com eles eram gravados em símbolos cuneiformes sobre cilindros de pedra, que depois eram rolados sobre tabletes de argila. Os cilindros eram guardados nos templos como preces permanentes e os tabletes repartidos entre os sacerdotes. As escavações arqueológicas da Suméria revelaram vários níveis de construções erigidas ao longo de 4000 anos, sendo os de 3500-2900 a.C. ligados à história de Inanna. Os dados sobre seus mitos encontrados nos tabletes de argila foram estudados e reconstituídos por vários pesquisadores.

Inanna desempenhou o papel mais importante nos muitos sumerianos, inspirando os poetas como a "Deusa do Amor", cantada em inúmeros hinos líricos, eróticos e passionais. Estes hinos eram cantados durante os rituais de *hieros gamos* – o casamento sagrado entre os reis da Suméria e as sacerdotisas de Inanna, que personificavam a própria Deusa. Estes rituais almejavam transferir aos reis o poder de liderança e de fertilidade, sendo necessários para ativar o ciclo anual da vida, reencenando o mito da descida anual do Céu de Inanna, para se unir na Terra ao pastor Dumuzi, despertando através da sua união apaixonada a natureza adormecida.

Nos mitos mais antigos Inanna é descrita como a *Mãe Criadora, a Soberana,* reconhecida pelas outras divindades como a *Grande Mãe Serpente do Céu*, sentada no trono guardado por leões, segurando o seu cetro do poder e adornado também por uma cabeça de leão. A sua insígnia era a rosácea de oito pétalas – ou a estrela de oito raios – estilização do planeta Vênus, a corda, o nó e os pilares do portal, que simbolizavam os depósitos de cereais cercados de ovelhas, representando o dom da fertilidade e do crescimento vegetal.

Inanna – ou Ishtar como era chamada no Norte da Suméria – era uma das três grandes deusas da Idade do Bronze (as outras duas sendo Ísis do Egito e Cibele da Anatólia), que representavam a imagem da Grande Mãe, cultuada pelas civilizações antigas que existiram entre Europa e Índia. Inanna define o arquétipo feminino dos mitos que surgiram ao longo de cinco milênios e que serviu de base para as imagens de Eva, Sofia, Hokhmah, Shekinah e Maria. Inanna era vestida pelo céu e coroada pelas estrelas, suas joias de lápis-lazúli refletiam o azul celeste e as nuances azuis esverdeadas do mar primordial. Ela tinha um colar de arco-íris e o seu cinto era formado pelo zodíaco. Os chifres lunares adornavam sua cabeça confirmando a origem lunar, ela sendo ao mesmo tempo regente do Céu, da Terra e do Mundo Subterrâneo. Desde 3500 a.C. Inanna foi venerada como a Grande Deusa da Suméria e nomeada de "Rainha Virgem do Céu e da Terra", que passeava pelo mundo na sua carruagem puxada por leões (seus animais sagrados).

Os textos cuneiformes preservaram seus inúmeros títulos: *Rainha do Céu e da Terra, Luz do mundo, Estrela matutina e vespertina, A filha primogênita da Lua, Juíza implacável, A que perdoava, Pastora divina, Hieródula celeste, A que abria o ventre, A doadora da fertilidade, O milagre da terra.* Os hinos e orações oferecidos para Inanna no Sul da Suméria e para Ishtar no Norte anteciparam os atuais tributos para Maria, assim como a luz crescente e o planeta Vênus são seus símbolos em comum. O sacrifício do consorte de Inanna – que morria no auge do verão nas colheitas do trigo e renascia com a brotação das sementes – e o filho de Maria que morre e renasce anualmente, são imagens semelhantes, que aparecem nos mitos sumérios e nas histórias cristãs. Imagens de Inanna com o filho no colo, tendo ao seu lado o crescente lunar e a estrela com oito raios anteciparam a história cristã do nascimento de Jesus, anunciado pela estrela que conduziu os magos. É possível que os evangelhos de Lucas e Mateus – que descrevem o nascimento, sofrimento, crucificação e ressurreição de Jesus – fossem inspirados pelos mitos antigos de Inanna e seu filho/consorte Dumuzi, seus títulos sendo a "Divina Pastora" (para Inanna), o "Senhor das ovelhas" e o "Senhor da vida" (para Dumuzi). Foi comprovado que o Velho e o Novo Testamento são repletos de imagens e histórias oriundas da Suméria e que chegaram à cultura judaica através das civilizações da Babilônia, Assíria e Canaã. Muitos dos mitos destas culturas são bem mais antigos, um fato relevante que explica a herança mítica de Ishtar, a Grande Deusa da Babilônia e da sua antecessora suméria Inanna.

Os sumérios acreditavam que o mar primordial era a origem de toda a criação regida por *Nammu*, uma deusa serpente. Ela gerou a Terra (*Ki*) e o ar (*Enlil*), de cuja união nasceram todos os outros deuses, seus filhos. *Ki* – renomeada *Ninhursag* – era a deusa da vida e da fertilidade, seus templos datados de 2000 a.C. tendo sido erguido sobre as ruínas de construções anteriores. As imagens revelam a sua descendência das deusas neolíticas com formas de animais e de pássaros; *Ki/Ninhursag* era a Mãe de todos os seres vivos, dos deuses e da humanidade, da terra e dos animais. Ela presidia os nascimentos e era invocada como "Aquela que abria o ventre", mas ao mesmo tempo recebia os mortos no seu reino subterrâneo à espera do renascimento. Inanna herdou muitos aspectos de Ki/Ninhursag e a sua essência como regente da vida e da morte, tendo a mais, características lunares e estelares (associadas com Sirius e o planeta Vênus). Como Guardiã das *Me*, as tábuas sumerianas da justiça, ela personificava a lei e o aspecto cíclico da vida. Seu mito realça a conexão entre luz e escuridão, plenitude e aridez da terra, vida (no seu aspecto de deusa virgem e mãe) e morte (personificada por sua irmã Ereshkigal, Rainha do mundo subterrâneo).

Como *insígnias do seu poder*, Inanna carrega o caduceu e o machado com lâmina dupla, símbolos do poder de dar e tirar a vida, assim como seus animais: pomba branca e andorinha, em contraponto à víbora, dragão e escorpião. Inanna demonstra tanto os sentimentos de amor e generosidade, quanto raiva e vingança, sendo a própria manifestação das "Leis da Vida", que regem os destinos humanos. Seus templos eram decorados com chifres lunares, apontando o poder lunar para fertilizar a terra e nutrir com o leite branco da vaca celeste (leite, água, sêmen, chuva e orvalho eram ligados aos aspectos lunares doadores de vida). Como "Rainha da Terra" Inanna regia: cereais, videira, palmeira, figueira, oliveira, macieira, tamareira, cedro e plátano. Seus animais eram: leão, vaca, pássaros, répteis. As oferendas para seus altares eram de pães especiais, cereais, frutas (tâmaras, figos, maçãs), azeitonas, azeite, mel, vinho, cerveja, leite e sacrifícios de animais.

Como "Grande Deusa", Inanna rege também os extremos naturais como terremotos, monções, enchentes, incêndios, erupções vulcânicas, tempestades. Numa antiga inscrição assíria, Inanna aparece montada num touro furioso, fazendo chover fogo e devastando a terra. Nas descrições assírias, ela aparecia numa pose marcial, vestindo uma armadura, segurando arco e flecha e conduzindo os exércitos para a vitória; a guerra era chamada de "dança de Inanna". Porém, ela também aparecia nua, alada e coroada por estrelas, segurando seus seios num gesto de oferenda, o corpo voluptuoso em forma de cálice e com seu símbolo, a rosácea ou a estrela de oito raios. Contava-se que ela tinha descido do Céu para trazer prosperidade ao seu povo e depois mergulhou no Mundo Subterrâneo, o reino da morte, em busca de sabedoria. Como *Senhora dos mil ofícios*, era padroeira de centenas de atividades e funções, sendo a deidade feminina principal do seu povo, regente do mundo natural, da estrela matutina e vespertina (o planeta Vênus), da maternidade e da família, mas sendo ao mesmo tempo padroeira das prostitutas e da cerveja. Inanna teve inúmeros amantes e consortes, mas a sua maior ligação foi com o pastor Dumuzi, sua união sexual anual vista como fonte de fertilidade e de abundância da terra.

Os sacerdotes de Inanna – como era constante com todos os sacerdotes ligados ao culto da Deusa-Mãe – eram homens que assumiam a identidade feminina de forma radical, esmagando os próprios testículos entre duas pedras. Era crença comum de que a transformação de um homem em mulher para o serviço de Inanna não era escolha da pessoa, mas do destino, que se apresentava na forma de sonhos, quando o candidato a sacerdote ainda era muito jovem. Denominados *Assinnu*, os sacerdotes eram vistos como os representantes mortais de Inanna e considerados seres mágicos, seus amuletos e talismãs tidos como muito poderosos, capazes de proteger o usuário de todo mal. Acreditava-se até mesmo que, o simples fato de tocar a cabeça de um *Assinnu* concederia ao guerreiro poder e proteção para derrotar todos os seus inimigos. Como artistas rituais eles tocavam lira, címbalos e flautas e compunham hinos e lamentações, todos em *Emesal*, a língua secreta reservada às mulheres, tida como um presente direto de Inanna, ao contrário da língua comum de homens, *Emeku*.

Em torno de 3000 a.C. o predomínio dos cultos dedicados à Grande Deusa começou a ser enfraquecido pela sua divisão em deusas menores, dividindo também seus atributos com divindades masculinas (resultado da influência crescente dos valores patriarcais indo-europeus). Surge um panteão de divindades com natureza sobrenatural, mas com formas e comportamentos humanos (comem, bebem, fazem amor, brigam, são ciumentos, raivosos, compassivos, sábios), mas que têm o poder de julgar a humanidade e governar seu destino. Os seus representantes eram os sacerdotes masculinos que governavam os templos e cidades. Nesta transição aparece um deus chamado *An* que assume o reinado do Céu, enquanto o deus *Nana Sin* rege a Lua, *Enki* a sabedoria e *Utu*, o irmão de Inanna, representa o Sol, mas Inanna continua sendo a Deusa principal. Os inúmeros mitos e hinos dedicados a Inanna descrevem sua trajetória como a jovem que é cortejada, a mulher que vive prazerosamente a sua beleza e paixão e a matriarca madura, que busca a sabedoria através da descida e morte no mundo subterrâneo.

O ciclo começa com a criação do mundo e da árvore *Huluppa*, que emerge do chão e cresce para o céu, simbolizando a "Árvore da Vida", conectando os três mundos (céu, terra e mundo subterrâneo). A jovem Inanna salva a árvore do dilúvio e a leva para o seu jardim, cuidando dela. Ela precisa afirmar a sua feminilidade, seu potencial e soberania ao escolher um parceiro para casar; porém, deve providenciar antes do casamento um trono e uma cama nupcial e para isso pretende usar a madeira da árvore. Entrementes, na árvore apareceram três inquilinos – na raiz ficou abrigada a serpente que ninguém conseguia afastar, a moça *Lilith* que morava no tronco e o pássaro *Anzu*, que tinha construído nos galhos o ninho para seus filhotes. Inanna sentia-se impotente para resolver esta situação e chorava sem parar; após um tempo decidiu agir e chamou seu irmão *Gilgamesh* para ajudá-la. Ele – o herói forte e corajoso – chegou altivo portando o seu machado de ferro, cortou a árvore e matou a serpente, mas o pássaro e Lilith fugiram para longe. A explicação metafórica desta história reflete as modificações da cultura sumeriana na época de transição da sociedade e da religião matrifocal para o patriarcado. A natureza não é mais respeitada (a árvore deve ser cortada) e os três inquilinos que representam as três manifestações da Deusa (o poder da serpente, a sexualidade de Lilith e a criatividade da Deusa simbolizada pelo pássaro), são anuladas e afastadas. Inanna ficou desesperada ao ver as imposições e concessões que ela devia fazer para poder ter um trono e continuar a reinar, e assim decide agir para alcançar mais sabedoria.

Para isso, Inanna irá empreender uma segunda descida (a primeira foi do Céu para a Terra), indo para o Mundo Subterrâneo, em busca de conhecimento espiritual e sabedoria. Ela é Rainha do Céu e da Terra, mas desconhece o Mundo Inferior e os Mistérios dos Mortos, que pertencem a sua irmã. *Ereshkigal* (vide o seu mito na pág. 196) era previamente uma deusa dos grãos, mas tinha sido exilada pelos deuses para o submundo, não mais um lugar de transformações, mas de terror e aridez, que não permitia a volta. Ela vivia sem acompanhantes, comia poeira e bebia água lodosa e aos poucos se tornou raivosa, cheia de inveja e cobiça, desalmada, compulsiva, instintiva, sem amor para dar, solitária e abandonada. Enfurecida pela intenção de Inanna em penetrar no seu mundo, com medo dela acordar e reviver os mortos, Ereshkigal instruiu os guardiões dos portais para obrigarem Inanna a se despir de todas as suas insígnias de poder. Inanna tinha se preparado vestindo os sete *Me* (os símbolos do seu poder de soberania), em forma de adornos: sua coroa de soberana, dois colares – um longo, outro curto –, a placa peitoral, brincos e pulseiras de ouro, cinto e túnica celeste salpicada de estrelas para se proteger. Também ensinou a sua auxiliar *Ninshubar* para procurar ajuda, caso ela não voltasse dentro de três dias.

A descida de Inanna representa uma viagem xamânica, um mergulho no vazio, no desconhecido, no ventre escuro da Mãe Terra em busca de conhecimento e experiência no ciclo completo da vida. Inanna quer prestar solidariedade à sua irmã, que chora a morte recente do seu marido *Gugalana*; na realidade, sem que saiba, ela precisa encontrar a sua *sombra*, o lado escuro, para poder conhecer a sua plena natureza. Porém, para entrar no mundo subterrâneo (do inconsciente) ela deve se despir de todas as posses, abrir mão da sua identidade e atributos, para se conectar com a sua verdadeira natureza. Esta descida implica também um *sacrifício* (sacro-ofício), uma troca de energia para alcançar seu objetivo de conhecimento espiritual.

Em cada portal Inanna precisa abrir mão de um dos *Me*, seus atributos e adornos. Depois de atravessar o sétimo portal, ela chega completamente nua na frente de Ereshkigal, recebe o seu impiedoso "Olhar da Morte" e cai fulminada no chão. Ereshkigal a pendura num gancho, preso no poste, onde seu corpo começa a apodrecer. No mundo mediano (a Terra) Ninshubar vai pedir ajuda aos deuses, que recusam, pois Inanna não devia ter empreendido a descida sem a permissão deles. Apenas o seu avô *Enki* comove-se do sofrimento da sua neta e, da sujeira debaixo das suas unhas (por ele ser um deus da água e da lama), ele cria dois seres assexuados – *Galas* – e os envia para levar a "comida e a água da vida" para ressuscitar e resgatar Inanna. Eles passam sem serem vistos pelos guardiões e chegam perto de Ereshkigal, que chora e lamenta a sua angustia, o seu vazio (dentro e fora), a sua solidão, as suas perdas, a sua dor, por ter perdido o marido e ela mesma ser estéril. Os dois *Galas* começam a lamentar com ela, repetindo suas palavras, sem emitir nenhum julgamento. Ereshkigal sente-se reconfortada com este gesto inesperado de solidariedade e mostra sua compaixão concordando em devolver Inanna, porém exigindo alguém em troca. Os *Galas* aspergem a "água da vida" sobre Inanna, lhe oferecem a "comida da vida" e a levam de volta. Ao permitir este ato de compaixão, Ereshkigal cura-se a si mesma, transcendendo e superando suas mazelas, dores e ressentimentos.

Ao voltar para Uruk, Inanna encontra todos do palácio de luto lamentando a sua morte, a terra estéril e seca, os animais morrendo. Apenas seu consorte *Dumuzi* festeja o seu novo poder de rei viúvo, feliz e refestelado no trono. Enfurecida, Inanna fixa nele o "Olhar da Morte", entregando-o para Ereshkigal. Dumuzi foge assustado, chorando e pedindo ajuda à sua mãe e irmã, em lugar de aceitar a oportunidade para a sua morte e renascimento. A irmã *Geshtinanna* deixa-se comover e se oferece para ir em seu lugar; Inanna concorda – em parte – e decide que cada um dos irmãos ficará seis meses no mundo subterrâneo, se revezando. Durante a ausência de Dumuzi, Inanna chora a sua falta, a terra ressente-se e fica seca; quando ele volta, ela se alegra e a paixão deles, renovada e reativada, enche a terra de flores e frutos.

Este mito é a representação do arquétipo do sacrifício necessário para alcançar conhecimento espiritual e sabedoria, através da integração da luz e da sombra (as duas irmãs representam dois aspectos do mesmo ser, sendo, portanto, polos complementares). A perda da fertilidade da terra exige uma troca de energia simbolizada pelo corpo de Inanna e a cura de Ereshkigal é alcançada pela sua própria compaixão e perdão. O ato de Inanna tirando suas roupas e adornos, simboliza o desapego das ilusões e falsas identidades para chegar mais perto da sua essência, deixando para trás máscaras, comportamentos e aspectos desnecessários. Alcançam-se assim novos níveis da consciência, abrem-se os chacras, identificam-se as perdas de poder e os meios para recuperá-lo de volta daqueles que o assumiram indevidamente (ou como reassumi-lo quando se abriu mão dele por medo ou acomodação).

A dramatização de um antigo mito lunar equipara a descida de Inanna ao mundo subterrâneo e a sua ascensão com o desaparecimento da Lua durante os três dias da fase escura e sua volta no início da lua nova. Para que Inanna tivesse a permissão de voltar, ela teve que propor outra pessoa no seu lugar, e para poupar seus filhos, ela indicou Dumuzi, seu consorte, mas que tinha usurpado o trono aproveitando-se da sua ausência. Cedendo aos apelos de outra mulher, Geshtinanna – a irmã de Dumuzi – Inanna concorda em dividir a estadia no mundo subterrâneo entre os irmãos, cada um ficando meio ano. A encenação ritualística deste sacrifício incluía adereços e trajes sofisticados. A dramatização da morte do rei representando o final das colheitas no outono e seu renascimento festejado no equinócio de primavera, ambas as datas marcadas pela aparição e desaparecimento da estrela Sirius. O ritual era acompanhado de hinos, orações e lamentações das mulheres encenando a dor de Inanna pela perda do seu amado (e que anteciparam a representação semelhante do sofrimento de Maria pelo sacrifício do seu filho). No mito babilônico, *Ishtar* – equivalente da Inanna sumeriana – desce nas entranhas da terra para resgatar *Tammmuz* e despertá-lo para a vida.

Ambos os mitos descrevem o mundo subterrâneo como um lugar assustador, povoado por espíritos e demônios que tentavam possuir as almas de homens e mulheres. O mundo dos mortos era separado dos vivos por um rio caudaloso, que devia ser atravessado pelas almas. Estas imagens deram origem ao medo humano diante da morte, vista como um final absoluto e inevitável e não mais como um rito de passagem entre duas dimensões ou fases do ciclo da vida. A dissociação entre luz e sombra, conhecido e desconhecido, bom e mal criou o medo e o pavor perante a morte, que foi associada no cristianismo com o inferno e os demônios. No entanto, o verdadeiro simbolismo da descida de Inanna e Ishtar é interpretá-la como uma viagem xamânica, para conhecer e compreender os mistérios da morte, através do sacrifício e desapego. A encenação do mito representava um rito de iniciação e a aceitação da morte, vista como uma fase do ciclo natural da existência e a entrada em uma nova fase de evolução.

De acordo com a escritora Elinor Gadon, *o mito de Inanna representa a expansão do patriarcado em detrimento das religiões da Grande Deusa*. A cultura suméria era muito focada na vida e, ao relegar um aspecto da Deusa para o escuro mundo subterrâneo, foi enfatizada a ajuda masculina para preservar o aspecto luminoso. Ereshkigal representava a face escura da Deusa, a raiva, rebeldia, independência e desejo de vingança, energias que existem no mundo – antigo e atual – e que não podem ser eliminadas, apenas ignoradas ou ocultadas. Enquanto Inanna era a Rainha Celeste, Ereshkigal (ou *Irkalla*) era a Soberana do mundo subterrâneo e da escuridão, mas, originariamente, ela tinha sido uma Deusa dos grãos, que assumiu a tarefa de abrigar as almas dos mortos no seu ventre. Ereshkigal vivia sozinha no Grande Desconhecido, sem amor ou satisfação sexual, sentindo-se abandonada, cheia de fúria, inveja, desespero e dor. Seu reino – *Irkalla* ou *Kur* – era escuro, ermo, estéril, cheio de lama e poeira, sem saída para quem nele entrasse. Ela aceitou esta tarefa que nenhum dos outros deuses tinha aceitado; quando Inanna chegou ao portal e exigiu sua entrada, Ereshkigal concordou, mas exigiu que fosse cumprida a lei antiga do sacrifício exigido para que fosse permitida a sua passagem. Ela alcançou assim a sua vingança – motivada por ciúme e inveja – ao despir Inanna das suas insígnias, vê-la nua e submissa na sua frente, fulminá-la com o raio da morte e pendurá-la de cabeça para baixo em um gancho.

O caminho iniciático de Inanna representa o aprendizado em saber lidar com a nossa sombra personificada por Ereshkigal, quando penetramos nos escuros recônditos do subconsciente. Empreendemos voluntariamente esta descida quando desejamos entrar em contato com os nossos aspectos desconhecidos. Porém, somos obrigadas a mergulhar na escuridão interior quando passamos por depressão, luto, choques emocionais, perdas, traumas e doenças. Ou, quando precisamos fazer escolhas e tomar decisões nos momentos cruciais da vida, tendo que reconhecer e encarar as emoções reprimidas. Podemos escolher nossa maneira pessoal para "descer", explorar nossas sombras e integrá-las no nível consciente; se o mergulho for profundo, poderemos transformar o nosso eu consciente e reorganizar nossa vida. No mito de Inanna, a sua trajetória segue o caminho tradicional da "viagem xamânica", percorrendo o labirinto telúrico, descendo para o mundo subterrâneo, encarando as sombras, sofrendo com o desapego, passando pela "morte" e transmutação e fazendo um sacrifício para poder renascer no plano espiritual.

Através da morte simbólica, Inanna alcança a compreensão do ciclo completo de vida e morte, da dor e do sacrifício necessário para atingir a sabedoria. Ela inicia a descida por curiosidade e para alcançar um patamar mais elevado de competência e liderança. Mas, para ter este benefício, ela deve abrir mão da sua identidade, simbolizada pelos seus pertences reais. Para voltar ao seu reino, ela deve sacrificar alguém e apesar do seu amor por Dumuzi, ela o escolhe quando descobre a indiferença, omissão e traição dele. O sacrifício simboliza a troca de energias necessárias quando iniciamos uma peregrinação, iniciação ou busca de uma visão espiritual maior. O desapego – no nível emocional, mental ou espiritual – representa um sacrifício, mas precisamos também do silêncio, observação, escuta e entrega, sem questionamentos ou dúvidas. O mergulho na profundeza de nós mesmas deve ser feito tantas vezes quantas forem necessárias para encontrar nossas partes perdidas, exiladas, ocultadas ou negadas. Para restaurar nossa integridade temos que reconhecer e acolher todos nossos aspectos – claros e escuros – para que assim nos tornemos a ser quem verdadeiramente somos, desde o princípio da nossa trajetória. A união da luz e sombra representadas por Inanna e Ereshkigal deve ser um processo consciente e voluntário, assim como é descrita a descida de Inanna.

"Fui até lá de livre vontade. Fui até lá com meu vestido mais lindo, minhas joias mais preciosas e a minha coroa de Rainha do Céu. No inferno, diante de cada um dos sete portões, fui desnuda sete vezes de tudo o que pensava ser, até que fiquei nua daquilo que de fato sou. Então eu a vi, Ela era enorme, escura e peluda e cheirava mal, tinha cabeça e patas de leoa e devorava tudo que estivesse à sua frente. Ereshkigal, minha irmã, Ela é tudo o que eu não sou. Tudo o que eu escondi. Tudo o que eu enterrei. Ela é o que eu reneguei. Ereshkigal, minha irmã Ereshkigal, minha sombra Ereshkigal, meu Eu escuro."

Oráculo da Deusa. Amy Sophia Marashinsky

A seguir serão dadas as correlações do arquétipo de Inanna para uma melhor conexão ritualística e a elaboração do ritual.

Correspondências

- Objetos: os sete *Me*, rosácea ou estrela com oito raios, arco e flecha, placa peitoral, portal, colunas, joias de lápis-lazúli (coroa, colar, pulseiras), manto, *labrys*, caduceu, cetro.
- Animais: ovelha, carneiro, leão, coruja, serpente, escorpião, pomba, andorinha.
- Plantas: cedro, cipreste, romã, videira, macieira, cereais, cânhamo, junco, lótus, tamareira, damasco, oliveira, plátano.
- Incensos: mirra, benjoim, olíbano, âmbar, cipreste, canela, lótus, laranja.
- Metais e pedras: ouro, prata, cobre, granada, lápis-lazúli, turquesa, esmeralda, sodalita, obsidiana, pedra da Lua.
- Cores: azul, verde, dourado, vermelho.
- Números: 3, 7, 8, 15.
- Planetas: Vênus, Lua, Terra.
- Elemento: ar, terra.
- Dia da semana: sexta-feira.
- Oferenda: pão, mel, vinho, frutas (tâmara, damasco, maçã), cerveja, leite, cereais.
- Asteroide: catalogado com o número 3497 e o nome Innanen.

Ritual para Inanna e Ereshkigal

O propósito deste ritual (que pode ser individual ou grupal) é empreender uma "descida" voluntária para se desapegar de falsos valores e conceitos desnecessários, entrando em contato com a sombra, para reorganizar e renovar seu ser pela ampliação da consciência.

Depois da purificação do espaço com incenso de cedro ou olíbano, preparar o altar colocando na mesa uma toalha azul escuro, no centro, uma imagem de Inanna e os elementos mágicos nas quatro direções (uma vela azul, um cálice com água, uma pedra azul – lápis-lazúli ou sodalita –, incenso de olíbano). Acrescentar uma cesta com oferendas: pão de grãos, mel, tâmaras, damascos, passas e uma taça com vinho tinto. Após a devida preparação com relaxamento físico, centramento e introspecção, criar uma egrégora de luz azul pela visualização e fazer as invocações para os seguintes portais energéticos: LESTE – invocar Inanna, Rainha do Céu e da Terra, que traz a iluminação e renovação espiritual; SUL – louvar o poder do amor, o casamento sagrado entre Inanna e Dumuzi e a sexualidade de Lilith; OESTE – invocar Ereshkigal, a Rainha do Mundo Subterrâneo, a permissão e proteção para mergulhar na escuridão e deixar morrer o "velho Eu"; NORTE – invocar as ancestrais de Inanna, detentoras de sabedoria, que possam guiar a nossa jornada.

Depois de uma prática de respiração e alinhamento energético, segue uma meditação dirigida ao som de uma música adequada (batidas compassadas de tambor ou instrumentos de cordas), procurando "descer" para o mundo subterrâneo. Visualizam-se os sete portais e os guardiões para quem devem ser entregues seus "símbolos de poder": aspectos, conceitos, comportamentos ou amarras que são ultrapassados e impedem o seu crescimento espiritual. Ao chegar "despida" na frente de Ereshkigal, encarar a dor acumulada ao longo da vida, que não foi expressa ou transmutada. É um momento de liberação energética através de lamento, choro, gestos, gritos e a entrega sem resistência ao processo de catarse emocional.

Segue a identificação com o sofrimento de Ereshkigal, representando o seu próprio subconsciente (Eu inferior) e os registros negativos e lembranças dolorosas (que podem ser anotadas para serem depois queimadas). Lembrar os períodos de solidão, abandono, tristeza devidas a perdas, traição, aridez, raiva (pela falta de apoio e reconhecimento), a manipulação afetiva (por parentes, cônjuges ou namorados), a inveja em relação a outras mulheres, a fixação no sofrimento se colocando no papel de vítima, a desistência para reagir ou buscar soluções.

Após o esvaziamento das lembranças e emoções dolorosas, visualizar a energia luminosa de Inanna, permeando a sua aura com o sentimento de amor e perdão pelo seu Eu reprimido e sofrido. Sentir no seu âmago o processo de cura e integração dos atributos das duas deusas, que representam os aspectos de luz e sombra, do eu superior e inferior, polos complementares que coexistem em cada ser humano, mesclados e harmonizados.

Rever o trajeto da "descida" e verificar quais dos seus atributos, conceitos, valores, comportamentos que entregou aos guardiões dos portais quer "receber" de volta ou que ainda precisa trabalhar. Finalizar o ritual queimando o papel com as anotações negativas, usando uma pedra de cânfora em um recipiente adequado. Depois visualizar o recebimento da "água e da comida da vida", bálsamos entregues pelos seus espíritos protetores. Tomar um gole de vinho ou água, comer uma tâmara (passa ou damasco) e um pouco do pão de grãos, coberto com mel, em conexão com a oferenda que irá entregar para a Deusa. Afirmar para si mesma: *transformação não é mudança, é morte seguida de renascimento.*

Agradecer às forças divinas invocadas, desfazer a egrégora e levar a oferenda para as raízes de uma árvore frondosa, mentalizando o recebimento dos dons ancestrais da árvore Hullupa (sexualidade, criatividade e poder de transformação). Abraçar a árvore e agradecer à Lilith, à serpente e à Mãe Pássaro ancestral (a representação da Deusa Mãe neolítica).

Um aprofundamento da "descida" pode ser feito meditando a respeito das seguintes questões:

- Você concorda que a luz significa o bem, aumento, bem-estar e felicidade, opondo-se à escuridão, que representaria as forças do mal, diminuição, medo e tristeza?
- Você tem medo do escuro? Como se sente quando falta luz e fica na escuridão? Você dorme com a luz acesa? Como se sente quando precisa entrar em um quarto escuro, porão, gruta, kiva ou sauna sagrada?

- Como se sente em relação à velhice? Você tem medo de envelhecer? Você esconde ou mente sobre sua idade? Como reage com as pessoas idosas? Sente-se mal, entra em pânico ou evita pensar no assunto? Alguma vez esteve em um asilo ou casa de repouso? Ficou o tempo necessário ou procurou sair logo?
- Como se sente em relação à morte – sua ou de entes queridos? Tem medo de morrer? Sente-se traída ou abandonada se perder algum ente querido? Consegue expressar sua raiva e dor? Permite-se viver o período de luto?
- Você passa por estados de ansiedade, depressão, tristeza ou "fases negras" no mês anterior ao seu aniversário, durante o inverno e dias nublados, durante a menstruação ou ao ser confrontada por mudanças repentinas em seu esquema de vida? Alguma vez já lhe ocorreu que estas "fases negras" são períodos cíclicos dos processos da vida, necessários para promover a regeneração e o nascimento de algo novo?

Para completar o ritual, pode ser feita uma meditação de cura feminina, que usei anos atrás, em uma vivência grupal em Brasília, seguindo a sugestão a seguir.

Meditação para a cura feminina
A reconsagração do portal do Templo de Inanna

Use a sua vontade e poder de imaginação e desloque-se mental e espiritualmente para a antiga terra da Suméria, 4000 anos atrás. Em lugar do atual deserto, naquela época o solo era fértil, com inúmeros canais de irrigação e campos verdes, onde se cultivava arroz e trigo.

Estamos na beira de um destes canais, no entardecer, olhando para a superfície da água que reflete o azul intenso do céu e as nuvens fugazes. Um barco conduzido por uma mulher se aproxima e nós subimos nele. A mulher usa um manto sobre uma túnica azul e uma tiara sobre suas tranças escuras, ela é sacerdotisa de Inanna e veio nos levar para a cidade de Uruk, sede do templo e local de uma celebração muito especial. O barco desliza silenciosamente e, à medida que a noite cai, as estrelas começam a aparecer, entre as quais, sobressai-se a Estrela

Vespertina, a constelação de Inanna, que brilha com uma luz azulada, seu piscar assinalando uma data importante do calendário celeste dedicada à Rainha do Céu.

À medida que o barco se aproxima da cidade, são ouvidas vozes, canções e músicas instrumentais, pontuadas com batidas de tambores e toques de címbalos. Tochas iluminam casas e filas de pessoas e o ar torna-se perfumado com cheiro de incenso e flores. Descemos do barco e acompanhamos a procissão que segue ruas tortuosas, até parar na frente de um templo de mármore branco, iluminado por lampiões coloridos. A pesada porta de cedro entalhado está fechada e a cerimônia que iremos presenciar fará a reconsagração do templo, que tinha sido invadido e profanado por tribos bárbaras. Uma sacerdotisa começa a falar sobre a recente guerra e invasão e a necessidade da restauração da porta, já realizada no plano físico, mas que deve ser completada com um ritual sagrado, para restabelecer e permitir novamente a conexão do povo com a Deusa. Durante os últimos três dias, as sacerdotisas tinham passado por preparações e purificações, bem como limpado e restaurado o interior do templo. Como deusa do amor e da guerra, da sexualidade e criatividade, do crescimento e desapego, da vida e morte, Inanna reconciliará os opostos, levando à cura e renovação de tudo o que tinha sido destruído, violentado ou profanado.

A batida dos tambores se intensifica, a multidão silencia e vemos uma fila de sacerdotisas, que avança lentamente no meio das pessoas. Elas usam vestes cerimoniais e adornos, trazem oferendas, instrumentos musicais, objetos mágicos e entoam cânticos sagrados. Param na frente do templo e uma sacerdotisa-cantora começa uma narração que descreve a história do templo, a sua profanação e como ele será reconsagrado, representando assim, de maneira simbólica, a cura de todas as mulheres, cujas vaginas também são portais sagrados. Ela pede que todas nós coloquemos nossas mãos sobre o ventre imaginando a sua cura, caso ele tenha sido violentado, agredido ou ferido; caso ele não tenha nenhuma marca de dor ou tristeza, que possa vibrar e ficar fortalecido. Enquanto o templo será purificado ritualisticamente e novamente abençoado, as mulheres devem orar e pedir à Inanna que ela cure e consagre seus próprios ventres, corações e mentes.

A sacerdotisa sobe devagar os degraus até a porta e começa a untá-la com óleos aromáticos e mel, enfeitando-a com flores e folhagens, enquanto entoa uma canção. Ela toca levemente com as mãos a superfície de madeira entalhada e entoa orações, que pedem a permissão para entrar. De repente, a porta começa a se abrir devagar, deixando passar um feixe de luz azulada. A multidão de mulheres aplaude e entoa cânticos, muitas delas choram e acariciam seus seios e ventres, entoando o nome de Inanna. Uma por uma, as mulheres se aproximam do portal, untando-o a sua vez com óleo e acariciando seus ventres. As sacerdotisas entram em primeiro lugar, se ajoelhando com reverência e gratidão, orando e cantando. Quando a porta se abre totalmente, uma onda de energia surge do templo e cada pessoa sente arrepios, o que aumenta o estado de reverência e expectativa. Alguém aponta para o céu, e olhando, vemos que a Estrela de Inanna está exatamente acima do templo, envolvendo-o com sua luz azulada. Os tambores batem mais fortes e, respeitosamente, a multidão entra devagar, atravessando um pátio decorado com arabescos dourados e depois entrando no santuário externo, iluminado por tochas e perfumado por fumaças de sândalo. Uma música suave ressoa e ouvimos um gongo tocando por seis vezes. Devagar, seguimos um corredor até chegar em frente a uma porta dourada e incrustada com pedras preciosas, que se abre para o santuário interno. Com profundo respeito e imensa gratidão, entramos no recinto sagrado e nos ajoelhamos. Na frente do altar está a Suma Sacerdotisa de Inanna, usando uma tiara de lápis-lazúli e coral e uma túnica dourada e bordada com pedras preciosas. Ela nos faz um sinal para que expressemos nosso pedido de cura ou nossa oração de gratidão. Permanecemos em contemplação e reverência, sentindo a poderosa energia do ambiente envolvendo nosso ser, aliviando dores antigas ou recentes, tranquilizando nosso coração, acalmando nossa mente. Percebemos que ondas de calor tocam os lugares feridos do nosso ser, restaurando a integridade do nosso ventre e reconsagrando a nossa feminilidade. Uma energia amorosa invade o nosso coração e correspondemos irradiando perdão para todas as pessoas que nos feriram, injustiçaram ou se aproveitaram da nossa fragilidade física, emocional ou mental. Aos poucos, as memórias dolorosas e os sentimentos negativos vão se dissipando e temos a certeza de que a cura recebida irá se manifestar em vários aspectos da nossa vida no decorrer dos próximos meses. Sabemos, no entanto, que a partir desta graça recebida, nos tornamos responsáveis por zelar e preservar a sacralidade do nosso "templo interior", defendendo-o de invasões físicas e poluições psíquicas e permitindo a entrada apenas daqueles seres e energias que vão respeitá-lo e honrá-lo, reconhecendo em nós a essência sagrada da Deusa.

A sacerdotisa nos faz um sinal para retornarmos; empreendemos o caminho de volta saindo do santuário interno, seguindo pelo corredor e o pátio externo e descendo a escadaria. Olhamos pela última vez o templo resplandecente e o seu portal que agora brilha e pulsa com vigor e beleza. Entramos no barco que nos leva de volta ao nosso ponto de partida, onde elevamos nosso olhar para a Estrela de Inanna, expressando nosso amor e gratidão pela cura recebida. Uma névoa azulada nos envolve e ao abrirmos os olhos, sabemos que a luz, o poder e o amor da Deusa irão nos acompanhar, sempre.

Iyá-Mi, Senhoras Iorubás dos Pássaros da Noite

"Quando se pronuncia o nome de Iyá-Mi Oxorongá, quem estiver sentado deve-se levantar, quem estiver de pé fará uma reverência, pois se trata de temível Orixá, a quem se deve apreço e acatamento."

Jorge Amado

Na cultura original iorubá – que deu origem à tradição afro-brasileira –, a *Mãe Universal* é vista como a própria *Terra Negra*, possuindo vários nomes referentes aos seus aspectos, que variam entre as diversas vertentes. Um de seus títulos mais respeitados é *Iyá-Mi Oxorongá*, nome sob o qual é tratada na "Sociedade Oxorongá", conhecida também como a *Mãe Vermelha*. Ela interage com seu polo oposto Orixanlá-Obatalá formando o casal sobrenatural universal. A cor vermelha simboliza a vida, sendo a fonte de energia, poder sobrenatural, vivacidade, crescimento, dinamismo, movimento, possibilidade, sensibilidade, fertilidade. Somente após a união ritual do branco (*Orixanlá*) com o vermelho (*Iyá-Mi*) que existe a possibilidade de criar a vida, tanto no plano espiritual quanto no material, a união dos princípios (masculino e feminino) presidindo o nascimento de seres físicos no planeta.

Iyá-Mi Oxorongá é a síntese do poder feminino, manifestado na possibilidade de gerar filhos e de povoar o mundo. Os iorubás dizem *nossas mães queridas* para se referirem às Iyá-Mi, tentando apaziguar os poderes terríveis dessas entidades, donas de um *axé* tão poderoso como o de qualquer Orixá. As Iyá-Mi (ou Iyami) tornaram-se conhecidas como as *Senhoras dos Pássaros* e a sua fama de grandes feiticeiras associou-as à escuridão da noite; por isso também são chamadas *Eleyé* e as corujas são os seus principais símbolos.

As Iyá-Mi foram cultuadas ao longo do tempo pelas sociedades secretas de mulheres, e na Nigéria ainda são homenageadas pelo famoso festival *Gelede*, que antecede o início das chuvas do país, o que indica um antigo culto relacionado à fertilidade. Iyá-Mi é a sacralização da figura materna, por isso o seu culto é envolvido por muitos tabus. O seu grande poder deve-se ao fato de guardar o segredo da criação, o mistério do ventre (ou da cabaça), que é o aspecto que mais aproxima a mulher da natureza. A capacidade de gerar – ou não – filhos, expressa pelo ventre e pelos ciclos femininos, sempre assustou os homens. As mães são a origem da humanidade e o seu grande poder reside na faculdade de decidir sobre a vida de seus filhos. É a mãe que decide se o filho deve ou não nascer e, quando ele nasce, ainda decide se ele pode viver. A Iyá-Mi são as *Senhoras da Vida*, quando devidamente cultuadas, manifestam-se apenas no seu aspecto benfazejo, não podem, porém, ser esquecidas; neste caso podem lançar todo o tipo de maldição e tornam-se *Senhoras da Morte*.

O dom das mulheres de gerar filhos – um fato mágico, maravilhoso, que as aproxima do divino –, foi motivo de temor e reverência para muitos povos antigos; por isso, as mulheres sempre foram vistas como possuidoras de certo poder especial. A fecundidade é associada com o mistério do sangue menstrual, que marca a passagem da menina para mulher, quando ela também pode ser considerada uma Iyámi. Quando a mulher parava de sangrar e o seu ventre começava a inchar, havia a confirmação de que tinha em seu interior a "cabaça da existência", representando o caminho pelo qual todos os seres humanos vêm, de *Orun* (o mundo espiritual) para *Ayé* (o mundo físico da humanidade). Para confirmar a dita transformação em "mulher", realizavam-se "ritos de passagem"; as meninas-mulheres ficavam isoladas durante vários dias, sendo alimentadas e vestidas de um modo especial, conhecendo todos os segredos femininos, devidamente transmitidos pelas anciãs de sua comunidade. Os ritos asseguravam que a moça fosse possuidora de uma "cabaça" fértil, alinhando a essência espiritual feminina com o seu corpo, convertendo-a assim numa mulher completa.

A palavra *Iyá-Mi* por si só não identifica a mulher com o lado escuro de seu poder, muito pelo contrário, é um modo de exaltar e homenagear sua capacidade de gerar e apelar ao seu lado protetor maternal, pois significa "Minha mãe". Esta forma de referir-se a qualquer mulher expressa um sentido de reverência para quem serve de ponte entre o mundo dos antepassados e dos vivos, bem como reflete seu importante papel maternal. Desse modo, todas as divindades femininas são chamadas também de Iyá-Mi, por tratar-se de uma homenagem verbal às Mães Espirituais. Porém, a denominação de *Iyá-Mi* expressa também as suas características terríveis e mais perigosas e por essa razão os seus nomes nunca devem ser pronunciados em vão; mas quando for dito um dos seus nomes, todos os presentes devem fazer reverências especiais para aplacar a ira das "Grandes Mães" e, principalmente, para afugentar a morte. As feiticeiras mais temidas entre os Iorubás e no Candomblé afro-brasileiro são as *Ajé* e, para se referir a elas – sem correr nenhum risco –, devem ser chamadas apenas de *Eleyé*, as "Donas do Pássaro".

O aspecto mais aterrador de Iyá-Mi e o seu principal nome, com o qual se tornou conhecida nos terreiros, é *Oxorongá*, uma bruxa terrível que se transforma no pássaro do mesmo nome e que rompe a escuridão da noite com o seu grito assustador. *Iyá-Mi Oxorongá,* como a representação do princípio feminino iorubá, rege o útero, os seios e a menstruação, sendo uma Mãe Sábia, dotada de liderança, justiça, astúcia e conhecimento; todavia ela também pode ser parcial, impaciente e irritável. Na sociedade das *Gelede* (máscaras) ela também é chamada pelo nome de *Iyamí-ako*, título que faz referência ao pássaro *Wakowako*, o representante da sua principal característica de "animal alado e caçador". Na saída ritual das máscaras – onde a máscara *Ako* tem o título de *Iyalodé* (primeira dama da sociedade) – é ainda chamada *Iyamí-akoko* (poderosa e respeitável Mãe Ancestral Suprema), pois este título é uma referência à antiguidade da Terra.

Quando se fala em Iyá-Mi Oxorongá, o nome se refere ao mito das Ajés, as "Feiticeiras", cujo poder feminino é associado a certas espécies de aves com comportamentos macabros. Neste mito, as Iyá-mi são associadas com as aves pelos seus ventres, mais precisamente com seu útero, sempre mencionado como Igbá Iwá (a cabaça da existência). É uma comparação metafórica entre um ovo fecundado e a barriga da mulher grávida, que tem o "poder do pássaro encerrado na cabaça". O mito das Iyá-mi Ajé não representa um culto de mulheres bruxas, nem de aves macabras, mas a associação mágica e metafórica entre o poder feminino da fecundação e o poder místico de algumas aves predadoras noturnas. Estes poderes, somados a certos temores e sentimentos negativos dos seres humanos, criaram no espaço etéreo um grupo de espíritos coletivos das Eleyé (donas das aves), ou Iyamí Ajé (Minha mãe feiticeira) ou mesmo de Iyá-mi Oxorongá. Estes espíritos são impessoais, nunca tiveram corpo humano, nem o terão, eles fazem parte do homem e da natureza ao mesmo tempo, podendo ser assemelhados a uma espécie de "parasitas" astrais, que aparecem juntos com o homem no mundo. Como não têm consciência, eles são alimentados e mantidos pelas ideias e pensamentos malignos e pelos temores humanos, por isso se tornam consideravelmente perigosos no plano astral. Podem ter sexo masculino ou feminino e sempre vêm em duplas, representando a dualidade existente em todos os planos, inclusive dos nossos próprios temores e emoções mais escuras. As crenças populares iorubás os descrevem tendo formas humanoides e emplumados, jamais representados em imagens ou gravuras. O seu poder é associado com os pássaros, que são usados como símbolos nas bengalas metálicas dos Babalawós (sumos sacerdotes) ou nas coroas dos Obás (títulos honoríficos para os doze "Obás de Xangô", concedidos aos amigos e protetores do Terreiro), representando a autoridade do possuidor para acalmá-los e o fato de que, para ganhar tal título, primeiro teve que ser feita uma homenagem ao Poder Feminino.

Não se deve atribuir às Eleyé a responsabilidade pelos ataques psíquicos, doenças e desgraças que ocorrem às pessoas, pois muitas vezes são as próprias pessoas que recebem "o castigo" devido ao seu comportamento errado ou pernicioso. As Eleyé são executoras da lei num sentido inverso, isto é, procuram criar o bem a partir do mal. Toda pessoa com características negativas e atitudes prejudiciais para com os demais está alimentando estas forças. Com o passar do tempo e a repetição dos erros comportamentais, mentais, emocionais e espirituais, a carga de energias negativas da pessoa será convertida em seu próprio juiz e *Iyá-Mi Oxorongá pousará suas patas em cima da cabeça de quem errou.*

Não há nenhum ritual para afastar a atuação destes Espíritos, o máximo que se pode fazer é apaziguá-los e modificar os próprios padrões comportamentais negativos e as atitudes erradas, porque eles "vivem em nossas entranhas", em estado latente. Sua função se torna importante, pois apesar de parecerem "inimigas" das pessoas, tendem a controlar e corrigir o comportamento distorcido do ser humano através dos seus medos. Quem deseja que Iyá-Mi Oxorongá não se torne um obstáculo em sua vida, deve impedir a manifestação dos sentimentos de inveja, ciúme, rancor, cobiça, vingança, maldade, raiva, bem como qualquer outro tipo de pensamento ou ato negativo para com seus semelhantes.

As Eleyé atuam como reguladoras dos comportamentos humanos errados, que deram origem às dividas perante as divindades, ou tenham rompido o equilíbrio existente, seja numa vida anterior, seja no presente.

Outra representação de Iyá-Mi é como *Anciã,* a *Mulher Sábia* e respeitável, que pode também ser chamada de *Agbá.* Citando Pierre Verger *"aos apelos que seus filhos fizerem, ela responderá do interior da cabaça, pois ela tornou-se idosa."* Iyá-Mi Oxorongá é um dos Orixás mais antigos, possui o poder de fecundar, fertilizar ou esterilizar conforme seu desejo. A força de Iyá-Mi é tão poderosa e atemorizadora que, se alguém proferir seu nome, deve tocar com a ponta dos dedos no chão, em sinal de respeito. Segundo a tradição iorubá *"quando se pronuncia o nome de Iyá-Mi Oxorongá, quem estiver sentado deve se levantar, quem estiver de pé fará uma reverência, pois a ela se deve respeito absoluto".*

Abrir a cabaça e libertar o pássaro para uma missão, representa a ação mais cruel das Iyá-Mi. Matar, abrir o ventre do pássaro para roubar intestinos ou para impedir a gravidez, são atos violentos cometidos contra a continuidade da vida. Interromper a vida é uma ameaça terrível, assim, é necessário tentar aplacar a cólera das Mães Antigas ou encontrar proteção. A força mágica contida nas palavras é poderosa, a Iyá-Mi terá necessidade de recorrer às suas companheiras, pois o trabalho mágico em grupo das Ajés impede a fuga da vítima. O laço de sangue que as une transforma-se em símbolo do sangue menstrual.

Segundo Ulli Beier *"toda mulher é Ajé, porque as Iyá-Mi controlam o sangue das regras das mulheres. As 'mães' podem fazer as regras cessarem ou podem provocar hemorragias. Assim, as 'mães' controlam todas as mulheres por meio destes poderes místicos e também controlam os nascimentos e abortos"*, prerrogativas que influenciam toda a vida comunitária. O poder do pássaro é mutável, paciente e certeiro na forma de realizar sua tarefa. É a própria síntese do poder das Iyá-Mi: *nem bom, nem mau, simplesmente cumpre sua função na ordem universal, sendo indispensável para a sobrevivência do mundo.* Não é possível controlar o poder das Iyás-Mi Oxorongá, é preciso que ele flua livremente no mundo, para melhor cumprir seu papel nutridor. Além de apaziguar, a reverência às Iyá-Mi serve para propiciar os poderes místicos femininos, favorecer a fertilidade e reiterar normas sociais de conduta. Os mitos, ao narrarem histórias das Mães, preservam sua memória ancestral e identidade e garantem a continuidade da vida na comunidade africana.

Para que as Iyá-Mi não deixassem de cumprir sua função, extremamente vital para a comunidade, foram formadas sociedades africanas secretas com a responsabilidade de cultuar e prestar as devidas homenagens às Mães. Uma delas é o culto *Gelede ou Gélédé* exclusivo das mulheres, celebrado em famosos festivais nas regiões Ketu na África. No Brasil, a festa Gelede ocorre em 08 de dezembro em Boa Viagem, no Candomblé do Engenho Velho. Na Nigéria era realizado um festival em honra às Iyá-Mi Oxorongá entre março e maio, antecedendo o princípio das chuvas no país, o que remete para um culto antigo relacionado à fertilidade. Originalmente, Gelede era uma sociedade secreta feminina, de caráter religioso, expressando o poder feminino sobre a fertilidade da terra, a procriação e o bem-estar da comunidade. Visava também, apaziguar e reverenciar as Mães Ancestrais, para assegurar o equilíbrio do mundo. As principais representações do culto eram as máscaras rituais, que simbolizavam o espírito das ancestrais femininas e seus diferentes aspectos. As máscaras são usadas por homens que fazem parte de sociedades controladas e dirigidas por mulheres, que possuem os segredos e poderes de Ajé. No Brasil, mesmo o culto às Iyá-Mi não sendo amplo, continua presente nos Candomblés através dos Orixás femininos mais conhecidos, celebrados como fontes primordiais da vida e essências de beleza e força. A ligação entre as tradições africana e brasileira auxilia a percepção dos profundos laços que ligam os dois continentes.

As Iyá-Mi, assim como Exu e os ancestrais, são evocadas nos ritos de *Ipadé,* um complexo ritual que, entre outras coisas, ratifica o poder feminino na hierarquia do Candomblé, confirmando que *"as Grandes Mães é que detêm os segredos do culto, pois um dia, quando deixarem a vida, integrarão o corpo das Iyás-Mi, que são na verdade as próprias ancestrais"* (Pai Cido do Osum Eyin). As Iyá-Mi são as primeiras "mães da espécie humana", ligadas às origens do mundo através do mito de *Odudua* ou *Odu* (a Terra), companheira de *Obatalá* (o Céu), dentro da concepção da dualidade. No início de tudo, não havia separação entre os dois princípios, o casal primordial vivia apertado dentro de uma cabaça. Eles se separaram ao brigarem pelo poder, uma luta entre dois polos, um construtivo (*axé*) e outro destrutivo (*Iyá-Mi*). Esse mito também representa o jogo de poder entre o masculino e o feminino, o patriarcado e o matriarcado lutando pelo controle da comunidade, a luta entre a ordem social e o caos primitivo. A característica das *velhas feiticeiras* está ligada à concepção africana de que *"a sabedoria e o acúmulo de poder só vêm com a idade, com a experiência de vida"*. Assim, as Mães Ancestrais, por terem vivido muito tempo e conhecerem os segredos da vida, são "feiticeiras", ou seja, podem manipular através da magia, o nascimento e a morte. Possuir o poder de controlar a vida é uma faca de dois gumes, poder que pode ser utilizado tanto para o bem, quanto para o mal. Não há um código moral humano que proíba as Iyá-Mi de fazerem o que lhes agrade. No mito de Odudua, o motivo usado como justificativa para a sua perda de poder, teria sido o abuso dele.

Iyá-Mi é a sacralização da figura materna e o seu grande poder deve-se ao fato de guardar o segredo da criação, por isso o seu culto é envolvido por tantos tabus e segredos. Tudo o que é redondo remete ao ventre e, por consequência, às Iyá-Mi. O poder das Grandes Mães é expresso entre os Orixás por Oxum, Iemanjá e Nanã Buruku, mas o poder de Iyá-Mi é manifesto em toda a mulher que, em quase todas as culturas antigas, era considerada tabu. Porém, percebe-se que o poder das Iyá-Mi, representa o próprio poder criador e criativo, pois para fazer algo novo, precisa destruir o velho. É a própria ordem natural, o ciclo de vida e morte que é a síntese do poder feminino. Segundo Ronilda Iyakemi Ribeiro *"as Iyá-agbá (as anciãs, pessoas de idade, mães idosas e respeitáveis), também chamadas Agbá, Iyá-Mi (minha mãe), Iyá-mi Oxorongá (minha mãe Oxorongá) Ajé, Eleyé (Senhora dos pássaros), representam os poderes místicos da mulher em seu duplo aspecto: protetor e generoso, perigoso e destrutivo"*. Relacionadas às Iyá-Mi no seu aspecto de ancestrais femininas, a autora relaciona Nanã, Oxum, Iami-Akoko (a Mãe Ancestral suprema) e Iemanjá, como poder genitor. O medo provocado pelas mães ancestrais, devido ao seu grande poder e a forma com que ele é utilizado por elas, torna sua figura impiedosa e temida, pois a sua cólera e o seu ódio são terríveis.

Pode-se interpretar de outra maneira a cólera das Iyá-Mi. Segundo o escritor Pierre Verger, a feitiçaria cumpre em várias culturas uma função de moderadora social. *"Cada vez que alguém se eleva, a feitiçaria está lá para abaixá-lo"*. Assim, também as Iyá-Mi, como feiticeiras, *"através de sua ação exercem um papel moderador contra os excessos de poder, mediante suas intervenções, elas garantem uma repartição mais justa das riquezas e das posições sociais; a feitiçaria impede que um sucesso por demais prolongado permita a certas pessoas controlarem exageradamente umas a outras"*. A constante cólera seria uma explicação para os males sociais e os seus "remédios", como também uma explicação da inquietude e da angústia metafísica.

O poder das Iyá-Mi, ao ser colocado em oposição ao poder dos Orixás (*axé*), como "única arma de proteção do homem" remete novamente ao mito de Odudua, que perde seu poder para Oxalá. Encontram-se referências em vários mitos de outros Orixás femininos sobre a perda do poder das mulheres para os homens. No começo do mundo, as mulheres tinham o "poder" (político) e o "segredo" (religioso). *Iansã* era possuidora do mistério das sociedades dos *Egunguns* (culto dos antepassados); ao lado de suas companheiras humilhava seus maridos, comparando-os aos macacos. *Ogum* e os outros homens, cansados dessas humilhações, decidem terminar com isso. Ogum veste-se de guerreiro e assusta as mulheres mostrando tanta violência que elas fogem e se escondem; até mesmo a corajosa Iansã. O poder passa a pertencer aos homens, que tomam posse do segredo das sociedades Egunguns. Iansã continua como Rainha do culto, mas perde o poder de decisão dentro da comunidade. O axé, como referência ao poder masculino, torna-se a proteção contra as Mães, diminuindo assim o poder feminino. Este, porém, ainda precisa ser respeitado e venerado; Iansã perde seu posto de comando, mas continua detendo a chave do culto.

Ao longo da história iorubá são descritos três períodos para explicar a posição do homem e da mulher na sociedade. O primeiro é a chegada do além (*orum*) para a terra (*ayé*); representa o tempo das migrações. Os homens dominavam a tribo que se deslocava e suas qualidades guerreiras eram indispensáveis para a sobrevivência da tribo. No segundo período a tribo se estabelece na terra, a comunidade torna-se sedentária e agrícola. A fertilidade da terra e a fecundidade das mulheres estão no primeiro lugar das preocupações. A sociedade se baseia no matriarcado, as mulheres realizam os cultos, os homens têm apenas funções secundárias no governo e no sacerdócio. No terceiro período, as Mães exageram no uso do poder, os homens reagem diante dos seus excessos, retomam o comando, mas as mulheres continuam controlando o poder, pois sem elas a humanidade desapareceria.

Em uma história iorubá descreve-se a chegada das Iyá-Mi ao mundo, quando elas ficam empoleiradas em sete espécies de árvores. Em três delas trabalham para o bem, nas outras três para o mal e na sétima trabalham para o bem e para o mal. Segundo o escritor Pierre Verger: *"isso tende a mostrar que para os iorubás o poder (axé) de Iyá-Mi não é em si, nem bom, nem mau, nem moral, nem perverso, a única coisa que importa é o modo como o axé é empregado"*. O poder deve ser utilizado com calma e discrição, foi por não respeitar esse preceito que *Iyá Agbá* perdeu o domínio do mundo, levando à vinda das Iyá-Mi para a Terra e a ocupação das árvores como moradia.

Para os iorubás a representação e o significado das árvores são muito importantes. Pode-se fazer uma relação entre o mito de Iroco, a "Primeira Árvore" e as Ajés, ambos ligados ao poder da magia e da fertilidade. Iroco aparece nos mitos como um espírito que mora nas árvores, ajudando as mulheres a conceberem e também utilizando sua magia para o bem e para o mal. Percebe-se dessa forma, que a escolha das árvores como moradia para as Iyá-Mi foi bem proposital. Em suas copas, as Mães Ancestrais podem realizar suas magias, com a ajuda de seus pássaros (Eleyé), para o bem e para o mal. Os assentamentos das Iyá-Mi ficam junto às grandes árvores, como a jaqueira e cajazeira e geralmente são enterrados, mostrando sua relação com os ancestrais e sendo também uma nítida representação do ventre. A referência à jaqueira como "árvore fonte de poder" para as mães, diz respeito aos seus grandes galhos, que abrigam muitas aves e seus frutos imensos que lembram úteros. Os PÁSSAROS são os instrumentos mágicos do poder das Iyá-Mi, mediadores entre as feiticeiras e as pessoas, ou suas vítimas. São os agentes do poder, sua capacidade de rápida locomoção transforma-os em mensageiros perfeitos para levar a desgraça ou a felicidade. É o ser alado, que possibilita ao poder e ao espírito das Iyá-Mi viajarem livremente entre os mundos, material e espiritual. Na simbologia iorubá, o pássaro representa o poder procriador da mãe. As penas do pássaro, como as escamas do peixe, aludem ao número infinito de descendentes, que estão, por assim dizer, implicitamente presentes no corpo materno. Nada pode aquecer o velho pássaro, porque ele mesmo é fonte de calor, de vida. Esse poder é essencialmente misterioso, secreto, escondido no âmago do corpo da mãe, casa e morada. A CABAÇA surge como representação do útero (poder genitor feminino) e da Terra. É o lugar onde fica depositado o pássaro, onde as Ajés os guardam até que necessitem deles. É do útero (terra) que nasce a vida, que fornece alimentação, abundância, fertilidade, garantindo a existência material da comunidade. A Iyalodé é a sacerdotisa das feiticeiras e quem distribui o poder entre elas, representado pelos pássaros. Nas sociedades tradicionais, a Iyalodé era a representante feminina no palácio do Rei e no Conselho; ela devia estar presente no tribunal local se uma mulher fosse implicada num caso judiciário. Fora do tribunal, ela arbitrava as contendas entre as mulheres iorubás, controlando-as.

Através dos mitos conseguimos ter a imagem das características arquetípicas das Mães. *Crueldade, vingança, ira, controle e perseguição* aparecem como sinais do poder das Iyá-Mi numa visão aterradora, ao mesmo tempo em que *doação, fecundação, proteção* dão à imagem da maternidade uma visão carinhosa e vital. As aparentes contradições não são inconciliáveis. Os Orixás femininos mais cultuados nos Candomblés brasileiros representam aspectos socializados deste terrível poder das Iyá-Mi Oxorongá. *Oxum,* por exemplo, possui domínio sobre a fertilidade humana, mas em um dos seus mitos, deixa as mulheres estéreis em represália aos homens, por eles não terem permitido a participação de mulheres nas reuniões de organização do mundo, no início da criação. Os Orixás são obrigados a reconhecer que sem a presença das mulheres, a vida na terra não prospera. Oxum é muito celebrada no festival Gelede no seu aspecto da "Mãe Encantadora", muito doce, mas que sabe ser muito cruel quando se faz necessário, exigindo justiça para as mulheres. Este aspecto se repete em *Iansã* que, mesmo não sendo considerada uma mãe muito presente, é extremamente zelosa com seus filhos e utiliza de muita violência para protegê-los. Também está ligada às Iyá-Mi através do culto aos antepassados (*Egunguns*). *Nanã Buruku* recebe o corpo humano que foi enterrado na terra, restituindo o axé do planeta e auxiliando o espírito a alcançar o Orum. *Iemanjá*, a Grande

Mãe do Candomblé, amorosa, conselheira e protetora de seus filhos, também possui seu aspecto mais terrível. No seu mito, Iemanjá vinga a morte de seu filho destruindo a primeira humanidade.

Não se pode esquecer que a magia e a sabedoria estão sempre presentes nas atividades destas Orixás. Todas utilizam em algum momento as artes mágicas aprendidas com suas Mães, renovam os laços comunitários através do culto aos antepassados, curam e nutrem com os seus dons culinários e conhecimentos das ervas. Elas aconselham e realizam trabalhos mágicos, preservam os segredos do poder feminino, são guardiãs do nascimento e da morte. Na sociedade iorubá, a mulher, de acordo com estas características, possui em si todas as qualidades e poderes de uma Iyá Mi. O poder feminino é sintetizado por um termo coletivo, *Awon Iyá wa*, "nossas mães". Em várias épocas de sua existência, a mulher vive diferentes aspectos desse poder feminino, um legado da natureza para sustentar a sua função social, cultural e espiritual. O poder feminino, em seu duplo aspecto – criador e destruidor – é a síntese da vida, pois fornece o axé necessário à continuação da existência na Terra. Ulli Beier define as Iyá-Mi como *"as Grandes-Mães, as Mães encolerizadas, sem sua boa vontade a própria vida não poderia continuar, pois sem elas a sociedade desmoronaria"*. As Iyá-Mi Oxorongá são as *Senhoras da Vida*, quando devidamente cultuadas e reverenciadas são o ventre do mundo, a fonte da oração. Se esquecidas, lançam toda sorte de maldição e transformam-se em *Senhoras da Morte*. Uma das cantigas entoadas no festival Gelede expressa belamente as suas características, que são ao mesmo tempo ternas e terríveis.

"Mãe toda-poderosa, Mãe do pássaro da noite.
Grande Mãe com quem não ousamos coabitar.
Grande Mãe cujo corpo não ousamos olhar.
Mãe de belezas secretas.
Mãe que esvazia a taça.
Que fala grosso como homem,
Grande, muito grande, no topo da árvore Iroko,
Mãe que sobe alto e olha para a terra
Mãe que mata o marido, mas dele tem pena."

Como as devotas de Iyá-Mi Oxorongá não puderam cultuá-la abertamente devido ao sincretismo religioso católico-iorubano, ela passou a ser venerada sob os véus da "Irmandade da Boa Morte", através da devoção a Nossa Senhora. O culto às Iyá-Mi faz parte dos rituais fechados e reservados aos iniciados. A condição imposta é ter uma postura ética, moral e comportamental correta. Cultuar Iyá-Mi é compartilhar da força geradora materna para que ela atue na vida do ser humano de forma a protegê-lo e assegurar sua cura e prosperidade. As Iyá-Mi conferem a força vital que dá o equilíbrio, elas estão sempre presentes, em qualquer lugar e tempo. O poder delas é ilimitado, é visível e invisível, um poder natural e sobrenatural, atrativo, construtivo e curador. Para que as pessoas possam celebrar e cultuar as Iyá-Mi elas devem ser iniciadas no seu culto, cada vez menos difundido, e somente assim vão ter acesso ao local a elas consagrado. O escritor, estudioso e iniciado Agenor Miranda da Rocha afirma: *"a força do Candomblé está no sangue verde das plantas e não no sangue vermelho dos animais"*, revelando assim sua postura contrária aos sacrifícios costumeiros em que se oferta sangue, substituindo-o por plantas e água.

Nas oferendas às Iyá-Mi, a água – como elemento e princípio feminino – está sempre presente. Juana Elbein dos Santos afirma que *"omi, a água, é a oferenda por excelência que veicula e ao mesmo tempo representa o sêmen e o sangue branco feminino. Nenhuma oferenda ou invocação poderá ser efetuada sem antes colocar água"*. O contato com a água implica sempre em regeneração, porque à dissolução segue-se um novo nascimento, enquanto a imersão fertiliza e aumenta o potencial da vida e da criação. A água mantém a vida, circula em toda a natureza como chuva, orvalho, seiva, leite, sêmen, sangue; possui o poder de consagrar o que toca, e também de harmonizar. Os banhos ritualísticos que juntam o poder da água e das plantas favorecem o renascimento iniciático, propiciam uma nova circulação das forças e multiplicam o potencial da vida. Verter água sobre a terra é um gesto ritual de invocar e honrar as Iyá-Mi, bem como agradecer pelo fluir da vida e pelas bênçãos que prevalecem sobre as energias negativas. As Iyá-Mi não tem símbolos específicos, elas são divindades e não Orixás e representam toda a natureza. No entanto, alguns elementos naturais são associados com elas como água, terra, cabaças (que representam o útero materno), búzios e conchas (representam prosperidade), pássaros e penas (principalmente as corujas) e o sangue menstrual, que é o mistério da vida e simboliza o poder de conceber e criar a vida que pertence à mulher.

As Iyá Mi representam o poder ancestral feminino e os elementos místicos da mulher em seu duplo aspecto: *protetor e generoso, perigoso e destrutivo*. Elas representam a união e a integração dos opostos, assim como é a distribuição delas sobre as sete árvores: três trabalham para o bem, três para o mal e uma é ambivalente. Os espíritos negativos são as dissonâncias e sombras existentes em cada ser humano, elas não vêm de fora como atuação das Iyá-Mi, mas existem em nossa psique. Para alcançar o equilíbrio pessoal devemos reconhecer as nossas sombras mais atuantes e prejudiciais (como raiva, inveja, ciúme, ganância, maledicência, agressividade) e buscar sua transmutação e integração com as qualidades positivas (amor, perdão, compaixão, generosidade, bondade, tolerância, justiça, apaziguamento). Como *zeladoras da existência e guardiãs do destino* as Iyá-Mi são essenciais à continuidade da vida e da sociedade. Ao processarem as energias das ofertas elas possibilitam a cura, a superação das dificuldades, a atração de bens materiais e a neutralização dos efeitos negativos de pensamentos, palavras e ações destrutivas.

Falar sobre as Mães é uma tarefa desafiadora por exigir responsabilidade em relação ao uso das palavras. Por isso guarda-se silêncio e segredo sobre os detalhes do seu culto e das oferendas, que são transmitidos apenas àqueles que foram iniciados e que preservam e zelam pelo legado ancestral das Iyá-Mi.

Para honrá-las usa-se a saudação tradicional: *"Mojubá Enym Oyá Mi Oxorongá"* (meus respeitos a Vós Minha Mãe Oxorongá); depois de ficar em pé e pronunciar a saudação, a pessoa se abaixa reverentemente e toca na terra com as pontas dos dedos. Para mostrar a gratidão pela dádiva de ter nascido mulher, oferta-se uma cabaça com água, derramando também na terra à sua frente, sussurrando ou dizendo em voz alta esta afirmação: *"quem verte água diante de si pisará em terra umedecida"*.

Devemos agradecer às Mães Ancestrais pela dádiva de termos nascido mulheres, assim como ensina um *odú* (presságio, verso) do *Ifá* (o complexo e antigo oráculo africano, um sistema de adivinhação que se originou entre os iorubás, na Nigéria): *"Ajoelhem-se perante as mulheres, a mulher nos colocou no mundo, a mulher é a inteligência da Terra, ela nos colocou no mundo, ajoelhem-se perante ela."*

Kali, a Negra Mãe Hindu, Senhora do Tempo

"Por Ti Devi, este universo é gerado e nosso mundo criado,
Por Ti Devi, ele é protegido e no fim do tempo consumido,
Pois Tu és a força criadora, o escudo protetor e o poder destruidor,
Que segue a inexorável passagem do tempo."

Devi Mahatmya, textos religiosos hindus 400-600 a.C.

"Eu sou a ferocidade, Eu sou o objetivo da vida e a essência do Self.
Eu fico para além da compreensão. Tudo o que Eu dou, irei destruir
um dia e tudo o que irei destruir, vou renovar. Eu sou o tempo, Eu sou
a mudança e tudo aquilo que fica para depois de todas as mudanças.
Você quer dançar comigo?"

Kali Maa. Diana Paxson. Sage Woman 86

Kali Ma, a deusa ancestral hindu é venerada na Índia como um arquétipo de Devi, a "Grande Mãe", de quem tudo se originou e para quem todos os seres devem retornar. Apesar de Kali ser na verdade uma Deusa Tríplice: da *criação, preservação* e *destruição*, é este seu último aspecto que é mais conhecido e – para nós ocidentais – o mais difícil de compreender e aceitar por parecer primitivo e atemorizador. Ela é representada geralmente como uma Deusa Negra, nua, cabelos desgrenhados, com os dentes à mostra e a longa língua de fora, as mãos com longas garras, adornada por guirlandas e brincos de caveiras, untada de sangue no corpo emaciado e dançando vitoriosa sobre o cadáver de Shiva – o seu consorte – ou nas cinzas dos campos de cremação. Kali desafia a imagem estereotipada da Mãe Divina bondosa e amorosa e desperta nossos medos atávicos em relação à morte e ao desconhecido. No entanto, se procurarmos conhecer seus símbolos, ultrapassando a dicotomia conceitual do bem e do mal, podemos paulatinamente perceber toda a beleza, plenitude e grandiosidade de Kali como sendo a própria "Mãe do Tempo", cuja eterna dança entre a vida e a morte nos leva da destruição para a regeneração. Uma vez compreendida sua força e seu poder transformador, Kali nos oferecerá a libertação de todos os medos – inclusive perante a morte –, livrando-nos assim dos apegos, das fantasias e das ilusões.

Observar e acatar a impermanência da vida significa aprender a difícil lição do desapego e da renúncia. A entrega é difícil, presos como estamos nas teias das ilusões, nas amarras dos apegos, na trama das compensações, que nos fazem cair novamente nas armadilhas das sensações. Acreditamos que não podemos – e nem sabemos – como renunciar, nos desapegar, mudar, deixar ir e fluir, pois *para renascer, primeiro precisamos morrer*. Morrer para que o velho ego dê lugar para um novo Eu, descobrindo assim a nossa verdadeira identidade e assumindo a responsabilidade pelas consequências das nossas ações. Como estamos vivendo na "era de Kali" (segundo escrituras como o Mahabharata e o Bhagavata Purana, *Kali Yuga* é uma era de crescente degradação humana, cultural, social, ambiental e espiritual, simbolicamente referida como *Idade das Trevas* porque, nela, as pessoas estão longe do Divino), é do poder de Kali que necessitamos para dançar a dança da transformação – nossa e do mundo ao nosso redor.

Na Índia, a Grande Mãe assumiu inúmeras formas, tanto como mãe, esposa, padroeira das artes, criadora de todas as formas de vida, mas também como doadora da morte e vingadora das forças maléficas. O universo hindu era regido pelos poderes do princípio masculino (*lingam*) e feminino (*yoni*), e pela sua expressão em inúmeras imagens e funções. A energia feminina era tanto criadora, quanto destruidora, personificada por Kali que, apesar da sua aparência repulsiva defendia e punia as forças maléficas. Dentre seus símbolos, a sua boca impressiona mais, pois ela devora tudo que é necessário para permitir a renovação. Em certos mitos hindus, *Kali é o símbolo do próprio Tempo, que devora e consome os recursos naturais e humanos*. Sua aparência desafia qualquer parâmetro normal do sagrado feminino, ela é macabra, seus cabelos desgrenhados, os olhos vermelhos, a língua enorme, os seis flácidos, o corpo esquelético, a pele negra e enrugada, o ar selvagem e cruel. As mulheres ocidentais sentem dificuldades para se conectar com os traços violentos e terríveis de Kali, principalmente devido aos conceitos atávicos que equivalem o belo com o bem, o feio com o mal, a cor escura com perigo, a cor clara sinônima de luz e bondade. A cor negra de Kali e sua nudez simbolizam a ausência de formas e ilusões, seus cabelos desalinhados mostram sua liberdade, as caveiras do seu colar representam as cinquenta letras do alfabeto sânscrito indicando sabedoria. Ela usa um cinto de mãos humanas sugerindo trabalho e carma, seus três olhos indicam passado, presente e futuro. Em uma das suas quatro (seis ou oito) mãos ela leva uma cabeça decapitada, que representa a anulação das forças negativas do ego; em outra tem a espada do extermínio físico com qual corta as amarras da escravidão. Uma mão direita espanta os medos e outra incentiva o fortalecimento espiritual. Sacrifícios com sangue fazem parte do seu culto, assim como as guirlandas de calêndulas, pulseiras de sininhos, fumaça dos incensos, oferendas de especiarias e doces.

Como personificação do poder cósmico, da harmonização dos opostos, combinando o terror da destruição com um amparo material Kali assume o título de *Barco que atravessa o oceano da existência*. Um poema hindu a define como *"Causa material de todas as mudanças, manifestações e destruições, pois o universo nasce dela, descansa sobre ela e se dissolve de volta nela"*. Seus títulos incluem *Tesouro da compaixão (Karuna), Doadora da vida ao mundo, Deusa visível e velada, O começo e o fim de tudo.*

Kali foi mencionada pela primeira vez no Mahabharata, a grande obra da mitologia hindu originada nos séculos IX e VIII a.C.; o seu nascimento foi descrito no século V na obra Devi-Mahatmyam que descreve as batalhas entre os vários aspectos da Deusa e os demoníacos asuras. Nos textos hindus do século VI a.C ela foi nomeada Kalaratri, "A noite escura". A imagem mais popular da deusa Kali é descrita no poema lírico bengali: *"Mãe, mesmo dançando na batalha, jamais teve beleza igual a Tua, envolta pelos longos cabelos voando, nua e rodopiando no peito de Shiva."* Vista pelas feministas como a representação do patriarcado esmagado pela Deusa, os devotos hindus encontram um significado muito mais profundo desta imagem. Shiva deitado sob os pés de Kali simboliza o potencial passivo de criação e Kali é a sua Shakti, o princípio feminino criativo universal, a força energizadora existente por trás de toda divindade masculina. Shakti ou Devi (div significando "brilhar") é "A Brilhante", o símbolo do poder universal doador da vida, que recebeu diferentes nomes e representações em diversos lugares. Shakti representa o *i* na palavra Shiva, pois sem *i* é apenas Shva, o "cadáver", ou seja, sem a sua Shakti, Shiva é inerte e desprovido de poder. Em algumas lendas

Shiva se coloca no caminho de Kali para parar a sua fúria destrutiva. Em outras, eles dançam juntos, criando e destruindo, na eterna dança da vida e morte da Deusa e do Deus.

Os deuses nasceram do corpo de *Kalika*, "o ventre eterno" e, quando chegar o tempo da sua dissolução, novamente se fundem e desaparecem nela, pois dela são cristalizados os elementos e qualidades originais que constroem o mundo aparente. Ela é Mãe e também túmulo e os deuses são criados da sua energia maternal, que é consciência e potencial de vida. O poder que dá a vida, a destrói também, aspectos duplos e opostos existentes no conceito da Mãe, como a "Boa Mãe" e a "Mãe Terrível". Esta consciência existia mesmo na era neolítica, pois nossos ancestrais mostram na sua arte rupestre que a Grande Mãe geradora de toda a criação – da escuridão do seu ventre – é uma metáfora da Natureza, a força cósmica *Doadora* e *Ceifadora* da vida, que se renova no eterno ciclo de *vida, morte e renascimento*. Na cosmologia hindu, a fonte de tudo é a "Divina Escuridão" (*kali* significa negro, cor escura e "Tempo"). *Maha Kali é a mãe que destrói seus filhos, mas os renova e gera novamente.* Tempo é morte, pois implica mudança, que é a morte do passado. No sistema hindu nós vivemos agora a última de quatro eras cósmicas, *Kali Yuga*, um tempo de destruição, discórdia, doenças, crimes, vícios, catástrofes, levando a mudanças telúricas e fim de ciclos. Somente confrontando os medos e o terror para atravessar a escuridão, que será possível alcançar o abraço da Mãe Escura, berço da renovação.

Na visão da cosmologia Tântrica cada entidade é vista como manifestação de Shiva e Shakti, os princípios universais. *Shakti é a energia feminina manifestada e representando o poder primordial de criação. Quando Shakti se expande, o universo é dela criado, quando ela se fecha, o universo desaparece.* A sua existência não depende de nada externo e ela é multifacetada. Como personificação de Shakti, cada mulher é parte do princípio criador; no ritual da união sexual a mulher iniciada se torna o corpo da Deusa e nada que existe no mundo externo (aparência física, idade, status, relacionamentos) tem algum significado. No Shaktismo o sangue menstrual é sagrado e a mulher menstruada é conectada com os ciclos da natureza, podendo abrir sua percepção psíquica a um nível elevado. As mulheres que, mesmo sem fazerem parte do Tantrismo, consideram seu período menstrual como sagrado e conseguem se isolar das tarefas e obstáculos externos, podem abrir e expandir sua consciência e harmonizar sua mente, corpo e emoções com as energias curativas da natureza. Atualmente, os ensinamentos secretos dos "Mistérios do Sangue" – antes reservados apenas às escolas iniciáticas, mestres, gurus, xamãs, curandeiras – estão sendo divulgados e praticados também pelas mulheres ocidentais contemporâneas. O triângulo sagrado feminino – *yoni yantra* – que simboliza a Grande Mãe como fonte da vida, o portal para os mistérios cósmicos, ultrapassou as fronteiras da Índia – onde era representado em esculturas, gravuras, talismãs, desenhos e colunas dos templos – e está sendo honrado em rituais e práticas de grupos e círculos sagrados femininos, em vários lugares e tradições do mundo ocidental.

Pesquisas e estudos antropológicos e mitológicos revelam semelhanças entre o nome de Kali com conceitos de outras culturas. As sacerdotisas lunares de Sinai se chamavam *Kalu*, assim como as antigas irlandesas *Kelles* ou as saxãs *Kale*, que se consideravam devotas da deusa celta *Kelle ou Kelly* e procuravam seu aperfeiçoamento através de meditação e exercícios similares ao yoga. O nome fenício para o estreito de Gibraltar era *Calpe*, um lugar honrado como a passagem oculta para o paraíso ocidental da Mãe. As línguas indo-europeias têm sua origem no sânscrito e foi Kali quem criou as suas letras mágicas e as inscreveu no rosário de caveiras do seu pescoço. As letras do alfabeto eram vistas como sendo mágicas, pois o seu som continha a energia primordial criativa, os *mantras* de Kali tendo originado todas as formas do mundo ao combinar entre si os elementos por elas representados.

As referências escritas mais antigas sobre Kali datam do período medieval (em torno de 600 a.C.) e ela é mencionada em invocações pedindo sucesso nas guerras e vitória sobre os inimigos, esmagando-os e depois os amontoando para a cremação. Ela era associada com a periferia da sociedade hindu, sendo venerada pelas pessoas de casta inferior nos lugares ermos, seus templos sendo construídos perto dos locais de cremação. Em textos mais antigos, Kali aparece como a personificação da fúria da deusa Durga no seu combate com os demônios, quando no auge da raiva de Durga, Kali salta da sua testa, urrando, rodando suas armas e matando os inimigos. Uma ação semelhante é descrita no mito de Parvati, uma deusa benévola, mas que de vez em quando manifesta aspectos ferozes personificados por Kali, sempre selvagem, violenta e ávida de sangue.

As representações iconográficas de Kali e Shiva mostram Kali como dominante, sapateando sobre o corpo inerte de Shiva. Apesar de alguns mitos contarem que Shiva "domou" Kali através de uma competição de dança em que ela teria sido vencida e "amansada", as imagens revelam claramente que a energia de Kali é incontrolável e que em muitas ocasiões ela provocou atitudes agressivas e perigosas de Shiva. Por isso Kali é considerada uma deusa que ameaça a ordem e estabilidade do mundo, pois mesmo auxiliando deuses nas batalhas, ela se torna tão enraivecida e atiçada pelo cheiro do sangue, que perde o controle e passa a destruir o mundo que deveria proteger. Associada com outras deusas ela preserva seus traços raivosos, mas sendo reprimidos, tornando-se assim a representação assustadora e perigosa do divino feminino, liberada em situações de conflito, fúria, raiva ou ameaças. Enquanto Parvati acalma e controla as tendências belicosas ou destrutivas de Shiva, Kali as provoca, incentiva e apoia.

Apesar da aparência macabra e assustadora de Kali, ela tem uma importância relevante no Tantrismo, que é uma filosofia comportamental de características matriarcais, sensoriais e desrepressoras. Essencialmente, a prática tem por objetivo o desenvolvimento integral do ser humano nos seus aspectos físico, mental e espiritual, e sua ideologia afirma que a realidade é o resultado da interação simbiótica entre o masculino e feminino, Shiva e Shakti sendo polaridades opostas provocam uma tensão criativa. O Tantrismo postula que os adeptos devem encarar a face macabra de Kali e o terror da morte com a mesma aceitação com que recebem as bênçãos da Sua Face benévola, nutridora e maternal. Muitos dos Tantras enfatizam que a energia de Shakti permeia a realidade e que, se o seu poder e vitalidade forem canalizados por técnicas adequadas, auxiliam a transformação espiritual (Shakti é a personificação de Parvati, Kali e outras deusas). Os adeptos do Tantra cultuam Kali nos seus aspectos terríveis e se aproximam dela com coragem, sabendo que morte e vida são faces da mesma realidade, a morte não existe sem a vida, nem a vida sem a morte. A literatura medieval de Bengala descreve como os devotos se aproximam de Kali com temor e respeito, buscando proteção e segurança como crianças que precisam do colo materno. A partir do século XVIII, Kali passou a ser reverenciada como Mãe, não somente pelos devotos de Bengala, mas também de outras regiões, apesar da sua aparência e hábitos serem opostos aos dos arquétipos maternos de outras deusas hindus. Nos mitos hindus as deusas-mães são associadas com fertilidade, abundância, plenitude, bem-estar e têm seus atributos femininos (seios, ventres) em evidência. Kali tira a vida, perambula nos campos de batalha e de cremação, se enfeita com cadáveres, é esquelética e da sua boca escorre sangue. Enquanto as deusas mães (Prithivi, Parvati, Annapurna) geram e nutrem a vida, Kali se alimenta dela e a retira da sua fonte viva. Para superar a natural idiossincrasia e poder reverenciar Kali, seus devotos seguem a lógica metafísica que respeita a morte como um fato inevitável e universal, pois eles sabem e aceitam que a vida se sustenta pela morte de animais e plantas. Ao aceitar a verdade, ela se transforma em sabedoria libertadora; reverenciar Kali possibilita aos devotos aceitar a morte sem revolta ou medo. *Kali representa a libertação do espírito saindo da prisão do corpo*, por isso seus devotos meditam mais nos cemitérios e locais de cremação.

A aparência chocante e o comportamento agressivo de Kali forçam os devotos a saírem do mundo previsível da ordem cotidiana e entrar numa outra dimensão de contrastes e oposições, que abrem novas possibilidades e percepções. Kali convida para uma reflexão mais ampla, madura e realista sobre a trajetória pessoal – de onde alguém vem e para onde vai – cada ser sendo parte dos eternos ciclos de vida e morte que pertencem à Grande Mãe. Ela revela que todas as criaturas são seus filhos e, também, seu alimento e que nenhum tipo de identidade ou posição privilegiada vai poupar o indivíduo deste intercâmbio sacrificial de *dar e tomar*. Apesar da crueldade desta verdade, a sua aceitação é a chave que liberta o ser humano da escravidão e o encaminha para *samsara* (que significa "movimento ou fluxo contínuo") e refere-se no budismo ao conceito de nascimento, velhice, decrepitude e morte, um processo em que todos os seres no universo participam e do qual só se pode escapar através da iluminação.

Kali Ma é uma deusa tríplice – *da criação, preservação e destruição.* Como Deusa *Virgem e Criadora*, Kali é designada como *sattva-guna* e sua cor é branca, a Mãe Sustentadora é *raja*, vermelha e como *Purificadora* que tudo absorve, é negra e o guna é *tamas*. Preto era a cor fundamental de Kali como *Dakshinakali*, a "Ceifadora"; uma Deusa Negra da Finlândia era conhecida como *Kalma* (contração de Kali Ma), que assombrava os cemitérios e devorava os mortos. Às vezes, Kali, como Destruidora, usava vermelho sugerindo o sangue da vida, que ela dava e tirava. Os ciganos honravam *Kalika*, a padroeira dos funerais vestida em roupas vermelhas. Kali tem três classes de sacerdotisas representando a sua triplicidade: *Yoginis* ou *Shaktis*, virgens e independentes, *Matri*, as mães e cuidadoras, *Dakinis*, as Anciãs e sacerdotisas da morte, que preparam os moribundos e suas famílias. Nos campos de cremação, Kali é reverenciada como *Smashana-Kali* e recebe sacrifícios de animais machos, pois por representar o Princípio Feminino, não são sacrificadas fêmeas para ela. Kali era o *Oceano de Sangue* do início e do fim do mundo, pois ela devorava o próprio tempo, a sua raiz está na eternidade, mas ela define a realidade material do presente. Depois da morte seguia-se o "sono sem sonhos", a transição para a regeneração, antes de poder continuar na roda cármica das reencarnações. A experiência mística de mergulho na energia de Kali é descrita como *"ausência de forma e um retorno para o oceano primordial, a morada do espírito"*.

Como *arquétipo do nascimento e da morte,* Kali dá a vida, mas a destrói também, pois somente assim o novo pode nascer e crescer para iniciar outro ciclo de nascimento, expansão e morte. De uma forma profunda e sagrada, a vida e o nascimento são sempre ligados à morte e destruição. Como *Mãe Terrível* ela representa o poder onipotente da mãe para dar e tirar a vida, a imagem da porca devorando seus filhos, a deusa guerreira que entra nas batalhas sem medo e personifica agressão, energia marcial e crueldade. Mesmo representada agachada sobre o corpo morto de Shiva e engolindo suas entranhas, sua *yoni* (vulva) abraça seu *lingam* (pênis), no ato sexual que gera uma nova vida. Como ventre telúrico, ela recebe tudo que morreu, feneceu, cumpriu seu ciclo e missão, cadáveres e vegetação morta, mas também acolhe as sementes à espera da germinação. Em certas imagens ela aparece com serpentes enroladas no seu corpo que sugerem a morte e o renascimento.

Transposto para o nível humano, uma mãe assume algumas características da Mãe Terrível, pois o próprio processo de educação requer "matar" alguns aspectos do filho, assim como o jardineiro poda galhos fracos ou secos para fortalecer as árvores. "Podar" o espírito de aventura, a rebeldia ou dependência, a criatividade ou espontaneidade infantil são reflexos dos atributos da Mãe Terrível. Ambos os sexos temem o poder materno, medo oriundo da vida intrauterina e da infância, quando a mãe detinha o poder de vida e morte do seu filho. Este assunto é explorado, analisado e tratado pelas terapias psicológicas, psicanalíticas e espiritualistas. Apesar de existirem punições legais e regras sociais para condenar ou evitar que mães agridam ou maltratem seus filhos, nem sempre elas previnem cenas dramáticas no âmbito familiar. O desespero, as dificuldades materiais, as dependências químicas ou os desequilíbrios emocionais de mães solteiras ou abandonadas podem nelas provocar raiva, repulsa, rejeição ou ódio pelos filhos, emoções destrutivas levando a atos cruéis ou até mesmo ao crime. Nestas situações podemos ver os traços destrutivos da Mãe Terrível agindo na mente e na vida de mães que, ao agredir seus filhos, agridem a si mesmas, em longo ou curto prazo. Porém, se a mulher tiver consciência do valor sagrado da vida e da lei de ação e reação, com certeza ela saberá usar sua força e coragem para criar novas soluções e oportunidades positivas para sua vida e a dos seus filhos. É nestas horas que pedir ajuda para Kali vai permitir vencer os demônios do desespero, enfrentar os medos, entregar a ela a fúria, vergonha e agressividade, para *dançar sobre as sombras do passado* e encontrar a liberdade.

Conexão com a deusa Kali

Na Índia, onde as taxas de infanticídios, mortalidade materna e neonatal, casos de violência doméstica, estupros, abusos e descasos com a saúde das mulheres são altíssimos, é mais do que compreensível a presença e a reverência de uma deusa que personifica a fúria e a vingança justa. Estatísticas recentes comprovam na mídia, que a cada meia hora uma mulher indiana é violentada, estuprada, vendida para os bordéis, desfigurada, mutilada ou assassinada.

Kali está se tornando um símbolo moderno do movimento feminino que exige o término dos abusos cometidos contra meninas, moças, mulheres, mães e idosas. Sua filosofia encoraja enfrentar os medos, combater os fantasmas desnudando-os e reconhecendo que eles podem e devem ser vencidos. Kali mostra que a destruição faz parte da ordem cósmica, ela estimula a luta contra os abusos e violências antinaturais, substituindo a mentalidade da vítima pela lição da autopreservação, transformando a fraqueza em força, o medo em coragem. A maneira como reagimos aos abusos define nossa vida: usá-los como desculpa para nossa acomodação, ou ao contrário, fazer deles nossa força para lutar no presente. A principal motivação é reconhecer a nossa vulnerabilidade e estabelecer limites para não sermos invadidas, manipuladas, oprimidas ou vencidas. Os passos iniciais para impedir abusos são: o reconhecimento consciente, adquirir autoestima e ter determinação para lutar. Sem deixar que os medos do mundo atual dominem nossa vida precisamos assumir a responsabilidade em nos cuidar, fortalecer e defender nossa liberdade de expressão, ação e escolha. A dificuldade que encontramos para nos conectar com Kali é a resistência ocidental em aceitar a "Mãe Terrível", manifestada nas nossas mães ou no nosso comportamento como mães. Fomos educadas para ver a energia materna como nutridora, amorosa, bondosa e protetora e nos sentimos culpadas se reconhecermos que já sentimos raiva ao ter que aceitar as atitudes e conceitos da nossa mãe, mesmo sabendo que ela possa ter sido ausente, agressiva, repressora ou vingativa. Da mesma forma negamos a nossa "sombra", que se manifesta em relação aos nossos filhos quando passamos por decepções, sobrecargas, frustrações e não podemos – ou não devemos – expressar nossa irritação ou raiva, ou sentimos culpa por tê-la mostrado.

Outra forma de trazer a energia de Kali é expressar nosso aspecto de guerreira e lutar através de palavras, atitudes, iniciativas a favor das mulheres, nos opondo às injustiças, discriminações, explorações, repressões ou violências contra elas. Podemos nos "ver" empunhando a espada de Kali, expressando a nossa verdade e defendendo os direitos conquistados. A espada de Kali tem dois gumes – ela tem o poder de matar os demônios, mas também a habilidade de mostrar compaixão. Às vezes, os nossos demônios são as ilusões e fantasias que criamos em relação à vida ou às pessoas, ou que usamos para impedir que a nossa raiva e rebeldia se manifeste e fira os que as motivaram. A mulher se compraz mais facilmente no papel da vítima, do que reconhece sua raiva e luta pelos seus objetivos, sem culpar os outros pelo seu fracasso, inércia ou submissão. Muitas vezes, empunhar a espada de Kali e cortar as ilusões, nos permitirá enxergar a verdade, nos libertará dos conceitos e crenças limitantes e realizará as mudanças necessárias para encontrar os meios e situações adequadas ao nosso potencial, saindo da sombra da negação para a luz da manifestação.

Como convidar Kali para a nossa vida.

"Eu sou a dança da morte que está no fim de toda a vida,
Eu sou a dança da destruição que colocará o fim ao mundo
O vazio eterno, a boca aberta que devora.
Deixe-me levá-la para a dança da morte,
Deixe-me conduzi-la de volta para a vida,
Superando os medos e as ilusões,
Encarando a dor e o sofrimento,
Para me encontrar, dançar comigo e renascer."
Adaptação do texto de Kali de "O oráculo da Deusa"

Kali pode "engolir" nossas falhas e cortar as amarras que nos ligam aos fantasmas do passado. Entrar com ela na escuridão não é uma tarefa fácil, pois requer que reconheçamos nossos aspectos e segredos, escuros e escondidos dos outros e, às vezes, de nós mesmas. Mas, ao nos entregarmos aos poderes purificadores e transformadores de Kali, poderemos encontrar nossa verdadeira e plena identidade.

1. A LIBERAÇÃO DO FARDO DE MEDO E DOR QUE CARREGAMOS – e tememos nos livrar dele – pode ser feito com ajuda da visualização ou meditação dirigida.

Sempre que sentir ansiedade, raiva ou medo imagine a deusa Kali na sua frente pronta para auxiliá-la. Faça uma oração para ela, honrando-a como Mãe Universal, onipotente e onipresente, a personificação do poder, da energia, da vitória e da paz. Perceba claramente seu problema ou emoção e sinta esta energia se condensando em alguma parte do seu corpo. Respire profundamente e expire a energia através da boca, soprando tantas vezes quantas precisar até sentir-se aliviada. Sinta esta bola de energia se condensando em suas mãos. Veja-se entregando a bola de energia para Kali como se fosse uma oferenda. Verbalize o que sente em relação a familiares, amigos, seres amados, sem nenhum constrangimento, medo ou reserva. Kali é a deusa que transmuta os resíduos do lixo psíquico e emocional em adubo fértil que irá propiciar o nascimento de novas sensações, ideias e conceitos. Perceba como Kali aceita e transmuta sua oferenda em bênçãos de paz e equilíbrio. Agradeça e veja como Kali se afasta levando consigo os fantasmas e as toxinas que envenenam a sua vida. Perceba o alívio e a compaixão invadindo seu ser e lhe permitindo perdoar, a si e aos outros, seu passado e o presente e confiando em um futuro de livre expressão.

Repita esta prática quando perceber a presença dos *fantasmas famintos* do passado assombrando sua vida presente ou os medos anulando sua vontade de lutar e vencer obstáculos e desafios. Faça esta afirmação: *a verdade me liberta* e saúde Kali como a Mãe Divina que existe em todos os lugares e seres vivos.

2. Visualização para finalizar situações de abusos – crie um ambiente propício e acenda três velas nesta ordem: preta, vermelha e branca. Avalie as situações de abuso da sua vida e a repetição de padrões de submissão que deseja eliminar. Permita-se sentir raiva e decida pôr um fim àquilo que lhe causa dor. Faça três respirações profundas e imagine uma luz vermelha permeando seu corpo; à medida que revê as situações que a fizeram sofrer, a luz vermelha aumenta de intensidade. Aos poucos sentirá uma força nova penetrando na sua mente e preenchendo cada aspecto do seu ser; seu sangue está pulsando com rapidez, sua aura está aumentando ao seu redor. Concentre-se na chama da vela preta e imagine que pequenas caricaturas das pessoas que lhe abusaram no nível físico, mental ou emocional estão dançando ao redor da vela. Permita-se sentir raiva dentro de si e veja-se flutuando acima das figuras. Sinta o seu poder aumentando, relembre as situações em que ficou

amedrontada ou foi abusada no passado e reverta as cenas, vendo-se poderosa e gigante, colocando para correr todos os "fantasmas", que a fizeram sofrer. Pode-se permitir uma catarse com gritos, socos numa almofada, ou sapateando sobre os resíduos negativos do passado. Sopre a vela preta e perceba como os fantasmas sumiram no dissipar da chama. Visualize agora a deusa Kali na sua frente, sem medo, sinta-se irmanada com ela e permita que os braços dela arranquem as amarras que a prendem ao passado, sua espada cortando e aniquilando fraquezas, medos, dependências. Realize – mental ou fisicamente – uma dança da vitória, até sentir que ficou livre e leve do peso do passado. Mentalize suas feridas sendo cauterizadas e curadas pela chama da vela branca e a energia purificadora do fogo sagrado limpando e selando sua aura, para evitar no futuro a repetição das cenas do passado. Quando se sentir pronta, apague a vela vermelha soprando e deixe a branca acesa até terminar a sua harmonização, tomando um banho de sal grosso com uma infusão de ervas aromáticas. Visualize uma luz branca azulada impregnando a água e passando pelo seu corpo para dissolver e remover qualquer resíduo negativo que tenha sobrado. Sinta-se relaxada e calma enquanto "visualiza" as toxinas mentais, emocionais ou físicas escoando para o ralo com a água. Perceba a sua mudança energética: de vencida, tornou-se vitoriosa, em lugar de vítima, ficou responsável por si mesma e guerreira, sabendo que se libertou dos padrões limitantes e abusivos do passado. Com a ajuda de Kali, saiba que não mais será vencida, mas sairá vitoriosa dos combates, não mais será vulnerável, mas corajosa e segura de si. Ao vencer os fantasmas, conseguiu expandir sua consciência e alcançou outros níveis de sabedoria e poder.

Os restos da vela preta e vermelha (considerados recipientes das amarras removidas) deverão ser embrulhados em papel preto e enterrados em um lugar ermo e longe da sua casa.

3. Superar fobias – as reações ilógicas de medo ou pânico perante insetos, mar, floresta, cachoeira, trovões, escuridão, pássaros, animais, altura, túneis, locais fechados, pontes, elevadores, aviões entre outros, muitas vezes têm suas causas em vidas passadas ou situações traumáticas da vida intrauterina ou infância. As terapias psicológicas e a regressão para vivências passadas são ferramentas eficazes para a sua solução,

removendo e desprogramando as causas alojadas no subconsciente. O arquétipo da deusa Kali auxilia uma prática de fortalecimento psíquico e transmutação das experiências ou memórias de pânico.

Imagine-se caminhando numa floresta tropical, sentindo o calor e ouvindo os sons dos "moradores" do local. De repente, na sua frente, o caminho é interrompido por uma cratera, dentro da qual você vê com repulsa e terror tudo que deu origem à sua fobia. Atrás de si ouve um rugido e ao se virar vê um tigre (ou outro animal selvagem) se aproximando. A única solução é enfrentar a cratera em que está alojada sua fobia ou então, será devorada pelo tigre. Do outro lado do precipício você percebe a deusa Kali, que lhe faz sinal para pular por cima da cratera, com os olhos fixos naquilo que a amedronta. Ouvindo o bramido do tigre cada vez mais perto, você respira fundo, toma impulso e pula sobre a fenda, que não é tão grande como lhe parecia. Atrás de si o tigre salta também, mas a terra se fecha sobre ele, engolindo junto todos os agentes causadores da sua fobia. Sinta-se agora acolhida e protegida pela deusa, que a aconselha repetir esta visualização, até ter certeza de que não sente mais pânico ao se encontrar com seus antigos "inimigos".

Para honrar ou agradecer a Kali, pode montar um pequeno altar com a sua imagem, velas nas três cores, incenso de sândalo e um cálice com suco de frutas vermelhas, vinho tinto ou a oferenda do seu sangue menstrual. Se quiser fortalecer a sua energia de guerreira, pode acrescentar uma miniatura de espada e, ao som das batidas de tambor, criar a "dança e canção da vitória", visualizando a conquista de algum medo, limitação ou "fantasma" do passado. Neste caso convém vestir-se de vermelho e entoar no final da canção e da dança o seu "grito de vitória", com convicção e segurança.

Para curar ressentimentos e lembranças negativas da infância, Kali pode ser vista como a "Mãe Terrível", que permite a expressão da raiva relacionada com a mãe ou o reconhecimento da própria sombra em relação aos seus filhos. Uma análise sincera dos seus sentimentos, emoções e reações, vai ajudá-la a descobrir se repete o comportamento materno ou pelo contrário, tenta ser totalmente diferente da mãe, rejeitando com os defeitos as qualidades dela também. Após perceber as causas, transmutam-se os efeitos (culpa, remorso, repetição de padrões), apelando a Kali no seu aspecto de Mãe compassiva e renovadora. Pois ela é a manifestação da energia da vida, da morte e do renascimento, após a dissolução das marcas do passado.

Para despertar a sua combatividade, aprender a delimitar e defender seus espaços, lutar por seus anseios e objetivos e vencer os demônios dos medos, Kali oferece um arquétipo poderoso para as mulheres modernas. Reconhecendo a sombra da Mãe Terrível – em si e nos outros – as mulheres também vão saber quando precisam usar a espada da destruição ou o lótus da compaixão. Descobrir, aceitar, liberar e transmutar a raiva, admitir e libertar-se dos medos e das culpas, identificar e rasgar os véus das ilusões são as etapas necessárias para encarar as sombras, ultrapassar as limitações, trocar de pele e assumir o verdadeiro poder. Não o poder sobre os outros, mas o poder interior que mobiliza a vontade, quebra a inércia e liberta dos grilhões. Somente assim a mulher renascerá para uma nova compreensão e vivência do Sagrado em si, nos outros, na vida e no eterno feminino.

Meditando a respeito da sua feroz apresentação, descobriremos que a cor preta de Kali evoca o mistério do útero cósmico primordial e do silêncio regenerador da terra. Sua nudez revela a beleza e a singeleza da verdade. Nas mãos ela segura a espada da sabedoria que destrói as ilusões, a tesoura que corta os apegos e as dependências, a cabeça decapitada – que recomenda libertar-se do controle pela mente racional e os jogos egoicos –, o lótus que promete a expansão da consciência e a realização espiritual. A guirlanda de caveiras é formada pelo colar das existências passadas, amarradas pelo cordão umbilical dos nascimentos futuros. Dançando freneticamente sobre o corpo morto do seu consorte Kali o reanima, transformando o cadáver (Shava em sânscrito) em Shiva – o deus da dança e do poder fertilizador. As serpentes que envolvem seus braços simbolizam a força transformadora de Shakti, o princípio feminino da sexualidade e da vida, transmitido a Shiva pela dança de Kali.

Aceitando a ideia da necessidade do processo de destruição para limpar o velho e abrir espaço para o novo, é fácil compreender os amplos atributos de Kali, seja como uma Deusa Guerreira que usa suas armas com coragem e sem pena, seja como uma Deusa Mãe Criadora e

Preservadora da Vida, bem como a negra "Ceifadora", que acompanha o eterno e imutável processo de decadência, decomposição e regeneração.

Dependerá do seu momento e da sua prioridade conectar-se e invocar um destes aspectos, com pleno conhecimento dos seus atributos, bem como tendo a plena consciência da responsabilidade da escolha e das consequências do seu pedido. Lembre-se de que "às vezes é melhor não pedir do que pedir demais" e que "um presente requer sempre uma retribuição". Portanto, cuidado com o que pedir, pois poderá por Kali ser atendida!

Asteroide Kaali

Catalogado como o asteroide 4227, *Kaali* representa a força manipuladora feminina, o controle da mente e os distúrbios emocionais e mentais causados pela ânsia do domínio e o mal-uso do poder. Enquanto Plutão simboliza o controle óbvio, Kaali é a influência psicológica sutil e o empoderamento feminino. Representa aquele momento em que a pessoa (mulher ou homem) decide que "não aguenta mais" (uma situação, convívio, relação, trabalho, moradia, crença, habito, atividade) e decide "cair fora". Como a "Mãe negra que não é limitada pelo tempo", a deusa Kali destruía as forças negativas e criava uma nova vida para aqueles que buscavam sua ajuda. O asteroide Kaali pode ajudar para expulsar os "demônios" da nossa vida e proporcionar o controle mental necessário para estabelecer ordem numa situação de caos.

No mapa natal precisa avaliar a colocação de Kaali na casa e signo astrológico e os seus aspectos com Sol, Lua, Mercúrio, Vênus, Marte, Plutão, Ascendente, Descendente, Meio do Céu. Aspectada com o Sol confere carisma e magnetismo; com a Lua, poder para controlar as emoções alheias e as suas próprias; com Mercúrio aumenta a manipulação verbal; com Vênus, a sedução emocional; com Marte confere paixão assim como agressão; no Meio do Céu amplia a atuação profissional e pública. No entanto, precisa ter cuidado, pois uma forte influência de Kaali no mapa recomenda principalmente a cura das feridas do passado e dos "demônios" interiores do presente, que precisam ser apaziguados e curados, para poder usar o poder com segurança, clara avaliação e justiça.

Lilith, Rainha Misteriosa da Noite

"Sou a primeira e a última,
A honrada e a perseguida,
A prostituta e a santa,
A matéria e a ausência dela.
Durmo sobre a terra e danço nas árvores,
Deito na areia e voo com a brisa
Caminho no sol, canto com as rochas
E faço o que Eu quero."

Lilith – A Monologue. M. Kelley Hunter

Descrita como um demônio noturno, cabeludo e alado, anjo exterminador das parturientes, assassina dos recém-nascidos, imbuída de poderes vampirizantes, Lilith voa através da mitologia suméria, babilônia, assíria, canaãnita, persa, hebraica, árabe, teutônica e até da Bíblia cristã. Como *Lil*, ela era um espírito destrutivo da tempestade na Suméria do terceiro milênio a.C., transformada depois em *Layil* pelos semitas da Mesopotâmia, o demônio noturno que "possuía" os homens que dormiam sozinhos, causando-lhes sonhos eróticos e poluções noturnas. No século VIII a.C. na Síria, Lilith aparece como um súcubo, "herdeiro" de um demônio que matava crianças, chamado *Lamashtu*, cuja variante babilônia era *Lâmia*, uma serpente com cabeça de mulher e cujo nome tornou-se equivalente de bruxa na idade média.

Sem nunca ter sido celebrada como uma Deusa, *Lilith* é honrada atualmente como um *arquétipo da sexualidade, rebeldia e instinto selvagem feminino, a vontade poderosa que não se dobra diante da pressão masculina e prefere a transgressão à escravidão*. É a mais remota concepção do feminino, que migrou do mito sumério para o judaísmo pós-bíblico, sendo a primeira mulher de Adão, assim como ele, criada do pó e insuflada com o sopro divino para fundar a espécie humana, sem nenhuma superioridade do homem sobre a mulher. Ao se revoltar contra o domínio sexual de Adão, foi feita a retificação mitológica com a criação de Eva. A necessidade da satisfação sexual da mulher foi condenada desde a Babilônia, nas tábuas das leis dos hebreus e na tradição legendária preservada na Cabala e no Hermetismo da idade média. As lendas de

Lilith enfatizam a necessidade de liberdade, movimentação instintiva e integração com as forças da natureza, a rebeldia contra a autoridade, o forte poder de sedução e a sexualidade acentuada.

Lilith foi descrita ora como um ser alado com longos cabelos, semelhante aos querubins, ora como um demônio possuindo caninos ferozes. Foi chamada de *Rainha do Mundo Inferior* devido às suas aspirações pecaminosas e amores ilícitos, sendo associada com os vampiros que se alimentam do sangue para ter poder. Quando foram estabelecidas as primeiras leis humanas à imagem e semelhança de Deus, Lilith foi censurada pela sua revolta perante o domínio masculino e substituída pela doce e frágil Eva, nascida da costela de Adão. Antes de abandonar Adão, Lilith disse: "*Nós dois somos iguais, uma vez que saímos do mesmo barro.*" Da sua disputa se originou a primeira cisão de laço matrimonial e as vinganças mútuas com crimes de sangue.

Lilith não é somente a renegada, que viaja pelo mundo em busca de uma vingança; ela representa a mulher suplantada por outra que lhe é inferior, mas é submissa em troca de segurança conjugal. A sua *sombra* é percebida nas brigas matrimoniais, nos desejos insatisfeitos, na separação dos casais, na punição das mulheres que desafiam as normas sociais. Eterna inconformada, Lilith se encontra nas mulheres que imaginam ser possível a verdadeira igualdade, que perturbam os devaneios dos homens que esperam restaurar a ordem transtornada, que usa o nome de Deus não para acatar seus desígnios, mas para estimular sua própria criatividade. Tentativas para suprimi-la ou negar sua existência datam do século VI a.C., mas ela continuou reaparecendo e se manifestando de várias maneiras, sendo reconhecida, interpretada e revalorizada por pesquisadores, psicólogos, astrólogos e seguidores da Tradição da Deusa.

A mais antiga referência sobre Lilith data de 2400 a.C. sendo mencionada como uma linda moça, porém devassa e vampirizante. Uma gravura da Babilônia a representa como uma mulher esguia, com asas e garras de coruja, tendo na cabeça um adorno de chifres e segurando nas mãos uma varinha e um anel (indicando seus atributos noturnos e seu poder de domar animais). Ela era estéril, sem poder gerar filhos, nem ter leite nos seus seios; o epíteto de Lilith era "a linda donzela", conhecida também como vampira e prostituta que, uma vez tendo tomado posse de um homem, não ia libertá-lo jamais. Nas inscrições sumérias Lilith aparece como "a mão de Inanna" (sua auxiliar) e descendente de Ninlil, a deusa criadora da vida. Os gregos adotaram o termo *Lilim* designando as filhas de Lilith, que assombravam os homens e as denominaram de *Lamiae, Empusas*, demônios noturnos, ou *súcubos*, a contraparte feminina dos *incubos*. No texto sumério de 2400 a.C. são mencionados quatro demônios pertencendo à classe dos súcubos: *Lillu, Lilitu (*ou *Lilith)*, e o casal *Ardat Lilith e Irdu Lili*. O mito de Lilith, conhecida como a *Bruxa noturna que sufocava e sugava o sangue das suas vítimas*, atravessou os séculos e ela recebeu inúmeros nomes pejorativos, assim como características de animais como serpente, coruja e cão.

Dos estudos de encantamentos inscritos em vasos de Nipur, Babilônia e encontrados no século VI a.C. resulta que Lilith representava perigo para os homens, às moças antes da puberdade e às mulheres durante o ciclo menstrual, bem como para as mães e seus filhos recém-nascidos. A fama maléfica de Lilith como "vampiro sexual noturno" se espalhou da Babilônia até a Pérsia e a Palestina, onde encantamentos e amuletos eram usados como defesa contra ela. Os monges cristãos dormiam com um crucifixo sobre seus órgãos sexuais para se proteger dos "sonhos molhados", provocados por Lilith e que a faziam rir.

No Velho Testamento não há nenhuma menção à Lilith como participante no mito da criação ou na história de Adão e Eva. Ela é mencionada pela primeira vez no Talmud (nos comentários sacros das leis e ensinamentos judaicos) como a primeira mulher de Adão, que o abandonou por não aceitar ficar embaixo dele durante o ato sexual, sendo ambos criados do pó e, portanto, iguais. Devido à insistência de Adão sobre a sua pretensa superioridade, Lilith pronunciou o nome de Deus e voou depois para o Mar Vermelho, onde viveu de forma "promíscua" se acasalando com demônios e gerando mais de cem seres demoníacos por dia. Para que ela voltasse para Adão, Deus enviou três anjos à Terra, que, perante a sua recusa, a ameaçaram com a morte diária de cem filhos seus. Humilhada, Lilith jurou vingança fazendo o mesmo a todos os recém-nascidos que encontrasse em sua passagem. Seu juramento deixou em aberto uma esperança de salvação, pois prometeu poupar os recém-nascidos desta maneira: se fossem meninos, até o oitavo dia (quando eram circuncisados) e as meninas, até o vigésimo dia. Mas, se ela visse os nomes dos três anjos: *Sennoi, Samsanui, Samangaluf* sobre um amuleto colocado nos berços ou corpos das crianças, com as palavras *Afaste-se Lilith*, ela iria desistir de fazer mal a eles e, em compensação, iria matar cem dos seus próprios filhos. Esta proteção se estendia também às mulheres gravidas e parturientes. A partir desta revelação no Talmud, foi iniciado o uso de talismãs com os nomes dos três anjos e que eram pendurados no pescoço ou berço dos recém-nascidos e usados pelas mulheres grávidas.

Referências mais tardias sobre Lilith são encontradas na *Cabala* do século XIII, principalmente no *Zohar* (uma coleção de comentários sobre a Torah) e no *Livro do esplendor*, que descrevem a criação simultânea e igualitária do Sol e da Lua, depois separados por Deus, que atribuiu à luz maior o domínio do dia e à menor, da noite, instaurando assim a superioridade solar e masculina. Lilith teria sido criada da luz menor, da Lua, com um lindo corpo de mulher até o umbigo e depois continuando como chamas ou cauda. Ela se tornou a consorte do demônio Samael, que morava no mundo inferior, passando a personificar a sombra feminina, enquanto os homens a percebiam como uma bruxa sedutora, mãe estranguladora e um súcubo mortífero. De acordo com esta interpretação, a recusa de Lilith aceitar o sexo tradicional era um confronto às regras do casamento sagrado, em que Deus (El) representava o Céu e a mulher (Lilith) a Terra. O judaísmo rabínico, totalmente patriarcal, ensinava que: *"assim como os homens deviam obedecer a Deus, as mulheres deviam obedecer aos homens, pois esta era a regra natural, que não podia ser transgredida"*. Foi assim que a teoria rabínica sobre a supremacia de Adão resultou na opressão e dominação religiosa, cultural e social da mulher nas sociedades patriarcais. Condenavam-se as mulheres que queriam "ficar por cima", sentir prazer sexual ou querer ser livres e independentes, sendo consideradas "companheiras do Diabo".

Segundo o Zohar (um dos trabalhos mais importantes da Cabala, no misticismo judaico, com comentários profundos sobre a Torá, escritos em aramaico e hebraico medieval), Adão era originariamente hermafrodita, mas Deus o adormeceu e separou a sua parte feminina, que se tornou Eva. De acordo com o Velho Testamento, Deus criou Eva de uma costela de Adão, enquanto na versão original Adão e Lilith foram criados simultaneamente, da poeira do chão e tendo a vida insuflada pelo sopro divino. O Zohar define Lilith como a energia feminina original, um aspecto telúrico e instintivo que personifica tanto o desejo sexual de Adão, quanto a energia vital, pulsante e natural da mulher. Os textos do Zohar afirmam que, após ter sido repudiada por Adão, Lilith voltou durante a noite e montou sobre ele, causando-lhe a polução noturna e criando assim "as pragas da humanidade".

Originariamente, a Deusa regia o ciclo mágico da sexualidade, nascimento, vida e morte. Com o advento das estruturas patriarcais, o poder de vida e morte se tornou prerrogativa de Deus e as energias sexuais e mágicas foram separadas do poder da procriação e maternidade. Desta forma, Deus se tornou uno e a Deusa foi dividida em dois aspectos: materno e sexual. Lilith nasceu da discrepância entre estes dois mitos, cuja origem era na realidade o esforço de Jeová (Yahvé) para diminuir e suprimir o poder dos cultos que reverenciavam a Deusa, que ainda prevaleciam nos tempos bíblicos. Assim como no mito da inferiorização da Lua, Lilith cria a sua força a partir da oposição, supressão e negação do seu poder. No Velho Testamento existem dois relatos contraditórios sobre a criação da mulher. No princípio (Gênesis 1:27) Deus cria ao mesmo tempo o homem e a mulher, Adão e Lilith à sua semelhança; no segundo (Gênesis 2:7) ele cria apenas o homem, o andrógino Adão com dois rostos, cada um virado para uma direção, mas que depois foram fundidos em um só. Porém, tanto Adão, quanto Lilith foram criados da terra, a Mãe Telúrica e apenas moldados por Deus, Eva tendo sido criada de uma costela de Adão enquanto ele dormia, sendo "osso dos seus ossos, carne da sua carne" (Gênesis 2:18-24).

Apesar de Lilith ser descrita como "demônio noturno ou coruja com grito estridente", não há outras referências sobre ela no Velho Testamento, além da citação em que Adão a encontra somente de noite, nos seus sonhos eróticos e decorrentes poluções, enquanto Eva é destinada a ser "Mãe de todos os seres vivos". Como consorte do demônio Samael, Lilith simboliza o espírito livre e instintivo da mulher e Eva é a esposa obediente, submissa e fiel. Até a destruição do segundo templo palestino pelo imperador romano Tito em 70 d.C., os povos hebraicos reverenciavam a deusa Astarte ou Astoreth, conforme comprovam suas estatuetas encontradas em vários sítios arqueológicos da Palestina. Em um comentário encontrado no Zohar sobre a Gênese, Lilith é equiparada com a "chama da espada fulgurante, que guarda o caminho para a Árvore da Vida". No seu livro *Símbolos da transformação*, Carl Jung faz uma comparação entre o mito de Lilith e o de Lâmia, que seduziu Zeus. Hera vingou-se da traição de Zeus e amaldiçoou Lâmia para gerar apenas natimortos, fato que provocou a ira de Lâmia e, para se vingar, ela perseguia mulheres grávidas e raptava crianças, estrangulando-as depois.

Lilith representa o arquétipo da *outra mulher*, odiada por Hera (que era guardiã do casamento), mas desejada pelos homens; se fosse rechaçada por eles quando acordados, ela aparecia nos seus sonhos e copulava com eles, se alimentando dos seus desejos ilícitos e dos medos das mulheres, temerosas pela fidelidade dos maridos. Na imaginação da esposa, Lilith aparece como a sedutora perigosa e temida, que usa práticas sexuais perversas e encantamentos para conquistar os maridos enfadados pela monotonia conjugal. Quando Lilith se recusa aceitar a posição do "sexo cristão", isso indica sua insatisfação sexual e a incapacidade de Adão em lhe corresponder de forma mais livre, prazerosa e anticonvencional. Enquanto Eva é associada com a luz crescente e a ovulação, Lilith corresponde à fase minguante e à menstruação, bem como ao aumento do desejo sexual e da ansiedade que precedem o sangramento menstrual. Como simbolismo, Lilith representa a morte do filho em potencial, a liberação do óvulo não fertilizado e o poder sexual para dominar e controlar os homens. A recusa de Lilith em se submeter a Adão é a metáfora da necessidade da mulher ser independente, não aceitando a autoridade patriarcal e buscando a sua própria realização sexual. Nas sociedades antigas do Mediterrâneo – que aceitavam a relação masculina homossexual –, apenas o parceiro passivo era considerado desprezível e fraco. Por outro lado, as mulheres que queriam sair da posição de submissão e exigir satisfação sexual, eram vistas como seres demoníacos, pois o homem devia ficar sempre "por cima" por ele ser superior e mais próximo de Deus do que a mulher. Os muçulmanos condenavam os homens que permitiam à mulher assumir no ato sexual a posição de "superioridade", equivalente ao Céu.

A liberdade de ser autêntica e ter direitos iguais aos homens são aspectos importantes do arquétipo de Lilith, que confere às mulheres o direito de recusar se deixar aprisionar ou oprimir em um relacionamento. Quando a Lua foi diminuída por Deus e enviada para a Terra para agir como sombra, ela renasceu como Lilith, o fogoso espírito livre e o instinto selvagem da mulher. Foi em torno de 2400 a.C. que Lilith foi transformada no demônio noturno, regente das tempestades e que se apresentava como uma linda mulher, que capturava os homens e não os libertava até se cansar deles. A Cabala denomina Lilith de "Serpente tortuosa", pois ela seduz os homens para se desviarem dos caminhos corretos. A sua manifestação como sedutora era personificada pelas "sacerdotisas sagradas", que traziam os homens para os templos, para conectá-los com a sua anima através do sexo sacro. No mito sumério de Inanna, Lilith era a sua ajudante ("a mão de Inanna)", que recolhia os homens das ruas e os encaminhava para os templos.

Lilith sempre foi descrita como uma mulher selvagem, que vivia no deserto, próxima aos animais e cujo grito era semelhante ao da coruja, reforçando assim a sua personalidade noturna de ave de rapina. A sua representação como *Senhora dos animais*, em um relevo sobre uma placa de terracota da Suméria datada de 2300 a.C., a mostra como mulher alada e coroada, mas com pés de pássaro, sentada em um trono margeado por dois leões e acompanhada por duas corujas, que indicavam a sua essência lunar e noturna. Nas mãos, ela segura as insígnias da sua associação com o Sol e os leões, o cetro e um círculo.

A energia selvagem de Lilith pode ser alcançada e vivenciada durante ritos xamânicos e retiros na natureza, que permitem o contato com as energias atávicas reprimidas pela educação. As mulheres podem acessar estas manifestações da sua essência tolhida ou cerceada (a "domesticação" social e religiosa) durante as vivências na sauna sagrada, nas cerimônias lunares e nos ritos de passagem que propiciam a catarse. Durante o ciclo menstrual a mulher entra em contato com seu lado primitivo e selvagem e sente vontade de chorar, gritar, espernear, sapatear, chutar. Quando a sensualidade da mulher for reprimida por pressões religiosas, culturais, sociais ou familiares, as mulheres podem recorrer a Lilith e ativar a sua energia *kundalini* (do chacra básico).

Se o "aspecto Lilith" de uma mulher ficar na sombra (reprimindo a sua sexualidade, negando o aspecto selvagem e anulando seu poder), ele pode irromper de forma brusca e inadequada como uma punição pelos desejos proibidos ou inconscientes (através de abusos alimentares, álcool, drogas, remédios, vícios, depressão, dependências afetivas, manipulação, tendências suicidas, automutilação).

Lilith representa certas qualidades da Grande Deusa: a consciência lunar associada com os ciclos da Lua, a roda da vida, morte e renascimento, bem como a conexão espiritual e a sexualidade sagrada, que faziam parte dos antigos Mistérios Femininos dos Cultos das Deusas. Como Deusa Tríplice, ela tem o aspecto Jovem da sedutora Naamah, da Anciã que rapta e mata crianças e da Mãe de múltiplas facetas, que é regente da vida e da morte e guardiã da espada flamejante. Além de ser a primeira esposa de Adão, Lilith evoluiu para aparecer na Cabala da Idade Média como consorte de Deus, sua contraparte feminina escura que assume o lugar de Shekinah, o seu aspecto feminino luminoso, que foi exilada com os israelitas. Lilith apareceu no início como uma entidade sombria, promovida depois à condição de "Rainha dos demônios" e finalmente sendo uma Deusa Escura, complemento feminino de Deus. Para os poetas românticos do século XIX, Lilith passou a personificar a imagem da "mulher fatal", irresistível e cuja sedução era letal. A supressão ou afastamento de Lilith com amuletos e encantamentos não teve efeito porque ela não pode ser erradicada, nem anulada, mas deve ser integrada na psique coletiva, por ser a projeção dos medos e desejos humanos. Diferentemente da passiva e obediente Eva, Lilith busca sua vingança através da sua beleza destrutiva e sua sedução persuasiva.

O século XX trouxe a era da racionalidade, das explicações científicas e da iluminação após as superstições do passado. Porém, Lilith acompanhou os judeus que emigraram para o Ocidente e as Américas e mesmo de forma oculta, ela apareceu nas fitas vermelhas e nos amuletos de proteção em forma de facas contra "mau-olhado", que eram colocados nos berços das crianças. Até mesmo na atual cerimônia judaica do casamento, a quebra do copo é o eco dos gritos e barulhos de antanho com o objetivo de assustar e afastar Lilith do novo casal. Jung sugere que os antigos espíritos da natureza, vistos como demônios, se refugiaram nos recônditos do inconsciente humano após a religião decretar que eles não existem, sendo meras superstições. Lá eles residem e criam energias que se manifestam como *a sombra pessoal e coletiva*, os aspectos negativos da personalidade que o ser humano tenta ocultar, reprimir e negar. A mulher que manifesta de forma inconsciente a energia arquetípica de Lilith se identifica com a sua sombra, que ela reprime, mas pode manifestá-la no seu comportamento ou percebê-la nos sonhos. A imagem do "demônio noturno que desliza para o leito dos incautos" é a preferida das religiões modernas como uma instigação para o mal e que expressa os preconceitos em relação às mulheres. As "filhas de Eva" (herdeiras do arquétipo feminino obediente, mas que se rebelou contra a submissão e comeu a maçã da sabedoria oferecida por Lilith), se tornaram as eternas responsáveis pelo pecado original, que levou os homens a perderem sua pureza, sentirem vergonha do próprio corpo e serem sujeitos à mortalidade, por atentar contra os ditames divinos.

Os símbolos culturais e as características arquetípicas do mito de Lilith reaparecem na lenda da Rainha de Sheba, uma história da tradição oral da Alemanha do século XVI. A história gira em torno de um fazendeiro pobre que não conseguia progredir na vida, até que apareceu na sua frente uma linda e atraente mulher. Após um sexo intenso e passional, a mulher lhe entregou uma bolsa cheia de moedas de prata. A cena se repetiu nos dias seguintes e o homem enriqueceu aos poucos, mas ele ficava cada vez mais obcecado pela misteriosa mulher, conhecida como a "Rainha de Sheba", pensando nela durante o dia e sonhando de noite. Ela lhe prometeu tudo o que ele desejava; desde que não revelasse a ninguém o segredo dos encontros e da sua riqueza. Tudo decorria em paz, até que a esposa do fazendeiro ficou desconfiada das suas idas diárias para o galpão, onde ficava por muito tempo, sempre na mesma hora. Ela o seguiu e o surpreendeu no meio da relação sexual com a mulher misteriosa, que revelou a sua verdadeira identidade como Lilith, puniu o homem com a perda de seus bens e a esposa com a morte dos seus filhos. A interpretação dada por Jung para a ingenuidade do homem ao se deixar persuadir pelo demônio da luxúria, sem questionar a origem da misteriosa mulher, é a sua falha em conhecer e confrontar a sombra, deixando-se iludir e fragilizar pelos desejos e a cobiça. Por não ter integrado a sua anima, ele não confrontou o aspecto escuro da sua psique e se encantou perante a "bolsa com a prata" (símbolo feminino). A esposa expressa o lado escuro da anima, quebrando o encantamento da ilusão e expondo o empobrecimento (exterior e interior), consequência do comportamento obsessivo e compulsivo e do desconhecimento da vulnerabilidade sensorial e psíquica.

Com o passar dos tempos, a energia de Lilith – reprimida no inconsciente feminino pelos rigores das estruturas patriarcais – foi fortalecida pela negação e diminuição do seu valor e atuação. Porém, ela não desapareceu e se manifestou nas histórias e lendas que descrevem a raiva feminina manifestada nos sintomas das doenças psicossomáticas, histeria e depressão. A incapacidade de a mulher expressar seu poder atrai situações de humilhação, inferiorização e vergonha, que despertam a raiva. Os aspectos escuros ignorados se refugiam na escuridão do inconsciente, assim como Lilith se refugiou no deserto, gritando e matando crianças (simbolizando aspectos criativos e o potencial de realização). A mulher rejeitada, solitária e infeliz usa a negação, compulsão sexual e a agressão ao seu próprio corpo para manipular parceiros e ter um aparente controle no relacionamento. Se a raiva for introjetada, a energia vital diminui, o fogo sexual de Lilith se apaga e a mulher – por não expressar sua raiva – se distancia do seu corpo e do seu espírito. As desordens alimentares como bulimia, anorexia, obesidade, emagrecimento são consequências para compensar a falta de realização afetiva ou abafar as emoções negativas. As reações emocionais exageradas que se manifestam como desordens psíquicas, instabilidades, promiscuidade ou agressividade lembram simbolicamente a raiva de Lilith, gritando e procurando se vingar pela sua humilhação e marginalização. Cada vez mais aumentam os casos de desordens sexuais, crimes passionais ou infanticídios, indicando a influência nociva de Lilith no inconsciente propenso à fúria e vingança.

Para restaurar o equilíbrio universal e evitar que se manifestem seus aspectos demoníacos, Lilith deve ser reconhecida e honrada. O princípio feminino sofreu durante séculos inúmeras humilhações, diminuições, perseguições e violências que tiveram como consequência raiva, vingança e anulação. Se estas emoções não forem reconhecidas e integradas, prevalece a influência maléfica de Lilith; mas se ela for honrada e invocada, oferece a oportunidade para a expansão da consciência. Lilith pode reintegrar sexualidade e espiritualidade, liberdade e realização, transformando o demônio noturno da libido descontrolada na Deusa da Sabedoria e regente da Lua Negra.

A mulher atual, consciente da sua sexualidade e liberdade de expressão, conectada com seu corpo e espírito, conhecendo e integrando sua sombra, não precisa ficar no exílio, mas manifestar sua plenitude, beleza e poder. Ela pode expressar sua sexualidade como um veículo para a espiritualidade através de dança sagrada ou do ventre, arte, música, poesia, rituais, práticas tântricas e no sexo sagrado (*maithuna*), como uma manifestação do encontro de almas (Tantra). Os aspectos de Lilith e Eva devem ser integrados e harmonizados para evitar o conflito entre a necessidade de projeção no plano mental, profissional ou artístico e o desejo de ser mãe. A mulher em sintonia com Lilith e Eva pode cuidar e amar seus filhos, se relacionar amorosamente com seu parceiro sem dependência, submissão ou anulação e seguir uma carreira com empenho e sucesso.

Conexão feminina com Lilith

As mulheres precisam se conectar com Lilith quando querem superar e transmutar os condicionamentos culturais e familiares negativos, relacionados com a sua sexualidade e expressão sensorial. Como a energia da Kundalini não é reconhecida, nem ativada no Ocidente, ela permanece soterrada no inconsciente coletivo e faz parte da Sombra (individual e grupal), sendo associada com erotismo, pornografia, licenciosidade e imoralidade. Ao longo dos tempos, o enfraquecimento de heróis e homens santos foi atribuído à sedução feminina, que agia de forma perigosa e perniciosa sobre a energia vital masculina. A única maneira para que os homens preservassem seu vigor e equilíbrio vital era a morte da "vampira", o que explica a queima de milhares de "bruxas mancomunadas com o demônio" nas fogueiras da Inquisição, além da cobiça pelos seus bens e o medo do poder de cura e magia das mulheres idosas. Lilith era temida como uma entidade multifacetada, sedutora e aterrorizante, telúrica e sensual, atraente e vampirizante. Existem várias maneiras para as mulheres se conectarem com a energia de Lilith como a dança do ventre, Kundalini e Tantra Yoga, cantos e danças tribais, atividades criativas e artísticas, práticas xamânicas com batidas de tambor, retiros na natureza para acessar e liberar a "mulher selvagem", terapias como "resgate da alma", bioenergética, renascimento e regressão de memória entre outras.

A integração do arquétipo de Lilith se processa em três etapas. PRIMEIRO precisamos identificar os temas de supressão, ressentimento, rejeição e desistência, decorrentes na nossa vida. Na SEGUNDA FASE temos que vivenciar a desolação, angústia, alienação, medo e negação da nossa sexualidade. Na FASE FINAL, podemos acessar e usar as qualidades transmutadoras e curadoras de Lilith, à medida que ela nos ajuda cortar nossas ilusões, pretensões, apegos e máscaras para reconhecer e expressar nosso ser verdadeiro e a nossa essência autêntica.

Para isso podemos refletir e responder as seguintes questões:

1. Em que aspectos e situações me sinto reprimida e não reconhecida pelas outras pessoas? Já me encontrei em situação em que fui forçada a agir contra a minha vontade e por isso assumo atitudes que não são em concordância com meu verdadeiro ser?

2. Manifesto às vezes minha raiva em crises de choro, acusações, explosões injustificadas e desistências por não poder expressar de fato a minha insatisfação? Até que ponto sou rejeitada, criticada, detestada ou ignorada pelos outros quando tento ser eu mesma, falar a minha verdade e expressar minhas convicções?

3. Como me sinto em relação a minha sexualidade? Encaro o sexo como um ato sagrado, uma obrigação ou necessidade de mostrar o meu poder de sedução? Permito a manifestação da minha "mulher selvagem" ou reprimo meus desejos e impulsos por temer ou condenar estes aspectos escuros ou "sórdidos" em mim ou nos outros? Ou pelo contrário vou ao extremo oposto e me entrego à promiscuidade, compulsão sexual, sexo virtual ou ilícito procurando em vão uma satisfação?

4. Tenho medo de ser usada ou manipulada nos meus relacionamentos e por isso tento me proteger pela frieza (real ou fingida) ou pelo distanciamento sensorial e afetivo, negando dar ou receber prazer?

5. Já fui vítima de estupro, incesto, violência ou abuso emocional ou sexual? Reagi ou aceitei a costumeira acusação machista de que "provoquei ou pedi por isso"?
6. Já senti atração (confessa ou negada) por parceiros de energia "escura", pesada e com comportamento agressivo, me comprazendo ou submetendo a violências verbais, mentais ou físicas? Tenho passado por traições e humilhações sem reclamar, tentado mudar ou me afastar, procurando aceitar a frase habitual das nossas antepassadas de que homens são assim mesmo, são todos iguais, faz de conta que não sabe?
7. Alguma vez usei o sexo para prejudicar alguém ou me vingar direta ou indiretamente? Caso afirmativo, qual foi a minha reação: de triunfo pela conquista, alegria pela vingança ou remorso posterior pela minha atitude?

A integração da sombra com ajuda de Lilith

Quando a mulher reprime a sua sexualidade, perde a sua assertividade, permite a invasão dos seus limites ou teme expressar a sua autenticidade, ela precisa entrar em contato com Lilith e aprender como lidar com a sua sombra. Existe uma dificuldade atávica de a mulher integrar seus aspectos de Lilith e Eva, seus anseios de liberdade com o desejo de maternidade ou o convívio com um parceiro, o trabalho profissional e as restrições e dificuldades familiares. Quando a mulher assume este seu lado, mas se sente sobrecarregada, exaurida e desprovida de apoio afetivo ou material, a sua Lilith interior irrompe de forma descontrolada, agressiva e irracional. Outra forma em que a energia de Lilith se manifesta é a autossabotagem, quando a mulher não é capaz de se nutrir ou cuidar adequadamente, punindo seu corpo por "alimentar" desejos proibidos (comida, bebida, sexo, drogas, vícios), sem assumir a responsabilidade pela falta de controle. Neste caso, o aspecto de Lilith se sobrepõe e destrói a Eva interior e em lugar de unir as energias para cuidar de si de forma prazerosa, o cuidado se torna um dever sufocante e difícil de cumprir. A integração de Eva e Lilith é favorecida pelas mesmas recomendações indicadas para a conexão com Lilith como dança, arte, música, poesia para liberar a criatividade, práticas tântricas para melhorar o sexo nos relacionamentos e rituais para a integração sagrada e mágica das energias destes arquétipos, tornando-se um canal para a sua expressão no mundo.

Técnicas para convidar Lilith para sua vida

A intenção principal é conseguir a habilidade para atingirmos nossos objetivos sem ter que fazer concessões ou nos submeter à vontade alheia, seguindo o nosso próprio discernimento, intuição e percepção espiritual para fazer escolhas e tomar decisões.

1. Praticar a determinação e tenacidade para expressar a sua assertividade e autoconfiança.
2. Modelar sua vida em função do seu potencial e qualidades, prestando atenção na maneira como expressa e comunica suas aspirações e reivindicações.
3. Manter-se firme nas suas escolhas sem ceder às pressões alheias, nem se deixar enfraquecer por manipulações, engodos ou apelações. Não se desculpar cada vez que toma uma decisão a seu favor e tendo razão, contrariando os outros.
4. Não culpar ninguém pelos seus erros, escolhas precipitadas ou carências na sua vida. Reflita bastante antes de escolher ou decidir, invoque a ajuda de Lilith para obter aquilo que deseja, merece e é para o seu bem.
5. Acreditar que é Filha da Deusa e que tem o direito divino de ser uma mulher plena, realizada e feliz.

Lilith vive na psique de todas nós e representa a nossa sexualidade primal e instintiva, temida pelo seu poder que foi negado, oprimido e exorcizado durante milênios. Quando se expressa através de nós, ela exige absoluta igualdade em qualquer situação (relacionamento, família, profissão, grupo, sociedade, crença). Ela não aceita fazer concessões se elas implicam na negação dos seus valores, conceitos e ideias. Lilith representa força, coragem, paixão, independência e a recusa da submissão ou da subserviência. Ela exige igualdade, autenticidade e a liberdade para se movimentar, soltar, expressar, criar, mudar. Por não colaborar com a tirania, domínio ou violentação, ela prefere a solidão a um relacionamento opressivo e o exílio social ou familiar para evitar a submissão.

Lilith aparece no nosso cotidiano cada vez que somos impedidas de nos expressar livremente ou não recebemos o devido reconhecimento do nosso valor, quando somos impedidas de escolher e determinar as circunstâncias da nossa vida. Quando somos obrigadas a aceitar a autoridade alheia, pressionadas para ceder o nosso espaço ou quando sofremos algum tipo de abuso (mental, emocional, sexual, familiar, humilhações), os ressentimentos, mágoas e raiva criam o cenário adequado para a manifestação de Lilith. Devemos ter cuidado para não deixar que a pressão interna, criada pela repressão e contenção de energia, precipite uma explosão de raiva. Nestas situações devemos nos acalmar, analisar com clareza a situação e expressar nossa verdade, sem nos deixar humilhar, reprimir ou oprimir.

Muitas vezes, as mulheres que se rebelam contra a dominação podem sofrer a sua *exclusão ou marginalização* pelos amigos, colegas ou familiares. Assim como Lilith, elas podem sentir o "exílio" pela rejeição, traição, descaso, humilhação, abandono ou têm que se "enquadrar", devido às obrigações familiares ou necessidades materiais. Porém, a sombra mesmo exilada, enjaulada ou domada, continua presente e atuante, provocando o retraimento emocional e psicológico ou os sintomas da angústia e depressão. As mulheres que ousaram se separar e abrir mão de vantagens financeiras ou mesmo dos filhos, vão passar por humilhações e afastamento de familiares e amigos, além de inerentes privações e ostracismo. A consequência será a amargura, o remorso e o desejo de vingança contra os causadores do sofrimento, difamação ou abandono.

Quando Lilith se retira voluntariamente do seu mundo e parte em exílio, ela irá tentar encontrar sua força e integridade, apesar da punição recebida pela sua rebeldia. O seu desafio é reprimir o impulso da vingança, como no seu mito, que relata a criação diária de centenas de demônios. No psiquismo da mulher *este aspecto pode se manifestar* com a negação da sua sexualidade, frigidez, distanciamento, atitudes autopunitivas, doenças psicossomáticas, exageros sexuais (promiscuidade, ninfomania) e desordens alimentares (para compensar o vazio ou a dor interior). Uma consequência comum da sombra exilada é a perturbação do ciclo menstrual ou a dificuldade de engravidar (Lilith manifestada como matadora de crianças).

Para solucionar o dilema de manter a nossa integridade, expressar e agir de acordo com nossa verdade e valores ou correr o risco da exclusão (afetiva, familiar, social, profissional) devemos apelar ao poder de transformação alquímica de Lilith. A sua qualidade transmutadora como *A chama da espada flamejante* – e que era representada nos seus antigos amuletos em forma de facas – age no corte das amarras e das crenças erradas em relação à nossa verdadeira natureza. Precisamos nos despir das falsas imagens e pretensões e assumir a própria autenticidade e os meios apropriados para viver melhor, percebendo com clareza as ilusões ou falsas necessidades que nos obrigam a aceitar situações ou atitudes que destoam da nossa verdade. A vulnerabilidade aparece quando nos deixamos prender em situações que nos tiram o poder e negam os valores pessoais. A dádiva de Lilith consta em chegar a um consenso, sem insistir na separatividade e na luta pelo poder, mas focando na inclusão e aceitação.

Depois de chegar ao cerne da questão e cortar os aspectos escondidos e distorcidos da sombra de Lilith (que perpetuam o ciclo do conflito e separatividade) a deusa Lilith coloca todos os apegos egoicos no seu caldeirão de transformação e transmuta os venenos no bálsamo da percepção consciente e do empenho na unificação. Aceitando a Lilith na nossa psique poderemos sair do exílio e alienação para a expressão consciente da individualidade e do verdadeiro propósito da nossa existência. A vivência com o arquétipo de Lilith segue em três fases:

1. Experimentar os ressentimentos, raiva e opressão;
2. Afastar-nos da rejeição e "no exílio" perceber a angústia, os medos e negação da sexualidade;
3. Finalmente descobrir os meios de transmutação e cura pelo corte das amarras, condicionamentos negativos e ilusões.

Ritual grupal para Lilith

Trabalhar em círculo é muito importante na conexão com Lilith, para que cada mulher possa sentir e expressar as suas energias com o apoio das irmãs do grupo.

As mulheres podem usar máscaras de animais, roupas escuras, um manto ou véu, tambores ou chocalhos. No centro do círculo será criado um altar com toalha preta, a imagem de Lilith, penas de corujas, velas (brancas, vermelhas e pretas), incenso de mirra, pedras escuras, cânfora, ervas aromáticas secas e um caldeirão. O círculo será criado com batidas de tambor e entoação de mantras. Para evocar as direções as palavras serão escolhidas de forma livre ou seguindo estas sugestões: LESTE – madrugada, novo começo, águia dourada, a liberdade para sermos autênticas; SUL – meio-dia, calor do deserto, emoções intensas, o desejo de expressar nossa sexualidade e paixão; OESTE – pôr do sol, anoitecer, introspecção, mergulho para conhecimento interior, a habilidade de dizer "não"; NORTE – noite, frio, silêncio, chamada das ancestrais e dos animais aliados, buscar a sabedoria de Lilith; CENTRO – invocar Lilith, a Deusa da Lua Negra, a Senhora da Noite e Protetora dos animais selvagens.

Na PRIMEIRA PARTE do ritual cada mulher irá partilhar de que maneira se sente reprimida ou dominada e como gostaria de expressar a sua liberdade e autenticidade. Na SEGUNDA PARTE, com a ajuda das batidas do tambor, gritos e catarse, será liberada a energia instintiva e selvagem com a ajuda dos animais aliados, mas sem nenhum outro meio para expandir a consciência (plantas enteógenas, álcool, tabaco ou drogas). Durante a catarse pode ser encenada a afirmação e defesa dos limites individuais, definindo as situações e meios de invasão e gritando "não". Quando a energia da catarse começar a diminuir, serão queimadas as ervas aromáticas com a ajuda da cânfora no caldeirão, entoando cânticos e mantras para acalmar e harmonizar. Podem ser feitas queimas de papéis no caldeirão sobre quais foram anotadas as intenções de mudanças e novas atitudes para favorecer a transmutação e renovação. Segue a partilha das experiências e finaliza-se com agradecimentos para as direções, animais de poder, ancestrais e à Deusa Lilith.

No lanche da confraternização podem ser incluídos frutas e sucos vermelhos, comidas com especiarias e condimentos orientais e bolo de chocolate (para o deleite dos sentidos).

Atualmente, Lilith se tornou um símbolo de liberdade para muitos grupos feministas. À medida da sua emancipação, as mulheres passaram a compreender que elas precisavam ser independentes e para isso ter símbolos do poder feminino. Esse incentivo foi aumentado pelos artistas que começaram a olhar Lilith como uma musa, que se tornou um motivo popular na arte e literatura, desde que Michelangelo a pintou metade mulher, metade serpente, enrolada ao redor da "Árvore do Conhecimento". O autor das Crônicas de Nárnia – C. S. Lewis – por exemplo, foi inspirado pela lenda de Lilith na criação da Feiticeira Branca, linda, porém perigosa e cruel, filha de Lilith e decidida a matar os filhos de Adão e Eva. Menos romântica é a heroína de James Joyce, que a considerou Padroeira dos abortos e a declarou Deusa das mulheres independentes do século XX. O nome Lilith foi dado a um programa literário nacional em Israel, foi título de uma revista feminina, um dos títulos mais frequentes na literatura feminina associada aos antigos mitos, bem como a grupos ou círculos sagrados femininos.

Asteroide Lilith

A sua descrição completa se encontra na página 61.

Macha, a Ruiva Guerreira e Soberana Celta

*"Macha, proteja-me dos meus medos, ajude-me a vencer quando luto
para me livrar das sombras que devo descartar,*

*Corte com a Tua espada tudo o que não me serve mais e limpe com o
Teu machado a terra para plantar o novo,*

*Ajude-me a compreender que a morte é apenas a transformação,
que leva ao renascimento e à nova vida.*

*Macha, guie-me para ser soberana de mim mesma e lutar
para o que é justo, mas tendo compaixão,*

*Que eu possa alcançar o meu empoderamento,
sem cair nas armadilhas do ego.*

*Macha, abra a minha visão para ver o que é verdadeiro e que a Tua
sabedoria permeie todos os meus atos,*

*Conduza a minha transformação, para que seja para o meu bem,
de todos e do Todo.*

*Macha, Senhora da vida e da morte, eu honro, louvo,
amo e sou grata a Ti, hoje e sempre."*

Macha. Aisling, 2009. Order of the White Moon.

A mitologia irlandesa e sua iconografia colocam em evidência a relação das deusas com soberania, fertilidade e guerra. Apesar da aparente contradição, esta associação reflete o processo dualístico de vida e morte, dar e tirar, semear e colher. A deusa Macha é uma divindade complexa abarcando estas três manifestações: fertilidade (humana, animal e da terra), soberania e guerra. Ela era reverenciada na Irlanda até mesmo antes da chegada das tribos celtas, sendo possivelmente a herdeira de Macha Alla, a "Mãe da vida e da morte" dos povos da Ásia Central. No Velho Testamento menciona-se a Rainha Maachah, cuja essência espiritual era reverenciada na forma de um pilar na floresta, até ser "expulsa" e substituída pelo seu "filho", o rei Asa (a conhecida maneira em que os deuses – como filhos ou consortes – se sobrepõem e depois eliminam as figuras e valores das deusas ao longo do milenar domínio patriarcal).

Macha (pronuncia-se Maka) tinha como significado "campo" ou "planície". Ela limpava a terra e os obstáculos, os excessos e os inimigos, criando espaço para vida, movimento e mudança. Ela era uma soberana, deusa da guerra em forma de corvo, cruel e combativa, mas também maternal e nutridora. Vários lugares preservam seu nome como *Emain Macha* ("os gêmeos de Macha"), a capital mítica de Ulster e *Ard Macha* (as colinas de Macha) atualmente conhecida como *Armagh*. O livro *Lebor Gabala Erenn* descreve Macha como uma das três filhas poderosas – a triplicidade denominada de *Morrigna* – da deusa da terra *Ernmas*, conhecida pela sua fertilidade (teve onze filhos) e abundância. Nos mitos, Macha aparece em diferentes e importantes momentos da história do povo celta, geralmente assumindo formas e características humanas.

Como a rainha mortal *Macha Mong Ruad*, "Macha das tranças vermelhas" ela é filha do rei Aed Ruad, que governou a Irlanda alternando com outros dois reis, cada um governando um ciclo de sete anos para evitar conflitos internos. Quando Aed morreu, Macha – sua única herdeira – quis assumir seu lugar, mas os outros reis se opuseram por ela ser mulher. Enfurecida, Macha os desafia para o combate e os vence, afirmando assim a sua condição de *soberana da terra*. Depois de Macha reinar por sete anos, os filhos dos reis exigem que ela renuncie e entregue o reino para eles. Macha recusa afirmando *"obtive este direito lutando e não como um favor"*, e enfrenta os exércitos formados e conduzidos pelos seus oponentes. Sem conseguir vencê-la, os príncipes fogem e se escondem na floresta; disfarçada como uma velha mendiga (ou leprosa) ela se junta a eles e inexplicavelmente os seduz. Depois de fazer sexo com cada um, ela os enfeitiça e amarra, levando-os como prisioneiros para Ulster, onde seus fiéis seguidores querem matá-los. Porém, ela tem outro plano. Macha os obriga a construir uma fortaleza, que se tornou seu centro de poder real, conhecida como *Emain Macha*. Neste mito, aparece como uma mulher poderosa, responsável e sábia. Exige o poder, luta por ele, e ganha; não mata seus oponentes, mas os obriga a obedecer e construir sua fortaleza.

Em outro mito, Macha aparece como a esposa de Nemed, o dirigente da terceira invasão mítica da Irlanda, demonstrando a sua forte conexão com a terra. Ela ensinou os homens a derrubar árvores, retirar as rochas para abrir espaços para o plantio, preparar a terra e assim alimentar e cuidar do seu povo. Diferente das suas irmãs, Macha não era a terra propriamente dita, mas o poder e o impulso que criava espaços e fornecia o alimento da terra. Desta forma, Macha representa o poder da criação e a energia e determinação para sobreviver através da agricultura. Como reconhecimento pelo seu esforço, Nemed deu o nome da sua esposa a uma das planícies que passou a ser chamada de *Ard Macha*. Neste mito, Macha também atua como profetiza, vaticinando a destruição da terra pelas incessantes guerras e a necessária união e trabalho dos povos para a preservação e reconstrução do país.

Apesar deste aspecto benéfico e protetor, Macha demonstra dualidade na sua manifestação como Deusa da guerra, quando aparecia em forma de corvo ou gavião (aves agourentas para os celtas, que anunciavam a destruição, iniciação e morte), sobrevoando os campos de batalha e anunciando o fim, mistério, escuridão e profecia. As cabeças dos guerreiros mortos eram consideradas troféus, chamados de "colheita de Macha" e empalados nos pilares dos portões das fortalezas, denominados de Mesred Machae, "os mastros de Macha". Além das aves de rapina, o totem de Macha era também o cavalo, quando se apresentava como deusa equina (semelhante à Epona galesa). Enquanto o corvo representa o dom profético e prenuncia a morte, o cavalo simboliza fertilidade e riqueza, atributos de Macha na sua qualidade de deusa solar e servindo como referência ao culto dos cavalos (anterior à civilização celta) e da cabeça. Os celtas acreditavam que a alma residia na cabeça e por isso as decepavam dos inimigos para evitar seu renascimento.

No *Livro Amarelo de Lecan,* Macha é descrita como um corvo, que se alimenta dos corpos mortos dos guerreiros inimigos, cujas cabeças eram expostas depois como seus troféus e a ela ofertadas. Ela permanece entre luz e escuridão, vida e morte e prenuncia a transição de um limiar para outro. Macha não é associada ao renascimento ou à transformação da alma, ela é o ponto de mutação em que a luz se transforma em escuridão, a vida em morte. Mas ela também representa a energia que incita a mudança, a passagem de uma fase para outra, selecionando opções e abrindo o portal para os outros mundos. Ela cria espaço para vida, morte, movimento, mudanças, pois limpa os caminhos, escolhe a passagem na nossa frente, remove obstáculos e fortalece a mulher para vencer.

O mais conhecido mito de Macha descreve a sua vingança amaldiçoando os homens de Ulster, pela falta de respeito e a violência masculina em relação a ela. Apresentando-se como uma jovem mulher correndo pelo campo, ela encanta, seduz e acaba se casando com um fazendeiro viúvo chamado Crunnchu (ou Crunniuc). Na primeira noite que passam juntos, Macha tira o seu broche e com a agulha dele traça um círculo horário ao redor do quarto. Mesmo estranhando, o viúvo fica feliz com a beleza e o trabalho incessante da jovem, que cuida da casa e das suas terras com tanto empenho, que tudo prospera e se multiplica. Macha fica grávida de gêmeos e pede ao marido, que está indo para uma feira, lembrar sempre da promessa feita (a condição que ela impôs ao se casar com ele), ou seja: não se vangloriar dos múltiplos dons da esposa. Porém, Crunnchu, bastante bêbado, se vangloria perante o rei, afirmando que sua mulher pode correr mais rápido do que seus cavalos puros-sangues. Enfurecido pelo desaforo, o rei exige a presença de Macha e lhe ordena correr sob a ameaça de aprisionar seu marido. Macha apela aos sentimentos do rei *"você nasceu de uma mulher, em nome dela me poupe"*, mas sem sucesso, apesar da proximidade do parto. Sem outra saída, ela corre em disputa com os cavalos, ganha a corrida, mas cai no chão, pare os gêmeos na frente de todos e morre em seguida. Porém, antes de dar seu último suspiro, ela amaldiçoa todos os homens de Ulster por nove gerações para que, sempre antes de uma batalha, eles sofressem dores semelhantes a do parto durante nove dias e noites; sem poder lutar ou sequer se levantar. A maldição de Macha, chamada de *Noidem* (fraqueza), não foi apenas pela sua dor e vergonha em ter que parir na frente dos homens, mas para punir a violência e descaso masculino perante a sacralidade do ato de dar à luz, humilhando e desconsiderando a dignidade da mulher. Simbolicamente, este mito retrata a falta de respeito e de reverência para com a mulher, comportamentos masculinos que precederam o ocaso do culto da Deusa e sua substituição pela religião e supremacia patriarcal. Macha ganhou a luta, mas perdeu a guerra.

Mesmo aparecendo nas histórias como uma mortal, Macha era uma deusa responsável pela soberania da terra, guerreira, profetisa, guardiã e protetora, benévola e generosa, mas vingativa quando ofendida ou agredida. Os episódios em que ela aparece sem poder ou reconhecimento da sua condição divina são reflexos das mudanças políticas e sociais na sociedade celta. À medida do fortalecimento dos valores e conceitos guerreiros e do domínio masculino, as deusas e heroínas dos mitos perdem o seu valor e não mais são honradas ou respeitadas, espelhando assim a opressão, subjugação e humilhação das mulheres. Em vários mitos, as heroínas não têm mais direito de governar, possuir terras, exercer atividades sacerdotais, proféticas ou curadoras, mas devem obedecer aos pais e maridos, cuidando dos filhos e, muitas vezes, passando por agressões, humilhações e punições. Fazem parte da ideologia patriarcal as atitudes que impedem e controlam a atuação das mulheres nos aspectos religiosos, políticos, sociais e culturais. A sexualidade feminina é reprimida e aceita apenas como um meio para reprodução e a continuação da linhagem familiar. Este processo é conhecido como "o esmagar da serpente" pelos reis, heróis ou santos, a imagem patriarcal e cristã que descreve o fim dos cultos da Deusa – cujo símbolo era a serpente – e a tomada do poder religioso e político pelos homens.

A maldição de Macha pode ser interpretada como a vingança feminina contra a opressão e as imposições patriarcais, que negavam às mulheres o direito de continuar sendo rainhas, guerreiras, druidesas, magas, profetizas, curadoras, poetisas, ficando obrigadas a se enquadrarem apenas nas funções conjugais, domésticas, filiais e maternais. Pela sua condição de deusa ctônica, ligada à prosperidade e riqueza, *Macha simboliza o dom da fertilidade*, tanto das mulheres, das fêmeas, como da própria terra. Desrespeitar a terra e a mulher significa ofender a natureza criadora e mantenedora da vida, ignorando a sacralidade do ventre materno e telúrico.

Macha era uma das facetas da Deusa Tríplice da Guerra – Morrigan *A Grande Rainha* –, consistindo de Macha, *O Corvo*, Badb, *Gralha escaldante* e Nemain, *Fúria Guerreira* e se apresentava também como *Emania*, a deusa da lua negra e regente da morte. Manifestada como a deusa que regia a guerra, morte e sensualidade, ela aparecia como uma mulher alta e bela, trajando uma túnica vermelha, com fartos e longos cabelos avermelhados, dotada de poderes mágicos. Honrada como a *Ancestral Vermelha* ela recebia no seu salão as cabeças dos guerreiros mortos e como deusa solar, equiparada a Grian, trazia fertilidade e renascimento para a terra. No seu aspecto solar, ela conferia energia e vigor físico para realizar tarefas difíceis, pela ativação dos vórtices energéticos com seus raios dourados. A sua fortaleza mítica – *Emain Macha* – é considerada atualmente um intrigante sítio arqueológico, cujas escavações revelaram a data da sua construção (700 a.C) e das suas nove reconstruções entre 700-100 a.C. Sua origem era ritualística para homenagear Macha, tornada depois, na Idade Média, em um palco de festivais e celebrações. Outra fortaleza – *Ard Macha* (atual cidade de Armagh) – servia como seu templo, onde as sacerdotisas mantinham o altar sempre iluminado; mas com o passar do tempo foi transformada num mosteiro cristão e dedicada a um santo.

Como uma Deusa multifacetada, Macha é um arquétipo importante na cultura celta, simbolizando o respeito para com a terra e à mulher, detentora de dons proféticos e mágicos, da coragem e sabedoria. Apesar dos seus mitos serem às vezes confusos ou contraditórios, o seu principal valor é representado pela soberania da terra e da mulher, valiosos conceitos antigos, que foram esquecidos e desrespeitados e que requerem atualmente a nossa atenção e cuidados, para impedir a destruição da Terra.

O significado da soberania para os celtas

Um dos conceitos celtas mais difíceis de compreender e aceitar, devido a nossa cultura cristã e a mentalidade atual, é a associação dos arquétipos sagrados femininos com a guerra. Para transpormos barreiras conceituais, devemos conhecer o princípio celta da soberania da terra, sempre representado por uma Deusa Mãe com características protetoras e defensoras. A vida e a sobrevivência dependiam da terra e por isso ela devia ser preservada e protegida. Desrespeitar a terra e a soberania de um povo significava ofender e ameaçar a própria natureza criadora da vida. *A soberania* – o verdadeiro poder de quem governava e conduzia os destinos de um povo – pertencia a um arquétipo feminino, a própria Deusa da Terra, com a qual o rei ou governante devia se casar simbolicamente para garantir prosperidade e paz. O casamento do rei com a Deusa da terra representava as condições indispensáveis para que a soberania se manifestasse: respeito, igualdade, confiança, parceria e solidariedade.

Nos mitos aparece de forma metafórica o alerta sobre as consequências da opressão, violência e exploração da natureza e da mulher com os inerentes desequilíbrios, a falta de prosperidade e do convívio pacífico. Em várias lendas, Macha representava o espírito feminino arcaico, existente em cada mulher e que é expresso em grau maior ou menor como comportamento instintivo, impulsivo, corajoso, combativo, sedutor e fértil. A natureza das deusas celtas é multifuncional e com complexos significados, mesclando elementos ancestrais dos pacíficos povos pré-celtas (maternidade, fertilidade) com os dos combativos celtas, onde prevaleciam atributos de guerra, morte e sexo, acrescidos de soberania. Várias divindades representam uma paradoxal união de extremos: amor e guerra, guerra e fertilidade, guerra e soberania. Não existe uma deusa do amor no panteão celta, as deidades – deusas e deuses – simbolizam as forças da natureza e a eterna roda da vida/ morte/renascimento, início/ fim/recomeço, em que os opostos se seguem em círculos evolutivos e tem o mesmo peso. Na filosofia celta não existia vida sem morte, nem paz sem guerra. Cada ser traz em si estes elementos e pela sua percepção vemos a necessidade do seu equilíbrio, que pode ser desestabilizado pela supervalorização de uma característica em detrimento de outra. Nosso desenvolvimento espiritual depende da compreensão e harmonização de todos os elementos que fazem parte do nosso ser. Somente conhecendo a face escura e selvagem e "domando-a", poderemos tomar consciência da nossa divina complexidade, conhecendo assim a verdadeira e completa natureza. É possível unir as qualidades maternais e femininas com os aspectos guerreiros, os dons da arte, magia e sedução.

Em muitas referências míticas, iconográficas e literárias vê-se a forte ligação entre as deusas da guerra e a presença de mulheres nas batalhas. Indo além das interpretações tendenciosas romanas e as difamações cristãs, percebemos esta ligação como uma associação simbólica entre guerra e ritual. Para os celtas a caça era uma atividade que envolvia rituais para assegurar o sucesso, da mesma forma como as mulheres celtas vestidas de preto, com os braços elevados e proferindo maldições contra os conquistadores romanos tinham um forte componente ritualístico. As sacerdotisas que atuavam nos campos de batalha usavam encantamentos para atrair poderes sobrenaturais e direcioná-las contra os inimigos, fortalecendo seus companheiros para não recuar perante o inimigo. Os historiadores romanos descreveram as mulheres celtas como bruxas ferozes e ameaçadoras, altas, robustas, com pele alva, olhos azuis e longos cabelos ruivos, sacudindo os punhos com raiva e gritando maldições. Em outras situações, as mulheres ficavam com seus filhos na retaguarda e incentivavam seus homens com gritos e orações para que lutassem melhor e não desistissem.

O aparente paradoxo entre os aspectos e naturezas das deusas celtas reflete a profunda compreensão do processo de dar/receber, nascer/morrer, início/fim. Muitas deusas aparecem como figuras promíscuas e destrutivas, mas elas personificavam aspectos da natureza, como a fertilidade e a soberania da terra, que tinham que ser defendidas a qualquer preço para assegurar a sobrevivência dos descendentes. A criação e a destruição são processos interdependentes, existe uma ausência de vida na escuridão da terra que recebe os mortos, mas também é a terra escura que abriga e promove o desabrochar das sementes, que renascem – assim como os mortos nela enterrados – para uma Nova Vida.

Na mitologia e iconografia celta, a soberania é um espírito feminino, a própria Deusa da terra e cuja sacerdotisa devia unir-se com o rei no rito do "casamento sagrado" (sexo ritualístico) para consagrá-lo. Somente assim o novo rei era considerado apto para governar o povo e sua terra. Em alguns mitos o rei se "casava" simbolicamente com uma égua (lembrando que o cavalo era associado à realeza, prosperidade, boa sorte, força, independência e beleza). Um antigo costume da região de Donegal era sacrificar depois do "casamento" a égua, ritualisticamente, sua carne sendo cozida em um grande caldeirão, dentro do qual o rei devia se banhar para se fortalecer; depois a carne era dividida com a comunidade no jantar de comemoração em louvor do novo rei.

Por mais estranho ou mesmo chocante que pareça este antigo costume, devemos assimilar o seu simbolismo sagrado, de *que a soberania da terra era representada como uma Deusa* e que para que ela manifestasse suas dádivas, o governante devia honrá-la com respeito, reverenciando e regendo de acordo com suas leis e valores ancestrais.

Como honrar a deusa Macha

Existem várias maneiras para honrar Macha e atrair suas energias, como por exemplo, firmar nossa conexão com a terra, cavalgar ou tentar comunicação telepática com cavalos, pedir-lhe para aprimorar a nossa intuição e percepção sutil ou ofertar-lhe grãos e sementes, como gratidão pelas conquistas alcançadas.

Macha aparece em várias formas na mitologia irlandesa. Como irmã das deusas Morrigan e Badb, ela é a *Mulher corvo*, que prenuncia a morte e transmite mensagens e presságios. Como esposa do guerreiro Nemed, ela é a *Rainha pacífica*, que limpa a terra e ensina ao seu povo como plantar, colher e sobreviver dos frutos da terra. Ela teria morrido em uma das planícies que limpou e onde foi enterrada, deixando nela seu nome como Ard Macha. Como Macha Ruad *A Mulher escarlate* é a *Rainha Guerreira*, poderosa conquistadora e detentora do direito de reinar. Na sua condição mortal de esposa de Crunniuc, Macha é a *Mulher amorosa*, que cuida dos necessitados, amplia a fortuna do marido, é uma sabia conselheira e ao mesmo tempo a maga que lança maldições e defende os direitos das mulheres quando desrespeitadas. Apesar de, aparentemente, suas lendas terem pouco em comum, em cada uma das suas manifestações, Macha abre novas portas de expressão para si mesma e para as mulheres e favorece a prosperidade. Ela descarta aquilo que não é necessário, para atingir seu objetivo, cria espaços novos para pensar, agir e conquistar metas. Macha é a iniciadora das novas fases no ciclo da existência, seja ela morte ou vida. Ela é o vento que varre as folhas mortas e limpa o caminho, vento esse que pode ser um furacão ou uma suave brisa. É importante lembrar que mesmo sendo benevolente, ela é uma "Mulher corvo" que abre os portais para o mundo subterrâneo e a terra dos ancestrais. Macha deve ser respeitada e honrada pelo seu dom de propiciar o novo ciclo, depois da morte do velho. Por isso, ela pode ser invocada nas transições e iniciações ao longo da vida, pedindo sua abundância após a necessária purificação.

Para convidar a presença de Macha na sua vida, usam-se diversos recursos, seja pela conexão com a terra (plantar, caminhar na natureza, agradecer pelos resultados do seu esforço), seja através do cavalo, seu totem (cavalgando ou contribuindo para os cuidados com animais idosos ou doentes), meditando e conectada com a imagem do corvo. Sua cor é vermelha ou dourada; suas pedras, granada, cornalina, rubi, rubilita, cristal de quartzo, citrino; sua erva, verbena; a fase lunar, cheia e negra; seus totens, corvos e cavalos; oferendas, bolotas ou folhas de carvalho, aveia, avelãs, penas de corvo, pelos de crina de cavalo, vela vermelha, vinho tinto.

Meditações para aumentar a sua força

Passar de uma fase da vida para outra requer um acréscimo de força interior e a coragem para mudar conceitos ou padrões comportamentais. Nas situações imprevistas e fora do nosso controle (doenças, acidentes, perdas afetivas ou materiais, morte de parentes ou amigos) a nossa força interior aumenta sem precisarmos nos esforçar, pela ausência de opções. Porém, quando fazemos escolhas e temos que lidar com as consequências e responsabilidades delas decorrentes, as mudanças trazem além da alegria das perspectivas e da motivação focando o sucesso, os possíveis conflitos, medos e dificuldades em se desapegar de comportamentos cômodos, apegos e conceitos enraizados. Nestas circunstâncias precisamos lembrar as experiências em que as mudanças nos trouxeram resultados favoráveis e depois nos conectar com o arquétipo de Macha durante uma meditação dirigida.

Antes de começá-la, convém procurar uma imagem dos seus sítios sagrados na Irlanda (*Emain Macha, Navan Fort, Armagh*). Como Macha favorece o movimento, a visualização irá se centrar no presente, não no passado, que deve ser deixado para trás para mover-se para frente. O enredo da visualização será criado em função da experiência ou habilidade de concentração pessoal, começando com relaxamento físico e mental, respiração profunda e lenta e projeção (através da mente e do poder da vontade) para o cenário escolhido. Quanto mais "caminhar" na natureza do sítio sagrado – observando colinas, árvores, riachos, pedras, animais, pássaros, detalhes da paisagem – mais fácil será a conexão.

Em um dado momento, irá aparecer à sua frente a manifestação de Macha: uma mulher alta, bela, segura, com longos cabelos ruivos ou pretos, vestida com roupas de montaria e cavalgando um cavalo cinza. Ela a eleva para a sela junto de si e a conduz para uma clareira na floresta, lhe fazendo perguntas sobre sua vida atual: como se sente, o que quer mudar, quais os seus medos ou dúvidas. De repente, ela se transforma na "Mulher Corvo", com grandes asas pretas, que a convida a acompanhá-la num voo rumo às mudanças desejadas. Mesmo temerosa você aceita e se deixa envolver pelas suas grandes e escuras asas, sobrevoando um novo cenário que representa a mudança almejada, com novos enfoques e a luz clareando os aspectos obscuros dos seus conflitos interiores. Macha lhe aponta as soluções para a sua vida atual, lhe ensina práticas mágicas para se livrar dos obstáculos e desafios e lhe entrega um talismã ou objeto de poder. Depois de tocar seus centros energéticos com uma das penas da sua asa, a leva de volta para o seu lugar de partida.

Preserve e registre na sua mente e corpo o poder e a vibração desta vivência antes de abrir os olhos, voltar para o aqui – agora e anotar suas impressões.

Prática mágica para varrer os empecilhos

Material necessário: uma vassoura feita com galhos verdes (eucalipto, bambu), incenso de sálvia, uma pena preta (corvo ou gavião), uma vela preta e outra branca, sementes, grãos, nozes, aveia ou fubá para a oferenda.

Na fase da lua negra prepare o seu espaço ritualístico (fora ou dentro de casa) purificando com a vassoura, sal ou água do mar e incenso e colocando sobre uma mesa uma toalha preta, uma imagem de Macha e os símbolos e elementos das direções. Depois de acender a vela preta e pedir a permissão, proteção e ajuda da deusa Macha, pense nas situações, energias residuais e emoções negativas oriundas do passado e que ainda permanecem nas suas lembranças ou corpo sutil. Relacione-as com as energias das direções: no *Leste (ar)* com os padrões mentais que deseja descartar, no *Sul (fogo)* com a falta de coragem e autoconfiança, no *Oeste (água)* com os medos e emoções negativas, no *Norte (terra)* com a estagnação e escassez material ou de expressão pessoal. Segurando a vassoura, permaneça em cada direção cardeal por alguns momentos, visualizando aquilo que quer e deseja descartar e retirar da sua vida. Com movimentos seguros e firmes, varra o espaço no sentido anti-horário e junte – mentalmente – os detritos energéticos numa pá de lixo. Em seguida use o incenso com a pena e a vela preta para finalizar a purificação, circulando também no sentido anti-horário. Quebre depois a vela preta e a descarte com a vassoura e o lixo energético recolhido.

Centre-se pela respiração e repita a prática, desta vez, caminhando em sentido horário e mentalizando os seus propósitos para cada direção. Invoque Macha no seu aspecto equino e abra sua intuição para perceber mensagens ou imagens enviadas pela Deusa para o seu fortalecimento em todos os níveis do seu ser. Veja-se galopando na garupa de Macha para um novo ciclo da sua vida. No final acenda a vela branca e agradeça a ajuda recebida, colocando a vela no seu altar, junto a um símbolo de proteção (para si ou para a sua casa) como pentagrama, pentáculo, *triskelion*, roda solar, ferradura ou a imagem de Macha. A oferenda será deixada perto de uma árvore ou arbusto.

Caso queira reforçar a proteção da sua casa, poderá colocar um vaso com plantas, símbolos do Feng Shui ou uma ferradura (encontrada ou comprada).

Prática mágica para apaziguamento interior

Além do seu aspecto guerreiro, podemos invocar a deusa Macha na sua condição de *Soberana da terra*, quando ela se apresenta como uma linda mulher com os cabelos ruivos trançados em nove tranças, trajes dourados e conduzindo uma carruagem puxada por quatro cavalos vermelhos. Além da beleza e altivez, o seu semblante irradia paz e tranquilidade para nela nos espelharmos, pois devemos lembrar que não poderemos ganhar uma batalha se estivermos lutando com nossos conflitos interiores. Uma guerreira deve primeiro alcançar seu equilíbrio e autodomínio para assim poder vencer. Uma condição essencial para encontrar a paz interior é estarmos presentes no "aqui-agora", nos distanciando do tumulto do passado e da preocupação com o futuro. A consciência do centramento diário no "aqui-agora" é um valioso recurso para termos equilíbrio, tranquilidade e discernimento. Práticas de respiração, alinhamento energético e afirmações positivas são aliados diários, que em muito irão nos beneficiar.

Como auxílio podemos usar a purificação com sálvia branca ou breu (passando ao nosso redor e insistindo nas áreas de tensão muscular), banho de sal grosso, pomada de arnica e infusões de ervas aromáticas, florais e meditações ativas. Podemos visualizar a ajuda de Macha retirando nosso fardo desnecessário e ultrapassado com a energia do vento, dos raios solares, da chuva refrescante e dos seus objetos mágicos (manto de penas, espada e escudo de proteção).

Use a sua imaginação e intuição para vivenciar a conexão com Macha como Rainha da Terra e sinta a calma e o apaziguamento interior em relação aos seus conflitos e dúvidas. Agradeça e faça-lhe uma oferenda de mel, vinho e algumas avelãs. Refaça esta prática quando perceber uma turbulência interior e reforce a conexão com os múltiplos aspectos da deusa Macha, escolhendo aquele que é mais adequado ao seu momento.

Prática mágica para atrair abundância

MATERIAL NECESSÁRIO: uma vela dourada, aveia em flocos, mel, uma essência solar (girassol, calêndula, camomila, laranja, canela), uma nota de dinheiro. Grave com um alfinete o seu objetivo sobre a vela (um novo emprego, uma promoção, sucesso no seu empreendimento). Segure a vela em suas mãos (sobre quais passou gotas da essência solar) e mentalize a sua vida sendo abençoada com abundância. Veja esta imagem percorrendo seus braços e sendo impregnada na vela e permaneça um pouco se concentrando nela. Unte em seguida a vela com mel, de cima até a base. Espalhe a aveia sobre uma bandeja e role a vela sobre os flocos, mentalizando o seu objetivo. Vá em seguida para um local seguro na natureza, alinhe seu corpo e imagine seus pés se transformando em raízes, que vão penetrando profundamente na terra. Reflita sobre a abundância que a terra lhe fornece (comida, abrigo, roupas, segurança). Acenda a vela e entoe esta invocação por três vezes:

"Macha, Brilhante Deusa Solar, Macha, Senhora dos campos dourados de trigo, Macha, Senhora das riquezas da terra, é a Sua abundância que invoco!"

Segure em seguida a nota de dinheiro e concentre-se no seu objetivo, vendo a sua vida preenchida pela prosperidade, sucesso e boa sorte. Dobre a nota em três e unte-a com a essência solar dizendo:

"Macha, Deusa da prosperidade, meus recursos e o meu sucesso se ampliam e crescem em função das minhas necessidades com a sua abundância, plenitude e proteção!"

Acenda a vela e medite enquanto ela queima até o fim. Leve a nota de dinheiro na sua bolsa até que o seu pedido tenha se manifestado, doe esse dinheiro depois a uma pessoa necessitada. Salpique a aveia e o mel num canteiro de flores ou no pé de um arbusto florido. Faça uma doação do seu primeiro ganho financeiro para um projeto ambientalista ou de proteção dos animais.

Madona Negra, a Deusa Velada do Cristianismo

"A Terra é nossa Mãe, Dela viemos e a Ela retornaremos."
Canção nativa dos círculos sagrados femininos.

*"Eu sou a primeira e a última, Eu sou a amada e a perseguida,
Eu sou a vida, Eu sou a morte, Eu sou a casta e sou a devassa,
Eu sou o conhecimento contido em todas as perguntas
Eu sou aquilo que se procura e sou a própria busca,
Eu sou tudo o que está dentro e que está fora de você,
Eu sou o manto que revela a forma secreta da sua alma."*
Oração gnóstica para Maria Madalena

Apesar da diversidade de origens, antiguidade e aparência, as Madonas Negras evocam as memórias ancestrais do culto da Grande Mãe, fonte da criação, nutrição e sustentação da vida, regente de todas as suas fases, do nascimento à morte e regeneração. Sob uma nova denominação na religião cristã, as Madonas Negras são comprovações da reverência ancestral ao sagrado poder feminino, que se manifestava como regente do céu e da terra, da luz e da escuridão, do dia e da noite. A sua origem ctônica evoca as memórias ancestrais da Mãe Terra, em cujo escuro ventre as sementes são acolhidas para nascer, assim como é citado em uma antiga inscrição no altar da Catedral de Salerno *A escuridão precede a luz e é sua mãe.*

A Madona Negra é a representação mais antiga da Mãe Terra, o próprio princípio feminino e nossa Mãe primordial, podendo ser considerada uma metáfora para a antiga crença que via a Terra como o corpo de uma mulher e todas as criaturas eram seus filhos e iguais entre si. Como todos os seres são gerados na escuridão do útero materno, nas nossas lembranças individuais e coletivas o aconchego da escuridão é sinônimo de proteção e do começo da vida. A sabedoria primeva era escura e feminina, a totalidade das suas qualidades sendo reverenciada nos cultos das deusas de todas as antigas culturas. Preta é a cor da terra, do seu poder de fertilidade e regeneração, bem como da destruição e morte. Por isso a Mãe Escura era conhecida como o *Portal da vida,* que se abria para os dois caminhos, da vida na terra ou no reino sutil da Deusa, após a morte física. Semelhante a este título, no cristianismo Maria foi chamada de "Porta para o Céu".

O poder de regeneração da terra era simbolizado por imagens de olhos, espirais, círculos, arcos ascendentes, serpentes, árvores, linhas em zigue-zague ou ondulantes. Nas crenças da Europa antiga, a vida era celebrada como um movimento constante, em espiral ou redemoinho, sendo evidente e perceptível nos fenômenos naturais. As antigas civilizações tinham como foco a existência atual – não a próxima – caracterizada pela sacralidade e os mistérios de todas as formas de manifestação. Os ciclos da vida, assim como a Lua e as estações, era um processo contínuo e rítmico de mudanças, de criação e destruição, de viver e morrer. A ligação entre a terra fértil e a Mãe Terra era visível não apenas nos desenhos rupestres das cavernas ou nos artefatos lá encontrados, mas na veneração da Madona Negra, que continua até hoje. Ela foi perpetuada no cristianismo como Maria, mas sua verdadeira origem era na pré-história, como comprovam as inúmeras imagens e estatuetas encontradas nas grutas, fontes, florestas e ruínas dos templos antigos. Semelhantes com os dons da deusa primordial eram lhe atribuídas qualidades de geração, nutrição, sustentação e renovação, representando todas as estações da vida humana: nascimento, maturidade, decadência, morte e regeneração. Como divindade ctônica, ela não era nem boa, nem má, podendo fazer nascer ou morrer, florescer ou destruir, finalizar ou recomeçar.

Na psicologia, a Madona Negra representa o aspecto "escuro" do arquétipo feminino que é inconsciente, imprevisível e misterioso, o próprio subconsciente, que guarda experiências, dons e provações de vidas passadas. Estes registros individuais e coletivos esperam para serem trazidos à luz da consciência, assim permitindo a morte do falso ego e o nascimento do verdadeiro eu. Em outra interpretação, a Madona Negra é considerada a representação integrada da alma, tendo a luz e a escuridão em perfeito equilíbrio como na mandala do Yin/Yang. Para alcançarmos nossa integridade e cura, devemos conhecer e nos compadecer dos nossos instintos baixos e das tendências escuras, transmutando-os e aproveitando o potencial positivo desta transformação de forma construtiva.

A Madona Negra desempenha vários papéis: é herdeira das deusas mães pré-cristãs, consorte ou mãe do deus cristão, "noiva divina" (que representa a alma humana buscando a união com o divino e que diz: *sou negra, porém bela*), curadora celeste, guia espiritual e também arquétipo da Mãe Negra e da sombra humana devidamente integrada. Como mulher negra, ela é amiga e protetora dos oprimidos e das minorias raciais e um modelo materno diferente para as pessoas brancas, que buscam a cura da relação com a sua mãe, libertando-se dos condicionamentos e feridas do passado, dos preconceitos, ideias limitantes e horizontes estreitos. Para alguns cristãos, a Madona Negra é a representação da "Mãe Celeste", que procura cuidar dos seus filhos, ouvindo seus desejos, esperanças e projetos. Muitos pesquisadores da atualidade consideram a veneração das Madonas Negras como a materialização da saudade dos povos pelas suas antigas deusas pré-cristãs, Maria sendo uma versão diluída dos arquétipos antigos mais poderosos e amplos. Em vários lugares na Europa, deusas pré-cristãs associadas com a cor negra continuaram a serem reverenciadas ao lado de Cristo abertamente até o século VI, camufladas ou ocultas até o século XI.

Foram encontradas mais de 450 imagens e estátuas das Madonas Negras em vários lugares das Américas e Europa como Bélgica e França (onde foram localizadas mais de 300 "Vierges Noires"), Alemanha, Itália, Luxemburgo, Suíça, Hungria, República Tcheca, Croácia, Lituânia, Romênia, Polônia, Rússia, Portugal, Espanha, Malta, Irlanda, Estados Unidos, México, Equador e Brasil. Elas têm representações e posturas diferentes, algumas segurando o menino Jesus, outras não, em diferentes tons de marrom ou preto. Muitas foram destruídas durante as "guerras santas", outras resguardadas por fiéis incógnitos, muitas pintadas de branco seguindo ordens da igreja, mesmo assim, os fiéis continuando a chamá-las de "Negras". Consideradas detentoras de poderes milagrosos de cura, elas motivam até hoje peregrinações, romarias e oferendas dos fiéis.

As *Virgens Negras* ou *Madonas Negras* são registros valiosos de uma época em que a Terra era reverenciada como Mãe e todas as criaturas eram Seus filhos, impregnados com energia vital. Elas possuem um magnetismo especial e na tradição da Deusa são considerados arquétipos ancestrais da "face escura" da Grande Mãe, atributos de poder, fertilidade, mistério e sabedoria da Mãe Terra. Diferentes das "Virgens Brancas" – que personificam dogmas e virtudes cristãs de obediência e resignação – as "Negras" têm em comum qualidades telúricas e a localização em sítios arqueológicos (que comprovam a existência de deusas pré-cristãs), nos antigos lugares sagrados como fontes, grutas, pedras, florestas ou vórtices de poder telúrico e energético. Nestes lugares foram erguidas posteriormente as igrejas cristãs dedicadas à Maria ou a algumas santas católicas. São comprovadas também conexões entre as estatuetas das Madonas Negras com o culto gnóstico dos séculos XI e XII, com os "troféus" trazidos pelos Cruzados do Oriente Médio nos séculos VII e VIII (estatuetas originais saqueadas dos antigos templos das deusas de vários países) e com a influência moura durante seu domínio na Espanha. As imagens bizantinas da Madona inspiradas nas antigas representações das deusas Cibele, Astarte, Deméter, Perséfone, Ártemis, Ísis foram trazidas para Europa nos séculos VIII e IX por comerciantes, emigrantes e navegadores, sendo assim salvas da destruição, adotadas pela Igreja Cristã como Virgens Negras, tendo inúmeros altares a elas dedicados em vários lugares da Europa. Como consequência, cresceu a adoração a Maria, surgiu a lenda do Santo Graal e ampliou-se também o culto da Virgem Negra apesar dos seus vestígios pagãos.

As Madonas Negras possuem dimensões multiculturais, confirmando as suas raízes asiáticas e africanas na civilização ocidental. Estudos recentes documentam a influência egípcia e semita sobre a civilização grega, enquanto na Sicília é evidente o sincretismo de crenças africanas, asiáticas (fenícias) e greco-romanas. As tradições religiosas antigas – como a gnóstica, hebraica e cristã – contêm elementos da mitologia e iconografia das deusas asiáticas, sumérias, egípcias e europeias, guardando a sua associação com luz e sabedoria, mas sendo desprovidas da unidade primordial entre Céu e Terra. Inúmeras das imagens e estátuas destas deusas são negras, cor que evoca o mistério impenetrável da Fonte Criadora. Ísis e Shekina são cobertas por mantos ou véus pretos, Cibele, a forma frígia da Grande Mãe, reverenciada desde o período neolítico foi equiparada com Ishtar, a Rainha Celeste da Babilônia, cultuada pelos hebreus como Asherah. Como Cibele, ela foi associada com a morte e o mundo subterrâneo, tendo o rosto negro e sendo venerada na forma de um bloco de pedra preta, um meteoro (semelhante com a pedra sagrada dos muçulmanos do seu templo de Meca, nomeada Kaaba). Na ausência de um arquétipo próprio para uma Mãe Divina poderosa, os romanos levaram a estátua e a pedra de Cibele para Roma e seu culto se espalhou em todo Império romano. Ártemis de Éfeso era uma das mais poderosas deusas da antiguidade, uma autêntica Mãe Negra universal, detentora de amplos atributos e muito mais antiga do que suas herdeiras grega e romana. Seu templo era uma das "Sete Maravilhas" do mundo antigo, sua tocante estátua como "Mãe dos mil seios", era negra e sua presença permeava a atmosfera de Éfeso, onde Maria supostamente viveu após a morte de Jesus. Foi em Éfeso também que o Concílio papal proclamou Maria como "Mãe de Deus" após séculos de omissão do seu valor. Deméter e Atena tinham versões escuras, Deméter tendo sido conhecida por 46 títulos, entre os quais "A Negra" ou "A Africana". O mito do rapto de Perséfone e o desespero de Deméter procurando por ela assemelham-se com a representação de Maria como *Maria das Sete Dores* (com sete espadas fincadas no seu coração) ou *Mater Dolorosa*, segurando no colo seu filho morto e chorando sua perda. Tanto Deméter, quanto Maria são envoltas por véus negros ou mantos escuros com capuz.

Nos primórdios do cristianismo, o princípio feminino era representado por Virgens Negras e Brancas e por uma multidão de santas, todas brancas, com exceção de Sara, "A Egípcia", padroeira dos ciganos. À medida da expansão e do fortalecimento da religião cristã, as estátuas de mármore e bronze das deusas pré-cristãs foram destruídas, seu culto perseguido e proibido. Porém, em lugares remotos dos países cristianizados, fiéis dos antigos cultos preservaram pequenas estátuas e seus ídolos domésticos, escondendo-os nas grutas e fendas da terra, em criptas dos templos antigos, perto de fontes e rios e no oco das árvores. Alguns foram encontrados na proximidade dos centros religiosos dos cátaros e templários e nos lugares onde foi preservado o culto da Mãe Divina e de Maria Madalena. Em todos estes locais "apareceram" posteriormente e de maneira "milagrosa" imagens das Virgens Negras, encontradas por pessoas humildes, animais ou crianças. Muitas delas foram perdidas ou destruídas por fanáticos e guerras, enquanto sua verdadeira origem e significado estavam sendo esquecidas. No entanto, sua lembrança influenciou gerações posteriores de escultores e artistas religiosos, que reproduziram suas imagens, surgindo assim representações mais recentes, com características e trajes cristãos, mas preservando a cor negra.

Os antigos locais sagrados e templos das deusas pré-cristãs foram adaptados à nova religião e dedicados à Maria, para quem foram "transferidos" atributos e poderes da Deusa, pois não tinha sido possível extinguir da alma popular a veneração milenar de uma Mãe Divina. Na Idade Média, os altares dedicados à Virgem Negra na Europa eram os mais procurados e venerados. A partir do século XX, o culto das Mães Negras se intensificou de tal forma, que ultrapassou o do Pai e do seu Filho. Reis, guerreiros, viajantes, navegadores, camponeses, mulheres, doentes e peregrinos dos países europeus se ajoelhavam perante as imagens das Virgens milagrosas nas inúmeras igrejas e grutas a Elas dedicadas, orando, fazendo seus pedidos e deixando votos e contribuições. Milagres e aparições aconteciam com frequência, principalmente cura de mulheres, enfermos, inválidos e crianças. A Virgem Negra tornou-se motivo predominante na literatura mística e alquímica dos séculos XII e XIII e o impulso para a construção de inúmeras catedrais e igrejas, além de foco de permanentes romarias e peregrinações.

O intenso e contínuo culto da Virgem Negra representava a perpetuação do princípio feminino em uma cultura e religião patriarcais e misóginas e por isso devia ser abolido ou desacreditado. As tentativas da igreja cristã para explicar a cor negra das estátuas eram equivocadas e sem fundamento, alegando enegrecimento pela fumaça secular das velas, deterioração da tinta ou reações químicas dos pigmentos das tintas, ou ainda a qualidade da madeira utilizada. Mesmo que isso tenha sido verdadeiro para algumas poucas estátuas (principalmente as que foram pintadas de branco ou douradas pelos próprios monges cristãos), a sua origem aponta para as antigas representações ou reproduções de imagens das deusas pré-cristãs como Lilith, Cibele, Astarte, Ártemis, Ísis ou Kali. A cor negra foi também atribuída à aparição de certos ícones bizantinos, porém mesmo antes da época bizantina, pinturas mais antigas de Maria encontradas nas catacumbas de Roma eram de cor castanha, denominadas pelos padres de *Madona Bruna*. Era necessário ocultar a qualquer custo e distorcer o verdadeiro significado da cor preta, atributo milenar da terra, do inconsciente, da fase escura da Lua, do poder misterioso e sagrado da mulher, da sabedoria ancestral, que aceitava a morte seguida pelo renascimento, assim como o dia segue à noite.

Apesar da oposição dos teólogos cristãos, da perseguição pela Inquisição, da destruição de inúmeras imagens pelos protestantes, fanáticos cristãos, revoluções, guerras e reformas políticas, do "disfarce" tingindo as estátuas de branco, o fenômeno complexo e multifacetado das Virgens Negras persistiu ao longo dos séculos. As fogueiras da Inquisição foram seguidas pela frieza da Era da Razão e do materialismo científico, que antagonizava tudo o que era relacionado ao princípio feminino. Porém, no século XIX e XX *aparições marianas* (fenômenos sobrenaturais nos quais a Virgem Maria aparece a uma ou várias pessoas em diversos lugares do mundo) reanimaram o culto popular da Virgem Negra. No nível erudito, a necessidade de conciliar religião e sexualidade trouxe de novo à tona na consciência coletiva os valores telúricos e femininos. Algumas das Virgens Negras se tornaram símbolos religiosos e mesmo padroeiras nacionais, como a Virgem de Guadalupe (México), a Madona Negra de Czestochova (Polônia) e a Nossa Senhora de Aparecida aqui no Brasil.

Mesmo erradicando o aspecto sagrado feminino da Bíblia, muitas características e detalhes das imagens das deusas pagãs pré-cristãs foram preservados nas representações e atributos cristãos das madonas e santas. A figura materna foi preservada, mas despojada dos seus atributos "escuros" ligados à sexualidade, fertilidade, morte e regeneração e reduzida à Mãe amorosa, resignada e sofrida. Porém, as memórias das antigas deusas reaparecem nos atributos das Madonas Negras, nas suas qualidades curadoras e transmutadoras da solidão e dos sofrimentos humanos.

Assim como a Grande Mãe pré-histórica, a Madona Negra se apresenta com muitos nomes e manifestações, preservando o culto da Mãe Negra primordial europeia, que se espalhou através de migrações para vários lugares como México, Caribe, Brasil, adquirindo traços raciais, étnicos e culturais diversos. A adaptação local e a convergência sincrética deram origem aos arquétipos das deusas mexicanas, cubanas e afro-brasileiras. Os estudos comparativos nos livros sobre as Madonas Negras (citados na Bibliografia) demonstram a preservação e continuidade dos símbolos asiáticos, egípcios, africanos e europeus, que resistiram às mudanças geográficas, históricas, econômicas e culturais, assumindo novos significados e características. Deusas Negras foram encontradas em todos os continentes, confirmando os dados científicos sobre a migração africana a partir de 50.000 a.C. A descoberta das Madonas Negras europeias, localizadas no trajeto das migrações africanas pré-históricas, confirmam a perpetuação da *memória primordial do culto da Mãe Negra*, até mesmo no berço da raça branca. Escavações arqueológicas confirmaram a ligação entre a antiga Mãe Negra com a localização das Madonas Negras, nas ruínas dos antigos templos de Cibele, Astarte, Ártemis, Perséfone e Ísis, sobre quais foram erguidas igrejas cristãs dedicadas a Maria ou até mesmo a alguma Madona Negra.

A veneração das Madonas Negras é muito antiga e ela continuou mesmo no cristianismo, como por exemplo, na Sicília, onde existe e continua desde o ano 42. Considerada pátria do culto das deusas Deméter e Perséfone, a Sicília é extremamente rica em imagens, crenças, costumes e lendas, cuja antiguidade e origem pré-cristã são inquestionáveis, como revela o extenso e detalhado livro *Black Madonna*, de Lucia Chiavola Birnbaum sobre as descobertas da Itália (vide Bibliografia). Uma prova atual e evidente é a *Festa dei Serpari*, "o festival das serpentes" celebrado na primeira quinta-feira de maio e que atrai milhares de fiéis. Nas culturas da Antiga Europa a serpente era o símbolo da vida e da morte, um sinal do poder regenerador e transformador da Deusa. No cristianismo, esta simbologia foi abolida e assim, exaltado apenas o aspecto mortífero do veneno, enquanto a serpente é morta por vários santos como Miguel, Patrick e Jorge. Artefatos e imagens de serpentes são abundantes no Sul da Itália e usados para proteger e ampliar os dons oraculares e promover curas.

Mesmo depois de padres cristãos terem destruído ou pintado de branco as estátuas das Madonas Negras (atribuindo sua cor telúrica à fumaça das velas) elas continuaram preservando seu encanto e a reverência dos fiéis. Elas existem em toda a Europa, nos mosteiros afastados ou grandes catedrais, em pequenas capelas ou igrejas renomadas, nas grutas ou sobre altares. Após os séculos XII e XIII, quando se expandiu o culto da Virgem Negra, surgiu na Europa a temida "morte negra" – a epidemia de cólera – que devastou inúmeras regiões europeias e catalisou mudanças posteriores na filosofia, cosmologia, ciência, religião, medicina e nas atitudes masculinas e religiosas com as mulheres. O confronto e o medo da morte tiveram como consequência o crescimento das teorias racionalistas e a propensão para o domínio da natureza incluindo a mulher, equiparada com a matéria, que devia ser controlada pela mente. Seguiu-se depois a abominável "caça às bruxas" e os terrores da Inquisição, que atribuíram todos os males, pragas e doenças à mulher. Ampliou-se o culto a Maria como "Rainha do Céu" e detentora da pureza virginal, o que levou à dicotomia da mente e do corpo, da mãe e da pecadora, do Céu e da Terra. A alienação da Terra levou ao egocentrismo, a repressão sexual foi seguida depois pela libertação sexual, o puritanismo pela gratificação dos sentidos, saindo de um extremo para outro.

Atualmente intensificou-se o movimento internacional ao redor de imagens de Madonas, Virgens e Deusas Negras, na esperança de criar uma ponte entre grupos étnicos, movimentos ecológicos e feministas, teologia da libertação e teorias filosóficas, espiritualistas e políticas. No aeroporto de San Francisco, Califórnia, existe uma escultura de Beniamo Bufano reproduzindo uma Madona Negra com seios nus, semelhante à deusa Astarte, enquanto outra na Califórnia evoca Ísis. Em 1991 na Polônia houve um "encontro" de Madonas Negras, que reuniu em exposição a hindu Kali com a Virgem de Guadalupe e a Madona de Czestochova. A intensa e extensa veneração da Madona Negra na Itália tem um equivalente no Brasil no culto das deusas afro-brasileiras e nas oferendas anuais nas praias para Iemanjá, a Negra Mãe das águas, enquanto na França, em Saintes-Maries-de-la-Mer, procissões, missas, rituais e oferendas no mar reverenciam a negra Sara Kali na maior festa de ciganos do mundo.

Principalmente no Brasil – e numa escala menor na França, Itália e Polônia – observa-se o crescimento do turismo e comércio religioso, divulgado com frequência pelos meios de comunicação. Através de estudos e escritos atuais surgem cada vez mais os antigos símbolos e relatos sobre o culto das Deusas Negras, reverenciadas pelos movimentos feministas, círculos sagrados de mulheres e cultos neopagãos. O culto anual dos ciganos em Saintes-Maries-de-la-Mer no Sul da França, que reverencia Sara Kali – lembrando a sua origem hindu – foi adotado pela igreja cristã para a procissão de Santa Sara, ignorando qualquer ligação entre a misteriosa figura de Sara, a deusa negra hindu e Maria Madalena como filha de Maria e Jesus. A própria igreja da Santa foi construída sobre o antigo templo de Ísis e na gruta onde é guardada a estátua negra (vestida com roupas coloridas e coberta de oferendas de guirlandas, colares e xales dos fiéis) ainda reverbera a antiga egrégora pagã na reverência dos fiéis, na luz das centenas de velas refletida sobre os pedidos e as oferendas suplicando as bênçãos divinas.

Pesquisadores e historiadores franceses consideram como Madonas Negras autênticas apenas as primeiras Virgens Negras, que têm em comum, treze características:

1. Foram esculpidas em madeira entre os séculos XII e XIII.
2. A sua representação é na postura chamada de "majestade" ou "trono da sabedoria", a versão cristã de Chokmah, a consorte hebraica de Deus, atributos transferidos posteriormente para o Espírito Santo e Jesus.
3. Suas feições não são ternas e compassivas como das imagens marianas posteriores, mas altivas e soberanas, de uma majestade divina.
4. A mãe tem maior realce do que o filho e olha diretamente para frente.
5. As cores originais dos seus trajes eram branco, vermelho e preto, com detalhes dourados. Estas cores eram importantes na alquimia, cujo objetivo era a transformação: chumbo em ouro, doença em saúde, ignorância em conhecimento, homem em deus. As Madonas Negras simbolizavam a "Grande obra" alquímica, composta de três fases: *nigredo* (o Sol negro), em que toda escuridão e as imperfeições do homem comum (o falso ego) eram queimadas; *albedo* (quando a alma se tornava iluminada e espiritualizada) e *rubedo* (a cor do fogo oculto), quando se dava a união do humano com o divino, do limitado com o ilimitado. Tendo passado por estas três fases, o chumbo era transformado em ouro e o homem em deus.
6. As medidas iniciais tinham a proporção de 7:3 (70 cm altura, 30 cm largura) seguindo a numerologia sacra pré-cristã da criação divina.
7. Diferentes das madonas brancas, as negras têm como traço comum a sua localização perto dos sítios arqueológicos dos cultos pré-cristãos da deusa ou em locais imbuídos de poder mágico e telúrico.

8. A conexão com o Oriente Próximo, a Terra Santa e seus vizinhos (Egito, Síria, Etiópia), tendo sido trazidos pelos Cruzados ou peregrinos.
9. O lugar da sua localização se tornou alvo preferido dos peregrinos, ou ponto de parada no Caminho de Santiago de Compostela.
10. Seus altares tinham elementos encontrados nas ordens medievais dos templários, cátaros e beneditinos.
11. Nos seus santuários foram achados símbolos de iniciação esotérica.
12. Foram-lhes atribuídos – e comprovados – poderes milagrosos para cura.
13. Ofertavam-se para as Madonas Negras rituais "estranhos" que não puderam ser explicados pela igreja cristã como: queima de rodas de palhas, lavagem das estátuas com vinho, levá-las em procissão para certas pedras da proximidade, acender velas verdes, amarrar fitas nas árvores, práticas comuns nas tradições pagãs.

Apesar da diversidade de aparências, origens e antiguidade, as Virgens Negras evocam as memórias ancestrais do culto da Grande Mãe, fonte de vida e regente de todas as suas fases, do nascimento à morte e regeneração. Elas são a continuação – sob uma nova denominação e na nova religião – da reverência ancestral ao sagrado poder feminino. Autênticas ou réplicas modernas das antigas estátuas, as Virgens Negras evocam a sua origem ctônica, aquática e vegetal e as memórias ancestrais da Mãe Terra, pois a sua antiguidade supera a das religiões e civilizações. Elas têm um intenso poder de cura e transformação, pois as Virgens Negras possuem o antigo e autêntico *axé* das deusas telúricas, Senhoras da vida, morte e regeneração. A sua aparição nos sonhos, visões e terapias das mulheres contemporâneas representa uma mensagem do feminino sagrado e transcendente, um incentivo para transpor as pontes que nos afastam e separam e o aviso urgente e premente de reconhecer o poder sagrado da Terra, da mulher, da diversidade de todas as formas de vida e da sua necessária inclusão em uma harmoniosa e abrangente parceria. Nossa sobrevivência como Filhos da Terra depende da capacidade de resgatar, honrar e cuidar da Sua luz, que brilha oculta na escuridão da inércia, indiferença, esquecimento ou ganância (individual, grupal ou coletiva).

A Virgem Negra deve ser aceita como um arquétipo pré-cristão, que simboliza o polo escuro do sagrado feminino. A Madona Negra, portanto, é a expressão religiosa do aspecto misterioso, inconsciente, escuro e imprevisível da Deusa. Suas imagens e altares exercem um poder espiritual e psíquico profundo sobre os devotos que as procuram para a cura de seus males. Como herdeira da Mãe Terra, a Madona Negra auxilia nos processos naturais da terra e da vida humana, propiciando fertilidade, abundância, cura, proteção e condução nos nascimentos e mortes, nas mudanças e transições. O seu retorno atual no conhecimento, consciência e adoração das pessoas traz desafios e questionamentos, mas que são também valiosas dádivas. Citando o teólogo e escritor Matthew Fox (do livro *Moonlit Path*) sua volta apresenta *doze temas para nossa reflexão:*

1. A Madona Negra nos convida a aceitar e integrar a escuridão, mergulhando no nosso interior e superando medos e preconceitos ligados à cor negra.

2. Ela nos incentiva a sairmos do antropocentrismo (ver o homem como o centro do universo) e "honrar todas as nossas relações" como ensinam as tradições nativas. Assim teremos uma nova visão do sagrado e da integração com o Todo.

3. A Madona Negra nos conduz para reconhecermos nossos chacras inferiores além de enfatizar os superiores, alinhando as energias básicas com as racionais e as espirituais.

4. A Mãe Terra é negra e fértil, ela nutre seus filhos e propicia transformações. A Madona Negra é sua emissária que nos chama para a consciência ecológica e a luta contra a exploração (de recursos e pessoas), opressões e abusos.

5. A Madona Negra nos ensina a viver de forma profunda, sem evitar a dor ou encobri-la com fugas e dependências, mas mergulhando na nossa profundeza psíquica e no potencial oculto da transformação, em todos os aspectos e níveis.

6. Por ser uma Deusa, ela reside em todos os seres, portanto, a nossa Mãe genética universal é negra (e africana, segundo as pesquisas recentes), sendo a mais antiga divindade conhecida. Ela nos chama para a cocriação com o divino e a expansão da criatividade.

7. Devido à sua cor, a Madona Negra incentiva a diversidade, a aceitação de todos os seres, como nossos iguais, honrando sua forma de expressão.
8. Como a Mãe que chora por seus filhos, a Madona Negra nos apoia quando sofremos ("a noite escura da alma") e nos conduz para a compaixão e o reconhecimento da transformação alquímica através da oração, em benefício dos outros e do mundo.
9. Ao mesmo tempo em que a Madona Negra chora, ela nos chama para sair do sofrimento e buscar alegria e prazer na vida, celebrando e agradecendo pelas dádivas recebidas.
10. A Madona Negra desperta em nós a compaixão que é um atributo divino – como um caminho para a nossa integração com a Deusa. Compaixão não é apenas empatia, mas a busca e expressão da justiça, harmonia, equilíbrio e fé.
11. A Madona Negra estimula o renascimento da cultura, religião e educação sobre bases e iniciativas espirituais.
12. Como arquétipo que prenuncia uma nova era, a Madona Negra traz a visão da integração entre espiritualidade, cosmologia e sabedoria, além do conhecimento e aprendizado.

A imagem da Madona Negra surge cada vez mais na psique humana porque precisamos dela. Suas imagens servem como portais para alcançarmos um novo patamar na nossa evolução, integrando o Céu e a Terra, o espírito com a matéria, a mente e o coração, honrando a luz da Deusa na nossa, assim como na Dela, escuridão.

"Mãe Antiga agradecemos sua presença
Que a antiga sabedoria fortaleça a nova ciência,
Que a luz do novo conhecimento ilumine o espírito,
Que o minguante aumente para o crescente,
Que o velho se torne novo,
Que seja assim."

Judith Laura
Goddess Spirituality for the 21 st Century Beltane Papers, number 17.

Maeve, Soberana e Sedutora Guerreira Celta

"Maeve, Deusa Vermelha da sexualidade, do fluir, da soberania,
Deusa Vermelha do parto, do tempo dos sonhos, da calamidade,
Deusa Vermelha da vida, da morte, das incertezas,
Seu poder me impregna enquanto o inspiro com cada respiração
Com cada suspiro, riso, grito e choro.
Deusa suprema das mulheres, feminilidade personificada
Maeve, Deusa Vermelha da paixão, sangue e poder
Que eu possa aprender e usar, sempre, seus ensinamentos!"

Maeve. Goddess alive! Michelle Skye

"Eu sou uma Guerreira, uma Guerreira do Coração,
Sou a Rainha dos domínios de mim mesma,
Sou capaz de responder em todas as situações
A partir do conhecimento de quem eu sou.
Minhas ações são quem eu sou, minhas crenças são quem eu sou,
Tudo que faço é quem eu sou, o que é exterior a mim é exterior,
Aquilo que decido interiorizar, eu possuo e reconheço.
Como você pode ser responsável se não tomar posse de todos os aspectos de si mesma?
Como pode ser confiável sem ser rainha dos próprios domínios?
Como pode servir seu rei, seus filhos e sua comunidade
Se não estiver disposta a reconhecer-se e a responder por si mesma?"

Oráculo da Deusa. Amy Sophia Marashinsky

A cultura cristã e a mentalidade atual dificultam compreender e aceitar um dos mais antigos conceitos celtas, a associação dos arquétipos sagrados femininos com a guerra. Para transpormos barreiras conceituais devemos conhecer o princípio celta da soberania da terra, sempre representado por uma Deusa Mãe com características protetoras e defensoras. A vida e a sobrevivência dependiam da terra e por isso ela devia ser preservada e protegida, desrespeitar a terra e a soberania de um povo significava ameaçar a própria natureza criadora da vida. A soberania, o verdadeiro poder de quem governava e conduzia os destinos de um povo, pertencia a um arquétipo feminino, a própria Deusa da terra, com a qual o rei ou governante devia se casar – simbolicamente – para garantir a prosperidade e a paz. O casamento do rei com a Deusa da terra representava as condições indispensáveis para que a soberania se manifestasse: respeito, igualdade, confiança, parceria e solidariedade. A representante da Deusa soberana era uma sacerdotisa ou rainha imbuída de poderes especiais, que se unia sexualmente ao rei no rito do *hieros gamos*, o "casamento sagrado".

Os celtas respeitavam profundamente a Natureza, honrando a Terra e suas criaturas como elos sagrados na teia da criação e na magia da vida. Esta reverência e o culto de inúmeras divindades ligadas às forças da natureza mantiveram-se intactos mesmo depois da romanização das terras celtas e do sincretismo com os deuses romanos. Porém, a erradicação e perseguição agressiva, progressiva e opressiva da religião pagã aconteceram com a chegada do cristianismo, que conseguiu impor seus dogmas e proibições, apesar da resistência dos druidas e do povo, principalmente o irlandês. Para erradicar a religião pagã e suas tradições, os monges cristãos começaram a registrar lendas, mitos, crenças e costumes com as devidas correções e inevitáveis distorções, introduzindo elementos e conceitos cristãos. Mesmo assim, boa parte do legado ancestral foi preservada e o substrato original pode ser percebido se olharmos além das incongruências conceituais e sobreposições cristãs.

Maeve é um arquétipo feminino que ultrapassa as definições estereotipadas. Denominada de *Deusa da soberania, Regente dos sonhos, da vida e morte, dos nascimentos e vitórias*, ela era a *Deusa Vermelha da paixão, do sangue e poder, Padroeira suprema das mulheres*. Forte na diplomacia, prática e astuta na estratégia, hospitaleira e amigável, insaciável e apaixonada nos seus relacionamentos. Em várias lendas, Maeve representa o espírito feminino arcaico, existente em cada mulher e que é expresso em grau maior ou menor como comportamento instintivo, impulsivo, corajoso, combativo, sedutor e fértil. Famosa por sua beleza, poder e dominação através da sua sexualidade, Maeve teve muitos amantes, a maioria oficiais de seu exército, o que de algum modo assegurou a lealdade de suas tropas. Maeve não era boa, nem má, nem totalmente luz ou sombra, era vingativa, orgulhosa e controladora, mas também cuidadosa, sedutora e criativa. Ela errava e aprendia com seus erros, vivia na plenitude do presente, cedia aos seus desejos e satisfazia as suas intensas necessidades sensoriais. Como exemplo do potencial oculto de cada ser humano, ela ensinava como definir e expressar o poder pessoal, para usá-lo na realização dos objetivos.

Originariamente uma deusa arcaica da soberania da terra, cultuada no centro místico de Tara, Maeve tinha muitos nomes: *Mab, Madh, Medh e Medhdb,* porém foi reduzida – com o passar do tempo e a cristianização da Irlanda – para a figura de uma simples rainha celta, frívola e obcecada por sexo. Mas nenhuma mortal poderia ter sido como ela, "intoxicante", "embriagante", sedutora, que corria com os cavalos, conversava com os pássaros e levava os homens ao auge do desejo com um mero olhar. O seu nome significa *Aquela que intoxica ou inebria* e os adjetivos para descrever o seu perfil eram superlativos. Bela, independente, governante poderosa, orgulhosa e impiedosa, corajosa, obstinada, possuindo muitas terras e gado, comandante das guerras contra o condado de Ulster, insaciável, infiel, sedutora, Maeve é a mais vibrante figura feminina da mitologia celta, de significados profundos e impactantes. Ela preenchia todos os critérios de uma deusa da soberania e personificava o instinto e os impulsos existentes – em estado latente ou ativo – em cada mulher. Assim como outras deusas da soberania, Maeve tinha seu aspecto escuro como *Doadora da Morte*. Ela podia se metamorfosear de jovem em anciã, dando ou tirando a vida e reforçando assim sua dualidade. A sua imagem mais importante é de uma deusa que conferia a prosperidade para a terra ao se unir sexualmente com o rei em um casamento sagrado. A extrema sexualidade de Maeve é explicável por ela ser a regente da fertilidade da terra, ou seja, se a terra não produzisse, o rei não era adequado, e devia ser trocado ou sacrificado. Em todas as suas uniões, Maeve era a parceira dominante, suas decisões regiam o condado de Connacht e ela não tolerava discriminação contra mulheres na liderança política, nem na liberdade sexual ou conjugal.

Maeve é a figura central de um dos mais importantes poemas épicos irlandeses – *Tain Bo Cuillaigne* ou "O roubo do gado de Cooley" –, em que é descrita cavalgando mais rápido do que os homens, falando com os pássaros, dormindo com inúmeros reis, os quais ela descartava depois. Nas imagens, ela aparece cercada de pássaros e animais vivos, pousados nos seus ombros e braços. A história do roubo do gado começa com uma discussão entre Maeve e seu marido, Ailill, cada um tentando provar ao outro que tem mais bens. Na sociedade celta, o parceiro com maior número de bens era o mais poderoso e apto para conduzir o reino. O vencedor foi Ailill, que se gabou de ter um touro mágico branco; para se igualar a ele, Maeve juntou seu exército e se preparou para roubar o touro mágico vermelho de Cooley (de outro estado). Antes de iniciar a batalha, ela tentou comprar o touro, oferecendo ao dono dele passar uma noite de amor com ela, mas sem conseguir convencê-lo, decidiu obtê-lo à força. Maeve era uma guerreira corajosa, durante a batalha os inimigos ficaram enfraquecidos pelos seus encantos, com exceção do herói Cu Chulainn que resistiu, lutou e matou vários dos guerreiros de Maeve. Ela tentou vencer usando a conhecida "hospitalidade das suas coxas", mas ao ficar menstruada, interrompeu a batalha, a retomando depois, conseguindo no final raptar o touro. De volta para casa, os dois touros, branco e vermelho (de Ailill e o roubado por Maeve) se enfrentaram, lutaram entre si e morreram ambos em um mar de sangue, finalizando assim esta famosa epopeia. Neste episódio, Maeve se preocupa apenas com o "aqui-agora", não pondera sobre as consequências das suas ações, age para conseguir o que ela quer, mesmo sabendo dos maus presságios de uma vidente que vaticinou sua desgraça. Apesar de conseguir seu objetivo, ela pagou um preço sangrento, pois seu exército ficou dizimado pelos companheiros de Cu Chulainn e o touro roubado acabou sendo morto pelo touro branco de Ailill.

O primeiro marido de Maeve foi o seu rival mais constante, o rei Conchobar Mac Nessa, um casamento arrumado como compensação pela morte de seu pai. Para provar sua independência, ela o abandona. Conchobar, insatisfeito, encontra Maeve banhando-se no rio Boyne e a estupra. Para vingar o ultraje, os reis da Irlanda criam uma aliança e na batalha, perde a vida Tinne, o então marido de Maeve. Como o reinado ficou sem rei, os nobres se reúnem e indicam Eochaid Dala para ser o novo marido da rainha Maeve. Ela consente, desde que o marido não seja nem ciumento, nem covarde, nem avarento. Certo dia, Maeve adotou um garoto, que se tornou um hábil guerreiro e seu amante. Eochaid não aceitou esta situação, assim como os nobres de Connacht, que tentaram expulsar o rapaz da corte. Maeve consegue impedir e o jovem desafia o rei para um combate. Por ser um habilidoso guerreiro, o amante acaba matando o rei e assume o trono ao lado de Maeve. Ele é Ailill, o mais importante personagem do mito do "O roubo do gado de Cooley".

Pouco se sabe sobre a deusa Maeve, mas as suas características foram personificadas pela *Rainha Maeve de Connaught*, considerada sua encarnação na terra e tornando mais acessíveis e humanos os atributos sobrenaturais. A Rainha Maeve era a filha mais velha do rei da Irlanda Eochardh Feidhleach e dele recebeu o reino de Connaught (ou Connacht) – uma das quatro províncias da Irlanda – por ser a mais nobre, corajosa e excelente guerreira entre as suas irmãs. Ela casou com o rei de Ulster, Conchobar Mac Nessa, do qual se separou rapidamente, o que lhe trouxe muitos aborrecimentos devido à raiva e o desejo de vingança do marido abandonado. Durante a sua vida e reinado, a rainha Maeve teve muitos outros amantes, aos quais explicava sua necessidade de liberdade sexual e exigia que fosse aceita como ela era: fogosa, impulsiva e infiel. Aos seus maridos e amantes, Maeve pedia que fossem generosos, corajosos e liberais em relação aos seus casos extraconjugais. Depois de Conchobar, Maeve casou com outro rei, que morreu no duelo com o seu amante – Ailill – que se tornou o terceiro marido dela. Durante o casamento, Ailill conseguiu igualar Maeve em poder e habilidades, apoiava suas decisões e ações e se tornou pai dos seus sete filhos e três filhas.

Maeve – como arquétipo divino e humano – personifica o ápice do poder feminino, amalgamando entre seus atributos a força combativa, a segurança para exercer a soberania e a intensa sexualidade. Textos mais tardios, influenciados pelo cristianismo, a apresentam como uma mulher promíscua, que facilmente podia exaurir trinta homens em uma noite. Porém, tanto a combatividade, quanto a sexualidade, eram consideradas qualidades necessárias para uma soberana impor sua vontade e força sobre os homens que ia governar. O seu poder pessoal e feminino era reconhecido e respeitado, como demonstra a parada do combate durante sua menstruação; os povos antigos sabiam que durante a "lua vermelha", a mulher devia ser honrada pelo poder do seu sangue de fertilizar e renovar a terra.

Do ponto de vista místico, Maeve representa a chave para obter a soberania sobre nós mesmas e exercê-la no nosso mundo. Na nossa cultura ocidental são enfatizadas demais as qualidades "luminosas" da mulher como gentileza, amorosidade, compaixão, perdão e nutrição, o que leva a ignorar ou negar os aspectos ditos "escuros" como combatividade, autoridade, sexualidade exagerada, orgulho e fome pelo poder. Estes traços da personalidade existem em cada ser humano, mas ao serem reprimidos e proibidos para a mulher, eles se alojam no inconsciente e se tornam "sombras", que reaparecem de repente na nossa vida, exigindo atenção e cuidados de forma inesperada ou negativa.

Maeve nos ensina que devemos assumir a responsabilidade pelas nossas opções e ações, sem transferir a culpa para os outros. Somos as "governantes" da nossa vida, responsáveis pelos acertos e erros, pelos hábitos e fraquezas, pelas pendências e dependências. Ela nos mostra de forma metafórica que: *If it is to be, it's up to you* – "se é para ser, isso depende de você". Reconhecer quem nós somos, o que desejamos e queremos, saber como agir e assumir a responsabilidade, poderá criar uma nova e melhor realidade para nós. Ao nos conectar com Maeve, poderemos descobrir dentro de nós "como, quando e onde" abrimos mão do nosso poder e o entregamos a outra pessoa. Podemos invocar Maeve para nos auxiliar resgatá-lo, pois ela personifica o poder feminino e a luta contra a subjugação e dominação masculina. O arquétipo de Maeve é um exemplo do espírito combativo e da independência feminina, qualidades ancestrais que foram restringidas, reprimidas, proibidas e denegridas ao longo das estruturas patriarcais e do domínio masculino.

Maeve era descrita como uma mulher alta e forte, bela e encantadora, com longos cabelos ruivos, pele alva, lábios vermelhos e cintilantes olhos verdes. Era vestida com uma armadura decorada com espirais e *triskelions*, ou com trajes reais com bordados vermelhos e dourados, coroa e joias de ouro. Ela aparecia cavalgando ou sentada em uma carruagem dourada, puxada por oito cavalos pretos. Os seus elementos eram o vento, as corredeiras dos rios, a força das pedras e montanhas, as fogueiras, os raios e o fogo sagrado. Inúmeros poemas e baladas lhe foram dedicadas, muito tempo antes que a linguagem escrita as tenha registrado. O mito de Maeve mescla detalhes míticos, históricos e elementos dos cultos das deusas celtas, que sofreram adaptações e distorções ao serem registrados por escrito apenas a partir do século XI d.C. e por monges cristãos. Uma "herdeira" da rainha Maeve de Connacht foi outra rainha,

Maeve Lethderag, "Metade vermelha", de Leinster, que casou com nove reis diferentes para manter seu reino (nove era um número simbólico na mitologia celta e na Tradição da Deusa) e governava ela mesma, o rei sendo apenas seu acompanhante e pai dos filhos.

A liberdade sexual de Maeve pode parecer chocante até para os dias de hoje, mas ela não agia como uma esposa infiel, que traía às escondidas. Ao contrário, Maeve deixava claro que seus desejos sexuais e as opções deles decorrentes pertenciam apenas a ela. Um rei celta somente podia governar na corte real de Tara após se unir com o "espírito da terra", a personificação da Deusa da Soberania, ao ser realizada a cerimônia *Bainis Rí* (casamento do deus solar com a deusa da terra), em que a sacerdotisa representando a deusa Maeve oferecia uma taça de hidromel ao futuro rei (*mead* – ou hidromel – é semelhante com o som de Medb ou Maeve, significando "intoxicação ou frenesi"). Ao aceitar, agradecer e beber, o rei assumia ritualisticamente o dever de cuidar da terra e do seu povo, fazendo um juramento. Em seguida, o rei se unia sexualmente com a sacerdotisa, simbolizando assim o casamento sagrado de Deus com a Deusa, ato que lhe garantia seu poder real como guardião da paz, fertilidade e prosperidade da terra que ia governar. Se o rei não cumprisse seu juramento, a Deusa se distanciava dele, e com isso a fome, guerras e pragas iam assolar a terra, o que levava ao afastamento ou à morte sacrificial do rei, por decisão do conselho de anciãos. Maeve, muito mais do que uma rainha, representava a própria Soberania. Quando ela se casou com Conchobar, simbolizou a Soberania unindo-se ao rei; quando o abandonou, o rei perdeu o direito de governar. Os outros maridos de Maeve representam os governantes que se sucedem no sagrado casamento com a terra e ela exige que, para serem aceitos, eles não podiam ser avarentos, covardes ou ciumentos, defeitos imperdoáveis para um rei.

Maeve simboliza as qualidades das guerreiras celtas, como valentia, independência e coragem, que podem inspirar e fortalecer as mulheres modernas, acrescentando – ou não – a maternidade e a fertilidade (não apenas física, mas mental e criativa). O poder inebriante e fascinante de Maeve é um traço reminiscente dos contos de fadas irlandeses, representado pela "amante sobrenatural", que enfeitiçava com a sua beleza e paixão os mortais, que definhavam depois, até morrer, quando ela desaparecia. Este poder de sedução – que pertencia também a Macha – foi usado na construção da personagem da Rainha Mab, que aparece na literatura dos séculos XVI e XVII a.C. como a *Fada* que está presente quando as moças perdem sua virgindade, bem como nos sonhos eróticos dos homens e como auxiliar nas previsões das videntes.

As mulheres que se encontram sobre a influência deste arquétipo são corajosas, temperamentais e indomáveis, donas das suas vidas, das suas escolhas e se negam a viver à sombra de um homem, embora saibam que precisam do equilíbrio masculino/feminino. Elas são lutadoras, trabalhadoras, muito seguras de si e da sua sexualidade. São mães-leoas e defensoras da justiça e daqueles que são, ou lhes parecem, mais fracos. Devido à milenar subjugação patriarcal temos imensa dificuldade de identificar a nossa contribuição para a atuação do destino em nossas vidas e compreender como as ações e reações contribuem para o desfecho de determinada situação. Porém, é imprescindível assumirmos as consequências dos próprios atos e escolhas, pois jamais seremos autônomas e independentes se colocarmos as nossas vidas nas mãos de outra pessoa ou atribuirmos apenas ao destino as consequências das escolhas que fizemos.

Na Irlanda, em Knocknarea, no Oeste do condado de Sligo, existe um enorme *cairn* (amontoado de pedras) no topo de uma colina, denominado de *Queen Maeve's Cairn* e supostamente sendo o túmulo da rainha Maeve de Connaught, enterrada segundo a lenda, em Cnóc na Rí, "a colina do rei" (em gaélico). Não foi escavado (calcula-se que foram usadas umas 40.000 toneladas de pedras) para não perturbar o sono da lendária rainha, que teria sido enterrada montada sobre seu cavalo e cercada de honras militares.

Em uma das minhas viagens para Irlanda, senti um chamado imperioso para visitar o lugar. Decidi subir a colina, apesar do caminho íngreme e ermo e, ao chegar ao topo, percebi uma energia diferente, leve, mas poderosa, como se tivesse entrado em outra dimensão, em uma realidade extradimensional. Esta energia sutil, que permite o afloramento de visões, intuições e imagens de outros níveis de consciência, se deve ao cruzamento de ley-lines (linhas energéticas da terra) e acredita-se que este ponto elevado da colina foi usado como local de rituais e cerimônias antigas. Sentada por algum tempo na lateral do cairn, percebi uma avalanche de imagens fugazes, se sobrepondo na minha tela mental e mesclando cenas de batalhas com figuras imponentes de mulheres poderosas, lutando pela sua independência e afirmação dos seus direitos. Aos poucos, as imagens desapareceram e ficou apenas saudade e uma dor antiga, pensando na luta milenar das mulheres que, na atual Irlanda cristã, ainda não conseguiram resgatar totalmente a antiga soberania e sacralidade feminina.

Prática mágica

Quando Maeve surge nas nossas vidas (por intuições, sinais, coincidências), ela nos incentiva a entrar em contato com o nosso lado guerreiro, sermos ativas, corajosas e lutadoras para alcançarmos os nossos objetivos. Maeve nos aconselha a respeito das responsabilidades que temos sobre nós mesmas e nos traz a consciência de que somos as únicas responsáveis sobre nossas vidas. Ela nos fortalece para deixarmos de atribuir aos outros a responsabilidade dos acontecimentos de nossas vidas, tanto dos fatos positivos que, por timidez ou insegurança, não reconhecemos como mérito próprio, como também dos fatos e atos negativos, que resultaram em frustração e desapontamento.

Dos diversos aspectos mágicos de Maeve, escolhi para esta prática a "soberania", um atributo que pode auxiliar uma mulher a afirmar o seu poder e condição de "rainha" na vida. Um aspecto que foge da costumeira manifestação da Deusa Tríplice (relacionada às fases da lua crescente, cheia e minguante) é a Rainha, conhecida no tarô como a *Imperatriz* e as *Rainhas dos naipes*. Esta face da Deusa corresponde à fase da lua balsâmica, entre a lua minguante e a negra. Ela rege a maturidade, entre 40 e 50 ou mais anos, da mulher que ultrapassou ou negou a fase da maternidade, que está no auge e plenitude da sua expressão, afirmação e realização, mas que ainda não atingiu a sabedoria da Anciã. Nesta fase chamada de *pré-climatério* ocorrem mudanças no corpo físico, a mente torna-se inquieta, os pensamentos são voláteis e tumultuados, a percepção é aguçada, a sensibilidade exacerbada, as emoções em conflito. É um período de inquietação e aparentes contradições, de mudanças de gostos e atitudes, de busca de "algo" vago ou indefinido no campo espiritual, profissional ou afetivo. Surgem temores em relação ao futuro, o medo do desconhecido, a preocupação com o envelhecimento, ainda mais em uma sociedade que enaltece o valor e o viço da juventude. Dependerá de a mulher passar por esta fase com dor ou com a alegria de quem já venceu batalhas, cumpriu deveres, plantou e colheu e está se aproximando de um tempo de paz e realização interior, com a segurança da experiência e as promessas de futura sabedoria.

Para abençoar esta fase e celebrar a coroação como Rainha, é necessário preparar previamente um *compromisso de soberania*, no qual são descritos aqueles atributos que serão ampliados, as áreas da vida que precisam ser cuidadas ou os novos horizontes a serem explorados. O ritual pode ser feito independentemente da idade da mulher, se ela sentir a necessidade de consagrar seu poder. Em lugar de uma coroa, pode ser usada uma guirlanda de flores ou uma trança de fitas nas cores tradicionais da Deusa Tríplice (branco, vermelho, preto) acrescidas de uma fita dourada para a Rainha, as fitas sendo torcidas ou trançadas no estilo tradicional da *torc* celta. Como símbolos de poder, podem ser usados uma espada, punhal ou *athame* e um "cetro" (um bastão de cristal ou de metal com ponta de cristal).

No altar, além dos símbolos tradicionais dos elementos (incenso de louro, vela dourada, taça com vinho tinto, uma pedra dourada ou vermelha e uma drusa de cristais no centro) acrescentam-se: uma mandala com desenhos tradicionais celtas, um *triskelion*, uma cruz celta e uma imagem do *cairn* de Maeve (ou outro local sagrado da Irlanda). Outros símbolos para Maeve são: pássaros cantores, aves de rapina, pedras vermelhas, imagens de touro e cavalos. Depois da purificação do espaço e a evocação das qualidades dos elementos (ar: criatividade e inspiração; fogo: coragem e paixão; água: sexualidade e intuição; terra: poder e soberania) invocam-se para as direções cardeais os seguintes arquétipos: Leste, a Donzela da lua crescente; Sul, a Mãe da lua cheia; Oeste, a Rainha da lua minguante; Norte, a Anciã da lua negra. Com a espada risca-se um pentagrama sobre o altar pedindo a permissão e a orientação da "Deusa da Soberania" para seu autoconhecimento, fortalecimento e plena expressão do poder pessoal.

Após purificar o papel com o compromisso (escrito com tinta vermelha), a coroa e o cetro, permanecer em introspecção alguns minutos e depois fazer uma visualização dirigida, deslocando-se mentalmente para o *cairn* de Maeve para encontrá-la e dela receber alguma mensagem sobre como realizar seu *compromisso de soberania*. Assim que a conexão for estabelecida, segurar a coroa, o cetro, o compromisso e a espada, elevando-os e visualizando as bênçãos de Maeve fluindo para estes símbolos de poder. Colocar a coroa, ler em voz alta o compromisso e com a espada (ou *athame*) "cortar" as amarras fluídicas existentes, afastar os empecilhos (mentais, emocionais) e remover os obstáculos materiais que possam impedir a livre expressão do seu poder. Riscar com o cetro sobre a drusa de cristais os símbolos do *pentagrama, cruz celta e triskelion,* segurar a drusa entre as mãos, imantando nela a energia da soberania e riscar alguma runa ou símbolo do alfabeto celta *ogham,* afirmando a sua soberania em determinada área.

Após agradecer às Deusas e aos elementos pela ajuda recebida, tomar um gole do vinho e levar o restante e a coroa como oferenda para a Deusa, em um local limpo na natureza. Guardar o compromisso no seu altar sob a drusa de cristais, ao lado do cetro e revê-lo cada vez que sente que seu poder está sendo desafiado, contestado ou enfraquecido. Invocar o nome de Maeve por nove vezes e pedir sua força e seu poder de Soberana para que possa realizar seus objetivos, defender o seu espaço pessoal, lutar e vencer os desafios. Que seja assim!

Matrikas, Mães Ancestrais Hindus

"Ventre da Mãe, criador do destino,
Rainha das montanhas da terra,
Mãe que gera mulheres, que abrem o seu ventre."
(Antiga invocação de Iraque gravada em peças de cerâmica
sobre as Sete Mulheres Criadoras e as Sete Mulheres Geradoras)

Um grupo de divindades conhecidas simplesmente como Matrikas ("Mães"), ocupa um lugar de destaque na religião hindu e no tantrismo. A mais antiga descrição de um grupo de deusas conhecidas como Mães, é oriunda da coletânea Mahabharata, datada do primeiro século antes de Cristo. Um dos seus mitos relata seu envio pelo deus Indra para matar o recém-nascido Karttikeya, filho da deusa Durga, mas ao se aproximar dele, seus seios começaram a verter leite e elas o pouparam adotando-o como filho. Mais tarde, Indra lança sobre Karttikeya seu raio e uma horda de deusas ferozes nascem dele, incluindo a deusa Kali. Coloca-se em evidência nesta lenda a natureza perigosa das Matrikas, que perseguiam as crianças e as mulheres grávidas, se escondiam nos locais dos partos e podiam prejudicar os recém-nascidos nos primeiros dias de vida. Em outros textos, sua influência nefasta se estende até a idade de 16 anos, tornando-se depois protetora e benévola.

Durante o período Kushana (séculos I-III d.C.), apareceram as primeiras imagens esculpidas das Matrikas, relacionadas à concepção, nascimento, doenças e a proteção das crianças. Para evitar seus efeitos negativos sobre mães e crianças, elas eram honradas na iconografia e sua eventual ira sendo aplacada com oferendas. As imagens Kushana enfatizam as características maternas, bem como as destrutivas das Matrikas através de seus emblemas e armas. Durante o período Gupta (século III a VI d.C.) a sua representação iconográfica torna-se mais complexa e suas imagens foram esculpidas em monumentos reais, a fim de fortalecer a lealdade do povo e a adesão das forças armadas. Neste período, o culto das Matrikas se ampliou e espalhou, seus nomes e números se diferenciando em função do lugar.

Na maioria das referências, as *Matrikas* são descritas tendo qualidades auspiciosas e perigosas. Elas passaram a desempenhar um papel protetor na mitologia posterior, embora algumas de suas características desfavoráveis e selvagens ainda persistam. Assim, elas representam os atributos extremamente férteis da natureza, bem como seus aspectos destrutivos (a destruição do mal, da ignorância, do apego e da aversão). Nas fontes mais antigas, as Matrikas eram descritas como seres perigosos, com características negativas e selvagens, representando papeis ambivalentes nos mitos, como forças da natureza, tanto benévolas, quanto destrutivas. Com o passar do tempo, foram associadas com os deuses importantes do panteão hindu, assumindo algumas das suas energias ou sendo suas consortes ou Shaktis. Existem alguns relatos antigos que as consideram personificações das sete estrelas da constelação das Plêiades, as *Krittikas*, ou as deusas responsáveis pela preparação do *soma* (o elixir sagrado). Foram encontrados selos e moedas com representações de um grupo de sete entidades femininas nas escavações do vale do rio Indo, indicando sua antiguidade. Pesquisadores supõem que a sua origem não é ariana, e sim que eram deusas regionais reverenciadas nos templos de vilarejos posteriormente incluídas no Shaktismo, como auxiliares para assistir a grande Shakta Devi (Deusa) em sua luta com os demônios. O culto das Saptamatrikas é parte integrante das seitas centradas no culto da deusa no hinduísmo e tantrismo Shakta.

A maior parte das descrições das Matrikas concorda com a sua natureza perigosa e as qualidades negativas, diferindo apenas na apresentação, algumas sendo jovens, claras, bonitas, outras escuras e feias, com garras e dentes. Foram citadas em textos a partir do século I d.C., mas existem controvérsias a respeito do seu número, sendo sempre mencionadas como grupo. As descrições das Matrikas são diferentes quanto à sua aparência física, às vezes aparecem como jovens de pele branca e atitudes agradáveis, mas na maioria das fontes são descritas como seres aterrorizantes, de pele escura, unhas longas e dentes enormes, vivendo nas encruzilhadas, florestas, grutas e campos de cremação. Apesar da sua transformação por Karttikeya em deusas benignas e maternais, muitas vezes elas agem de forma contrária e agridem as crianças. Nas tradições religiosas indianas existem inúmeras deusas inimigas das crianças, as roubando e devorando. A explicação reside na crença primitiva de que as mulheres que perderam filhos ou ficaram estéreis alimentaram energias negativas de ciúme e ódio para com os filhos de outras mulheres. Por isso, os recém-nascidos eram mantidos escondidos e não eram feitas referências positivas sobre sua aparência ou qualidades. Para afastar a influência nefasta das Matrikas, elas deviam ser sempre reverenciadas e agradadas. Fazer oferendas e cultuar as Matrikas tinha como objetivo mantê-las longe das crianças; para não atrair sua atenção e ciúme não se elogiavam as qualidades infantis, nem colocavam as crianças em evidência.

Relatos históricos concluíram que as Matrikas representavam deusas locais, cultuadas em vilarejos de lugares remotos, para pedir sua proteção e defesa contra doenças e acidentes infantis. Por não ser encontradas no panteão védico comprova-se que sua origem não era bramânica, mas *pré-ariana*, pertencendo aos cultos ancestrais da Grande Mãe. Com o passar do tempo, as suas características maternais e protetoras são substituídas e sobrepostas com traços agressivos e guerreiros, passando a se identificar com certos deuses e sendo consideradas contrapartes ou shakti deles. Surgem assim as sete Matrikas que lutam contra os demônios, ao lado dos deuses ou de outras deusas guerreiras como Durga e Kali. Suas características individuais não são colocadas em evidência, apenas mencionadas, e elas agem como um grupo, que é parte de uma comunidade muito maior. Relatos mais tardios enfatizam suas qualidades guerreiras protegendo a estabilidade do mundo ao combater os demônios e bebendo o seu sangue.

Geralmente são citadas como um grupo de sete e por isso são chamadas de *Saptamatrikas*, "as Sete Mães", ou seja: *Brahmani, Vaishnavi, Maheshvari, Indrani, Kaumari, Varahi e Chamunda (ou Narasimhi)*. Às vezes são oito, como no grupo das *Ashtamatrikas* reverenciadas em Nepal. Suas apresentações são diferenciadas, tendo às vezes alguns elementos em comum.

- Brahmi/ Brahmani é a Shakti (o poder) do deus criador Brahma. Ela é descrita tendo cor amarela, com quatro cabeças, quatro ou seis braços, vários ornamentos e distingue-se pela sua coroa em forma de cesta. Assim como Brahma, ela segura um rosário ou laço, um pote de água, o caule do lótus, um livro ou sino; ela cavalga um cisne (ou ganso) ou está sentada em um lótus, com o cisne na sua bandeira. Ela personifica o ORGULHO.

- VAISHNAVI é o poder conservador do deus Vishnu e é descrita montada sobre o Garuda (homem-águia), tendo quatro ou seis braços. Seus objetos são: concha, disco, maça, lótus, arco e espada; dois dos seus braços estão fazendo mudras: um de bênção e outro para não ter medo. Como Vishnu, ela é muito enfeitada com colares, tornozeleiras, brincos, pulseiras e uma coroa cilíndrica. Ela personifica a GULA.

- MAHESHVARI é o poder do deus Shiva (ou Maheshvara), conhecida pelos nomes de Raudri, Rudrani e Maheshi, derivados dos nomes de Shiva, Rudra e Mahesh. Maheshvari é representada sentada sobre um touro, tendo quatro ou seis mãos, a pele é branca, tem três olhos e segura vários objetos: tridente, tambor, uma guirlanda de pérolas, recipiente para beber, machado, uma caveira ou uma serpente. Ela é adornada com pulseiras de serpente, uma lua crescente e um cocar formado pelos seus cabelos emaranhados e personifica a RAIVA.

- INDRANI, conhecida também como Aindri, Mahendri, Shakri e Vajri, é o poder do Indra, o Senhor do Céu. Sentada sobre um elefante, com muitos enfeites, tem a pele escura, dois, quatro ou seis braços, dois, três ou mil olhos (como Indra). Ela está armada com raio, laço, aguilhão (peça de ferro encaixada numa vara comprida usada para conduzir os bois) e segura uma flor de lótus. Personifica o CIÚME.

- KAUMARI também conhecida como Kumari, Karttikeyani, Ambika é o poder de Kumara (Kartikeya ou Skanda), o deus da guerra. Ela monta um pavão, tem quatro ou doze braços, segura uma lança, um machado, um arco e moedas de prata. Às vezes é retratada com seis raios como Kumara e usa a coroa cilíndrica. Personifica os APEGOS.

- VARAHI OU VAIRALI é descrita como o poder de Varaha, o deus da morte – um javali com a cabeça de Vishnu ou Yama – também tem uma cabeça de javali sobre um corpo humano e monta um carneiro ou búfalo. Ela possui uma vara para castigos, arado, espada, sino, disco, a cauda de um iaque e um arco, usa uma coroa e outros ornamentos e personifica a INVEJA.

- CHAMUNDA, CHAMUNDI OU CHARCHIKA é o poder de Devi (Chandi). Muitas vezes identificada com Kali, é similar a ela em aparência e hábitos. Sua pele é preta, segura uma guirlanda de cabeças decepadas e uma espada. Montando um chacal ou ficando em pé sobre um cadáver de um homem, ela é descrita como tendo três olhos, um rosto assustador e uma barriga afundada. Ela personifica a LUXÚRIA.
- NARASIMHI é o poder de Narasimha (homem-leão com forma de Vishnu), é uma leoa e joga estrelas em desalinho, agitando a sua juba de leão. Personifica a cobiça.

Embora as seis primeiras sejam unanimemente aceitas pelos textos sagrados, os nomes e as características das últimas duas Matrikas são contraditórios, sendo acrescida uma oitava, *Yogishwari,* criada pelas chamas emergentes da boca de Shiva. No Nepal, a oitava Matrika é chamada Maha-Lakshmi ou Lakshmi. Nas listas que mencionam nove Matrikas é mencionada *Gananayika* ou *Vinayaki* – a Shakti de Ganesha, caracterizada por sua cabeça de elefante e a capacidade de remover obstáculos. A inconsistência no número das Matrikas encontradas atualmente no vale do Indo (sete, oito ou nove) possivelmente reflete a localização geográfica diferente das deusas. A oitava foi acrescentada no Nepal, para representar as oito direções cardeais, enquanto no vale de Kathmandu, uma nona Matrika foi adicionada ao conjunto para representar o centro.

Alguns mitos associam as Matrikas com a deusa Durga e as consideram suas ajudantes nos campos de batalha e na luta contra os demônios, tendo atributos sinistros, mas também protetores. Em uma das lendas sobre a sua origem descreve-se como surgiram do corpo de Shiva para combater um demônio, que se duplicava em cada gota do seu sangue derramado. As Matrikas ajudam Shiva para derrotá-lo, mas depois não conseguem controlar sua fúria e começam a destruir deuses, povos e lugares do mundo. Somente com a criação de um grupo de 32 deusas benignas pelo deus Vishnu, que as Matrikas foram apaziguadas, recebendo a promessa de serem reverenciadas pelos seres humanos em troca da sua proteção. Os resquícios das suas energias maléficas se manifestam como aspectos negativos nos seres humanos como raiva, orgulho e inveja. Frequentemente as Matrikas são confundidas com as *Yogines*, um grupo de 64 ou 81 deusas tântricas, representadas como manifestações ou auxiliares da deusa Durga na sua luta contra os demônios. Cada Matrika é considerada uma Yogine e associada com outras oito, resultando assim o grupo de oitenta e um (nove vezes nove). Desta maneira as Yogines são consideradas como manifestações ou filhas das Matrikas; seu culto no primeiro milênio d.C. foi se ampliando e espalhando os antigos arquétipos das Sete Mães.

Estudiosos consideram que o número das Matrikas é determinado pelo alfabeto Devanagari, as *Saptamatrikas* sendo as Sete Mães correspondendo aos sete grupos de consoantes; quando se acrescentam as vogais surge o grupo das Oito Mães (*Ashtamatrikas*). As Matrikas detêm o poder da Mãe Divina que se manifesta nas combinações das letras dando origem aos mantras. O poder do mantra resultante da combinação das letras do alfabeto – que são formas das deusas – possui poderes mágicos. Com o passar do tempo, as Saptamatrikas – que apareceram no Sul da Índia onde foram reverenciadas nos templos a elas dedicadas até o século IX – tiveram seu culto diminuído e suas imagens deslocadas para pequenos altares nos vilarejos perto de rios e lagos e consideradas meras acompanhantes de Shiva.

As imagens das Saptamatrikas são reverenciadas pelas mulheres no dia da lua nova (Pithori) com oferendas de arroz, frutas, flores e mantras e pedidos de proteção. As Ashtamatrikas são cultuadas como *Ajumas*, as Avós, temidas pelos seus poderes destrutivos, mas detentoras também de qualidades protetoras. Seus templos ou altares na natureza têm representações como esculturas em pedra ou cobre, que são levadas em procissão uma vez por ano. Acredita-se que seus altares – *pithas* – formam uma mandala de proteção ao redor das cidades devido à sua localização na periferia ou nas oito direções cardeais. Textos sagrados recomendam que sejam cultuadas nas cidades e vilarejos e nos escudos de proteção dos altares das Matrikas, que são orientadas para o Norte. As Saptamatrikas são invocadas para renovação espiritual e pessoal, bem como para controlar e dominar os desejos carnais e mundanos. Nas suas bandeiras aparecem seus atributos em forma de cisne, touro, pavão, elefante, concha, disco e esqueleto. A diminuição da importância das

Matrikas como Deusas-Mães ancestrais e o realce dado às suas características destrutivas e maléficas, não anulou o seu culto, que continua nos recantos remotos da Índia, onde as tradições anteriores aos cultos patriarcais ainda prevalecem, fundamentadas na reverência do poder materno que tanto dá, quanto tira a vida.

Apesar das diferenças culturais e da nossa dificuldade em compreender e assimilar os difíceis conceitos e mitos hindus, ainda podemos usar nos rituais e meditações os arquétipos universais das Matrikas como Mães Ancestrais, descritas como *Doadoras, Ceifadoras, Nutridoras e Destruidoras*, por ser manifestações primordiais das energias da Mãe Natureza. Elas expressam o movimento eterno da própria Roda da Vida, com seus ciclos de geração, nutrição, morte e transmutação. Evita-se a sua influência nefasta combatendo as emoções negativas que elas provocam e alimentam. Para exorcizar nossos "demônios" – as sombras pessoais – devemos reconhecer e encarar a sua existência em lugar de negá-los, curar as feridas por eles causadas e transmutá-los, integrando e fortalecendo assim o nosso Eu interior.

Ao refletirmos sobre as sete manifestações mais conhecidas das Matrikas e usá-las nas nossas meditações e práticas de transmutação, devemos lembrar-nos do mito de Vaishnavi. Quando ela meditava no topo de uma montanha, perdeu a sua concentração e sua mente distraída criou várias formas femininas, que depois assumiram seu aspecto guerreiro, combatendo os demônios ou assumindo as faces sombrias deles e os incentivando. Portanto é essencial que durante a meditação mantenhamos a mente concentrada e firme no nosso objetivo, tanto quando intencionamos criar algo, como quando nos empenhamos em nos libertar de padrões negativos e transmutá-los em energias positivas a nosso favor.

Um método prático e eficiente para melhorarmos a nossa concentração é praticar a assim chamada *meditação mindfulness*. *Mindfulness* tem muitos sinônimos: consciência, atenção, foco, presença ou vigilância. O oposto, portanto, não é apenas inconsciência, mas também distração, desatenção e falta de compromisso. Esta técnica é uma prática para treinar o nosso cérebro a ser mais consciente muito tempo depois de terminar a meditação. *Mindfulness* pode ser vista como "estar plenamente presente no momento". A atenção plena tem raízes na filosofia e religião budista, e é considerada muito importante para o caminho de expansão da consciência. Ela pode nos ajudar para sermos mais focadas, criativas, felizes, e saudáveis, apreciando plenamente cada momento atual (que é tudo o que temos). Na prática, podem ser seguidos estes passos: sentar-se em uma postura ereta, com as pernas cruzadas e olhos fechados; minimizar a distração da mente com preocupações passadas e futuras trazendo o foco para o presente; usar a respiração como uma âncora para manter a atenção plena durante a meditação; permitir que a mente descanse naturalmente ao invés de tentar suprimir à força a ocorrência de pensamentos.

Medeia, Sábia Curandeira e Maga Grega

*"De todas as coisas sobre a terra que sangram e crescem,
a planta mais machucada é a mulher."*

Medeia. Eurípedes

*"A luz sulfúrea e pálida da tocha, com que o monstro feroz me alumiava,
Vi da triste Medeia a face roxa, em que os torvos olhos
contra o céu voltavam."*

Ciúmes. Marquesa de Alorna

Entre todas as grandes figuras da mitologia grega, Medeia foi a que mais inspirou ao longo dos séculos a fantasia de filósofos, poetas e dramaturgos, dando origem a várias interpretações e versões do mito original. Medeia era uma princesa de Cólquida, um reino na margem Leste do Mar Negro, renomado pelas poderosas feiticeiras e curandeiras, famosa pela arte de curar com a ajuda de ervas e encantamentos. Ela era neta do deus solar Hélios e sobrinha da feiticeira Circe. Ao se apaixonar por Jasão, o líder dos Argonautas que procuravam o "Velocino de ouro", Medeia opôs-se ao pai para ajudar Jasão roubar o tesouro guardado por um dragão. Ela enfeitiçou o dragão com encantamentos e o adormeceu pingando nas suas pálpebras uma poção mágica de junípero. O pai de Medeia quis matar Jasão, mas ela salvou sua vida e fugiu com ele no seu navio para Grécia. Apesar de Jasão lhe prometer amor e fidelidade eterna no altar de Hécate, após alguns anos ele a abandonou para casar com a filha do rei de Corinto, que exilou Medeia e seus filhos. Cega de fúria e sede de vingança Medeia matou a amante de Jasão, o rei de Corinto e, para castigar mais ainda Jasão, assassinou os próprios filhos que teve com ele e depois fugiu.

Esta é a versão apresentada pelo dramaturgo Eurípedes, porém em uma lenda mais antiga, Medeia teria sido a Rainha de Corinto e os coríntios descontentes com a sua dominação teriam matado seus filhos. Uma variante apresenta Medeia como mãe cuidadosa que, antes de fugir – depois de ter envenenado o rei de Corinto e a filha – levou e escondeu seus filhos no templo de Hera. Porém, durante uma epidemia de cólera, os coríntios sacrificaram as crianças para aplacar a ira dos deuses.

Durante muito tempo manteve-se um costume coríntio de levar anualmente sete rapazes e sete moças para o templo de Hera para serem iniciados e servir a Deusa. Versões mais macabras falam sobre o sacrifício anual de crianças para os deuses.

Outra lenda, bem mais antiga, apresenta Medeia como Suma Sacerdotisa, que realizava um ritual das "crianças no fogo", não para matá-las, mas para sua proteção, carregando-as em volta de uma fogueira ou segurando embaixo delas um ferro em brasa. Não é excluída, no entanto a referência aos cultos neolíticos – nos quais as crianças eram sacrificadas à Deusa Mãe – ou aos costumes das culturas matriarcais, em que o rei era sacrificado após reinar durante sete anos ou depois que a terra não mais produzia.

As tradições mais remotas, que se mesclaram com narrativas recentes, são contraditórias também em relação à origem, aos atos e ao destino de Medeia. Segundo Heródoto, ela não abandonou a sua pátria, mas foi raptada pelos helenos. Tudo indica que Medeia era uma figura muito mais importante e poderosa do que a retratada na tragédia de Eurípedes. O seu nome (em grego *mideia*) significa "a do bom conselho" e ela era descrita como conselheira inteligente, exímia curadora, que tinha o poder de rejuvenescer e restaurar a vida, como ela fez com o pai de Jasão ao mergulhá-lo no seu caldeirão mágico. Nas gravuras e ornamentações dos vasos antigos Medeia aparecia segurando feixes de ervas ou potes de remédios, acompanhada de mulheres, lembrando os atributos de cura e regeneração da Deusa. Em outra imagem, Medeia passeia em um carro puxado por serpentes aladas, indicando a sua origem pré-helênica. Os ritos mágicos praticados por Medeia tinham cinco modalidades: *terapêutico* (realização de curas físicas ou espirituais); *purificatório/defensivo* (que visava proteger as pessoas e ambientes das influências maléficas); *divinatório* (controle dos elementos naturais, interação com o mundo subterrâneo e seus deuses, intersecção com o sagrado); *transmutação* (conjunto de todas as magias da qual a feiticeira era possuidora) e de *contramagia* (rito capaz de desfazer alguma magia realizada).

Os ancestrais de Medeia eram adoradores do Sol e famosos na arte da cura, muito antes de Apolo se apoderar destes domínios, desde o tempo dos Titãs, que eram os antepassados de Hélios e, portanto, de Medeia. Cólquida era considerada pelos gregos como uma terra de bárbaros, devido à sua forma de viver no meio da natureza e usando seus recursos para sobreviver e curar. *Circe* era tia de Medeia, uma famosa herbalista, maga e curadora, exímia nas práticas mágicas e que treinou a jovem sobrinha nas suas artes. Medeia tornou-se famosa devido às suas poções, ritos e encantamentos mágicos; ela era também sacerdotisa no templo de Hécate, que a guiava nas ações, percepções e transmutações no caldeirão sagrado. Com a ajuda de Hécate, Medeia foi ampliando seu conhecimento na arte de curar, usando as poções mágicas preparadas no seu caldeirão nas fases lunares propícias e com os rituais adequados.

Na apresentação de Eurípedes, Medeia simboliza o *feminino sombrio* cujas energias só podem ser liberadas de forma segura e curadora quando a mulher olha para a sua escuridão interior, sem medo e sem se vingar pela sua submissão agredindo os outros. A situação inicial de Medeia – que renuncia a tudo para seguir seu herói, o apoiando nos seus objetivos e vendo o amor por ele como propósito da sua própria vida – representa ainda hoje situações típicas da vida feminina. O encontro da alma gêmea, o grande amor e o compromisso sério, ainda são para muitas mulheres o centro da sua existência, centralizando uma boa parte dos seus ideais, objetivos e energias. É importante que as mulheres atuais se libertem das ilusões e sonhos que eram os ideais das gerações anteriores como a busca do eterno amor, a alma gêmea, o casamento como objetivo ou solução, a desistência dos próprios ideais em prol do cônjuge ou filhos. Ao se conectar com a força sagrada feminina, as mulheres vão resgatar cada vez mais a consciência de que os sonhos e propósitos das suas antepassadas não mais representam o foco da sua vida.

O mito de Medeia retrata o efeito destrutivo que a fixação no *grande amor* pode ter ao investir todas as aspirações e energias no relacionamento, que pode acabar de repente e sem aviso e assim, a mulher ficará de mãos vazias. Ao se sentir enganada ou abandonada, ela poderá voltar a sua raiva contra si mesma, entrando na depressão, adotando comportamentos autodestrutivos ou destrutivos de vingança e perseguição das suas "rivais". Muitas mulheres, mesmo na atualidade, sentem dentro de si a ira e a sede de vingança de Medeia quando a relação amorosa terminou ou entram em crise, manifestando ciúme e ódio mórbido, com sentimentos de inferiorização ou inadequação, principalmente se a rival é mais jovem, bela ou bem-sucedida. A história da vida da Medeia serve como um espelho negro para nele reconhecermos a sombra do ciúme, ira e vingança, quando esquecemos a nossa sacralidade e sabedoria.

Medeia simboliza na visão feminista o arquétipo da curadora, herdeira dos conhecimentos ancestrais ligados ao uso de ervas, encantamentos e ritos mágicos. O enfoque negativo sobre o uso de ervas para envenenar e atrair infortúnios faz parte da secular política difamatória da classe médica que, durante a Idade Media, precisava afastar a concorrência das curandeiras, benzedeiras, raizeiras e parteiras, retratando-as como bruxas perigosas.

Supõe-se que a descrição macabra de Eurípedes tenha sido "comprada" pelo suborno recebido dos coríntios, que precisavam se isentar da culpa a eles atribuída pela morte dos filhos de Medeia e da lembrança dos sacrifícios anuais de crianças do passado remoto. Por ser o infanticídio a mais horrenda transgressão ao qual uma mulher chegaria, o crime mais hediondo que uma mãe praticasse, acredita-se que Eurípedes imprimiu esta nuance lúgubre à sua obra para chamar a atenção pública. A tragédia grega tinha como objetivo provocar nos espectadores emoções profundas, que os levassem a reflexões sobre os abismos da alma e os valores da sociedade daquela época. Inicialmente o poeta desperta a simpatia e a compaixão por Medeia, que surge como vítima sofrida do egoísmo e da dominação dos valores masculinos naquele período histórico. Depois, o final trágico revela a fúria delirante de Medeia que, na sua sede de vingança e revolta pela traição, humilhação e injustiça, ultrapassa os limites e infringe o mais sublime sentimento humano – a devoção materna.

A figura ambivalente de Medeia simboliza a transição dos valores matrifocais para a sociedade patriarcal. A deusa da cura e da sabedoria é rebaixada para uma feiticeira – poderosa e ameaçadora – e depois para a infeliz esposa abandonada, que traiu seu próprio pai para seguir o amante e depois se deixa levar pelo ciúme infanticida, tornando-se vil e demoníaca. Medeia representa o aspecto "bárbaro" da mulher que ao ser desvalorizada, abandonada e traída, expressa seu orgulho, raiva e a revolta contra opressão e traição pelo ódio, cruel e desmesurado – contra os agressores, a si mesma e aos seus filhos. Como heroína positiva, Medeia personifica os dons ancestrais de *cura, intuição e sabedoria*, que devem ser ativados e direcionados para o uso dos recursos naturais – ervas, hidroterapia, gemoterapia, fitoterapia, purificação pelo jejum, uso de argila, sauna, ritos, purificação, meditação e práticas mágicas, entre outros. Antigamente as mães passavam estes conhecimentos para suas filhas e a sabedoria ancestral era resguardada ao longo das gerações. Atualmente a mulher deve ativar sua percepção e intuição, reaprender as antigas terapias, usar meditações e rituais para se reconectar às Deusas da cura, se alinhando com as energias e fases lunares para se fortalecer, ou descartar e transmutar os resíduos negativos. Estamos vivendo atualmente uma nova fase de transição, com indícios positivos (a rejeição dos valores patriarcais pelas mulheres conscientes), mas também destrutivos (infanticídios, matricídios, incestos, estupros, abusos paternos e maternos, violências, dependências químicas, comércio de crianças e moças, vícios etc.).

Como uma sacerdotisa de Hécate e arquétipo da Deusa da Lua Negra, Medeia detinha os dons da cura, profecia, magia e ritos ocultos. Seu animal totêmico – a serpente – representava o dom da transmutação e renovação e seu veneno podia curar ou matar. O ciúme, a ira e o desejo de vingança são emoções intensas que podem ser destrutivas (agredindo os outros ou a si mesma pela depressão, inação, vingança ou somatização) ou catalizadores de mudanças construtivas. A mulher que sobrevive à morte da sua relação amorosa e ultrapassa a fase de luto, decepção e dor sem se deixar abater ou levar aos extremos, surge com uma nova força e autoconfiança e encontra novos caminhos para a sua autonomia e realização.

O carro de Medeia puxado por serpentes aladas – o veículo da transformação – irá aparecer na forma de novas possibilidades e soluções.

Asteroide Medeia

Em 6 de fevereiro de 1880 foi descoberto por Johann Palisa, o asteroide 212 que foi denominado de Medeia. No mapa astrológico, Medeia representa aquele aspecto sombrio da nossa psique que ativa ou exalta o nosso ciúme, desejo de vingança ou retaliação, ação semelhante aos aspectos negativos de Plutão, Escorpião ou planetas mal aspectados na oitava casa. É importante refletir bastante antes de agir seguindo estes impulsos escuros, conhecendo a "lei do retorno" e as implicações cármicas e espirituais de atos propositais que podem afetar ou lesar outras pessoas. É bom lembrar também que muitas vezes as emoções intensas e contraditórias e os sentimentos mórbidos e negativos podem causar danos a nós mesmas, se forem introjetados, manifestados ou somatizados.

Como influência positiva, Medeia ativa a sabedoria inata feminina e fortalece a intuição e a percepção sutil. Ela confere facilidade para conhecer e usar os ciclos da natureza, as plantas curativas e as práticas mágicas. Quando o asteroide está em destaque no mapa natal, é uma orientação para que a mulher resgate a sabedoria ancestral do uso mágico da fitoterapia, dos rituais lunares, xamânicos e da Roda do Ano, incentivando a conexão com os ciclos naturais e a capacidade da "metamorfose", para superar antigos padrões prejudicais, medos, bloqueios, amarras e dependências nocivas. Quando percebermos que o arquétipo do asteroide foi ativado ou despertado em nós de forma negativa, podemos usar uma prática mágica como medida preventiva contra suas consequências nefastas.

Começaremos com um exercício bioenergético de catarse, uma prática de liberação e transmutação energética (queimando papéis com anotações e enterrando na terra os resíduos negativos, sapateando, gritando, pulando), finalizando com um banho de desimpregnação fluídica (para deslocar ou eliminar as cargas negativas que ficam agregadas na aura). Este banho é preparado misturando uma colher de sopa de sal grosso e outra de vinagre de maçã para um litro de água, usando uma infusão de ervas aromáticas (manjericão, juníparo, pinheiro, arruda, arnica, alfazema, eucalipto) ou tomando um banho de cachoeira seguido de uma defumação com incenso de sálvia branca.

Depois da catarse e purificação, convém fazer um alinhamento energético (centramento, respiração, visualização de luz violeta, imantação com energia solar, lunar, telúrica) e espiritual (conexão com um aspecto da Deusa relacionado ao seu momento ou questão). Finalizamos com uma oração de agradecimento, uma oferenda de frutas, sementes e resinas (sândalo, benjoim, mirra) para as Deusas da cura. A comemoração da nossa vitória sobre os venenos criados (internos ou externos) será feita com um chá de alecrim, manjericão e hortelã e uma viagem ou peregrinação para um local de cura ou poder da Deusa (ou na sua forma de Maria), em gratidão pelo dom inato de *medha*, a sabedoria feminina.

Medusa, Deusa Guardiã com Cabelos de Serpentes

"Eu Te vi uma vez Medusa, nós estávamos sós,
Olhei diretamente nos Teus olhos cinzentos e frios
Não fui punida, nem petrificada,
Pois ao olhar melhor a sua face, ela era a minha.
A fúria congelada é meu desafio para transmutar
Resgatando feridas antigas e secretas do meu interior
Por isso agradeço a Ti Medusa, por este seu dom."
A Musa como Medusa. May Sarton (Collected Poems, 1971).

Nos mitos gregos são mencionadas as "Deusas cinzentas" das quais fazem parte as três Górgonas, filhas dos deuses marinhos Ceto e Fórces. Uma delas se chamava Esteno, "a força", a segunda Euríale, a que pertencia ao vasto mar, e a outra, Medusa, cujo nome significava "soberana". Das três irmãs, Medusa era a única mortal, as outras duas não tinham idade, por serem imortais. As Górgonas possuíam asas de ouro, suas mãos eram de bronze e antes da punição de Atena, Medusa era renomada pela sua beleza e longos e brilhantes cabelos.

Durante o período matriarcal as Górgonas representavam a *Triplicidade Lunar* – Medusa sendo associada com a lua negra – e atuando como guardiãs mascaradas e protetoras dos mistérios femininos. O medo patriarcal perante o poder das Deusas Escuras distorceu o arquétipo de Medusa em um monstro, cujo olhar petrificava os homens e cuja morte se tornou um desafio para os heróis solares, sendo que apenas Perseu conseguiu decapitá-la e entregar sua cabeça como troféu para a deusa Atena.

A história de Medusa é interligada com a de Atena por ambas serem originariamente aspectos complementares de *Neith*, a deusa egípcia pré-dinástica. Em Líbia Neith era conhecida como *Anatha*, que teria surgido das águas de Tritonis, o lago das "Rainhas Tríplices" e foi cultuada como a "Senhora da Morte". No seu templo em Sais, uma inscrição na entrada a descrevia como *"Eu sou Aquela que vim de mim mesma, eu sou tudo que foi, é e será, e nenhum mortal foi capaz de levantar o véu que me cobre"*, uma referência à morte simbolizada pelo véu. A natureza tríplice de Anatha era personificada por *Atena, Metis e Medusa* correspondendo à lua nova, cheia e negra. Atena se tornou a Donzela guerreira e independente, que inspirava às Amazonas os valores da coragem, força e poder. Metis era a Mãe, deusa do mar e da fertilidade, que engravidou como esposa de Zeus e foi por ele engolida enquanto estava grávida de Atena. Medusa representava o aspecto escuro e destrutivo da Anciã e foi cultuada como "Rainha da Morte" pelas Amazonas, detentora da sabedoria e da capacidade de regeneração.

Inicialmente, Atena e Medusa eram facetas do mesmo arquétipo feminino representando a força e a sabedoria, mas nos mitos clássicos são separadas e tornadas rivais. Devido à sua beleza, Medusa tinha muitos pretendentes, mas cedeu apenas aos avanços do deus marinho Poseidon, que assumiu sua forma equina, enquanto Medusa fugia dele metamorfoseada em égua. A união aconteceu num dos santuários de Atena, que ficou furibunda quando soube da profanação e transformou Medusa e suas irmãs em monstros com olhos saltados, língua pendurada entre presas de javali, garras afiadas e serpentes sibilantes em lugar dos cabelos. Não se sabe ao certo se a fúria de Atena foi pela profanação do seu templo, pelo ressentimento advindo da sua castidade autoimposta pela beleza de Medusa, ou por ser Poseidon seu rival na disputa pela regência da cidade de Atenas. O mito de Perseu decapitando Medusa é um dos mais conhecidos, a versão clássica embasada em lendas antigas do segundo milênio a.C., mas sobreposta com elementos heroicos dos períodos gregos posteriores. Acredita-se que o mito retrata eventos do reino do rei Perseu (1290 a.C.), quando o poder das deusas lunares originárias do Norte da África tinha sido usurpado pelos invasores patriarcais helênicos, que se apoderaram dos templos da Deusa e dos seus atributos, perseguindo e afastando as mulheres do sacerdócio.

Perseu era filho de Zeus, concebido por ele metamorfoseado numa chuva de ouro envolvendo Danae, a princesa de Argos, cujo pai alertado por um oráculo sobre sua morte pela mão do neto, exilou mãe e filho. Perseu planejou matar Medusa para conseguir fama e poder e foi ajudado pelos deuses Hermes, Hades e Atena. Hermes lhe deu uma foice feita de diamantes, a única arma que podia vencer Medusa, Atena lhe entregou um escudo espelhado que ia refletir o rosto de Medusa, mas sem direcionar seu olhar petrificante. Hades emprestou o seu manto da invisibilidade e as sandálias mágicas que permitiram a fuga de Perseu sem ser perseguido. Ao decapitar Medusa (a única Górgona que era mortal), do seu tronco emergiram seus filhos gerados por Poseidon: Pégaso, o cavalo lunar alado e Crisaor, o herói da espada de ouro. Gotas do sangue de Medusa pingaram na areia do deserto africano e deram origem ao oásis ou – em outra versão – às serpentes venenosas. Atena deu dois vidros com o sangue de Medusa para Asclépio, o deus da cura: o da veia direita curava e restaurava a vida, o da veia esquerda aleijava e matava. Em outro mito, Atena dá o sangue ao seu filho Erictônio, o ser metade homem, metade serpente, considerado o ancestral dos atenienses e cultuado num templo na colina da Acrópole. A cabeça de Medusa foi entregue para Atena, que a colocou no seu escudo, proclamando assim ao mundo a ajuda dada ao herói para trair suas próprias raízes maternais.

Medusa e Atena

Para compreender o mistério da "Cabeça de Górgona" devemos conhecer os laços que ligam Medusa e Atena. Ambas são aspectos da deusa Athana da Líbia, associadas com a sabedoria feminina simbolizada pelas serpentes: do cabelo de Medusa e do manto e escudo de Atena. Medusa é a Anciã da lua negra que detém o conhecimento da sexualidade, divinação, magia, morte e renovação. Atena é a Donzela guerreira da lua nova, que preside as qualidades de coragem, força e valor. Nas suas representações, Atena vestia uma túnica de pele de cabra, usava uma máscara de górgona e uma bolsa com serpentes sagradas, o traje tradicional das Amazonas. A máscara – chamada gorgoneion – retratava uma face com olhos saltados e fulminantes, dentes pontudos, uma enorme língua pendente (semelhante à figura da deusa hindu Kali) e era usada pelas sacerdotisas nos rituais lunares, visando ocultar os mistérios mágicos e alertar o público para respeitá-los.

As cerimônias lunares incluíam divinação, cura, magia, ritos sexuais serpentíneos associados com morte e renascimento e estados alucinatórios induzidos pelo veneno de certas serpentes. A face da máscara tingida de vermelho simbolizava os segredos do sangue menstrual, que conferia às mulheres seus poderes de cura. Algumas tribos primitivas acreditavam que o olhar de uma mulher menstruada podia petrificar o homem que invadisse o seu espaço, associando assim Medusa aos "Mistérios do Sangue". Como a lenda dizia que o sangue retirado por Perseu de Medusa podia curar ou matar, ele tinha sido originariamente seu sangue menstrual e não o da ferida. O fato de as sacerdotisas usarem máscaras nos ritos sexuais sagrados era a comprovação de que agiam não como mulheres, mas como representantes da Deusa imbuídas do seu poder de curar, abençoar, regenerar e elevar a consciência espiritual dos parceiros, levando-os ao encontro da Deusa por intermédio do sexo sagrado.

As sacerdotisas funerárias também usavam estas máscaras para "iniciar" os moribundos nos mistérios da morte e auxiliar a sua passagem. Com o passar do tempo, réplicas da "cabeça da Górgona" passaram a servir como proteção contra as forças negativas, sendo colocadas sobre escudos, paredes e portas das casas e os portais das cidades. Imagens antigas da Medusa, datadas do século VII a.C., a representam de corpo inteiro e assumindo uma postura semelhante às Dakinis, as dançarinas celestes hindus. A mais antiga descrição do mito de Perseu e Medusa foi encontrada em uma ânfora no templo de Elêusis na Grécia, no qual as irmãs Górgonas aparecem com suas máscaras e dançando como se voassem. Desde o século VI a.C. a bandeira da Sicília tem no seu centro a cabeça da Medusa, cercada por três pernas voando. Conhecida como *Trinacria* e semelhante ao símbolo celta *Triskelion* ou à espiral tríplice, é um símbolo da energia cósmica da criação.

Os refugiados vindos da Líbia trouxeram consigo o culto de Atena em torno de 4000 a.C. primeiro para Creta, depois para Grécia e Trácia. Na transcrição dos mitos da sociedade matrifocal para o patriarcado, teve modificações e distorções e foi criada a versão do nascimento de Atena da cabeça de Zeus, de onde ela surgiu adulta e armada. De fato, a mãe de Atena era a ninfa Metis que incorporava sabedoria e humildade e era conselheira e amiga de Zeus. No entanto, Zeus tinha recebido uma profecia segundo a qual uma criança nascida de Metis iria lhe tirar o poder, assim como ele mesmo tinha feito com Cronos. Enquanto Metis estava grávida, Zeus pediu a opinião de Gaia e Urano, que o aconselharam a engolir Metis antes dela dar à luz. Quando a criança estava pronta para nascer, Zeus passou a sofrer de uma terrível dor na cabeça, batendo-a contra uma rocha, para que a dor saísse. Hefesto foi ajudá-lo com seu martelo e conseguiu abrir a cabeça de seu pai e de dentro dela saiu Atena, como uma linda mulher guerreira, vestindo capacete, manto ornado de serpentes e armada com escudo e lança. Quando Atena apareceu, altiva, austera e imponente, os outros deuses olharam para ela, sem palavras, *"mesmo o mar tornou-se ondulado e a terra tremeu"* de acordo com a lenda. Ela herdou os poderes de sua mãe e assim se tornou a Deusa da Sabedoria e Estratégia.

Ao ser integrada no panteão clássico grego, Atena passou a fazer parte da nova trindade solar, governante, ao lado de Zeus e Apolo. Mas para isso ela teve que negar sua feminilidade, reprimir sua sexualidade, tornando-se a eterna virgem e campeã da ordem patriarcal, empenhada para conquistar e matar suas ancestrais maternas da África. Depois de se juntar a Zeus e Perseu para matar Medusa, ela traiu em definitivo sua essência feminina, quando deu seu voto em favor de Orestes, acusado de matricídio. Registros históricos indicam que Medusa era uma sacerdotisa da África, rainha das Amazonas da Líbia, que povoaram desde 6000 a.C. o Norte da África, Espanha e Itália. As lendas gregas sobre o estupro de Medusa por Poseidon e a de Perseu matando a Górgona, foram oriundas das guerras travadas pelos conquistadores gregos contra a tribo africana chamada *Górgonas*.

A evolução das imagens de Medusa

As imagens da Medusa na Europa Antiga são milhares de anos anteriores à sua reinvenção no mito clássico. No período paleolítico o seu poder como a *Grande Mãe* regente dos ciclos da vida, *Guardiã dos portais e das transições*, era representado pelos desenhos de labirinto, vulvas, seios e ventres protuberantes. No período neolítico a sua força é simbolizada por figuras femininas com posturas que revelam poder e sacralidade, cercada por animais como pássaros e serpentes, realçando seu atributo de *Senhora dos Animais*. Estas imagens continuam até a Idade do Bronze (1600 a.C.) em Creta onde é representada como *Deusa Serpente*, cujas estatuetas foram achadas no palácio de Knossos. Pássaros aparecem na sua cabeça ou ombros, indicando o seu poder de dar e tirar a vida, enquanto serpentes se enroscam nos seus braços, pernas ou cabelos. A serpente é um símbolo totêmico dos ciclos de vida, morte, renascimento, da passagem das estações, do mundo subterrâneo, do oceano primordial e da imortalidade.

A mais antiga imagem de Medusa é datada de 750 a.C. e era peça central do templo de Ártemis, a herdeira da "Senhora dos Animais". Nesta imagem Medusa tem asas nas costas e nos pés, serpentes se enrolam ao redor da sua cintura e revelam sua habilidade de se movimentar entre o céu e a terra. As máscaras gorgoneion eram vistas como guardiãs dos mistérios femininos e para proteção das mulheres, alertando os homens para não ultrapassarem os limites (dos templos e dos direitos femininos) com o risco de serem punidos pelo "olhar petrificante". O patriarcado substituiu a Criadora por um Criador, separou o céu e a terra e mostrou através dos mitos a dominação e subjugação das forças femininas e da natureza. Os heróis passaram a matar monstros com feições de serpentes ou dragões (símbolos da Mãe Terra) e o culto de Medusa como detentora do poder feminino e da sabedoria, é proibido e perseguido. Suas sacerdotisas são estupradas, as imagens e altares profanados e sua máscara perde o significado do poder sacro feminino, sendo transformada no emblema da conquista de Perseu, descrita em imagens, gravuras e vasos.

Rituais para Medusa eram permitidos apenas para fins militares e sua imagem reservada para armaduras, escudos ou placas peitorais. Através do mito de Perseu, a sabedoria de Medusa e o potencial feminino são silenciados e dominados. O seu próprio sangue é entregue aos deuses, uma metáfora da proibição dos mistérios femininos e do perigo que o olhar de uma mulher menstruada exerce sobre os homens. A decapitação de Medusa é o gesto definitivo do patriarcado para silenciar e reprimir o poder feminino, cortando seu potencial, força e origem. A criatividade e sabedoria feminina são ignoradas ou reprimidas e a mulher passou a ser subjugada, dominada e controlada pelos homens em todas as áreas da vida religiosa, política, social e familiar.

A transição dos cultos das Deusas para os dos Deuses foi caracterizada pela usurpação do poder feminino através de estupros, casamentos forçados, proibições e perseguições, subjugação e supressão dos arquétipos, valores sacros e rituais femininos ancestrais. A representação de Medusa passou por modificações e os estágios são visíveis nos vasos e gravuras. No *primeiro estágio*, a cena da sua decapitação mostra Medusa com asas, serpentes nos cabelos e o realce dos olhos saltados e língua pendente. No *segundo estágio*, a sua figura é "humanizada", perde sua postura feroz e aparece dormindo quando Perseu dela se aproxima, tirando assim o poder do seu olhar petrificante. No *terceiro estágio* (século V a.C.), Medusa aparece como uma bela mulher, vulnerável e indefesa, o que diminui o ato heroico de Perseu em decapitá-la. Em contraste com a máscara *gorgoneion,* as suas representações de corpo inteiro perdem os traços apavorantes e guardam apenas o aspecto decorativo. Em compensação, é dado maior destaque às máscaras, que se tornam imagens comuns de proteção para casas e templos.

Evidências históricas e arqueológicas do período pré-clássico grego e datadas de 8000 a.C., confirmam a origem de Medusa como sendo a face da Morte das imagens de *Deusas pássaros e serpentes*, regentes do ciclo da vida, morte e renovação. Seu arquétipo pode ser visualizado como a *serpente emplumada* ou o *dragão*, detentores da energia primordial da criação e do "eterno retorno". Além da representação da "Cabeça de Górgona" no escudo de Atena, as serpentes aparecem como adornos do seu manto em uma imagem do século VI a.C. encontrada em Acrópole, antes da construção do seu atual templo. A decapitação da Medusa levou à perda de um componente essencial da psique, Atena ficando com a cognição racional e Medusa preservando a consciência espiritual.

Uma estátua do século VI a.C. do frontispício do templo de Ártemis em Corfu, representa Medusa de corpo inteiro em uma postura semelhante à suástica, com um cinto de serpentes entrelaçadas, uma túnica decorada com espirais (o eterno retorno) e duas leoas ao seu lado. Sobre um fragmento de um vaso etrusco de bronze, também do século VI a.C. Medusa está usando o cinto sacro do ato de dar à luz e é assistida por duas leoas, um pássaro com um longo pescoço e uma serpente. Ela está pronta para parir, as leoas puxam seus braços e afastam seus joelhos para facilitar o parto. Este motivo, encontrado também em outros lugares e vasos, reafirma o poder de dar a vida da Deusa acompanhada dos seus animais sagrados (serpentes, leoas, pássaros e às vezes lebres). Na sua representação de Medusa com asas douradas, de uma placa de Rhodes (século VII a.C.) ela tem o rosto costumeiro com a língua pendente e as presas pontudas, e era reverenciada pelos fazendeiros para trazer a chuva. Os símbolos ao seu redor são os comuns das antigas deusas neolíticas da vida e da morte: rosetas, espirais, losangos e as suásticas, que alternam seu giro para direita e esquerda, uma demonstração gráfica da alternância da vida e da morte.

A importância atual de Medusa para as mulheres

Para resgatar o poder ancestral da sabedoria da *Deusa Serpente*, devemos desenvolver nossos talentos e recursos internos para adquirirmos uma nova percepção e autoafirmação. Assim iremos sentir as bênçãos Dela no aumento da nossa confiança, criatividade e assertividade, fortalecendo nossa percepção intuitiva, a nossa força, coragem e poder. A herança da Deusa Tríplice Anatha vai se manifestar nas qualidades da coragem e força de Atena, sua sabedoria intuitiva e autoexpressão criativa de Metis e na habilidade de cura, transformação e renovação de Medusa.

Medusa simboliza a fonte do nosso poder instintivo e da sabedoria inata, que devemos acessar novamente, superando o medo que nos imobiliza e nos torna vulneráveis. Para nos protegermos daqueles que se aproveitam da nossa fraqueza, devemos usar em rituais a máscara de Medusa e expressar nossa raiva contra as invasões e humilhações. Ao resgatar Medusa do ostracismo iremos honrar nossa sabedoria ancestral ligada aos mistérios da lua negra e a nossa sexualidade. Enraizadas na nossa força e sabedoria inatas e conscientes do nosso potencial para afastar ameaças e invasões energéticas, poderemos usar o arquétipo de Medusa e sua máscara para nos proteger e impedir a nossa subjugação ou "decapitação".

A transformação do simbolismo da serpente

A transformação de Medusa – da linda sacerdotisa africana com sua coroa de serpentes douradas (ou dos cabelos encrespados) para a cabeça atemorizadora da Górgona, com serpentes sibilantes em lugar de cabelos –, personifica uma *sombra* de muitas mulheres: o medo da velhice. Guardadas as devidas proporções, a mulher moderna teme que, ao envelhecer, irá perder seus encantos físicos, que o seu poder no mundo profissional será questionado ou perdido e que em lugar do viço da juventude seu rosto se tornará repulsivo como o da Górgona.

É importante compreender o simbolismo ancestral da serpente como a designação da sabedoria feminina e da capacidade de cura e regeneração. Os deuses gregos da cura, Asclépio e Higeia, usavam o caduceu – o bastão com as serpentes entrelaçadas – como símbolo da espiral dupla do DNA e da polaridade masculina e feminina. O poder serpentíneo – ou Kundalini – é a energia vital na filosofia e medicina hindu, o próprio princípio espiritual feminino enrolado no chacra básico. Ativada e conduzida com práticas adequadas e exercícios de ioga, mantras e meditação a Kundalini sobe, percorrendo e "despertando" os outros centros energéticos ao longo da coluna até alcançar a expansão da consciência.

A serpente é um símbolo de transformação devido à sua permanente troca de pele e também da morte e posterior regeneração. Marija Gimbutas no seu amplo livro *The Civilization of the Goddess* afirma que "a serpente é a principal imagem da vitalidade e continuidade da vida, a energia vital existente em cada ser". Foi o cristianismo que tornou a serpente símbolo do mal, associada com a energia negativa feminina e a escuridão do mundo inferior. Medusa une em si as duas facetas da serpente – a sua beleza e poder somados à sua feiura e olhas destrutivo. As mulheres que pertencem ao caminho do Sagrado Feminino devem trabalhar o arquétipo da serpente, dissociando-o dos seus medos atávicos e analisando os bloqueios pessoais relacionados à sexualidade, criatividade, assertividade, sabedoria e poder.

Prática mágica com Medusa

O arquétipo de Medusa como Górgona pode ser invocado para remoção de energias negativas e de bloqueios psicológicos. Para isso prepara-se adequadamente o ambiente: limpeza fluídica com os quatro elementos, arrumação do altar com símbolos adequados (imagem de Górgona, serpentes como objetos, fotos ou joias), criação do círculo mágico com evocação dos guardiões ligados aos elementos e direções (ar: coruja; fogo: dragão; água: serpente marinha; terra: serpente).

Invoca-se Medusa no seu aspecto de "Senhora das Serpentes" e "Deusa da Sabedoria", pedindo permissão e orientação.

Através de respirações ritmadas e batidas compassadas de tambor, mergulhe no seu interior para localizar e trazer à sua mente consciente memórias – antigas ou recentes – de raiva, depressão, desejo de vingança, traição, inferiorização, abandono, medos diversos. Estas lembranças e emoções negativas serão transferidas para um substrato material (escrever no papel, enterrar em sal grosso ou num pote com terra, amarrar nós num barbante ou enchendo um balão). Em seguida será feita a catarse com gritos, batidas de palmas e pés, sacudindo o corpo, batendo o tambor. O substrato material usado será descartado (queimar os papéis e o barbante, jogar o sal em água corrente, despejar a terra num lugar baldio, estourar o balão) visualizando a remoção dos resíduos negativos e sua transformação em energias positivas. Caso sinta algum desconforto físico ou a localização da energia negativa em algum lugar do seu corpo, convém tomar um banho de sal grosso, esfregar sal ou aplicar argila verde no lugar, caminhar na natureza, receber energia curativa através de Reiki, Deeksha, imposição de mãos. Para finalizar o ritual, o círculo será desfeito no sentido anti-horário, agradecendo antes aos aliados evocados e à Deusa Medusa. Em sinal de gratidão, pode ser feita uma contribuição para uma organização de defesa dos animais silvestres ou de espécies de aves em extinção.

Ritual para Medusa e Atena

Este ritual é adequado para um grupo ou círculo de mulheres. O altar será decorado com imagens de serpentes (cartazes, espécimes), cristais, pedras brancas e pretas, velas douradas e penas de coruja. As mulheres vestem roupas gregas ou túnicas africanas e enfeites em forma de serpentes e corujas. Previamente são confeccionadas duas máscaras – uma dourada e bela; outra escura e grotesca com a face de Górgona. Depois da purificação do espaço e das pessoas são feitas as evocações dos animais totêmicos das direções: para LESTE – o dragão que prenuncia o renascimento do poder feminino; para SUL – a serpente emplumada que traz energia e paixão; para OESTE – a serpente negra do mundo subterrâneo e para NORTE – a serpente branca da sabedoria. Invoca-se Medusa como antiga deusa africana e Atena como a deusa grega da sabedoria. Usando as máscaras das Górgonas as mulheres expressam pelos gestos e a dança suas sombras, aqueles aspectos que não podem ser mostrados. A seguir cada mulher descreve seus medos (de doenças, velhice, acidentes, assaltos, roubos, morte, perdas afetivas ou materiais, de poder e criatividade, rejeições, traições e abusos sofridos através das ações e comportamentos dos homens). Segue uma catarse coletiva ao redor de uma fogueira e no final as mulheres tiram suas máscaras e as queimam.

Na segunda parte do ritual as mulheres colocam as máscaras de Atena e dançam sua criatividade e poder. Na partilha elas falam sobre seus objetivos e projetos, mencionando também os bloqueios criativos ou sua dificuldade em serem assertivas e confiantes no seu trabalho. Após uma meditação dirigida cada mulher se conecta com a deusa Atena e lhe pede orientação e conselhos para superar seus bloqueios e realizar seu potencial. Tirando as máscaras serão anotadas sobre elas as intuições e mensagens recebidas e depois as mulheres dançam a alegria e a certeza do seu poder. As máscaras serão guardadas nos altares individuais até a realização almejada e depois queimadas, com gratidão. No final batendo tambores ou palmas, as mulheres irão cantar seus nomes e junto um adjetivo que revele a sua força e sabedoria renovada. O círculo será desfeito no sentido anti-horário agradecendo às forças dos elementos, aliados e Deusas.

Recentemente (2012), grupos de mulheres da Itália conduzidas pela escritora e sacerdotisa Marguerite Rigoglioso, iniciaram um movimento de *restauração da Medusa*, em várias cidades e lugares. Em função da disponibilidade e criatividade do grupo, poderá ser usada esta ideia e feito um ritual, que represente a nova consciência das mulheres que estão reafirmando a sua sacralidade, poder e sabedoria com a ajuda dos arquétipos e mitos das antigas deusas. A metáfora da "restauração de Medusa" pode servir como um estandarte para os círculos sagrados femininos que, através de estudos, práticas, encontros e rituais estão contribuindo para o "retorno da Deusa" e dos antigos valores, em benefício de uma nova mentalidade e harmoniosa integração para a cura do "desmembramento" e anulação feminina.

A escritora Ilene Brennan Roof nas suas pesquisas sobre o significado arquetípico da Medusa, criou uma postura para a conexão com o seu aspecto de Górgona, inspirada nas imagens do século VII a.C. em que ela é representada de corpo inteiro e em uma posição que reproduz a suástica. Para reproduzir esta postura com fins de conexão ou meditação procure a imagem de Medusa/Górgona do templo de Ártemis em Corfu (na internet) e após uma breve introspecção para criar a sintonia, seguem-se estes passos:

1. Virar o joelho esquerdo para esquerda com a perna ligeiramente dobrada; a perna direita fica atrás, o joelho um pouco dobrado e virado para a esquerda e o pé direito para dentro.

2. Virar a cabeça e o tronco para frente, elevar o braço esquerdo à altura do ombro e acima da perna esquerda; o cotovelo é dobrado em ângulo de 90° com o braço para cima e a palma virada para trás.

3. Dobrar o braço direito para baixo com a palma virada para trás. Arregalar os olhos, pôr a língua para fora e mostrar os dentes. Permanecer nesta posição alguns minutos visualizando serpentes ao redor da cintura e do rosto e alinhada com as energias da Górgona para direcioná-las na direção desejada (jamais para fins de vingança, somente para transmutar situações prejudiciais a si mesma, ou finalizar etapas e projetos ultrapassados).

O simbolismo de Medusa

Teorias psicoanalíticas e interpretações modernas masculinas enfatizam as propriedades destrutivas e perniciosas do arquétipo de Medusa sobre o psiquismo humano. As teorias de Freud e seus seguidores equiparam o olhar petrificante como o medo masculino da castração e da impotência, a cabeça da Górgona denominada de *vagina dentada* da Mãe Cósmica, que inspirava o temor da criança perante a figura ameaçadora da mãe e da sua vulva cabeluda. Na visão feminista, Medusa é a *Guardiã do Portal do Oeste,* que representa a entrada no mundo subterrâneo, o poder do abismo e o reino escuro da morte. Para as mulheres, a máscara vermelha da Górgona coroada por serpentes representa a *fonte inesgotável da sabedoria feminina, os dons da criação, destruição e regeneração, a arte da magia e da divinação*. As serpentes simbolizam as forças criativas resultantes da subida da energia Kundalini, que fica enrolada no chacra básico e, ao ser despertada e direcionada, sobe ao longo da coluna e se manifesta como duas serpentes entrelaçadas que ativam os outros chacras. Os cabelos serpentiformes de Medusa são a metáfora da subida de Kundalini que inicia o processo de cura regenerativa, ativação dos dons criativos, expansão da consciência e do poder espiritual.

Como o patriarcado a transformou no "monstro que deve ser perseguido e decapitado", foi cortado e negado o acesso das mulheres ao seu poder inato de cura, regeneração, sabedoria e iluminação. O rosto terrível de Medusa não é uma deformação que petrifica o buscador dos seus mistérios, mas é *"a expressão da ira perante as ações patriarcais, que violaram, profanaram e distorceram valores sacros femininos e os mistérios dos ritos lunares"*. Na perspectiva Junguiana, a jornada do herói é equiparada com os estágios arquetípicos do desenvolvimento da consciência, Medusa representando o medo humano da aniquilação pelas forças inconscientes.

Asteroide Medusa

No mapa pessoal, o asteroide Medusa (com o número 149 e descoberto em 1875) personifica a lei natural da vida, morte e transformação e representa a nossa "sombra" (negada ou reconhecida). É associado ao signo de Escorpião (emoções intensas, atuantes ou reprimidas) e com Áries (assinalando a luta pela sobrevivência e a defesa perante invasões ou ataques).

Ele representa a energia serpentínea que se origina da sexualidade instintiva e que se transforma no nosso poder de criar, regenerar e reconhecer a verdade. Ao descartar as máscaras e os falsos Eus, Medusa é revelada como a "sombra" pessoal e os aspectos reprimidos, ocultos ou negados de nós mesmas. Quanto mais é negada a existência da Medusa, mais forte ela cresce, até que um dia explode com violência, destrói as nossas defesas e expõe as nossas verdades negadas, para que possamos ressurgir como a Fênix renascida das cinzas.

No *mapa masculino,* quando Medusa é ativa, ela se manifesta como a experiência do poder controlador e manipulador materno. Quando adulto, o homem irá projetar esta imagem distorcida do feminino nas parceiras que, aparentemente, ameaçam sua virilidade. Sigmund Freud via Medusa como o símbolo terrível e castrador da Mãe Devoradora.

No *mapa feminino*, Medusa indica a propensão de usar uma máscara assustadora para repelir, com o intuito de proteger a nossa vulnerabilidade e afastar aqueles que possam nos ameaçar, dominar ou enfraquecer o nosso poder.

A órbita da Medusa é de 3,2 anos, indício de que – dependendo da sua posição no mapa natal – pode levar bastante tempo para que os assuntos por ela representados sejam resolvidos, antes que surjam novamente. O "retorno" da Medusa propicia uma mudança de consciência e de atitudes caso os assuntos não tenham sido resolvidos anteriormente de forma satisfatória. É importante ter sempre em mente que tudo o que foi por nós criado, manifestado ou enviado (ações, pensamentos, energias) retorna à sua origem, cumprindo a lei de ação/reação, semeadura/colheita.

As principais áreas de atuação de Medusa são: morte (violenta ou repentina), transformação, ciclos naturais (nascimento, florescimento, decadência, morte, renascimento), mudanças repentinas, novos começos, segredos, o aspecto oculto da psique, a sombra, sobrevivência, retraimento, astúcia, cinismo, tendência para controlar ou manipular, manias e obsessões, transmutação de conceitos falsos, participação do carma coletivo. O metal associado à Medusa é o plutônio, mas o carvão e o petróleo também são a ela ligados por terem sido soterrados na terra devido a desastres naturais; o seu animal totêmico é a serpente.

Medusa age de duas maneiras: por um lado ela nos induz a suprimir ou negar erros ou falhas cometidas, enquanto por outro, ela purifica nossa sombra coletiva e nos força enfrentar os crimes da nossa sociedade do passado (como as torturas e mortes cometidas pela Inquisição contra as mulheres, a escravidão passada e presente, as injustiças e perseguições contra as mulheres dos sistemas patriarcais, os horrores das guerras mundiais e do nazismo e as atrocidades atuais de vários povos, etnias, religiões e países).

Medusa está em realce no mapa de pesquisadores e médicos (que se empenham em revelar o que está escondido e buscam a verdade) e nas mulheres que se opuseram ao domínio do patriarcado. Quando está em aspecto com um planeta indica o que precisamos aprender ou experimentar através daquela área da nossa vida (em função do signo, casa, outros aspectos e trânsitos astrológicos envolvidos). Ela revela como podemos ter melhor acesso à nossa energia criadora (sexual ou serpentínea) para criar, regenerar e expressar a nossa verdade. Assim como é recomendado para os outros asteroides, devem ser analisados o posicionamento da Medusa na casa e signo astrológicos, seus aspectos com os planetas pessoais, Quíron e os outros asteroides maiores, bem como os trânsitos dos planetas exteriores.

As *Moiras*, Fiandeiras Gregas do Destino

"Nós tecemos a teia
Da vida e da morte
Trançamos a meada do destino
Para todo e qualquer mortal
Estendemos um fio dourado
Partindo do Salão do Luar
Firmamos suas pontas
No Oriente e no Ocidente
No Norte e no Sul
Um arremate é dado ao Meio-dia
Uma prega é costurada
Na casa do Alvorecer
O trabalho finda-se
No Salão do Sol-Poente."

As Moiras. *"Aprendiz de feiticeira"* (blog)

O arquétipo do destino é profundamente enraizado na psique dos povos de origem indo-europeia. Começando na Índia, atravessando o continente europeu indo até o Mar do Norte e as Ilhas Britânicas e abrangendo a bacia do Mediterrâneo, as antigas culturas destas áreas possuíam mitos, histórias, símbolos e cerimônias para honrar e invocar as forças do destino. Alguns destes mitos se sobrepõem, outros são divergentes, mas o conceito fundamental é o mesmo: as "Senhoras do Destino" são forças universais e naturais, que não obedecem aos deuses ou deusas, pois elas representam os ritmos e as marés das energias cósmicas e telúricas, tendo aparecido no início dos tempos e permanecendo até o fim das eras.

As Moiras, divindades da mitologia grega, são três irmãs que dirigem o movimento das esferas celestes, a harmonia do mundo e a sorte dos mortais. Elas presidem o destino (moira, em grego) e dividem entre si as diversas funções: Cloto, que significa "fiar", tece os fios dos destinos humanos; Láquesis, que significa "sorte", põe o fio no fuso; Átropos, ou seja, "inflexível", corta impiedosamente o fio que mede a vida de cada mortal. Está implícita nesse mito a ideia de que a ação humana se acha ligada aos desígnios divinos.

A origem e o nascimento das *Moiras* são cercados por mistérios, sabe-se que elas exercem suas funções desde a origem de tudo, sendo tão antigas e insondáveis quanto a noite, o Céu e a Terra. Imutáveis nos seus desígnios, elas controlam o fio misterioso da vida e nada consegue aplacar ou impedir que elas modelem ou cortem sua trama. Inicialmente eram consideradas como uma dupla, a regente do nascimento e a regente da morte, mas depois apareceram como *Klothes,* as "Fiandeiras", em número de três ou nove (três vezes três), reunindo em si o antigo significado da palavra *moira,* "forte, difícil de suportar e destruidora". Suas equivalentes são as *Parcas* ou *Fata* (plural de *Fatum,* a vontade divina) romanas; as *Rodjenitse* eslavas ou as *Nornes* nórdicas. Em Roma, as deusas fiandeiras equivalentes das Moiras eram as *Parcas* e seus nomes eram *Nona, Décima e Morta,* associados ao ciclo de nascimento/vida/morte e passado/presente/futuro.

As Moiras eram descritas como filhas de Nix (a Noite) e Cronos (o Tempo), de Gaia (a Terra) e do Oceano ou de Júpiter e Têmis nos mitos olímpicos mais recentes. Mas, a sua origem é muito mais antiga, sendo filhas partenogenéticas de *Ananke,* a "Necessidade", (nascidas de mãe apenas, sem a participação de um pai), o seu poder para reger o destino sendo anterior ao domínio de Zeus e dos arquétipos do panteão olímpico. As Moiras eram as *Fiandeiras* que fiavam os dias da nossa vida e o comprimento do fio atribuído por elas a qualquer mortal era decidido exclusivamente por elas, pois nenhum deus podia influenciar a decisão delas para favorecer algum mortal. As Moiras tinham santuários em vários lugares na Grécia: Corinto, Esparta, Olímpia, Tebas; elas eram honradas com oferendas de flores, frutas, cereais, mel, especiarias, vinho e comidas típicas. As suas cores eram usadas nos bordados tradicionais dos trajes folclóricos gregos, o vermelho representando a cor do sangue, o branco a morte e o preto sendo a própria vida.

No nascimento de uma criança elas apareciam na sétima noite, determinavam o curso da sua vida, fiavam o seu destino e direcionavam as consequências das suas ações de acordo com as decisões tomadas. A sua aparição na sétima noite deu origem ao costume grego de esperar sete dias para aceitar o recém-nascido na família, dando-lhe um nome e fazendo sua consagração na frente da lareira. Como deusas do nascimento (conhecidas como *Fata Scribendi*, "que escreviam o destino" de cada criança) eram acompanhadas pela deusa Eileithyia e previam o futuro das crianças por conhecerem os desígnios futuros que, às vezes, revelavam com seus poderes proféticos, sendo padroeiras das videntes e sacerdotisas oraculares. Elas não interferiam nos afazeres humanos e condicionavam a sorte de tal maneira, que permanecia uma pequena margem de opção para as ações e escolhas em função do livre-arbítrio.

Quando se apresentavam na hora da morte, elas se transformavam nas *Moirai Thanatoio*, as *Deusas da Morte*, acompanhadas pelas *Keres* e as *Erínias*. As *Keres* eram espíritos ancestrais femininos, com dentes afiados e vestes vermelhas, regentes da morte, onipresentes, dotadas de poder sobre vida e morte, porém obedecendo aos deuses, principalmente a Nêmesis e Ares. As Moiras transferiam para as *Erínias* as punições para os atos destrutivos e as maldades cometidas e, ao lado delas, direcionavam os eventos na vida com as necessárias lições, aprendizados e correções.

Às vezes as Moiras eram descritas como mulheres idosas, feias, mancas (para mostrar a lenta passagem do tempo), com semblante sério, rígido, impiedoso e severo, vestidas com túnicas pretas, com capuzes ou usando guirlandas de flocos de lã entremeadas de narcisos (flor do luto e da morte). Outras vezes apareciam coroadas, raramente veladas, segurando cetros e com os cabelos presos por faixas. Na sua apresentação mais comum, seus nomes, trajes e objetos são diferenciados. *Cloto*, "a fiandeira", segurava o fuso com o qual fiava o destino dos seres humanos. Era representada como uma mulher madura, vestida com uma roupa colorida e usando uma coroa de sete estrelas, ficando ao lado de uma roca que se estendia do céu até a terra, de onde puxava o fio para o seu fuso. Sua equivalente romana era *Nona*, invocada antigamente no nono mês de gravidez e que aparecia segurando um pergaminho em suas mãos. *Láquesis*, "a que tirava a sorte (ou jogava os dados)" media o tamanho do fio destinado a cada ser humano. Suas vestes eram salpicadas de estrelas e às vezes segurava um bastão com o qual apontava para o mapa natal em um imenso globo terrestre. A equivalente romana de Láquesis era *Décima*. Átropos, "inflexível", escolhia a maneira da morte quando o prazo de vida findava e era ela que cortava impiedosamente o fio da existência de cada ser. Era a mais idosa, vestida com roupas pretas e segurando uma tesoura, alfanje, com dados, balança ou relógio solar. Sua equivalência romana era a *Morta*.

As Moiras não agem em linha reta, em cada momento da nossa vida devemos lidar com os efeitos dos atos anteriores, enfrentando os desafios presentes e nos preparando para aquilo que está à nossa espera no desconhecido futuro. Interagimos com elas em um ciclo espiralado, em que repetimos as mesmas lições de maneiras diferentes, pois o passado é criado pelos nossos atos *no aqui e agora* e que se transformam nas possibilidades futuras.

Quando a alma escolhe sua vida, ela se apresenta perante *Láquesis*, que lhe envia o *daimon* (o anjo de guarda ou protetor vitalício), depois vai para *Cloto* ratificar a escolha feita e *Átropos* irá selar o destino de forma irreversível. No domínio de Láquesis existem ao nosso alcance todas as possibilidades, mas uma vez retirada aquela que queremos e desejamos, Cloto confirmará o destino escolhido e Átropos firmará a opção, tecendo a vida em função dela. A alma passa em seguida pelo trono de *Ananke*, a *Necessidade,* e mergulha no "rio do esquecimento", que apaga as memórias das vidas anteriores e das próprias opções. Em seguida, os ventos nos levam ao útero da nossa mãe, acompanhadas do nosso *daimon*, o anjo de guarda, que irá nos proteger e ajudar a alcançar nossos objetivos, nos alertando sobre perigos ou oportunidades e nos conectando com o fluxo da vida para haurir energia, poder e sabedoria. Depois que a alma é unida a um corpo, poderá realizar tudo que foi por ela escolhido, usando os dons e habilidades doadas pelas Moiras; que serão desenvolvidas com a ajuda do anjo protetor, que acompanhará o seu afilhado durante sua vida, levando-o de volta ao final.

A alma é responsável parcialmente pelas escolhas feitas por depender também do traçado estabelecido e tecido pelas Moiras, que atuam como nossas parceiras para definir a tessitura da vida. Os atributos físicos e psíquicos são herdados dos pais que escolhemos e firmados pelas Moiras, que nos colocam em situações em que teremos a chance de manifestar nosso propósito de vida e a missão que irá favorecer o crescimento e a evolução da alma. O propósito será realizado quando escolhermos uma vida que apoie a nossa missão e beneficie objetivos compatíveis com o processo evolutivo. Ao longo da nossa vida podemos sentir o desejo de lembrar o que realmente viemos fazer, sofrendo com o esquecimento, as dúvidas e o vazio da nossa existência. Mas as orações para as Moiras, práticas espirituais e rituais podem amenizar a solidão da alma, devolver e fortalecer a conexão com o plano divino.

Podemos invocar as Moiras e pedir-lhes que clareiem os nossos caminhos, nos ajudando a descartar o fardo de mágoas, ressentimentos, raiva, culpa, remorsos e erros do passado e que nos libertem daquilo que não nos seja mais útil. Depois iremos pedir-lhes que abram a nossa compreensão e discernimento para agirmos da melhor forma nas nossas opções e decisões, alinhando os objetivos da vida com a missão espiritual, abrindo as portas para realizar – de fato – os verdadeiros propósitos da alma na atual encarnação.

As Moiras não agem ao acaso, pois uma vez entrados no caldeirão da vida, somos sujeitos às leis naturais, enfrentando decisões e mudanças, cujas datas são em função de ciclos biológicos e planetários, principalmente os ligados a Saturno.

- O PRIMEIRO CICLO DE SATURNO – que abrange o período do nosso nascimento até 28-29 anos – pertence à Cloto; nele aprendemos sobre nosso potencial, bem como descobrimos nossas limitações – genéticas, sociais ou ambientais – tendo que lidar com elas e aceitar a nossa herança racial, familiar e cultural.
- No SEGUNDO CICLO REGIDO POR LÁQUESIS, nos tornamos nós mesmas e assim sabemos quem realmente somos e o que podemos fazer. Ao longo deste ciclo consolidamos nossa carreira, definimos os relacionamentos afetivos e familiares e descobrimos a nossa missão.
- O TERCEIRO CICLO PERTENCE A Átropos e começa com o segundo retorno de Saturno em torno de 56 anos, quando ele abre as portas para novas possibilidades, "aquilo que poderá vir a ser". Gradativamente, podemos romper com as amarras criadas no segundo ciclo e dar à luz um novo ser, que foi amadurecendo dentro de nós. Este é um momento de avaliar tudo o que devíamos – ou não – fazer, e às vezes podemos dar reviravoltas inesperadas.

Ao longo da vida a experiência nos ensinou como lidar com as mudanças, nas que as Moiras mais nos tocam. Estas épocas dependem dos trânsitos planetários e dos seus aspectos em relação ao nosso mapa natal. A dança das Moiras é complexa, com pequenas voltas inseridas em círculos maiores. Os ciclos dos planetas pessoais – Sol, Lua, Mercúrio, Marte e Vênus – esculpem o nosso caráter, e a lenta rotação de Saturno marca os três ciclos importantes das nossas vidas. Porém, são os planetas transpessoais que influenciam a orientação psíquica, social e espiritual das gerações, trazendo à tona aqueles assuntos necessários à evolução individual e coletiva.

Para nos conectarmos com as Moiras temos de abrir a nossa mente no nível mais profundo, que transcende as palavras e usa símbolos, que é a linguagem do inconsciente. O primeiro passo é clarear nossa mente afastando os medos do desconhecido e acreditando na nossa intuição. Depois iremos preparar um ambiente silencioso e purificado, com um altar coberto com uma toalha branca, com três velas nas suas cores (branco, vermelho e preto), uma estatueta ou imagem que as represente, um novelo de lã preta, uma tesoura, flores, três taças com: leite, vinho tinto e suco de mirtilo, amora ou açaí. Ouvindo uma música suave iremos relaxar, nos alinhar energeticamente e meditar, prestando atenção apenas à nossa respiração.

Quando percebemos que estamos prontas, faremos uma visualização nos dirigindo para um dos templos em que as Moiras foram reverenciadas, nos inclinando perante suas estátuas. Ajoelhadas pediremos a sua bênção, reconhecendo e agradecendo por tudo o que elas nos proporcionaram como conquistas ou desafios na atual encarnação (reconhecendo também a nossa responsabilidade nas opções e consequências delas decorrentes). Pediremos em seguida uma mensagem ou orientação para algum problema ou escolha na nossa vida presente, aguardando imagens ligadas ao nosso passado (como avisos ou lições) e ao presente (avaliando e reconhecendo se já aprendemos o que o passado nos ensinou ou ainda não). Abrindo o coração e a mente, aguardaremos algum sinal ou palavra-chave que possam nos ajudar na nossa vida atual. Talvez apareçam imagens de vínculos energéticos, amarras emocionais ou mentais que nos ligam ainda a uma pessoa ou situação passada. Para podermos seguir o nosso caminho em liberdade, devemos nos desfazer de tudo o que já cumpriu com a sua finalidade. Examinaremos lentamente como e aonde ainda existem estas amarras mentais ou afetivas (lembranças ou sentimentos de amor, raiva, vingança, ciúme, revolta, decepção, esperança, ilusão). Pediremos permissão para as Moiras e, com cuidado e gratidão, iremos nos despedir da pessoa que nos deixou alguma lembrança ou aprendizado, mas que não faz mais parte da nossa vida. Visualizando e relembrando as energias e sentimentos agregados às amarras (representadas por fios de lã preta), iremos cortá-las, uma por uma, para as entregarmos no final com a oferenda em algum lugar da natureza. Agradecendo novamente, "voltaremos" para o aqui e agora, apagando as velas (sem soprar, com os dedos molhados e guardando-as para novos contatos); as flores e as bebidas serão levadas como oferenda e entregues dentro de um rio, ou perto de uma árvore com três raízes ou galhos.

Uma *oferenda* mais rebuscada para as Moiras pode incluir três ovos tingidos com carmim (ou outra tinta vegetal vermelha). Os ovos tingidos são oferendas tradicionais para pedir proteção, saúde ou sucesso e foram usados desde a antiguidade (como comprovam os achados nas escavações neolíticas).

Asteroides Moira, Cloto e Láquesis

Pela localização no mapa natal, o asteroide Moira (número 638) oferece indícios importantes sobre as consequências dos nossos atos passados. Como manifestações das Deusas do Destino, as Moiras revelam o padrão cármico da alma e no mapa natal assinalam como iremos vivenciar o nosso carma, com boas ou más experiências. Os antigos acreditavam que o destino – por ser tecido pelas Moiras – não podia ser modificado. Na manifestação tríplice, as Moiras eram conhecidas como Cloto, a "Tecelã", cujos fios tecidos mostram como criamos o carma pelas nossas ações e opções, Láquesis, "a Medidora", que revela como entrelaçamos nosso destino com o dos outros na tecelagem diária da vida e Átropos, a "Cortadora", que assinala os fins inevitáveis e os diversos términos e finalizações. Estas Irmãs Escuras representam os elementos primais no inconsciente e que impedem a violação das leis naturais. Como elas operam no nível inconsciente do ser e nós temos uma visão limitada, somos incapazes de perceber as plenas implicações dos nossos atos. Através de atitudes anteriores, tecemos a trama do destino que passou e que não mais pode ser mudado; pela natureza das respostas e ações nas circunstâncias presentes, tecemos o padrão do nosso destino ou futuro.

- CLOTO (e sua equivalente romana Nona) é o asteroide 97 e foi descoberto em 1868 por Ernest Wilhelm Tempel. Na análise astrológica descreve as circunstâncias do COMEÇO DE UMA RELAÇÃO, seja favorável ou não e indica a sua provável duração. No mapa composto revela a influência do carma na vida de cada pessoa em relação aos começos.
- LÁQUESIS (e sua equivalente romana DÉCIMA) é o asteroide 120, descoberto por Nicolas Borrelly em 1872. Na análise astrológica revela as circunstâncias que definem A EVOLUÇÃO DE UMA RELAÇÃO e predizem a sua provável duração, bem como indica os pontos de mudança, sem ser necessariamente o seu término. Revela também como são superadas as dificuldades e aproveitadas as oportunidades, melhorando ou piorando o carma.
- ÁTROPOS (e a sua equivalente romana Morta) é o asteroide 273, com órbita de 3,8 anos. Indica no mapa natal como e quando conduzimos nosso destino a um fim inevitável e como REAGIMOS E AGIMOS PERANTE PERDAS, TÉRMINOS DE RELACIONAMENTOS E A NOSSA PRÓPRIA MORTE. Seu simbolismo é "A inevitável" e suas correspondências são: a planta tóxica Atropa Belladonna (Beladona) e a mariposa com desenho de uma caveira, reforçando assim o sinal do fim.

Ao analisar a atuação dos asteroides em um mapa, devem ser avaliadas as influências deles nos signos e casas, as conjunções e angulações com Sol, Lua, planetas pessoais, Ascendente, Meio do Céu, Quíron e os asteroides maiores (Ceres, Vesta, Juno, Pallas Athena). Depois se analisam os trânsitos e como os temas mitológicos destas deusas escuras estão agindo na nossa vida e personalidade. Em sinastrias e na análise de relacionamentos os asteroides predizem encontros, eventos e situações cármicas, porém eles são relevantes apenas se formam aspectos com planetas pessoais e as casas de relacionamento.

Morgen Le Fay, a Senhora de Avalon

"Eu Sou Morgen Le Fay, a Senhora de Avalon, a Tecelã da Teia e Guardiã dos Mistérios. Sou a Fada cujo abraço enfeitiça, sou o fulgurar da magia, o voo do corvo na neblina. Sou Aquela que se metamorfoseia aqui e alhures, Sou o pentagrama dentro da maçã, o espelho que brilha no caldeirão. Sou a canção da alma, o desejo de pertencer, o fogo verde que aparece sobre a terra. Venha e pegue minha mão, na palma eu seguro os caminhos das constelações, pois Sou a senda oculta do tempo, a Senhora da Sabedoria, Aquela que anda entre os mundos, que fica na entrada e na saída. Sou Aquela que sabe curar, com ervas e espada, sou a Soberana brilhante que a leva através das águas, até Avalon."

Poema de Rose Flint, sacerdotisa de Avalon, artista e poetisa.

Morgen Le Fay (*Morgen, Morgaine, Morgain, Morgana, Morganna, Morgant, Morgane, Mogan, Morgan*) é um arquétipo complexo que aparece em diversos mitos, lendas e tradições celtas, ora como deusa, ora como feiticeira ou uma personagem histórica, mudando de forma, qualidades, simbolismo e atuação.

As histórias contemporâneas são fundamentadas nas versões cristianizadas dos escritos medievais de Geoffrey of Monmouth (*Vita Merlini*, 1150) e do *Vulgate Cycle*. Durante o século XIII, os monges Cistercienses se empenharam em destruir e distorcer as lendas Arturianas para lhes dar um enfoque de alegorias religiosas. O principal objetivo era descrever Morgen como a inimiga mortal do rei Artur, uma criatura maléfica, vingativa e lidando com magia negra. Os monges conheciam o poder e a influência de Morrigan, a tríplice deusa celta da vida, morte e sexualidade e se esforçaram para dissociar Morgan dos aspectos divinos e do poder de cura da Deusa e de suas representantes. Para eles, era inconcebível que uma mulher, que não pertencia à igreja cristã, tivesse qualquer tipo de poder, até mesmo que pudesse ter uma alma. Por isso, nos escritos reinterpretados pelos monges, Morgen representa o mal do mundo e o uso da magia negra para manipular pessoas e acontecimentos.

Existem várias questões ligadas à citada comunidade de "Nove Irmãs", sem se saber com certeza se elas eram aspectos de uma só deusa ou manifestações da personalidade complexa de Morgen Le Fay, como herdeira da natureza tríplice de Morrigan. No poema *Sir Gawain and the Green Knight* do século XIV, Morgen Le Fay é definida como uma deusa bretã, associada com o arquétipo de Morrigan. Neste caso, a apresentação de Morrigan sob nove aspectos oferece um caminho nônuplo de transformação e cura, cada uma das suas faces nos guiando para autocura, fortalecimento interior e renovação. NOS ASPECTOS LUMINOSOS, Morrigan é "Rainha das Fadas", uma deusa da fertilidade, sexualidade, soberania e magia. NOS ASPECTOS ESCUROS, suas metamorfoses incluem a regência da guerra e morte, profecia e condução dos espíritos para o "Outro Mundo".

A conexão mais conhecida de Morrigan com o "Mundo das Fadas" é através de Morgen Le Fay, a heroína do ciclo Arturiano, que evoluiu da figura de *Modron,* a deusa do mar galesa. Tanto em *Vita Merlini*, quanto em *Le Morte d'Arthur* (de Thomas Malory), Morgen é descrita como uma mulher poderosa, curadora benevolente, conhecedora dos segredos de cura, metamorfose e magia, que morava com suas oito irmãs em um mundo sobrenatural chamado *Avalon.* Na versão francesa, Morgana é uma mortal, é meia-irmã de Artur e sua constante rival, apesar da relação incestuosa com ele. Ela tenta destroná-lo e substituí-lo com seu amante, realçando assim sua sexualidade perigosa e semelhante às fadas marinhas da tradição bretã chamadas de *Mari-Morgens*. Nos mitos das deusas, o aspecto da sexualidade era ligado à soberania da terra e ao direito de substituir o rei quando ele não mais correspondia ao seu compromisso sagrado. Mas na história de Morgen, aquilo que antigamente era um direito divino, se tornou um traço negativo da sua personalidade; ela tinha o poder, mas ele não era mais sagrado, pois ela agia em benefício próprio e não para o bem de todos. A atuação das deusas celtas foi diminuída nos textos medievais de tal maneira que, para aparecer como uma mulher independente, sábia e sedutora, Morgen foi reduzida a uma simples feiticeira e maga negra.

Porém, não resta dúvida que Morgen era um arquétipo divino, associado com *Morrigan*, "A Grande Rainha" e com *Modron,* Deusa Mãe galesa e uma das manifestações de Dea Matrona, deusa padroeira das tribos celtas da Gália e herdeira das Matronas ou Matres. As Matronas eram antigas deusas tríplices, regentes da fertilização, cura e regeneração, cujo culto foi encontrado na França, Itália, Alemanha e Hungria.

O denominador comum destas deusas era sua ligação com uma terra mística chamada *Ynys Avalach*, cujo nome gaélico correspondia a *Avalon*, a "Ilha das Maçãs". A maçã cortada na horizontal mostra o pentagrama formado pelas sementes, sendo um antigo símbolo celta do "Outro Mundo", da regeneração e da reencarnação, em oposição ao seu significado cristão de "fruto proibido", que ocasionou a expulsão do casal humano do Paraíso pela rebeldia de Eva, que seguiu a voz da serpente e comeu a maçã.

Nas lendas Arturianas aparece várias vezes a "Mulher das maçãs", guardiã de um pomar encantado, em que é difícil entrar e impossível de sair. Quem come as maçãs de Avalon "morre" no mundo real e entra no "Outro Mundo", onde encontra cura e transformação. Morgen é representada nas lendas como a guardiã deste local sagrado, tendo poderes de cura, conforme é descrito no episódio em que ela leva Artur ferido no seu barco com velas pretas até Avalon, para lá ser por ela curado. Ao ser desprovida de suas qualidades divinas, Morgen aparece nas lendas apenas como irmã de Artur, mas na realidade ela é a "Deusa Guardiã e Curadora da Terra da Bretanha", que vai recriar e regenerar aquilo que foi ferido e profanado. *Mor* significa "mar" em várias línguas celtas, e a mais famosa deusa do mar bretã chamava-se *Le Fay* ou *Le Fee*, "a fada". Há uma divergência linguística ligada a este nome, que pode significar "destino" (*fate*), uma alusão à condição de Morgan como deusa da morte. *Morg-Ana, a* "Grande Ana" é uma antiga deusa celta, e os nomes de *Morgen, Modron e Madron* em galês significam "Mãe". Como *Fata Morgana* personifica na Itália a miragem do mar no Estreito de Messina onde ficava o seu castelo.

NAS HISTÓRIAS MEDIEVAIS, *Morgana* é a sedutora sem escrúpulos, que tem uma relação incestuosa com seu irmão Artur, e consegue obter do mago Merlin conhecimentos de magia, para depois prendê-lo magisticamente em uma gruta de cristal ou num tronco de carvalho. Ela semeia as sementes da discórdia na corte de Artur com intrigas, rouba a espada mágica *Excalibur*, planeja a morte de Artur com ajuda do seu amante e contribui para a dissolução da Távola Redonda. Porém, mesmo nesta versão distorcida, Morgana resgata o Artur ferido no campo de batalha e o leva consigo para Avalon para curá-lo, pois ele é o *Rei* antigo e futuro, destinado a voltar quando o país dele precisar. A escritora Marion Zimmer Bradley, resgatou a verdade oculta em textos antigos e escreveu sua belíssima e emocionante obra "As brumas de Avalon", descrevendo a verdadeira trama arturiana e a atuação complexa de Morgen.

NAS FONTES CELTAS, *Morgen* aparece como uma rainha, cujo filho Mordred era o verdadeiro herdeiro do trono, não por ser filho de Artur, mas como seu sobrinho (de acordo com a lei matriarcal celta). Os monges cristãos apoiavam a lei patriarcal do primogênito e mudaram a história fazendo de Mordred um filho ilegítimo de uma união incestuosa e por isso descrito como uma pessoa má e vingativa. No entanto, Morgen é muito mais antiga do que a personagem das lendas arturianas, seu nome existia desde antigamente em todas as terras celtas (Irlanda, Escócia, País de Gales, Inglaterra, Ilha de Man e Bretanha). Sabe-se dos escritos históricos que Morgen é uma das antigas deusas celtas, que foi levada como padroeira pelas tribos daquele povo e seu culto espalhado em toda a Europa. Apesar de sintetizar em seu arquétipo a essência da anciã, da guerreira e da sedutora, ela sempre é descrita como sendo bela, imponente e assustadora pelo poder que dela emana. Herdeira da irlandesa Morrigan, ela tem o dom da metamorfose e assume a forma de um corvo sobrevoando os campos de batalha, ou se apresenta como a "Lavadeira da Vazante", que lava as armaduras dos guerreiros feridos e profetisa sua morte. O temido redemoinho das Hébridas era chamado de "caldeirão de Morrigan", enquanto na Ilha de Man se falava de uma sereia sedutora, Morgen, que aceitava oferendas de maçãs. Na Bretanha, os espíritos marinhos eram denominados de *Morgen* e os termos "morgue, mortuário e morte" tem a mesma raiz do seu nome, mesmo em idiomas diferentes.

Avalon, o paraíso das lendas arturianas, pode ser identificado com o paraíso celta da Irlanda, chamado *Tir na mBan*, a "Terra das Mulheres". Tanto o herói Cu Chulainn, quanto o rei Artur, quando feridos nos combates, são levados para uma ilha do "Outro Mundo" e cuidados por sacerdotisas, no caso do Artur na comunidade presidida por Morgen. A contraparte física de Avalon é a cidade de Glastonbury, um lugar de cruzamento de *ley lines* (linhas de força telúrica), onde se acredita ter existido um centro de estudos druídicos para mulheres (chamadas *Bandruaid, Banfhilid* ou druidesas). Antigamente, Glastonbury era um pântano, sempre cercado de água e envolto em névoa, fazendo jus à suposição de ser o Avalon mítico oculto nas brumas.

Na visão da escritora e sacerdotisa Kathy Jones (fundadora do *Temple of the Goddess* em Glastonbury e organizadora da "Conferência anual da Deusa" no mesmo lugar) as Nove Morgen, que moram no nível sutil de Avalon, são diferentes aspectos da energia feminina, associadas com a natureza (árvores, plantas, animais, pássaros, nuvens, chuva, raios solares, gelo, neve, vento). As Morgens foram primeiramente descritas pelo poeta mítico galês Taliesin na obra *Vita Merlini* de Geoffrey de Monmouth no século XII e depois expandidas por outros poetas e escritores. Além de Morgen Le Fey, seus nomes são pouco divulgados, sendo: Thitis, Cliton, Thetis, Gliten, Glitonea, Moronoe, Mazoe, Tyronoe. Elas personificam todas as qualidades da Deusa variando entre luz e sombra, positivo e negativo, criativo e destrutivo. Sua idade varia entre adolescentes, adultas e anciãs, correspondem às fases lunares e aos Sabbats da Roda do Ano e ficam ao redor do Caldeirão da inspiração, imortalidade e renascimento, oculto no interior da colina sagrada Tor.

As Nove Morgen

As nove Morgen são manifestações sutis que representam aspectos da essência feminina, na natureza e nas mulheres. Elas residem do outro lado da neblina que separa o Avalon mítico do mundo real e são responsáveis pelo direcionamento das forças sutis, que criam, sustentam e destroem as formas etéricas da matriz da vida.

São também conhecidas sob outros nomes em outras tradições, como *dançarinas celestes, viajantes espaciais, Fadas das nuvens, Dakinis, Valquírias*. Sua natureza é elemental e perene, sendo aspectos e nuances do princípio da sabedoria em formas femininas, visando beneficiar todos os seres humanos que são influenciados pelo som, forma, cor e vibração. Elas ajudam a vencer as resistências existentes no caminho espiritual e para encaminhar os moribundos pelo portal da morte. No budismo são conhecidas como *Dakinis*, emanações da mente iluminada cuja missão é contribuir para a iluminação de todos os seres. No reino de Avalon as Morgen são conectadas com as árvores, plantas, animais, pássaros e insetos; elas aparecem nas mudanças do tempo e nas formas das nuvens, raios de sol, vento, chuva, neve e gelo. Cada uma delas se apresenta de maneira diferente e a combinação das suas qualidades nos ensina sobre o movimento e o fluxo das energias e como trabalhar no nível espiritual e prático, em círculos de pessoas e comunidades. Nos mitos e lendas elas aparecem como sacerdotisas de Avalon, rainhas das fadas e anciãs.

Semelhante às descrições de deusas, fadas, videntes, druidesas, santas, lembradas e honradas em vários lugares da Europa, as nove Morgen personificam qualidades da Deusa nas variações de luz e sombra, doce e amargo, positivo e negativo, sexual e ascético, criativo e destrutivo. Assim como as musas gregas são famosas pelo conhecimento das artes liberais, em especial astronomia, astrologia, matemática e física, as Morgen são renomadas curadoras com ervas, exímias dançarinas e cantoras, clarividentes e conselheiras, dotadas com o dom da metamorfose e a aparição em diferentes lugares ao mesmo tempo. Elas podem ser imaginadas como nove mulheres com idades entre jovens, maduras e anciãs, tendo uma delas para cada década. *Thitis* é a menina até os dez anos, *Cliton* a adolescente entre dez e vinte anos, *Thetis* na faixa dos vinte, *Gliten*, nos trinta, *Glitonea* nos quarenta, *Moronoe* na faixa dos cinquenta, *Mazoe* nos sessenta e *Tyronoe* acima dos setenta. *Morgen le Fey* fica no centro e muda sua idade em função das circunstâncias e propósitos.

Podemos considerar as Morgen como *três tríades de deusas tríplices*, reflexos das fases da lua, nove rainhas soberanas da terra, nove fadas, nove *sidhe*, nove anciãs envoltas em mantos negros, sentadas ao redor do caldeirão da inspiração, imortalidade e renascimento escondido em uma gruta dentro da colina de Tor, bem como nove seres brilhantes aparecendo no plano etéreo acima do topo de Tor. Cada *Morgen* é conectada a um aspecto diferente do tempo: *Thitis* é neve, *Cliton* é luz solar, *Thetis* é nuvem, *Gliten* é chuva, *Glitonea* é calor, *Moronoe* é vento, *Mazoe* é trovão e raio, *Tyronoe* é gelo e *Morgen le Fey* é névoa. Sua dança cria o calor do verão e o orvalho da primavera, as tempestades do outono e o frio do inverno. Às vezes elas aparecem entre as bétulas ou as macieiras nas encostas de Tor, na névoa que cobre a paisagem, ou como corvos pretos, pombas brancas, pássaros coloridos ou gaviões. Elas permanecem no limiar entre o mundo material e o outro lado das brumas de Avalon, e tecem os fios etéreos que originam todas as formas de vida, desde a sua criação até a destruição.

Em uma vivência da qual participei em Glastonbury, em 2001, conduzida por Kathy Jones, centrada na Roda Sagrada da Deusa de Avalon e nos arquétipos das Morgen, meditando sob os carvalhos remanescentes da antiga floresta, senti nitidamente as suas presenças ao meu redor, como uma resposta à minha dúvida racional sobre a existência delas. Alguns versos começaram a ecoar na minha mente e só desapareceram depois que eu os anotei e partilhei ao grupo. Na tradução livre, os versos não rimam como no original e o texto é menos poético, mas mesmo assim, o poder das palavras vibra com a magia das suas presenças.

"As Morgen estão aqui, as Morgen estão lá, as Morgen estão em todo lugar, Elas são seres antigos, são seres brilhantes, Guardiãs e Mestras, cujos nomes foram esquecidos na medida em que o povo se distanciou do caminho da Deusa. Se você quiser se aproximar delas, chame-as pelo som e pelo aroma, pela força dos pensamentos e desejo do coração, pelo fogo, ar, terra e água, chame-as, fique com elas e você irá lembrar seus nomes, pois Elas estão aqui e acolá, como foram no passado, estão agora e estarão para sempre."

A mais famosa das Morgen é Morgen Le Fay, Guardiã dos Mistérios, Curadora das mais profundas feridas, Condutora que revela o caminho para Avalon. Ela é a *Mãe do tempo e do espaço, a Tecelã da teia da vida, a Senhora do barco que nos conduz para o Outro Mundo*. Nas suas metamorfoses, ela aparece como jovem mãe, anciã, sacerdotisa, fada, maga ou em forma de animal (gato preto, corvo ou gralha). Sua árvore sagrada é a macieira, suas horas mágicas são no nascer e no pôr do sol, quando ela pode aparecer, de repente, do meio da névoa que cobre as colinas. A sua verdadeira energia é encontrada no silêncio do centro do seu caldeirão, em que se processam as mudanças e transformações. Segundo o escritor Jean Markale (no seu livro *The Great Goddess*): *"Morgen representa aquele lugar profundo de magia curativa existente em todas nós, o centro sagrado de onde a sabedoria e a cura, fluem sempre, até mesmo no momento da morte. Morgen personifica a antiga sabedoria, atributo da Deusa Universal de todos os tempos e concentrado nos locais sacros de poder cósmico e telúrico como Avalon ou Ynis Vitrin, a 'Ilha de Cristal'."*

No nível mítico Morgen partilha seus atributos com a "Senhora do Lago", um complexo arquétipo da saga arturiana considerada por Thomas Malory como a "Guardiã da espada mágica Excalibur", que ela deu para Artur e depois a pegou de volta. A "Senhora do Lago" foi interpretada de forma diferente por vários autores, mas a caracterização mais adequada é a da já citada, Marion Bradley, em sua coletânea *As brumas de Avalon*, como um título conferido à "Alta Sacerdotisa" de Avalon e, portanto, recebido e transmitido de uma geração de sacerdotisas para a seguinte, assim como era o título druídico de *Merlin* (o mais importante grau da hierarquia druídica). Avalon deve muito de seu mistério às lendas celtas que a consideram uma porta de passagem para outro nível de existência, uma existência povoada de magia e amplitude espiritual. Também era chamada de *Ynis Vitrin* ou "Ilha de Cristal", onde seres mágicos, isolados do mundo mortal, desfrutam a eternidade. Pesquisas arqueológicas atestam que os campos de Glastonbury, há milhares de anos eram pântanos depois drenados, ou seja, o lugar da cidade atual já foi uma ilha, o que reforça a sua antiga origem como Avalon.

O importante na conexão com Morgen Le Fay não é saber com precisão se ela era uma princesa, sacerdotisa, maga, personagem real ou inventada, mas perceber nela a manifestação dos aspectos claros e escuras da Deusa celta e poder aplicar a sua magia, sabedoria e transformação para a nossa vida. Para perceber isso devemos nos questionar sobre o modo em que exercemos a soberania na nossa vida, ousar e encarar os medos e as inseguranças que nos impedem de reconhecer e expressar o nosso poder sagrado e feminino, tornando-nos assim Senhoras da nossa vida.

Viagem para Avalon

Antes de iniciarmos nossa jornada interior em busca da *Ilha Sagrada*, precisamos definir com clareza o nosso propósito e intenção, pois deles depende o resultado da viagem. As intenções podem variar entre a busca de conexão com as ancestrais celtas e os animais totêmicos ou o encontro com uma das Morgens, para nossa cura, fortalecimento e transformação. Uma vez definido nosso objetivo, precisamos arrumar um espaço silencioso e um tempo sem interferências externas. Podemos preparar um pequeno *altar* com imagens das Morgen ou de Avalon, os elementos mágicos habituais (vela, incenso, cálice com água, cristais), os animais totêmicos celtas (corvo, cavalo, cervo, salmão, entre outros) e um objeto de poder para consagrar. Esta jornada pode ser feita em grupo, tendo uma mulher para conduzir a visualização ou individualmente, criando o roteiro na nossa mente (que pode também ser gravado previamente para evitar distrações ou cochilos).

Avalon é descrito nos mitos como uma ilha cercada de água e assim começaremos nossa viagem das margens do lago, de onde é avistada a colina de Tor, que será nosso ponto de referência para onde nos encaminharemos em um barco deslizando silenciosamente.

O barco é dirigido por uma mulher envolta em um manto preto com capuz, e para termos permissão para nele entrar, devemos fazer uma oferenda sutil (algo que não nos serve mais ou que sabemos que devemos descartar: hábito, crença, padrão comportamental, medo ou bloqueio). Enquanto o barco desliza lentamente sobre as águas cinzentas, observamos atentamente a paisagem de Avalon, que aparece aos poucos na nossa frente. Anotamos os detalhes, o tempo, os animais da água ou terra e os pássaros pretos que voam acima de nós. De repente, tudo desaparece numa densa cortina de neblina, e sentimos – com reverência, antecipação ou temor – que estamos chegando à Ilha Sagrada. A condutora do barco faz um gesto de abertura com as suas mãos, a neblina se afasta como se fosse uma cortina e depois desaparece devagar, enquanto o barco chega em terra firme. Agradecemos a nossa guia e olhando respeitosamente ao nosso redor, observamos como eram as colinas, florestas e vales da antiga ilha de Avalon, antes dela ser transformada na atual cidade de Glastonbury. Outra maneira de chegar a Avalon é voando nas asas de um grande corvo negro, sobrevoando as águas na direção do Oeste e pousando nas margens do lago.

A partir da chegada à Ilha, a nossa trajetória será diferente em função da conexão ou necessidade de aprendizado individual. Podemos percorrer a trilha no meio do vale até chegarmos ao "Poço Sagrado" (Chalice Well), onde tomaremos nove goles de água com uma taça prateada colocada ao lado. Podemos aguardar um contato com uma sacerdotisa, uma das Morgen ou a própria "Senhora do Lago". Ou seguir adiante, atravessando a densa floresta de carvalhos e espinheiros brancos, subindo o intrincado desenho do labirinto que contorna as encostas da colina sagrada. Chegando ao topo encontraremos um círculo de menires ou uma gruta, cuja entrada é guardada por um animal totêmico dos clãs celtas, que pode – ou não – nos deixar entrar.

No círculo de pedras podemos encontrar as sacerdotisas ancestrais, guardiãs sagradas de Avalon ou nossas próprias ancestrais, que nos chamam para nos integrar à sua dança circular. Na gruta podemos ser recebidas por mensageiras do Além (magas, curadoras, profetisas), por uma das Morgen ou uma ancestral nossa, que irá nos orientar, ensinar, fortalecer e curar. A nossa volta será feita seguindo o mesmo trajeto no sentido contrário e usando o barco ou o voo do pássaro. Antes de voltarmos à realidade comum, devemos rememorar nossa experiência, anotando mentalmente as mensagens e orientações recebidas.

Avalon é considerado como sendo um lugar de passagem, repouso e cura para aqueles espíritos que fizeram recentemente sua transição para o outro lado da realidade física. Nele se encontram os diversos estados de consciência que existem entre morte e renascimento. Lá podemos encontrar as ancestrais da nossa linhagem espiritual, os seres sobrenaturais e os guias espirituais que habitam nos mundos sutis do lugar, bem como aquelas partes do nosso ser que foram suprimidas, esquecidas, negadas ou rejeitadas e que precisamos resgatar e reintegrar para alcançarmos a nossa verdadeira identidade.

As antigas crenças e cerimônias que honravam e comemoravam os diversos estágios da vida e da morte, foram esquecidas, suas marcas existem apenas nos monumentos megalíticos e nas câmaras mortuárias visíveis na paisagem dos países celtas. Para as mulheres que seguem a senda da sacralidade feminina, aceitar e ritualizar a última passagem do ser humano torna-se um dever sagrado e a sua contribuição para o resgate dos antigos ritos e mistérios da Roda da Vida. Por mais desafiador que possa parecer, precisamos nos preparar para o momento da nossa morte, meditando a respeito e antevendo o nosso reencontro com as ancestrais e as Senhoras de Avalon. A meditação antes descrita é uma forma menos amedrontadora de visualizar este encontro e ainda podemos ampliá-la com alguns detalhes ligados à nossa aproximação e conexão com a

Senhora da Ilha Abençoada e da Terra da Eterna Juventude. Depois de invocar a sua presença luminosa e amorosa, iremos pedir-lhe perdão pelas omissões e falhas cometidas ao longo da nossa vida, para que desta forma possamos diminuir o nosso carma e, com a sua ajuda e permissão, almejarmos por uma morte tranquila, consciente e sem sofrimento.

A proximidade da morte – na realidade ou no contato sutil através de uma prática meditativa – nos impõe a nossa habilidade e disponibilidade de perdoar. Perdoar não se resume a uma intenção ou declaração formal, mas é um processo complexo de libertação de amarras, pendências, desejos e projeções. Precisamos nos libertar do medo inerente à "grande travessia", dos conflitos, mágoas, ressentimentos e cobranças em relação aos outros, resguardados no nosso interior, esquecidos ou ignorados, mas ainda existentes. Ao longo de uma série de meditações de desapego e perdão, podemos nos avaliar em relação à existência de mágoas ou remorsos relacionados a determinadas pessoas, analisando nossas emoções e reações e decidindo se ainda vamos guardá-las ou precisamos descartá-las. Podemos extravasar as energias negativas com um exercício de catarse (gritar, sapatear, bater tambor, chorar) ou por uma transmutação energética (queimar papéis, tomar banhos, participar de sauna sagrada, usar um ritual na fogueira). Pode ser feita uma visualização de corte das cordas energéticas negativas e a sua substituição por luz curadora. Depois desta purificação, podemos analisar a nossa vida atual, o que desejamos realizar ou completar antes de morrer, quais sonhos, projetos e conflitos devemos resolver enquanto ainda vivemos, que mudanças seriam necessárias para serem feitas no presente, o que faríamos se soubéssemos da proximidade da nossa morte e quais providências podemos tomar para deixar tudo em ordem, facilitando as tarefas dos familiares.

Por mais que os nossos condicionamentos culturais e sociais nos impregnaram com o medo da morte e a negação da sua inevitabilidade, estas práticas podem nos auxiliar a vermos a vida por outro ângulo ou perspectiva e nos incentivar a mudar, evoluir e perdoar. O perdão liberta, nos transforma e nos cura, ao perdoarmos a nós e aos demais, poderemos pleitear o perdão da Deusa. O importante não são as palavras, mas o desejo ardente do nosso coração para obter e dar o perdão, recebendo depois os raios de purificação e transmutação que emanam da Deusa e desfazem os nós e máculas cármicos, ampliando assim a nossa consciência e luz áurica. Esta mesma visualização pode ser usada em benefício de alguém que está morrendo ou já morreu para ajudar no seu desligamento e transição. É possível saber mais sobre esse assunto no capítulo "A morte" do livro: *O Legado da Deusa. Ritos de passagem para mulheres* (vide Bibliografia).

Kathy Jones no seu livro *Priestess of Avalon, Priestess of the Goddess* descreve de forma detalhada a prática preparatória de expansão de consciência, que pode se tornar uma meditação habitual ou ocasional. No mesmo livro é descrita uma meditação para o resgate de fragmentos da nossa alma que será resumida a seguir.

O destino desta "viagem" é a "Ilha dos Mortos", uma terra árida, vazia, quente e isolada. Após uma visualização de luz violeta como proteção e o pedido de permissão e ajuda da Senhora dos Mortos, cobrimos nossa cabeça com um véu escuro e iniciaremos um longo percurso até a Ilha, depois de termos assumido a forma de um pássaro com grandes asas. Nesta metamorfose iremos sobrevoar diversas paisagens, passando por cima de terra e água, na direção Oeste, até vislumbrarmos a região desértica da Ilha. Anotaremos mentalmente os detalhes do percurso e os insights recebidos. No centro da ilha iremos "pousar" ao lado de uma grande árvore seca, com galhos escuros e sem nenhuma vegetação ao seu redor. Depois de procurar bastante no tronco e nos galhos da árvore, iremos encontrar, aos poucos, os pedaços perdidos do nosso ser, que podem ter as mais diversas formas, cores, texturas e cheiros, despertando em nós sensações variadas. Sem emitir nenhum julgamento ou esboçar gestos de rejeição, pegaremos com cuidado aqueles itens que, por mais estranhos que pareçam, temos certeza de que nos pertencem. Colocando-os sob as nossas asas, iremos empreender a longa viagem de volta, seguindo o mesmo trajeto. Voltando para o lugar de partida, olhamos para o nosso corpo físico e com o bico do pássaro iremos colocar os fragmentos nos espaços e lugares que estão vazios ou machucados no nosso corpo sutil. Ao reassumir nossa forma humana, fixaremos o processo de reintegração energética com respirações e toques curadores nos locais que receberam os fragmentos perdidos.

É importante anotar as percepções, sensações, visões e mensagens recebidas e continuar em outras ocasiões este processo de cura com afirmações e visualizações.

Avalon é um lugar de transição não apenas para as pessoas que fazem parte de grupos de estudo das tradições celtas, mas também para todos aqueles que fizeram sua passagem recentemente, principalmente os que morreram em catástrofes naturais, guerras e carnificinas. Uma das atribuições das Sacerdotisas de Avalon é acalmar os espíritos desorientados ou em pânico, assistindo a sua transição e o seu deslocamento entre os mundos. Os espíritos que fizeram a sua transição de forma violenta ou repentina ficam confusos, perturbados e perdidos. Por isso, as mulheres que tenham o conhecimento de como se deslocar em outros níveis de consciência podem ajudá-los a encontrar seus ancestrais ou receber auxílio de seres espirituais cuja missão é ajudar na expansão espiritual, na cura pelo perdão e a conexão com as deusas do "Mundo Subterrâneo", indiferente do nome e da tradição, conhecido no mundo astral como a *Terra abençoada da renovação e renascimento*.

Morrigan, Soberana Celta da Guerra e da Morte

"Fique em silêncio e ouça. Encantamento é o meu nome. Ouça a minha voz no vento, no mar, na terra. Estenda seus braços e me abrace e Eu falarei com você. Meu totem é o corvo que me assiste nas batalhas e conhece a morte. Eu sou a Deusa da terra, da luz e do mar, a vaca fértil, a loba que caça e a elétrica enguia. Sou a Rainha, a Vidente, a Guerreira e a Maga, a Feiticeira indomável, a Tecelã do Tempo, a Mestra dos Mistérios. Ao lado de Badb e Macha somos a Sagrada Triplicidade. Venha caminhar comigo perto do mar, deixe-me lhe mostrar o Antigo Caminho e seu poder inato, junte-se a mim sob a luz da Lua e aprenda o caminho da Guerreira e da Rainha. Meus meios são difíceis e ameaçadores, mas minhas dádivas são verdadeiras e abençoadas. Engula o seu medo e venha comigo e assim irá descobrir a verdadeira beleza, força e coragem. Reflita o que vai escolher: assumir os riscos e aprender minhas lições ou esconder-se de mim e negar tudo o que posso lhe dar?"

Charge of Morrigan. Meryt-Meihera. PaganSpace.net

O aparente paradoxo entre os aspectos e naturezas das deusas celtas reflete a profunda compreensão e aprofundamento transcendental do processo de dar/receber, nascer/morrer, começo/fim. Muitas deusas aparecem como figuras promíscuas e destrutivas, mas elas personificavam aspectos da natureza, como a fertilidade e a soberania da terra, que tinham que ser defendidas a qualquer preço para assegurar a sobrevivência dos descendentes. *Criação* e *destruição* são processos interdependentes, existe uma ausência de vida na escuridão da terra que recebe os mortos, mas também é a terra escura que abriga e promove o desabrochar das sementes, que renascem – assim como os mortos nela enterrados – para uma Nova Vida.

A natureza das deusas celtas é multifuncional e com complexos significados, mesclando elementos ancestrais dos pacíficos povos pré--celtas (maternidade, fertilidade) com os dos combativos celtas, onde prevaleciam atributos de guerra, morte e sexo, acrescidos de soberania. Várias divindades representam uma paradoxal união de extremos: *amor e guerra, aridez e fertilidade, guerra e soberania*. Não existe uma deusa do amor no panteão celta, as divindades – deusas e deuses – simbolizam as forças da natureza e a eterna roda da vida/morte/renascimento, início/ fim/recomeço, em que os opostos se seguem em círculos evolutivos e têm o mesmo peso. Na filosofia celta não existia vida sem morte, nem paz sem guerra, nem vitória sem luta.

Em muitas referências míticas, iconográficas e literárias vê-se a forte ligação entre as deusas da guerra e a presença de mulheres nas batalhas. Indo além das interpretações tendenciosas romanas e as difamações cristãs, percebemos esta ligação como uma associação simbólica entre guerra e ritual. As deusas irlandesas da guerra tinham características comuns, geralmente apareciam em tríades e reuniam aspectos de destruição, sexualidade e profecia. Para os celtas, a caça era uma atividade que envolvia rituais para assegurar o sucesso, da mesma forma como as mulheres celtas vestidas de preto, com os braços elevados, cabelos revoltos e proferindo maldições contra os conquistadores romanos tinha um forte componente ritualístico. As sacerdotisas que atuavam nos campos de batalha usavam encantamentos para atrair poderes sobrenaturais e direcioná-las contra os inimigos, fortalecendo seus companheiros para não recuar perante o inimigo. Elas não agiam fisicamente nas batalha, a sua atuação era psicológica ou sobrenatural, sua aparição dramática bastava para amedrontar os adversários, seus uivos e maldições os faziam abandonar a batalha e a sua metamorfose em aves pretas de rapina, criando pânico, era um meio de induzir o terror. Os historiadores romanos descreveram as mulheres celtas como bruxas ferozes e ameaçadoras, altas, robustas, com pele alva, olhos azuis cintilantes e longos cabelos ruivos ou louros, sacudindo os punhos com raiva e gritando maldições. Em outras situações, as mulheres ficavam com seus filhos na retaguarda e incentivavam seus homens com gritos e orações para que lutassem melhor e não desistissem.

Um dos conceitos celtas mais difíceis de compreender e aceitar – pela nossa cultura cristã e a mentalidade atual – é a associação dos arquétipos sagrados femininos com a guerra. Para transpormos barreiras conceituais devemos conhecer o *princípio celta da soberania da terra, sempre representado por uma Deusa Mãe,* com características protetoras e defensoras. A vida e a sobrevivência dependiam da terra e por isso ela devia ser preservada e protegida, pois desrespeitar a terra e a soberania de um povo significava ofender e ameaçar a própria natureza criadora da vida. *A soberania* – o verdadeiro poder de quem governava e conduzia os destinos de um povo – pertencia a um arquétipo feminino, a própria Deusa da terra, com a qual o rei ou governante devia se casar, simbolicamente e ritualisticamente, para garantir a prosperidade e a paz. O casamento do rei com a Guardiã da terra representava a condição indispensável para que a soberania se manifestasse: respeito, igualdade, confiança, parceria e solidariedade. A representante da Deusa Soberana era uma sacerdotisa ou rainha imbuída de poderes especiais, que até mesmo podia ser divinizada, como se conclui das lendas de Macha, Maeve e Boudica. Nos mitos aparece de forma metafórica o alerta sobre as consequências da opressão, violência e exploração da natureza e da mulher, com os inerentes desequilíbrios, falta de prosperidade e convívio pacífico.

A deusa Morrigan é um arquétipo paradoxal – ora jovem, ora velha, pode aparecer como uma bela donzela e de repente se transformar numa velha ameaçadora. Nos textos mais antigos a sua imagem era de uma linda mulher, os fartos cabelos ruivos presos em nove tranças, um longo vestido vermelho, lavando-se na nascente do rio, no dia de *Samhain* (o começo do ano celta). Ela aparece agachada e tem um pé apoiado em cada margem do rio, abrangendo assim as águas da vida. Originariamente, Morrigan era celebrada como a regente das águas correntes e da terra abundante, seus animais sendo: vaca, serpente, pássaros pretos, corvos, égua vermelha e loba. Por ser uma deusa arcaica da terra, representava o interminável processo de vida, morte e transformação e aparecia nas datas que marcavam transições como *Samhain* (fim do verão), o final da vida de um rei, o começo do inverno, nos dias das batalhas, nas mortes e nascimentos, nos limiares entre os mundos (dos mortos e dos vivos, do sobrenatural e material).

Morrigan representa a passagem de um reino para outro, bem como o medo, a coragem e a sabedoria que esta transição requer. Por designar as transições, ela é o *psicopompo* (guia) dos processos inevitáveis, um arquétipo do destino e da sabedoria mágica da serpente, do corvo, das águas que correm e do sangue. Como vidente e regente dos ciclos da vida tem o dom da metamorfose e pode se mover de uma perspectiva para outra. Quando aparece na nascente do rio lavando as armaduras cheias de sangue dos guerreiros que vão morrer, mostra que pode prever o desfecho da batalha por conhecer passado e futuro e tendo a sabedoria da serpente e a visão do pássaro. Mais tarde, os mitos da Idade de Ferro se tornaram patriarcais e a tríplice Deusa da Natureza recebeu outra definição como uma tríade de seres sobrenaturais, escuros, sinistros e agourentos, que sobrevoavam os campos de batalha, inspirando terror e destruição. Mas elas preservaram sua natureza sexual e fértil, podendo mudar suas formas e aspectos, sendo ora benéficas, ora destrutivas.

Como *Guerreira* protegia os guerreiros nas batalhas e os conduzia para a vitória, mas sem saber de antemão qual era o exército ou o chefe que iria favorecer. Ela também se manifestava como a *Lavadeira da vazante*, um ser fantasmagórico que aparecia lavando as roupas manchadas de sangue daqueles que eram destinados a morrer. Na sua metamorfose fúnebre, ela aparecia como um *corvo* que sobrevoava os campos de batalha, emitindo sons assustadores e gritos, que incentivavam os guerreiros protegidos e infundiam medo nos inimigos. Assim como outras deusas soberanas, *Morrigan* é *multifacetada e multifuncional*, a sua complexidade ultrapassa a simples definição de deusa da guerra, tendo aspectos que entrelaçam guerra, morte, proteção, sedução, sexualidade, promiscuidade, fertilidade, domínio, soberania e profecia. Ao mesmo tempo em que era uma protetora contra o caos, ela também o induzia, alternando a destruição pela guerra com a sexualidade e a fertilidade decorrente.

O que se sabe sobre Morrigan é oriundo dos textos escritos por monges irlandeses entre os séculos VIII e XII, depois que o cristianismo substituiu o paganismo na Irlanda e as lendas e narrativas originais foram adaptadas segundo as idiossincrasias e interpretações cristãs. Até mesmo a tradução do seu nome difere em função da fonte: *Rigan* significa "rainha", *Mór* é equivalente à "grande", resultando na sua definição geralmente aceita como "A Grande Rainha". Mas *mor* corresponde ao "mar" indicando sua conexão com a água, enquanto *maere* é um fantasma feminino aludindo, assim, a sua ligação com as *Banshee* (ancestrais fantasmagóricas). *Mor* também é associado ao termo indo-europeu equivalente à "morte", indicando sua condição de *Deusa da Morte* e *Condutora dos Espíritos* para o "Outro Mundo".

Os mitos sobre Morrigan vêm de várias fontes, a mais conhecida sendo *O livro das invasões* de 1140 d.C. que descreve a chegada das divindades celtas na Irlanda e a participação de Morrigan nas suas batalhas com os deuses nativos. Outros mitos aparecem em diversos manuscritos datados entre 1151-1201, bem como em poemas, lendas e compilações folclóricas. Em muitas destas referências, Morrigan aparece como uma triplicidade chamada Morrigna composta por Badb, Macha e Anu; às vezes Nemain substitui Badb, Morrigan fica em lugar de Anu ou a triplicidade assume os nomes das ancestrais padroeiras da Irlanda: Banba, Fotla e Eriu. Todos os nomes eram intercambiáveis, o que demonstra que os autores dos manuscritos consideravam as três deusas como aspectos de uma só divindade, regente da vida, morte e soberania. As Morrigans eram filhas de Ermas, uma deusa da terra e da fertilidade, que também era a mãe das deusas da soberania Banba, Fotla e Eriu. Nos mitos é sempre colocada em evidência a filiação das Morrigna como sendo filhas apenas da deusa Ermas, sem referências ao pai, mostrando assim a importância para os povos celtas da ancestralidade feminina.

Um realce maior é dado a *Badb*, descrita às vezes como uma deusa independente ou assumindo alguns aspectos comuns de Morrigan, o que leva a uma troca das suas identidades e nomes. Badb é conhecida também como *Badb Catha* ou *Corvo da Batalha*, equivalente à deusa romano-celta *Cathubodua*. Enquanto *Nemain* representava "o furor da batalha" e era responsável por criar o pânico que levava aos atos sanguinários nos combates, *Badb* personifica "guerra, destruição, caos e morte". Sua aparição como corvo prenunciava desgraças e violências e para apaziguá-la, eram deixados no campo de batalha os cadáveres dos guerreiros mortos para o seu "banquete". Um dos costumes ancestrais da Irlanda era permitir o descarne dos mortos na guerra pelas aves de rapina, simbolizando a ação desintegradora do corpo físico pelo processo da morte e a liberação do espírito, que era conduzido pela deusa Morrigan para o repouso no "Outro Mundo". Além de se metamorfosear em corvo, Badb aparecia como uma anciã detentora de um caldeirão mágico, que fazia jus ao seu nome de *Aquela que ferve*, simbolizando a transmutação física que antecedia o renascimento. Outras vezes ela se metamorfoseava em lobo que, ao consumir a carne dos cadáveres, estava ingerindo simbolicamente a essência dos guerreiros mortos, que eram levados desta maneira para o seu renascimento no "Outro Mundo".

Morrigan era a deusa cuja natureza e caráter foram mais detalhadamente descritos nos poemas mitológicos irlandeses. Seu nome de *Rainha Fantasma* indica a sua associação com a morte e o mundo sombrio dos seres sobrenaturais e das manifestações astrais. Ela podia trazer a vitória para o exército que escolhesse como protegido, mas suas opções eram imprevisíveis e aleatórias: ela tanto podia prenunciar a vitória, quanto a derrota, ora instigava para o combate, ora mudava o seu curso. Finda a batalha, Morrigan comemorava dedicando a vitória "às colinas reais da Irlanda, aos espíritos que nelas habitam, às nascentes e águas correntes" em uma verdadeira ode à natureza. É desta forma colocada em evidência a sua ligação com a fertilidade da terra e sua intensa vitalidade. Rios e nascentes são pontos de transição entre água e terra e Morrigan era uma intermediária entre o mundo dos homens e dos espíritos. Seu nome foi imortalizado nas montanhas gêmeas do condado de Meath – *Da Cith na Morrigna* – nome que a equipara com a deusa da terra Anu, cujas colinas em Kerry – *Paps of Anu* – têm o mesmo significado de "seios" (de Morrigan ou de Anu). Enquanto Anu/Danu é sempre vista como uma deusa benéfica e maternal, Morrigan é sua contraparte negativa, hostil e violenta, comprovando a dualidade sempre presente na mitologia celta: vida/morte, fertilidade/destruição, paz/guerra, início/fim. Uma das apresentações lúgubres de Badb e de Morrigan era como "A lavadeira da vazante", uma aparição espectral de uma mulher lavando roupas e armas ensanguentadas dos guerreiros que iam morrer em breve. Nas suas manifestações como *Banshee,* elas eram "as mulheres das colinas", aparições de ancestrais e protetoras dos membros de uma família durante várias gerações. O seu choro e lamentos (conhecidos como *Kenning*) alertavam e avisavam sobre mortes e desgraças próximas dos familiares. Além da sua atuação como destruidora, Morrigan era – assim como as Valquírias – *aquela que selecionava os guerreiros que iriam morrer*, podendo avisar e profetizar os perigos e ataques inimigos.

Morrigan teve um papel muito importante nas batalhas de Moytura, travadas entre a raça divina dos *Tuatha de Danann* e as divindades nativas *Fir Bolgs*. Os Tuatha chegaram nas praias da Irlanda envoltos em uma densa neblina e seu confronto com os Fir Bolgs não era apenas entre a beleza dos deuses recém-chegados e a feiura dos antigos, mas entre uma nova ordem controlando o caos nativo existente. Morrigan usou seus recursos mágicos (névoa, chuvas de fogo, jatos de sangue caindo do ar sobre a cabeça dos inimigos) além dos seus gritos atemorizadores, e favoreceu a vitória dos Tuatha de Danann, que se estabeleceram como divindades supremas da Irlanda.

A segunda batalha dos Tuatha foi contra os *Fomorians*, divindades marinhas que tentaram assumir o poder. Na véspera do *Sabbat Samhain*, Morrigan estava se banhando num rio, quando o deus Dagda (um dos Tuatha) a viu e a convenceu de unir-se sexualmente com ele na margem do rio. Este episódio é rico em simbolismo: Dagda era o oposto de Morrigan: alegre, extrovertido, com um imenso apetite por comida e sexo. A união deles – além de confirmar a permissão da deusa da soberania para reinar – representa a complementação do ciclo da vida pelo encontro da vida com a morte, da abundância e o renascimento da natureza. O *Sabbat Samhain* (31 de outubro) representa o início da metade escura do ano celta, quando luz e escuridão estão em equilíbrio, assim como as margens do rio representam o limiar entre a água e a terra, o mundo espiritual e o humano. A união sexual dos deuses sobre as margens do rio reforça a imagem da exuberante força vital de Dagda e o domínio soberano de Morrigan sobre os mundos. No *Samhain* as barreiras entre o mundo humano e sobrenatural são retiradas temporariamente e os espíritos podem se comunicar com os mortais, os ancestrais e seus familiares atravessando os portais. Na batalha sangrenta entre os Tuatha e os Fomorians, Morrigan novamente usou seus recursos mágicos e seus gritos de encorajamento que conduziram os Tuatha para a vitória. Ao proclamar a derrota dos Fomorians, Morrigan fez uma profecia predizendo um período de abundância e prosperidade, seguido de penúria e desgraças. Este vaticínio reflete a natureza cíclica de Morrigan e a eterna alternância da vida e morte na roda do ano e da vida.

A característica mais relevante do ciclo de poemas de Ulster é a relação ambivalente de Morrigan com Cu Chulainn, o campeão de Ulster, considerado um ser sobrenatural e famoso pela sua coragem e valentia nos combates. Morrigan apareceu em pontos importantes da vida do herói: primeiro na sua infância, como um fantasma carregando um cadáver, que pediu ao jovem para assumir esta tarefa, mas ele se recusou e quis guerrear com o fantasma, porém teve que parar quando apareceu Badb como um corvo debochando dele. No outro encontro, Cu Chulainn acorda ouvindo gritos terríveis e sai para procurar a sua origem, quando encontra uma carroça puxada por um cavalo com apenas uma pata, um olho e uma orelha. Na carroça tinha uma mulher ruiva envolta em um manto vermelho, arrastando uma vaca pelo laço. O herói quer saber quem é a mulher e a quem pertence a vaca, mas ao ouvir apenas palavras sem nexo se enfurece e pula na carroça para brigar, mas tudo desaparece, ficando apenas um corvo voando acima dele. Cu Chulainn enfim se dá conta de quem era a mulher e jura vencê-la, declaração que enfurece Morrigan, que decide feri-lo na batalha por três vezes metamorfoseada como enguia, loba e vitela e declara que irá vigiar a sua morte.

Este episódio mostra que se Cu Chulainn reconhecesse o poder e a soberania de Morrigan, ele poderia ter alterado seu destino, abrindo mão da sua arrogância e mudando seu comportamento, mas ele ignorou o aviso. Na batalha seguinte, em que Cu Chulainn defende o condado e o touro de Ulster contra o exército de Maeve, Morrigan aparece na sua frente como uma linda jovem que lhe promete ajuda se ele fizer amor com ela. Cu Chulainn recusa e durante o combate é ferido três vezes como tinha sido avisado, mas ele também fere Morrigan nas três vezes. Mesmo sem a ajuda dela, ele consegue vencer os inimigos, entretanto sente muita fraqueza, e ao encontrar uma velha (metamorfose de Morrigan) tirando leite de uma vaca, pede um pouco de leite para ela. A mulher lhe dá três goles, que saram suas feridas e ele a abençoa por três vezes, curando assim as feridas de Morrigan que, para se curar, precisava da bênção de quem as provocasse. Antes da batalha final, Cu Chulainn encontra Morrigan manifestada como uma anciã lavando no rio a sua própria armadura ensanguentada, mas não a reconhece. Mais tarde, mortalmente ferido, ele se amarra com suas próprias entranhas formando um menir para que morresse dignamente em pé, mas antes disso um corvo pousa nos seus ombros e, assim como profetizado, Morrigan vigia a sua morte.

O erro mortal de Cu Chulainn foi não reconhecer, nem honrar o poder feminino da soberania oferecido pela Morrigan, cuja função não era atacar o herói, mas torná-lo consciente da sua prepotência e alertá-lo sobre os perigos e sua morte iminente. Se ele tivesse aceitado seu amor e ajuda, respeitando os alertas e refletindo sobre suas ações e as consequências das escolhas, poderia ter evitado sua sofrida derrota e morte. Esta história mostra de forma metafórica que *a semeadura é livre, mas a colheita obrigatória*, que devemos nos abrir para os avisos divinos, que colocam à nossa disposição uma ilimitada fonte de orientação e sabedoria. Morrigan é uma deusa da morte e das transições, ela atua no processo de mudança; apesar das suas facetas parecerem sinistras, são estes aspectos escuros que ensinam a transformação interior, destroem ilusões e medos, removem o que é ultrapassado e desnecessário. A Deusa da Morte é na realidade o disfarce da Deusa da Vida. Acreditava-se que Morrigan visitava os campos de batalha durante a noite e reanimava os cadáveres de certos guerreiros, uma metáfora para o seu renascimento no "Outro Mundo".

Em outros mitos descrevia-se que Morrigan recolhia as cabeças dos mortos; de acordo com a crença celta, a cabeça era a sede do espírito, o que reforçava o conceito sobre o domínio de Morrigan – da vida e da morte – revertendo uma na outra. Nos mitos celtas a morte é vista como uma mudança, uma das fases do eterno ciclo de crescimento, amadurecimento e transformação. Sem mudanças a vida fica estagnada, sem a morte não tem renascimento, nem uma nova vida. *Compreender a morte significa aceitar as mudanças e transformações como passos necessários na nossa evolução espiritual*. Apesar da aparente contradição da ligação entre guerra, vida, fertilidade, sexualidade e soberania da terra, estas noções são interligadas: a guerra pode ser necessária para proteger o território e garantir a sobrevivência, guerra e sexualidade são expressões do vigor físico; o derramamento de sangue promove a fertilidade da terra. A deusa da guerra possuía o poder da profecia para prever a sorte nas batalhas, porque o destino dos guerreiros dependia dela.

Os mitos de Morrigan são repletos de símbolos que a ligam a terra e a fertilidade, sua natureza intensamente sexual é um indício de abundância, enquanto a associação com gado e cavalos indica os meios de sobrevivência e prosperidade. Com o passar do tempo e a influência da igreja cristã, a imagem e as funções de Morrigan foram modificadas, enfatizando seu aspecto sanguinário de deusa da guerra e ignorando sua importância na manutenção da soberania da terra. Como a *Grande Rainha*,

Morrigan simbolizava o poder sagrado da Deusa, que consagrava os reis mortais para governar terras e seus povos. Para os celtas, a verdadeira realeza exigia que o rei fosse ligado ritualisticamente a terra através do sexo com a sacerdotisa da Deusa. Esta união não era permanente, nem herdada, cada rei antes de ser coroado devia merecer a aprovação divina.

A natureza intensamente sexual de Morrigan foi realçada nas adaptações cristãs como um aspecto negativo e pernicioso, esquecendo que uma deusa soberana tinha o direito de escolher seus parceiros sexuais e torná-los merecedores da sua proteção. Foi sua união com Dagda que garantiu a derrota dos Fomorians e a recusa de Cu Chulainn em fazer amor – ou seja, honrar sua proteção – que o levou ao seu triste fim. Antes de Morrigan abandonar Tara, o sagrado centro da realeza e se retirar para sua gruta em Cruachan, os reis eram consagrados ao se sentarem no menir *Lia Fail* (consagrado à Morrigan), que ia "gritar" se o rei fosse adequado para reinar. Atualmente, Morrigan não consagra mais os governantes, mas ela pode nos ensinar como afirmar a soberania, usando o poder para superar obstáculos e tornar a nossa vida e a dos demais seres, plena de prosperidade, paz e vitória.

Uma personagem do folclore da Sérvia chamada *Mara* era descrita como uma malvada bruxa cavalgando uma égua, que entrava nos quartos, estrangulava as vítimas e lhes sugava o sangue. Esta figura é uma reminiscência de *Mora* ou *Morana*, antiga deusa eslava regente da noite, inverno e morte, que aparecia como uma linda mulher, loura e pálida e que usava o fio por ela fiado e cortado para estrangular aqueles cuja vida tinha chegado ao fim.

Práticas mágicas

Em todos os seus mitos Morrigan está sempre se metamorfoseando e mudando, de mulher para um animal, de uma fértil Mãe Terra para a Doadora da Morte. A sua habilidade em mudar tem um papel importante na sua personalidade e nas suas funções no panteão celta, ampliando o seu espectro de ação. Na mitologia celta existem dois tipos de metamorfose – uma em que a transformação é de um ser humano para uma forma animal (acrescentando assim o poder animal ao humano) outra, de uma mulher jovem para anciã (realçando o conceito dual da natureza e do simbolismo). Mencionada como *a Deusa que muda a sua forma,* Morrigan transita entre os reinos (não apenas animal e humano, mas também sua eventual transformação em rio e pedra) e sua aparição assinala um tempo de mudança, o desafio de remodelar nossa vida, aprofundar a conexão com os reinos da natureza e fortalecer nossa integração com todos os seres, reinos e entidades espirituais.

Os celtas acreditavam que os animais agiam como um elo entre o mundo material e o divino, facilitando a comunicação com os "Outros Mundos" e atuando como espíritos ancestrais ou totens tribais e familiares. Todos nós temos um aliado animal, mesmo que não percebamos sua presença ele atua como guia, protetor e mestre espiritual. Ao longo da nossa vida podemos encontrar diversos animais, mas teremos uma ressonância especial com aquele que suas energias melhor complementam as nossas. Os animais aliados costumam aparecer nos sonhos, meditações ou no mundo físico (encontros significativos e não meros acasos). Trabalhar com o mundo animal nos ajuda aprofundar a conexão com todos os seres vivos.

Os animais aliados associados com Morrigan são: corvo (ligado à magia, profecia, mundo subterrâneo), gralha (mensageira espiritual, conexão com a morte e o vazio), gado, principalmente touros (virilidade, força física), vacas brancas com orelhas vermelhas, indicando sua origem do "Outro Mundo" (fertilidade, abundância, prosperidade), lobo (guardião do mundo subterrâneo, proteção, orientação), cavalo (mensageiro entre os mundos, riqueza, símbolo solar), enguia (conexão com água, emoções escuras, descoberta das verdades ocultas e das ilusões).

Ritual de conexão com o animal aliado

Crie um círculo de proteção e invoque as guardiãs das direções: LESTE – "Mulher Corvo" (para trazer o poder criativo do ar e a força do vento); SUL – Macha, "Égua Vermelha" (para conduzir nossa carruagem na roda solar e ativar a chama vital); OESTE – Badb, a "Lavadeira da Vazante" (para mostrar como se purificar e caminhar entre os mundos); NORTE – "Mulher Loba" (para trazer o poder da terra e fortalecer o nosso clã). No CENTRO invoque Morrigan, "a Deusa que muda sua forma", pedindo-lhe que sussurre seus mistérios e ensine como nos mudar e transformar com os poderes do vento, fogo, água e terra.

Permaneça em silêncio e abra a percepção intuitiva para sentir, ver ou ouvir a aproximação do seu animal aliado e estabeleça uma conexão com ele. Esta conexão deverá ser repetida outras vezes, até sentir que o animal que apareceu é seu aliado e concorda em lhe acompanhar e proteger sempre que for chamado pelo seu nome mágico. Nome este que lhe será dado pelo próprio animal, na visão sutil ou nos sonhos. Agradeça depois às forças invocadas e desfaça o círculo no sentido anti-horário.

Ritual de dedicação no Caminho da Guerreira

A fase lunar apropriada é da lua nova. Antes do ritual é necessário escolher seu nome de *guerreira*, um símbolo de combate (espada, escudo, armadura, talismã de força e proteção) e escrever seu compromisso de *guerreira*. No compromisso deve ser declarado o motivo ou objetivo que está lhe impulsionando para lutar, a maneira em que irá usar suas habilidades e meios para beneficiar a si e aos outros (esta complementação é muito importante, pois a guerreira que segue a senda da Deusa não se restringe às motivações egoístas, mas visa "o bem de todos e do Todo").

O círculo será traçado com a espada (ou *athame*) em nome de Morrigan, "a Deusa Guerreira dos Tuatha de Danann e que transita entre os mundos". Riscam-se pentagramas nas quatro direções cardeais invocando os aspectos de: Morrigan como "Mulher Corvo", cujos gritos de guerra assustam os inimigos (Leste); Macha, para proteger o campo de batalha (Sul); Badb, a "Rainha Sombria" que mexe no caldeirão da vida, morte e renascimento (Oeste) e Morrigan, a "Rainha da Batalha", Guardiã dos mistérios da terra e conhecedora dos sacrifícios necessários para fertilizar o solo da próxima semeadura (Norte).

No centro do círculo, em pé e segurando a espada, peça a presença, permissão e proteção da *Mãe Terrível*, deusa anciã e guardiã da sabedoria, para fortalecê-la como Guerreira, sendo corajosa, perseverante e sábia na conquista do seu objetivo. Leia o compromisso, em voz alta, firme e convicta do benefício pessoal e coletivo que a realização do objetivo irá trazer. Permaneça em silêncio para perceber se a Deusa aprovou sua intenção, lhe dando ajuda e proteção. Em seguida, entoe por três vezes seu nome de guerreira e apresente sua espada, escudo, armadura e talismã de proteção para as direções afirmando: *"Em nome de Morrigan serei protegida de todo o mal, venha como vier, seja como for, do Leste, Sul, Oeste e Norte. Que seja assim."* Se quiser, pode nomear de forma simbólica a espada, armadura e escudo, para que possa usar a sua manifestação sutil, em situações de perigo, apenas dizendo seus nomes e direcionando suas energias para proteção e defesa.

Reafirme a sua dedicação como guerreira para Morrigan, *A Grande Guerreira dos Tuatha de Danann* e assuma o compromisso sagrado de proteger a si e aos outros, sem jamais ferir alguém, agir com raiva ou por vingança contra seus oponentes. Afirme com fé e convicção que irá se empenhar para usar sabedoria, justiça e diálogo nos conflitos, que irá honrar e proteger todas as formas de vida e acima de tudo e sempre, que irá se empenhar na preservação e defesa dos recursos da Mãe Terra e no convívio pacífico de todos os seres. Finalize com uma frase ritualística como: *Que a deusa Morrigan aceite meu compromisso e me guie e proteja no caminho sagrado, para servir à vida como uma Guerreira da Paz.*

Abençoe seu talismã com essência, incenso ou óleo da resina de "sangue de dragão", para que se torne um símbolo de proteção, honra e força de guerreira. Toque sua testa, seu coração e hara (chacra umbilical) afirmando por três vezes em voz alta e afirme: *Sou uma guerreira abençoada, protegida e guiada pela deusa Morrigan.* Tome três goles de vinho tinto para selar seus votos e leve uma oferenda de gratidão de pão preto, sal e vinho tinto para um local na natureza (perto de água corrente, pedras ou árvores).

Como complementação, poderá criar uma "armadura de proteção" no plano mental e astral durante o ritual, através de uma visualização criativa. Ela poderá ser metálica, como escamas de serpente ou de dragão, colete de pele ou penas ou simplesmente um manto luminoso ou uma capa com capuz na cor branca, prateada ou violeta. Qualquer que seja a forma, ela deverá ser preservada na sua memória e reproduzida sempre da mesma forma, cada vez que for usá-la. Acrescente uma afirmação que a consagre como uma proteção contra influências ou interferências de energias ou vibrações negativas, ou que possam ser prejudiciais para a sua pessoa ou objetivo. Poderá também consagrar e imantar um cristal de rocha, um pingente ou um bastão de turmalina preta para substituir a armadura e que será usado sempre consigo.

Práticas de conexão com a Rainha dos Fantasmas

Neste aspecto, Morrigan se apresenta como *a Mensageira da morte e dos espíritos ancestrais*. Ela pode se mostrar como a *Lavadeira da Vazante*, alertando sobre futuras desgraças ou como *Banshee,* a ancestral protetora dos familiares. Sendo uma Deusa da morte e das transições, ela rege os processos de mudança, destrói as nossas máscaras egoicas, os conceitos errados e as ilusões, depois nos reconstrói para termos mais força e poder. Apesar da aparência sinistra, são os aspectos escuros de Morrigan que nos ensinam a transformação interior e a remoção dos medos e das ilusões, mostrando como descartar aquilo que já morreu, terminou e não nos serve mais. Na realidade, Morrigan é mais do que a deusa da morte, ela é a *Senhora do Renascimento, da Transformação e da Evolução Espiritual*.

Na sua apresentação como *Lavadeira da vazante*, Morrigan pode aparecer como jovem ou velha, reforçando o conceito do novo ciclo ou do fim do antigo. Suas roupas podem ser vermelhas ou brancas, ambas as cores associadas com o "Outro Mundo" da tradição celta, e ela lava as roupas ensanguentadas ou as entranhas dos guerreiros destinados a morrer. Nos mitos, este aspecto pertence também a *Badb* e a algumas "Fadas Escuras", que eram espectros de mulheres que morreram no parto e eram descritas como sendo feias, com cabelos emaranhados, grandes dentes e pés vermelhos. Às vezes eram espíritos de suicidas ou infanticidas, que atraiam vítimas a beira do rio pedindo ajuda, para depois as afogarem.

As *Banshees*, apesar de serem "mensageiras da morte", agiam como espíritos benévolos, protetoras de certas famílias e que apareciam em grupos de três, perto de rios, lagos e fontes sagradas, vestidas de branco e com rosto muito pálido, o que lhes originou o nome de *White Ladies*. À primeira vista, estes arquétipos lúgubres assustam e podem afastar as mulheres mais sensíveis. No entanto, a *Rainha dos Fantasmas* pode ser uma poderosa aliada no processo de mudanças, nos ajudando descartar conceitos falsos, ilusões e padrões comportamentais negativos. Na atualidade, a morte está cada vez mais presente ao nosso redor, nos noticiários, jornais e filmes. Mesmo que isso possa nos tornar menos sensíveis ao conceito da morte, a nossa cultura não nos prepara para o luto e a dor que se segue à perda de um ente querido. As culturas antigas tinham – e as tradições nativas ainda têm – o "culto aos ancestrais", com cerimônias e oferendas anuais, no altar familiar ou nos cemitérios.

Na cultura celta, os mortos detinham um lugar de destaque, pois as divindades da morte também eram regentes do renascimento, a reencarnação e a continuidade da vida sendo conceitos comuns e presentes nos mitos. Os ancestrais eram honrados no Sabbat Samhain (31 de outubro), as câmaras subterrâneas (*burial chambers*), os *cairns* e os círculos de menires preservando sua memória e legado. A "Rainha dos Fantasmas" nos mostra como ultrapassar os véus para entrar em contato com os que estão do outro lado e honrar a sabedoria dos nossos antepassados. Podemos dedicar-lhes cerimônias e oferendas anuais e preparar um altar na nossa casa com fotos, objetos e imagens das suas raízes (país, lugar, costumes, moedas, linhagem). Maiores informações sobre o Culto dos Ancestrais e dos rituais associados à passagem do espírito, seu desligamento e como honrar sua memória, podem ser encontrados no livro *O Legado da Deusa. Ritos de passagem para mulheres* e em *Círculos Sagrados para mulheres contemporâneas,* págs. 424-431 (citados na Bibliografia).

Uma forma diferente de conexão com a "Rainha dos Fantasmas" é invocá-la como Curadora para remover memórias traumáticas e energias negativas do passado. O ritual pode ser usado após uma separação dolorosa, nos períodos difíceis da vida familiar, pessoal ou profissional, após sofrer uma violência física ou emocional, para remover sentimentos de vergonha, humilhação, culpa, desespero ou raiva. Um componente do ritual é a água, seja em forma de banho (com sal grosso, essências e ervas aromáticas), seja como aspersão de uma infusão de ervas e pétalas de rosas brancas, ou uma solução de essências florais adequadas. Antes de começar o ritual precisa anotar tudo o que quer descartar, com detalhes; pode acrescentar ao papel (que será queimado) uma foto ou um objeto ligado ao trauma.

Crie-se o círculo de proteção ao redor de um pequeno altar com uma vela branca, óleo essencial de rosas, um caldeirão (recipiente para queimar papéis), incenso de rosas e um quartzo rosa (kunzita ou rodocrosita). Evocam-se as qualidades dos elementos e das direções: LESTE – o vento suave para limpar as memórias negativas da mente e do corpo; SUL – o poder do fogo para ativar a coragem e a força da vontade; OESTE – o poder purificador das ondas do mar e a cura pela água das fontes sagradas; NORTE – o poder da terra para trazer vitalidade, resistência e a cura com plantas e minerais.

Enquanto enumera as qualidades de cada elemento, virada para a respectiva direção, mentalize e perceba a sua ação purificadora, renovadora, fortalecedora e curativa. Acenda a vela, segure o papel com as anotações daquilo que precisa, deseja ou quer descartar e invoque a "Deusa dos Fantasmas", regente do mundo subterrâneo. Peça-lhe ajuda para reconhecer, confrontar e retirar da sua vida os aspectos sombrios, para conquistar e eliminar os medos, dúvidas e inseguranças, para curar as feridas oriundas do passado, libertando-a das amarras das ilusões e dependências. Permaneça em estado introspectivo até conseguir perceber (visualizar) a presença da Deusa ao seu lado. Exponha-lhe – mental ou verbalmente – o seu problema, enumerando todos os aspectos sombrios, lembranças dolorosas e memórias negativas que quer descartar e superar. Sinta como estas energias se tornam cada vez mais tênues e diluídas, se desfazendo aos poucos e desaparecendo envoltas em névoa. Perceba quais são os aprendizados que precisa reconhecer e quais os novos comportamentos, valores e conceitos que deve adotar para evitar a repetição destas lições. Pegue o papel com as anotações e o queime dentro do caldeirão, visualizando a desintegração das emoções e aflições nele anotadas. Faça algumas respirações profundas expelindo na expiração qualquer resíduo energético negativo remanescente. Borrife sobre suas mãos, cabeça e corpo a solução floral, unte com o óleo de rosas o quartzo rosa e passe-o sobre as chacras, visualizando e percebendo a sua energia curadora e apaziguadora.

Se você optou pelo banho, abençoe a infusão de ervas e invoque a "Lavadeira da Vazante" para lavar e limpar as marcas das dores físicas e emocionais. Mergulhe no banho e sinta a energia da água e das ervas dissolvendo bloqueios, medos e aflições, abrindo caminho para a autocura. Faça – e repita por três vezes – afirmações positivas que resumem a sua purificação e a nova energia de cura e integração dos seus níveis sutis.

Finalize agradecendo à Morrigan como "Condutora dos fantasmas para o mundo subterrâneo", à "Lavadeira da vazante" pela sua purificação e renovação e à Banshee pela proteção recebida das suas ancestrais femininas, ao longo das suas encarnações e na sua vida presente. Agradeça aos espíritos dos elementos e aos guardiões das direções e desfaça o círculo, entregando o quartzo rosa como gratidão em algum lugar limpo na natureza.

Se pertencer a um círculo sagrado feminino, este ritual pode ser usado como inspiração para uma vivência coletiva, acrescentando mais detalhes e incluindo a participação das outras mulheres, algo que irá beneficiar a todas para resgatar a sua essência de guerreiras.

Nebty, as Duas Senhoras Egípcias: a Deusa Abutre e a Deusa Serpente

"Eu não tenho pai-homem, nem mãe-mulher, pois a minha mãe é a Grande Abutre Branca que mora em Nekheb, cujas asas são abertas para me proteger, cujos seios me amamentam e que nunca irá me abandonar. Eu jamais esquecerei a minha mãe poderosa e esplêndida, Nekhebet, A que porta a Coroa Branca, Senhora da Terra Secreta e do Vale Abençoado, protetora de todos os reis."

Texto das Pirâmides

"A deusa Wadjet vem a ti na sua forma de uraeus vivo, para ungir tua testa com o poder das suas chamas. Ela se ergue no lado esquerdo da tua cabeça e brilha na tua têmpora direita, sem falar. E ela nunca irá te abandonar, pois ela é a guardiã e protetora das almas."

O Livro Egípcio dos Mortos

"Senhora Branca da morte, Mãe esculpida em marfim
Abraça-me com o Teu calor gelado e os olhos fechados,
Ou apareça como abutre, ou serpente, para me acolher no Teu ventre mágico
De onde irei ressurgir como uma crisálida ao amanhecer."

"Water movements". Star Goods

O culto das Duas Senhoras egípcias é a reminiscência de um passado remoto, quando o abutre e a cobra verde eram protetores dos clãs do Norte e do Sul do delta do Nilo. O Alto Egito tinha como divindade tutelar *Nekhebet (Nekhbet, Necbet)*, uma *deusa-abutre* pré-dinástica, protetora dos nascimentos, da morte e das guerras, enquanto o Baixo Egito cultuava o *Wadjet (Uadjit, Edjo, Buto)*, a deusa *cobra-verde*, padroeira da realeza, defensora das crianças e dos partos. O abutre era cultuado desde o período neolítico, como atesta o impressionante templo da *Deusa da Morte e Regeneração* de Çatal Huyuk, com sete enormes destas aves de rapina pintados em vermelho sobre uma parede preta, cercando uma figura humana alada, sem cabeça, representando a deusa-abutre, regente da transformação após a morte. No mesmo templo de Çatal Huyuk, inúmeros seios são esculpidos nas paredes, modelados sobre carcaças destes pássaros, cujos bicos emergem em lugar de mamilos. Vários abutres planam sobre as gravuras dos cadáveres humanos sem cabeças desenhados no chão do templo. Porém, nestes desenhos, os pés destas aves imitam os de humanos, aludindo aos rituais elaborados de ressurreição, realizados por sacerdotisas cobertas por mantos de penas.

O simbolismo paleolítico do abutre é encontrado entre outros povos e culturas, que praticavam os enterros em duas fases: primeiro o cadáver era exposto em plataforma de madeira, para ser descarnado pelas aves de rapina; depois, a carcaça era pintada com ocre vermelho e enterrada em posição fetal, em câmaras subterrâneas ou cabanas de argila. Nestes recintos havia desenhos de abutres nos detalhes da construção, como os encontrados nas escavações de Mohenjo-Daro, Harrapa, o vale do rio Hindus, no Mediterrâneo, Oriente Médio e África do Norte. Estas antigas culturas reconheciam e reverenciavam o ciclo contínuo da vida que nascia da morte e que à sua vez permitia a renovação e o renascimento. A morte era uma jornada de volta para a Mãe, no mesmo sentido que o nascimento se iniciava Dela. Reminiscências dos antigos cultos tribais são encontradas no Egito, onde as deusas abutres são guardiãs de Osíris – e por extensão – dos faraós, sejam vivos ou como múmias, nas estatuetas e desenhos de deusas-aladas e dos hieróglifos dos sarcófagos.

Segundo a pesquisadora e escritora Marija Gimbutas, a iconografia neolítica colocava em evidência os arquétipos da "Deusa Pássaro" e da "Deusa Serpente" (e seus animais totêmicos) como *Doadoras da Vida e da Morte* e a *Mãe Regeneradora e Renovadora* (com seus símbolos correspondentes da espiral e do labirinto). A Deusa Pássaro neolítica tinha também outra representação, como regente das águas de cima (céu) e de baixo (mar), como aparece na mitologia da Idade do Bronze, na figura da deusa-abutre do Alto Egito e da deusa-serpente do Baixo Egito. Suas esculturas e desenhos adornavam a entrada dos templos, simbolizando a união das duas terras e a dualidade existente na mente e no coração dos fiéis. Tão profunda era esta união, que um dos hieróglifos para Deusa era a *serpente* (representando a autorrenovação da divindade), enquanto o *uraeus* (a cobra em posição de ataque) era encontrado como símbolo real nas coroas de divindades e monarcas.

Um dos mais antigos totens da Grande Mãe no Egito era o abutre que, por descarnar os mortos, era visto como um Anjo da morte e *psicopompo* em forma feminina (por se acreditar que as aves de rapina eram sempre fêmeas e seus ovos fertilizados pelo espírito do vento). Reverenciada como a "Mãe de todos os seres", suas manifestações como a deusa-abutre e a deusa-cobra deram origem às "Duas Senhoras", guardiãs dos clãs monárquicos e cuidadoras dos reis após a sua morte. Os templos egípcios tinham capelas especiais para as Duas Senhoras: no Leste a Deusa-Serpente paria o Sol, no Oeste a Deusa-Abutre ordenava a sua morte. Às vezes, ambas as deusas apareciam como abutres no monte sagrado Sehseh, onde amamentavam os faraós que tinham morrido recentemente, enfatizando assim a sua atuação de mães divinas.

O mais antigo templo oracular do Egito era dedicado à deusa *Nekhbet*, em Nekheb, atual El Kab, 6400 a.C., a construção original incluindo vários templos *(mammisi* para os partos, necrópoles para os rituais de embalsamento), um lago sagrado e um cemitério. Por ser um templo tanto para o nascimento quanto para a morte, os gregos o denominaram *Eileithyaspolis*, honrando, assim, *Eileithyia,* a sua deusa padroeira dos nascimentos. Os romanos o chamaram de *Civitas Lucinae,* o templo de *Juno Lucina*, a deusa regente dos partos. O símbolo egípcio para "avó" era a deusa-abutre sendo, portanto, o totem de autoridade da matriarca do clã, enquanto "mãe", em hieróglifo, era a figura do abutre. Pode parecer estranho considerar esta ave de rapina sendo uma Deusa Mãe e protetora, fato comprovado por seu hieróglifo, e descritos em outros antigos mitos (como os de Anatólia), onde também se reverenciavam o abutre como a Mãe Suprema, Criadora e Toda-poderosa. O hieróglifo egípcio para abutre significa tanto "mãe", quanto "compaixão", e apesar da aparente morbidez de uma figura materna representada por uma deusa-abutre, devemos lembrar o simbolismo ancestral das aves de rapina como agente de transformação, pois elas não matam, mas esperam a morte acontecer e, ao comer a carne, contribuem para a transformação e renascimento.

Nekhbet como deusa-abutre era representada usando a coroa branca da soberania, com as asas abertas em sinal de proteção, segurando nas garras um símbolo em forma de anel (um círculo cortado por uma travessa) que representava o conceito de eternidade. Ela também podia ser mostrada em forma de mulher, portando o mesmo adorno real ou um toucado que imitava uma ave; às vezes era descrita como uma serpente, coroada com penas de abutre. Nos travesseiros dos sarcófagos, Nekhbet aparecia em sua forma alada, segurando em cada garra uma *Ankh,* a cruz da vida. Nos antigos ritos funerários do Egito primitivo, sacerdotisas dançantes chamadas *Muu* (mães), vestidas com costumes de penas, encenavam a transmutação pós-morte "devorando" o morto e depois o parindo, renovado e consagrado pela passagem no ventre da Deusa.

A partir da Quarta Dinastia (2500 a.C.) as rainhas egípcias passaram a usar enfeites de cabeça imitando um ninho de abutre, cujas asas se espalhavam ao redor da cabeça e o bico tocava a testa, apontando assim, a união da rainha com a Deusa. Nekhbet, como "Mãe dos reis" e usando a coroa branca do Alto Egito, era representada com uma asa elevada para o céu e a outra apontando para a terra, unindo assim as duas dimensões. A proteção materna da deusa-abutre aos faraós pode ser vista em dois colares pertencendo a Tutancâmon: em um reproduz as asas da Deusa como intrincados elos de ouro, entremeados com mosaicos coloridos. No outro, aparece a cabeça de Nekhbet em ouro, com olhos de obsidiana e bico de lápis-lazúli, segurando nas garras a *Ankh* em mosaico azul e vermelho.

Nekhbet, a deusa abutre, deve sempre ser vista em parceria e contraponto com Wadjet (Uadjit) a deusa cobra, ambas sendo padroeiras da realeza e forças animadoras do Alto e Baixo Egito. Os monarcas usavam uma coroa dupla, uma vermelha mais pesada cercando uma branca mais leve. Mesmo que o rei não usasse as coroas, seu adorno de cabeça era composto pela figura de um abutre e de uma serpente ou por duas serpentes. Era devido ao *uraeus* que o rei tinha o poder de governar e era uma cobra que estava presa originariamente na cabeça da Esfinge de Gizé. Fileiras de serpentes adornavam os tronos e os sarcófagos reais.

Wadjet (Uadjit, Uto ou Buto) foi honrada como deusa protetora dos partos, das parturientes e crianças, e posteriormente como protetora dos reis. Ela tem como equivalente do seu nome "A verde" (cor das serpentes) ou "A cor do papiro" (planta heráldica), sendo reverenciada como regente da vegetação e da realeza; seus títulos eram "Dama de Poder" e "Dama das Chamas". Seu principal centro de culto era Per-nu, o mais antigo santuário do delta do Nilo, chamado pelos gregos de Buto, atual Tell-el-Faram. Era representada usando a coroa vermelha do Baixo Egito (decheret), como mulher com cabeça de leoa, serpente alada ou a cobra naja, enrolada dentro de um cesto, sobre plantas de papiro.

Os povos antigos acreditavam que as serpentes não morriam devido à idade, mas por trocarem periodicamente de pele, emergiam renovadas e renascidas. O símbolo egípcio *uraeus* era o símbolo para *Deusa,* honrada como a *Mãe da Criação* com aspecto de serpente. Antigas crenças tribais africanas acreditavam que a ancestral da humanidade apareceu em forma de serpente, e no Egito, a serpente era mais honrada do que temida, motivos serpentiformes aparecem como decoração nos templos, pirâmides e sarcófagos.

Ao lado de Nekhbet, Uadjit forma o arquétipo nomeado *Nebty, as Duas Senhoras,* nome que também é título dos monarcas egípcios e representado nas coroas duplas (branca e vermelha) que designavam os dois reinos – Alto e Baixo Egito. Às vezes, as "Duas Senhoras" aparecem como duas serpentes e é pela força do *uraeus* (a cobra em posição de bote) da sua coroa, que o faraó podia governar e ter o poder mágico para manter o país unificado e protegido. A serpente também acompanha o disco solar e sempre está nas coroas reais para conferir proteção, poder e vitalidade. Como *Weret-Hekau,* "Grande poder mágico", as duas serpentes ao lado do disco solar, sintetizam a soma dos atributos das Duas Senhoras junto do deus solar, símbolos presentes nas coroações dos reis, nas paredes dos templos e nos ritos funerários.

Nos Antigos Mistérios Femininos a dupla divina expressa o elo inextricável entre vida e morte e a força advinda da união. Enquanto nos mitos patriarcais o herói luta sozinho, a antiga imagem das Duas Senhoras fornece um ensinamento atual, para que as mulheres se apoiem mutuamente, aumentando assim a sua força e poder e realizando com maior facilidade e segurança os seus objetivos. A partir dos simbolismos duplos das Duas Senhoras, pode ser criado um ritual simples em função da necessidade do momento, ou apenas para uma meditação e visualização com os seus arquétipos. Mesmo parecendo paradoxais os simbolismos (o abutre branco como Deusa Escura da transformação e a cobra verde como Deusa da regeneração), esta prática ritualística desafia os parâmetros comuns do pensamento habitual e permite acessar os registros da mente inconsciente e as memórias de vidas passadas no Egito.

Sem usar detalhes dos complexos rituais egípcios, é importante criar um espaço sagrado, com um altar no meio, coberto por uma toalha de duas cores (branca e verde) e sobre ela os elementos das quatro direções: LESTE: incenso de benjoim ou mirra, imagem de abutre ou gavião; SUL: duas velas: branca e verde; OESTE: uma taça com água de fonte (ou mineral); NORTE: uma vasilha de barro com cristais e pedras, imagem de serpente; CENTRO: uma *Ankh*, o desenho do *uraeus*, uma imagem de abutre e outra de uma serpente verde. Salpicar ao redor galhos verdes e folhas de palmeiras entremeadas com penas pretas e brancas. É importante tomar previamente um banho de purificação, misturando uma medida de sal marinho, uma de bicarbonato de sódio e outra de vinagre de maçã. Vestir depois uma túnica (egípcia ou branca) e usar um amuleto adequado (olho da Deusa ou de Hórus, nó de Ísis, *Ankh*, escaravelho, serpente, pássaro, cruz solar, lótus). Purificar o ambiente circulando em sentido anti-horário com os elementos e criar o círculo mágico de proteção, evocando os atributos dos elementos e suas direções, associados com imagens da natureza de Egito e acompanhando com o som de sistro ou tamborim. Em seguida, pedir a permissão da egrégora egípcia fazendo uma prosternação e invocar a permissão e ajuda das Duas Senhoras para o objetivo do seu ritual, previamente definido.

SUGESTÃO PARA O OBJETIVO: remover e transmutar um medo específico (de animais, tempestades, veículos, espaços fechados ou altos, dirigir, viajar de avião ou barco, nadar, falar em público, situações corriqueiras, doenças, ir ao médico ou dentista, assistir enterros, pensar ou falar sobre a morte etc.). Após o centramento e uma harmonização energética (visualizando os chacras e a subida da energia kundalini ao longo deles), transportar-se mentalmente para um local sagrado do Egito (templo, pirâmide, estátuas das Duas Senhoras). Abrindo mentalmente o chacra do seu coração, exponha o seu pedido com clareza ou apenas assinale a repercussão atual do problema no seu corpo (dor, disfunção, doença, sequelas de acidentes) ou na sua vida (bloqueios na expressão, medos específicos, traumas do passado, dificuldades de relacionamento). Anotar em uma folha de papel cada um dos problemas e dificuldades que apareceram na sua tela mental ou que percebeu existirem encapsulados no seu corpo. Continuar conectada com as Duas Senhoras e seus animais totêmicos e pedir-lhes que lhe assinalem como descartar e transmutar estes desafios energéticos, traumas e marcas do passado. Anotar as percepções recebidas, agradecer e voltar para o aqui/agora.

A remoção e transmutação energética podem ser feitas rasgando o papel e entregando os pedaços aos elementos: TERRA (enterrando), VENTO (soprando de um lugar alto), ÁGUA (jogando num córrego ou mar) ou ao FOGO (queimando e soprando as cinzas). Acompanhe a técnica usada com uma catarse (gritar, bater tambor, sapatear, rodopiar), para desintegrar e remover os resíduos contidos nas palavras e emoções a elas ligadas. Depois de terminar com o expurgo das energias negativas, voltar para o seu espaço sagrado e proceder à renovação energética. Para isso irá usar um ovo (de codorna ou galinha), que irá passar pelo seu corpo, insistindo nos locais onde sente que existe um bloqueio ou energia traumática estagnada. Passe depois ao redor da sua aura o incenso, a chama da vela, um cristal ou pedra e salpique sobre si a água da taça mentalizando a completa purificação. Em seguida veja a coroa flamejante das Duas Senhoras brilhando acima da sua cabeça e se elevando em um pilar de luz até as dimensões sutis, estabelecendo conexão com as Duas Deusas, a quem poderá recorrer sempre que precisar.

Agradeça às forças espirituais que a assistiram e auxiliaram neste ritual, desfaça o círculo mágico e leve o restante dos elementos usados para um local da natureza, com uma oferenda para as Duas Senhoras (grãos, dois ovos galados, duas tâmaras, dois figos, mel, um pouco de vinho tinto, azeite, algumas penas, folhas e galhos verdes) e sua prece de gratidão, escrita, falada ou sussurrada.

Néftis (Nephtys), Amiga e Protetora dos Mortos

*"Eu sou Néftis, Eu cheguei e cuidarei
do seu corpo e da sua alma para sempre."*
Texto das Pirâmides, 3000 a.C.

"Morte que não é eterna é a Minha essência, é o Meu título e a Minha promessa, pois Eu sou Néftis. Irmã gêmea de Ísis, irmã amorosa de Osíris, irmã e consorte de Seth, fui reverenciada por milênios, guiando as almas dos mortos, protegendo os poderosos faraós, aliviando a dor dos seres sofridos. No entanto quem se lembra de Mim agora? Os povos conquistadores apagaram a Minha memória, guardando-a nos túmulos e grutas escuras, espalhando o temor pelo Meu nome. Mas havia um tempo quando Eu trazia cura, paz e alívio nos tempos de tristeza. Agora a morte é vista com terror, raiva e desgosto e não mais como um tempo de celebração da ascensão aos Grandes Mistérios, que existem além do reino terrestre. É por esta perda de fé e inocência que Eu choro agora."
Morte que não é eterna. Jennifer Runham-Stark

Filha dos deuses Nut e Geb, irmã de Ísis, Osíris e Set, Néftis (Nephtys) era denominada de "Ísis velada", por representar os atributos opostos da sua irmã. Enquanto Ísis regia o Céu e a Terra, o renascimento, a vida, o dia e a fertilidade, Néftis era associada com o escuro Mundo Subterrâneo, com morte, noite, decadência da vida e aridez. Porém juntas, as irmãs governavam o eterno ciclo da vida, morte e renascimento; enquanto Néftis ficava na cabeceira das parturientes para auxiliar e proteger a mulher parindo, Ísis era a própria parteira que trazia a criança ao mundo e a abençoava depois. Como amiga dos mortos, Néftis era sua protetora, dando-lhes apoio e sustentação, bem como auxiliava a sua passagem pelos diversos planos do Além, no aguardo de uma nova encarnação. Ela regia o sono, o rio, as lamentações e o luto e protegia as fronteiras, consideradas o fim dos territórios. Néftis recolhia o último suspiro dos moribundos e orientava a sua transição para o mundo dos espíritos.

A origem do seu nome é desconhecida, Néftis é seu epíteto em grego, enquanto em egípcio é Nebet-het ou Nebt-het significando "A Senhora da Casa ou do Tempo". Apesar de não ter registros de um culto organizado como Ísis, Néftis detinha um papel importante nos ritos anuais de Abidos, onde duas sacerdotisas com cabeças raspadas encenavam Ísis e Néftis nas cerimônias fúnebres chamadas "As lamentações de Ísis e Néftis". Como irmã de Ísis e Osíris, Néftis é uma deusa protetora que auxilia Ísis a encontrar o corpo despedaçado de Osíris e devolver-lhe a vida; juntas elas personificam a experiência da morte e do renascimento, de forma semelhante à outra dupla divina – a de Nekhbet e Wadjet. Um texto das Pirâmides mostra esta complementação com este verso: *"Ascensão e descida; desce com Néftis no barco noturno para a escuridão. Ascende com Ísis no barco diurno para a luz."*

No seu aspecto funerário, Néftis é representada como o falcão egípcio ou uma mulher com asas de falcão estendidas, indicando seu papel protetor e os lamentos funerários semelhantes aos gritos do falcão. Ela era coroada com os hieróglifos significando seu nome, uma combinação dos símbolos correspondendo ao recinto do templo e à palavra "senhora", sobrepostos. A representação deste hieróglifo era um retângulo com uma porta à direita e um jarro no topo, muito semelhante ao hieróglifo correspondente ao "templo" e ao "túmulo". Como os conceitos de casa, altar e túmulo eram correlatos, este fato realça os atributos de Néftis como uma Deusa do espaço sagrado, do ventre e do túmulo.

Honrada como a mãe nutridora de Hórus, o deus solar que encarnava como faraó, Néftis era aquela que cuidava dos faraós desde o nascimento até a morte, protegendo-os nas guerras com suas asas estendidas e com o seu sopro que queimava os inimigos (da mesma forma como a deusa Nekhbet). Na transição da vida para a morte, Néftis fortalecia a confiança dos moribundos; seus encantamentos afastavam os demônios do mundo subterrâneo para que os espíritos navegassem tranquilos no rio que passava entre os mundos. Nos textos, Néftis é descrita como a força cósmica protetora que acompanha o deus solar Rá no seu barco, desde que entra no mundo subterrâneo ao anoitecer, até a madrugada, quando seu lugar e direção do barco são assumidos por Ísis.

Néftis não era cultuada como uma deusa da morte, mas como *A Senhora Alada*, companheira dos recém-falecidos, a *Deusa que amparava e consolava os parentes e amigos*. Seus cabelos eram assemelhados às faixas de tecido com que eram envoltos os cadáveres para o embalsamento e ela aparecia como uma mulher jovem, com um turbante em forma de casa encimada por uma cesta, ou como uma mulher com asas e cabeça de falcão. Assim como Ísis, ela representava o portal trapezoidal da entrada dos templos e era uma das guardiãs dos jarros que preservavam os órgãos embalsamados dos faraós, no caso dela, os pulmões. Na cidade de Mênfis o seu título era *A Rainha das práticas de embalsamento* e era honrada pelas suas qualidades preservadoras e regeneradoras. Em Edfu ela recebia oferendas de cerveja e o faraó a reverenciava para dela obter o dom de perceber "aquilo que é escondido pela luz da lua", realçando assim o poder de Néftis de enxergar no escuro e além das limitações. Foram encontrados inúmeros amuletos de cerâmica dedicados a Ísis e Néftis, invocando suas "palavras de poder" para auxiliar os partos e proteger os recém-nascidos. Elas aparecem em várias inscrições e pergaminhos incluindo os *Textos das Pirâmides, O livro dos mortos, As lamentações de Ísis e Néftis,* e nos sarcófagos da décima oitava dinastia (1550-1292 a.C).

Néftis era uma deusa antiga que fazia parte do grupo de nove divindades importantes junto com seus pais Nut e Geb, seus irmãos Ísis, Osíris, Sat, e os deuses Rá, Shu e Tefnut. Ao lado de Ísis, Neith e Selkit, ela protegia o altar e as riquezas que eram enterradas com os faraós; suas sacerdotisas funerárias eram conhecidas como *os falcões de Néftis* (os egípcios acreditavam que o falcão sagrado era sempre uma fêmea e se multiplicava pela partenogênese). Como os casamentos entre irmãos – deuses ou reis – eram usados para preservar a pureza da linhagem, tanto Ísis, quanto Néftis eram casadas com seus irmãos – Osíris e Seth –, de natureza e atributos totalmente opostos. Seth representava o caos, a violência, a aridez do deserto e a esterilidade humana; no mito relata-se que ele matou Osíris por inveja pelo seu poder, potência e luz. Néftis era muito próxima de Ísis, ela acompanhou e ajudou na busca do corpo despedaçado de Osíris e no empenho para ressuscitá-lo. Alguns mitos alegam a infidelidade de Néftis que, por não ter filhos devido à esterilidade de Seth, teria engravidado de Osíris, após ter colocado no seu vinho uma planta alucinógena, que o fez confundi-la com Ísis (as irmãs gêmeas sendo idênticas na aparência, diferenciando-se apenas pelos detalhes das suas coroas). Ísis é coroada pelo hieróglifo do trono e Néftis por um jarro sobre a casa. Deste encontro forjado nasceu

Anúbis, o deus dos mortos, cujo nascimento coincidiu com uma grande inundação do rio Nilo que fez o deserto florescer, confirmando assim a filiação de Anúbis como filho de Osíris.

Entre os títulos de Néftis contam-se *Senhora do Céu, Grande Deusa, Protetora do templo, Guardiã do corpo, Detentora das palavras de poder*, formando com Ísis a dualidade luz/escuridão, vida/morte, expansão/imobilidade, crescimento/decadência. Como aspectos espelhados, as irmãs eram representadas por dois tronos, dois falcões, como as *Senhoras do Salão da Verdade, os olhos de Deus e as gêmeas que choram a morte do irmão Osíris*. Uma combinação dos seus nomes foi encontrada em um papiro greco-egípcio como *Isenéftis* ou *Senéftis*. Apesar de reger a morte e a decomposição, Néftis também propiciava o renascimento e a regeneração. Junto de Ísis, ela aparece nas esculturas e gravuras atrás de Osíris, quando as almas dos mortos são pesadas na "Grande Balança Divina"; elas velam juntas o sarcófago de Osíris e se empenham no seu renascimento. As irmãs são representadas por duas penas que ornamentam a coroa do deus Rá e nos sistros como as duas faces de um rosto felino, Ísis representando a geração e Néftis, a decomposição. Inseparáveis, elas atuam para o bem-estar dos vivos e dos mortos, simbolizando "aquilo que é" e "aquilo que virá a ser", o começo e o fim, a vida e a morte, seguida de renascimento.

Néftis tornou-se com o passar do tempo a *protetora das mulheres*, principalmente das matriarcas, mulheres sábias, parteiras, curadoras e auxiliares dos moribundos. Ela enviava sonhos de cura e mensagens reconfortantes para os doentes terminais, que temiam a aproximação do seu fim. No *Livro egípcio dos mortos* são enumerados livros e orações, rituais de proteção e encantamentos, que favorecessem a transição entre os mundos, a superação dos medos e a fé no seu renascimento, após sua cura no mundo subterrâneo. Nos *Textos das Pirâmides* compara-se a viagem do morto para o mundo subterrâneo acompanhado de Néftis, com a trajetória do barco solar abaixo da linha do horizonte no entardecer e seu renascimento no alvorecer, com o ressurgimento do disco solar.

A complexidade do arquétipo de Néftis reside na sua aparente contradição, pois ao mesmo tempo em que representa o fim da vida, ela também prenuncia a regeneração e renascimento como mãe de Anúbis, o regente do mundo subterrâneo. Néftis abria os portais entre luz e escuridão, ser e não ser. Ela era a padroeira do sofrimento feminino e também da cura, enviando sonhos curadores e energias de alívio aos doentes, bem como apoiando os moribundos na sua passagem, o que a tornou a *Deusa Guardiã dos ritos fúnebres*. Ao lado de Ísis ela foi a criadora dos rituais de reverência aos deuses e das práticas templárias e mortuárias. Ísis e Néftis se tornam uma deusa só quando juntam suas energias complementares e assistem Osíris na sua ressurreição, assim como fazem com o Sol (na sua passagem entre noite e dia) e acredita-se que farão com todas as almas na sua transição entre vida, morte e renascimento.

A conexão complementar entre Ísis e Néftis é muito antiga, dividindo entre si as regências: a luz lunar, a estrela matutina e o mundo visível e manifesto pertenciam a Ísis, enquanto a face negra e oculta da Lua, a estrela vespertina e o mundo invisível e não manifestado era o domínio de Néftis. A sua dualidade – como faces opostas, mas complementares da Grande Mãe – espelhava a dos seus maridos e irmãos: Osíris, deus da luz e fertilidade da terra e Seth, regente da escuridão e aridez do deserto. Como irmã gêmea de Ísis, filha da deusa celeste Nut e do deus da terra Geb, Néftis – ou Nebet Het – tem uma simbologia complexa e aparentemente contraditória. Ao mesmo tempo em que representa o fim da vida – seu nome simbolizava os "confins da terra e do tempo" – ela também anunciava o renascimento. Seu tempo sagrado era o anoitecer, quando o barco solar mergulhava nas profundezas da terra, delas ressurgindo na manhã seguinte abençoado pela luz de Ísis. Seu título era a *Senhora da Casa* reproduzido pelo hieróglifo e a imagem sobre sua cabeça, o de Ísis sendo *A Senhora do trono*, que também adornava sua cabeça. Enquanto Ísis governava o Céu e a Terra, o domínio de Néftis era o mundo desconhecido e misterioso dos sonhos, do inconsciente e dos fenômenos psíquicos, bem como a realidade desafiadora da transformação dos mortos em seres de luz. O que acontecia no mundo astral (de Néftis) afetava o mundo natural (de Ísis), assim como também o contrário. A morte era uma passagem estreita da luz para a escuridão, mas a alma precisava atravessar esta escuridão para alcançar novamente a luz, conforme dizia esta frase gravada nos sarcófagos egípcios: *Que possas acordar para uma nova vida com as bênçãos de Néftis, que o renovou durante a noite fria e escura.*

Ísis e Néftis são aspectos complementares da Grande Mãe, a realidade manifestada e a não manifestação, a dualidade onipresente da luz e da escuridão, que era chamada de Shentyt, as regentes dos ciclos do tempo. Elas atuam como espelhos, refletindo a alegria do nascimento e a dor da morte, o efeito espiritual (Néftis) sobre o mundo natural (Ísis). Como Ma'aty – "a dupla verdade" – as irmãs eram "As Senhoras", que apareciam em forma de pássaros migratórios nos sarcófagos para descrever o inverno (e a morte), bem como a primavera (e o renascer). Representadas juntas e com as asas estendidas ao lado dos faraós sobre seus sarcófagos, elas não apenas simbolizavam sua proteção, mas também o seu renascimento. O espaço entre suas asas forma o símbolo *ka,* o abraço divino que contém o todo e todas as suas partes. Sua parceria como irmãs nos lembra de outros aspectos dualísticos da Grande Mãe como Nekhbet e Wadjet, Inanna e Ereshkigal ou Atena e Pallas, cujas polaridades expressam o vínculo eterno entre vida e morte, unidade e comunidade. As duplas divinas das sociedades matriarcais oferecem modelos e incentivos para os laços atuais entre mulheres, para que elas se apoiem, encorajem e fortaleçam, na sua busca irmanada dos objetivos comuns.

Sugestão de ritual

Segue a descrição de uma cerimônia de transição do espírito, que pode ser feita logo após a morte, no aniversário da sua passagem ou no "Dia dos Finados".

MATERIAL NECESSÁRIO: uma pena (de falcão ou gavião), incenso de lótus ou mirra, um cálice com água do mar (ou água com sal marinho), três cristais de quartzo rosa, três ametistas, três pedras da Lua, uma vela branca para a Deusa, outra para a pessoa falecida (azul para homem, vermelho para mulher), uma roxa para os parentes enlutados e nove velas pretas para transmutar as energias negativas.

Com a ajuda de um punhal ou faca risca-se uma *ankh* (cruz egípcia) e o hieróglifo de Néftis (uma jarra em cima de uma casa) sobre a vela branca, o nome da pessoa falecida na vela azul ou vermelha, um coração para a vela dos parentes e uma *ankh* em cada uma das velas pretas. Forma-se sobre o altar um triângulo com a vela da Deusa (no topo), as velas do falecido e a dos seus parentes. Colocam-se os cristais em círculo ao redor das velas, alternando o quartzo rosa (para o amor incondicional), as pedras da Lua (cura com a ajuda da Deusa) e as ametistas (conexão espiritual) com as velas pretas. Cercam-se as pedras e as velas do centro obtendo assim um triângulo fechado por dois círculos concêntricos. Podem ser acrescentados fotos ou objetos da pessoa falecida e algumas oferendas para a Deusa (flores, frutas e vinho).

PROCEDIMENTO: purifica-se o espaço e os participantes, salpicando água do mar e abanando o incenso com a pena. Depois de acender as velas, risca-se no ar o círculo de proteção com o *athame* ou o dedo indicador, evocam-se os elementos e invoca-se a deusa Néftis:

Senhora do Templo, Guardiã dos mortos, Deusa da Transição do espírito, abençoada Néftis, ouça este pedido, venha a nós e nos conduza nesta cerimônia de transição do espírito de (citar o nome).

Acenda a vela do falecido e diga: *"(nome da pessoa falecida) já não está mais conosco, ele/ela passou pelos véus que separam os mundos e está na frente da deusa Néftis precisando de orientação e proteção nesta transição. Amada Deusa envolva (nome) com suas asas protetoras, traga paz para o seu coração, cure seus medos, mágoas, dores. Envolva-o com Teu poder, com serenidade e esperança. Entregamos a Ti poderosa Guardiã e Protetora o nosso querido (a) para que alcance o silêncio necessário para a sua cura e regeneração, antes de encarnar novamente".* Acenda a vela dos parentes dizendo: *"Que os seres amados de (nome) sintam-se envolvidos pelas Tuas asas, que as suas lágrimas se escoem para o rio entre os mundos, sem trazer mais sofrimento pela separação. Que as mentes deles não mais se deixem obnubilar pelos questionamentos, mágoas e dúvidas, que a dor e o desespero se dissolvam pela certeza e esperança de um novo encontro na eterna roda do tempo e da vida. Que a saudade seja amenizada pelas boas recordações e pelas graças do tempo e do amor compartilhados."*

Pede-se aos parentes que se lembrem de acontecimentos e momentos felizes do convívio com a pessoa falecida, mencionando também suas qualidades e contribuições durante a sua vida. Quando a partilha terminar, todos os presentes falam em uníssono:

"Vá em paz nosso (a) querido (a), guiado e protegido pelas asas de Néftis, à espera da sua nova vida em outro momento e lugar."

Finaliza-se a cerimônia agradecendo a presença e a proteção de Néftis, visualizando-a guiando o espírito de (nome) na travessia dos portais entre os mundos, conduzindo-o e protegendo-o na sua viagem no barco noturno, até que chegue o tempo apropriado para ele embarcar no barco matutino e encarnar novamente. Agradecem-se os guardiões e espíritos protetores dos presentes, abre-se o círculo e levam-se as velas, pedras e oferendas para serem enterradas com o caixão ou as cinzas da cremação, no jardim da pessoa falecida, em um lugar puro e preservado na natureza, entregues no mar ou em um rio. Nesta última opção, o material a ser entregue pode ser colocado sobre um pedaço de isopor, com uma vela, incenso, flores e alguma imagem de Néftis, para conduzir a chegada do espírito ao seu reino.

Se quiser ampliar mais o ritual, pode ser conduzida uma visualização, descrevendo a trajetória do espírito levado por Néftis no barco noturno, sua passagem e estadia nos diversos planos do mundo subterrâneo, tendo a sua conduta avaliada pela deusa Maat que pesa os aspectos luminosos e escuros da sua vida, passando depois pela retificação dos seus erros e omissões, entrando no espaço de silêncio, cura e regeneração, até emergir ao alvorecer de uma nova vida no barco matutino, conduzido e abençoado pela luz, o amor e o perdão da deusa Ísis.

Asteroide Néftis

O asteroide com o número 287 foi descoberto pelo astrônomo C. H. F. Peters em agosto de 1889 em Nova Iorque recebendo o nome de *Nephtys* e foi classificado como tipo S, fazendo parte do cinturão maior de asteroides. Enquanto a deusa Ísis simboliza a vida, Néftis é a morte, ela nos lembra de que somos mortais, que o corpo um dia irá parar de funcionar e depois se decompor, libertando a alma para o próximo capítulo da grande jornada cármica. Às vezes, precisamos pensar sobre a morte para compreender a vida, aceitar a nossa mortalidade sabendo que não temos como evitá-la. Esta aceitação alivia os medos, diminui os apegos e torna a vida mais plena, ampliando cada vivência e agradecendo por cada dia, com todos os desafios e percalços inerentes à existência. As sombras guardam verdades antigas, se buscar, iremos encontrar a luz no auge da escuridão.

Conhecido como "O oculto" o asteroide Néftis representa no mapa natal a busca da verdade, o crescimento espiritual, dons psíquicos, artes esotéricas, receptividade, seguir a própria orientação, a abertura do coração. Pode representar uma pessoa espiritualizada, buscadora de conhecimento, possuidora de talentos psíquicos e crenças espirituais definidas.

Indica também a descoberta daquilo que está oculto ou escondido, exigindo um tempo de espera e a necessidade do crescimento espiritual, para não influenciar prematuramente as opções e impedir a evolução cármica da pessoa.

Nix/Nyx, a Senhora Grega da Noite

"A Noite, envolta nas suas grandes asas negras, colocou um ovo nascido da união com o vento no mar profundo e escuro; dele surgiu o Amor mui desejado, lindo, brilhante e com asas douradas."

Aristófanes

"Lá está a melancólica casa da Noite; nuvens pálidas a envolvem na escuridão; antes delas, Atlas se porta ereto, e sobre sua cabeça, com seus braços incansáveis, sustenta firmemente o amplo céu, onde a Noite e o Dia cruzam um patamar de bronze e então se aproximam um do outro."

Teogonia, Hesíodo

Muito antes da criação do Universo e da aparição da humanidade, os povos antigos supunham que existia apenas a imensidão informe do Caos: negra, vazia, silenciosa, sem vida e infinita. De acordo com os "Mistérios Órficos", do caos surgiram, no início de tudo: Nix (Nyx), "a Mãe Noite", a "Deusa com asas negras", envolta no manto noturno, que vagava a esmo sobre o vasto mar da escuridão e Érebo ou Érebos "o Criador das Trevas" (as regiões do espaço conhecidas como "vácuo"), ambos sendo os mais velhos seres imortais do Universo. Da união deles foi concebido um ovo prateado: a metade superior desse imenso ovo prateado formou a abóbada celeste, enquanto a inferior tornou-se a Terra. Do ovo saltou o "filho do vento" Eros, o belo deus com asas douradas, espírito do amor que ficou conhecido como Phanes, a "Revelação" (associado ao termo grego para "lua").

Nix era a personificação da noite, filha de Caos e Deusa das trevas, irmã de algumas das mais antigas divindades da mitologia grega, incluindo Érebo, Gaia e Tártaro. Acreditava-se que Nix tinha total controle sobre a vida e a morte, tanto de homens como de Deuses, que a respeitavam e temiam. Assim como Hades, Nix tinha um capuz mágico que a tornava invisível e assim podia perambular pelo Universo sem ser notada. Ela detinha poderes oraculares, conhecia o futuro e aparecia ora como uma deusa benéfica simbolizando a beleza da noite, quando era chamada de *Eufrone* ou *Eulália*, a "Mãe do bom conselho", ora como a cruel deidade de Tártaro, a *Tartárea*, que proferia maldições e punia os homens com os terrores noturnos. Era também considerada *Deusa da Morte*, a primeira *Rainha do Mundo das Trevas* e que possuía dons proféticos. Nix habitava em uma gruta, acompanhada de morcegos e corujas, onde se manifestava na sua forma tríplice como Noite, Ordem e Justiça; ela governou o Universo até a chegada dos deuses patriarcais, quando seu poder passou para Urano.

A escritora, pesquisadora e arqueóloga Marija Gimbutas sugere que os primórdios deste mito são oriundos do período paleolítico, origem de inúmeras imagens rupestres gravadas nas paredes das grutas europeias, que representavam mulheres com nádegas com formas ovoides e longos pescoços de pássaros, confirmando o culto arcaico de uma "Mãe Pássaro".

Nix, invocada como *A Noturna* nos tempos antigos, foi aos poucos relegada ao esquecimento no período clássico, com exceção de Homero, que a considerava uma das maiores deusas e que teria criado tudo do vazio da escuridão. Da união de Nix e Érebo nasceram o Éter (luz celestial) e Hemera (o Dia), que em pouco tempo destronaram os pais e o cetro passou para Urano (Céu) e Gaia (Terra), que vieram com a nova geração de deuses. Nos antigos mitos, a noite prevalecia sobre o dia, e a Lua sobre o Sol, mas com a transição para a nova estrutura solar e patriarcal, a ordem foi invertida. Nos cultos, a relevância de Nix diminuiu e nos mitos posteriores ela foi transformada na mãe de inúmeros filhos sinistros, apenas uns deles sendo divindades. *Os filhos de Nix* eram a hierarquia que detinha o poder e sua maioria eram divindades que habitavam o mundo subterrâneo, representando forças indomáveis que nenhum outro Deus poderia conter. Tudo quanto havia de doloroso na vida dizia-se ser obra de Nix. A maior parte dos outros descendentes de Nix são apenas conceitos e abstrações personificados, sua importância nos mitos sendo variável.

Nix era descrita como uma deusa com grandes asas negras, velada, segurando na mão uma tocha invertida e apagada ou às vezes duas crianças, uma branca personificando o Sono e uma negra simbolizando a Morte. Às vezes Nix aparece num carro puxado por cavalos pretos, tendo um vasto véu semeado de estrelas na cabeça e com uma lua minguante na testa ou em forma de brincos. Representam-na também coroada de papoulas e coberta com um grande manto negro, estrelado.

Na mitologia grega a papoula era relacionada à Hipnos, que a tinha como planta favorita e, por isso, era representado com os frutos desta planta na mão. Quando sua filha Hemera entra no palácio de Tártaro (o mundo subterrâneo), onde ambas moram, Nix acompanhada pelas estrelas sai pela porta contrária, atravessando o céu durante a noite e voltando pela manhã. Cria-se assim o ciclo da noite e do dia.

Como Deusa da Noite, Nix simboliza *o princípio escuro feminino, a fonte criativa de tudo o que existe,* seu mito contendo *os elementos-chave da escuridão, do caos e do vazio.* Antes da luz, da ordem, da criação, antes de tudo, existia apenas a escuridão. Com o passar do tempo, estes elementos foram destorcidos e se tornaram sinônimos dos nossos medos atávicos e do mal. Na filosofia oriental, negro representa o estado da matéria sem forma, a energia pura denominada *vácuo.* Os cultos orientais da Mãe Negra envolvem meditações que cortam a ilusão da dualidade – fonte de todo o sofrimento – o conceito errôneo que vê um ser separado do outro. A sabedoria consta na aceitação de que tudo o que existe é parte da mesma matéria prima, sem existir diferença ou separação. A vida está em fluxo constante, se recriando sem cessar em infinitas formas e retornando a si mesma como energia sem forma e vazia. O vácuo escuro é a fundação primordial de todas as formas manifestadas, o potencial básico para tudo o que existe.

Os Mistérios Órficos – um sistema metafísico influenciado pelos escritos sagrados de Orfeu – postulavam que o primeiro princípio era *Cronos,* o Tempo, seguido de *Caos,* o Infinito e Éter, o Finito. O *Caos* era cercado pela Noite, que forneceu o manto protetor sob qual a matéria cósmica foi sendo organizada lentamente, pela ação criativa do Éter. Finalmente, formou-se o ovo prateado, cuja casca foi materializada pela Noite. Os antigos poetas representavam o Caos e a Noite como forças incontroláveis primordiais. Inúmeros mitos de criação de várias culturas começam com o "caos", sendo que seu significado não era confusão e desordem, mas o vazio infinito. A física moderna afirma que a matéria não pode ser criada ou destruída, apenas modificada a sua forma, do estado sólido para o energético. A matéria primária do vazio, personificada como a "Mãe Noite", se refere à unidade e ao potencial ilimitado de tudo que existe, antes que tenha começado o processo de formação pela diferenciação. Esta verdade milenar e universal foi descrita pelos antigos gregos no mito da Mãe Noite, que emergiu do caos e gerou Eros/Phanes, Amor/Luz, o princípio divino que coordenou os elementos e ordenou o Universo.

Nas tradições orientais, egípcias e gregas percebe-se que a natureza pré-existente de toda a vida é uma matriz de energia viva conectada universalmente, cuja primeira expressão é como amor. Ao nos tornarmos conscientes desta verdade universal, iremos perder o medo do vazio (tempo ou espaço), da escuridão (ausência do visível) e reconhecer o valor da solidão, um tempo livre adequado para a reflexão, introspecção e meditação.

As Filhas de Nix

A imagem de Nix "botando um ovo prateado" representa a criação da Lua, além dos três grupos de filhas associadas à natureza tríplice da Lua, ou seja, Moiras, Erínias, Hespérides e a solitária Nêmesis. As filhas de Nix – *Moiras e Erínias* – oriundas do início da criação, que refletiam os aspectos escuros da Deusa Tríplice Lunar, asseguravam a manutenção e o cumprimento das leis naturais do Universo. As *Erínias (*ou Fúrias) protegiam a continuidade da linhagem maternal, punindo os assassinos dos descendentes e familiares. *As Moiras (*ou *Parcas)* regiam os assuntos do destino e do padrão cármico da alma. *Nêmesis,* deusa da vingança, justiça, equilíbrio e da retribuição, mantinha o equilíbrio da condição humana. E, as *Hespérides,* guardadoras dos pomos de ouro, ninfas primaveris e regentes do pôr do sol, eram as guardiãs da imortalidade e da sabedoria do passado. As filhas lunares de Nix eram encarregadas de equilibrar ou vingar as transgressões individuais das leis naturais, pelos atos e ações que ultrapassavam os limites e infringiam a ordem do Universo. Os mitos e atributos específicos de cada um destes grupos de deusas são encontrados nos seus respectivos verbetes, bem como nas suas práticas mágicas.

Nix também teve outros filhos, de forma partenogenética, sem se unir a algum deus. Foram eles: Moros (o inevitável e inflexível destino), as Queres (regentes da morte em batalhas), Oizos (miséria), Éris (discórdia),

Limos (fome), Ftono (inveja), Ênio (Belona, deusa da carnificina), Lissa (loucura), Leto (esquecimento), Apate (engano, fraude), Momo (escárnio), Ate (erro), Filotes (amizade), Geras (velhice), Caronte (o barqueiro do rio Aqueronte que transportava as almas do mundo dos vivos para o mundo dos mortos), Kera (a morte), os gêmeos Tânato (morte) e Hipnos (sono), Oniro (a legião dos sonhos). Dizia-se que o rio Aqueronte era na verdade o deus Érebo transformado em rio por Hades como punição por ter apoiado os Titãs na luta contra o Olimpo.

Tudo o que havia de doloroso na vida humana passou a ser visto como sendo obra de Nix, mas a maior parte dos seus descendentes é constituída por conceitos abstratos e aberrações personificadas, com realce mítico variável. Hemera e as Hespérides eram filhas benéficas de Nix, que a ajudavam no ciclo soli-lunar diário: Hemera trazia o dia e se relacionava com Eos, a aurora, Hélios – o Sol – e as Hespérides traziam a tarde e se relacionavam com Selene, a Lua, enquanto Nix trazia a noite absoluta. Em conjunto, todas estas divindades conduziam "a dança das horas". Outras deusas, de outras linhagens, complementavam os ciclos da Natureza dando continuidade aos poderes gigantescos de Nix: Leto e Hécate como deusas noturnas e as Moiras (Cloto, Láquesis e Átropos) que, assim como Nix, tinham poder sobre o Destino e a condição dos mortais e dos deuses, podendo transformar qualquer Deus em mortal. Em alguns mitos, os *filhos perpétuos da Noite* são: Sonho, Desejo, Destino, Desespero, Delírio, Morte e Destruição, que seriam superiores aos deuses, por existirem antes deles. Os antigos gregos temiam a escuridão da noite por considerá-la protetora dos malfeitores, traidores ladrões, assaltantes, criminosos, bruxas e magos negros. Foi durante a noite que o deus Cronos atacou e castrou seu pai Urano, que Hercules surpreendeu seus inimigos e conquistou a ilha de Cos e que Odisseu – disfarçado como mendigo – se esgueirou na cidade de Troia. É durante a noite que o Engano, a Loucura e a Morte agem, conforme relataram inúmeros mitos gregos e lendas sobre a conquista do "Velocino de Ouro", o rapto e a fuga de Helena e Paris, entre tantos outros desastres e desgraças épicas. Porém, a noite também é tempo de inspiração, quando as Musas cantam e a própria Nix surgiu, gerando depois os outros componentes do Universo primevo.

Nix pode ser invocada após o pôr do sol, principalmente nas segundas-feiras, na fase da lua minguante ou lua negra, para pedir-lhe: proteção, purificação, presságios, sonhos, ajudar nas projeções astrais e nas viagens xamânicas, orientar e auxiliar nas artes oraculares. Para *oferendas*, use plantas com poderes mágicos: artemísia, cinerária marítima, beladona, trombeta (com cuidado, pois ambas são venenosas), dama-da-noite, camélia, papoula; incensos de: cânfora, sândalo, mirra, anis, olíbano; asas ou penas de coruja, ágata, cristais e pedras pretas, frutas de cor escura, ovos galados, suco de mirtilo ou amora, vinho tinto, mel, vela preta. Para os rituais, vista roupas pretas e cubra sua cabeça com um véu.

Como prática ritualística, aconselho uma *avaliação e transmutação* dos medos que prevalecem na sua vida neste momento. O medo é um sentimento que conduz a um estado de alerta quando a mulher se sente ameaçada, podendo provocar reações físicas (como aceleração cardíaca, tremor, enjoo, tontura, fraqueza, dificuldade para respirar ou engolir). Precedida pela ansiedade, você pode temer por antecipação, ou pelo exagero da imaginação de algo ou com alguém, um fato concreto ou a lembrança de alguma coisa negativa que já aconteceu e que teme a se repetir. Dando guarida ao medo e permitindo o devaneio imaginativo, instala-se o pânico ou o pavor, que é a exaltação do medo. Como fato ocasional, o medo causa as respostas fisiológicas momentâneas com liberação de adrenalina e a inerente reação de *luta ou fuga*. Os medos se dividem em duas categorias: normais e irracionais, os primeiros são temores que nos alertam sobre possíveis perigos (assaltos, acidentes, furtos, medo de cair, de bater com o carro, de perder o emprego, de ser traída ou abandonada, de ter uma doença grave, da velhice ou solidão etc.). Mas se o medo lhe impede de sair de casa, viajar de avião, dirigir, nadar, andar de barco, lidar com gatos, cachorros, conhecer pessoas, entre outros, passa a ser irracional.

Após purificar o seu espaço com um dos incensos citados acima e arrumar o altar com os objetos e elementos mágicos (incenso no Leste, vela no Sul, cálice com água no Oeste e um pote com terra e pedras escuras no Norte), evoque os guardiões das direções e seus respectivos elementos, como de costume. Deixe à mão um oráculo (tarô, runas, cartas com presságios), cubra a sua cabeça com o véu e invoque a permissão e a proteção da deusa Nix para a sua meditação. Reflita abrindo a mente e mergulhando na "noite escura" dos seus temores, sensações e pensamentos provocados por um medo específico ou difuso.

Para descobrir a causa do seu medo, faça uma retrospecção e relembre quando e como ele se originou: se foi devido a uma experiência real, traumática, ou incutido por histórias e sugestões alheias. Reflita sobre as palavras e emoções associadas com escuridão, noite, vazio, caos, confusão, perdas, fraudes, acidentes, doenças, miséria, velhice, morte. Anote todas as suas percepções e sensações sobre uma folha de papel. Aprofunde-se na meditação e tente "ver" na sua tela mental quais das filhas de Nix lhe despertam emoções e sensações negativas: de medo, raiva, vingança, vergonha, perseguição, culpa ou desespero. Continue anotando até sentir que esvaziou bastante a sua "mala pesada" de medos e temores. Se sentir necessidade, permita-se chorar, gritar, sapatear, rasgando o papel com as anotações e depois se desfazendo das energias nele contidas queimando-o na chama de uma vela ou o enterrando em algum terreno baldio.

Invoque a Senhora da Noite e peça-lhe que a liberte das suas sombras interiores, que a conduza para a claridade de um novo amanhecer e que a aconselhe como agir para se curar nos sonhos e visões. Escolha algumas cartas ou runas após pedir uma orientação à Deusa e comece um "Diário dos Sonhos", para relembrar e compreender melhor os seus processos psíquicos e oníricos. Leve a oferenda escolhida para perto de um córrego ou beira da praia; ajoelhe-se, peça a permissão de Nix e entregue à água o fardo que não mais lhe é necessário. Apele sempre para Nix lhe ajudar quando se sentir amedrontada (com ou sem razão), preocupada ou sofrendo (no nível físico, emocional, mental, espiritual), tendo pesadelos ou insônias, pânico, fobias ou mania de perseguição. No mito clássico Hipnos (o deus do sono) foge para sua mãe Nix pedindo para ser acolhido e protegido. Invoque Nix também antes de dormir ou quando acorda sobressaltada e sem sono.

Asteroide Nyx e satélite Nix

Uma das duas luas que orbitam ao redor de Plutão foi nomeada *Nix* para diferenciá-la do asteroide 3908, a quem foi dado o nome *Nyx* em homenagem à deusa grega da noite. A pequena diferença da grafia não diminui a ênfase dada à deusa Nyx ou Nix, que se torna um importante referencial na astrologia. Para poder analisar e compreender seu significado no nosso mapa astral, precisamos refletir sobre a sua origem mitológica, seu nascimento, seu consorte (Erebus-escuridão), seus atributos e sua vasta família. Em função da sua colocação no signo e casa e dos aspectos astrológicos com os planetas e outros asteroides, ela indica a maneira em que o nativo lida com a sua sombra, quais as áreas da vida em que se manifestam complexos emocionais e psicológicos e como "navega" na trajetória da sua vida. É possível que haja uma identificação com seus problemas de tal forma que se perde a perspectiva e por isso age de forma contrária aos seus interesses. Ou pelo contrário, tende a evitar a encarar as dificuldades, para depois as esquecerem, e assim ignorar os problemas em lugar de lidar com eles. A colocação do asteroide também mostra para quais áreas se direcionam a intuição e a criatividade. Lembrando que a deusa Nix também gerava a luz do dia e uma vez tendo passado pela escuridão da noite, a pessoa pode despertar no brilho do dia e olhar para as possibilidades representadas pela luz. Precisa analisar com cuidado a colocação de Nix nas casas astrológicas para avaliar como ela atua nas respectivas áreas da vida.

Segundo a escritora Demetra George (vide seus livros citados na Bibliografia) Nix simboliza o princípio do feminino escuro que é a fonte criativa de tudo o que existe. A sabedoria da "Negra Mãe da Noite" – existente nas tradições gregas, orientais, nórdicas e egípcias – postula que a natureza pré-existente de toda a vida é uma matriz universal de energia vital, cuja expressão primordial é "amor". Ignorar a energia de Nix leva ao medo do vácuo e às tentativas de preencher o vazio interior atemorizante com ocupações, fugas e distrações externas. Nix nos ajuda lembrar a nossa essência original e nos fornece proteção, purificação e fertilidade. Na sua complexidade, ela representa a noite e o começo da criação a partir do vácuo primordial, e podemos percebê-la como a nossa sombra, a mais profunda camada do inconsciente.

UM ALERTA! Não confundir a ancestral deusa *Nix* (e suas equivalentes: a romana *Nox*, a egípcia *Nut* e a nórdica *Nott*) com a heroína homônima de uma série de livros sobre vampiros, chamada *The House of Night*. Existe também no comércio um oráculo chamado *Wisdom of the House of Night,* que pode ser usado a guisa de mensagens, mas sem lhe atribuir como fonte direta as palavras da deusa *Nyx*, a verdadeira e ancestral "Senhora da Noite" e não a personagem literária moderna e fictícia.

Nornes, as Senhoras Nórdicas do Destino

"Há três mulheres sábias no mundo, elas vivem debaixo de um frondoso freixo, que está junto ao poço sagrado, e elas são chamadas assim: Urdh, Verdandhi e Skuld. Elas são o futuro e o passado, bem como o presente com o seu potencial e história. Elas são o destino, a sorte, são as leis de causa e consequências. Nossas vidas são governadas por estas leis. A minha vida, a sua vida, a vida das nações, tudo está em suas mãos. Leis elas estabelecem, atribuem a vida aos homens e destinos pronunciam."

Poetic Edda Citada por Patrícia Monaghan

Na mitologia nórdica a visão do cosmo multidimensional, ou seja, a totalidade da criação é descrita metaforicamente como "Árvore do Mundo", chamada Yggdrasil. As três raízes da Árvore representam as suas fontes de poder e origem: o mundo superior, mediano e subterrâneo, enquanto os galhos interligam nove mundos, habitados por deuses, homens e seres sobrenaturais. Sob cada uma das raízes brota uma fonte, sendo que a raiz superior abriga Urdharbrunn, "fonte do destino", a morada das Senhoras do Destino, as Nornes ou Nornir. Desta nascente borbulhante, as Nornes tiram a água para molhar as raízes da árvore, cobrindo-as em seguida com argila branca – existente ao redor –, mantendo assim a sua vitalidade. A árvore era ameaçada permanentemente por um dragão maligno chamado Nidhogg, que roía continuamente as raízes com a intenção de destruí-las e, assim, derrubar a árvore. As divindades Aesir se reuniam ao redor desta fonte nos seus concílios diários, à espera das orientações e dos presságios das Nornes em relação aos eventos futuros.

As Nornes têm uma função cósmica – estabelecer as leis – e também modelar os destinos individuais de todas as criaturas dos "Nove Mundos", inclusive das divindades. Suas ações são determinadas por um poder maior chamado *Orlög*, que abrange a trajetória de todos os mundos e seres, até mesmo do Universo. Elas não são subordinadas a nenhuma divindade e não se sabe com precisão a sua origem, apenas que, simplesmente, apareceram no início dos tempos, sendo, portanto, *imemoriais e eternas*. Algumas fontes históricas ou literárias as consideram descendentes dos gigantes, nascidas das maçãs de ouro que cresciam na Árvore do Mundo, imbuídas de vida e conhecimento e tendo aparecido no fim da "Idade do Ouro", para prevenir os deuses sobre males futuros e os ensinar a fazerem bom uso do presente, lembrando as lições do passado. As Nornes não são agentes causais, mas instrumentos numinosos que recebem, transformam e redirecionam as energias das ações e dos atos de volta à sua origem. Seus nomes são representativos das suas atribuições, associados à passagem do tempo e à tessitura do *Wyrd*, o destino: da humanidade, dos deuses, da Terra e de todos os seres e mundos.

O nome da Norne mais velha – Urdh – é associado com a fonte Urdharbrunn (a fonte de Urdh), sendo similar ao tempo passado do verbo verda, "ser", podendo ser traduzido por "aquilo que já aconteceu"; Urdh é a guardiã da Fonte e da Árvore da Vida, alimentada pela fonte. Ela é a "Senhora do passado" e representada pela figura de uma anciã, olhando sempre para trás. O nome da segunda Norne – Verdandhi – é semelhante ao presente do verbo verda, equivalente "aquilo que está sendo"; ela aparecia como uma mulher madura, altiva e destemida, olhando para dentro da fonte. Skuld – o nome da terceira Norne – corresponde ao futuro, ou seja, "aquilo que poderá vir a ser". Sua imagem era de uma mulher velada, com a cabeça virada na direção oposta a Urdh, segurando nas mãos um livro fechado ou um pergaminho enrolado. Percebemos claramente o alcance das Nornes sobre a passagem linear do tempo, regendo assim o passado, presente e futuro, bem como nascimento, vida e morte no ciclo do "eterno retorno". As três irmãs simbolizam a inevitabilidade do passado, a objetividade do presente e a imprevisibilidade do futuro; o destino individual e coletivo é por elas tecido no tear da eternidade. Em cada momento da nossa vida devemos lidar com os efeitos daquilo que aconteceu, enfrentar a situação presente e nos preparar à espera do futuro. Interagimos com as Nornes em uma espiral cíclica, em que lições são repetidas, mas de formas diferentes.

Urdh representa o resultado das *ações* e *escolhas* feitas no passado; ela simboliza o *destino* e por isso é chamada também de *Wyrd*, o termo precursor das palavras em alemão arcaico e em inglês que significa "destino" (*wyrd* e *weird*). Os povos nórdicos não acreditavam na predestinação, mas nos resultados de cada ação, ato, decisão ou escolha que se repercutem ao longo da vida. Ressalta-se assim a importância das decisões e opções individuais passadas, atuando na modelagem – até um determinado ponto – das circunstâncias presentes.

Verdandhi personifica o conceito do *aqui e agora*, ou seja, *o presente*. É a força que nos conduz aos resultados das opções e decisões do passado, sendo a manifestação das nossas ações ou desistências. Ela retrata tudo o que fizemos no passado e que está plasmado no nível físico, mental, emocional e espiritual na nossa vida presente. O momento presente é fugaz e passageiro, e desliza rapidamente para o desconhecido e imprevisível futuro.

Skuld, a mais jovem das Nornes, simboliza vários conceitos: futuro, necessidade, dever, culpa e dívida. Por sermos controlados pela realidade física do tempo linear, necessariamente o nosso presente continuará no domínio de *Skuld*, o futuro. Ela representa o que vai acontecer como resultado das nossas opções – passado e presentes – porém, o futuro é mutável, vago e nem sempre pré-determinado. As opções que fazemos no presente podem corrigir ou superar os erros que fizemos previamente. Devido a esta possibilidade – sempre presente – da mudança, é que Skuld aparece velada, segurando um pergaminho em suas mãos. É ela quem corta o fio que Urdh segura e que nos leva à morte, à viagem de regresso ao ventre da Terra. O conceito de culpa é ligado às dívidas que temos e criamos permanentemente em relação aos outros seres, espécies, meio-ambiente e nossos ancestrais; a culpa é paga pelo realinhamento pós-morte da nossa alma. Skuld aponta para a necessidade impiedosa que ordena a renovação, a mudança para a criação de uma infinidade de novas formas. Ela também é citada como dirigente das Valquírias e padroeira dos espíritos da natureza. Quando invocamos as Nornes, as chamamos do seu "esconderijo" no inconsciente e podemos trazê-las lentamente para o consciente, se as tratarmos com respeito e reverência, pedindo sua ajuda e orientação.

O escritor e filósofo Mircea Eliade afirma no seu *Tratado da História das Religiões* que: *"tecer não significa somente predestinar (no plano antropológico) e reunir realidades diferentes (no plano cosmológico), mas também criar, fazer sair da sua própria substância, tal como faz a aranha, que tira de si a sua própria teia"*. As Nornes assistem ao nascimento, são as "parteiras cósmicas" que nos libertam de um estado inconsciente para nos expor às restrições da vida material. Estamos atados a elas, sujeitos à sua orientação, mas podemos caminhar livremente, desenvolvendo o nosso potencial físico, mental, emocional e espiritual. No poema *Völuspa* há uma referência sobre os entalhes feitos pelas Nornes em madeira, um ato semelhante ao antigo costume norueguês de registrar datas, acontecimentos e idades por cortes feitos nos postes ou nas molduras de janelas e portas das casas. Diferentemente das Parcas e Moiras greco-romanas, as Nornes não são descritas como tecelãs propriamente ditas, com exceção de algumas citações nos *Eddas*, em textos e histórias escritas após a cristianização, quando a expressão *tecer o destino* passou a ser uma metáfora comum. Em algumas histórias, elas aparecem tecendo (com o fio recebido de Frigga) teias enormes, estendidas do Leste ao Oeste, entrelaçando fios brancos e pretos (estes de mau augúrio), entoando canções solenes e seguindo na tessitura padrões pré-estabelecidos pelas leis de *Orlög*.

Orlög pode ser definido de forma sucinta como as Leis ou camadas primais, que determinam o "agora", o presente que foi moldado pelas ações passadas. Wyrd é a sorte ou destino individual, a predestinação que segue a "lei de causa e efeito" e que é semelhante ao conceito hindu do carma. Podemos ver orlög como uma série de camadas ou fios do passado, que continuam repercutindo no presente, como uma reação que segue à ação. É um conceito que se aplica numa ampla escala indo do comportamento usual, cotidiano, até o plano espiritual, e definindo a direção do wyrd, o traçado do destino. Algumas coisas não podem ser evitadas ou mudadas, mas somos responsáveis pela maneira em que respondemos a elas pelas nossas ações, reações, opções, escolhas, decisões, valores e atitudes presentes.

O *wyrd* é mais flexível, sendo uma parte do *orlög* adaptada a um indivíduo e à sua família, podendo ser mudado pelas circunstâncias e na medida do crescimento pessoal. Pode ser assemelhado ao conceito habitual do destino, mas é muito mais abrangente. Ele inclui a soma das ações e escolhas individuais, bem como o destino predeterminado pelas Nornes para aquela pessoa, sendo a união "de tudo o que passou e tudo o que virá a ser" manifestada durante a vida. *Wyrd* pode ser resumido como *a lei das causas e suas consequências, a soma das ações individuais, ancestrais e coletivas.* Por ser tanto a causalidade como a consequência, ele muda constantemente, sendo influenciado pela teia de opções (pessoais, dos outros, da comunidade e até mesmo dos ancestrais), que influenciam a nossa evolução e consciência atuais.

Este processo pode ser comparado aos círculos formados se jogarmos uma pedra na água. Se outras pessoas jogarem pedras ao mesmo tempo, as ondas se sobrepõem, bem como o movimento dos peixes ou do vento podem alterar a superfície da água. A água representa o mundo e os círculos concêntricos indicam a distância e o efeito que cada pessoa que encontramos exerce sobre nós. Não somos livres para fazer tudo que imaginamos, mas também não estamos trancados dentro de uma estrutura rígida do destino. Até mesmo as divindades possuem seu próprio *wyrd*, pois na mitologia nórdica elas não são onipotentes, mas presas pelo poder e o padrão da tessitura do *wyrd*.

O fio individual de *wyrd*, ou seja, o papel que cada pessoa desempenha para alterá-lo de forma positiva ou negativa, pertence ao *orlög*, que inclui os traços biológicos, os dons, as características mentais e emocionais, a experiência pessoal, tudo o que pode servir como escolha ou limitação. Fazer escolhas, agir e viver dentro das possibilidades contribui para acrescentar camadas para o *orlög* pessoal. No entanto, existem limites: genéticas, sociais, familiares, sociais e as restrições e desafios existenciais que exigem nossos esforços para criarmos condições melhores. Para melhorar o *wyrd* são necessárias ações honrosas e justas, ele não é estático, mas muda em função do modo de agir, pois a sorte flui do *wyrd* e é parte da matriz da alma. Os antigos povos nórdicos acreditavam que o *wyrd* piorava com ações desonestas e desleais, com mentiras, atos violentos e cruéis, quebra de juramentos e a falta de respeito perante as divindades e os ancestrais.

O termo *wyrd* foi desenvolvido a partir do verbo *weorthan* – em inglês arcaico – significando "vir a ser", seu equivalente em norueguês antigo *urdh*, o mesmo nome da primeira Norne. Tanto *orlög* quanto *wyrd* são conceitos extremamente importantes e que desempenham um papel central na vida mítica, cosmológica e simbólica da tradição nórdica, sem ter nenhuma semelhança com a predestinação ou fatalismo da doutrina cristã.

Uma definição mais acurada da atuação das Nornes seria a *modelagem do destino*, o que inclui a duração e a qualidade de vida de cada ser. A existência individual pode ser comparada a um reservatório de poder obtido no nascimento, cuja natureza irá determinar as ações e as consequências; atos positivos e honrados aumentam o poder, enquanto ações negativas e desonrosas diminuem a essência vital do ser, que determinará a força da alma para sua quantidade e o caráter por sua qualidade. Os nórdicos acreditavam que uma parte das almas de cada ser humano existia na "Fonte das Nornes", sob a "Árvore", que era a manifestação direta de tudo que estava contido na Fonte. A natureza cíclica da interação da Árvore e da Fonte refletia o padrão da jornada espiritual de cada um, que era definido pelas memórias, que nutriam o espírito e o conduziam ao encontro da sabedoria.

Portanto, o nosso aprendizado inspirado nos antigos conceitos míticos da sabedoria nórdica pode ser resumido desta maneira: Urdh representa aquilo que foi criado e manifesto, ela coloca os limites em que o nosso destino será contido. Verdandhi ordena nossas ações e as tece dentro da teia das limitações, enquanto Skuld nos amarra às consequências das nossas opções, para o bem e para o mal. Urdh desenvolve a sequência e o padrão de todos os eventos que se manifestam no mundo presente; ela revela a importância do orlög, dos eventos primais, cuja estrutura se concretiza no mundo atual. Esta é a memória ancestral que forma a *hamingja*, a sorte herdada dos ancestrais, reforçada ou enfraquecida na vida presente.

Práticas mágicas para as Nornes

URDH – "aquilo que foi" é a Norne que seleciona nossos genes e qualidades ancestrais, que determina as condições geográficas, sociais, raciais e familiares do nosso nascimento. Ur significa "antigo, original" e Urdh conduz as escolhas que a alma faz, mas é ela que determina o modelo final de uma encarnação, incluindo a missão do espírito e as condições que permitem a sua realização. Uma vez escolhido o destino, a alma passa pelo rio do esquecimento e é encaminhada para o ventre da futura mãe.

Urdh rege o ciclo que se inicia no nosso nascimento e dura até o primeiro retorno de Saturno (29-30 anos), quando aprendemos a conhecer e lidar com a herança genética, ambiental, familiar e cultural e descobrir os meios e situações que melhor nos permitam expressar e desenvolver nosso potencial inato, ampliado pelos conhecimentos sempre renovados. Urdh pode ser invocada para nos desapegar ou cortar de algo do passado, que ainda reverbera ou influencia o nosso presente, mesmo que – conscientemente – as energias destas memórias parecem ter sido superadas ou esquecidas.

O fato mais comum é o desligamento de uma dependência emocional, a libertação de um sentimento de raiva oriundo de um desentendimento, briga ou separação de alguém.

Prepare o altar coberto com uma toalha preta e acrescente: uma vela preta, incenso de cipreste, mirra ou pinheiro, uma cesta com pinhas ou folhas secas, uma vasilha com terra preta, um papel escrito com tinta preta (descrevendo a situação da qual quer se desligar), alguns fios de lã preta, um símbolo tríplice (*valknut* ou *triskelion*). Para oferenda, coloque uma romã, mirtílos ou amoras, um pouco de suco de amoras ou açaí, uma pena de coruja, uma pedra preta (obsidiana, ônix, hematita) ou um cristal enfumaçado.

Previamente ao ritual, tome um banho de desimpregnação fluídica com sal grosso e nove gotas de essência de pinheiro, centre-se através de respiração alinhando seus chacras e invoque a Senhora Urdh, pedindo-lhe permissão e ajuda para o ritual de desligamento e corte dos laços fluídicos que a prendem a uma situação ou pessoa do passado. Projete-se mentalmente para a árvore Yggdrasil, peça permissão para descer pelas suas raízes até a fonte de Urdh; veja-se entrando por uma das raízes e deslizando até a gruta, onde se encontra a fonte de Urdh. Ajoelhe-se ao lado e peça à Urdh que lhe revele em palavras, mensagens ou visões, os nós, amarras ou bloqueios do passado, que repercutem ainda no seu presente.

Abra a sua mente – sem nenhuma ideia preconcebida – e permita-se receber e aceitar a percepção ou visão das amarras que precisam ser removidas, tanto as que vêm na sua direção, como também as criadas por você através de formas, pensamentos e emoções (raiva, remorso, saudade, culpa, rancor, inveja, ressentimento, apego, fixação ou dependência). É possível que sinta surgir emoções dolorosas, não reprima nada, apenas observe, anote mentalmente de que forma elas são ligadas a você – pela mente, coração ou corpo (dor, raiva, sexo, saudade). Sem se desconectar do que está vendo e sentindo, pegue os fios de lã e dê neles nós, tantos quantos são os bloqueios e amarras percebidas. "Passe" suas emoções para os fios, enrole-os numa bola e a role entre suas mãos, esfregando e mentalizando a transferência. Passe a lã depois no seu corpo nos lugares onde perceber tensões, marcas negativas ou dores ligadas à pessoa ou situação. Se precisar "descarregar" mais, pode fazer uma catarse (pular, gritar, chorar, socar um travesseiro ou um "saco de pancada").

Quando sentir que esgotou as memórias negativas, abra devagar os olhos e anote no papel o que percebeu, viu, sentiu ou intuiu; talvez até mesmo uma mensagem de Urdh. Queime as lãs num caldeirão ou cinzeiro e leve as cinzas com a oferenda para uma árvore velha. Deixe tudo perto das raízes, agradecendo a Urdh pelo desligamento das amarras negativas do passado e pela sua atual consciência, que irá lhe ajudar aprender com seus erros e não mais repeti-los na sua vida presente, ou no futuro.

VERDANDHI – é a Norne mais próxima de nós, pois ela rege o presente ou "aquilo que está sendo". No ciclo das fases femininas, Verdandhi soma os atributos da Mãe e da Rainha, quando a mulher alcançou o seu pleno poder, tendo a consciência e a responsabilidade pelas suas ações e decisões. Nós somos moldadas pelo passado (que pertence a Urdh) e aguardamos o futuro (que é o domínio de Skuld), mas é no presente que estamos vivendo. Verdandhi recebe o fio da nossa vida de Urdh (vindo do tear da deusa Frigga), medindo e passando depois para Skuld. Enquanto Urdh governa tudo o que herdamos e recebemos, à Verdandhi pertence o que criamos e já realizamos na nossa vida (filhos, relacionamentos, obras criativas, realizações profissionais, serviços filantrópicos, caminhos espirituais). Verdandhi preside a maturidade com suas alegrias e dificuldades, lutas e vitórias, transformações e a expansão da consciência, pelo cumprimento da nossa missão.

UMA FASE DA NOSSA VIDA QUE É REGIDA POR VERDANDHI É O PRIMEIRO RETORNO DE SATURNO (29-30 ANOS), quando são tomadas decisões em relação à profissão, casamento, aspirações, mudanças, assumindo assim o controle sobre nossa vida. Um momento adequado para honrar Verdandhi é durante o retorno de Saturno, ou nos momentos em que precisamos fazer uma escolha, mudar de rumo ou decidir algo sem ter certeza sobre qual será o resultado.

O altar será coberto com uma toalha vermelha, uma vela vermelha, uma taça com vinho tinto e incenso de sândalo. No centro posicione uma imagem de Verdandhi, seu mapa natal e, se tiver, pode colocar runas, tarô ou uma bola de cristal. Como oferenda, coloque uma maçã vermelha, uma pedra vermelha (granada, jaspe, cornalina, coral) e três fios de lã vermelha. Após relaxar o corpo e acalmar a mente com respirações compassadas, invoque Verdandhi e peça-lhe permissão e ajuda para definir a melhor direção para a sua vida e que será favorecida pelas lições e dádivas do passado. O trajeto da viagem xamânica ou da projeção astral para a morada de Verdandhi será o mesmo descrito para Urdh. Mas o seu pedido será diferente: segurando seu mapa, as runas ou o tarô, irá formular com clareza a sua questão, fazer uma oração para Verdandhi e permanecer em introspecção e silêncio por algum tempo. Se não receber nenhuma mensagem ou visão, tire uma runa ou uma carta de tarô e procure o seu significado simbólico. Quem tiver clarividência, poderá olhar na bola de cristal (ou numa taça com água) observando as mensagens ou imagens nela formadas.

O importante neste contato sutil é não elaborar o que sentiu ou viu, pois, *a intuição* é a primeira impressão que, ao ser interpretada e ampliada pela imaginação, fica distorcida e perde sua verdadeira essência. Enquanto estiver conectada, trance os três fios vermelhos, neles imantando a bênção de Verdandhi, a sua vontade e o seu desejo de concretizar e realizar a sua escolha ou mudança. Após agradecer e levar a oferenda para perto de uma árvore, guarde a trança no seu altar, orando e visualizando durante nove – ou dezoito – noites a concretização do seu pedido. A trança será entregue depois para um rio ou no mar.

Skuld é a terceira Norne cujo nome simboliza "aquilo que será" e ela rege o período da nossa vida que começa com o SEGUNDO RETORNO DE SATURNO (56-57 ANOS). É ela que corta o fio da vida no momento certo para abrir um novo ciclo na eterna roda da vida. Como aprendizado da sua regência, Skuld exige que aceitemos as dificuldades e desafios inerentes à idade, usando a sabedoria adquirida pelas experiências, para viver melhor nas mudanças e restrições e assim poder partilhar nosso conhecimento e legado aos demais. O ritual específico para Skuld é o rito de passagem da menopausa e, no final da nossa jornada terrestre, o último rito para o mundo dos ancestrais, após Skuld ter cortado o fio da nossa vida. Em lugar de um ritual específico, é indicado lembrar de tudo que ela rege: a tessitura sutil e oculta do futuro, na qual temos também participação através das opções e decisões tomadas e das responsabilidades delas decorrentes. Podemos honrar Skuld nas nossas meditações habituais, perto de uma árvore velha ou de uma fonte, durante a Lua Negra ou no início do ano, pedindo suas bênçãos para termos discernimento, equilíbrio, respeito e fé nas atitudes e ações da nossa vida cotidiana.

Uma prática mágica que reúne os dons e desafios das três Nornes recomenda escolher três cordões ou lãs nas cores – preto, vermelho e branco – no comprimento equivalente a uma medida mágica nossa (altura, cintura, diâmetro da cabeça ou a extensão do antebraço – do cotovelo até o dedo mindinho). Após orar, silenciar e visualizar a morada das Nornes nas raízes da Árvore do Mundo iremos tocar um sino por nove vezes e lhes pedir a bênção para a nossa vida e a necessária sabedoria, que nos permita integrar as lições do passado com as exigências e desafios do presente. Pediremos também equilíbrio, intuição e a aceitação da nossa teia pessoal, em sintonia com a Grande Teia cósmica, fiada, tecida e medida pelos desígnios das Três Senhoras do Destino. Após trançar os fios, consagraremos a trança com os elementos mágicos da Tradição Nórdica (fogo, gelo, vento e terra) e a guardaremos no nosso altar, ou a colocaremos sob o nosso travesseiro, quando iremos precisar de um sinal ou aviso nos sonhos.

Asteroides Urda, Werdandhi, Skuld

Apesar de dispormos de pouca literatura a respeito destes asteroides, é importante avaliar a sua influência no mapa natal de uma maneira semelhante às Moiras. Devem ser sempre levadas em conta as características e a influência do arquétipo sobre o período de vida, bem como a sua colocação no mapa e os aspectos com os planetas e outros asteroides.

URDA tem o número 167 e mostra o nosso passado em função do carma, nossa origem, os dons e habilidades, sendo associado ao Nó lunar Sul.

WERDANDHI foi catalogado com o número 621 e indica o presente, é conectado com o tema principal do nosso carma atual, orientando o que devemos corrigir e desenvolver, bem como as experiências mais importantes da nossa vida.

SKULD é o asteroide 1130, que pode modificar as influências das outras duas Nornes. Se prestarmos atenção ao presente e lembrarmo-nos das consequências das ações do passado, podemos criar um futuro melhor. No mapa mostra o resultado final determinado pelo presente e passado. É associado ao Nó lunar Norte e revela a nossa possível direção de vida.

Oyá / Iansã, a Senhora Iorubá dos Nove Céus

"Brisa benfazeja que afasta as nuvens negras,
Vento da vida na tarde do Sol
Vento que afasta a escuridão e devolve a luz do dia
Vento suave que encanta e brilha
Vento da morte na tarde de chuva
Vento que deixa a chuva inundar a cidade
Vento que destelha a casa do traidor
Que assovia, destrói e mata."

"Candomblé. A panela do segredo."
Pai Cido de Osun Eyin

Oyá ou *Iansã* é uma deusa africana arcaica, associada ao *princípio da criação e destruição* pela sua regência das forças atmosféricas, que contribuíram para a formação do mundo. Ela é vinculada não somente *ao fogo e ao vento, mas à Terra*, em virtude da sua relação com o princípio gerador, o "útero original" representado na mitologia iorubá pela *cabaça*. Como *progenitora e sustentadora da vida*, Oyá é associada com a água como fonte de toda a existência, simbolismo evidente no nome do rio Níger na África – *Odo Oyá*, o "rio de Oyá", que abre os caminhos e leva nas suas águas a vida para todas as direções. Oyá pode ser considerada como uma das mais importantes expressões do *poder gerador* por representar o surgimento do óvulo, o sangue menstrual e a fertilidade do ventre, sendo a energia feminina responsável pela relação entre a força fecundadora e geradora na manifestação da existência. Caprichosa e destrutiva, explosão criativa e violenta, Iansã exerce controle sobre as tempestades, detém o poder do fogo, revelando o lado sombrio e reativo da Natureza, que não deve ser despertado, mas ela também regula a transição entre os planos, regenera e reconstrói.

Oyá é uma deusa extremamente complexa e com inúmeras faces e aspectos, seus múltiplos nomes definindo seus amplos e poderosos atributos. Seu nome Oyá em iorubá se traduz por "Aquela que rasga", descrevendo seu poder controlador e regenerador das forças de transição e transformação por ser a Deusa que "rompe, quebra, desintegra, desfaz, destrói e fragmenta todas as coisas". Como "Mãe dos tornados" Oyá é o verbo da morte, a manifestação dos poderes caóticos primordiais e das forças naturais que moldaram a Terra como fogo, lava, tempestade e terremoto. Como Afefé lelé o "Vento purificador", ela limpa e permite a reorganização e a restauração de um novo ciclo. Em Watan (linguagem primordial usada pela humanidade primitiva) YAN é "vento celeste" e SA "penetrar", Yansan sendo "Aquela que penetra com o seu vento divino". Como Oborin Elé – "A Mulher Búfalo" Iansã simboliza o poder receptivo da criação, a força infinita de geração e manifestação da vida em todos os planos, os chifres de búfalo sendo associados à abundância e plenitude e imbuídos de intenso magnetismo lunar. A cabeça e os chifres de búfalo são uma representação esquematizada do aparelho genital feminino: o útero, as trompas e os óvulos. Mas, ao mesmo tempo, os chifres, devido à sua forma fálica indicam o aspecto masculino fecundador associado ao magnetismo solar. Esta ambivalência soli-lunar evoca o sentido de equilíbrio das formas e a harmonia presente em todas as manifestações da Natureza.

O nome de *Yansan* constitui um atributo da Deusa, que deriva de *Oyá-mesan-Orun,* a *Senhora dos nove céus,* a totalidade dos planos existenciais transcendentes, onde ocorre a manifestação da vida, seja na direção ascendente (regiões superiores), descendentes (planos inferiores) e a dimensão mediana da manifestação física. *Nove* é o número sagrado de Oyá que simboliza a descida do espírito na matéria ou a reencarnação, o fim e o recomeço dos ciclos evolutivos e a medida ou extensão da gestação. Representando a *morte* tanto nos planos superiores (quando a alma se prepara para uma nova existência física), quanto no físico (quando a alma retorna às dimensões espirituais), o número nove indicará sempre uma nova existência e manifestação.

Oyá/Iansã representa a memória ancestral e coletiva do homem, o elo que une as gerações passadas e que permite a continuidade da existência, assumindo assim a regência dos espíritos ancestrais como *Senhora e Rainha dos Eguns.* Os *Eguns* são os ancestrais masculinos, enquanto a coletividade feminina é regida pelas *Iyá Mi Oxorongá* ou as "Mães Veneráveis", a essência (ou *axé*) da própria vida. Nos Eguns são impressos os registros de transição de um ser humano para um ser espiritual; eles se cobrem completamente com panos, porque "da Morte não devemos conhecer aquilo que está coberto", seu mistério pertencendo ao plano espiritual e não ao material. *A Morte – Ikú –* somente poderá ser conhecida pelos Eguns, mas Oyá domina e estabelece as relações entre os níveis de existência como a *Senhora da Morte*, que rege a energia de manifestação dos próprios Eguns. Como *Rainha dos cemitérios,* Iansã regula as relações entre o plano físico e o espiritual através dos ritos fúnebres. Ikú é uma divindade masculina, que não se estabelece em lugar nenhum, percorrendo o mundo de uma direção à outra. Como mensageiros da morte, os corvos são ligados a Iansã, Exu e Obaluaê; eles adentram as regiões sombrias ou intermediárias sendo guias e protetores daqueles seres que se encontram nas sombras. Além de pássaros, Iansã é associada com suas penas, símbolos coletivos de descendência, do desprendimento dos laços da matéria e da continuidade da existência no plano espiritual. O *afefé* – leque recoberto com penas brancas e vermelhas – expressa a relação de Iansã com o mundo espiritual e seus elementos: fogo e vento. Assim como as Deusas Mães – Nanã, Iemanjá, Oxum – Iansã também é uma *Eley*é "proprietária do pássaro", guardiã do poder ancestral genitor feminino. As penas soltas dos pássaros simbolizam a libertação da matéria.

Oyá é a *Senhora do pano vermelho*, detentora do poder misterioso que afasta a morte e exalta a vida; o seu vermelho é associado ao fogo interno, ao sangue menstrual, à energia vital e à libido, símbolo do mistério feminino e do ventre da Terra, onde a morte se transmuta em vida novamente. Como *Senhora das águas turbulentas e das tempestades* Oyá está vinculada a Iemanjá, sua mãe, por meio da chuva e da Lua. Sendo ao mesmo tempo uma deusa hídrica (Senhora dos rios profundos), ígnea (Senhora do fogo e do raio), telúrica (Senhora dos mortos e das matas) e eólica (Senhora dos ventos), Oyá exerce domínio sobre as quatro matrizes vibratórias originais e suas variações *como água que limpa, fogo que consome, vento que destrói e terra que fertiliza*. Carregando as nuvens de chuva de uma direção para outra, os ventos permitem a fecundidade da terra e o renascimento da natureza. Oyá varre constantemente o mundo, permitindo sua purificação e direcionando os ventos com *ieruxim* (ou *eruexim*), o seu objeto sagrado, confeccionado com a cauda de um touro ou cavalo.

Oyá e Xangô são unidos energeticamente pela interação dos seus poderes, do fogo celeste e do vento, dos raios e da chuva como elementos fertilizadores da Terra, mas também como manifestação das forças destrutivas da Natureza. A mesma associação de Oyá com os raios a aproxima de Ogum, o *Ferreiro divino* que cria e molda o ser a partir da matéria original, enquanto Oyá insufla o sopro espiritual (*o fole que mantém aceso o fogo da forja* como é descrito no seu mito). Da união com Xangô, Oyá deu à luz nove filhos, cada um representando um princípio ou divisão de *Orun* (o plano espiritual), além dos *Ibeji*, os gêmeos divinos, que simbolizam a lei da polaridade, o princípio dual de todas as coisas.

Muitos cultos de Iansã tiveram origem por volta de 2100 a.C., sendo ela considerada a Deusa protetora do rio Níger. Um mito antigo narra como ela seduziu um por um os Orixás, para que pudesse aprender com eles seus segredos e absorvesse parte do seu *Axé* (poder). Os seus consortes divinos (Xangô, Ogum, Oxóssi, Exu) têm grande virilidade e poder fecundador, a sua união expressando a fusão dos princípios geradores – feminino e masculino – para assegurar a continuidade da existência.

Segundo o oráculo Ifá, o rio Níger foi criado de forma mágica quando o rei de Nupe – que estava em guerra com os estados vizinhos – consultou o oráculo para saber como se defender. Ele foi orientado para achar uma moça virgem, que devia rasgar no meio um longo pano preto. A escolhida foi Oyá – a filha do rei – que ao rasgar e esticar as metades do pano, dele formou um lago escuro que cercou o reino de Nupe, transformando-o numa ilha. Na tradição iorubá esta ilha é considerada o local de retorno das almas, que lá permanecem até encarnarem novamente, mas podem se deslocar, se forem chamadas pelos parentes. Em toda a África Ocidental existe a crença sobre o translado das almas em canoas, ao longo de três rios que separam o mundo físico do espiritual, sendo que a transição da vida para a morte e a reencarnação é cuidada por Oyá.

Em uma lenda posterior relata-se que Oyá atravessou o rio Níger para casar com Xangô, o rei do reino vizinho ao seu. Atendendo um pedido de Xangô, Oyá conseguiu um preparado mágico que possibilitava a quem o usasse cuspir "pedras de raios", ou seja, lançar chamas pela boca e nariz. Oyá entregou o pó, mas guardou um pouco para ela, conseguindo assim o poder de lançar raios também.

Oyá e Xangô regem juntos as tempestades, precedidas pelos ventos de Oyá e seguidas pela chuva que fertiliza a terra, anunciada pelos trovões de Xangô. Oyá costuma ser reverenciada antes de Xangô e os africanos lhe pedem para apaziguar aquele que é, o *Deus dos raios e trovões*. Conta-se que *Iansã* seria um título dado por Xangô a Oyá na sua descrição de *Mãe do céu rosado* ou *Mãe do entardecer*. Na África sua cor é rosa enquanto no Brasil – dependendo da região do seu culto – varia entre laranja, vermelho, cor de tijolo ou de uva (roxo). O pequeno pedaço de raio que Oyá guardou para si (escondido debaixo da sua língua) é representado nos seus altares por reproduções de espadas ou de um facão do mato (realçando sua conexão com a natureza silvestre).

Algumas passagens da história de Oyá a relacionam a antigos cultos agrários africanos ligados à fecundidade, por isso os chifres de búfalo surgem nas suas imagens na forma do seu turbante, no seu altar ou no mito do seu encontro com Ogum.

"Um dia caçando na floresta, Ogum viu um búfalo vindo em sua direção, mas antes de atingi-lo com sua flecha, o búfalo, sem percebê-lo, parou e despiu sua pele, transformando-se numa linda mulher, coberta por panos coloridos e braceletes de cobre. Ela enrolou a pele com os chifres e escondeu-a no formigueiro, partindo depois em direção ao mercado. Ogum se apoderou da trouxa e seguiu a mulher tentando conquistá-la, mas ela recusou seus avanços. Quando anoiteceu ela voltou à floresta, não achou mais seu disfarce e para que Ogum guardasse seu segredo, Iansã concordou em casar com ele. Desse casamento nasceram nove filhos, e isso despertou o ciúme das outras esposas que eram estéreis. Para se vingarem, elas embebedaram Ogum, que lhes relatou o segredo de Iansã, que passaram a debochar dela. Ao encontrar sua trouxa, Iansã assumiu a forma de búfalo, partiu por cima delas, as matou e decidiu voltar para a floreste sem levar seus filhos, devido aos perigos que lá encontrariam. Deixou com eles os chifres e orientou-os para que, em caso de perigo, os batesse um contra o outro que ela iria socorrê-los imediatamente".

É por isso que os chifres estão presentes nos assentamentos de Oyá/Iansã.

Após algum tempo de convívio com Ogum – auxiliando-o no manejo da forja e soprando os foles – Oyá aprendeu a arte de trabalhar com metais e decidiu seguir adiante. Ela percorreu vários reinos, seduziu e conviveu com os seus reis, tornando-se assim a mulher de quase todos os Orixás. Usou sua inteligência, astúcia, poder de sedução e persuasão para conhecer várias artes, ofícios e habilidades dos seus respectivos companheiros. Com Ogum aprendeu o manuseio da espada para se defender dos inimigos, com Oxaguian descobriu como usar o escudo e com Exu, os mistérios do fogo e da magia. Seduziu Oxóssi e se aperfeiçoou com ele na habilidade da caça e com seu filho Logun Edé, na paciência da pesca. Oyá partiu então para o reino de Obaluaê, pois queria descobrir os segredos das doenças e o mistério da morte (representado pelo seu rosto sempre coberto). Apesar de encenar para ele a "dança do fogo e do vento" (a mesma com que seduziu Ogum, Oxóssi, Oxaguian) Oyá não conseguiu atrair a atenção de Obaluaê, muito menos despertar seu interesse. Depois de muito pedir e insistir em se tornar sua discípula, Obaluaê a ensinou como conviver e controlar os *egunguns* (espíritos ancestrais que se manifestam em certas datas e ocasiões, cobertos por máscaras e panos, esconderijos em que há apenas a essência espiritual dos falecidos.).

Realizado mais este aprendizado, Oyá partiu para o reino de Xangô, o rei absoluto, desejando viver com luxo e requinte no seu palácio. Mas, ao lá chegar, ela aprendeu a amar verdadeiramente e com paixão, pois Xangô dividiu com ela não apenas o seu reino faustoso, mas os poderes dos raios e do seu coração. Oyá permaneceu ao seu lado, ajudando-o a conquistar novas terras, teve com ele os gêmeos Ibeji e o enfrentou apenas para defender sua cidade natal. No mito, eles morrem juntos e seus corpos mergulham dentro da terra, tornando-se imortais. Oyá/Iansã foi a primeira e principal esposa de Xangô, dividindo com ele todas as tarefas e desafios. Mas Oxum era a preferida e com muito ciúme dela, Oyá usou de vários recursos mágicos para afastá-la e destruí-la. No entanto, Oxum usou uma estratégia conciliadora oferecendo a Oyá a iniciação no mundo dos deuses, tornando-a assim um Orixá.

Domínios de Oyá / Iansã

Oyá é a *Senhora dos segredos do fogo e do vento pulsante*, que rodopia na tempestade e rege o tempo atmosférico, que permeia a escuridão subterrânea e conhece os mistérios da existência. Seu nome iorubá "aquela que rasga", resume seu domínio sobre as forças controladoras dos aspectos de transição, transformação e regeneração. Ela rompe, quebra, desintegra, desfaz, destrói e fragmenta, para que haja a reorganização e o recomeço de um novo ciclo. Oyá é uma deusa africana arcaica e, apesar de ser associada ao fogo, é saudada como a regente do rio Níger, que atravessa toda a Nigéria e espalha-se pelas principais cidades através dos seus afluentes, sendo chamado de "rio de nove braços", o que levou à denominação de Oyá como *Oyá Mesan (Yansan)* a "Mãe dos nove filhos". Oyá indica a união de elementos contraditórios, pois nasce da água e do fogo, da tempestade, de um raio que corta o céu no meio de uma chuva, é a filha do fogo – *Omo Iná*. A tempestade é o poder manifesto de Iansã, rainha dos raios, das ventanias, do tempo que se fecha sem chover.

Como *Oyá-Mesan-Orun* "A Senhora dos nove céus", Oyá rege os planos onde ocorre a manifestação da vida, onde residem os *Ará-Orun*, os seres espirituais e os *Ará-Aiyé*, os seres dotados de matéria física. Nove é o número de Oyá que simboliza a descida do espírito na matéria ou a reencarnação, que se projeta do plano espiritual para o plano físico. Número do fim e do recomeço dos ciclos existenciais ou evolutivos, nove também representa a extensão da gestação e de uma nova existência. Oyá rege tanto a morte nos planos superiores (quando a alma se prepara para nova encarnação), quanto no plano físico, quando o espírito retorna para o mundo espiritual à espera da sua regeneração. Simbolizando o impulso evolutivo do ser humano, Oyá recebeu o título de *Senhora das almas transitantes* e *Rainha dos Eguns* (os ancestrais e espíritos desencarnados). Como *Guia dos espíritos* e *Senhora dos cemitérios* Oyá é a condutora – ao lado de Obaluaê – dos espíritos que acabaram de se desprender dos seus corpos. Seu objeto de poder é o *eruexim*, um bastão feito de rabo de búfalo ou cavalo preto usado para impor respeito e controlar os eguns.

Em tempos remotos, Oyá era a patrona de uma sociedade secreta feminina na África, que cultuava os ancestrais (*egunguns*). Foi o orixá Ogum que acabou com a primazia das mulheres neste culto, que passou a ser exclusivamente masculino. Apesar disto, Oyá ainda é reverenciada nesta sociedade conhecida no Brasil como Gelede ou Elekô. Senhora suprema do culto dos eguns, Oyá é a única divindade feminina que controla a energia relacionada com os ancestrais masculinos, ao passo que a coletividade feminina encontra sua representação e síntese do seu poder nas *Iyá Mi, as Mães Pássaro*. Como "Senhora do pano vermelho". Iansã é vinculada ao *Aiyé* – o plano físico – sendo que o símbolo de relação com a Deusa é o búfalo, bem como a *Orun* – plano espiritual – simbolizado pelo pássaro. Os eguns se cobrem totalmente com panos porque "não se deve procurar saber aquilo que é escondido sob os panos". Ikú, a Morte, se apresenta como um ser masculino, conhecido apenas pelos eguns e seu mistério pertence ao plano espiritual (Orun) e não ao físico. Iansã estabelece relações entre os dois planos e conduz os processos de transição de um estado de existência e plano vibracional para outro. Foi Iansã que instituiu os ritos fúnebres para restituir de maneira equilibrada de volta a terra os princípios fundamentais que dela foram extraídos. Como padroeira da justiça e da memória, Iansã preserva as tradições ancestrais e usa a sua espada flamejante para lutar e vencer.

Oyá é um Orixá poderoso, que enfrenta a tudo e a todos por seus ideais, não aceitando submissão ou restrição. Ela é *puro movimento*, não pode ficar parada para não extinguir sua energia, pois o ar em movimento alimenta o fogo. Como arquétipo, ela imprime nas suas filhas o espírito guerreiro e competitivo, a coragem de enfrentar batalhas sem medo de nada e a não conformação ao cotidiano repetitivo. O temperamento dos seus filhos costuma ser instável, extrovertido, exagerado, dramático e impetuoso, que induz a mudanças repentinas da vida por um amor ou ideal. Seu perfil predispõe a ataques de cólera e atitudes súbitas e imprevisíveis, a uma vida sexual irregular pontilhada por paixões, ciúmes, vingança pela traição e dificuldade para relacionamentos duradouros.

Como manifestação do feminino, Oyá *une o passado com o futuro, o lado sombrio da Lua com a luz do crescente;* a sua energia criadora pode ser direcionada para dar significado ao mundo, se arriscando para desbravar o futuro, sem se apegar ao passado, mergulhando na essência das coisas, sem se deixar travar ou desviar. Apesar de extremamente sensual e feminina, Oyá possui aspectos masculinos numa integração que é característica das mulheres guerreiras, que enfrentam as dificuldades da vida com coragem, que sustentam seus filhos e defendem suas convicções, expressando sem medo seus sentimentos e emoções. Oyá *rege a liderança feminina, o encanto persuasivo, a solução de problemas difíceis e a transformação.* A integração dos opostos: masculino-feminino, ódio-amor, noite-dia, morte-vida é representada pelo movimento dinâmico, assim como a trajetória de vida de Oyá. Além da mulher guerreira, da amante fogosa e da condutora das almas, Oyá representa também a maternidade, pois ela se empenhou para vencer sua infertilidade (através de tabus alimentares e sacrifícios) e teve nove filhos, que representam sua transformação de mulher em mãe. É uma mãe dedicada e que defende ferozmente seus filhos.

Como *Orixá feminino do fogo e do vento,* Oyá é a Rainha dos raios, furacões, tufões, tanto quanto da brisa suave e do calor das paixões. Ela pode se manifestar na devastação causada pelas chamas dos incêndios ou das erupções vulcânicas, no fogo da paixão violenta que cria o desejo de possuir ou destruir, nos sentimentos intensos que prevalecem sobre a razão como: o ciúme obsessivo, a inveja, a disputa incessante pelo ser amado e a ausência do medo perante as consequências das ações intempestivas. Na África, Oyá foi reverenciada como a *Senhora do mercado* e era a padroeira das mulheres do comércio, punindo aqueles que as roubavam ou perseguiam.

A escritora Luisah Teish vê Oyá principalmente como a *Deusa das Mudanças* – externas e internas – que nos auxilia a sair da estagnação, descartar o "lixo do passado", olhar no espelho da verdade, pedir a Oyá coragem e poder e lutar para alcançar seus objetivos ou mudar. Na Santeria (tradição iorubá praticada em Cuba) Oyá é equiparada com a Nossa Senhora das Candeias (Candelária), no Haiti com Aido Wedo, no Vodu com Maman Brigitte. No Brasil ela é sincretizada com Santa Bárbara e celebrada na Bahia no dia 4 de dezembro com um evento eclético composto de missa, procissão de católicos e praticantes do candomblé, além de festas nos terreiros, samba de roda e apresentação de danças e capoeira. Um dos rituais mais bonitos do candomblé é quando Oyá dança, segurando um tacho de cobre repleto de "fogo" (azeite em chamas), distribuindo acarajés aos seus adeptos ou segurando o seu sabre lutando com Ogum. Oyá é descrita como uma mulher bonita, com longos cabelos pretos, pele acobreada, vestindo uma saia com nove cores, pulseiras de cobre e uma tiara de miçangas. Ela leva nas mãos o *eruexim* ornamentado com fitas e contas de nove cores.

Devido à diversidade de cultos regionais originários de várias tribos e nações africanas (cujos integrantes foram trazidos como escravos para o Brasil), é difícil encontrar uma uniformidade na enumeração e definição dos diversos aspectos – ou qualidades – de Oyá. Muitos nomes se referem às cidades ou lugares de origem do culto ou ao realce de determinada característica ou atributo de Oyá. Muitas qualidades de Oyá são mesclas dos seus atributos com os de outros orixás como Oxum, Xangô, Oxóssi, Ossain, Iemanjá, Oxalá, Ewá, Exu, Nanã e Omulú, partilhando das suas cores, locais e elementos da natureza, objetos e oferendas. Uma das suas qualidades – *Oyá Igbalé* – é ligada diretamente ao culto de Eguns, tendo pleno domínio sobre os mortos e sendo cultuada como a "Dona do cemitério". Quando ela dança com os braços levantados, parece guiar ou expulsar as almas errantes. Dependendo da mescla com os arquétipos de outros orixás, as qualidades de Oyá são associadas ao fogo de Xangô, às águas de Oxum, às matas de Oxóssi, aos ventos – do milharal, bambuzal, dos pássaros – ora frios, ora quentes ou rodopiantes. Como "Rainha dos mortos" Oyá é responsável pelo assentamento dos ancestrais e o elo entre as gerações.

Quanto aos seus nove filhos (cujo pai foi Ogum, Xangô ou Oxóssi dependendo da versão) eles nasceram mudos, com exceção do último – *Egun* – que falava com uma voz estranha e sobrenatural. Nascidos em dias seguidos, foram acolhidos e criados em lugares diferentes – entre as bananeiras, no meio do milharal ou dos bambus, na floresta ou na lama, e associados com elementos diferentes: vento, fogo, chuva, água do rio, rodopio da tempestade, vida selvagem, as sepulturas ou as desordens e desastres humanos.

Práticas ritualísticas

Sem fazer referência aos rituais, oferendas ou práticas específicas dos cultos afro-brasileiros (que são diversificados e multifacetados dependendo da região geográfica, a filiação e a condução espiritual), serão indicadas algumas orientações para seguir, em função dos atributos de Oyá/Iansã como uma faceta da Deusa na sua qualidade de *indutora e catalizadora das mudanças e transformações*.

Alguns dos ATRIBUTOS de Oyá que podem ser invocados:

- Transformação radical.
- Descartar "o velho" e abraçar o novo.
- Descobrir o que precisa mudar e auxiliar o processo.

APRENDIZADO de Oyá: ela nos ensina que a morte é um processo normal e natural que, por sermos seres dinâmicos que evoluem pelas mudanças não devemos resistir ou nos opor para descartar aquilo que nos limita, mas pelo contrário, vencer a inércia e sair da estagnação. Descartar ou "deixar ir" implica em não lamentar o passado, mas crescer e melhorar no futuro, temer menos e confiar mais. Nem sempre é doloroso mudar, mesmo sendo difícil. A transição não é um espaço para ficar, mas um portal que deve ser ultrapassado, uma decisão que requer coragem e fé. Desapegar-se não é apenas o fim de alguma coisa ou situação, mas o começo do novo; não é um processo suave como a chuva, mas forte como o vento. A mão fechada representa a nossa resistência em "deixar ir", a mão aberta é a disponibilidade para receber o novo. Passar de uma para outra é um processo que requer paciência, tempo e determinação.

DESAPEGO: Devemos descartar e nos desapegar de padrões limitantes e autodestrutivos, ilusões e expectativas utópicas, amarras e dependências do passado, medos, culpas, remorsos e ressentimentos. O medo de mudar às vezes é maior do que a mudança em si, nós precisamos mergulhar no vendaval para mudar, renascer e crescer. Para preparar a mudança, devemos avaliar as experiências passadas e a resistência atual em ter que "abrir mão" ou renunciar a "algo" (cômodo, conhecido, estável), para tentar alcançar um futuro melhor. Escrever é uma poderosa ferramenta para analisar e definir questões, expectativas, dificuldades e soluções, um meio para processar as emoções ligadas às experiências passadas e o medo e insegurança do presente. Ao escrever, transpõem-se conflitos mentais e emocionais para o papel, que se torna o receptáculo físico que pode ser destruído e anulado. Devemos desistir de julgamentos e ideias pré-concebidas sobre nós e o mundo, olhar para além das aparências, abrir a mente e o coração e deixar fluir a voz da intuição.

Correspondências: antes de passar para o ritual propriamente dito, devemos conhecer as correspondências e símbolos de Oyá, que serão usados nas sugestões de rituais.

Saudação – "Eparrei Iansã". Cores – amarelo, laranja, vermelho, cor de tijolo e de uva. Dia da semana – quarta-feira. Metal – cobre. Símbolos – eruexim, espada, chifres. Número – nove. Pedras – rubi, rubilita, opala de fogo, granada. Plantas – espada de Iansã (com listra amarela), bambu, flores vermelhas e laranjas. Oferendas – acarajé, prato de barro com nove tipos de farinhas (arroz, cúrcuma, fubá, banana verde, berinjela, uva, café), prato de barro com nove tipos de feijões (preto, branco, mulatinho, rajado, fradinho, azuki, soja, ervilha, lentilha), frutas roxas (uvas, ameixas) ou vermelhas e amarelas (mangas, morangos), uma berinjela grande com uma "saia" feita de nove cores de fitas, azeite de dendê e vinho tinto.

Arruma-se o altar com uma toalha vermelha ou roxa, nove velas nas suas cores, uma imagem de Oyá, algum símbolo, uma pedra vermelha, flores, as oferendas e uma espada de Iansã. Purifica-se o ambiente varrendo no sentido anti-horário com uma vassoura feita com galhos de bambu e salpicando água (de rio ou chuva). Cria-se um círculo de proteção com batidas de tambor, chocalho ou batendo palmas. Evocam-se os poderes dos elementos: ar (para limpar a mente), fogo (para despertar a energia vital), água (para harmonizar as emoções), terra (para fortalecer nossa caminhada) e depois invoca Oyá.

Invocar Oyá como Senhora do fogo e do vento

Pede-se sua ajuda para identificar e descartar amarras, padrões limitantes, características pessoais negativas, medos, estagnação, lembranças negativas, raiva, mágoas ou culpas. Anotar em uma folha de papel com caneta vermelha as nove amarras das quais quer e deseja se libertar agora. Refletir com calma e sentir cada emoção ou sensação à medida que irá anotando. Ficar em pé, invocar a permissão e ajuda de

Oyá e iniciar uma catarse: bater tambor, gritar, sapatear, amassar e rasgar o papel, até sentir que liberou toda a energia ligada aos aspectos anotados. Queimar as sobras de papel num caldeirão e espalhar as cinzas no vento levantando os braços, dançar, rodopiando, sacudindo a saia e gritando "Eparrei Iansã". Respirar profundamente até se acalmar.

Invocar Oyá como Senhora da mudança

Após a queima e descarte das amarras criou-se um espaço vazio que deve ser preenchido com outras energias, trocando o medo pela coragem, os bloqueios por novas perspectivas e atitudes, alcançando assim o verdadeiro poder pessoal que irá permitir a realização das metas. Reflita sobre as mudanças que quer, deseja e precisa realizar. Anote numa folha de papel nove mudanças (de atitudes, valores, conceitos) focalizando seus aspectos favoráveis, os meios necessários para realizá-los e o tempo aproximado que irá levar. Escreva um pedido para Oyá e assuma um compromisso perante Ela para direcionar sua vontade, desejo e coragem na manifestação das mudanças propostas, pronunciando esta invocação.

"Oyá, deusa poderosa, que brilha na luz dos raios e possui imensa força.
Oyá, detentora do axé que vive no vento e rege as tempestades.
Oyá, senhora poderosa e minha protetora,
que Teus ventos limpem e abram meus caminhos."

Dobre os papéis por nove vezes e amarre-os com uma fita vermelha, dando nove nós. Para cada nó reafirme o seu compromisso e visualize a mudança já efetuada. Segurando os papéis, a espada de Iansã e a berinjela com a saia de fitas agradeça as bênçãos de Oyá e "dance" a sua mudança (ao som de tambor xamânico ou ritmo africano). Imante a pedra com as bênçãos de Oyá e guarde-a com os papéis no seu altar até a concretização da mudança. Leve as oferendas e deixe-as perto de uma bananeira ou de bambus.

Pele, a Mulher que Devora e Modela a Terra

"Eu apareço, pulso, me movimento, em uma perpétua vibração, com ritmo pulsante e um murmúrio que você poderá ouvir. Eu mergulho nas profundezas da terra com fogosa vitalidade, em lugares escondidos, que apenas pode imaginar. Quando necessário, posso lhe despertar com fogo e lava para lhe dizer que precisa mudar."

The Goddess Oracle. Amy Sophia Marashinsky

No Kahiki mai ka wahine o Pele
Mai ka'aina mai o Polapola
Mai ka punohu a Kane
Mai ka ao lapa i ka lani...
Mai ka opua lapa i Kahiki

"A mulher Pele vem de Tahiti,
da terra de Bora-Bora,
das brumas que se elevam sobre Kane,
das nuvens que deslizam
no céu sobre Tahiti."

Canção tradicional havaiana.

Em uma época remota do misterioso passado polinésio, inúmeros seres espirituais se deslocavam no ar e na terra; entre o mundo natural e sobrenatural, divino e humano, dos mortos e dos vivos, existiam finos véus, que podiam ser atravessados por aqueles que tinham merecimento. É desta dimensão arcaica que se originou o arquétipo de *Pele*, a deusa que controla os poderes ilimitados da *criação, destruição e remodelação* da natureza com a sua força ígnea, a tenacidade telúrica, a dança do ar e a ondulação sinuosa da água. Antigas histórias e canções descrevem os eventos do passado do vulcão *Kilauea*, explicando pelo mito de Pele as explosões e erupções de lava e o colapso do topo da montanha, formando assim a sua morada, a cratera *Halemaumau*.

A expressão *Ka wahine ai honna*, "A Mulher que devora e modela a terra" representa as qualidades destruidoras e criadoras da deusa *Pele*, que joga correntes derretidas de lava no ar e depois conduz seu escoamento nas encostas do vulcão, rumo ao mar. Ela é a regente do fogo intratelúrico, dos relâmpagos, das erupções vulcânicas, da paixão entremeada com violência e morte, bem como da dança, da beleza e do encanto sedutor e mágico da mulher.

A saga da deusa *Pele* foi traduzida para o inglês em 1915 por Nathaniel Emerson, que tentou registrar as lendas antigas antes de serem totalmente aniquiladas pelas diferentes influências religiosas e culturais. No entanto, na sua interpretação percebe-se a influência do cristianismo que existia no Havaí há 150 anos. Os padres diminuíram a figura de Pele para a de uma velha temperamental, recolhida em uma gruta, de onde saia ocasionalmente para "brincar" com chamas e pedras ou se metamorfoseava numa linda mulher, que perambulava pela ilha seduzindo rapazes. Mas seu comportamento era sempre imprevisível, raivoso, ciumento e vingativo. Todavia, os mitos e lendas antigas pertencendo à tradição oral e que foram preservados em cantos e danças, são muito mais ricos e complexos, descrevendo a migração da família de Pele da pátria original para o Havaí, suas viagens e brigas, suas irmãs e sua tumultuada relação com os seus amados, o guerreiro *Lo'hiau* e o semideus *Kamapua*. Muito do material contido nos cantos é sagrado por ter sido transmitido diretamente pela deusa Pele aos *Kumu-hulas* (mestres das danças hula que viviam em dedicação exclusiva a serviço da sua arte). Os locais das danças – *halau* – eram construídos seguindo determinadas regras e tabus (*kapu*), realizando orações e sacrifícios e mantendo a pureza física com abstenção sexual dos construtores e dos dançarinos durante a sua formação.

Existem variações nos mitos que contam como Pele chegou às ilhas do Havaí. O mais comum e simples descreve o seu nascimento como uma das seis filhas e sete filhos de *Haumea* ou *Papa,* a "Mãe Terra ancestral" e de *Moemoe* ou *Wakea*, o regente do Céu. Desde criança Pele gostava do fogo, aprendendo como acender fogueiras e se deleitando com a dança das chamas. A sua meia irmã, a deusa das águas do oceano, *Namaka,* previu problemas para a Terra e os seus moradores, temendo os incêndios que poderiam ser ocasionados por Pele, decidiu denegri-la e persegui-la. A deusa-mãe sabendo que Namaka iria continuar com sua perseguição, sugeriu a Pele para procurar um novo lar. De natureza inquieta e temperamental, Pele desejava viajar e explorar novos horizontes, por isso pediu emprestado a um dos seus irmãos uma canoa; ela saiu remando levando consigo alguns dos demais irmãos, uns deles em forma de tubarões, que empurravam as canoas, sendo que sua irmã preferida, *Hiiaka*, ainda não nascida e em forma de ovo, foi guardada por Pele debaixo da sua axila. Durante a viagem – partindo de *Kahiki* (equivalente a Tahiti) – foi perseguida pela raiva e o ciúme de sua irmã Namaka, abandonada pelo marido, que teria sido seduzido por Pele. Por ser a sua essência ígnea, Pele procurava cavar em cada ilha que encontrasse ao longo da sua peregrinação uma cratera em que pudesse se abrigar, mas cada vez que abria a terra, Namaka impedia a sua acomodação, enviando ondas imensas, que inundavam seus esconderijos. Embates entre a força das águas e do fogo marcaram os encontros tempestuosos das irmãs, sendo que deles resultavam imensas nuvens rodopiantes de fumaça e vapor.

Pele percorreu todas as ilhas do arquipélago havaiano seguindo uma sequência ligada à sua formação, de acordo com as épocas geológicas, *Nikau, Kauai, Oahu, Molokai, Nani* e *Havaí*. Finalmente encontrou um lugar seguro na *Big Island*, a Ilha de Havaí, nas encostas do monte *Mauna Loa*, no vulcão *Kilauea,* na cratera de *Halemaumau,* cuja altura criava barreira intransponível para as ondas de Namaka. Mauna Loa é considerada a montanha mais alta do mundo, se for medida a sua altura começando da base do fundo do mar. Pele reservou no novo lar lugares especiais para seus irmãos, os regentes dos tubarões, do trovão, das explosões e das cascatas de lava que irrompiam das entranhas da terra, enquanto sua irmã favorita Hiiaka tinha um lindo jardim florido, onde dançava *hula* com outra irmã, *Laka*, a padroeira da dança e brincava com sua amiga, a poetisa *Hopoe*. Em um dia, Pele que descansava à beira da cratera, ouviu lindas canções vindas de longe; querendo descobrir de onde vinham se metamorfoseou numa linda e flamejante mulher e se deslocou no nível etéreo para a ilha de Kauai, onde havia uma festa com danças *hula* e muita alegria. Vendo o atraente jovem guerreiro *Lo'hiau,* Pele se apaixonou por ele e durante três dias permaneceu ao seu lado, feliz e inebriada de amor. Porém, ela devia cumprir com seus deveres na *Big Island* e voltou, sem conseguir levar consigo seu amado por ter se apresentado a ele na sua forma etérea, mas prometeu-lhe ir buscá-lo. De volta para sua morada, pediu para Hiiaka se deslocar em forma humana e trazer Lo'hiau para ela.

As irmãs assumiram compromissos recíprocos: Hiiaka não iria encorajar possíveis avanços amorosos de Lo'hiau e Pele iria cuidar do jardim de Hiiaka. A jornada de Hiiaka foi muito longa e permeada por vários desafios e perigos, tendo que enfrentar inúmeros monstros e fantasmas malévolos. Quando Hiiaka finalmente chegou a Kauai, Lo'hiau estava morrendo de desgosto por ter sido abandonado por Pele. Hiiaka usou todos seus poderes mágicos e trouxe de volta seu espírito para o corpo, lhe devolvendo a vida; juntos empreenderam a viagem de volta, tendo que superar os mesmos desafios, fato que os atrasou bastante. Mesmo atraída pela beleza e encanto de Lo'hiau, Hiiaka permaneceu leal a sua irmã, sem dele se aproximar. Impaciente pela demora e sendo muito ciumenta, Pele suspeitou da lealdade da irmã, sentiu-se traída e começou a "ferver", imaginando seu amado nos braços de Hiiaka. Tomada de um ataque de fúria, jogou rios de lava nas encostas da montanha, destruindo o jardim de Hiiaka e matando a sua amiga Hopoe. Vendo a erupção de Kilauea, Hiiaka se apressou para chegar o quanto antes; por não querer ser desleal com a irmã ela resistiu tenazmente aos avanços de Lo'hiau, que tinha se apaixonado por ela, dizendo-lhe que a amava mais do que a Pele. Quando Hiiaka descobriu o que Pele tinha feito – jogando rios de lava e destruindo seu jardim – e quebrando assim a promessa feita, Hiiaka revidou fazendo amor com Lo'hiau, bem na vista de Pele, na beira da sua cratera. Enfurecida e enciumada, desta vez sentindo que tinha razão, Pele jogou suas labaredas de fogo e rios de lava sobre os amantes; Hiiaka por ser imortal sobreviveu, mas o pobre Lo'hiau foi reduzido a cinzas. Hiiaka deu-se conta de que ela realmente amava o jovem e desceu ao mundo subterrâneo para encontrar e libertar o seu espírito, devolvendo-lhe a vida pela segunda vez. Quando chegou ao mais profundo dos níveis subterrâneos, onde os rios do caos eram contidos por uma barragem, Hiiaka se absteve de liberá-los como retaliação, pois sabia que eles iriam inundar todo o mundo e extinguir o fogo de Pele, necessário para a humanidade. Em paz com a sua consciência, ela decidiu pedir a permissão de Pele para ficar com Lo'hiau. Como a fúria de Pele ainda estava no auge ela não quis concordar, mas após um tempo, arrependida pelas suas ações intempestivas e injustas, os deixou em paz, principalmente por se sentir atraída por outro forte e bonito guerreiro.

Enfim reunidos, o jovem casal mudou-se para outra ilha, onde viveram em paz, com muito amor e dança, enquanto Pele iniciou um relacionamento tempestuoso com Kamapua, o deus da agricultura com feições de javali, que mitigava o furor ígneo de Pele com o frescor das chuvas de verão. Enquanto Pele cobria a terra com rios de lava, Kamapua trazia chuva torrencial para apagar as chamas e chamava os javalis para cavar o chão e facilitar o desabrochar das sementes.

Existem muitas outras histórias sobre a raiva de Pele, geralmente despertada por ciúme ou arrogância, que provoca as erupções vulcânicas e os destrutivos rios de lava. No idioma havaiano *pele* significa "lava derretida". Na erupção vulcânica, todos os quatro elementos aparecem sincronizados, contribuindo para a força criadora e destruidora de Pele. Da mistura do fogo e da terra resulta a lava, cuja natureza é líquida e fluente; do encontro da água com a incandescência da lava carregada pelas correntes de ar resultam nuvens de fumaça e vapor, combinação que, aos poucos, formam novas terras quando a lava se solidifica. As erupções vulcânicas são apenas uma das manifestações de Pele, cuja energia é viva e mutante, que se materializa ora como uma velha fumando cigarros e envolta em fumaça, ora como uma linda e sedutora mulher, pedindo carona aos transeuntes e depois desaparecendo de repente, ou uma fogosa mulher dançando e rodopiando na beira da cratera Kilauea. A cor do vestido de Pele indica o tipo de presságio, branco – alerta para problemas de saúde, vermelho – a proximidade de uma erupção. Quando ela fica enfurecida ou ciumenta, bate com o pé no chão e a terra treme, anunciando o romper da terra para a saída da lava. Pele gosta de surfar nas ondas de lava incandescentes ou participar das corridas de um esporte nacional chamado *Papa Bolua* (trenós deslizando nas encostas), quando sempre ganha, mas depois desaparece sem rastro. Ela protege as mulheres com longos cabelos pretos, suas mechas sendo uma homenagem a Deusa quando colocados na cratera. Os filamentos finos de lava que se solidificam e flutuam no ar são chamados de "cabelos de Pele" e considerados mágicos e sagrados.

A maior rival de Pele era *Poliahu*, a "Deusa das montanhas cobertas pela neve" que, assim como Pele, seduzia os guerreiros mortais. Segundo o historiador havaiano David Malo, nos mitos antigos descrevia-se como algumas divindades possuíam o dom de *akua noho*, ou seja, podiam se manifestar através de seres humanos que se tornavam *kahu* ou meios para as suas personificações (como os médiuns dos Orixás afro-brasileiros). Como *aumakuas* (espíritos ancestrais) os deuses protegiam certas tribos e famílias.

Pele é o arquétipo mais honrado e cultuado pelo povo havaiano até hoje, apesar de todas as proibições e perseguições cristãs. Como *Pele Honua Mea* ela é a representação da *Mulher que muda a terra e a torna sagrada* e costuma se tornar visível antes das erupções de Kilauea. Venerada como a essência do fogo intratelúrico, oferendas continuam sendo colocadas na sua cratera (chamadas *ho'o kupu*) compostas de melado ou mel, moedas, guirlandas (*leis*) de flores vermelhas (principalmente *lehua* e hibisco), frutinhas vermelhas do arbusto nativo *ohelo* ou morangos, raízes, bananas, mechas de cabelos, cigarros acesos, bebidas (rum, conhaque ou aguardente), colares, pulseiras, xales, além de canções e orações. Apesar das difamações cristãs, que afirmavam a existência de sacrifícios humanos para Pele, não existem evidências destes rituais. Porém a lenda de Lo'hiau serviu como argumento para a igreja cristã criar e alimentar a fama nefasta de Pele como "voraz devoradora de homens" e cuja fúria prejudicava a todos com ela envolvidos.

Reverenciada como "Ancestral do povo havaiano" e carregando seu bastão sagrado *paoa*, Pele é chamada de *Kupuna* e suas sacerdotisas, vestidas de vermelho e com a beira dos vestidos chamuscada pela lava, são honradas como *Kaula Pele*, as "Filhas de Pele", que saúdam sua padroeira com a frase cantada: *E ola mau, e Pele e! 'Eli'eli kau mai! Ee-o-la-mao e Pay lay ee! E-lee-e-lee-ka-my*, "muitos anos de vida para você Pele". Em 1888 Mauna Loa irrompeu com uma força nunca vista, sem ceder às preces e missas cristãs. A idosa princesa Kalikolani, conhecedora das antigas canções e práticas nativas, caminhou corajosamente pela camada fina e quebradiça da lama recém-solidificada e, se ajoelhando na beira da cratera, recitou as antigas canções, ofertando xales de seda vermelha e guirlandas de flores de *lehua* (consagradas a Pele). Despejando, aos poucos, porções de conhaque, ela implorou a Pele para poupar a cidade de Hilo, ameaçada pela chegada das torrentes de lava. No dia seguinte a erupção parou e a linda cidade de Hilo foi poupada. Em 1995, outro vilarejo cercado pela lava permaneceu intacto, pelas preces e oferendas de moradores idosos, que ainda acreditam e praticam os antigos costumes.

Até hoje se contam histórias sobre as aparições de Pele como uma mulher velha vestida de branco, que pede carona aos motoristas no caminho que leva ao Parque Nacional de Kilauea (sua morada) e desaparece em seguida. Ou aparecendo como uma linda jovem vestida de vermelho e com flores de *lehua* e hibisco nos longos cabelos negros, pedindo aos transeuntes goles de rum ou conhaque e cigarros (uma manifestação semelhante à Pomba Gira brasileira).

Em uma viagem que fiz em 1998 ao Havaí, a primeira sensação ao avistar do avião a Big Island foi de consternação e tristeza, observando o chão árido e enegrecido, com camadas de lava solidificadas ao redor do aeroporto, resultantes de uma recente erupção. Percorrendo a ilha, fiquei impressionada pelo contraste entre a luxuriante vegetação tropical no nível do mar, com avenidas margeadas por árvores floridas, as encostas da montanha Mauna Loa cobertas por florestas de samambaias e o espetáculo impressionante e inesquecível do parque nacional de Kilauea. Lá, os visitantes podem apreciar as inúmeras fotos das erupções e assistir aos vídeos filmados corajosamente por fotógrafos em helicópteros, voando acima das labaredas de fogo. Ao longo dos trajetos do parque alternam-se crateras, esqueletos de árvores calcinadas, rolos de vapor saindo das fissuras da terra, grutas de lava, pequenos lagos com águas sulfurosas, campos enormes povoados por montinhos de cinzas e formas estranhas de lava retorcida, onde nasce e cresce uma vegetação rasteira e colorida, às vezes até mesmo os arbustos ohelo com frutinhas vermelhas e os ohi'a com flamejantes flores lehua.

À beira do Halemaumau (cratera do Kilauea) me ajoelhei e ofertei a Pele uma toalha de seda vermelha que continha as oferendas dos grupos de mulheres que conduzia em Brasília (dedicados aos estudos e práticas da sacralidade feminina), com flores vermelhas e cigarros acesos. Lá permaneci por um longo tempo orando e invocando as bênçãos de Pele para todas as mulheres, cuja essência precisava ser reativada pelas chamas do fogo sagrado, sem que se queimassem por excesso ou ficassem enfraquecidas pela escassez.

Seguimos depois por um caminho sinuoso que descia até o mar, margeado por crateras e novos rios de lava criados continuamente, mas tivemos que parar devido aos perigos representados pela chegada da noite, a estrada bloqueada pelos vigias, a fragilidade e desigualdade das camadas de lava quebrando-se a cada passo, sem saber o que tinha sob elas e a proximidade dos recém-formados rios de lava incandescentes que desciam para o mar. Ficamos sentados no carro até o dia nascer, meditando e olhando o impressionante e inesquecível espetáculo da briga entre Pele e Namaha, quando do encontro das suas forças se elevavam estrondosas e sibilantes colunas de faíscas e chamas, criando redemoinhos de nuvens e vapor que depois se transformavam em novos pedaços de terra, ampliando assim, continuamente, o tamanho da ilha.

Para quem assistiu a este espetáculo "pirotécnico" da Natureza, é fácil aceitar, compreender, honrar e reverenciar os eternos poderes de criação, destruição e transformação da Deusa, como "Senhora dos Elementos" e detentora do poder e domínio sobre o ciclo de nascimento, vida e renascimento. Na cosmogonia havaiana descreve-se a existência do vazio primordial, uma escuridão infinita e informe, onde surgiu ao longo de eons o ventre escuro da Mãe Terra, conhecida como *Papa* e a luz do Pai Céu – *Wakea*. Da união das polaridades foi criado o universo de opostos e surgiu a vida com inúmeras formas e criaturas. Enquanto houver terremotos e erupções de lava, Pele irá viver nas mentes e nos corações dos havaianos como a personificação da atividade vulcânica que, mesmo sendo pesquisada e explicada pela ciência, a Sua Majestade e o Seu Poder são sentidos como a força sobrenatural da Deusa.

Pele é chamada de *Tutu – ancestral ou avó –* e enquanto os escritores modernos enfatizam o seu poder destrutivo e o seu comportamento irracional e irresponsável, muitas lendas descrevem suas aparições para alertar sobre catástrofes. É evidente sua importância na atual emergência do poder sagrado feminino, poder antes restrito à aristocracia e aos sacerdotes (*Kahuna*). Através dos disfarces da velha feia ou da jovem licenciosa, Pele oferece modelos da força feminina que se revolta contra as imposições e perseguições, destruindo obstáculos e refazendo a sua realidade conforme resumido neste belo verso havaiano:

"Pele, cujo nome representa o fogo que canaliza a sua raiva e paixão, é também aquela que abençoa a lava recém-endurecida com a beleza das suas frutas sagradas, as bolinhas vermelhas do arbusto ohelo".

Assim, como os rios de lava criam uma nova terra ampliando a superfície da ilha, o arquétipo de Pele nos lembra de que, mesmo as explosões emocionais e a raiva canalizada, podem criar mudanças como forças criativas, que transformam e remodelam a "paisagem" – interior e exterior – da nossa vida.

Raiva, a emoção proibida

Tão natural e inevitável como a instabilidade do chão no centro de um vulcão é a presença da raiva escondida da mulher. Algumas mulheres expressam facilmente a sua raiva, mas recebem adjetivos pejorativos para seu comportamento (harpia, víbora, louca, megera). Ou a atribuem à TPM, insatisfação pessoal ou infelicidade conjugal entre outros motivos. Porém, estas mulheres são uma minoria e muitas vezes depressão, psicoses, obesidade ou doenças psicossomáticas são manifestações psicofísicas da raiva reprimida. Ficar deprimida ou doente é mais seguro do que exteriorizar a raiva, que se refugia na sombra e irrompe de forma repentina e descontrolada como o vulcão que expele os rios de lava. Geralmente a causa da raiva é ligada ao poder, as mulheres temem expressar suas emoções para figuras que exercem algum tipo de poder (pais, chefes, professores) e das quais também esperam amor, reconhecimento ou proteção. Quando a criança manifesta sua raiva, ela é geralmente punida, censurada ou reprimida, da mesma forma como alguns homens reagem à raiva feminina.

A raiva manifestada como sombra

Quando a raiva não é expressa ou quando sua causa persiste, ela se transforma em *fúria* ou *ódio*, como sabemos das reações descontroladas de mulheres, dos jovens e das minorias (sociais ou raciais) ao longo da história. *A fúria* – diferentemente da raiva – não é uma emoção benéfica, ela paralisa, *fere ou destrói* como temos visto nos movimentos de revolta para fins políticos ou sociais e nos crimes crescentes de jovens, crianças e mulheres com históricos de abusos, violência ou revolta. Na medicina chinesa a raiva corresponde ao fígado e vesícula biliar e é uma emoção tóxica, provocada por excesso de energia ígnea e que necessita de purificação e eliminação.

Identificar e compreender a raiva

A deusa Pele representa o espírito do fogo, um elemento poderoso que traz calor, excitação, paixão e cura. Mas o fogo também queima e pode prejudicar a nossa vida se não for manuseado com responsabilidade e respeito. Assim como a lava quente de Pele pode destruir tudo na sua passagem, a nossa raiva direcionada para os outros pode queimar e ferir; da mesma forma acontece quando somos alvos da raiva alheia. A raiva e a hostilidade não reconhecida, não expressa e não transmutada, pode queimar o nosso interior e causar vários distúrbios emocionais, energéticos ou espirituais.

Os antigos havaianos faziam oferendas para que Pele ficasse apaziguada e acalmasse a sua fúria. De outra maneira nós também podemos ofertar nossa raiva para que Pele nos ajude a usá-la e direcioná-la de forma adequada e curar as suas consequências nefastas na nossa vida. Para oferendas usam-se flores e velas vermelhas, cigarros, gin ou conhaque, mechas de cabelos, cana de açúcar ou melado, morangos ou outras frutas vermelhas, moedas e penas coloridas.

É importante conhecer a si mesma e saber quando, como e quem provoca a nossa reação de raiva (como consequência do estresse, conflitos emocionais, memórias de traumas antigos no relacionamento afetivo, familiar ou profissional). Ajuda se fizer uma lista enumerando aquelas pessoas que nos fazem perder a calma, reconhecer as situações que nos levam a explodir ou, pelo contrário, engolir a raiva. Recomenda-se anotar as conexões entre "causa e efeito", ou seja, as emoções que desencadeiam nossa raiva e hostilidade nos relacionamentos, no trabalho ou em relação à família, definindo assim a dinâmica comportamental (nossa e dos outros).

Seguir alguns passos básicos neste processo de cura, como citado abaixo, se torna muito importante para a compreensão da raiva.

1. Se pressentir que uma situação ou pessoa pode provocar o seu "vulcão interior", faça previamente uma oração para Pele, ofertando-lhe uma vela e flor vermelha e pedindo-lhe que acalme sua possível explosão, direcionando esta energia para as águas do mar (assim como seguem seus rios de lava), sem prejudicar, nem ferir. Finalize criando uma afirmação positiva, que irá pronunciar mentalmente quando for provocada ou irritada, afirmando a entrega da energia rubra da raiva para Pele, que irá cuidar dela enquanto você "esfria" sua cabeça e acalma o seu ânimo.

2. Observe – em lugar de participar nos "dramas" familiares – como se estivesse apreciando a erupção do vulcão de longe, sem ser por ela atingida. Ao se distanciar e retirar sua energia do "jogo pirotécnico", ele irá acabar, ou continuar, mas sem a sua participação. Tomando conta e controlando suas reações emocionais, você não irá fornecer o combustível para as investidas e agressões contra si. Exercícios de respiração rítmica ou pausada auxiliam a percepção clara daquilo que se passa dentro e fora de você. Quando expirar, libere a ilusão e confusão da situação para que ao inspirar, tenha uma visão clara e racional do problema. Ou expire a sua própria agitação e irritação e imagine-se inspirando a brisa fresca do ar marinho, esfriando e apagando o calor da situação (da qual você está participando ou não, mas pode ser por ela atingida ou "contaminada"). Se a respiração não for suficiente e sentir que está prestes a explodir ou se envolver, afaste-se fisicamente, saindo para respirar o ar fresco da neutralidade.

3. Descarte a raiva acumulada, pois ela torna-se origem de distúrbios psicossomáticos e desgosto, podendo ficar adormecida por anos e de repente explodir, dentro ou fora de nós. Ela deve ser expressa de maneira correta, responsável e com conhecimento de como transmutá-la.

4. Para falar a sua verdade para os outros, use nas frases o pronome "Eu" para descrever o que sente e não "Você" para acusar ou culpar. Depois de uma situação "quente", procure "esfriar" caminhando, malhando, nadando, dançando ou socando almofadas.

5. Partilhe a história da sua raiva em um ambiente seguro, dentro de um círculo sagrado de irmãs ou nos grupos de terapia supervisionada.

6. Transmita sua vergonha e os resquícios não resolvidos de raiva em atividades criativas: pintura, modelagem, canto, música, dança, esporte, artes marciais ou em rituais, usando o fogo para queimar (papéis, galhos), a terra para enterrar (cinzas, papéis), a água para limpar (banhos, sauna sagrada) e o ar para purificar e levar para longe o que sobrou do processo de transmutação (bater tambor, usar chocalho ou sino, gritar, se movimentar e orar). Uma frase havaiana antiga poderá ser seu agradecimento final para Pele: *"E ola mau, e Pele e! Eli' Eli Kau mai"* (Viva para sempre Pele!).

ATENÇÃO: lembre-se de que Pele não gosta que levem como lembrança pedras, conchas e galhos tirados da terra dela. Portanto, se viajar para o Havaí, abstenha-se de incorrer neste erro e depois ter que enviar de volta sua coleção, como têm feito milhares de turistas incautos ao perceber a sucessão de azares e acidentes nas suas vidas, considerados punições da fogosa e raivosa deusa Pele!

Ritual grupal para a deusa Pele

O melhor cenário é ao ar livre, ao redor de uma fogueira ou caldeirão de cobre em que pode fazer fogo. No altar colocam-se imagens de Pele, do vulcão Kilauea (ou outro), velas vermelhas, pedras vulcânicas (compradas da loja) e vermelhas (cornalina, jaspe, granada, ágata, coral), uma concha de abalone para queimar ervas secas (sálvia, cedro, alecrim, flores ou folhas de hibisco) e uma pena de pomba ou gaivota para abanar a fumaça. Cria-se o círculo mágico batendo o tambor ou o chocalho, encenando uma dança rítmica ou havaiana e entoando o nome de Pele. As participantes são purificadas com o incenso e elas devem usar roupas coloridas, guirlandas e coroas de flores vermelhas na cabeça. A dirigente do ritual ou algumas mulheres previamente designadas irão fazer as evocações: LESTE, chamar os guardiões do ar e os seres alados que sobrevoam o arquipélago de Havaí; SUL, chamar o calor e a paixão que emana do ambiente tropical e os guardiões ígneos dos vulcões do Havaí; OESTE, chamar o mistério da caverna em que Pele se esconde e a força majestosa das ondas do mar; NORTE, pedir a presença, a proteção e a sabedoria dos Kahunas, os sábios magos e curadores havaianos; CENTRO invocar a permissão, colaboração e proteção da deusa Pele.

Acende-se a fogueira ou o fogo cerimonial e cada mulher busca se conectar através da sua chama interior com a energia ígnea da deusa Pele através de dança, movimentos, cantos ou sons. À medida que o cone energético cresce em intensidade, a dirigente estimula e apoia as mulheres para realizar uma catarse, removendo, liberando e transmutando os resquícios energéticos da raiva reprimida ou acumulada. A catarse pode ser feita através de pulos, sapateados, palmas, gemidos, gritos, giros e rodopios, até esgotar totalmente os resíduos negativos. Finaliza-se este "exorcismo" queimando papeis, galhos e ervas secas que representam o substrato material da energia da raiva.

> Aviso importante: por mais que se sinta prejudicada pela raiva ou agressão de uma pessoa, jamais queime a foto ou o nome dela escrito, pois este gesto irá alimentar a cadeia de "causa e efeito", com consequências imprevisíveis e prejudiciais.

A dirigente conduzirá com firmeza e suavidade o término da catarse, usando uma música suave havaiana ou meditação dirigida (com imagens de mergulho nas ondas suaves do mar havaiano e a purificação pela brisa e cantos das dançarinas de hula). Se tiver condições, convém deitar no chão para relaxar com respirações profundas, alongando depois o corpo.

O ritual é fechado com uma roda de partilha, passando a "concha de poder" de Pele, para que cada mulher possa relatar sua vivência, seu aprendizado e a mensagem recebida, para que seu futuro comportamento não alimente, nem guarde mais a energia da raiva, nem a própria, nem a dos outros. Agradecem-se às forças evocadas, abre-se o círculo de proteção, celebra-se com um suco de frutas vermelhas e levam-se as oferendas para a deusa Pele, para uma praia ou perto de uma gruta, agradecendo sua proteção, orientação e ajuda.

Para finalizar, gostaria de enumerar os "Sete Princípios Básicos da Filosofia Huna", conforme descrito por Serge King no seu livro *Mastering Your Hidden Self*.

- *Ike* – O mundo é assim como você imagina que é, você cria sua realidade com suas crenças, atitudes, desejos, medos, sentimentos, julgamentos, pensamentos e emoções;

- **KALA** – Não existem limites, a separação é somente uma ilusão, portanto, existe um potencial criativo ilimitado;
- **MAKÍA** – A energia flui para onde a atenção se direciona, os pensamentos e as emoções determinam as experiências;
- **MANAWA** – O poder está no "aqui e agora", mudando as limitações do presente, modifica-se o futuro;
- **ALOHA** – Amar significa sentir-se feliz com aquilo que se tem;
- **MANA** – Todo o poder vem do seu interior, ninguém mais tem o poder de mudar sua vida, a não ser você mesmo;
- **PONO** – Não existe uma verdade absoluta, somente níveis individuais de percepção, conscientização e realização.

Portanto, a essência da filosofia Huna pode ser resumida em uma singela afirmação: "Abençoe o presente, confie em si mesmo e espere sempre o melhor."

Praticando sempre estes princípios – que sintetizam verdades milenares – estaremos aptas para invocar e receber a ajuda da deusa Pele, nos amparando, protegendo, libertando e remodelando para uma vida mais ampla e feliz.

Asteroide Pele

Descoberto em setembro de 1972 por Arnold Klemola, este asteroide do tipo Amor (que não cruza a órbita da Terra) recebeu a numeração 2202 e suas qualidades astrológicas reproduzem os atributos da deusa Pele. Por ser pouco estudado ainda, convém que cada mulher que deseja saber através do seu mapa natal como manifesta a sua raiva, localize o asteroide Pele no mapa e verifique as suas combinações e angulações com os outros planetas e asteroides.

A descoberta do planeta-anão Haumea

Próximo ao Natal de 2004, um planeta menor (um terço do tamanho de Plutão), foi descoberto no observatório Palomar de Havaí, no cinturão de Kuiper, um anel oblongo de corpos celestes, que orbitam em elipse nos confins de Netuno. Estes planetas menores ou asteroides parecem um enxame de abelhas (devido à sua rotação elipsoide) e são denominados de "planetas anões", categoria em que foi incluído também o planeta Plutão.

Os primeiros astrônomos americanos que avistaram o novo planeta em 2004 o chamaram de *Santa*, pela proximidade do Natal (nome lembrando *Santa Klaus*, o equivalente de Papai Noel), mas não fizeram seu registro oficial pelo fato de que um deles entrou em licença paternidade. Em 2005 pesquisadores espanhóis o avistaram também e pleitearam a sua descoberta; devido à celeuma em torno da "paternidade" da descoberta, o planeta ficou sem nome, até que a União Astronômica Internacional o denominou *Haumea*. Ele é composto de rocha com uma cobertura de gelo e mantém seu equilíbrio devido à rápida rotação, sua forma é elipsoidal e seu período orbital é de 285 anos. Foi confirmado que, pela colisão com outro corpo celeste, se desprenderam pedaços de rocha da sua superfície, que continuaram girando ao seu redor, como satélites. Eles foram chamados de "luas", a maior recebendo o nome de *Hi'iaka*, padroeira da dança *Hula* e a menor de *Namaka*, espírito da água (ambas sendo filhas míticas da deusa Haumea, nascidas da sua boca e dos seus seios). Diferente dos outros planetas do cinturão de Kuiper, Haumea tem algumas características estranhas: não é esférico, mas cilíndrico, a sua cor é azulada com uma mancha vermelha num dos lados, sendo cercado por uma "família", ou seja, oito pedaços de rocha orbitando ao seu redor, lembrando as sete ilhas menores em torno da ilha maior de Havaí. Possivelmente Haumea teria sido um planeta maior ou duplo e através de colisões seguidas dele se desprenderam estes pedaços, todos de rocha sólida com a mesma coloração azulada, indicando a presença de gelo.

Por ser nomeado Haumea (parto sagrado) o planeta honra a deusa havaiana *Criadora e Regente da Fertilidade*, cujos filhos nasceram de várias partes do seu corpo. Ele tem 8 luas, simbolizando seus 8 filhos e correspondendo as 8 ilhas do arquipélago havaiano. Como características astrológicas, Haumea confere a habilidade para expandir seu estado de consciência e ampliar a sutil percepção espiritual (semelhante à sua natureza pura de rocha e gelo). Ele é associado com as várias encarnações do espírito, representa a continuidade e simboliza o poder receptivo, a natureza pura da alma ao longo das vidas.

A lição de Haumea é ensinar uma visão holística da vida e a expansão da consciência, ou seja, o renascimento espiritual humano, respeitando e preservando os recursos da natureza. No nível pessoal, Haumea auxilia a conexão com a Mãe Divina e o despertar de novos dons, direcionados para o bem de todos. Seus atributos são: busca espiritual, flexibilidade em mudar, versatilidade, inovação, introspecção, rapidez da percepção, reverência das forças da natureza, sintonia mitológica, celebração do divino, interesse metafísico, panteísmo, auxílio das buscas espirituais e percepção sutil.

Por ser uma energia criadora feminina, o descobrimento de Haumea e sua nomeação por homens revela que a crença na Mãe Criadora está ressurgindo cada vez mais na humanidade e que as questões femininas e das minorias estão sendo colocadas em evidência. Pelo fato de a sua descoberta e nomeação terem sido disputadas por duas equipes de cientistas, bem como devido ao lugar da sua aparição, torna-se evidente que Haumea, a deusa havaiana que criou seus filhos pela partenogénese (assim como os satélites saindo do seu corpo), não pode ser dominada ou possuída pela energia masculina.

As descobertas dos planetas do cinturão de Kuiper coincidiram com os avanços da física quântica. A matéria não é algo sólido, ela é formada pelas vibrações do campo invisível de energia. Portanto, a energia (em forma de fogo) existe dentro da matéria (terra), e o fogo (do vulcão) pode se transformar em terra (lava), demonstrando assim, de forma plástica, como as ilhas vulcânicas surgiram do mar, tendo sido criadas ao longo do tempo pelo fogo telúrico (dos vulcões) ao mergulhar no oceano. Os havaianos sempre expressaram esta crença nos seus mitos simples e na sua fé inquestionável do significado da vida. Haumea surgiu na consciência global apontando – pelo seu simbolismo – a sincronicidade entre os conceitos espirituais polinésios e a nova compreensão científica da existência, em que a matéria é formada por uma força energética que se movimenta tão rápido, que parece ser sólida. Esta força existe e permeia todas as coisas, imprimindo-lhes energia dinâmica ou vida – o que é em termos espirituais o elemento fogo –, personificado por espíritos, deuses e entidades.

Perséfone, Donzela da Primavera e Rainha do Mundo dos Mortos

"Salve Perséfone, Deusa do Fogo e da Terra, Senhora das Sombras e da Luz, Chama misteriosa do Mundo Subterrâneo, abençoe-me com as lições da serpente, para saber como mudar e renascer, abençoe-me com louro e romã para me curar, segure suas tochas para o alto e ilumine o meu caminho com poder, e abençoe-me com sabedoria."

Lunaea www.thesilverbranch.org/goddess/

"Uma filha, jovem e muito amada, é raptada de perto da sua mãe por um poderoso governante conhecido pelos seus atos malvados. A mãe desesperada sai à procura da filha e descobre que o rapto tinha resultado de um acordo entre o supremo chefe religioso e o raptor, sendo que o primeiro era o pai da jovem e o segundo, seu tio materno. Determinada a buscar justiça, com a revolta e a dor devastando sua vida, a mãe inicia um longo e eficiente protesto contra as autoridades, que resulta na volta da filha, traumatizada, mas viva e forte o suficiente para transmutar a sua dolorosa vivência, aceitar e cuidar do seu filho, concebido na escuridão da sua prisão."

Este relato – de um fato comum no nosso cotidiano atual – descreve a trama mítica de uma antiga história grega, que deu origem a um complexo ritualístico pagão, iniciado no segundo milênio a.C. e praticado durante pelo menos 1500 anos, até mesmo após o advento do cristianismo. A mãe descrita no drama era Deméter, a Deusa dos Grãos, cujas dádivas eram essenciais à sobrevivência humana; a filha era a donzela *Coré*, raptada por Hades, o Senhor do Mundo Subterrâneo e que retornou como Perséfone, a "Rainha do Mundo dos Mortos". O drama encenado e consagrado pelos "Mistérios Eleusínios" não representava apenas a felicidade do reencontro e a recuperação de uma mãe e filha após um trauma, mas a visão transcendental da morte e do renascimento, simbolizada pela volta de Perséfone do mundo subterrâneo e sua transformação em Brimo, "Senhora dos Mistérios", grávida de Brimos, o "filho da luz concebido na escuridão" ou Iacchos, "o filho sacro da virgem Perséfone".

A história de Deméter é inseparável da sua filha Coré (que significava "donzela" e "broto"), a quem os historiadores se referem como "as duas Deusas". Nas pinturas e gravuras às vezes é difícil observar diferenças entre mãe e filha, a não ser, os cabelos (presos da mãe, soltos da filha). Às vezes Deméter segura espigas ou frutas e Perséfone flores ou uma tocha, a sua união indicando os aspectos duplos da Deusa: donzela e mãe, juventude e maturidade, vida e morte, semente e fruto, acima e abaixo. Para os povos antigos o mito delas era a vivida e real dramatização do conflito e da oposição entre vida e morte e sua conciliação final pela aceitação e transcendência. A *Morte* aparece como o raptor e violentador da vida, que irrompe de repente das profundezas do mundo escuro e desconhecido, arrancando e levando consigo não apenas velhos e doentes, mas também ceifando vidas jovens e promissoras. A dor e o desespero humano perante as perdas são retratadas no luto e na revolta da Mãe Divina, que segue um caminho longo, difícil e tortuoso, saindo da raiva, do ódio e desespero profundo para confronto, luta e a busca de uma solução, culminando com a aceitação e a transmutação das forças do caos e da morte pela iniciação dos Seus Mistérios.

No início do mito, *Coré*, alegre e despreocupada estava colhendo flores, quando ficou atraída por uma estranha flor (o narciso na visão patriarcal e a flor de lis na interpretação feminista por representar a tríplice manifestação da Deusa), sem saber que ela era consagrada a Zeus e Hades. De repente, Hades apareceu em sua carruagem preta saindo das entranhas da terra e a pegou à força, levando-a para seu reino, a fim de fazê-la sua consorte, sem buscar o consentimento dela ou da mãe. Ninguém ouviu os gritos de Coré além de Hécate, da sua gruta, e de Hélios, o deus solar, que tinha presenciado o rapto. Deméter, desesperada e sem saber o que tinha acontecido com Coré, saiu do Olimpo e iniciou uma busca incessante por ela, auxiliada por Hécate e perguntando a todos sobre seu paradeiro. Entristecida e furiosa por não achar sua amada filha, Deméter retirou suas dádivas e bênçãos da humanidade, o que levou à aridez da terra, à seca e à fome. Preocupado com a carestia dos humanos, que pararam de fazer seus sacrifícios e oferendas aos deuses, Zeus enviou Hélios para convencer Deméter a parar de chorar e se lamentar, aceitar Hades por ser um poderoso e rico genro (além de ser seu irmão), permitir à filha se tornar mulher e não mais mantê-la dependente de si. Apesar desta intimação, Deméter não aceitou ser coagida, pelo contrário, ficou enraivecida com a conivência de Zeus (pai de Coré) com o rapto, e continuou a busca, mantendo-se firme na sua recusa de devolver a vida para terra. Disfarçada em uma mulher idosa e após uma longa peregrinação, Deméter foi parar na cidade de Elêusis, na corte real, onde após alguns contratempos revelou a sua condição divina, ensinou os segredos da agricultura e deu ao povo a dádiva dos grãos, aconselhando a construção de um templo em Sua homenagem, para que nele fossem celebrados os Seus Mistérios. Zeus acabou cedendo perante a dor de Deméter e as preces dos seres humanos e enviou Hermes para trazer Coré – agora transformada em Perséfone – de volta para a sua mãe; o encontro das duas deusas é o ponto alto do mito, chamado *heuresis*, assinalando o fim do sofrimento, o triunfo de Deméter em resgatar sua filha e a volta da abundância para a terra. Porém, antes dela partir, Hades deu-lhe para comer algumas sementes de romã (ou a obrigou, segundo outras fontes), considerada a "fruta dos mortos", além de ser um símbolo da fertilidade. Este fato selou a sua união e obrigou Perséfone a voltar anualmente para o mundo subterrâneo, lá passando um terço (ou metade) do ano como consorte de Hades e "Rainha dos Mortos", os restantes dois terços acompanhando sua mãe no mundo superior, formando a dupla das deusas da vegetação.

O mito do rapto de Perséfone e do desespero de Deméter representa o esforço coletivo de uma antiga cultura para enfrentar, mitigar e transcender o medo e o dilema humano perante a inexorabilidade da morte. Porém, ao mesmo tempo, ele descreve um evento histórico acontecido milhares de anos atrás, que ainda repercute na nossa existência até hoje. O rapto de Coré e o afastamento forçado da sua Mãe Divina retratam a usurpação e assimilação das religiões centradas no culto à Deusa do Sul da Europa antiga, pelas forças patriarcais invasoras, vindo do Norte e Leste europeu, trazendo consigo o poder da espada e os cultos dos deuses guerreiros. Deméter e Coré pertenciam às milenares tradições nativas matrifocais europeias, enquanto Zeus e Hades faziam parte da hierarquia patriarcal posterior às conquistas. Ao longo de alguns milênios, a Nova Religião do Pai, com seus deuses dominantes e hierárquicos se sobrepôs e depois assimilou mitos e símbolos da antiga tradição geocêntrica da

Mãe Divina. Em vários mitos esta assimilação foi descrita e representada nas cenas de rapto, estupro, dominação e subordinação das deusas por deuses, que as transformaram em esposas ou amantes submissas ou filhas dóceis, servindo aos seus propósitos. Desta maneira, o mito de Deméter e Perséfone pode ser interpretado como um drama descrevendo tensões e oposições históricas, religiosas, sociais e culturais (patriarcais versus matrifocais), uma vivida demonstração dos conflitos de valores e conceitos entre o Masculino e o Feminino arquetípico.

O imaginário e a dinâmica deste mito podem ser interpretados por duas perspectivas opostas: pelo prisma da permanência milenar dos valores matriarcais ou como a escalada e o triunfo do patriarcado invasor, estabelecendo uma nova ordem religiosa e social. O ângulo depende dos conceitos, necessidades e compensações psicológicas de quem o interpreta, enfatizando alguns elementos e omitindo outros.

NA VISÃO MATRIARCAL – que é mais fidedigna ao significado original – a ênfase está no poder transformador do Feminino, o ponto central sendo a relação positiva entre mãe e filha e excluindo o elemento masculino, que aparece de forma violenta e usurpadora rompendo este elo. A Deusa prevalece neste drama, como Mãe, resgata a filha dos braços do invasor e do reino da morte; como Filha, ela transforma o usurpador, absorvendo na sua matriz o elemento masculino, gestando, transformando sua energia e dando à luz o filho, como uma nova forma de ser e agir. Neste processo, a transformação de Coré em Perséfone e a presença de Hécate ao lado de Deméter, confirmam a supremacia das faces integradas da Deusa Tríplice como filha, mãe e anciã.

NA VISÃO PATRIARCAL – o tema central é a ascensão do poder masculino, que se apropria de elementos e atributos da Deusa e rompe para sempre os elos matrifocais. Deméter é vista como uma figura negativa, neurótica e possessiva, enquanto Hades é o libertador da filha ingênua de uma dependência materna limitante, despertando-a sexualmente (o rapto visto como uma "iniciação"), tornando-a consorte e rainha e abrindo novos horizontes para a sua atuação. Assim que a deusa se torna mãe do filho do conquistador, termina a supremacia da Mãe e Filha e é preparado o caminho para o nascimento da Nova Religião, em que se honra por algum tempo a dupla divina Mãe e Filho, substituídos depois pelo domínio do Pai e Filho. Este enfoque explica o predomínio dos comentários habituais patriarcais modernos – históricos e psicológicos –, que muitas vezes distorcem ou omitem aspectos do mito original, para avaliar valores e conceitos que fortalecem as estruturas patriarcais.

O nosso mundo atual enfrenta tanto o medo da morte – no sentido literário ou psicológico – quanto às manifestações nefastas e destrutivas do poder patriarcal. A riqueza mítica e a relevância no nível psicológico e comportamental não se limitam apenas aos períodos ou culturas que lhes deram origem. Assim como Jung demonstrou nas suas obras, os antigos padrões míticos, os temas e os dramas, bem como os símbolos arquivados no inconsciente coletivo aparecem e se manifestam nos sonhos, fantasias, criações artísticas, histórias das vidas e dos relacionamentos humanos contemporâneos. Ainda que a sua origem e significados sejam ocultos ou enigmáticos, eles podem ter um grande impacto emocional sobre nós. Este impacto é a marca sutil de um arquétipo, que atua no campo astral e emocional, influenciando nosso comportamento e forma de agir ou reagir, mesmo que a razão ou o conhecimento intelectual não alcancem seu significado. Cada imagem ou padrão arquetípico pode se manifestar de forma sutil (nos sonhos ou emoções) ou no nível racional (na dinâmica dos relacionamentos pessoais ou coletivos). Esta manifestação dualística é importante ao estudar o mito de Deméter e Perséfone, vendo a manifestação dos personagens envolvidos (Deméter, Coré, Perséfone, Hades) como sendo aspectos, *personas* ou sombras de uma mesma mulher; ou interpretar o drama no contexto de uma relação entre duas mulheres (mãe e filha, irmãs, parentes, amigas, parceiras, terapeuta e cliente, mestra e discípula).

No entanto, devemos levar em consideração a visão que os povos antigos tinham sobre os mitos, que eles viam como representações de uma realidade espiritual, compatível com as suas crenças e práticas religiosas, os deuses sendo figuras multifacetadas da dimensão espiritual. A deusa *Deméter* não era apenas uma simples mãe (de uma filha e dos grãos), mas uma deusa tríplice, contendo além dos aspectos maternos o de *Cloé* (a donzela da primavera) e de *Ctônia* (a anciã do mundo subterrâneo), todos associados ao ciclo da vida vegetativa. Os seus ensinamentos eram os dons que a própria Natureza dava aos homens:

plantar, colher, seguir os ciclos naturais e o ritmo das estações. A vida física não era oposta ao espírito, as vicissitudes do corpo e da idade sendo respeitadas como reflexos dos processos naturais. Aquilo que acontecia na Natureza, também se passava na vida humana. O fim do ciclo de vida de uma planta era o paradigma da morte humana; a semente abrigada na terra escura germinava e brotava, podendo frutificar (assim como Perséfone se tornou mãe), depois definhava e apodrecia. Mas ao se tornar composto, ela enriquecia e revitalizava o solo, e desta morte fértil nasciam novas sementes, que germinavam, floresciam e frutificavam, pois a vida contida no fruto era liberada na sua morte. Manifestava-se assim o poder da Anciã, que recicla, sem parar, a morte para reiniciar e continuar o permanente ciclo da vida.

Ver-se como parte da Natureza, aceitar a dependência humana das Suas forças, participar no eterno ciclo de transformação da vida em morte e novamente em vida, proporcionava aos povos antigos a vibrante e prometedora visão do destino humano. Os mortos eram "plantados" na terra e chamados de "povo de Deméter" (*Demeteroi*), ou cremados para acelerar a transformação, suas cinzas sendo entregue também a terra, para que a sua decomposição e fertilização do solo proporcionasse o desabrochar de uma nova vida. Na Natureza tudo é reciclado e modificado, nada permanece estático ou fixo; a única constante sendo a mudança, que é a assinatura da continuidade. Não existe um processo linear, nem um começo ou um fim, nem a eternidade da vida ou da morte, por isso a transformação era a essência e a base das crenças espirituais pagãs.

O mito das deusas Deméter e Perséfone, que deu origem aos *Mistérios Eleusínios* preencheu uma universal e eterna necessidade humana: ultrapassar o terror perante a morte e nutrir a esperança no renascimento. A importância simbólica dos Mistérios foi resumida pelo poeta Homero nesta frase: *"Feliz é aquele que dentre todos os homens vivenciou os Mistérios. Aqueles que não foram iniciados, nem deles participaram, não irão usufruir da mesma sorte quando vão morrer e mergulhar na tenebrosa escuridão."* O poder sagrado dos Mistérios era tanto, que os antigos gregos acreditavam que, sem a sua celebração anual, a vida iria se tornar insuportável e não apenas a Grécia, mas toda a humanidade iria sucumbir.

Os Mistérios de Elêusis se originaram de um antigo festival de outono dedicado a Deméter, celebrado na colheita e denominado *Thesmoforia* (um dos títulos de Deméter era *Thesmophorus*). Este festival, reservado apenas para mulheres, durava três dias, o primeiro dia chamado *Kathodos* (a descida), quando porcos eram deixados pelas sacerdotisas nas crateras da terra repletas de serpentes. No segundo dia *Nestia* (o jejum), as mulheres jejuavam honrando a dor de Deméter pela perda da sua filha. No terceiro dia *Anados* (a subida), os restos dos porcos sacrificados no ano anterior eram trazidos para a superfície e espalhados sobre os campos destinados ao plantio, invocando neste ato os poderes fertilizadores da Deusa como *Kalligeneia* (a protetora do nascimento).

Os Mistérios de Elêusis eram a versão mais espiritualizada da Thesmoforia e seu objetivo era a iniciação visionária. Eles eram abertos a todas as pessoas que falavam grego, não tinham derramado sangue e que tinham participado dos "Mistérios Menores", celebrados na primavera, enquanto os "Mistérios Maiores" aconteciam no outono. O primeiro estágio da iniciação na primavera era o sacrifício de uma leitoa (animal consagrado a Deméter), seguido de uma purificação dos candidatos mergulhando no mar, de olhos vendados. Os Mistérios Maiores eram comemorados no início a cada cinco anos e depois anualmente, durante nove dias. Na *iniciação* propriamente dita, era reencenada a história de Deméter e Perséfone, seguindo os estágios de dor, raiva e alegria, através de uma descida ritualística no mundo subterrâneo (no templo de Hades), seguida da revelação de objetos sagrados, o silêncio, o pavor pela encenação da morte e finalizando com a comemoração – de luz e alegria, com cantos e tochas – do nascimento de *Brimos* (o filho da Deusa), fruto do casamento sagrado. O centro da história era a separação e reunião da mãe e da filha, a descida de Perséfone para o escuro reino da morte, sendo a pré-condição para a continuação do crescimento da vegetação. O encanto da ligação mãe-filha tornava possível a união da vida com a morte, o nascimento e o renascimento sendo fases de um mesmo processo cíclico (um tema comum em outros mitos antigos como o de Inanna e Ishtar). A dupla Deméter-Perséfone representava o eixo horizontal da terra, o centro das atividades cotidianas, o eixo vertical sendo a profundeza onde residia nossa alma. O rapto de Perséfone promove um novo estágio de vida para ambas: Perséfone como esposa de Hades e Deméter como a mãe que deve dividir sua filha com ele. Metaforicamente, as sementes de romã oferecidas por Hades e comidas por Perséfone tornam-se o meio para ela se libertar da mãe, em um verdadeiro rito de passagem.

Nos rituais de Elêusis, os iniciados vivenciavam a história de Deméter: eles ficavam em luto e isolamento, depois se purificavam com o jejum de nove dias (a duração da busca da mãe pela filha) e bebiam o Kykeon (uma mistura tradicional fermentada a partir de cevada, água e hortelã e acrescida do fungo produzido pelo centeio da cevada de efeitos alucinógenos). O mistério da iniciação era cercado de silêncio, que perdura até hoje, apesar de inúmeras teorias e suposições. Os iniciados começavam como mystes "os que não viram e nem falam sobre o que foi revelado" e se graduavam como epotes "os que viram, mas não vão falar sobre o que lhes foi revelado". A única evidência conhecida é o clímax da epifania de Coré, quando o hierofante cortava em silêncio uma espiga de trigo, simbolizando a vida que devia ser sacrificada, para que uma nova vida pudesse nascer.

Existem duas versões do mito: a clássica e tardia em que Perséfone é raptada por Hades e a mais antiga e menos conhecida, divulgada por pesquisadoras e escritoras modernas que atribui a Perséfone a decisão de descer ao mundo subterrâneo para auxiliar e conduzir as almas errantes, missão recusada por Deméter por ela querer cuidar apenas da vegetação sobre a terra. A figura de Perséfone desta versão era anterior a dos "Mistérios de Elêusis" cultuada como "Rainha do mundo subterrâneo"; antes da aparição de Hades nos mitos olímpicos ela detinha as chaves do Céu (*Elysium*) e do Inferno (*Tartarus*). A sua equivalente romana era *Proserpina*, a deusa dos mortos, distorcida no cristianismo pelos demonologistas medievais para a figura de um arquidemônio e considerada a "rainha das bruxas".

A escritora Kathie Carlson no seu livro *Life's Daughter, Death's Bride* (vide Bibliografia) analisa o arquétipo de Coré – Perséfone – e o considera uma imagem dupla, que expressa à progressão de Coré-menina para Perséfone, a *Rainha dos mortos*, a sua trajetória do mundo terrestre para o subterrâneo e a volta, personificando o papel de *psicopompo* (condutor das almas). Não mais pertencendo apenas à sua mãe ou ao seu consorte, ela une os dois mundos e engloba as duas faces do feminino transpessoal – *Donzela e Deusa da Morte*.

Coré como Donzela

Coré é um nome genérico significando, "moça ou donzela"; o que a diferencia de outras deusas (como Ártemis, Atena, Hera) é a sua relevante ligação com a mãe e o fato de que foi raptada. Ela opôs resistência, se debateu e gritou por ajuda, continuando a resistir mesmo no mundo subterrâneo, recusando-se a comer. Quando comeu as três – ou seis – sementes de romã, ela selou sua união com Hades, vencida pelo longo jejum ou talvez sendo ludibriada por ele. Este ato simbólico (engolir as sementes de Hades, ou seja, dele engravidar) é outra violação de Coré e uma sabotagem do poder materno de Deméter (que tinha conseguido obter de Zeus a ida de Hermes para resgatar sua filha do reino de Hades). É neste ato que Coré se transforma em Perséfone, *a filha da vida, na noiva da morte*. Mas da perspectiva matriarcal, o fruto do reino da morte será revitalizado pelo poder da Deusa, que o fertiliza e transforma no Brimos, "Filho do Mistério". A romã – assim como a deusa Perséfone – torna-se uma ponte entre os mundos, e a sua cor rubra, a conecta tanto à morte, quanto à vida, tendo sido usada na celebração dos casamentos e nos ritos funerários.

Perséfone como Rainha dos Mortos

Neste aspecto a Deusa personifica o poder da morte e o medo que a cerca. Na visão patriarcal, Perséfone é a noiva de Hades e sua consorte; mas do ponto de vista matriarcal, ela é a contraparte ctônica da sua mãe Deméter e a Deusa da regeneração. Nesta manifestação, ela transcende os limites do mundo infernal e o drama da morte, revelando o eterno mito da sucessão cíclica do nascimento – morte – renascimento, regido pela Deusa como Filha e Mãe.

As variantes do nome – *Perséfone, Persefata, Proserpina* realçam os poderes negativos do título original *Aquela que engole a escuridão*, como os efeitos destrutivos, assustadores e petrificantes do processo da morte.

Brimo, a Anciã transformadora

Perséfone é a "Rainha dos mortos", mas é somente como *Brimo, a Anciã*, que ela revela todo o seu poder: o de aguentar o rapto e transformar a morte em frutificação. A indefesa donzela não é aniquilada, ela sobrevive à experiência da morte e a transforma em vida no seu ventre, o ancestral e perene "caldeirão da regeneração". As sementes da morte não a vencem, mas dentro dela crescem e se transformam em nova vida. A sequência mítica do papel de vítima para sobrevivente e criadora é um antigo paradigma mitológico da recuperação após o trauma e a libertação da ameaça de aniquilação, usado atualmente nas terapias modernas de cura após abuso, violência, estupro, incesto ou traumas de guerra. Assim como as espigas cortadas e os grãos caídos no chão brotam novamente, Perséfone representa a força vital que renasce, cria e vence os poderes nefastos da violência e da morte.

Segundo o psicólogo James Hillman (citado por Roger Woolger no seu livro *A Deusa interior*), a experiência de Perséfone repete-se em cada um de nós nas depressões, apatias, nos momentos de ódio ou de entorpecimento por uma força desconhecida. Deixar-se levar para o mundo subterrâneo não é o único modo para vivenciar "a morte escura da alma". Podemos considerar este estado como uma iniciação, portanto devemos sacrificar algo do mundo profano e da vida cotidiana e como desafio, unir o lado luminoso e escuro em nós mesmas. No mito isso é sugerido pela presença da deusa Hécate, que revela a sabedoria sombria através da fé e da expansão da consciência. Como acompanhante, Hécate simboliza a mediação entre o mundo terrestre e ctônico e a integração das experiências do submundo no cotidiano. Perséfone representa o nosso *Self* jovem, a criança interior sujeita aos medos e submissões, que devem ser compreendidos e superados com a força da mulher adulta.

O mito de Deméter e Perséfone tem múltiplas facetas e possibilidades de interpretação e uso em terapias psicológicas e vivências espirituais. Os temas abrangem desde a iniciação sexual da jovem filha e sua dolorosa separação da mãe até a realidade social e cultural das mulheres que são submetidas à dominação masculina. Em qualquer forma de abordagem é essencial realçar o paralelismo entre o ciclo da vida humana e o agrícola, a intensidade emocional da narração da separação, perda, reunião e renascimento sendo o tema central da passagem das estações na "Roda do Ano".

O escritor e psicólogo junguiano Erich Neumann interpreta *a jornada de Perséfone como um rito de iniciação e passagem para os Mistérios Femininos*. Nas sociedades pré-históricas e matrifocais, era a relação primordial entre mãe e filha que formava o núcleo grupal. No período patriarcal o homem aparece como intruso e separa com violência este elo. A separação e a reunião da relação primal é o motivo principal dos Mistérios de Elêusis. As iniciações femininas individuais foram denominadas "ritos de passagem" e as destinadas para beneficiar o mundo "rituais cósmicos de renovação". A iniciação é uma jornada cósmica, numa transformação que segue da morte do velho Eu para o renascimento do novo.

Perséfone pode ser equiparada com a alma humana que sobrevive à morte física, por isso seu mito simboliza além do ciclo das estações a reencarnação e renascimento espiritual. Nas vivências dos grupos de mulheres que seguem o caminho da sacralidade feminina é enfatizado o poder transformador e renovador dos arquétipos divinos e celebrada a profunda ligação mãe-filha. No meu livro anterior *Círculos sagrados para mulheres contemporâneas*, o tema da celebração do equinócio de outono (direção Sudoeste na Roda do Ano) é descrito como o "retorno para a Mãe". A finalidade deste ritual é "reverter" o mito e "reescrevê-lo" por meio de uma encenação em que as mulheres participam e afirmam seu retorno para a Mãe Divina, resgatando assim a fonte do seu poder. O ritual oferece símbolos e vivências para o fortalecimento feminino, através da libertação e superação do passado aprisionado no mundo patriarcal (cultural, religioso, espiritual, comportamental) e a reconexão com a Mãe Divina.

No livro *A Deusa Interior*, o autor, pesquisador e psicólogo Roger Woolger usa os arquétipos de seis deusas gregas para uma nova psicologia do feminino, abordando o desequilíbrio psicoespiritual da cultura moderna e oferecendo uma dinâmica para curar "as feridas das Deusas" existentes em cada uma de nós. Através de uma autoavaliação, a mulher irá descobrir a deusa mais influente na sua vida no presente e quais as que estão reprimidas, contidas ou feridas. Ao reconhecer os padrões pessoais e seguir vivências em grupos, as mulheres poderão melhorar seu relacionamento com a mãe, a filha e outras mulheres, superando as divergências e rivalidades provenientes das *chagas das deusas*, que foram ignoradas ou fragilizadas ao longo das suas vidas. Por meio de questionários, meditação, conversas e jogos grupais, as vozes das deusas são incentivadas a se expressar e, assim, integrar a personalidade fragmentada com seus aspectos de luz e sombra.

Outra escritora e psicóloga, Jean Shinoda Bolen, combina no seu livro *As Deusas e a mulher* noções de mitologia e psicologia para ampliar o autoconhecimento feminino e proporcionar às mulheres chaves vivenciais, para integrar e fortalecer seus padrões psíquicos interiores. As sete deusas gregas descritas são vistas como padrões normais do comportamento feminino; aqueles atributos – de determinadas deusas – que não fazem parte da personalidade da mulher devem ser desenvolvidos para que haja uma melhora nos seus relacionamentos, atitudes e realizações, pessoais, coletivas e no mundo. Se a mulher não estiver em sintonia com suas deusas interiores, com a sua própria alma, ela não conseguirá ser verdadeira quanto aos seus próprios valores e sentimentos e não poderá realizar o seu pleno potencial e valor. Sem se deixar dominar pelo arquétipo de uma única Deusa, nem precisar vivenciar todas, a mulher consciente do seu próprio "mito" poderá se sintonizar com diferentes aspectos das deusas em situações específicas da sua vida, e assim, construir a sua própria história. Seguindo o lema "experienciar é transformar-se" e usando a meditação ou imaginação ativa, as deusas podem ser invocadas e seus arquétipos desenvolvidos em função da sua fase de vida, suas necessidades e objetivos.

Recomendo estes livros e as orientações neles descritas para avaliar a ação do arquétipo de Perséfone na vida pessoal, ela sendo a única "deusa escura" entre as deusas analisadas e usadas como sugestões de cura e integração psicológica, comportamental e espiritual.

Em um workshop que realizei anos atrás em Brasília nomeado "A cura da relação mãe e filha" usei o drama de separação, perda e reencontro de Deméter e Perséfone como tema na cura e transmutação dos padrões dolorosos nas relações mãe-filha. Durante as vivências, as mulheres marcadas pelo arquétipo de Perséfone relembraram situações trágicas, sofridas ou devastadoras durante sua infância ou adolescência (morte ou doenças dos pais, separação familiar, abandono, abuso sexual, violências, mudanças, privações). A transmutação dos registros e lembranças negativas permitiu que elas descessem ao mundo escuro do inconsciente, ultrapassassem sua dor e raiva, criassem um ritual individual de renovação e estabelecessem uma nova comunicação com suas mães e familiares.

A criança imatura pode ser confrontada com um sofrimento que está além da sua compreensão e aceitação emocional, o trauma da separação, abandono ou abuso deixando marcas profundas na sua psique. Se este tipo de mulher descobrir a riqueza oculta do seu inconsciente, ela poderá acessar sua intuição, compreender os sonhos, se comunicar com o mundo espiritual, resgatar conhecimentos de outras vidas e penetrar nos mistérios esotéricos, das curas alternativas e das artes psíquicas. A mulher que não conseguiu ultrapassar a sua dor vai continuar sentindo a atuação dos fantasmas do passado, permanecerá no lamento das perdas e em lugar de desenvolver seus dons psíquicos, irá "anestesiar" com compulsões e dependências (álcool, drogas, sexo, comida, compulsões, omissões, trabalho, TV, internet). Ela terá que lutar sozinha contra os demônios da depressão, desespero, dissociação, autodestruição, permanecendo à mercê dos fantasmas do passado. Cria-se uma autoimagem de derrota, fracasso, impotência, a pessoa se torna passiva e acomodada, aceitando a vontade e autoridade alheia e alimentando a síndrome de vítima ou desamparada. As mulheres que permanecem nesse estágio infantil atraem parceiros dominadores, que vão decidir por elas, e a quem irão entregar a responsabilidade de cuidar e direcionar suas vidas. Ao perder o contato com o seu poder, a mulher se torna vulnerável e atrai situações de opressão, domínio e violência.

A sexualidade é um assunto difícil para a mulher marcada por Perséfone, podendo ser vista como uma violentação ou intrusão, levando à frigidez ou bloqueios ou atrair parceiros "escuros" e situações de violência e degradação sexual.

Representando uma "deusa escura", o arquétipo de Perséfone pode ser ativado em qualquer idade quando se experimenta uma separação repentina, perda ou abandono. Mas, ao iniciar de forma consciente a nossa descida na escuridão, Perséfone pode ser nossa guia para o inconsciente e nos revelar visões de renovação saindo das "águas escuras" do submundo da psique. Perséfone abençoava os mortos e os iniciava nos ritos de renascimento. Os seus mistérios eternos podem ser encenados em qualquer uma de nós quando enfrentamos a escuridão e passamos pelas transformações psíquicas e espirituais à espera do renascimento.

Prática ritualística usando a imaginação ativa

O objetivo é localizar aspectos sombrios do nosso psiquismo e equipará-los com energias ou imagens já existentes no nosso "submundo" e que devemos transmutar.

O cenário mental que iremos "construir" poderá ser uma caverna subterrânea ou um labirinto mergulhado na escuridão, que iremos percorrer procurando encontrar um ponto escuro do nosso passado, que nos feriu profundamente e nos aprisionou na lembrança dolorosa (pode ser uma situação, período, acontecimento familiar, grupal ou pessoal).

Entrando em conexão com esta energia, sentimos a dor emocional como flechas físicas fincadas em algum lugar do nosso corpo; com coragem e determinação iremos arrancar as flechas e guardá-las na nossa mão. Percebemos o vazio escuro ao nosso redor como uma armadilha representada pela situação de dor do passado, que nos aprisionou e amarrou com fios escuros enrolados no nosso corpo. Sabendo que devemos nos livrar da teia pegajosa das lembranças negativas, arrancaremos os fios e os enrolamos ao redor das flechas da nossa mão.

Cercadas pela escuridão, sentimos frio, medo e solidão, mas sabemos que devemos sair da inércia e da acomodação na dor, precisamos reagir e seguir adiante. Devagar, daremos os primeiros passos, invocando mentalmente a deusa Perséfone para nos guiar e proteger no escuro mundo subterrâneo. Aos poucos, a escuridão vai sumindo como uma névoa, o ambiente se torna cada vez mais claro, até que diante de nós aparece um portal, tendo nas suas beiras um pilar preto e outro branco.

No meio deles, sentada sobre um tronco de pedras cinzentas está uma mulher velada, que irradia tanta luz, que sentimos paz e conforto preenchendo nosso coração. Em seguida, nos ajoelhamos em frente a ela, colocamos no chão o fardo pesado das flechas e fios ligados ao passado e permanecemos em reflexão e reverência.

Após alguns momentos, elevamos as mãos em forma de oração e Lhe pedimos ajuda, sabendo que ela é a "Rainha da Morte" e também a "Senhora da Renovação". Tocadas pela compaixão que sentimos irradiando Dela, expomos a situação/conflito que nos trouxe para o mundo subterrâneo e lhe pedimos o aprendizado necessário, que irá nos impedir de cair novamente. Ao lhe entregar as flechas e os fios, nomearemos as emoções e os padrões mentais que nos prenderam às situações negativas do passado, vendo-os nítidos à nossa frente, mas se desvanecendo e sumindo lentamente na luz que irradia da Deusa. Perséfone pega uma tocha que está ao seu lado e a passa ao redor, queimando e limpando as máculas do passado. Ela nos entrega a tocha para iluminar o caminho, nos abençoa e nos faz sinal para ir; percebemos que de repente, após caminhar um pouco, estamos de volta no mesmo ponto em que iniciamos a descida, porém o ambiente agora está iluminado, agradável e cercado de flores. No meio delas, vemos a nossa mãe carnal nos sorrindo, abraçando e abençoando com o seu amor que sempre existiu, mesmo que nem sempre o percebemos, retribuímos ou reconhecemos.

Após abrir os olhos, alongar o corpo e fazer algumas respirações profundas anotaremos a vivência, agradecendo às deusas Deméter e Perséfone e levando uma oferenda para elas em algum campo ou jardim florido (algumas espigas de trigo, flores, sementes, uma romã ou maçã e um pouco de vinho tinto ou suco de uva).

Para criar um RITUAL INDIVIDUAL que represente uma iniciação espiritual, deve ser percebido e internalizado o significado do processo de iniciação, ou seja, passar para um nível mais elevado de consciência. Como modelo que servirá para a adaptação pessoal, podem ser usadas as etapas ritualísticas dos Mistérios de Elêusis: preparação (banho, jejum, silêncio), recolhimento e isolamento, sacrifício (através de um ato de desapego, mudança comportamental, doação de algo que já cumpriu com sua finalidade, mas tem valor), recolhimento em um espaço sagrado, meditação e visualização em busca de uma revelação ou mensagem, oferenda e um ato de gratidão (sabendo que a Deusa está em toda parte e em todos os reinos e seres).

Asteroide Perséfone

Descoberto em 23 de fevereiro de 1895 e registrado como o asteroide 399, a sua presença no mapa natal indica as áreas em que fomos *aprisionadas* ou *forçadas* a aceitar situações que nos foram impostas. Ele também revela como evitamos assumir responsabilidades ou mostrar assertividade, cedendo nosso poder aos outros ou permitindo que ele nos seja tirado pela força, persuasão, sedução, fragilização, imposição ou chantagem emocional. Com outras palavras, o mito de Perséfone pode ser aplicado na interpretação astrológica como uma alegoria da nossa perda de poder e assertividade, da aquiescência de limitações e regras impostas por figuras masculinas ou maternas, o *congelamento* do nosso livre-arbítrio, do discernimento e da capacidade de decidir, escolher e assumir as responsabilidades decorrentes das próprias opções, decisões ou omissões.

Dependendo das casas astrológicas em que o asteroide está localizado, ele indica também as memórias dolorosas ligadas a separações familiares, transições difíceis de uma fase para outra (infância, adolescência, maturidade, divórcio, viuvez, perdas afetivas) e a repercussão da opressão, fragilização ou vitimização. Para perceber melhor a sua ação no mapa, devem ser analisadas as angulações e aspectos entre Ceres, Éris e Plutão. Usando sua mãe como escudo, a mulher com influência forte de Perséfone mantém os outros à distância, com acusações, negações e se colocando como vítima. Ela pode usar sua beleza e encantos como uma máscara ou proteção, sentindo-se mais próxima do pai e da mãe do que dos pretendentes, parecendo fria e indiferente ou acusando os homens de assédio e agindo como uma agressiva-passiva. Às vezes pode se sentir reprimida e oprimida pela mãe, desejando se libertar, mas sem saber como alcançar a sua independência.

O seu ensinamento pode ser resumido desta maneira: *não existem impedimentos cósmicos ou telúricos para assumir e exercer o próprio poder, ter que aceitar a opressão alheia ou a obrigação de pedir permissão antes de decidir, desde que isso seja feito dentro do equilíbrio cármico, com consciência, justiça, equilíbrio, sabedoria e respeito pelos outros.* Perséfone nos lembra de que devemos decidir e agir por nós mesmas, sair da escuridão dos medos, da omissão, anulação ou acomodação, para buscar e alcançar objetivos e metas que favoreçam a plena e correta expressão do nosso potencial de mulheres conscientes, seguras de si, conectadas e protegidas pela luz e a força da Mãe Divina.

Asteroide Proserpina

Descoberto em 5 de maio de 1853 e registrado com o número 26, o asteroide Proserpina tem efeitos semelhantes com o Perséfone, os nomes sendo expressões de um mesmo arquétipo divino, cultuado pelos romanos e pelos gregos. Assim como no mito grego de Perséfone, a história de Proserpina descreve o processo de vida, morte e renascimento.

Proserpina se origina do termo latino *serpere* que significa "rastejar para frente" e também seu nome foi identificado com a serpente, como mostrado nas insígnias das bruxas italianas por uma meia-lua com a serpente enrolada ao redor. No mito romano (cujo enredo é idêntico ao grego) ela é filha de Ceres e Júpiter e sobrinha de Plutão – que sai do vulcão Etna da Sicília enquanto Proserpina colhe flores, a rapta, violenta e leva para seu reino, tornando-a "Rainha do Submundo". Para se vingar do rapto da filha, Ceres seca a vegetação do mundo, mas Júpiter consegue um acordo com Plutão para dividir a permanência de Proserpina entre os dois mundos. Plutão ludibria Proserpina a comer seis sementes de romã para passar metade do ano com ele e lhe cede a outra metade com a mãe.

Algumas escritoras feministas sustentam que Proserpina não foi violentada, e sim desceu de bom grado para o Submundo para auxiliar os mortos. Na Sicília havia um costume que permitia às donzelas se livrar de um casamento forçado fugindo com o seu namorado, pois passar uma noite com ele qualificava o estupro, o que obrigava ao casamento, cumprindo de forma indireta o desejo da jovem, mas preservando formalmente a sua honra.

Proserpina canaliza uma energia difícil de definir, oscilando entre a inocência juvenil e a dependência da figura materna, passando por provações em que a sua passividade e fragilidade é duramente testada, até alcançar um estado de consciência ampliada e sabedoria obtida através de sacrifícios. Assim como Perséfone na sua manifestação como Coré, Proserpina sai da superproteção de Ceres para se tornar esposa de Plutão e Rainha do mundo subterrâneo, que recebe e cuida das almas dos falecidos. Na sua jornada, através de experiências dolorosas e sacrifícios necessários, ela passa pela transmutação e libertação do passado e alcança uma visão e compreensão profunda dos processos de perda, morte e renascimento. Como arquétipo divino, Proserpina é uma guia na nossa jornada terrestre, auxiliando-nos a encontrar o caminho certo mesmo na *noite escura da alma*, nos assistindo no processo de "morte" do velho Eu e da transformação, que é o prelúdio para um novo nascimento.

No MAPA NATAL o asteroide Proserpina define as mulheres sensíveis, artistas, imbuídas de uma forte determinação, conscientes do seu poder de sedução e mais maduras do que as influenciadas pelo asteroide Perséfone. Nos mapas, às vezes é difícil definir a influência do asteroide devido à mescla de energias: filha amada de Ceres, donzela inocente raptada por Plutão, esposa de Plutão e Rainha do mundo subterrâneo. Neste último aspecto ela recebe os espíritos dos mortos e, portanto, é uma guia para outros reinos e níveis psíquicos e espirituais.

No ASPECTO NEGATIVO o asteroide manifesta falta de compromisso ou inércia, tendo que aprender por duras experiências. Ele mostra onde a mulher acabou se deixando levar, sem assumir as ações ou decisões necessárias, sendo passiva ou acomodada e ensina como aprender das lições do passado sem ter que sofrer novamente. O asteroide indica onde a pessoa tende a assumir a linha de menor resistência, ser passiva ou inerte e ensina as consequências deste comportamento inconsciente, mostrando como se adaptar e mudar em resposta aos desafios, ampliando a percepção sutil.

Proserpina representa uma energia espiritual difícil de lidar por ser um desafio saber com precisão qual é a sua verdadeira essência. Para isso precisamos cultivar o silêncio pela meditação e nos abrirmos aos insights. Ignorar sua presença irá atrair situações nefastas e escuras, mas se honrá-la, terá uma preciosa aliada na sua jornada evolutiva e de expansão espiritual.

Ran (Rahana), a Rainha Nórdica dos Afogados

"Heil Senhora dos mares gelados do Norte, cujo cabelo ondula no entrelaçamento das algas e nas águas ribeirinhas, esposa do poderoso Aegir e mãe das Nove Donzelas das Ondas. Eu louvo e honro o Seu infinito poder como Mãe: das águas salgadas, do plâncton, dos peixes, corais, conchas, mamíferos marinhos, das anêmonas, medusas, moreias, enguias e das multicoloridas algas. Salve Senhora que nos desafia ver que a natureza não pode ser por nós dominada, pois somos apenas uma pequena parte do Todo e que, por sermos feitos de carne e osso, podemos nos afogar. Eu peço o Seu perdão e clemência para todos os seres humanos que poluem e agridem o Seu habitat, que não agradecem pela Sua abundância, cuja arrogância os faz esquecer que dependemos da Sua boa-vontade, tolerância e benevolência, tão necessárias para a nossa sobrevivência."

Nine Sister's Shrine. Raven Kaldera

O mar era chamado pelos povos nórdicos de "caminho de Ran", pois os navegantes sabiam que nas profundezas dele era esta a Deusa quem abrigava os que se afogavam, ficando para sempre sob o seu domínio. Apesar de *Ran* ser citada nos poemas como fazendo parte das deusas Asynjur, há poucas referências sobre ela nos mitos. Ran era considerada a *Senhora do oceano e das tempestades, Regente do caos marinho, Padroeira dos afogados* que ela recolhia com uma rede mágica e os levava para o seu reino no fundo do mar, além dos redemoinhos do Mar do Norte. Ela tratava bem os mortos, desde que levassem consigo ouro, por isso os marinheiros e viajantes colocavam nos seus bolsos, antes de viajar, moedas ou pepitas de ouro, garantindo assim a boa acolhida nos salões de Ran. As famílias acreditavam que, se vissem os fantasmas dos parentes afogados nos seus sepultamentos, isso significava que eles estavam bem cuidados no palácio escuro, mas faustoso de Ran, tendo dela recebido a permissão de comparecer nos enterros, como uma despedida final.

Apelidada de *Destruidora*, *Ran* tinha um temperamento imprevisível, pois ela personificava a natureza mutante do mar; ao mesmo tempo em que dava a vida, era a *Senhora da Morte e Renascimento*, pois recebia os corpos mortos para a sua renovação. Na expectativa de derrubar os barcos, ela criava redemoinhos e maremotos, para que do esconderijo nas grutas dos rochedos, pudesse atirar a sua teia mágica, arrastando as vítimas para o seu habitat. Ran hospedava os afogados nas cavernas profundas escavadas nos corais, onde lhes servia o hidromel, a bebida sagrada da imortalidade, assim como era feito nos banquetes celestes dos guerreiros mortos no palácio de Odin, em Valhalla. Chamada de "tocha do mar", o brilho do ouro – que ela adorava – iluminava os salões do seu palácio, conferindo uma auréola cintilante ao redor da Deusa do mar profundo.

Ran era a *Rainha das Ondinas, Sereias e Nixies* (espíritos aquáticos com formas femininas), que se aproximavam nos meses frios de inverno das fogueiras dos acampamentos dos pescadores, após terem assumido corpos e trajes femininos. Seduzidos pelos seus encantos e beleza, os homens se apaixonavam, mas após fazerem amor com eles, as sereias desapareciam e os seus admiradores adoeciam de tristeza e saudade, definhando até morrer.

Descrita como uma mulher bonita, sedutora e forte, com cabelos encaracolados de algas marinhas, roupas enfeitadas com corais e conchas, segurando com uma das mãos o leme do barco e na outra, a sua rede mágica para recolher afogados e os tesouros dos navios afundados. Conhecida pelo seu temperamento imprevisível e caráter malicioso, ela detinha um amplo poder profético, *o dom da sedução, da magia e transmutação*, além do talento musical. Ran era protetora das moças, mulheres solteiras e viúvas dos afogados, bem como dos marinheiros e pescadores. Ela é semelhante à deusa Hel, ambas sendo Regentes da Morte e tendo seus domínios abaixo de *Midgard*, a morada da humanidade, *Ran* no reino aquático e *Hel* no mundo subterrâneo. Ran busca as vítimas pegando-as com a rede, enquanto Hel espera tranquila que elas apareçam no seu habitat. Os oceanos de Ran cercam os continentes de Midgard, seu palácio forrado de ouro ficando entre corais, rochedos, peixes e animais, apoiado no fundo do mar. No mito de Ragnarök, após a devastação final pelo fogo, Midgard mergulha lentamente no reino frio e escuro de Ran, para dele emergir novamente, purificado e renovado.

O mar era regido pelo casal de deuses – Aegir e Ran –, pais das nove *Donzelas das Ondas*, que seduziam os marinheiros com seus hipnóticos cantos, longos cabelos louros, reluzentes olhos azuis e belos corpos esbeltos, induzindo-os a mergulhar no mar para irem ao seu encontro. Assim como a mãe, mostravam súbitas mudanças de humor, provocadas pelo sopro do vento, ora balançando suavemente os barcos, ora tumultuando as ondas e desorientando os navegantes que encontravam no seu caminho. Tanto eram protetoras das embarcações dos navegantes Vikings, removendo da sua rota obstáculos e armadilhas, quanto nas tempestades destruíam tudo que estava ao seu alcance.

No reino de Aegir – para onde iam os barcos funerários transportando as cinzas dos guerreiros cremados – viviam seres fantásticos e espíritos marinhos de formas e nomes diferentes como os *Nicors* (ou *Old Nick*, sinônimo de "diabo"), os parceiros das ondinas *Strömkarls*, além das *Nixies*, *Näcken* e *Nök* (espíritos femininos da água, semelhantes às sereias, ondinas, náiades e ninfas gregas). As sereias – *mermaids*, seus parceiros masculinos – *mermen* e outros espíritos do mar que aparecem com diversos nomes no folclore escandinavo, báltico e alemão, possuem o dom da metamorfose, aparecendo como lindas mulheres ou jovens sedutores, que tanto ajudavam os pescadores e marinheiros desorientados pela neblina ou os enfeitiçavam com canções mágicas, levando-os para naufragar nos rochedos ou se afogarem no turbilhão das ondas.

Em várias lendas são mencionados os *draugar* ou "mortos vivos", espíritos fantasmagóricos sem corpo físico, mas possuindo ainda uma parte da sua estrutura sutil e energética. Nas sagas islandesas, são descritas as aparições nas festas de Jul (ou *Yule*, o solstício de inverno) dos marinheiros afogados, com as roupas molhadas e algas nos cabelos, mas desejando beber com seus familiares. Os fantasmas podiam aparecer sem forma humana – como chamas ou lampejos – devido aos seus resíduos etéreos, mas desprovidos de consciência. Devido à falta de energia para a sua sustentação física, eles podiam roubar fluidos vitais das pessoas presentes, provocando arrepios, mal-estar e calafrios, indicando assim a vampirização. As alucinações, pensamentos nebulosos e perturbações psíquicas provocadas pelas sugestões hipnóticas ou atuações sensoriais dos espíritos da água, são mais comuns e relevantes nas pessoas que reprimem seus desejos sensoriais ou alimentam fantasias e ilusões criadas pela sua própria mente. O navio era um meio de passar de um reino para outro, sendo um símbolo nórdico tanto das cerimônias fúnebres (os guerreiros mortos eram cremados nos seus próprios navios), quanto da propiciação da vida (quando era levado nas procissões de bênção da terra). Os povos nórdicos oravam para as divindades regentes da fertilidade pedindo a dupla colheita (do mar e da terra) e sua proteção contra os infortúnios da natureza (tempestades, inundações, granizo, pragas, queimadas).

Podemos adotar atualmente um antigo costume nórdico: antes de empreender uma viagem marítima, fazer uma *oferenda para a deusa Ran e as Donzelas das Ondas*. A oferenda pode constar de pedras semipreciosas (jacinto, água marinha, ágatas), cristais (com inclusões ou "fantasmas"), abalone, corais, estrelas do mar, algas marinhas e conchas, tudo colocado dentro de uma teia de filó (lembrando a rede de Ran), além de despejar no mar hidromel ou vinho branco. Ao levar a oferenda para uma praia (de mar ou rio) deve-se pedir proteção e a bênção de um talismã preparado com antecedência parara levá-lo sempre consigo: uma âncora, um pentagrama, runa Algiz ᛉ ou Laguz ᛚ desenhadas com tinta azul sobre um pedaço de madeira ou cartolina, um cristal de jacinto (zircão amarelo), um pedaço de coral, outro de abalone e uma concha, guardados em um saquinho de filó. Pode ser preparado também um pequeno altar para Ran e Aegir, pedindo-lhe proteção (principalmente antes de viagens marítimas) usando água do mar, um pote com areia, conchas, estrelas do mar, corais e imagens de navios. Antes da viagem, convém acender uma vela verde, fazer uma oração e em seguida levar a oferenda para perto de uma água corrente (sabendo que todos os rios desaguam no mar).

A aparição de Ran – em sonhos, visões, oráculos – indica movimento ou viagens, que não são limitadas aos translados físicos (pela água ou por terra), mas podem implicar nas viagens espirituais ou projeções astrais. Em qualquer uma destas possibilidades, a cautela e as medidas de proteção (física, energética, espiritual) são extremamente úteis, cuidando dos "ventos" contrários, evitando as armadilhas das visões ou das atrações sensoriais. As mulheres que usam as runas como oráculo podem consultá-las, com cuidado especial para as indicações relativas a viagens e sinais de alerta. É importante prestar atenção aos sonhos e mensagens, pois os avisos e presságios sutis podem alertar sobre eventuais perigos. Muitas vezes recebemos mensagens que recomendam cancelar uma viagem ou dobrar os cuidados e a proteção, medidas essenciais para não cairmos na "teia" das armadilhas (físicas, emocionais, mentais ou astrais). Para merecer a proteção e ajuda dos deuses marinhos, suas filhas e súditos, devemos assumir um compromisso de assistência e preservação do seu habitat, participando de um projeto ecológico, preservação da flora e fauna marítima ou simplesmente colaborando na limpeza das praias e dos rios.

Rhiannon, Deusa Equina Celta, Regente da Morte e Regeneração

"Ela é escuridão, assim como é luz, Seus ciclos abrangem todas as fases e manifestações. Ela é a Rainha da Noite brilhante e da temida escuridão, uma guia para os caminhantes perdidos e a Guardiã do portal para o mundo subterrâneo. Ela traz criatividade e visões, bem como o sono, o esquecimento e a morte. Ela é o lar das almas que ainda não nasceram e dos mortos que aguardam o renascimento."

Moon, Moon. Anne Kent Rush

"Hail Rhiannon, Senhora da égua branca, destemida e orgulhosa Rainha, auxilie-me a aceitar as incertezas na minha vida, relembre-me que as minhas lutas são significativas e recompensadoras e que nada é impossível se acreditar na minha vitória. Hail Rhiannon dê-me a Tua habilidade em me recuperar dos reveses e me mover adiante, poder ouvir os cantos dos Teus pássaros mágicos e encontrar sabedoria e coragem para alcançar meus sonhos."

Rhiannon. Pagan Books of Hours

A origem de *Rhiannon* vem do arquétipo da Grande Mãe galesa, padroeira da fertilidade – *Rigantona* ou *a Grande Rainha*. A sua trajetória é relatada no poema épico celta *Mabinogion*, composto de um conjunto de contos galeses compilados entre 1066-1250 e traduzidos por Lady Charlote Guest no século XIX. Rhiannon aparece como personagem central em três histórias diferentes, em três capítulos (ou "ramos") separados, descrevendo três estágios distintos da sua vida como donzela, mãe e anciã, associados com as fases lunares e os estágios de vida da mulher. Desta forma, Rhiannon era associada com Lua, noite, sangue, sonhos, magia, cavalos, pássaros, fertilidade da terra, soberania e mundo subterrâneo. No primeiro capítulo de Mabinogion, Rhiannon aparece como a jovem esposa do rei de Dyfed, *Pwyll;* no terceiro como viúva de Pwyll e casada com outro herói *Manawydan*. A ligação entre estes capítulos é feita no segundo, que relata o nascimento do seu filho, em que também são descritos seus pássaros mágicos (que despertam os mortos e adormecem os vivos), evidenciando assim a sua natureza sobrenatural.

O mais importante aspecto da identidade de Rhiannon é seu simbolismo equino, que aparece em vários episódios do mito, assim como a sua capacidade de metamorfose.

A descrição habitual de Rhiannon é de uma linda mulher com cabelos avermelhados, montada sobre uma égua branca, vestindo um manto de penas de cisne e acompanhada de três pássaros: um branco, outro verde esmeralda e outro dourado. Rhiannon podia trazer sono tranquilo e bons sonhos propiciados pelo canto mágico dos pássaros, mas também tormenta e pesadelos (em inglês "pesadelo" é *nightmare*, ou seja, "égua noturna"). Como uma deusa sorridente cercada de flores e frutas era reverenciada pelos seus dons de fertilidade no País de Gales, Irlanda, Gália (com o nome de Epona), Escócia (como Bubona) e no Império romano (como Rigatona).

O PRIMEIRO EPISÓDIO SOBRE RHIANNON (primeiro "ramo" de Mabinogion) descreve como *Pwyll* estava sentado na colina de Gorsedd Arberth, um lugar mágico onde podiam ser assistidos fatos sobrenaturais ou recebidas punições pela falta de merecimento. Pwyll viu passando perto dele uma linda mulher envolta em luz dourada, cavalgando um cavalo branco. Sentindo uma forte atração por ela, Pwyll enviou um dos seus cavalheiros para segui-la, mas por mais que o cavalheiro corresse no seu veloz cavalo, não conseguiu alcançá-la. A cena se repetiu no dia seguinte e, no terceiro dia, o próprio Pwyll decidiu segui-la. Quando viu que não conseguia alcançar a moça, pediu para que parasse; o que ela fez imediatamente. Pwyll pediu-a em casamento e ela concordou por preferi-lo ao seu outro pretendente, Gwawl. Foi então marcado o casamento no prazo tradicional – um ano e um dia, quando ele deveria se apresentar na corte do rei Heffaid e pedi-la em casamento. Assim foi feito!

Depois de um ano, Pwyll voltou aos pés da colina de Arberth e encontrou o povo em festa; perguntou o porquê dos festejos e alguém lhe disse que nesta noite, a filha do rei Heffaid se casaria. Durante a festa, um estrangeiro chegou e sentou-se junto de Pwyll, iniciando uma relação de amizade. Pwyll contou que por ser um dia muito feliz para ele, o visitante poderia lhe pedir como presente de boas-vindas tudo o que quisesse; menos a sua espada e o seu cavalo. O estrangeiro aproveitando-se da oferta pediu-lhe sua noiva e, por ter feito uma promessa que não podia quebrar, Pwyll teve de aceitar. Rhiannon o reprimiu pelo gesto impensado, mas lhe disse que não se preocupasse, pois ela iria pedir novamente ao pai, um prazo de um ano de noivado, expondo então, quais eram as etapas que deveriam seguir. Pwyll voltaria após um ano, vestido de mendigo, com uma bolsa encantada de pele (que ela lhe deu), e que deveria pedir ao candidato a noivo (o estrangeiro) que a enchesse com alimentos. Mais um ano se passou e, durante os festejos para o novo casamento, Rhiannon declarou a seu pretendente que não se casaria com uma pessoa sovina e sem compaixão. Logo depois, chegou o mendigo (Pwyll) pedindo ao noivo que enchesse sua bolsa com provisões. Gwawl, o estrangeiro, foi colocando comida e mais comida naquela bolsa e nada dela se encher. Após algum tempo, afirmou que isso tudo bastava e que não iria lhe dar mais nada. Rhiannon logo interveio dizendo que não se casaria se o noivo não enchesse a sacola do mendigo, e completou dizendo que já havia visto uma destas bolsas e que só um cavalheiro de muito valor e coragem, que pisasse sobre ela dizendo "basta", a faria ficar cheia. Rhiannon sugeriu que o noivo chamasse um de seus melhores companheiros para cumprir a tarefa, mas Gwawl, indignado, disse que era impossível, pois o melhor homem do reino era ele e que faria isso, com facilidade. No entanto, ao pisar sobre o saco, logo se viu preso nele pelas artimanhas mágicas de Rhiannon e Pwyll que, finalmente livres do estrangeiro intrometido, puderam se casar.

O SEGUNDO EPISÓDIO SOBRE RHIANNON (no segundo "ramo") é a concepção, nascimento e desaparição do seu filho. Quando Rhiannon recém-casada chegou à corte de Pwyll, deu presentes generosos a todos os nobres e cavalheiros, adquirindo a fama de ser uma rainha que trazia prosperidade. Porém, quando após três anos de casamento, ela continuava sem engravidar (devido a uma maldição do seu pai que preferia ter tido como genro o outro pretendente, Gwawl), os súditos de Pwyll se viraram contra ela e lhe pediram que a mandasse embora (para os celtas, os descendentes reais assinalavam a abundância da terra e a sorte do rei). Pwyll resistiu por amar muito a sua esposa, mas no fim teria que ceder; acuada Rhiannon usou suas artes mágicas e acabou dando à luz um menino. Na noite do parto, esgotada pelo esforço, Rhiannon pegou no sono, mas antes disso ela encarregou suas seis acompanhantes de cuidarem do seu filho. Inexplicavelmente, elas também caíram num sono profundo e quando acordaram, o berço estava vazio. Apavoradas com as consequências da omissão, elas agiram de uma maneira incompreensível e macabra: mataram um cachorrinho e espalharam seu sangue no berço, na cama e nas roupas de Rhiannon, besuntando também seu rosto. Em seguida deram o alarme, dizendo que a rainha tinha matado e comido seu próprio filho. Acusada de infanticídio, Rhiannon ia ser expulsa do reino, mas Pwyll lhe deu um castigo estranho para poder mantê-la ao seu lado. Durante sete anos, ela devia ficar sentada na entrada do palácio, relatar seu crime aos visitantes e carregá-los no seu dorso como se fosse uma égua, porém nem todos aceitavam.

Enquanto isso, o menino que tinha sido raptado, crescia feliz, adotado e cuidado por uma família vassala do rei, que possuía a melhor égua de Gales. Todos os anos, no dia primeiro de maio, a égua paria, mas logo depois o potro valioso desaparecia, sendo raptado por um monstro. Após saber dos desaparecimentos, o dono da égua decidiu vigiar e impedir o rapto, mas mesmo atingindo com um bastão o ser misterioso, não conseguiu ver quem ele era. Ao voltar para o estábulo, encontrou no lugar do potro um menino enrolado em panos de seda e o fazendeiro decidiu adotá-lo. Quando o menino cresceu, tornou-se evidente a sua semelhança com o pai e lembrando-se do desaparecimento do herdeiro real, o pai adotivo o levou à corte de Pwyll, que o reconheceu, e Rhiannon lhe deu o nome de *Pryderi* (aborrecimento), como lembrança do seu injusto sofrimento, provocado como vingança, pelo noivo ultrajado, Gwawl.

NO TERCEIRO RAMO, descreve-se como após a morte de Pwyll, Rhiannon casou-se com Manawydan, um artesão e mago. Devido a uma série de vicissitudes que tornou o reino um território árido e provocou o aprisionamento do seu marido e filho, Rhiannon descobriu que a causa era a vingança de outro mago pela armadilha prévia de Pwyll e Rhiannon contra Gwawl, filho do mago e noivo inicial. Com suas artes mágicas, Rhiannon consegue anular a maldição, liberar os prisioneiros e o reino prospera novamente.

A natureza sobrenatural e mítica de Rhiannon é percebida pelo seu caráter e os detalhes dos mitos, o seu nome sendo ligado a *Annwn*, o Outro Mundo galês. Uma constante no seu mito é a associação com *cavalos* (um tema mítico celta associado com heróis), que sugere seus atributos de *Deusa da Soberania*, além de ser *regente da fertilidade da terra*. Algumas fontes consideram Rhiannon como uma das três deusas ancestrais celtas (ao lado de Branwen e Arianrhod). No relato da desaparição do seu filho, aparecem vários elementos sobrenaturais, assim como na punição imposta pelo Pwyll, que reforça o simbolismo equino e a ligação de Rhiannon com o Outro Mundo; seus pássaros mágicos faziam "os homens dormir e esquecer, ou acordar os mortos", outro elemento sobrenatural.

O caráter de Rhiannon é repleto de mistérios, contradições e paradoxos – ao mesmo tempo em que ela era uma deusa da fertilidade, teve dificuldades para engravidar. Mesmo detendo poderes mágicos, não pode prevenir e impedir o rapto do seu filho e, apesar de ser uma soberana, foi caluniada e punida. Sendo uma "deusa escura", o seu mito é complexo e paradoxal, mesclando vida/morte, esterilidade/fertilidade, poder/perseguição e punição, assim como consta também nos mitos de Macha, Maeve e Morrigan. Como arquétipo divino feminino, Rhiannon tem várias faces: ela é "Senhora do Outro Mundo", mulher forte que supera a injustiça e perseguição, mãe amorosa que pare seu filho às vésperas de primeiro de maio (o *Sabbat Beltane*), quando se festejava o casamento sagrado e as promessas de fertilidade da terra. Apesar de ser acusada e punida injustamente, passando por dificuldades, humilhações, separação e perda do seu filho recém-nascido, ela não perde a dignidade e revela a sua força interior de Grande Soberana. O seu comportamento mesclado de metáforas mostra o poder interior e a determinação de alcançar seus objetivos: comunica ao Pwyll sua decisão de casar com ele, arquiteta a armadilha para afastar o outro pretendente, usa suas artes mágicas para engravidar e resiste bravamente até que sua inocência é provada e seu filho devolvido. Como mulher madura, viúva e casada com Manawydan, ela continua forte, ágil física e mentalmente, segura e poderosa no uso da magia, com qual liberta seu marido e filho do encantamento ao qual tinham sucumbido, bem como devolve a fertilidade à terra que tinha se tornado estéril. Representando a triplicidade feminina (jovem, mãe e anciã), Rhiannon expressa seu potencial de beleza, força, coragem, integridade e sobrevivência. Ela pensa e age com rapidez, tem compaixão e amor, é leal e autêntica, íntegra nas suas intenções e atitudes. Ao nomear seu filho, ela reafirma o ancestral direito materno de dar o nome ao filho, sem citar a ascendência masculina.

As dádivas de Rhiannon para as mulheres são: lealdade, verdade, honra, aceitação, paciência, amor, coragem, resiliência, poder mágico, superação e perdão. Rhiannon nos ensina a não permitir que as dúvidas e medos ruinem a nossa autoconfiança, transformando o otimismo em desespero, a coragem em acomodação e a vontade em procrastinação. Em relação ao mundo externo, podemos usar o ceticismo e a cautela em lugar de confiar cegamente. Porém, em relação aos conceitos e decisões que dizem respeito à nossa vida, devemos evitar que medos, indecisões, dúvidas e incertezas impeçam o nosso crescimento pessoal e a plena realização do nosso potencial inato. Podemos invocar Rhiannon nos momentos difíceis da nossa vida realizando um ritual simples:

Reservando um tempo e um lugar apropriado para introspecção e reverência, prepare o altar com os quatro elementos (vela, cálice com água, incenso e uma drusa de cristais), uma imagem de Rhiannon e uma pequena oferenda para ela: uma maçã, uma taça com vinho ou suco de uvas ou maçãs, aveia em grão, espigas de trigo, ervas aromáticas (lavanda, alfazema, malva) e uma pequena ferradura (pingente, enfeite ou bordado).

Relaxe o mais profundamente que puder, com a certeza de que o lugar em que está é realmente seguro. Procure sentir a conexão existente entre o seu corpo e a terra, "despregando-se" das suas preocupações e problemas terrenos, percebendo-os se desgrudando do seu corpo e caindo sobre o solo, exatamente como as folhas que se soltam das árvores no outono. Esvazie a sua mente o quanto conseguir e, quando os pensamentos surgirem, deixe gentilmente que eles caiam sobre o solo.

Veja-se num imenso campo verde rodeado por árvores frondosas. É primavera, a vida palpitante e nova cerca você: flores, grama, pássaros, fragrâncias e toda a estonteante explosão dos verdes vividos das folhas recém-desabrochadas. Fique desfrutando da beleza desse lugar por algum tempo. Ao deliciar-se com as cores, aromas e sons desse recanto, de repente você percebe que um cavalo branco, conduzido por uma amazona, sai do bosque que circunda o campo. A mulher é jovem, bela e as suas vestes cintilam sobre o seu corpo. Os seus cabelos são avermelhados como as chamas do fogo, e os seus olhos exibem a vivacidade azul do céu da primavera. Você está diante dessa mulher, ela lhe envia um sorriso amoroso e em seguida cavalga na direção de um caminho que existe entre duas macieiras. Siga-a por todo esse percurso, recortado pelas curvas sinuosas e ladeado por uma cerva viva, cheia de pássaros cantando. A mulher continua envolta pelo seu mistério, ora surgindo à sua frente, ora desaparecendo em alguma curva do caminho. Embora sem conseguir alcançá-la, você está perfeitamente ciente de que esse mistério faz parte da essência da "Senhora", que não para de buscar faz muito tempo.

Sua busca continua, até que finalmente você chega a uma clareira, onde uma antiquíssima e frondosa macieira se eleva ao lado de um velho poço. Apesar de não conseguir ver a mulher em nenhum recanto, assim mesmo você é capaz de perceber que essa jornada lhe foi muito valiosa. E com os passos firmes encaminha-se até o poço. Lá chegando, de repente, você se dá conta que trouxe um presente, uma oferenda para Rhiannon. Comece a olhar fixamente para aquilo que está oferecendo, gravando-o na memória, e depois o jogue na água, debruçando-se na murada do poço. Diga uma ou duas palavras que expressem o amor, a reverência e a dedicação que você sente pela Deusa, e dedique a ela sua oferenda. Permaneça ao lado do poço até que o seu presente seja totalmente absorvido pela água; ao se sentir subitamente fatigada, deite-se então debaixo da velha macieira para descansar. Perceba as raízes fortes da árvore acolhendo-a carinhosamente. Permaneça algum tempo neste contato revigorante, até que Rhiannon se aproxima de você e lhe pede que revele o seu sofrimento. Tente então, falar sobre os seus problemas, pronunciando as palavras num tom baixo, quase como um sussurro. A Deusa está escutando com muita atenção tudo aquilo que é dito por você e apesar de ela lhe parecer jovem para compreender os seus assuntos particulares, o fato é que você tem toda a convicção de que está sendo entendida e tem a mais clara certeza de que a ninguém mais, além dela mesma, poderá ser confiada a sua dor. Rhiannon vai ajudá-la a carregar o seu fardo, até que você arrume uma maneira para diminuí-lo, pois ela sempre estará ao seu lado, durante o tempo que for necessário.

Quando, enfim, estiver pronta para retornar, levante-se, agradeça a Rhiannon, e se despeça dela. Você já está sentindo toda a sua força renovada e uma nova disposição para fazer o que é preciso. Retorne, então, pelo mesmo caminho até chegar à velha macieira, e depois ande até o campo onde tudo começou. Abra os olhos somente quando sentir-se pronta para o retorno e para finalizar a visualização.

Depois de encerrada a visualização, erga a oferenda na mão direita e pronuncie esta saudação: *"Rhiannon, Grande Rainha, Deusa da Juventude, da beleza, do amor e da paixão, eu lhe agradeço por ter me ajudado e prometo sempre reverenciá-la. Eu a saúdo, Rhiannon!"* Erga a taça de vinho na mão esquerda, dizendo estas palavras de gratidão: *"Rhiannon, Grande Rainha, Senhora da Primavera e da Terra Verdejante, eu lhe agradeço por ter me ajudado e me fortalecido."* Sorva um gole do vinho (ou suco) leve a maçã, a oferenda e a bebida num lugar fora de casa, de preferência arborizado.

Coloque no seu altar uma imagem de Rhiannon e a ferradura, pedindo a sua bênção, proteção e ajuda para quando quer iniciar uma tarefa difícil ou "cavalgar" rumo ao sucesso de um projeto seu. Agradeça-lhe sempre que a invocar, lembrando que às vezes *"é melhor não pedir do que pedir demais"*, e que os pedidos devem ser sempre *"para o seu bem e o de todos os envolvidos"*.

Scatach, a Mulher que Semeava o Medo

"Que possamos seguir os passos dos nossos ancestrais honrados,
Que possamos caminhar com coragem, respeito e honra,
Que a nossa caminhada seja de integridade, honrando os guerreiros mortos.
E que possamos honrar Scatach e partilhar da sua sabedoria.
Salve os nossos ancestrais, salve a nossa sábia Mestra Guerreira.
Eu honro Scatach e todas as lições que Ela possa nos ensinar."

Learning to Honor Scathach: Reviving a Warrior's Cultus.
Galina Krasskova

Scatach é uma figura misteriosa do folclore celta e seu nome aparece na coleção medieval *Red Branch*, formada por lendas, sagas e descrições de fatos heroicos. Como uma das deusas mais arcaicas da mitologia celta, Scatach pode ser considerada uma divindade importante das áreas povoadas pelos celtas, sua influência e culto tendo se espalhado para as costas do continente europeu, alcançando os Alpes. Quando os romanos dominaram a Gália, os gauleses, assimilando costumes latinos, ergueram santuários em honra desta deusa; porém a sua veneração é documentada principalmente na Irlanda, particularmente na região de Ulster. A etimologia do seu nome – *Scatagh* (gaélico irlandês), *Scath* (galês) e *Scatach* (gaélico escocês) – é controvertida, variando entre *sombria, vitoriosa, aquela que desperta os medos*.

Possivelmente uma famosa guerreira divinizada, Scatach passou a representar a "Face Escura" da Deusa como *Guardiã dos Guerreiros nos combates* e *Condutora das suas Almas* para *Tir na nOg*, a "Terra da Eterna Juventude". Semelhante às Valquírias nórdicas, Scatach vagava pelos campos de batalha em busca das almas dos guerreiros caídos e as conduzia ao longo da *Imrama Anam*, a "Jornada da Alma", para Tir na nOg. Sua fortaleza *Sun Scath* (O Castelo das sombras) era alcançada pelos buscadores apenas depois deles passarem nos testes árduos por ela impostos: escalar rochas afiadas das montanhas, entrar no covil de um dragão, atravessar o "deserto dos azares" e passar pela "corredeira dos perigos". Mas o desafio maior era conseguir chegar do outro lado da *ponte dos saltos*, que catapultava aqueles que tentavam passar por ela, se elevando e voltando para o ponto de origem cada vez que alguém pisava sobre ela, caindo no abismo onde monstros esperavam devorar o incauto viajante. Somente os guerreiros mais valentes e astutos conseguiam calcular seus saltos de forma que pudessem pular por cima da ponte oscilante sem ser por ela esmagados, ou atingidos pelos objetos atirados das suas margens. Depois de aceitos como discípulos por Scatach, os guerreiros recebiam treinamento nas lutas subaquáticas, para conquistar fortalezas, vencer inimigos e manobrar um arpão farpado por ela criado – *gae bolg* – que tinha que ser jogado com os pés e, uma vez fincado no corpo, explodia uma carga de dardos que rasgavam o inimigo. Scathach treinou e ensinou ao herói irlandês Cu Chulainn as técnicas de guerreiro e também os mistérios do sexo, tornando-o um poderoso mago, além de valente combatente.

Além de Mestra Guerreira severa e impiedosa, conhecida como *a Mulher que semeava o medo*, Scatach era conselheira e profetisa, dominando a quiromancia celta chamada *imbas forosnai* e prevendo assim o destino dos guerreiros antes das batalhas. Ela era Patrona dos ferreiros, da cura, magia, profecia e artes marciais. Os guerreiros às quais ela concedia treinamento passavam por três etapas:

1. ARMAMENTO: conhecer e manusear todas as armas disponíveis, tanto as feitas pelo homem, como aquelas que poderiam ser extraídas da Natureza, durante um combate.
2. NOMEAÇÃO: adotar um novo nome para o resto da vida que lhe traria a glória da batalha.
3. INICIAÇÃO SEXUAL: quando Scatach lhe concedia "a amizade das suas coxas".

Seguindo essas três etapas, ao voltar à Irlanda, o guerreiro seria invencível. O mais famoso discípulo de Scatach foi o guerreiro irlandês Cu Chulainn, que atravessou a ponte de Scathach com o "salto do salmão": pulou até o meio da ponte e, com um segundo pulo, chegou até a outra extremidade, demonstrando metaforicamente o "pulo de fé" para ingressar no reino sagrado feminino. Os celtas sabiam que o caminho mais curto ao mundo do inconsciente é com a ajuda de uma mulher, pois ela já nasce treinada nos mistérios femininos, possuindo um elo nato com a *noite*, a *escuridão,* o *útero* e a *Grande Mãe*.

Júlio César afirmou que as mulheres guerreiras irlandesas tinham muita força e que nas batalhas contra os celtas, quando elas eram chamadas, havia poucas chances de se obter uma vitória. Um exército inteiro de romanos era incapaz de deter um punhado de galeses, quando esses pedissem ajuda às suas mulheres. As mulheres celtas eram tão boas guerreiras quanto os homens, muito temidas por sua valentia e força, pois não eram vencidas fisicamente com facilidade. Elas sempre os precediam nas lutas, muitas vezes surgiam nos campos de batalha como verdadeiras feras, que nuas, gritavam, uivavam e insultavam o inimigo com imprecações, empunhando lanças e clamando pela ajuda das Deusas Guerreiras. Se fosse preciso, mostravam suas nádegas como um ato de desrespeito ao inimigo, ao puro estilo celta. Suas ações eram fulminantes, parecendo que se convertiam em verdadeiras lobas que lutavam raivosamente para proteger sua tribo. As mulheres guerreiras não só desfrutavam do status da elite guerreira, como também tinham obrigações, uma das principais era instruir os novos guerreiros. Muito embora a mulher celta fosse uma guerreira nata, ela se preocupava com a aparência, trançava os longos cabelos, usava muitos adornos e enfeites em suas roupas coloridas para atrair a atenção do sexo oposto. Era forte, mas feminina, consciente do seu poder sagrado, pois sabia que era a única do gênero humano que podia dar vida. Sem descendência, não haveria família, clã, ou tribo, a população se tornaria menos numerosa, possuindo menos recursos, diminuindo as mãos para o cultivo e os guerreiros para a guerra.

Há relatos históricos de que a mulher celta de antigamente ocupava um lugar privilegiado em comparação com mulheres de outras sociedades daquela época. Ela evoluiu em "pé de igualdade" com os homens, tanto nos direitos, quanto nos deveres. A mulher da Velha Irlanda, único lugar que nunca foi conquistado pelas legiões romanas, manteve sua independência até o século XII e durante mais três séculos ainda estava em plano de quase igualdade com o homem. Ela não foi derrotada em luta pelos romanos, mas sim despojada do seu poder e dos seus direitos pelo cristianismo. Pode-se dizer que a mulher celta foi a grande precursora do feminismo moderno. Antigas lendas falam de mulheres sábias, médicas, legisladoras, instrutoras, druidesas, curadoras, videntes, magas, escritoras, cantoras e poetisas, indicando que as mulheres ocuparam essas posições dentro da sociedade sem serem excluídas do privilégio da educação, como comprovam numerosos registros a respeito. Também havia mulheres que governavam e esposas de governantes muito populares, assim como muitas guerreiras no mando militar, como o caso de Boudica, a rainha e chefe da tribo britânica dos Iceni, cujas ações bélicas – para defender suas terras – foram consideradas as mais sangrentas e corajosas entre as realizadas pelos celtas.

Scatach foi a mais famosa guerreira do seu tempo, ocupando um lugar de destaque no panteão celta pagão, antes de ter sido destronada pela introdução de cultos romanos ou cristãos mais tardios. Somente ela conhecia os segredos mágicos que tornavam os guerreiros invencíveis: saltos e gritos amedrontadores, ritos e objetos mágicos, além de certas posturas que lembram as artes marciais orientais. Mestra que ensinava, instruía, educava, que podia ser tanto terrível e punidora, quanto protetora, Scatach recebeu de seus devotos epítetos que indicavam suas qualidades guerreiras, como *Scatagh Nuamaind* (a Invencível) ou *Scatagh Buanand* (a Vitoriosa). Os celtas a descreviam como uma formidável mulher guerreira, de grande beleza, sem idade definida, que irradiava uma força sobrenatural, alta e musculosa, mas feminina e encantadora, com cabelos cor de fogo e olhos verdes, usando vestimentas de guerra, um *kilt* (saiote escocês) e os seios nus ou simplesmente o corpo nu. Sua irmã *Aoife* era sua rival, mas Scatach a venceu numa batalha com a ajuda do herói Cu Chulainn, que mais tarde tornou-se seu amante, assim como também de uma filha de Scatach, completando, portanto a sua iniciação. Algumas fontes dizem que Scatach foi mãe de três virgens: *Lasair, Inghean Bhuidhe* e *Uathach,* cultuadas como *deusas sazonais*: da primavera, verão e colheita, que foram cristianizadas e transformadas em santas.

Mais Deusa do que simples mortal, Scatach possivelmente foi uma Amazona que viveu alguns séculos, sendo assim um dos muitos exemplos míticos que receberam nuances sobrenaturais e por isso torna-se difícil saber onde termina a história da mulher e começa o mito sobrenatural. Esta dicotomia é um traço comum em várias culturas e uma das razões que explica porque as religiões são fundamentadas em mitos e não sobre fatos históricos, os mitos sendo mais ricos e detalhados do que os relatos descrevendo atos humanos.

COMO PODEMOS USUFRUIR NA NOSSA REALIDADE CONTEMPORÂNEA – DISTANCIADA EM TEMPO E ESPAÇO – O VALOR DO ARQUÉTIPO E OS ATRIBUTOS DESTA DEUSA GUERREIRA CELTA?

Analisando o nosso mundo atual, podemos perceber que vivemos em guerra – de ideias, valores, crenças, atitudes, conceitos, princípios e ideais. Temos destruído tradições e legados ancestrais e desrespeitado a memória dos nossos antepassados. Precisamos resgatar o respeito por eles, honrando e valorizando seus ensinamentos e práticas, restabelecendo o culto dos ancestrais e mostrando gratidão pela nossa herança e legado espiritual. Scatach pode nos ajudar a aprender o valor da disciplina e da responsabilidade no mundo, no nível individual e coletivo. A sua arte mostrava que a vitória era alcançada pelo controle; o controle através da disciplina e a disciplina pelo trabalho constante, consciente e responsável. É este o *Caminho da Guerreira*, que vence em si as sombras e assim define a sua atuação vitoriosa e sábia nos embates da sua própria vida.

Honrando as lições de Scatach poderemos restaurar e reconstruir o legado ancestral e colaborar para criar uma sociedade responsável e digna, que respeite todos os seres vivos, independentemente de crenças, valores, ideais e níveis de consciência, voltando a honrar os ancestrais e as divindades e respeitando os conceitos, valores e limites alheios.

Podemos invocar a presença de Scatach na nossa vida para caminhar com coragem, dignidade, respeito e integridade, pedindo a sua força e sabedoria nos nossos conflitos diários. O nosso inimigo que está sempre à espreita é o medo, algo natural ao ser humano fragilizado pela árdua luta para garantir sua segurança e que encontra armadilhas e emboscadas, que esgotam ou distorcem a sua força. Portanto, todas nós devemos meditar e avaliar nossas experiências, vulnerabilidades, perdas e derrotas, mas igualmente, livrar-nos da letargia, desistência e medos, para assim nos tornarmos Filhas dignas da nossa Mãe Guerreira.

Meditar com o arquétipo de Scatach pode ser difícil, precisamos olhar profundamente dentro de nós e confrontar os medos e tudo o que nos impede de realizar o potencial inato. A melhor forma de meditar é num ambiente silencioso e escuro, pois assim favorece-se o recrudescimento dos medos, fobias e emoções reprimidos. Trazendo estes registros negativos para a mente consciente e confrontando-os, o seu passado perderá o poder negativo sobre o presente e abrirá lugar para um futuro luminoso.

Antes de iniciar a meditação, é recomendável tomar um banho de purificação com sal grosso e ervas (arruda, eucalipto, cipreste, pinheiro, sálvia, alecrim, manjericão). Escolher ou criar um talismã de proteção para segurar durante a meditação como: pentáculo, *triskelion*, runas, espiral, "olho ou mão da Deusa", cruz solar ou outros. O assim chamado "olho grego" é a reminiscência de um antigo símbolo da Deusa (originário da Mesopotâmia há 5000 anos e da Anatólia há 3000 anos), enquanto a "mão de Fátima" era o gesto usado pelas antigas sacerdotisas das deusas da Síria e Babilônia para abençoar as pessoas e as casas.

Após um relaxamento físico com respirações profundas, desligando-se de qualquer estímulo ou conexão com o mundo externo, visualize um recinto escuro, sob a terra (caverna, gruta, câmara subterrânea). O ambiente deve ser totalmente escuro e silencioso, por mais que isso possa intimidá-la. Entregue sua preocupação e tensão à terra que a abriga, perceba o cheiro da terra úmida, da decomposição de plantas e do musgo que cobre as paredes e o chão. Comece a pensar nos seus medos maiores, oriundos de vivências traumáticas, acidentes ou consequência de fracassos, erros, conceitos errados ou proibições impostas pelos outros. À medida que eles surgem na sua tela mental, invoque a deusa Scatach e peça-lhe que a ajude a se libertar deles. Você pode se ver lutando com eles como se fossem monstros, mas se usar a sua coragem, determinação e fé na ajuda divina, irá vencê-los ou transformá-los em simples resíduos energéticos (como raízes velhas, folhas apodrecidas, pedaços de rocha esfarelada, terra com restos de vegetais).

Passe as lembranças negativas uma por uma por este processo de transmutação até sentir que o pesado fardo de impedimentos e bloqueios se desvaneceu. Mentalmente saia deste ambiente escuro sem levar nenhuma das energias negativas lá existentes e transporte-se para uma clareira numa floresta de pinheiros, com o chão coberto de flores e frutas silvestres. Sente-se no chão, oferecendo seu corpo cansado ao abraço reconfortante da terra, a quem você entrega o restante das suas preocupações e dúvidas. Ouvindo o canto dos pássaros e inalando o aroma dos pinheiros, perceba como os raios do sol que aquecem o seu corpo estão se transformando em bolinhas de energia dourada, que flutuam ao seu redor. Pegue estas sementes de luz divina uma por uma e visualize nelas os seus novos dons, as possibilidades de afirmação, realização e expressão pessoal que substituem os antigos medos, bloqueios, dúvidas e inseguranças. Permita-se receber esta dádiva de Scatach com o coração pleno de gratidão, sentindo sua aura de força guerreira envolvendo você e lhe dando a certeza de que Ela estará sempre ao seu lado para lhe fortalecer e ajudar, se você lhe pedir, se abrir e confiar neste contato e auxílio.

Volte energeticamente e mentalmente para o espaço físico onde seu corpo está, estique braços e pernas, tome algumas respirações profundas e abra lentamente os olhos, trazendo sua consciência para o "aqui e agora". Anote suas impressões, principalmente os objetivos e meios para alcançá-lo, que a Grande Guerreira lhe revelou.

Uma prática meditativa mais simples pode ser feita entrando em estado alfa, imaginando seu corpo físico relaxado, coberto por uma manta de lã colorida e sua mente calma e tranquila. Visualize seus chacras um por um, vendo a sua sequência colorida: vermelho, laranja, amarelo, verde, azul, índigo e lilás. Sinta-se protegida e segura mentalizando ao seu redor a energia protetora de Scatach. Veja em seguida a pessoa ou situação que a está ameaçando ou amedrontando e comece pintando devagar um enorme "X" branco luminoso sobre ela. Diga: *Eu neutralizo isso,* quando a pessoa ou a situação estiverem totalmente cobertas com o X. Mencione sempre que esta projeção seja feita corretamente e para o bem de todos.

Invoque a seguir a deusa Scatach pedindo-lhe que traga para sua vida o dom da justiça, a verdade expressa nas ações e atitudes das pessoas, a sabedoria manifestada em suas próprias palavras, pensamentos e ações, conseguindo alcançar, no final, a vitória dos seus projetos e iniciativas. Peça à Deusa que defenda e fortaleça o seu corpo, familiares, carro, casa, espaço de trabalho, que proteja sua mente e seu espírito de invasões e atuações negativas, que impeça que o medo enfraqueça o seu ser e desequilibre as suas decisões e ações. Peça-lhe para que esteja ao seu lado e que, com a sua ajuda, possa sempre defender os seus limites contra a invasão dos inimigos visíveis e invisíveis. Visualize a Deusa vestindo-a com uma armadura de luz multicolorida, lhe colocando na mão a espada da vitória e a coroando com os louros do sucesso, para que celebre assim o reconhecimento dos seus méritos e a obtenção daquilo que almeja, deseja, merece e irá obter, através do seu esforço e com a ajuda divina.

Sedna, Regente Inuit das Profundezas do Mar

"Meus dedos foram decepados, fui ferida e machucada, mentiram para mim, fui traída e abandonada. Meu sofrimento era imenso, nas profundezas do coração do oceano onde me deixaram para morrer, compreendi o modo como vivi minha vida desamparada e com medo, sempre numa atitude passiva em vez de ativa, e percebi o que fiz. À medida que a compreensão expandiu minha consciência, peixes e mamíferos aquáticos cresciam dos meus dedos cortados. Transformei-me num "velho prato de comida", Aquela que sustenta seu povo, não mais uma vítima."

The Goddess Oracle. Amy Sophia Marashinsky

"Deusa do mar e do céu, dos Teus dedos floresceram as baleias, Tu habitas no fundo do abismo onde somente os mortos Te visitam. Tanto tempo ficaste distante amada amiga, mas hoje, Te encontro para além de todos os caminhos, onde somente o Sol aquece o mar frio."

Silêncios Largos. A.Klein

Sedna é um arquétipo divino amplamente cultuado pelos povos inuit que habitam nas regiões polares do Canadá, Alaska, o Extremo Norte de Rússia, Sibéria, Finlândia, Suécia, Noruega, Islândia e Groenlândia. Estes povos adotaram algumas crenças cristãs, mas seguem basicamente suas tradições religiosas ancestrais. O conceito principal deles é que todos os animais têm alma (*anua*), da qual uma parte (*anarneq*) ia para o mundo subterrâneo, enquanto *tarneq* era a manifestação física da alma. Cada tribo tinha tabus e cerimônias para assegurar a prosperidade, saúde e sucesso nas caçadas, tendo seus xamãs que viajavam ao reino dos espíritos para procurar ajuda, proteção e orientação.

Havia várias divindades que cuidavam de cada espécie de animais e das atribuições e atividades humanas, mas todos eram filhos da mesma *Senhora dos Animais*. Ela recebeu várias formas e nomes como *Sedna* no Canadá; *Arnakapfaluk* (A grande mulher má), *Nivikaa* (A mulher jogada fora do barco) e *Nerrink* (comida do mar) na Groenlândia ou *Meghetagna* na Sibéria. Amada por algumas tribos, temida por outras, mas sempre respeitada e reverenciada, o seu mito inclui temas de sofrimento, vingança, abundância e nutrição, sendo considerada pelo povo do Alasca a *provedora dos alimentos do corpo* (por parir peixes, focas, baleias e ursos polares) e do *fortalecimento da alma* (pelo redirecionamento da raiva, do sofrimento e o alcance de uma nova condição espiritual). De uma simples mortal que era, ela se transformou em uma Deusa, Guardiã e Senhora da fauna e flora marinha.

A história da sua vida é triste, retratando as agruras da vida nas regiões árticas: perto do oceano Ártico vivia *Anguta*, um velho viúvo muito pobre, e sua linda filha *Sedna*, cobiçada por todos os homens. Porém, ela era muito pretensiosa e altiva e não queria nenhum dos pretendentes, até que um dia, um lindo pássaro aquático metamorfoseou-se em um jovem e começou a cortejá-la, prometendo-lhe uma vida faustosa, com bastante calor, luxo, comida e servas para cuidar dela. Encantada pelas promessas, Sedna se deixou levar nas asas do pássaro (uma gaivota gigante) para bem longe do seu pai, que não tinha concordado com a sua decisão. No entanto, logo descobriu que o pássaro tinha mentido, ele não possuía nada, em lugar do palácio prometido a morada era um ninho sujo e mal cheiroso e era ela que devia cuidar de tudo, passando frio, fome e solidão, se alimentando das carcaças de peixes.

Sedna começou a lamentar o seu antigo comportamento altivo, que a fez rejeitar inúmeros partidos melhores. Cada vez mais infeliz, ela pediu ao seu pai para vir buscá-la, o que ele fez atravessando o mar no seu velho caiaque. Não se sabe ao certo como ele conseguiu tirar sua filha das garras do pássaro, mas assim que eles começaram a navegar, o povo dos pássaros, enfurecidos pelo rapto, saiu em sua perseguição dando bicadas e batendo as asas, levantando ondas gigantes. O pai tentou escapar, mas seu frágil barco não podia enfrentar o mar bravio, ainda mais com um peso a mais do que na ida. Querendo se salvar, ele empurrou Sedna cruelmente para as ondas, mas ela lutou desesperadamente para sobreviver e se agarrou na beira do barco. O pai cortou seus dedos e, quando mesmo assim, ela conseguiu apoiar seus braços na beirada, ele decepou os braços também e os jogou na água, empurrando sem remorsos sua filha para o fundo do mar gelado. Os dedos e braços se transformaram logo em seguida em peixes e mamíferos marinhos e Sedna foi afundando cada vez mais.

Sedna desceu até *Adlivun*, o submundo da mitologia *inuit*, onde foi viver em uma caverna formada de rochas e ossos de baleias. Odiando seu pai pela maldade cometida com ela (que o tinha respeitado e cuidado enquanto juntos), ela o amaldiçoou para ficar aleijado (ou em outra versão, os cachorros comeram seus braços). Como ressarcimento, ao descer para *Adlivun*, Anguta (seu pai) passou a servir Sedna, levando para ela os espíritos dos homens mortos no mar. Os mortos ficavam numa região perto da caverna de Sedna, cujo acesso era cheio de obstáculos e desafios que os xamãs deviam superar quando "desciam" nas suas viagens astrais. Havia um abismo com uma roda de gelo girando sem parar e criando correntezas, um caldeirão borbulhante pleno de esqueletos e um enorme cachorro de aspecto tenebroso (alguns mitos o consideram a metamorfose do seu marido), vigiando o estreito corredor que levava à porta de Sedna. Era permitida a entrada de quem tinha morrido por doenças e das mulheres mortas no parto ou puerpério. Quando um *inuit* morre, ele é envolvido em uma pele de caribu e velado pelos parentes por três dias. Os corpos dos idosos têm seus pés apontados para Oeste ou Sudoeste, os pés das crianças devem apontar para Leste, dos adultos para Sudoeste e dos adolescentes para o Sul.

Sedna tornou-se a *Rainha das profundezas do mar, Senhora da vida e da morte*, nutridora e provedora dos alimentos marinhos e guardiã de seu povo, desde que ele respeite as suas leis. No seu reino – *Adlivun* – os espíritos se purificam antes de seguirem sua jornada para *Quidlivum* (a terra da Lua), onde iam encontrar descanso e paz eterna. Acredita-se que ela tenha o supremo controle dos destinos da humanidade e quase todos os ritos observados pelas tribos esquimós, têm por objetivo apaziguar-lhe a ira. Os esquimós acreditam que as almas das focas e das baleias se originam da sua morada. Quando um desses animais é morto, a alma fica com o corpo durante três dias, retornando em seguida à morada de Sedna, para que seja mandada de volta, novamente, para um novo corpo. Se, durante os três dias em que a alma fica junto do corpo, qualquer tabu ou lei são infringidos, a violação atinge a alma do animal, provocando-lhe dor. A alma luta, em vão, para libertar-se dessa influência, mas é conduzida de volta para Sedna. A violação que se prendeu à alma do animal morto provoca, de uma forma que não é explicada, feridas nas mãos de Sedna, e ela castiga as pessoas que são a causa de suas dores, mandando-lhes doenças, mau tempo e fome. Mas, se por outro lado, os tabus forem respeitados, os animais marinhos se deixarão pegar e irão até mesmo ao encontro do caçador. O objetivo dos numerosos tabus em vigor depois de abatido um desses animais do mar é, portanto, impedir que a alma sofra consequências, que também iriam magoar Sedna.

Quando Sedna percebia que os seres humanos violavam suas leis, matando animais sem que seja para se alimentar ou de maneira que lhes causassem sofrimento, ela se enfurecia, provocava tempestades e maremotos e punia a comunidade com fome, guardando os animais em seu ventre. Os xamãs deviam apaziguar Sedna e para isso realizavam vários rituais e práticas xamânicas como projeções astrais, transe e "jornadas" astrais (repletas de perigos e obstáculos) para o seu domínio. Eles se metamorfoseavam assumindo formas de peixe, foca ou golfinhos e tentavam fazê-la sorrir novamente com suas brincadeiras ou penteando seus longos cabelos emaranhados e repletos de algas, pois como ela não tinha mãos, não podia cuidar de si. Eles massageavam com carinho seus braços doloridos e tentavam mitigar suas dores físicas e morais. Quando voltavam, eram capazes de aliviar as dores dos humanos, auxiliando-os a superar perdas e incidentes traumáticos das suas vidas: física, material e emocional.

Em outra versão do mito, Sedna é uma mulher velha, que vive no fundo do mar e envia os animais marinhos para os *inuit* caçarem. Geralmente é generosa, mas quando seu cabelo fica cheio de parasitas e algas, ela se enfurece e não envia mais a caça. Para aliviar seu sofrimento e restabelecer a fonte de nutrição, os xamãs devem descer e limpá-la, uma aventura perigosa por ter que passar por redemoinhos gelados, fontes borbulhantes, pontes escorregadias e animais ferozes, para depois convencer a *Velha mulher do mar* a conceder novamente a sua generosidade. A vulnerabilidade dela para os parasitas é uma metáfora para designar as falhas e pecados humanos e a quebra de tabus, que podem impedir a abundância do mar. A sobrevivência e a segurança dos povos nativos dependiam da integração harmoniosa entre a natureza e os seres humanos. Ter sucesso na pesca dependia não somente de perícia e sorte, mas das atitudes morais e a conduta espiritual correta para não quebrar tabus e regras morais e espirituais, prejudicando assim a inter-relação harmoniosa entre o homem e o seu habitat natural.

As aventuras de Sedna espelham de certa maneira os eventos na vida das mulheres *inuit*: rapto ou sedução, reclusão ou maus-tratos pelos homens, dependência dos homens para sobreviver, tentativas para se salvar fugindo dos casamentos abusivos e passando depois por punições ou perseguições. Os sofrimentos femininos se localizavam nos cabelos de Sedna – que ela não podia pentear por não ter dedos – e por isso tabus deviam ser observados pelas mulheres durante seu ciclo menstrual e o puerpério, consideradas fases impuras. O medo atávico masculino perante o sangue e o poder misterioso da mulher conceber e parir levou à criação dos tabus, que atribuíam ao ciclo menstrual e ao parto, energias maléficas que podiam contaminar a comunidade (crenças nocivas masculinas, comuns a inúmeros povos indígenas e tribos).

Diferentemente de outros povos nativos, os inuit não honravam, nem reverenciavam a maternidade e o poder gerador da mulher. Os tabus eram associados com os cuidados dos cabelos das mulheres, que assim como os de Sedna, guardavam impurezas e energias negativas. Os xamãs tinham como objetivo chegar até Sedna e aliviar as dores dos seus braços decepados; se ela os aceitasse e permitisse que eles voltassem ao mundo terreno, seu perdão ia favorecer a continuação da pesca de focas, baleias e peixes para nutrir os seres humanos. Para assegurar-se da garantia de boas caçadas e fartas pescarias, os xamãs-esquimós desciam para visitar e curar Sedna, pintando-se e machucando as próprias mãos em solidariedade. Sedna não é uma bondosa *Mãe do Mar*, mas uma *Deusa furiosa* e protetora dos animais, que podia ser apaziguada mostrando compaixão e perdão somente quando os seres humanos interagiam com seus filhos e respeitavam suas leis.

Os inuit sabiam que deviam ser realizados rituais quando o equilíbrio entre o mundo humano e o marinho tinha sido prejudicado, eles oravam para restabelecer a harmonia entre si e a Criadora. A dor deles, da fauna e de Sedna deviam ser reconhecidas e transmutadas; para os povos indígenas a Terra é viva, e todos os seres são interconectados. Os esquimós não eram um povo ambicioso, pelo contrário, acreditavam que possuir bens em demasia podia trazer azar para a comunidade. Por isso, no dia de comemoração da deusa Sedna, jovens com rostos pintados iam de casa em casa recolhendo comida e peles. No final do dia, as provisões eram distribuídas para aqueles que não tinham o necessário para sobreviver durante o inverno. Dentre todos os povos "primitivos" que sobreviveram na terra, os inuit são os que mais admiração e respeito exercem sobre nós, pela sua extraordinária resiliência e tenacidade com que enfrentam as duríssimas condições de vida e também por sua peculiar cultura. Na sua cosmologia não existe o domínio da natureza, mas uma intrincada teia de relações e ritos que visam à harmonia, compaixão e cooperação. Ao afastar os véus da negação desta eterna inter-relação natural e global, propicia-se a liberdade e a renovação de todos e do Todo.

Grey Eagle, xamã nativo norte americano e estudioso dos mitos indígenas descreve Sedna desta forma: *"Ela é gelada e nua, coberta pelos seus cabelos embaraçados e cheios de algas e crustáceos que ela não pode pentear. Todos os tabus quebrados e os pecados humanos caem no mar e se depositam no corpo de Sedna provocando-lhe dores, enquanto os animais marinhos se afastam das praias e se reúnem ao seu redor para consolá-la. Os povos árticos sabem que o sumiço dos animais indica o momento deles se reunirem e pedir perdão para Sedna; eles dançam e cantam, citando seus remorsos e arrependimento pelas violências infligidas pelos humanos a terra, mulheres e crianças e enviam para Sedna suas orações. As mulheres xamãs se preparam para empreender a perigosa viagem para o mundo subaquático onde Sedna vive. Quando a encontram, elas limpam seu corpo, penteiam seus cabelos, acariciam seus braços mutilados, oferecem as orações das pessoas e suas promessas de agirem com respeito e reverência no futuro. Sedna para de chorar, os animais terminam sua vigília e retornam às praias, se oferecendo como alimento para os seres humanos."*

Os temas de Sedna são abundância, nutrição, fertilidade, sacrifício, redenção e fé. Ela ensina aos seres humanos como recuperar a sua força e a resiliência após tragédias e sacrifícios, encarar e descartar medos e venenos psíquicos (como desejo de vingança, desprezo, amargura, raivas, egoísmo, gula, violência contida). O mito de Sedna nos auxilia na libertação da "consciência de vítima", que usamos nas situações e relacionamentos que nos oprimem ou limitam a nossa expressão e plena realização. Todas nós fomos discriminadas ou perseguidas ao longo da história (nossa e do mundo). Sedna nos encoraja a resgatar e manifestar o nosso verdadeiro poder, cortando amarras e recriando a nossa realidade. Ela não sobrevive apenas, mas transforma o poder da sua raiva e canaliza a vontade para transformar a destruição e o sofrimento em construção e redenção, alcançando uma nova consciência espiritual. É importante lembrar que nos lugares profundos e esquecidos de nós mesmas, podemos encontrar o tesouro da nossa força e beleza.

Mesmo sem pertencermos às tribos inuit, podemos nos espelhar no mito de Sedna e nos questionar sobre vários aspectos da nossa vida.

- Como reagimos aos desafios e restrições impostas, nos comprazendo no papel de vítimas ou lutando contra as adversidades?
- Quais foram as situações que nos fizeram sofrer por ter nos deixado atrair pelas ilusões e expectativas e como reagimos ao descobrir o embuste, as ciladas e a decepção?
- Já arriscamos a nossa saúde ou bem-estar por querer mais e melhor, caindo nas armadilhas das tentações e engodos?
- O que pegamos ou pedimos para depois sofrer pelo preço e a dor como consequência da nossa imprudência, credulidade ou autoilusão?
- Já nos revoltamos e reagimos contra as injustiças ou transferimos a nossa infelicidade e fracassos para os outros ou a nós mesmas?

Para resgatar nosso poder em conexão com o arquétipo de Sedna podemos usar suas correspondências e criar um ritual. Sua simbologia inclui: a cor prata ou azul (na roupa e vela), chocalho ou tambor, um copo com água do mar (ou água com sal marinho), conchas, corais, algas e imagens de Sedna e de animais marinhos.

Arrume os objetos sobre uma mesinha coberta com toalha azul, acenda a vela, crie um círculo de proteção com chocalho ou tambor, invoque a deusa Sedna e peça-lhe a permissão e ajuda para o ritual. Relaxe seu corpo, afaste a conexão com o mundo externo e visualize-se nadando no mar, no meio de algas, conchas, peixes e golfinhos. Deixe aflorar na sua mente as situações da sua vida em que foi traída, enganada, ferida, fragilizada ou colocada em condição de vítima (com a sua aquiescência e permissão).

Veja estas lembranças dolorosas como amarras se soltando do seu corpo, da sua mente e do seu coração, descendo para o fundo do mar onde servirão de adubo para as algas, seres marinhos e corais. Sinta a energia purificadora do mar aliviando dores e tensões do seu corpo, a brisa suave afastando preocupações e medos, os raios do sol ativando a sua vontade de criar uma vida melhor para você. Saia do mar renovada e grata a Sedna e aos seres do mar. Visualize quais são as mudanças que deve fazer, quais atitudes tomar e que objetivos buscar. Projete seus desejos mental e emocionalmente no espelho e invoque a ajuda de Sedna para a sua concretização. Leve uma oferenda de gratidão para Sedna: sopa salgada de tubérculos, frutas, arroz doce, óleo aromático (para suas dores), um pente azul, um espelho e um vidrinho de óleo essencial de rosa mosqueta. Entregue-a com respeito e gratidão na beira do mar ou de um rio.

O planeta Sedna

Sedna ficou conhecida mundialmente a partir de 15 de março de 2004, quando astrônomos do Instituto de Tecnologia da Califórnia batizaram o 10º planeta do sistema solar com seu nome. Descoberto em 2003, a existência do décimo planeta que orbita ao redor do nosso Sol foi anunciada um ano depois, antes da descoberta de Éris, designado como asteroide. Suas dimensões exatas não foram ainda determinadas, mas acredita-se que está três vezes mais longe e tem um tamanho semelhante a Plutão, que foi relegado à condição de "planeta anão", apesar da sua comprovada e bem documentada influência sobre a psique e comportamento humano. Sedna não faz parte do cinturão de asteroides que existe entre Marte e Júpiter, ele é um planeta menor, transnetuniano e está localizado numa região mais longínqua, possível origem dos cometas.

A cor vermelha de Sedna é um enigma que provavelmente se deve aos depósitos orgânicos, voláteis e congelados sobre sua superfície. A última vez que Sedna esteve tão perto do Sol como agora (o que tornou possível o seu descobrimento) foi quando a Terra estava saindo da última era glacial; a próxima vez que ela retornar (seu ciclo dura 11.000 anos) o nosso mundo será totalmente diferente. Alguns estudiosos atribuem o seu descobrimento à nossa era atual de "vitimização" e consideram que a sua presença, ao ter sido reconhecida, foi uma *oportunidade de avaliação e mudança do consciente pessoal e coletivo*, para preservar para as próximas gerações os recursos naturais da sua sobrevivência.

Todo mundo que está vivo hoje tem Sedna no seu mapa natal seja em Áries (onde ela entrou em fevereiro de 1866), seja em Touro, onde entrou em julho de 1965, mas regrediu para Áries até janeiro de 1968, quando entrou de vez no signo de Touro. Alguns dos elementos do seu mito a associam ao signo de Peixes e seus efeitos que são exercidos ao longo de uma geração precisam de muitos estudos comparativos de mapas para definir, com certeza, como agem. A tenebrosa história de sobrevivência descrita pelo mito de Sedna pode auxiliar milhares de pessoas que passaram por experiências semelhantes de sofrimento, perseguição, traições, injustiças, violências familiares e vitimização. Mas o ensinamento está na sua metamorfose, quando de vítima ela se transforma em Deusa, que nutre o seu povo em lugar de privá-lo de alimentos e se vingar.

Sedna nos ensina que podemos sobreviver às tragédias e nos transformar, mesmo passando por desafios, perdas, sofrimentos, injustiças e desgraças.

Características astrológicas:

POSITIVAS: disponibilidade para perdoar, discernimento, percepção clara, reconhecimento do livre-arbítrio, responsabilidade, ter consciência das consequências das escolhas e decisões, visão para longe, disposição para se abrir e expor problemas e feridas, empoderamento.

NEGATIVAS: tendência para vitimização, congelamento de emoções ou memórias, facilidade para ser abusada ou explorada, medo de envolvimento afetivo ou sexual, tendência para solidão ou fobia social, violência oculta ou manifesta, histórico de traições, amargura, tendência a sonhar e não agir, transferir a responsabilidade aos outros, vulnerabilidade, credulidade, irresponsabilidade, sentir-se discriminada ou marginalizada, decepções amorosas, conflitos com a mãe, raiva do pai, fuga da realidade para o mundo das fantasias, sonhos e ilusões (vícios, bebida, drogas, jogos de cartas ou on-line).

Palavras-chave: vítima, quimeras, traição, abandono, alienação, ilusão, engano, fora da realidade, frigidez, isenta de emoções, vulnerável, aérea, intocável, percepção aguçada, sedução, vaidade, culpa, bulimia, gula, fobias, decepção, superioridade, caçar tesouros, envolvimento com drogas, tesouros ocultos, navegação, mares longínquos, aparência irreal, perder a herança, acusações falsas, ganhos ilícitos, sacrifício, altruísmo, filantropia, redenção.

Atividades: banhos terapêuticos no mar, iniciação na praia, rito de passagem, bênção com água do mar, talismãs com conchas, mergulho interior, cura emocional, perdão, assumir compromissos, terapia com máscaras, aplicações de lama medicinal, essências florais de Alaska, meditação com a luz da Aurora Boreal, encenação dos dramas pessoais, mergulhar para vencer medos, regressão de memória.

Se o planeta Sedna está em destaque num mapa natal, supõe-se que o nativo passe por períodos de solidão e sofrimento, mas que deve ser usada a força de vontade e a firme determinação para sair do círculo vicioso e evitar a vitimização. Pede-se para ampliar a autocompaixão e buscar o empoderamento com a solução dos problemas mal resolvidos em relação aos assuntos de poder, autoridade e respeito, por todos e o Todo. É importante descobrir o que foi perdido, afogado ou congelado dentro de si, as feridas da alma causadas pela impaciência, violência, raiva contra o pai ou namorados, a vulnerabilidade causada por traumas passados, perdas, enclausuramento, humilhação.

Como um antídoto, recomenda-se o envolvimento em organizações ecológicas, de defesa dos animais selvagens, marinhos e em extinção, cuidar de crianças, idosos, pessoas carentes, dependentes químicos, refugiados, emigrantes, auxiliar os habitantes de regiões que passaram por cataclismos naturais ou guerras, as mulheres que sofrem abusos, perseguições e violências. Aceitação, compreensão, superação dos sofrimentos pessoais abrindo o coração para amor e harmonia, permitem derreter as áreas congeladas e curar as partes cortadas ou arrancadas do Eu interior. Tornar-se uma "cuidadora" ou "vigilante" do planeta, diminui o foco nas dores pessoais e atrai as bênçãos da Grande Mãe e de Sedna.

Sekhmet, a Impiedosa Força Solar Egípcia

*"A Deusa Sekhmet é um olho de fogo nascido de um caldeirão de força,
A Deusa é uma fogueira radiante nascida de um oceano de medo,
A Deusa é forte e feroz, sua magia abrangente e poderosa,
Quando é raivosa, Ela ataca e seus inimigos recuam da Sua ira."*

Texto de um sarcófago egípcio citado por Patricia Monaghan

"Senhora Sekhmet. Poderosa Curadora, Força a quem nenhum mal resiste, Deusa das chamas, Encantadora e Maga, Mãe do deus da cura, traga a força do Seu sagrado fogo para eliminar o mal que prejudica o nosso corpo e de todos que aqui nomeamos. Guerreira vitoriosa, Protetora da ordem divina, abençoe-nos, cuide de nós e seja nossa Guia e protetora, sempre! Sa Sekhem Sahu!"

Oração de cura escrita por Aostara K

A deusa egípcia *Sekhmet* era conhecida como: *Aquela na cuja frente o mal treme; A Senhora que apavora; A Rainha da destruição; A Devoradora; A Vingadora dos erros; A Senhora vermelha que aterroriza; A Distante.* Ao mesmo tempo, era reconhecida como *A Senhora do lugar onde o tempo começou; Aquela que existia antes dos Deuses; A Senhora da vida; Aquela que protege os mortos; A luz da cura e da alegria; A Curadora das pragas; A Luz resplandecente; A Protetora da ordem divina; A Incomparável.* Havia mais de 4000 nomes a ela atribuídos e que eram considerados mantras de poder e invocados em meditação e nas iniciações. Deles podemos citar alguns: *A Mãe dos Deuses; A Condutora do barco dos milhões de anos; A Senhora do deserto; A abridora dos caminhos; Aquela que desperta e satisfaz os desejos; A Regente dos dragões e serpentes; A Senhora dos leões; A Empoderadora; A Sublime; A Luz que brilha e cintila; A Mãe dos mortos*; *A Grande Curadora; A Senhora das águas da vida; A Guia e Protetora contra os perigos do mundo subterrâneo; A Senhora do Silêncio; A Fonte; A Resplandecente; A Mãe do Júbilo; A mais poderosa do que os Deuses; A Protetora da ordem divina; Aquela que faz recuar a escuridão; Deusa Guerreira; Deusa do amor; A Grande Senhora da Vida; A Guardiã da casa dos livros; Aquela que faz os inimigos tremerem; A Possuidora de todos os poderes; A mais linda entre todas as divindades; A Generosa; Sekhmet que doa alegrias; Amorosa mestra; A mais leal e amorosa; A Senhora do manto vermelho.*

Mesmo sendo a mais importante das deusas leoninas egípcias, pouco se sabe sobre ela, que continua sendo uma divindade enigmática, cujos mitos são interpretados de inúmeras maneiras, muitas vezes contraditórias, personificando os aspectos opostos, mas complementares, da proteção e cura com o perigo, da fúria e destruição. Existem três mitos sobre Sekhmet que a descrevem como *Olho de Rá*, que representava a força do Sol, sempre feminina. Estes mitos diferem e se sobrepõem entre si na descrição das viagens de Sekhmet fora do Egito, mas coincidem no relato do mito da destruição da humanidade e no festival celebrando sua volta. Originariamente Sekhmet era *Guardiã da ordem cósmica*, cumprindo a vontade do deus Rá, semelhante à deusa hindu Durga. Em determinado momento, o seu aspecto atemorizador substituiu a sua retidão cósmica e ela passou a personificar as forças escuras do deus Seth e os poderes destrutivos do Sol do deserto e do fogo. Alguns mitos contam que o deus solar Rá a colocou sobre a sua testa na forma de *Uraeus*, para vigiar a aproximação dos inimigos. Foi assim que Rá soube que a humanidade conspirava contra ele, acreditando que era velho demais para governar. Os deuses encorajaram Rá para punir os ingratos rebeldes e soltar o poder do seu olho vingativo sobre eles. Rá enviou Sekhmet transformada em leoa para restabelecer a ordem, mas nesta metamorfose Sekhmet ficou enlouquecida pela raiva e inebriada pelo gosto de sangue e passou a matar de forma incontrolada todas as pessoas que apareciam na sua frente. Temendo o massacre total da humanidade e não tendo mais controle sobre a fúria de Sekhmet, Rá lançou mão de um estratagema, sugerido por um sacerdote de Heliópolis. O sacerdote moeu ocre vermelho e o misturou com sete mil barris de cerveja da cevada colhida ritualisticamente pelas mulheres. Acrescentou raiz de mandrágora e determinou aos outros sacerdotes que espalhassem o líquido ao redor do lugar onde Sekhmet dormia feliz, após seu festim de sangue. Quando ela acordou e viu o líquido vermelho, pensou que era um novo sangue e começou a lambê-lo, até que adormeceu pelo efeito narcótico da mistura e perdeu assim seus instintos assassinos. A partir deste evento, Rá decretou que anualmente seja feita a encenação do mito "A destruição da humanidade", seguida de celebrações com a cerveja preparada pelas mulheres.

Fontes mais antigas mencionam a origem arcaica de Sekhmet, quando as divindades se apresentavam com características de animais e algumas delas tinham os instintos selvagens das suas metamorfoses. Apesar do mito da matança ter recebido muita atenção, Sekhmet é uma deusa complexa e paradoxal, pois ao mesmo tempo em que é representada como *deusa solar*, ela possui as *características escuras das deusas lunares*: é extática, passional, intensamente sexual, guerreira corajosa, protetora dos mortos, associada com o sangue menstrual e as manifestações negativas (psíquicas, físicas e emotivas) que surgem durante o ciclo menstrual e a menopausa. Sekhmet era esposa e irmã do deus Ptah, o criador das formas e dos corpos novos para os espíritos dos mortos, exímio ferreiro e construtor. Seu filho Nefertem era o deus da cura, padroeiro dos médicos e cirurgiões, depois nomeado de Asclepius, pelos gregos.

No aspecto benéfico, Sekhmet personifica: proteção, cura, graça, instintos aguçados, inteligência e criatividade, visão clara, majestade, força, poder, vitalidade, liberdade e autoconfiança. Ela representa a energia ígnea feminina, que queima e transmuta amarras, bloqueios e medos, mas o seu lado selvagem deve ser mantido sob controle e o seu fogo direcionado para queimar apenas os lixos mentais e os venenos emocionais, sem prejudicar outros aspectos. Alguns autores a associam com a Kundalini, o fogo sagrado da sexualidade, que se manifesta como energia psíquica e o despertar espiritual. A sexualidade poderosa de Sekhmet foi considerada pelos escritores patriarcais como licenciosidade e falta de pudor, sendo difamada como "A grande prostituta da Babilônia, Mãe das abominações da Terra". Sob seu aspecto de Nesert, "chama", ela é associada com incêndios, pragas, queimadas, febre e imolação na fogueira, mas era também uma grande curadora, deusa do amor, protetora dos mortos e regente do mundo subterrâneo.

Na representação da triplicidade divina, Bast é a jovem, Hathor a mãe e Sekhmet a anciã, Bast e Sekhmet alternando as qualidades lunares e felinas com solares e leoninas. Bast é a protetora das crianças, Hathor das mulheres e Sekhmet do mundo, contra as maldades e provocações que levam à guerra. Como Guardiã dos portais da vida e da morte, o emblema de Sekhmet é a serpente e no Zodíaco de Dendera, ela rege o signo de Áries. Sekhmet era representada com cabeça de leoa e um disco solar ao redor da cabeça, sintetizando o poder devorador e aniquilador do calor do deserto. Como "Olho de Rá" ela julga e destrói; como Deusa do Destino rege as "Tábuas das Leis" e assim, o futuro da humanidade está em suas mãos. A face benévola do Sol, detentora do dom da fertilidade e vitalidade, protetora das crianças e representada em forma de gato era a deusa Bast, a sua contraparte protetora e propiciadora da vida. A própria Sekhmet tinha uma natureza dual, ao mesmo tempo em que representava a leoa protegendo suas crias e por extensão toda a nação, ela podia ficar "possuída" por uma raiva repentina e mortal, matando e destruindo sem piedade.

O nome de *Sekhmet* significa *força, poder* e seu mantra – que pode ser entoado para equilibrar e aumentar o poder interior – é *Sa* (sopro de vida), *Sekhem* (poder), *Sahu* (realização). Seus símbolos eram o *Uraeus* (hieróglifo para "Deusa", representado por um adorno de cabeça em forma de cobra pronta para o ataque e usado sobre o terceiro olho), o *Udjah* (inicialmente considerado o "olho de Maat" e depois atribuído a Hórus), o disco solar, o chacra solar, a direção cardeal Sul, o deserto, o fogo, a cor vermelha, a leoa e a serpente. Os antigos egípcios encenavam anualmente o mito da "destruição da humanidade", na primeira lua cheia do ano, logo após as enchentes do rio Nilo, com danças, cantos, teatro e bebida ritualística, preparada pelas mulheres, com cerveja tingida com ocre vermelho, reproduzindo assim o mito de Sekhmet e honrando o poder sagrado do sangue feminino. Eram feitas invocações e orações para Sekhmet e a bebida sagrada era considerada um meio dos homens comungarem com os deuses como uma forma de exaltação divina. Encantamentos eram recitados pelos sacerdotes sobre pedaços de pano vermelho, usados depois pelos fiéis como amuletos de proteção ao longo do ano. Os sacerdotes de Sekhmet chamados de *uab* eram famosos curadores e cirurgiões e no papiro de Ebers foram preservados muitos dos seus encantamentos e rituais, principalmente para males cardíacos, pois o coração refletia os poderes solares de regeneração, manifestados pelos escaravelhos colocados nos peitos das múmias. Este festival do Ano-Novo acontecia no final dos dias tórridos de verão, quando as chuvas chegavam e o Nilo causava as inundações que fertilizavam a terra. Sekhmet personifica o sangue cíclico que flui no nascimento e na morte, que alimenta a criança no ventre da mãe, o sangue menstrual e aquele vertido nos campos de batalha. A inundação cíclica e avermelhada do Nilo era equiparada com o sangue menstrual, que limpa o corpo e prepara o caminho para renovação e regeneração, assim como a inundação faz com a terra.

Sekhmet pode ser invocada para banir energias negativas e proteger contra perigos e inimigos, acelerar a cura, transmutar raiva, fúria e ódio, afastar a depressão, como auxílio na menopausa, para desenvolver e ativar a coragem, força de vontade, vitalidade, combatividade e poder pessoal, para expressar a assertividade e determinação, despertar e equilibrar a sexualidade. Semelhante a Lilith, Sekhmet é sexualmente livre e vive em estado selvagem no deserto, cercada por leoas. Assim como Kali e Durga é uma deusa destrutiva, mas como Shakti, ela representa a união das energias psíquicas e cósmicas.

Apesar de poderosa e atemorizadora, ela é vulnerável aos enganos e traições (foi ludibriada pelos deuses, que mitigaram sua fúria com o simulacro de sangue). Sendo assim, ela representa o *aspecto sombrio da mulher*, que reprime e abafa a sua raiva e decepção com comida, cigarro, álcool, drogas, vícios e compulsões. A sociedade patriarcal silenciou a mulher durante milênios e "domou" suas atitudes de revolta e ira com calmantes e tratamentos psiquiátricos, considerando-as doenças mentais, distúrbios hormonais ou ataques histéricos. Mesmo atualmente, inúmeras mulheres recorrem aos ansiolíticos, tranquilizantes, bebidas, compensações sensoriais (compras, diversões ao extremo e sexo livre "sem compromisso", entre outros), para disfarçarem e abafarem a sua raiva, agressividade ou depressão. Existem várias formas de compulsão, compensação e dependência, algumas mais inócuas (TV, internet, compras), outras mais destrutivas (como relações abusivas, comportamentos masoquistas, vitimização, anorexia, bulimia, vícios, dependência emocional, química ou sexual). Vê-se claramente que ainda hoje as mulheres "domadas" e ensinadas para temer ou ignorar seu próprio poder, são enquadradas por dogmas e normas (familiares, sociais, religiosos, culturais, espirituais) para se tornarem submissas e dóceis, aceitando como "prêmio" diversões, vantagens materiais ou compulsões (consideradas inofensivas).

No antigo Egito, os sacerdotes realizavam rituais e práticas mágicas para evitar as pragas e doenças, invocando o auxílio de Sekhmet no seu aspecto de *Senhora da vida*. Durante o reinado do faraó Amenhotep III foram criadas mais de 700 estátuas da Deusa, e nas suas celebrações eram oferecidos jarros de cerveja avermelhada aos participantes. Sekhmet era vista como símbolo de grandeza e do poder guerreiro dos Faraós e ela era cultuada pelo seu poder de exterminar o mal e proteger o bem, pois personificava os aspectos de luz e sombra e os ciclos: de nascimento e morte, cura e destruição. No xamanismo, Sekhmet pode ser uma preciosa aliada através do seu animal totêmico – a leoa – nas viagens astrais, seja para camuflagem, vigília e proteção, seja para atrair suas qualidades de força, coragem, visão clara, independência, altivez ou astúcia.

Para um ritual grupal de reverência a Sekhmet, vou enumerar os pontos principais de um workshop para mulheres que realizei muitos anos atrás em Brasília. O horário mais adequado é com o Sol a pino, em um lugar recluso, mas ao ar livre para que as mulheres (vestidas com roupas vermelhas, laranjas ou amarelas e com máscaras e jubas de leoas), possam dançar e emitir sons de rosnados ou rugidos. No altar coberto por uma toalha laranja coloca-se uma vela vermelha, símbolos solares (disco, imagem do Sol, escaravelho, deserto), pedras vermelhas (cornalina, granada, jaspe sanguíneo), uma taça com suco de frutas vermelhas e um vaso de barro com areia tingida de vermelho (com ocre ou giz moído).

Nas invocações foram mencionadas deusas egípcias correspondendo às direções: LESTE – deusa felina Bast para trazer beleza, graça e compaixão; SUL – deusa abutre Nekhebet, da visão clara para afastar falsidades e enganos; OESTE – Néftis, a Guardiã dos mortos, para trazer introspecção e transformação; NORTE – a deusa serpente Wadjet, para trazer proteção e sabedoria; NO CENTRO: uma estatueta ou imagem de Sekhmet, uma *Ankh* (cruz egípcia), olho de Hórus e uma serpente. O incenso será de benjoim, sândalo ou outra resina e as mulheres podem usar pó de cúrcuma ou colorau para pintar um Sol na testa e marcar seus pés e mãos com traços ou pontos com hena, como faziam as antigas sacerdotisas.

Ao som de tambor ou tamborim, as mulheres começam a se movimentar devagar, depois com mais rapidez e força, assumindo seu poder de "leoa" e se "libertando" (de culpas, dependências, medos, bloqueios e inseguranças) por meio de uma catarse, em que emitem sons e encenam uma luta com os "monstros" que as oprimem. No final, a dança se torna mais lenta e suave, as máscaras são rasgadas e as mulheres se refrescam com um suco vermelho para "assimilar" assim a sua coragem leonina. Poderá seguir uma partilha grupal para saber como cada mulher vai expressar melhor a paixão na sua vida, como irá usar a coragem e a determinação para se libertar de opressões, compulsões, dependências ou hábitos nocivos.

Para uma PRÁTICA INDIVIDUAL pode ser confeccionada uma *caixa de Sekhmet*, um receptáculo para "conter" a raiva, irritação, agressividade, inveja, ciúme, compulsão ou outra emoção prejudicial. A caixa pode ser de cartolina vermelha ou branca, decorada com desenhos de Sol, leoa, serpente, escaravelho, símbolos e detalhes dourados.

Quando sentir a necessidade de usá-la, acenda uma vela vermelha, invoque a permissão, proteção e ajuda de Sekhmet, medite para identificar qual é a emoção negativa ou "veneno psíquico" que está lhe afligindo, anotando tudo com tinta vermelha sobre um papel, que será guardado na caixa imaginando que ele foi entregue a Sekhmet. Faça em seguida uma visualização do seu encontro com a Deusa, indo para o seu templo no deserto, passando pelo portal protegido por uma leoa (à qual ira ofertar a emoção negativa) e entrando no faustoso templo dourado, onde o ambiente é dominado por uma enorme estátua de Sekhmet em basalto preto. Ajoelhe-se na frente da Deusa, exponha-lhe sua fragilidade ou vulnerabilidade, enumerando suas emoções tóxicas (raiva, ódio, agressividade, ciúme, inveja, rebeldia).

Sinta como as energias negativas estão sendo queimadas e transmutadas pela energia dourada da Deusa em qualidades positivas, que estão se materializando na sua frente como gotas douradas. Guarde-as no seu coração, agradeça a Sekhmet e volte pelo mesmo caminho, vendo no lugar da leoa uma linda gata dourada, a quem irá afagar e prometer cuidar mais das suas próprias qualidades felinas. Ao voltar para o "aqui e agora", abra a caixa, tire e queime o papel na chama da vela, selando assim a magia da transmutação.

Uma prova concreta do poder de um pedido feito por uma mulher para a deusa Sekhmet (para que lhe concedesse a dádiva da maternidade) pode ser vista – e visitada – no deserto de Mojave, Nevada, perto de Las Vegas. Trata-se de um templo erguido numa área sagrada para os índios Shoshone por Genevieve Vaughan – escritora e ativista ambiental – como um ato de gratidão. Depois de anos tentando engravidar e sem conseguir, Genevieve viajou para o Egito, e sabendo do poder da fertilidade de Sekhmet orou, pediu e prometeu erguer um templo para ela se conseguisse ser mãe. Pouco tempo depois, ela ficou grávida e atualmente tem três filhas. Levou duas décadas para que fosse possível a construção do templo, numa área que tinha sido usada para testes nucleares, apesar de fazer parte da reserva dos índios Shoshone. O lugar foi escolhido como uma forma de curar a terra árida e queimada, não pelo Sol, mas pela radiação nuclear. A construção é simples, paredes de adobe com quatro aberturas para o tempo nas direções cardeais e o teto aberto com uma cúpula feita de círculos de metal. No centro, tem um lugar para fogueira e nos vários nichos, estatuetas de diversas deusas, sendo que a maior é de Sekhmet, em granito negro, feita por uma escultora do Texas, e outra para a Mãe do Mundo, que esteve na frente dos testes nucleares. A manutenção do templo é feita por voluntários e ele está sempre aberto para visitas ou para diversos rituais de celebração, ritos de passagem ou de cura feminina, realizados por sacerdotisas itinerantes. Em realce no relevo do deserto, este templo é um emblema do movimento da sacralidade feminina e do retorno dos antigos cultos da Deusa.

Genevieve se empenha no seu trabalho humanitário e ambiental em alertar as pessoas sobre a semelhança do antigo mito de Sekhmet, inebriada pelo ato de matar e a compulsão pelo sangue, com os abusos e dependências atuais – de bebida, drogas, padrões destrutivos, sexo sem amor e consumismo. Ela considera Sekhmet como uma *Libertadora*, que não irá permitir a destruição da Terra e também como *Curadora e Fortalecedora do poder sagrado feminino*. Desta forma, o arquétipo de Sekhmet é redimensionado, não mais visto como uma exterminadora cruel, mas como a *Protetora leonina que defenderá suas filhas*, curando suas feridas infligidas "por caçadores" e usurpadores do seu real poder.

> *"Jamais permita que alguém a encarcere ou machuque*
> *Expresse em voz alta a sua verdade e seus valores*
> *Pois você detém a magia verdadeira.*
> *Sinta o fogo se manifestando dentro de você*
> *A sua alma é de uma guerreira*
> *E você tem o coração de uma leoa."*

Asteroide Sekhmet

Com o número 5381, este asteroide representa a dualidade entre o instinto maternal e a natureza guerreira feminina. Na análise do mapa astrológico deve ser observada a sua colocação na casa zodiacal, seus aspectos e angulações com os planetas e os asteroides principais. Em aspecto com o Sol, indica uma personalidade poderosa e fortes convicções morais. Em aspecto com a Lua, reforça as tendências maternais, protetoras e nutridoras em relação aos filhos e à comunidade. Em aspecto com Mercúrio, revela uma personalidade pensadora com habilidades filosóficas; com Vênus, revela dons de cura e tendências artísticas; com Marte, indica a natureza guerreira, o senso de justiça e o apego aos ideais. Em conjunção com o Descendente, representa uma relação cármica com uma pessoa que aprecia a natureza feminina livre e independente. Em conjunção com o Ascendente, mostra a natureza protetora e a manifestação feminina de defesa, proteção e vingança justiceira.

Sheela-Na-Gig, Guardiã Celta do Portal da Vida e da Morte

"Aqueles que enfrentam seus maiores medos, alcançam o domínio sobre a vida e a morte."

The Sacred Whore. Maureen Concannon

"Eu abro a minha vulva para todos verem, Eu a estico bem aberta, pois ela é o portal pelo qual todos entram para a vida. Eu sou a abertura para este mundo, para os sábios e os ignorantes, para os selvagens e os pacatos, para os corajosos e os mansos.
Eu sou a Anciã, Eu sou o portal da vida e lhe digo: entre pelo meu portal e abra-se, se tiver algo importante mostre, e assim todos podem ver."

Goddess Oracle. Amy Sophia Marashinsky

Conhecida também como *Sila-na-Geige, Sue-ni-Ghig, Sheelah-ni-Gig* era um arquétipo celta paradoxal e um tanto quanto nebuloso, representando o aspecto da *Deusa* como Mãe e Anciã. As suas esculturas figurativas foram encontradas na entrada de igrejas, castelos, portais, muralhas e edifícios na Irlanda (em maior número), Escócia e Grã-Bretanha e geralmente eram colocadas acima de portas, muros e janelas, supostamente para proteger estas aberturas contra os espíritos negativos. O nome sempre foi um enigma para os etimologistas por não se enquadrar nas línguas faladas nas ilhas britânicas e a sua descrição inclui elementos da deusa *Cailleach*, presente nos mitos irlandeses e escoceses.

Há pouca informação escrita a respeito das suas origens, e muito do seu simbolismo foi perdido com a censura religiosa cristã, que ressaltou apenas a sua vulgaridade e obscenidade; devido a essa perseguição, muitas das suas imagens foram destruídas ou desfiguradas pelos fanáticos cristãos. As esculturas de Sheela-na-Gig retratam uma mulher velha, magra e nua, com tórax esquelético, seios pendentes e secos, a cabeça triangular e com pouco cabelo, a boca semiaberta e mostrando os poucos dentes, agachada, com as pernas abertas e suas mãos puxando e expondo a sua vulva. Sheela era reverenciada como a *Guardiã do portal da vida e da morte*, a sua vulva – ou *yoni* – sendo a passagem para os mistérios da Deusa, assim como também é visto na tradição hindu, onde figuras parecidas com as de Sheela adornam a entrada dos templos. Os fiéis tocam na *yoni* da Deusa para ter sorte e receber sua proteção.

Apesar da rejeição acadêmica e religiosa, o simbolismo das estatuetas é complexo, indo além de representações da luxúria pecaminosa feminina e avisos contra os "pecados da carne". Estudos e investigações comprovam a sua origem como vestígio de um culto pré-cristão de fertilidade ou da Deusa Mãe. Um antigo mito irlandês sobre a Deusa da Soberania relata a aparição na corte de um velho rei e de uma feia anciã, que prometeu o domínio do reino àquele cavalheiro que fizesse sexo com ela. Todos recusaram, exceto um, que na noite de núpcias viu a bruxa se transformar em uma linda donzela, que lhe outorgou a coroa e fez a terra árida florescer. No folclore, se atribuíam às representações de Sheela, o poder de afastar o mal, e elas eram chamadas de *Evil Eye Stones* (pedras contra mau-olhado); existia também uma crença de que os demônios podiam ser repelidos à vista de uma vulva de mulher.

Afirma-se que as imagens de Sheela foram talhadas na França e Espanha no século XI e chegaram a Grã-Bretanha, Escócia e Irlanda no século XII; porém alguns achados e estudos antropológicos comprovam que elas são originárias de épocas muito mais antigas. Uma descoberta arqueológica rara é uma figura talhada em teixo (árvore sagrada celta), encontrada perto de uma colina usada para cerimônias do *Sabbat Lammas* e datada entre 1098-906 a.C. Infelizmente, muitas delas foram retiradas e destruídas nos séculos XVIII e XIX d.C. A maior parte delas está atualmente nos museus, e poucas permanecem esculpidas nas paredes das portas e janelas de igrejas ou castelos medievais. Algumas das figuras apresentam expressões misteriosas ou amedrontadoras, outras sorriem e apontam com as mãos para a sua vulva, tendo incisões, buracos, marcas e entalhes nos seus corpos. Muitas têm nomes locais associados ao lugar onde foram encontradas. Porém, todas trazem como traço característico o corpo esquelético e a vulva exposta, indicando sua função como guardiãs da porta primordial, da passagem misteriosa entre a vida e a morte. Os escritos cristãos as consideram "feias, repelentes, imorais e licenciosas", porém elas foram encontradas inexplicavelmente nos nichos e portais das igrejas, bem como símbolos de proteção sobre menires, muros medievais, monumentos e pontes.

Algumas dúvidas existem ainda em relação à sua existência: se elas eram vestígios da Deusa celta da criação e destruição, por que a igreja católica da Irlanda permitiu que continuassem como gárgulas em evidência nas igrejas e não as destruiu ou retirou por completo? A arqueóloga e escritora Margaret Murray aponta a conexão entre Sheela e *Baubo*, a deusa grega representada com um corpo feminino sem cabeça e sem membros, seus genitais formando uma boca aberta e seus seios aparecendo como enormes olhos. Para devolver a alegria à deusa Deméter enlutada pela desaparição da sua filha Perséfone, Baubo levantou a saia e expôs sua vulva para fazer Deméter rir. A mesma cena aparece no mito japonês da deusa solar Amaterassu e da brincalhona Uzume. A palavra *gig* ou *gigue* significa "genitais femininos" e a escritora Barbara Walker interpretou o nome Sheela-na-Gig como *mulher vulva*. *Sheela* ou *Sila* significa "abrigo, escudo, origem, semente"; *Gig* também é "barco pequeno" e *Gigh* "cócoras". Muitos barcos têm a forma de uma vulva e eles são um símbolo de "atravessar a água", seja no nascimento físico, seja na viagem espiritual para o Outro Mundo.

Na interpretação metafísica, Sheela é um aspecto da deusa Cailleach como a manifestação do *"portal oculto que se abre nos tempos e locais das transições"*: alvorada/crepúsculo, terra/mar, nascimento/morte, *Beltane/Samhain*. Ela aparece quando as energias opostas se encontram – no limite do céu, terra, mar, no centro sagrado do silêncio cerimonial, na meditação e oração quando a voz do espírito se faz ouvir, no "olho do furacão", no momento em que a alma entra ou sai do corpo físico. Sheela é a condutora dos ritos de passagem e a guardiã do ciclo eterno de vida /morte/renascimento. Ela pode ser invocada para a limpeza das energias estagnadas, retirando a negatividade física, emocional e espiritual. Sheela pode remover as doenças físicas arraigadas nos órgãos femininos (útero, ovários, seios), limpar as feridas e ajudar a lidar com lutos e perdas. Depois de um período de recolhimento, harmonização e silêncio, Sheela auxilia na expansão e na abertura, com segurança e confiança para iniciar um novo ciclo. Como guardiã do portal misterioso do "Outro Mundo", ela orienta as escolhas "no mar das possibilidades" e assiste a manifestação no mundo das formas, se a buscadora estiver harmoniosamente alinhada e conectada com ela. Quando invocada nos rituais, ela proporciona a sensação de "estar entre os mundos", o espaço energeticamente ativado, onde se pode escolher a direção ou a destinação a seguir.

A atuação e presença de Sheela são extremamente importantes como medidas de proteção dos limites entre o plano físico e o astral, evitando a passagem ou presença de seres espirituais dissonantes ou perturbadores. O seu domínio é na zona liminal – portal, centro, margens – onde é possível parar, silenciar, se centrar antes de atravessar. Equilibrar o entrelaçamento do nível físico e espiritual é o desafio e a missão de Sheela-na-Gig. AUXÍLIOS MÁGICOS NESTA TAREFA SÃO: galhos de bétula, salgueiro ou sorveira, pedras com orifícios naturais, seus animais sagrados (garça, cegonha), símbolos de proteção (*triskelion*, pentagrama, cruz celta, runas), sua imagem. As garças eram associadas com o mundo dos mortos e a cegonha aparece no folclore europeu "trazendo os bebês" para suas mães. Ambos os pássaros são guias e guardiões entre os mundos. SUAS DÁDIVAS INVOCADAS EM RITUAIS SÃO: proteção, abertura (para a vida, criatividade), poder pessoal, acesso aos mistérios femininos, fertilidade (do corpo ou da mente), ritos de passagem (gravidez, parto, menopausa, morte, nascimento), visão psíquica (na bola de cristal, espelho, taça ou caldeirão com água), percepção sutil, meditação.

Sheela-na-Gig "sobreviveu" misteriosamente no cristianismo e sua colocação na entrada das igrejas era um aviso – não intencional dos padres – e a repetição de um costume ancestral de que entrar no espaço sagrado do templo significava voltar para o ventre da Deusa, o *caldeirão da morte* e *renascimento*, onde se encontrava o desafio da entrega, dissolução, transmutação e renovação. A vulva de Sheela era o portal materno para a entrada do espírito no mundo ancestral material e também o da sua saída e volta para o plano espiritual. A Deusa tanto era a protetora e nutridora durante a vida, quanto a "Ceifadora" no final dela, que propiciava o descarte do supérfluo, até que a alma encontrasse sua verdadeira essência. Ninguém sabe o que lhe esperava do outro lado do portal, por isso a passagem para o desconhecido devia ser feita com a confiança e fé na entrega.

A presença das figuras de Sheela nos mosteiros e igrejas cristãs se explica pelo fato de elas serem erguidas sobre os antigos locais dos cultos pagãos, a madeira dos bosques sagrados de carvalhos tendo sido usada na sua construção. Este costume visava aproveitar a antiga egrégora, sobrepor e impor os novos rituais cristãos para apagar a tradição pagã ancestral. Com a pressão crescente das autoridades religiosas cristãs, as imagens das Sheelas – existentes em diversos lugares – foram escondidas ou destruídas, e seu simbolismo modificado. Em lugar de reverenciar as imagens de Sheela como representações divinas, elas passaram a serem vistas como alertas e punição contra o pecado da sexualidade. A porta da igreja passou a simbolizar a transformação do fiel ao entrar no espaço da Mãe Igreja e as imagens de Sheela – que tinham sido encastoadas nas paredes e não podiam ser retiradas – foram cercadas de símbolos cristãos e os fiéis não mais podiam tocá-las como era feito antigamente. Elas passaram a servir como alertas contra a cobiça e a luxúria, emblemas de proteção contra invasores e inimigos nos castelos e muralhas das cidades e foram denominadas de *gárgulas* (detalhes arquitetônicos medievais com figuras grotescas, destinadas para "afastar o mal").

Como o aspecto escuro da Grande Mãe foi retirado das religiões atuais, é difícil compreender de imediato a sua função psicológica e terapêutica. Os aspectos desafiadores ou raivosos da Deusa não são manifestações da sua hostilidade, mas a afirmação do seu lado escuro, coexistente e complementar do lado luminoso. Sheela inspira medo, mas ela prenuncia mudança, transformação e renovação. Através da aceitação e compreensão do seu arquétipo, os guerreiros celtas não temiam a morte, pois a viam como um descanso no ventre da Grande Mãe, à espera da sua regeneração. Apenas pela desintegração do velho que a reintegração para um nível mais elevado podia acontecer. E Sheela era o portal que conduzia para esta transformação, assim como a deusa hindu Kali, que é semelhante a ela.

Sheela representa o poderoso processo de transformação, a morte do velho e o nascimento do novo, lembrando-nos que a morte não é o fim, pois uma nova vida emerge da semente enterrada. Este arquétipo poderoso – da Deusa *Criadora* que é também *A Destruidora* – está faltando na nossa cultura e religião nos últimos 3000 anos; quando ele foi removido das religiões patriarcais, um aspecto importante da natureza humana também foi removido da consciência coletiva. O resultado foi o medo da mudança e transformação, o terror perante a morte e a denigração da mulher, vista como um ser inferior e propiciador da luxúria e pecado. Sheela – como um símbolo da Deusa Escura – pode nós auxiliar em restaurar os valores sacros femininos e planetários e restabelecer assim o equilíbrio perdido do ser humano.

Uso ritualístico e mágico do arquétipo de Sheela na Gig

Sheela representa o poderoso processo de transformação, com a morte de um ciclo ultrapassado e o começo de um novo, a metáfora da vida que emerge das sementes enterradas na terra. Ela é a Destruidora das ilusões, dos medos e bloqueios e a Criadora de novas possibilidades, ideias e projetos. Sheela pode nos auxiliar para vencer o medo da mudança e transformação, da opressão e inferiorização por ser mulher, dos bloqueios ligados a sexo e prazer, da incerteza dos próprios valores, possibilidades e dons. Como aspecto escuro da Deusa, Sheela auxilia restabelecer o equilíbrio psíquico do ser humano, tornando conscientes os antigos valores do sagrado feminino. É necessário entrar em contato com os cantos escuros e obscuros da própria psique, reconhecer nossos desejos, medos, culpas, bloqueios e dependências. Readquirir a consciência da nossa sacralidade como mulheres e integrando corpo, mente, coração e espírito irá abrir o caminho da autoaceitação e do amor próprio.

Um antigo texto gnóstico, usado como tema para vários arquétipos femininos, pode servir como a manifestação da voz da Deusa da Sabedoria, nos ajudando na nossa integração e cura: *"Eu sou a primeira e a última, a honrada e a humilhada, sou a santa e a prostituta, a esposa e a virgem, a mãe e a filha. Eu sou a estéril e aquela que tem muitos filhos, o silêncio incompreensível e a ideia cuja lembrança é frequente. Eu sou a voz cujo som é multiplicado e a palavra que aparece em múltiplas formas, pois Eu sou a expressão do meu nome."*

Como sugestão para um ritual grupal, vou resumir a prática da purificação que antecede os rituais anuais de iniciação do círculo sagrado feminino *Teia de Thea* de Brasília. Como temas míticos, são usados dois arquétipos: da deusa Cerridwen, a Guardiã do sagrado caldeirão da transmutação e de Sheela-na-Gig, Guardiã do portal de renascimento. Uma praticante solitária pode adaptar as orientações em função das suas possibilidades e afinidades.

O mito de Cerridwen (vide pág. 151) deverá ser ritualizado com todos os seus detalhes, insistindo na conexão entre seus animais sagrados e os elementos mágicos. Na descrição das metamorfoses sucessivas de Cerridwen e Gwion (que simbolizam as mudanças ao longo da vida pessoal e os desafios do caminho espiritual), a perseguidora e o perseguido assumem formas de animais associados com os elementos e as fases da vida. A LEBRE E O GALGO simbolizam: terra, velhice e morte; O PEIXE E A LONTRA: água, maturidade e o passado; O FALCÃO: ar e nascimento; A GALINHA E O GRÃO: o fogo, a juventude e o renascimento.

Depois de acompanhar com atenção o relato do mito, será feita a indução e visualização das associações dos elementos com as energias negativas que devem ser descartadas e transmutadas. Ou seja, TERRA – dificuldades no plano material, disfunções no corpo físico; AR – bloqueios na comunicação e na expressão criativa; água – memórias dolorosas de conflitos e perdas emocionais; FOGO – escassez de energia, ausência de motivação e coragem para sair da inércia e realizar seus objetivos. Em seguida será feita uma catarse ao redor de uma fogueira ou caldeirão com brasas usando gestos, gritos, pulos, sons, movimentos corporais, palmas, sapateado entre outros recursos, para descartar os resíduos negativos, queimando e se libertando do fardo desnecessário do passado. Podem ser queimados papéis com anotações, "totens de banimento" feitos com vassouras de galhos secos e lã preta, punhados de ervas aromáticas secas ou apenas expelindo com gestos e sons os resíduos perniciosos.

Depois de uma harmonização física e psíquica com respiração, batidas lentas de tambor ou mantras, será encenada a passagem pelo portal de renascimento da deusa Sheela-na-Gig. Previamente será confeccionado um "portal vulvar" de tecido vermelho-vivo (veludo e cetim), sustentado por uma armação de arame e bastante grande para permitir a passagem de uma pessoa. Compreendendo o mito e o simbolismo do portal, esta passagem proporcionará às mulheres uma reflexão com reverência, confiança e fé para a nova fase da sua vida.

Se este ritual for realizado antes de uma iniciação ou rito de passagem, no dia seguinte será celebrado o renascimento com a ajuda e bênção da deusa celta Brigid, a Senhora da Chama Tríplice da cura, sabedoria e magia. Para maiores informações sobre um ritual específico da deusa Brigid, recomendo consultar o livro *Círculos Sagrados para mulheres contemporâneas*.

Para uma conexão mais simples e individual podem ser usados alguns dos "auxílios mágicos" já citados e escolher um ou mais dos objetivos e dádivas de Sheela-na-Gig fazendo a meditação a seguir:

Projete-se mentalmente para um penhasco rochoso acima do mar e próximo de um bosque de álamos e bétulas. As ondas se quebram nos rochedos da praia como se fossem suspiros eternos do mar, coberto pela espuma branca e envolto pela neblina acinzentada. Reina o silêncio ao seu redor e aos poucos, você se sente entrando em outra dimensão, no espaço entre os mundos, onde nada é como parece ser e onde tudo se torna possível. Encaminhe-se lentamente para o bosque, onde avista um portal formado pelos galhos prateados das árvores. Confiante, passe pelo portal e perceba que está em outro mundo, em outra dimensão, no espaço liminal tênue e misterioso, que precede o nascimento. Sinta a presença da Guardiã, a Anciã que rege a vida e a morte, que a perscruta atentamente, avaliando se está pronta para passar para outro ciclo e nível de consciência. Imagens fugazes passam pela sua mente e você se questiona sobre o que precisa descartar, mudar, renovar para estar pronta para o renascimento. Caso obtenha a certeza disso, pronuncie o nome de Sheela por três vezes e peça-lhe a permissão para atravessar o seu portal, assim como já fizeram inúmeras mulheres que a antecederam. Sheela acena com a cabeça e aponta para uma mulher que a tinha acompanhado o tempo todo. Você a reconhece e saúda como sua ancestral, se ajoelha e toca a terra com respeito e gratidão. A névoa espirala ao seu redor e forma desenhos e palavras que você não conhece, mas sabe que são mensagens que irá compreender depois. De repente, ouve um farfalhar de penas ao seu redor e vê uma linda garça branca, que está vigiando o portal. Você a saúda como aliada e lhe pede ajuda para compreender as mensagens recebidas. No silêncio da sua mente, elas começam a serem mais explícitas e lhes revelam orientações e direções, que deverá seguir na sua vida aos poucos, para poder atravessar o portal e renascer.

Você sente a brisa marinha, ouve o som dos galhos das bétulas dançando com o vento e percebe a energia de Sheela-na-Gig envolvendo todo o seu ser com confiança, poder e proteção. Sem nada temer, se deixa conduzir e atravessa uma série de portais como se fossem várias vulvas aveludadas enfileiradas, que a levam ao centro do seu verdadeiro poder feminino, onde se sentirá segura e sabendo o que deverá fazer.

Permaneça imersa nesta energia até que tudo desaparece ao seu redor e você volte para o lugar onde iniciou a visualização. Agradeça a Sheela na Gig e à sua garça aliada, anote as impressões da vivência e as suas percepções das mensagens recebidas.

Em uma viagem que fiz alguns anos atrás para os lugares sacros da Irlanda, estive em Ballyvourney, no condado de Cork, onde acima do arco de uma janela virada para Oeste da igreja local em ruínas, ainda é visível a imagem de Sheela-na-Gig, esculpida na parede. Do outro lado da rua tem uma estátua enigmática de Santa Gobnait, procurada por milhares de peregrinos em busca de cura. Antigamente – e até hoje – mulheres querendo engravidar ou se curar, davam três voltas ao redor da igreja e tocavam a vulva das esculturas de Sheela, encastoadas acima das portas e arcos das janelas. Conhecendo o mito e o antigo costume, encontrei a única escultura ainda remanescente, me equilibrei no parapeito da janela e toquei com reverência a vulva de Sheela, enquanto devotas católicas – em uma procissão que percorriam os arredores da igreja entoando ladainhas – me fulminaram com o olhar, considerando meu gesto um sacrilégio, sem saberem da existência da escultura, menos ainda do antigo culto dela. Paradoxalmente, a Santa Gobnait é na realidade uma representação cristã da deusa Brigid e os peregrinos e fiéis até hoje tocam a sua estátua – colocada sobre um pedestal e adornada com imagens esculpidas (no seu manto e ao redor) de abelhas, colmeias, espigas e flores – com fitas, imagens e pedaços de pano, que levam depois para suas casas e famílias para fins curativos. Sem que os atuais peregrinos saibam a origem deste costume, ele é na realidade o resquício de um antigo ritual celta para cura, feito no Sabbat Imbolc – na celebração da deusa Brigid –, comprovando assim a relação entre Sheela (morte) e Brigid (nascimento).

Skadhi (Scathe), Giganta Nórdica Regente do Inverno

"Eu sou Skadhi, a Rainha das montanhas, Caçadora destemida que desliza sobre skis, filha dos gigantes e Guerreira desafiadora dos deuses, que enfrenta a tempestade e domestica os lobos. Eu exijo o que é meu e faço a minha justiça, com arco e flecha cuido dos animais selvagens. Para mim vêm aqueles que querem tomar conta do seu futuro, que são honestos, corajosos e leais, pois Eu mostro a fria face da verdade."

Invocação para Skadhi. Magic of the Norse Goddesses. Alice Karlsdóttir

Skadhi era uma giganta escandinava renomada pela sua beleza e que adquiriu o status de deusa ao casar com um dos deuses Aesir. Ela morava no palácio Thryndheim "lar do barulho", herdado do seu pai, e era descrita como uma linda e vigorosa mulher, envolta em peles brancas, que deslizava sobre esquis e segurava um arco e flecha. Como Regente do inverno, da caça, dos esquis e trenós, Skadhi era reverenciada pela sua coragem, determinação, força, combatividade e a resistência perante desafios e dificuldades. Supõe-se que ela fazia parte das divindades nórdicas ancestrais, e que seu nome tinha sido escolhido para designar Escandinávia como Skadhinauja. Vários lugares no Leste e Sul da Suécia, que guardam seu nome, revelam a antiguidade do seu culto.

Apesar de ser conhecida como "a mais resplandecente das noivas dos deuses", o nome de *Skadhi* significa "*sombra*", o que reforça sua ligação com *morte e escuridão*, aspectos associados com os longos meses de inverno e gelo que ela regia. Skadhi era também regente da caça com arco e flecha, suas armas favoritas, usadas pelos caçadores nos seus deslocamentos com esquis e trenós, que a reverenciavam como Öndurdis (a Disir com sapatos de neve). No folclore escandinavo – reconstituído pelos contos dos irmãos Grimm e de Andersen – o arquétipo de Skadhi reaparece como a "Rainha da neve" e foi equiparada com a deusa celta Scathach.

Skadhi tem uma estreita ligação com as *energias lunares*, ela saia à noite deslizando pela neve sob a tênue luz da Lua e era protegida pelas duas estrelas em que foram transformados os olhos do seu pai, pelos deuses que o mataram. Seus animais totêmicos eram o lobo e a víbora, *o lobo* como um predador forte, perigoso e dotado de excelente visão noturna personificava o herói guerreiro, o ancestral mítico da mitologia nórdica. *A serpente* é símbolo da autonomia feminina, a memória da linhagem ancestral, a cabeça triangular da víbora sendo semelhante à vagina, o portal dos mistérios e do poder da mulher. O seu ondular reproduz a geometria matricial, protetora e maternal, imprevisível e deslizante, repentina e enigmática como a própria Skadhi, que é independente, corajosa, resoluta, perigosa e autoritária, reminiscência das arcaicas sociedades matriciais.

O seu mito conta como Skadhi apareceu de forma imprevista e brusca em Asgard – a morada dos deuses Aesir – vestindo uma armadura brilhante sobre seus trajes e botas de peles brancas, os longos cabelos louros cobertos por um elmo e armada com espada, lança, arco e flecha. Enfurecida e sofrida pelo assassinato do seu pai Thiazi pelos deuses Aesir (por ele ter sido culpado pelo rapto da deusa Idunna pelos gigantes), Skadhi não quer aceitar negociação, mas exige vingança. Conhecendo seu poder e determinação, os deuses optam por não enfrentá-la, nem alimentar a discórdia antiga que existia entre deuses e gigantes, procurando um meio para apaziguá-la. Seguindo a tradição – que exigia ressarcimento em troca de um crime – os deuses lhe oferecem ouro como compensação, que ela recusou, e depois um marido, que ela podia escolher entre eles, mas de olhos vendados, vendo apenas os pés deles. Apesar de ser filha de um feio gigante do gelo, Skadhi era bonita, sedutora e atraente, ainda mais na sua apresentação como guerreira, com uma túnica curta branca deixando à vista suas belas pernas em botas de pele de raposa, chegando imponente sobre seus esquis, fato que venceu a resistência dos deuses em casar-se com uma das gigantas (procuradas como amantes, mas não como esposas).

No início, Skadhi recusou a ideia do casamento, continuando raivosa e desejosa de vingança. Para fazê-la sorrir e afrouxar sua resistência, Loki (o principal culpado na morte do seu pai) começou a fazer algumas brincadeiras, mas apenas quando amarrou uma corda nos seus testículos e depois na barba de um bode, se deixando puxar por ele, a situação grotesca fez Skadhi sorrir. Para melhorar seu mau humor, os deuses apontaram para o céu onde os olhos do seu pai tinham sido colocados por Odin e transformados em brilhantes estrelas, visão que fez Skadhi afrouxar e aceitar escolher um marido entre os deuses. Como ela tinha ficado atraída pela bela e luminosa presença do deus solar Baldur, acreditou que eram dele os pés mais bonitos que por ela foram escolhidos. Porém, ao tirar a venda, ela descobriu desapontada ser Njord (o velho deus regente do mar) o dono dos lindos e bem cuidados pés e, obrigada pelo compromisso assumido, casou com ele. Depois da lua de mel passada em Asgard, ao chegar a Noatun, morada de Njord, Skadhi detestou o ambiente cinzento, com o som monótono das ondas, o assobio do vento e os gritos estridentes das gaivotas e das focas, que a impediam de dormir. A saudade do seu habitat nas montanhas – com florestas verdes e o cheiro de pinheiros, a brisa suave passando entre as árvores, o som das cachoeiras, as brincadeiras dos animais polares e a imensidão branca de neve para esquiar – apressou a decisão de Skadhi para se separar.

Tentando manter a relação, Njord ofereceu-lhe ficar metade do ano em Noatun e a outra metade passarem juntos em Jötunheim, a terra dos gigantes, ou os nove meses de inverno em Jötunheim e os três de verão em Noatun. A proposta foi aceita por Skadhi, mas quem não conseguiu se adaptar foi Njord, irritado pelos uivos dos lobos, o vento cortante, o frio das geleiras, as permanentes ausências de Skadhi e a sua falta de cuidados conjugais, por ela ir esquiar ou caçar. Após algumas tentativas de conciliar as diferenças, a separação foi inevitável e Njord voltou sozinho e entristecido para Noatun. A incompatibilidade do casal é explicada pelos seus atributos diferentes: Njord era o padroeiro do verão, das riquezas e produtos da terra e do mar, enquanto Skadhi era associada com o inverno, as montanhas geladas, a terra coberta de neve, os ursos, focas e raposas polares, o esqui e a caça. Ambos podem ser vistos como personificações das estações (verão e inverno) que seguem se alternando; mesmo que por curtos períodos possam coexistir, suas diferenças são difíceis de conciliar ou integrar.

Alguns autores assinalam neste mito uma inversão de papéis, Skadhi veste armadura e leva armas, podendo escolher o consorte, postura geralmente assumida pelos homens, que vão lutar – ou pagar – para conseguir a mulher que desejam. Enquanto Skadhi é a rígida guerreira, Njord tem um papel passivo e complacente, que foi atribuído ao seu encarceramento prévio pelos gigantes, tendo sido submetido a humilhações pelas gigantas, fato que levou a uma perda de status e altivez. Na realidade, acredita-se que a baixa hierarquia se deve à sua origem Vanir (deuses ancestrais, regentes da terra e do mar), tendo sido cedido como refém aos deuses Aesir (guerreiros e dominadores) no armistício, que pôs fim à guerra entre os dois grupos, mas não anulou as suas diferenças.

Skadhi PERSONIFICA a guerreira independente, que não tolera ofensas, nem faz concessões, mas prefere lutar e medir forças com seus oponentes. SIMBOLIZA a dureza do clima nórdico no auge do inverno destruidor, a cobertura protetora da neve sobre os campos e florestas nos longos e escuros meses invernais. CONCENTRA a potência do gelo e a fertilidade latente da terra coberta pela neve, a coragem para enfrentar os perigos das tempestades e dos animais selvagens para obter os alimentos da sobrevivência. Depois da separação de Njord, Skadhi casou com Ullr, um deus de origem indo-europeia, que representava o espetáculo cromático da aurora boreal. Conhecido como um deus arqueiro e que usava o escudo como barco, ele regia o inverno, as regiões montanhosas e lacustres do norte europeu. Skadhi é vista como o complemento lunar e noturno de Ullr, que era um deus diurno e luminoso, associado à fertilidade dos campos e ao esplendor do céu claro. Skadhi e Ullr tinham em comum a afinidade com o inverno, a neve, os esquis, trenós e patins, a caça e a compatibilidade de temperamentos e atributos, além da ligação com os gigantes (acredita-se que o pai de Ullr era um gigante de gelo, assim como o de Skadhi).

Quando Loki foi julgado, e condenado a receber punição por um suplício escolhido pela assembleia de deuses – devido às suas inúmeras maldades (culminando com a morte de Baldur por ele orientada) –, Skadhi se apresentou para colocar uma víbora venenosa sobre sua cabeça, cujo veneno escorrendo sobre o rosto lhe provocava terríveis contorções. A inimizade de Skadhi em relação a Loki seria uma vingança tardia da participação dele na morte do seu pai. Nestas citações de episódios de alguns mitos, podemos perceber a presença dos mesmos personagens – Baldur, Skadhi e Loki – participando de eventos correlatos, que entremeiam luz e sombra, inverno e verão, traição e vingança, temas comuns na mitologia nórdica.

Skadhi é uma deusa valente e justiceira, que age seguindo seus instintos e emoções, consciente das suas escolhas e aceitando as consequências delas decorrentes. Ela se deixa guiar pelas suas necessidades e confia na sua verdade interior. Segura do seu poder, Skadhi age em nome da justiça e verdade, sem se desviar do caminho escolhido, confiante nas suas habilidades e assumindo o controle da sua vida. *Ela é a protetora das mulheres que escolhem uma vida independente* como mães solteiras, profissionais em área ditas masculinas, carreiras militares, expedições arriscadas, artes marciais ou esportes radicais. Mesmo guerreira e poderosa, ela acredita nos vínculos familiares, mas não cede às pressões, escolhendo os caminhos que são compatíveis com seus valores, interesses e a sua verdade interior.

Skadhi é honrada atualmente pela coragem e determinação em abrir mão de um relacionamento inadequado, pelas suas qualidades guerreiras – usadas como habilidades nos esportes – e pela resistência perante adversidades e desafios (no plano profissional, circunstancial ou familiar). O episódio da sua incompatibilidade no casamento com o deus Njord mostra o contraste entre duas naturezas e formas diferentes de ver, sentir e viver, colocando em destaque a determinação da noiva em não se submeter às exigências do marido e a coragem para retornar ao lar ancestral e às suas ocupações favoritas. Deste modo, Skadhi torna-se a *Padroeira* das mulheres que preferem a liberdade em lugar das concessões, exigências e sacrifícios inerentes a um relacionamento, bem como para sustentar a sua força e determinação quando o preço da liberdade implica em privações e solidão. Quando invocada, não permitirá inseguranças e medos, mas incentivará o confronto e a vitória sobre eles. Ela incentiva as mulheres para descobrir seu poder interior e uma vez consciente dele, usá-lo nos desafios e combates. *Seja você mesma* é a sua frase predileta, que ressoa no vento sibilante e nos uivos dos lobos. Assim, com seu auxílio, seremos capazes de ativar nosso poder e lutar por nós mesmas, confiando na Sua ajuda e na nossa força interior.

Atualmente não precisa empunhar uma arma para agir como uma guerreira. Pelo contrário, o uso de armas que podem machucar pessoas ou tirar vidas não é compatível com o arquétipo divino da guerreira, mas com ações de sabotagem, violência, terrorismo ou crimes. O dever da guerreira contemporânea é *proteger* – a si mesma, seus filhos, bens e família; ela acredita no seu valor e luta por aquilo que é *correto, leal e justo*, sem permitir que seja humilhada ou enfraquecida, pois conhece e honra a verdade do seu coração. O poder da guerreira reside na sua intuição, no seu "sexto sentido" que a alerta sobre perigos, falsidades e armadilhas. É a sua *coragem e determinação* que a guiam nas experiências emocionais difíceis, nos desafios e confrontos profissionais e nas dificuldades materiais.

Para entrar em contato com a deusa Skadhi pode ser usada uma *viagem xamânica* ao som das batidas de tambor e tendo como aliado o lobo (ou a loba). Previamente prepare um espaço adequado com um pequeno altar com imagens de paisagens invernais, aurora boreal, geleiras, lobos, uma taça com gelo, um símbolo para representar a guerreira interior, a runa *Hagalaz* ✶ ou a sua apresentação gráfica em forma de floco de neve (estrela de seis pontas) e um papel em que anotou o objetivo que almeja conseguir.

Visualize-se iniciando a viagem para o habitat de Skadhi num dia mais frio, devidamente equipada para enfrentar o frio ártico, vendo-se vestida com roupas de lã, manto de pele com capuz, botas e luvas. Após relaxar o corpo com respirações profundas e esvaziar a mente com o som das batidas de tambor, veja-se numa colina coberta de neve, sentindo as rajadas do vento frio dando-lhe as boas-vindas no reino da *Rainha do inverno*.

Na sua frente percebe uma trilha que vai levá-la aos pés de uma montanha íngreme, com alguns arbustos retorcidos pelo vento inclemente. Temerosa, mas decidida a subir, segue a trilha tortuosa, obstruída de vez em quando por pedaços de rochas arrastados pelas avalanches. A neve cintila sob a luz fraca do Sol e, de vez em quando, você percebe formas iridescentes girando na sua frente como um caleidoscópio de mensagens em forma de imagens, reflexos das Luzes do Norte (aurora boreal). Anote mentalmente alguma forma que despertou seu interesse e continue seguindo na trilha, cada vez mais íngreme margeando um precipício. Cerrando os dentes para vencer o medo da altura e do destino desconhecido, você faz uma oração para Skadhi, pedindo-lhe a permissão e a ajuda para chegar à sua morada. De repente aparece ao seu lado a loba, sua aliada, e esfrega seu focinho na sua perna como para lhe dar coragem de seguir. Você a segue e, logo depois, vê na sua frente uma abertura no paredão de rocha, guardada por dois enormes lobos cinzentos. Com a loba amiga ao seu lado você passa pela abertura, mas sente que deve oferecer algo aos lobos e lhes entrega seus medos ligados a uma determinada situação ou conflito da sua vida, que breve deverá enfrentar.

O estreito corredor depois da entrada termina em uma caverna, ampla e iluminada por tochas, cuja luz tremelicante ilumina a figura imponente de uma mulher, alta, forte, vestida com armadura e elmo e segurando um arco e flecha. Você se inclina perante ela e sente seus penetrantes e gélidos olhos azuis perscrutarem sua mente e os desejos do seu coração. Com uma voz forte, que ecoa no vão da caverna, ela lhe pergunta o motivo da sua vinda e você lhe responde que deseja ativar sua "guerreira interior". Os olhos de Skadhi se tornam ainda mais faiscantes e ela lhe pergunta sobre ocasiões e ações da sua vida em que você tenha lutado por um propósito, imposto sua vontade, afirmado suas crenças e valores, protegido alguém ou ter vencido em algum teste. Você enumera algumas situações, desde a sua infância até o presente, que possam testemunhar a seu favor.

Skadhi sorri satisfeita com seu potencial e concorda com o pedido de fazer parte do seu séquito de seguidoras, mas lhe pede para descrever o motivo atual que a faz solicitar a sua ajuda. Você descreve as razões que a fazem se sentir enfraquecida, amedrontada ou insegura em um determinado aspecto ou setor da sua vida (afetiva, familiar, intelectual, material, profissional ou espiritual). Skadhi acena a cabeça e coloca seu braço forte ao redor dos seus ombros guiando-a para entrar em uma sala ao lado. Apesar da pouca luz, você vê dezenas de armaduras presas na parede, de couro ou metal, com diversas formas e tamanhos, rebuscadas ou simples, com desenhos ou enfeites. Skadhi lhe diz para escolher a que irá lhe servir, mas que depois de escolhida, será sua para sempre e não poderá trocar. Você leva certo tempo para se decidir, mas escolhe uma armadura que lhe chamou a atenção desde o início, pelos desenhos e símbolos gravados e a energia que dela irradia.

Sob o olhar atento dos faiscantes olhos azuis de Skadhi, você a veste e em seguida ela lhe dá um arco e as flechas, ensinando-lhe como usá-los. Skadhi fala pouco, mas repete que: "sempre que optar por um objetivo, deverá visualizá-lo na sua mente como um alvo a ser atingido pela flecha do seu desejo, saindo do arco da sua vontade". Somente assim, juntando a força emotiva com a força motiva e direcionando-as em conjunto para um alvo material, que sairá vitoriosa nas suas aspirações, motivações e combates.

A mensagem final de Skadhi é: "o poder que busca está dentro de si, como sempre foi e sempre será. Use a armadura como proteção, o arco e flecha como emblema para sua vitória. Se me chamar, estarei sempre ao seu lado, guiando suas ações, fortalecendo sua vontade, assegurando que consiga o que seja para o seu bem e o de todos envolvidos. Ká!".

A voz de Skadhi ecoa nos seus ouvidos, enquanto o cenário ao seu redor vai esmaecendo e sumindo no meio da neblina. Você vê à sua frente a trilha pela qual veio e começa a descer muito mais rápido e fácil do que foi na subida. Agradeça mentalmente à deusa Skadhi e à loba, sua aliada, em seguida, abra lentamente os olhos, respirando profundamente e alongando o corpo.

Tome uma xícara de chá vermelho, bem quente, anote suas impressões e guarde a imagem de Skadhi, da loba e da runa Hagalaz no seu altar, assim como o papel em que descreveu seu objetivo a ser conquistado.

Para reforçar ainda mais a conexão com Skadhi você poderá preparar uma "sacola mágica" em que colocará alguns itens que representem a conexão e a sua força de guerreira: uma miniatura de arco e flecha ou de espada, uma mecha dos seus cabelos, um punhado de ervas secas (agulhas de pinheiro, folhas de teixo, musgo) uma trança feita de sete fios nas cores do arco-íris e mais dois fios vermelhos, consagrada durante a prática mágica, o símbolo da runa Hagalaz ou outras runas adequadas (como Tiwaz, Mannaz em combinação com Dagaz para formar o símbolo da *labrys*, a machadinha de lâmina dupla), uma obsidiana floco de neve e um olho de falcão (pedra semipreciosa semelhante com o olho de tigre, porém avermelhada), um cristal de quartzo biterminado e um talismã de prata (gravado com runas de proteção).

Os objetos serão colocados numa sacolinha de pano vermelho (bordada com runas) que será imantada e consagrada durante o ritual, invocando a bênção e proteção de Skadhi e depois guardada no seu altar perto da imagem de Skadhi e da loba. A sacola ficará entre suas mãos durante a prática, depois colocada de volta no altar e levada consigo nas situações ou lugares onde irá precisar da proteção de Skadhi e da sua força de guerreira, sustentada pela presença energética da loba. Para cada novo objetivo, deverá refazer a mentalização e mudar os escritos no papel, podendo trocar ou acrescentar algum item a mais na sacola.

Tiamat, Deusa Dragão, Mãe do Caos Primordial

"Quando as alturas do céu e as profundezas da terra ainda não tinham sido nomeadas, o Pai Apsu (Regente das águas doces dos rios e da chuva que caia do céu) e a Mãe Tiamat (Senhora das águas salgadas do oceano) mesclaram suas águas e assim os Deuses foram criados."

Enuma Elish – poema épico da Babilônia.

"É assim que o mundo foi criado: a deusa-mãe Tiamat ficou enfurecida com a arrogância dos seus filhos e começou a entoar encantamentos e tecer magias para afastá-los. Antes que terminasse, seu filho Marduk se aproximou dela armado, e Tiamat abriu sua boca tentando engoli-lo. Mas ele soprou um vento forte na garganta dela e em seguida a atravessou com uma flecha, que dividiu seu corpo e coração em duas partes. Uma metade flutuou para baixo e formou a Terra, a outra metade, Marduk a elevou, e assim formou o céu."

Enuma Elish – poema épico da Babilônia.

Durante a Idade do Ferro (começada em torno de 1250 a.C.) culminou o processo, iniciado na Idade do Bronze, da transferência do princípio gerador e criador de uma Mãe Deusa para um Pai Deus. Na medida em que as antigas sociedades matrifocais, centradas na reverência à vida e à Deusa, eram substituídas por hierarquias patriarcais e masculinas, que enalteciam o poder de tirar a vida, começou um longo e insidioso processo de *destronar a Deusa*, para dar sustentação e legitimidade à nova cultura patriarcal e guerreira. A Deusa passou a ser vista como a força caótica da natureza, que precisava ser domada e subjugada, enquanto o Deus assumiu o papel de único criador e detentor do poder espiritual. As deusas das culturas paleolíticas e neolíticas foram rebaixadas do seu status de *Mães Criadoras, Senhoras da Terra e da Natureza* e subordinadas aos deuses da nova ordem. A religião foi desviada da reverência à Deusa, Terra, Lua, mãe, mulher, geração, vida; dirigida agora para Deus, Céu, Sol, pai, homem, guerra, morte e uma nova hierarquia espiritual foi estabelecida para acompanhar a estrutura social. A Deusa foi relegada a um plano secundário nos mitos como mãe, esposa, amante ou filha de deuses dominantes. As Grandes Mães Divinas cultuadas como

"Senhoras da Terra" e regentes dos seus ciclos e frutos, foram reduzidas a meras personificações da terra e natureza e manifestações da matéria.

Os novos mitos de criação foram desvirtuados dos conceitos primordiais em que a Deusa criava o universo e a vida. *A Mãe Criadora* – que gerava tudo que existia de si mesma, sendo assim *parte* e *uma* com toda a criação – foi reduzida a uma simples matéria prima modelada pelo Senhor. Pela primeira vez nos mitos, *Deus se torna o Criador do Céu e da Terra*, enquanto a Deusa antigamente era o próprio *Céu, a própria Terra*. O conceito de fazer é diferente de ser, aquilo que é criado não é necessariamente feito da mesma substância do Criador e, portanto, pode ser inferior, enquanto o que emerge da Mãe, é parte intrínseca e idêntica com ela. Com o intuito de despojar a Deusa de seu antigo poder e da sua importância toda abrangente de outrora, os mitos foram reescritos por patriarcas e profetas enfatizando os poderes de Deus. À Deusa foram atribuídos – não mais a totalidade dos aspectos da criação –, mas somente as forças consideradas "escuras" e maléficas. Seus símbolos foram reduzidos, prevalecendo dragões, serpentes e monstros (que deviam ser vencidos e mortos por semideuses ou heróis), escuridão, noite, magia, feitiços, pássaros agourentos, aves de rapina, Lua negra, gatos pretos, todos sinônimos de perigo e azar. Para invocar a benevolência dos novos deuses e para justificar a matança de prisioneiros, escravos, mulheres e crianças "inimigas", novas lendas que estimulavam o derramamento de sangue humano surgiram para aplacar a ira divina e consagrar as terras conquistadas, antes abençoadas pelo sangue menstrual das sacerdotisas e pelos ritos de fertilidade realizados nas estações apropriadas, honrando o eterno ciclo de vida, morte e renascimento.

O poema épico Enuma Elish (cuja versão original era de 2000 a.C. e foi refeito entre 668-626 a.C.) é a primeira história escrita que descreve a substituição da Deusa Mãe – que gera a criação a partir dela mesma – com um Deus, que cria, mas não de si mesmo. Todos os mitos em que um deus celeste – ou herói solar – conquista um dragão ou uma serpente gigante tiveram origem neste poema da Babilônia. O poema mítico foi gravado sobre sete pastilhas de argila, contém aproximadamente 100 linhas e era usado como um canto para louvar o Novo Ano. Na mitologia babilônia, antes que o mundo tivesse sido criado, existiam apenas: Tiamat, a deusa-dragão, a Mãe Primordial do Todo, que era a personificação da água salgada dos oceanos e Apsu, o Regente da água doce, a origem dos rios, riachos e lagos. A deusa Tiamat era a força primeva e selvagem do universo antes de ser estabelecida a ordem cósmica, descrita como uma Grande Serpente Marinha, porém tendo o corpo coberto com escamas, cabeça com chifres, pescoço, asas e pés com garras, ou seja, características de um Dragão. Segundo o mito, Tiamat deu origem a tudo aquilo que existe, sendo mãe, avó e bisavó de todos os seres e deuses. Um dos títulos de Tiamat era a "Grande Serpente do Fogo", o que faz clara alusão à sua natureza primordial e criadora, personificação de Tohu Bohu, o "Grande Vazio" primordial.

Ambos os deuses representam a ideia do caos que precede forma e ordem e, da sua união, foram criados os primeiros deuses: *Lachmu e Lachamu*, que por sua vez criaram a raça de divindades. Os descendentes dos deuses faziam muito barulho, que irritava profundamente o ancestral Apsu, impedindo seu descanso, por isso ele decidiu matá-los. Uma vez tomada a decisão, Apsu convocou seu auxiliar Mummu e foram juntos a Tiamat, dizendo-lhe que a descendência de ambos deveria ser eliminada para que regressasse a tranquilidade. Tiamat, entretanto, revoltou-se e rechaçou a ideia, pois embora estivesse perturbada com os ruídos dos deuses, ela os perdoava, sendo uma mãe tolerante e compassiva. Descoberta a intenção de Apsu, o filho *Enki*, deus da magia e das águas profundas, mata o pai enquanto ele dormia, usando recursos mágicos. Arrependido pelo seu crime, Enki se retira nos pântanos e constrói um templo, e para se redimir, deu-lhe o nome do pai, ou seja, o culto de Enki foi construído sobre o legado paterno. Neste refúgio, Enki e sua esposa Damkina concebem o filho *Marduk*, um ser perfeito na sua forma e força, sendo abençoado por todas as divindades.

Tiamat não apoiava os planos de Apsu para destruir seus filhos, mas, diante da morte de seu esposo, passa a lutar contra eles. Enfurecida pelo assassinato do seu marido, Tiamat se transforma de uma mãe compassiva em esposa vingativa e assume o aspecto de *Hubur*, regente dos escuros rios subterrâneos. A Deusa encontra outro companheiro, *Kingu*, com quem gera vários monstros: serpentes de garras venenosas, hienas, aves de rapina, homens-escorpiões, leões-demônios, monstros-tempestade, centauros e dragões voadores. Depois desta procriação intensa, Tiamat partiu para a retaliação: designou Kingu como chefe de seu exército e o convenceu a liderar o exército contra os filhos rebeldes, entregando-lhe as "Tábuas do Destino". Mas os jovens deuses se assustam com a ideia de lutar contra o poder ancestral de Tiamat e pedem ao deus solar Marduk para intervir, prometendo-lhe que, após a vitória, seria honrado como deus supremo e dirigente de todo o universo.

Sentindo-se apoiado e com a ambição renovada, Marduk teceu uma rede e apanhou Kingu e todos os monstros, acorrentou-os e os atirou ao Submundo. Partiu então para matar Tiamat: primeiro ele joga a sua rede e nela a segura, depois cega a deusa-dragão com seu disco mágico, possivelmente representado pelo próprio Sol, pois o deus era também um herói-solar. Marduk feriu mortalmente Tiamat com uma lança, símbolo masculino da vontade ativa e da procriação, e teve ainda o auxílio dos sete ventos para manter aberta a boca dela, que tentou engoli-lo, enquanto ele lançava uma flecha que atravessou a sua garganta até chegar ao coração. Depois Marduk esmagou a cabeça de Tiamat, dividiu seu corpo do topo até a cauda e guardou seu sangue. Com metade do corpo dela ele fez o céu, e com a outra metade, a terra, da sua saliva formou as nuvens e de seus olhos e lágrimas fez fluir os rios Tigre e Eufrates. Finalmente, de seus seios criou grandes montanhas e a sua cauda tornou-se a Via Láctea. Os seres humanos foram criados a partir do sangue de Kingu misturado com argila vermelha. Marduk criou em seguida uma habitação para os deuses no céu, fixou as estrelas e regulou a duração do ano, substituindo o calendário lunar pelo solar. Ele aprisionou os seguidores do casal divino e colocou em si as "Tábuas de Destino", que tinha sido o presente nupcial de Tiamat para Kingu.

Este mito, considerado o relato da Criação do Mundo na mitologia babilônica, descreve na realidade a matança de Tiamat – a *Criadora primordial da religião suméria, Senhora do Oceano da Vida* – pelo seu filho e herdeiro. Marduk usurpou o lugar e poder de Tiamat e, do seu corpo retalhado, criou a terra, o céu, as estrelas e planetas e os seres humanos para servir aos deuses. Para justificar o crime, a Deusa Criadora é acusada de ter gerado serpentes venenosas e dragões destruidores para se defender dos planos de Marduk. Os registros mais antigos da cultura acadiana datam de 4500 a.C., quando eles eram o povo dominante da Babilônia e reverenciavam deuses com forma de serpentes. O contador do mito implora aos ouvintes para concordar com o crime e descreve com detalhes o esfacelamento do ventre grávido da Deusa, pisoteado por Marduk depois de tê-lo esfaqueado. Dessa forma, ao celebrar *a matança da Deusa*, incentiva-se a violência contra mulheres, tanto nas guerras, como nos lares em casos de insubordinação e a necessária e recomendada punição.

O texto de Enuma Elish usa diferentes argumentos para desacreditar a Deusa, que são também usados em outros mitos adaptados por escritores motivados por crenças patriarcais. PRIMEIRO contestam-se os atributos de Tiamat como Deusa Criadora, regente do nascimento, morte e regeneração, acusando-a de gerar monstros; SEGUNDO, glorifica-se o herói que a mata e TERCEIRO é enaltecido o ato de profanação do ventre materno, anteriormente reverenciado como Fonte da Vida. Esse mito era encenado anualmente nas celebrações babilônicas de Ano-Novo, o Festival de Akitu, para reforçar seu significado ultrajante. Nesta data era comemorado o retorno anual das enchentes da primavera, que deixavam as terras férteis depois do calor solar secar o chão inundado. O mistério da deusa-dragão e do seu valente oponente coloca em realce a vitória da consciência heroica representada por Marduk, em oposição à visão cíclica do mundo centrado em valores comunitários, onde o coletivo prevalece sobre o individualismo. Marduk é o primeiro matador de dragões da história, o dragão sendo considerado como representação da energia telúrica; as linhas de força ou meridianos da terra (*ley lines*) são chamadas pelos chineses de "veias do dragão".

Com a aceitação e perpetuação do mito de Marduk, uma nova ordem de criação foi iniciada, em que o feminino simbolizado pela Deusa se torna sinônimo com a natureza, com características selvagens, escuras, misteriosas, caóticas e perigosas. Marduk passa a representar a hierarquia de novas divindades masculinas, cuja lei era conquistar e dominar a natureza, visão que afeta nossa sociedade até hoje, enfatizando a separação entre espírito e matéria. O mito de criação babilônio influenciou as religiões patriarcais que inverteram os valores antigos, os deuses originais sendo declarados demônios e a nova ordem exaltada até a supremacia. Esta herança, até hoje existente na teologia judaico-cristã, enfatiza a oposição entre espírito e matéria, masculino e feminino e adota a dualidade como lei imutável. Tiamat é considerada o mistério do caos, primal e incontrolável, passional na sua criatividade ampla e irrestrita, representada pela energia divina feminina. Ela é o "Dragão do Caos", o poder assustador do desconhecido, a matéria primordial informe, recriada depois como a beleza deslumbrante da Terra.

O mito de Tiamat personifica o medo humano perante o desconhecido e o conhecimento mal-usado que pode levar à destruição, pois assim como o corpo de Tiamat se tornou a base da vida, as nossas paixões podem ser forjadas e direcionadas de forma construtiva ou destrutiva.

Tiamat não é apenas o monstro terrível (dragão) do abismo, tal como a via o mundo patriarcal de Marduk, aquele que a venceu. Ela é não só geradora, como também a mãe legítima de suas criaturas, que se enfureceu quando Apsu decidiu matar os deuses que eram seus filhos. Somente depois dos deuses terem assassinado Apsu, seu marido, o pai primordial, é que ela dá início à vingança e propaga a sua força destruidora. *Tiamat representa o poder irracional dos primórdios e do inconsciente criador.* Mesmo na morte, ela continuou a representar o mundo superior e inferior. Marduk, ao contrário, é um legislador. A cada uma das forças celestes ele atribuiu um lugar fixo e, como Deus bíblico do Gênese, organizou o mundo segundo leis racionais que correspondem à consciência e à sua natureza solar. Tiamat não era uma Deusa cruel, mas seus templos eram escondidos devido a sua impopularidade, provavelmente por causa dos sacrifícios humanos que faziam parte de seus rituais. Isto mudou em algumas cidades do Império, quando Tiamat passou a ser adorada abertamente e onde os rituais mais sangrentos eram executados raramente.

Como em incontáveis mitos, a origem de toda a vida teria vindo do mar primordial, quer na terra ou no céu, mas o que existe de comum em todas estas possíveis procedências são as trevas primordiais. *É delas que se origina a luz, as estrelas e o dia acompanhado pelo Sol.* É esse fator comum, a escuridão da noite primordial como símbolo do inconsciente, que explica a identidade entre o céu noturno, terra, mundo inferior e água primordial anterior à luz. Com efeito, o inconsciente é a mãe de todas as coisas, e tudo o que surgiu depois e permanece na luz da consciência está em uma relação filial com a escuridão.

Posteriormente, com o advento do patriarcado, a reverência a Tiamat foi sendo gradativamente substituída pelos cultos a deuses masculinos, a maioria reconhecida como sendo seus descendentes míticos, mais notadamente Marduk – retratado nas imagens matando e esquartejando sua própria ancestral. A criação do mundo por Marduk utilizando partes do corpo da Deusa é um fato bastante característico da ascensão dos mitos patriarcais sobre os matrifocais. Outros mitos babilônicos menos patriarcais descrevem o processo de criação como um fluxo contínuo de energias originadas do sangue menstrual da deusa Tiamat, armazenado no Mar Vermelho – chamado *Tiamat*, em árabe. Foi essa a razão pela qual, mesmo após a interpretação patriarcal do mito na qual foi acrescentada a figura de Marduk, foi mantido na Babilônia, durante muito tempo, o calendário menstrual celebrando os *Sabbats* e nomeando os meses do ano de acordo com as fases da Lua.

O escritor Zecharia Sitchin no seu livro *As guerras dos deuses* (*The God Wars*), interpreta o mito de Tiamat com uma conotação diferente. Segundo ele, Tiamat era um planeta formado de terra e água, colonizado por um grupo de seres espaciais, que criaram a humanidade e eram vistos como deuses. Porém, eles começaram a guerrear entre si pelo domínio e assim provocaram uma destruição parcial do planeta Tiamat: apareceu uma grande bacia num dos seus lados (do Pacífico) e os fragmentos resultantes formaram o cinturão de asteroides entre a Terra e Vênus. Nesta teoria prevalece o conceito arcaico de Tiamat ter sido a Mãe Terra, criadora da vida oriunda da água salgada do seu ventre.

Alguns estudiosos acreditam que as imagens associadas com Tiamat são reminiscências dos cultos antigos de outras deusas como Asherah, Atargatis e as Deusas da água da Suméria, Narum e Nina, representadas com formas de peixe ou serpentes e ligadas ao Mar Primordial. Acredita-se que esta descrição da Deusa tenha dado origem às histórias de sereias e ondinas, enquanto o dragão tornou-se uma figura mítica encontrada nos mitos e folclore de inúmeros povos. As características físicas do dragão variam em função da localização geográfica, tendo geralmente um corpo de serpente ou crocodilo, patas e cabeças de leão, águia ou falcão, às vezes com asas ou chifres. Geralmente é associado com a água e a terra, vivendo em grutas, lagos ou rios, seu sopro sendo formado de chamas e seu grito assustador.

Originário da Babilônia, o mito do dragão se espalhou para Índia, China, Egito, Grécia e Europa, sempre associado com o culto de uma deusa e a figura de um deus ou herói matando o dragão, a guisa de proteger a humanidade ou resgatar uma princesa ou virgem das suas garras. Esta distorção do mito de Tiamat visava enaltecer as virtudes dos heróis (como Marduk, Perseu, Hércules, Apolo, Siegfried, São Miguel, São Jorge ou Beowulf), mas na realidade descrevia a vitória dos novos arquétipos arianos e semitas da sociedade patriarcal, conquistando e vencendo a Deusa primordial. Os deuses levaram muito tempo para alcançar a supremacia nos mitos da criação na Mesopotâmia, Pérsia, Índia, Anatólia, Canaã e Grécia, mas Marduk foi o primeiro que matou a Deusa Mãe e assumiu seu lugar como criador. O dragão sendo associado com as linhas de força da terra representava na realidade o poder telúrico e ctônico da Deusa Mãe, que passou a ser descrita de forma monstruosa, gerando seres malignos e matando seus filhos. As fontes escritas mais recentes ignoram as qualidades maternas e geradoras de Tiamat, definindo-a como um mero "dragão do caos", sem se referir à sua morte por Marduk como um matricídio, mas dando ênfase a missão do herói, levando à criação do mundo do corpo esfacelado da Mãe Primordial.

Nos mitos hebraicos e na Bíblia, Tiamat tornou-se *Tehom*, o "Vazio", mas sem mencionar que o "Vazio" personificava o *ventre primordial*. Enuma Elish influenciou a civilização da Babilônia, Assíria e Palestina, sendo o mais antigo exemplo da inversão da hierarquia divina, exaltando os heróis e tornando a Deusa Mãe em monstro. No Egito, Tiamat era conhecida como *Te-Mut*, a mais antiga Deusa, Mãe dos elementos femininos da água, escuridão, noite e eternidade ou *Manu*, o "grande peixe" que gerou o universo e os deuses.

No mito original a primogênita de Tiamat era *Mummu*, sua réplica, representando a mistura de água e terra. Depois apareceu em alguns mitos posteriores o seu consorte Apsu, cujo dever era fertilizar o abismo com a chuva (seu líquido seminal), mas ele não era superior, nem mesmo igual a Tiamat, que era a verdadeira fonte da vida, origem do fluido da criação

– seu sangue menstrual – que era armazenado no Mar Vermelho. A teologia babilônia adotou Tiamat como personificação do caos, o vazio – ou oceano – primordial não mais era associado com a criação da vida, mas com a maldade e o azar. Acredita-se que o mito original de Tiamat tinha duas partes, na primeira ela é a Criadora e através do "casamento sagrado" – entre a água salgada e a doce – foi criado o Universo. Na segunda parte, Tiamat passa a ser a personificação monstruosa do caos primordial e lhe foi atribuída a forma de dragão, a "mistura das águas" sendo um fenômeno geográfico natural do Golfo Pérsico (dos rios Eufrates e Tigre).

O historiador Robert Graves considera a morte de Tiamat por Marduk a descrição da mudança do poder (divino e humano), passando de uma sociedade matriarcal para a patriarcal. Tiamat e outras figuras monstruosas eram as distorções das deusas supremas das antigas sociedades pacíficas centradas no sagrado feminino; como mensageiro entre o céu e a terra, o dragão tem um papel relevante em muitos mitos da criação. O símbolo do *Ouroboro* – dragão que engole sua própria cauda – ilustra o ciclo cosmogênico de Alfa/Ômega, começo/fim, criação/recriação, vida/morte, destruição/renovação.

Redescobrindo a magia do dragão, podemos recriar nossa conexão entre Céu e Terra, reconciliar os valores espirituais e materiais, ampliar nossa tolerância e sabedoria. Tiamat personifica o mistério do caos, o medo do desconhecido, da matéria primordial informe. Assim como o corpo de Tiamat tornou-se a fonte da vida, nossas paixões primais podem ser transformadas em energias criativas e positivas, lembrando a sabedoria ancestral da transformação através do sacrifício pessoal.

Tiamat permanece como o "Grande Círculo" (o mundo superior e o inferior), que tudo contém, mesmo depois de ter sido derrotada. Ela é a Mãe de todos os deuses, é a possuidora das "Tábuas do Destino" e representa todos os cinco elementos chineses: fogo, água, terra, ar e metal. Em incontáveis mitos, a origem da vida veio do mar primordial e foi das trevas que se originou a luz. A escuridão da noite primordial é o símbolo do inconsciente, que explica a identidade entre o céu noturno, a terra, o mundo inferior e a água primordial escura anterior à luz. Tiamat simboliza o poder irracional dos primórdios e do inconsciente criador, a força da criação, e do caos que a precede.

Tiamat é o arquétipo da Deusa Escura como *Criadora*, ela representa todas as mulheres fortes e valentes que foram subjugadas e oprimidas durante milênios. Um ritual para ela deve celebrar o triunfo atual do ressurgimento do poder feminino, em lugar de lamentar a sua subjugação pelo patriarcado. Ao se fundir na energia de Tiamat, as mulheres modernas vão redescobrir sua habilidade de criar, de transformar sua realidade e afirmar seu poder de superação e conquista. Sua regência abrange o poder purificador da água salgada, o enfrentamento da violência, maldade, desespero, vingança, transmutação da dor, injustiça, medos, falta de lealdade ou respeito, a compreensão dos testes cármicos com consciência e admissão dos compromissos para alinhamento pessoal, familiar, grupal, social, A aceitação e entendimento da morte como um portal para regeneração e renascimento. O auxílio de Tiamat é fundamental para o crescimento e evolução espiritual, pois ela pode nos ajudar a termos disciplina, aceitar os revezes e os testes cármicos, sabendo que suas causas residem no passado (desta ou de outras vidas), mas cabe a nós buscar agora meios, valores e atitudes para evitar sua repetição, mudando o nosso comportamento e retificando os erros cometidos.

A prática mágica fundamentada no arquétipo de Tiamat vai depender da necessidade ou do momento pessoal seguindo as diretrizes abaixo mencionadas.

Os elementos usados devem incluir água do mar (ou água e sal marinho), velas pretas ou coloridas untadas com óleo essencial de canela, a resina "sangue de dragão", argila vermelha, imagem de Tiamat e de dragões (da água e terra).

PARA UM RITUAL DE AUTOCONFIANÇA acrescentar as seguintes pedras semipreciosas: citrino (determinação), granada (coragem), ametista (transmutação) e também: três velas, vermelha, laranja e roxa; uma mistura de folhas de louro, canela e oliveira para banho e para queimar como incenso; um imã pequeno; um caldeirão e vinho tinto.

PARA PROTEÇÃO: três velas roxas (ou lilás); óleo de "sangue de dragão"; um colar de ametista; obsidiana ou ônix; um talismã de proteção e imagens de dragões dos elementos e oferenda de frutas.

Para superação de situações dolorosas: três velas pretas; um caldeirão pequeno; pastilhas de cânfora; incenso de sândalo; ervas secas (eucalipto, arruda, cedro); resina "sangue de dragão"; imagem de Tiamat; papel e caneta preta.

Qualquer um dos rituais deve ser precedido de um banho com sal grosso e ervas, a purificação do ambiente (circulando ao redor dele no sentido anti-horário com uma vela acesa, incenso, água do mar e um pote com terra preta), a arrumação do altar e a harmonização pessoal (respiração, alinhamento energético). A conexão com a deusa Tiamat será feita através de uma visualização ou meditação dirigida, para que depois do contato possa ser descrito o objetivo do ritual e invocada a sua ajuda.

Ritual para autoconfiança

Crie o círculo de proteção através de visualização, usando sua força mental e o seu desejo (reforçando assim o seu poder mágico). Depois de acender as velas e a mistura de ervas em um pequeno caldeirão, passe as pedras e o imã na fumaça aromática, mentalizando as qualidades das ervas e das pedras sendo ativadas em seu benefício. Evoque as direções e seus elementos associando-os ao fortalecimento das suas qualidades inatas: Leste, ar = ampliar sua capacidade de expressão e de criatividade; Sul, fogo = manifestar as qualidades e possibilidades de realização do seu signo solar; Oeste, água = superar os medos, as lembranças negativas e os condicionamentos limitantes; Norte, terra = ancorar e concretizar seus objetivos, definindo claramente suas metas e "vendo-as" já realizadas.

Invoque a deusa Tiamat e peça-lhe seu poder criador manifestado como auxílio para ativar sua coragem, confiança, determinação e resistência no seu progresso pessoal. Imante as qualidades ligadas às direções no imã, vendo-o como um polo atrativo de tudo o que necessita para vencer. Agradeça à Deusa e às forças das direções e dos elementos, desfaça o círculo e guarde as pedras em uma pequena bolsa de tecido vermelho, levando-a consigo quando precisar. Leve um pouco de mistura de ervas e o vinho tinto para oferecer na natureza.

Ritual de proteção

Siga a formação do círculo de proteção como o do ritual acima descrito e depois de acender as velas, unte o colar e o talismã com o óleo essencial.

Evoque as direções e os elementos associando-as com os seus respectivos dragões guardiões do ar, fogo, água e terra (seria útil conseguir previamente imagens deles – existem tarôs e livros que os descrevem). Após sua visualização, peça-lhes proteção e ajuda para as áreas específicas da sua vida – trabalho, viagens, relações, residência. Visualize seus atributos elementais (ar, fogo, água, terra) enviados para as respectivas áreas e criando no plano sutil réplicas energéticas de guardiões protetores. Imante o colar e o talismã com a energia de proteção da deusa Tiamat e dos seus aliados espirituais. Agradeça, desfaça o círculo e leve a oferenda para perto de um rio, bosque ou rochas. Use sempre que precisar de proteção o colar e o talismã.

Ritual para superação de situações dolorosas do seu passado

Depois de criar o círculo de proteção, acenda as velas e o incenso, faça um relaxamento profundo, esvaziando a mente e invocando a deusa Tiamat para trazer na tela da sua mente consciente imagens, sensações e lembranças do seu passado em que foi injustiçada, traída, ferida, abandonada ou difamada.

Sem deixar que estas energias negativas perturbem o seu equilíbrio psicofísico, anote tudo no papel, que será depois queimado no caldeirão com a cânfora e as ervas. Libere as energias estagnadas do seu campo vibracional com uma catarse física e energética e depois purifique sua aura com a fumaça das ervas e a resina de dragão (óleo ou pó), tocando seus chacras e os locais onde sentiu alguma dor, formigamento ou mal-estar. Se puder, tome um banho de banheira com sais aromáticos e veja-se sendo recebida e abençoada pela Mãe Criadora, renascendo depois do seu ventre primordial. Leve as cinzas para as raízes de uma planta e guarde a imagem de Tiamat no seu altar.

Planeta Tiamat

O pesquisador e escritor Zecharia Sitchin atribui a criação da antiga cultura suméria aos *anunnaki* (ou *nefilim*), uma raça extraterrestre nativa de um planeta chamado *Nibiru,* que se encontraria nos confins do Sistema Solar. Ele afirma que a mitologia suméria é a evidência disto, embora suas especulações sejam descartadas por alguns historiadores ortodoxos, que discordam da sua tradução dos textos antigos e de sua interpretação dos mesmos.

De acordo com a interpretação que Sitchin faz da cosmologia suméria, haveria um planeta desconhecido da nossa ciência chamado *Nibiru* (associado ao deus Marduk na cosmologia babilônia). Um dos satélites de Nibiru teria colidido catastroficamente com *Tiamat,* outro planeta hipotético, localizado por Sitchin entre Marte e Júpiter. Esta colisão teria formado o planeta Terra, o cinturão de asteroides, e os cometas. Quando foi atingido por uma das duas luas do planeta Nibiru, Tiamat teria se partido em dois; metade teria se tornado o cinturão de asteroides e a segunda metade, após capturar a órbita de uma das luas de Tiamat (a nossa Lua), foi empurrada para uma nova órbita e tornou-se o atual planeta *Terra.*

De acordo com Sitchin, Nibiru era o lar de uma raça extraterrestre humanoide e tecnologicamente avançada chamada de *anunnaki* no mito sumério, que seriam os chamados *nefilim* da Bíblia. Sitchin afirma que eles chegaram à Terra pela primeira vez provavelmente 450.000 anos atrás, em busca de minérios, especialmente ouro, que descobriram e extraíram na África. Esses "deuses" eram os militares, cientistas e pesquisadores da expedição colonial de Nibiru ao planeta Terra. Ele acredita que os *anunnaki* geraram o *Homo Sapiens* através de engenharia genética para serem escravos e trabalharem nas minas de ouro, através do cruzamento dos genes extraterrestres com os do *Homo Erectus*. Ele afirma que inscrições antigas relatam que a civilização humana de Sumer na Mesopotâmia foi estabelecida sob a orientação destes "deuses", e a monarquia humana foi instalada a fim de prover intermediários entre a humanidade e os *anunnaki*. Sitchin afirma que sua pesquisa coincide com muitos textos bíblicos, e estes seriam originários de textos sumérios, hipótese ainda não confirmada.

Considerações sobre dragões

Alguns caminhos espirituais recomendam uma ligação energética com os dragões, escolhendo um como aliado, a ser chamado quando precisar de ajuda. Na China os dragões são presentes nas casas, ruas e templos, sendo feitas procissões anuais com barcos enfeitados com suas imagens e rituais em sua homenagem ou para pedir chuva, prosperidade, proteção, saúde e boa sorte. Vai depender da afinidade e conhecimento pessoal estabelecer o contato com um dragão-aliado, lembrando sempre que tudo o que for evocado do plano energético e astral deverá ser tratado e recompensado com respeito, reconhecimento e gratidão (com algum tipo de oferenda, imagens na casa, carro, jardim e orações de agradecimento). O arquétipo do dragão pode ser evocado para vencer medos atávicos ou oriundos de traumas, superando assim o pavor inexplicável ligado a serpentes, aranhas, insetos, gaviões, morcegos e "monstros" imaginários ou que personificam situações reais. Todavia, este contato não deverá substituir ou se sobrepor à reverência e invocação da deusa Tiamat, como Mãe protetora, defensora e transmutadora de energias negativas e situações prejudiciais (como as que foram mencionadas). A conexão será feita com respeito e gratidão, imantando sua ajuda no talismã, queimando ou dissolvendo os empecilhos do caminho e honrando seu poder ancestral.

É importante lembrar que reconhecer um erro (de conduta, avaliação, julgamento), além de demonstrar coragem e sabedoria, permite que problemas pessoais possam ser solucionados e resíduos cármicos sejam ordenados. Perdoar e pedir perdão são caminhos que equilibram energias, diminuem consequências negativas, bloqueiam retaliações e ajudam no resgate das dívidas cármicas. Reconhecer nossos aspectos sombrios torna possível a transmutação e renovação, pois a escuridão conduz à cura, e a deusa Tiamat é a "Mãe Escura", Redentora e Curadora, que nos mostrará o caminho para a luz.

Acrescento aqui um resumo inspirado na complexa e interessante avaliação sobre os dragões feita pelo professor *Orlando Castor* no seu blog.

A palavra *dragão* tem origem no termo grego *drákôn* e significa *grande serpente*, mas a variedade de dragões existentes em histórias e mitos é enorme. Na Europa antiga os dragões eram vistos como seres abomináveis que cuspiam fogo, vilões que destruíam habitações e plantações, verdadeiros arquétipos do mal. Na Ásia, os dragões eram seres que se alimentavam de vegetais e traziam fartura, chuva e bondade para as vilas por onde passavam, sendo representações do bem. A imagem mais conhecida dos dragões é a oriunda das lendas europeias, mas a figura do dragão é um símbolo-chave em quase todas as civilizações antigas. Os dragões assumem, em cada cultura, funções, descrições e simbologia diferentes, podendo ser fontes sobrenaturais de sabedoria e força, ou simplesmente feras destruidoras, com aspecto reptiliano, semelhantes a imensos lagartos, cobras ou até mesmo serpentes emplumadas.

A mitologia dos dragões nasceu há milhares de anos, quando os povos ainda encontravam fósseis enterrados de dinossauros. As mais antigas representações mitológicas de dragões – datadas de aproximadamente 40.000 a.C. –, aparecerem em pinturas rupestres pré-históricas da Austrália, onde os dragões eram reverenciados como deuses, responsáveis pela criação do mundo. Na China, a presença de dragões na cultura é anterior mesmo à linguagem escrita e persiste até os dias de hoje, quando o dragão é considerado um símbolo nacional.

Na antiga cultura chinesa os dragões possuíam um importante papel na previsão climática, sendo considerados responsáveis pelas chuvas e a fertilidade dos campos. Na mitologia, eles são chamados de *long* e dividem-se em quatro tipos: *celestiais, espíritos da terra, guardiões de tesouros* e *dragões imperiais*. O dragão está presente na astrologia chinesa como o *signo do dragão* e o *ano do dragão*. Segundo os mitos, o dragão foi um dos quatro animais sagrados convocados pelo deus criador para participar na criação do mundo. Ele é muito diferente da figura ocidental, sendo um misto de vários animais míticos: olhos de tigre, corpo de serpente, patas de águia, chifres de veado, orelhas de boi, bigodes de carpa. Simbolicamente representa a energia do fogo, que destrói, mas permite o nascimento do novo, a transformação.

A origem do dragão chinês não é precisa, muitos estudiosos concordam que sua procedência advém dos totens de diferentes tribos da China, suas cores representando suas características: os azuis simbolizavam um verão tranquilo, os amarelos eram os mais afortunados e favoráveis, mas não podiam ser domados, capturados ou mesmo mortos. Também correspondem às direções cardeais: preto representa o Norte, o vermelho, Sul, o verde/azul, Leste, enquanto o branco o Oeste e o amarelo, o Centro. Como regentes da água e do tempo eram descritos frequentemente como humanoides vestidos em trajes de reis, com cabeças de dragão e ornamentos reais. O dragão chinês era um símbolo do poder imperial, o trono do imperador conhecido como *trono do dragão* ou *ninho do dragão*. Sua representação física na China era a de um animal com cinco dedos em cada pé, na Coreia ele tinha quatro, e no Japão apenas três.

O Japão também tinha seus dragões, os *tatsu*, parecidos com os chineses, mais semelhantes às lagartixas. Os dragões coreanos são criaturas legendárias na mitologia e no folclore, semelhantes com o dragão chinês na aparência e no significado simbólico, mas com propriedades culturais específicas. Já nos mitos dos nativos americanos, os dragões aparecem raramente, sendo que um dos principais deuses das civilizações do golfo do México era Quetzalcoatl, uma serpente alada e Pacha Mama, a deusa que zelava pela colheita e plantio, era descrita às vezes como um dragão que causava terremotos. No folclore brasileiro também existe um dragão, o Boitatá, uma cobra gigantesca que cospe fogo e defende as matas daqueles que as incendeiam.

Grande parte da visão cristã a respeito de dragões é herdada das culturas do Oriente Médio, existindo uma relação forte entre os conceitos de dragão e serpente e a associação dos mesmos com o mal e o caos. Em várias partes do Antigo Testamento há referências aos dragões e às serpentes, sempre representando a maldade personificada. Durante a Idade Média, as histórias sobre batalhas contra dragões eram numerosas, seu aspecto e hábitos tendo sido descritos em detalhes nos bestiários da Igreja. Segundo os relatos tradicionais, São Jorge teria matado um dragão; no folclore, teria salvado uma princesa das garras dele.

Nos mitos europeus, a figura do dragão aparece constantemente e na maior parte das vezes é descrito como uma fera irracional. Serpentes marinhas como o monstro Jörmungand eram temidas pelos navegantes Vikings, por isso as proas de seus navios eram entalhadas com figuras de dragão para espantá-los. Na mitologia grega, existiam dragões como adversários de grandes heróis, como Hércules ou Perseu.

Alguns seres vivos foram batizados de dragões, devido algumas semelhanças com o gênero *Draco* entre os répteis, com abas parecidas com asas usadas para planar nas florestas. O dragão-de-komodo é um grande lagarto carnívoro e carniceiro, encontrado na Ilha de Komodo, que pode chegar ao tamanho de um crocodilo.

No mundo moderno, os dragões se tornaram um símbolo atrativo para a juventude como criaturas poderosas que dão a ideia de força e controle, ao mesmo tempo que a sua capacidade de voar reforça a ideia de liberdade. O dragão oriental faz parte de logotipos de academias de artes marciais e das tatuagens dos seus adeptos.

Thorgerd Holgabrud, Deusa Flecheira da Islândia

*"Avancem com mais força e confiança para vencer,
pois eu, Haakon, invoquei ambas as irmãs, Thorgerd e Irpa."*

Jomsvikinga Saga

Thorgerd Holgabrud era descrita nos mitos nórdicos como uma deusa guerreira que, para defender seus protegidos dos inimigos, lançava flechas mortíferas de cada um de seus dedos. Nas lendas mais antigas, ela era considerada filha de Odin e Huldra, a "Senhora das colinas", a regente das ninfas das florestas e protetora dos animais. Nas interpretações mais recentes foi retratada como uma mortal deificada por Odin, devido à sua extraordinária habilidade nas artes *guerreiras, mágicas* e *proféticas*. Thorgerd também manipulava as forças da natureza e sua atuação era invocada para dar sorte no plantio, na caça e pesca. Para denegri-la, os padres cristãos a denominaram *Holgatroll*, atribuindo-lhe os poderes maléficos dos *trolls*, seres sobrenaturais dos mitos pagãos. *Troll* era uma criatura antropomórfica imaginária do folclore escandinavo, descrita tanto como gigante horrendo – comparado aos ogros –, ou como pequena criatura – semelhante aos *goblins*. Conta-se que vivia nas florestas e nas montanhas, em cavernas ou grutas subterrâneas, tendo caudas iguais aos animais e orelhas e nariz enormes. Nesses contos também lhes foram atribuídas várias características, como a sua transformação em pedra quando expostas à luz solar, ou a sua perda de poder ao ouvirem os sinos das igrejas.

Thorgerd era representada como uma mulher bonita, alta e forte, vestida com peles de animais, usando joias de ouro e cercada de cofres com pedras preciosas. Juntamente, ela e sua irmã Irpa eram protetoras da Islândia, reverenciada nos antigos templos de pedra; seu culto foi o último vestígio da antiga tradição das Deusas e perdurou muito tempo após a cristianização dos habitantes da Islândia. O mais fervoroso adorador das irmãs foi o nobre islandês Jarl Haakon, que lhes dedicou um faustoso templo no Sul da ilha. Ele desempenhou por alguns anos as funções de rei da Noruega e foi um firme oponente na adoção do cristianismo, em lugar da antiga tradição pagã. Após a cristianização, Olaf, o novo rei cristão, retirou os adornos de ouro e prata de Thorgerd do seu santuário, arrastou sua estátua amarrada na cauda de um cavalo, depois a despedaçou e queimou com outras imagens de divindades pagãs. Olaf declarou que a partir daquele momento, os chefes tribais não mais iriam seguir Haakon, nem reverenciar sua "noiva", o equivalente do nome *Holgabrud*, "a noiva de Helgi" – o fundador mítico do reino de Halogaland, ancestral de Haakon – que herdou o reino e a "noiva".

Thorgerd se manifestava nos campos de batalha como um ser gigante e atemorizador, lançando uma tempestade de granizo contra os inimigos de Haakon, seguida de uma chuva de flechas que ela e sua irmã Irpa, lançavam com habilidade e rapidez dos seus dedos. No fim da batalha, as Deusas apareciam no navio de Haakon como duas lindas gigantas e participavam dos festejos. No templo a elas dedicado, Haakon se prosternava perante as suas estátuas ricamente adornadas e lhes ofertava ouro e prata como gratidão pela vitória. Em uma ocasião em que ele estava perdendo a batalha, sacrificou no campo de Uppsala até mesmo seu filho de sete anos, ofertando-o para sua protetora, a deusa Thorgerd Holgabrud.

Possivelmente as lendas sobre as deusas como sendo "noivas dos monarcas escandinavos" tiveram origem no costume das mortes sacrificiais, de alguns reis mortos pelas suas esposas, consideradas representantes da *Deusa da Morte* e que agiam como "executoras" em caso de secas, fome, epidemias ou guerras, consideradas pragas devidas ao fracasso do rei reinante. Elas ofertavam para terra o "velho" rei, no intuito de atrair as energias de paz e abundância com a escolha de um novo sucessor, mais fértil, abençoado e vigoroso.

As mulheres que têm afinidade com o panteão nórdico podem invocar Thorgerd para auxiliá-las a alcançar os alvos dos seus objetivos e também para defendê-las em situações de perigo. Como um auxílio rápido e uma poderosa proteção recomenda-se visualizar Thorgerd como a "Giganta que lançava flechas dos seus dedos" cada vez que a mulher se sente exposta, desprotegida ou vulnerável, caminhando ou dirigindo, abrindo a porta da sua casa ou revelando medo e insegurança em lugares públicos, em concursos ou entrevistas, buscando reconhecimento ou uma melhor colocação profissional. Com a repetição da visualização, torna-se fácil e rápido ver a "Giganta Flecheira" na sua frente abrindo caminho, ou atrás de si protegendo-a dos inimigos, visíveis ou invisíveis (como as "flechas" de inveja, maldade, cobiça, raiva, agressão, ciúme ou desonestidade).

Para melhor conexão e uso mágico seguem suas correspondências:

ELEMENTOS: terra, água. ANIMAIS TOTÊMICOS: peixes, gado, animais selvagens. CORES: verde, marrom. ÁRVORES: azevinho, espinheiro. PLANTAS: cardo, tojo, verbasco. PEDRAS: ágata, esmeralda, cornalina. SÍMBOLOS: flecha, alvo, anzol, garras e peles de animais, florestas, plantios, colheitas, pedras preciosas, cofre, joias de ouro, seres da natureza, ninfas. RUNAS: Tiwaz, As, Yr, Gar, Wolfsangel. RITUAIS: de defesa pessoal e grupal, para atrair a boa sorte, para "abrir" os oráculos e proteger as práticas mágicas. PALAVRAS-CHAVE: proteção, sorte.

Tuonetar, Rainha dos Mortos da Finlândia

"Se você se lembrar da morte, vai entender o que é a vida. A morte é a fundação e o verdadeiro coração do caminho espiritual. Se você se recordar de que vai morrer, vai se lembrar da preciosidade da vida – e essa verdade está presente em todas as grandes tradições: budismo, cristianismo, hinduísmo. Pensar na morte é o cerne do caminho espiritual. Do ponto de vista espiritual, a morte não é uma tragédia a ser temida, mas uma oportunidade preciosa para a transformação."

TheTibetan Book of Living and Dying. Sogyal Rinpoche

Descrita no poema épico *Kalevala*, *Tuonetar* fazia parte dos *Kalevalanos*, uma raça de seres extradimensionais, que eram reverenciados como divindades pelas tribos fino-úgricas. Ela regia o reino de *Manala* – ou *Tuonela* – povoado pelos espíritos dos mortais que reverenciavam os Kalevalanos, um lugar lúgubre, acessível somente de barco, seguindo o rio Tuoni e passando depois pelos portais do mundo subterrâneo vigiados pelo cão *Surma*, que impedia a saída daqueles que tinham entrado. Os espíritos eram levados em uma barcaça escura conduzida por *Kalma*, filha de Tuonetar e regente da morte. Depois de chegar a Tuonela, lhes era oferecido o banquete dos mortos pelas outras filhas de Tuonetar – *Kivutar, Loviatar* e *Vammatar* – que vigiavam depois os recém-chegados para impedir que tentassem voltar para o mundo terrestre.

O herói *Vainamoinem* conseguiu chegar a Tuonela após uma perigosa viagem a pé durante vinte e um dias, passando durante sete dias por um emaranhado de arbustos espinhentos, perambulando depois por mais sete dias no meio de pântanos e nos últimos sete dias atravessando uma floresta densa, perigosa e escura. Chegando às portas de Tuonela, Vainamoinem – que era meio irmão de Tuonetar – conseguiu enganar as suas filhas metamorfoseadas em cisnes pretos e entrou no reino oculto em busca de feitiços e encantamentos para ficar mais poderoso, mas não encontrou. Enquanto isso, a bruxa *Penitar* teceu uma rede mágica atravessando o rio para impedir que ele voltasse ao reino humano, obedecendo assim as ordens de Tuonetar. Porém, Vainamoinem se metamorfoseou em lontra e passou por baixo da rede, depois se transformou em peixe e nadou ao longo do rio até conseguir voltar para o mundo dos vivos. Outros heróis que tentaram a mesma façanha não conseguiram sobreviver aos perigos da travessia e às doenças espalhadas pelas filhas de Tuonetar, doenças dolorosas e incuráveis. Mas, se o visitante conseguisse sobreviver e chegar até a deusa Tuonetar, ela iria lhe oferecer uma beberagem mágica preparada com sapos e vermes; se ele recusasse beber, ficava refém no reino Tuonela; se ele aceitasse, também não poderia voltar, devido à proteção mágica do local.

Tuonetar não era imortal, mas desfrutava de uma vida muito longa, usando magias para preservar sua beleza e força física. Ela era imune às doenças e, se por acaso, fosse ferida, a sua recuperação era imediata e completa. Dotada de força física sobre-humana e de um metabolismo "do outro mundo", que lhe permitia sobreviver aos venenos, ela podia acessar e manipular energias ocultas, conjurando e direcionando o "fogo infernal", erguendo barreiras energéticas e criando diversos objetos com a sua vontade e poder mágico. A sua presença acelerava o fim dos moribundos e ela percebia e previa a morte, aguardando para conduzir os espíritos para o seu reino. Tendo controle sobre a realidade sobrenatural, ela podia criar miragens e entorpecer os sentidos daqueles que queriam penetrar no seu reino contra sua vontade. Tuonetar se deslocava entre os mundos, enviando sua voz e imagem além das barreiras dimensionais, absorvendo a energia astral dos seres vivos e ampliando assim o seu poder.

Tuonetar era casada com o deus *Tuoni* e era descrita como uma mulher forte, às vezes velha e feia, outras vezes jovem e bela, apelidada de *boa hospedeira*, pois recebia todos que chegavam ao seu reino, mas sem deixá-los sair. As filhas do casal eram *Loviatar* (deusa das doenças), *Kipu-Tytto* (deusa das pragas), *Kivutar* (deusa dos males) e *Vammatar* (deusa das dores). Loviatar tinha nascido cega e com um coração escuro, assim como era seu rosto também; mencionada no poema épico *Kalevala*, ela tinha vários apelidos, todos negativos e maléficos, o mais conhecido sendo *Mãe dos nove monstros das doenças* (tuberculose, colite, gota, raquitismo, úlcera, sarna, peste, a doença sem nome causada pelo câncer e inveja) que tinham sido geradas pelo "Vento do Leste". Ela era sempre acompanhada pela sua irmã Kipu-Tytto, a *Mãe das nove pragas* e ambas, sentadas sobre penhascos, lançavam de vez em quando uma doença ou praga para o mundo dos humanos, como punição ou seguindo as coordenadas cármicas.

Podemos perceber no mito de Tuonetar elementos e detalhes existentes nos mitos de outras culturas, mas adequados às configurações geográficas e culturais dos povos fino-úgricos. Semelhante à deusa escandinava *Hel,* os portais de entrada eram vigiados por um cão "infernal" (*Garn* ou *Surma*), o caminho era árduo passando pela "Floresta de Ferro" com árvores metálicas e folhas cortantes ou pela sequência de arbustos espinhentos, pântanos e a floresta escura e cheia de perigos, seguindo um rio caudaloso com águas escuras e geladas (*Gjoll* ou *Manala*) e a entrada no reino dos mortos sendo guardada pelas auxiliares da *Senhora do mundo subterrâneo* (*Mordgud* ou as quatro filhas de Tuonetar). Enquanto Hel era descrita como uma giganta metade preta e metade branca, metade morta, metade viva, Tuonetar aparecia ora velha e horrenda, ora jovem e bela. Os seres humanos vivos não podiam entrar nos seus reinos, apenas os deuses e xamãs, que usavam a projeção astral, máscaras mágicas (representando animais de poder) ou outros recursos, que os protegessem na sua viagem xamânica para o Além. Os xamãs alcançavam Tuonela em estado de transe criado por rituais e tendo que ter cuidado para não ser aprisionado pelos guardiões. Se fosse preso, acabava na barriga de um enorme peixe, e se morresse durante o ritual, sabia-se que ele tinha sido pego pelos guardiões sem poder sair mais de Tuonela.

Tanto Hel, quanto Tuonetar representam a face escura da Lua e da Deusa como "Ceifadora", enquanto seu reino simboliza a camada profunda do inconsciente, o local das sombras, dos conflitos, medos, traumas e folhas. Os espíritos que lá chegavam esperavam sua cura ao se libertar de dores e memórias negativas da sua última encarnação, à espera de uma nova oportunidade para reencarnar e recomeçar. Na visão cristã, ambos os mundos subterrâneos e as suas regentes eram vistos como a origem de doenças (específicas da época em que os mitos foram resgatados da tradição oral e transcritos) e das pragas, originárias das guerras, inundações, tempestades, frio, gelo, fome, seca ou epidemias.

Os povos nórdicos acreditavam em várias formas de reencarnação, que seguia após um período de dormência e o repouso do espírito, à espera de um novo despertar. A escuridão, o silêncio e a inércia reinantes nos mundos subterrâneos não eram situações negativas, mas as condições típicas dos túmulos, que eram as portas de entrada para o Além. Os mortos eram bem recebidos e cuidados, mas evitando suas tentativas de querer voltar para o mundo dos vivos como "fantasmas", "mortos vivos", *draugnar* ou *zumbis*. Na tradição nórdica, o mundo dos mortos era associado a seres sobrenaturais femininos, que apareciam como emissárias, condutoras dos espíritos, guardiãs ou regentes do Além. No entanto, as deusas da morte não eram confinadas apenas no mundo subterrâneo, nem eram separadas das deusas criadoras e sustentadoras da vida. A morte e a vida eram vistas e aceitas como representações dos ciclos naturais – sazonais e biológicos –, participantes e integrantes do eterno ciclo do nascimento, crescimento, frutificação, maturidade, decadência, morte, renovação e renascimento.

Apesar de sabermos que morrer é um evento tão natural (e inevitável) quanto nascer, a ideia do nosso fim nos enche de terror, por isso evitamos falar ou mesmo pensar nela. Aceitando ou não, a morte é uma realidade inexorável, que vem para todos nós e de quem não podemos nos esconder, mesmo ignorando ou negando a sua existência. A morte faz parte da vida, é uma etapa da nossa atual existência e com a qual temos que conviver – melhor ou pior, dependendo da nossa postura e concepção. Podemos aceitar lucidamente a sua inevitabilidade e encará-la de frente; ou fugir através da negação, como se ignorá-la, fosse anular a sua chegada. Diferentemente das antigas culturas que honravam a morte como um último rito de passagem, a nossa atual sociedade, cultura e religião cristã interpretam a morte como um evento inesperado e injusto ou então se evita falar dela, ocultando das crianças e dos doentes terminais a sua existência e chegada inevitável. O mundo ocidental transformou a morte em tabu e em lugar do antigo culto dos mortos e dos elaborados ritos ancestrais de passagem, as atuais cerimônias fúnebres são superficiais, dogmáticas, vazias ou pragmáticas.

Refletir com lucidez e aceitação sobre a morte pode torná-la menos ameaçadora e nos ajudar a superar o medo do desconhecido, da extinção do eu e do sofrimento da solidão e abandono. O medo da morte é a mola propulsora para viver, procriar, criar, construir e deixar um legado que não seja esquecido. O apego desmedido aos prazeres e bens da realidade cotidiana aumenta o desespero diante da inevitabilidade da morte, que representa a perda de tudo e de todos. Parece paradoxal, mas para viver bem, sem terror e pânico diante da ideia do fim, precisamos aprender o desapego em relação à vida e assimilar a evidência da impermanência de tudo e de nós mesmas. Aceitar a condição humana como algo transitório, ajuda a diminuir o medo perante a inevitabilidade da morte. Na realidade, vivemos a morte em cada dia, dentro e fora de nós, como nos mostra a natureza na sucessão dos ciclos e estações. Na filosofia oriental existem práticas específicas de preparação para a morte, a mais simples sendo a *meditação*, que ensina controlar a mente e dominar as emoções e pensamentos negativos.

Um aprendizado simples que podemos adquirir é manter a mente tranquila e aceitar a morte, sem medo, nem morbidez. Ela irá acontecer independentemente de quando e como e será melhor nos reconciliar com ela, encarando-a de frente e a aceitando-a, sem negação ou pânico. Se a virmos como um processo inevitável e natural, uma mera transição, poderemos viver o presente com plenitude e equilíbrio, lembrando que ao longo da nossa existência, já passamos por várias mortes, em vários níveis e áreas da vida. A sabedoria ancestral nos ensina que a vida e morte são complementares, *entramos por uma porta, saímos por outra* seguindo o ondular do *ouroboros*, a serpente que morde sua cauda e contém neste círculo o próprio mundo. Na Tradição da Deusa sabemos que a Roda do Ano e da Vida é um círculo, sem começo e sem fim e que cada ponto da trajetória tem seu valor e missão.

No livro *O Legado da Deusa. Ritos de passagem para mulheres* há um capítulo sobre "A morte" com diversas orientações e rituais específicos. A partir deste texto sobre Tuonetar, podemos criar exercícios mentais que nos auxiliem – no presente e no futuro – para aceitar a morte, de entes queridos ou de nós mesmas, sem ideias preconcebidas ou medos arraigados.

Assim como outras deusas da morte, Tuonetar se apresenta de forma macabra e seu habitat e acompanhantes representam o que mais tememos: *escuridão, desconhecido, doenças, desgraças, ameaças, transição perigosa e ambiente tenebroso*. Porém, este quadro não é exclusivo a Tuonetar, ele faz parte do nosso cotidiano, cada vez mais violento, assustador e doentio. Inúmeras pesquisas, estudos de regressões de memória e casos de "quase morte", confirmam o alívio (depois da surpresa ou choque inicial) após o desprendimento do espírito do corpo (definitivo ou temporário), a ajuda de seres espirituais e o direcionamento para um longo túnel escuro, com uma luz brilhante no final. Saindo do túnel, os espíritos encontram um lugar de paz e bem-estar e podem escolher se querem voltar para o seu corpo e terminar sua missão terrestre, ou se preferem seguir adiante na direção da luz e sem mais voltar.

Sem nos ater aos detalhes lúgubres do mito de Tuonetar (que são semelhantes às outras descrições do Além de várias culturas antigas), podemos dedicar um tempo para avaliar a nossa concepção sobre a morte e encarar a sua inevitabilidade, sem temor, nem negação. Podemos até mesmo nos preparar melhor para a sua chegada, que não sabemos quando e como será e ajudar nas decisões e ações daqueles que vão se responsabilizar pela nossa partida. Por mais desafiador que isso pareça, não será tão difícil elaborar uma lista de desejos post-mortem e providências a serem seguidas. Por exemplo, definir se queremos um enterro dos nossos restos mortais ou uma cremação não é um ato lúgubre, mas uma providência salutar e facilitadora para os nossos familiares. Da mesma forma, enumerar o que fazer com nossos bens materiais e os pertences – presentear, doar, vender – será um exercício prático e benéfico para encarar a impermanência dos bens materiais e exercitar a difícil arte do desapego. Ou refletir, decidir e depois legalizar a nossa vontade em não sermos ressuscitados, em caso de coma irreversível ou morte cerebral.

Para as mulheres que pertencem à Tradição da Deusa, recomendam-se meditações e visualizações daqueles arquétipos da Deusa Escura com que tenham maior afinidade. Visualizar-se saindo do copo e percorrendo o caminho até o habitat da Deusa, buscar a conexão com ela e pedir algum conselho ou orientação, será um recurso que em muito irá ajudar quando chegar o momento da sua partida (mesmo que demore bastante). Aceitar a morte como transição, preparar sua mente para não opor resistência ao inevitável e prever soluções práticas para o seu "rito de passagem" (como e quem o fará) são meios para resgatar os antigos costumes que vão facilitar a sua "ida" e a vida de quem fica.

Sem entrar nos detalhes práticos, quero apenas salientar que existe um plano divino para a nossa vida e também para a nossa morte e que devemos cooperar em ambas as situações. Isso significa cuidar da nossa saúde (física, mental, emocional, espiritual) para viver da melhor, mais equilibrada e correta maneira possível, orar para que a nossa morte aconteça conforme os desígnios divinos e aceitar com fé e confiança a travessia para o reino das "Deusas Escuras".

Tlazolteotl, Aquela que Comia a Sujeira e Limpava os Pecados

"Tlazolteotl! Deusa do amor, Deusa da morte, comedora da sujeira, Mãe de todas as estações. Mãe de todos os rios, limpe seus filhos com as águas que brotam da fonte da juventude. Mãe das nossas dores, abrande o sofrimento dos doentes e liberte-os da prisão dos ossos. Mãe da noite, chore junto de nós os nossos mortos e ilumine seu caminho com as estrelas da Via Láctea."

Poetry. Francisco X. Alarcón

O panteão asteca tem reputação de abranger arquétipos violentos, muita guerra, derramamento de sangue, destruição de cidades e sacrifícios humanos. Talvez por isso, a sua violência necessitava da presença de uma deusa de perdão, libertação e ressarcimento. Como uma das mais complexas deusas meso-americanas, Tlazolteotl regia a sujeira (material, física e moral), os vícios (do jogo), os pecados "da carne", a luxúria, os adultérios e as doenças sexuais. Mas, ao mesmo tempo, ela tinha natureza dual, representando também a purificação física (saunas, jejuns, ervas), moral (confissão e expiação) e espiritual (orações, compromissos, expiações e oferendas). Sua natureza dupla era evidente nos seus epítetos: como Tlaelquani era "Aquela que comia a sujeira", como Tlazolmiquiztli era "A morte causada pela luxúria", enquanto a sua manifestação quádrupla era Ixcuinann. Sendo uma deusa lunar, as suas quatro fases apareciam como irmãs de diferentes idades: Tiacapan (a primogênita), Tlaco (do meio), Teicu (mais jovem) e Xocotzin (a mais nova).

Tlazolteotl era considerada como uma das nove divindades que criaram o mundo e uma das treze regentes do dia. Seu nome vem da língua náuatle, *tlazolli* significando sujeira, coisas velhas e deterioradas, lixo, resíduos humanos, enquanto *zolli* era um pássaro simbolizando fertilidade e terra. Por isso, *Tlazolteotl* era reverenciada também como uma deusa da Lua e da terra, da fertilidade e da cura, padroeira das parteiras, dos benzimentos com ervas, protetora das parturientes, guia das mulheres que morriam durante o parto, sendo uma das *Guardiãs da Árvore da Vida*.

Ela foi adotada no panteão asteca depois da conquista do Golfo do México pelos astecas e a adoção de algumas divindades nativas dos huastecas. Sua importância era *calendarística*, sendo a sétima das nove regentes da noite, governando a quinta das treze horas de luz diurna e reconhecida como a deusa do décimo quarto dia e da décima terceira semana; ela regia também uma fase do planeta Vênus. Na religião asteca havia duas divindades que presidiam sobre confissão: *Tezcatlipoca* (que era invisível e onipresente, vendo tudo) e *Tlazolteotl* (que fazia os homens confessarem tudo por ter sido ela quem inspirava desejos e vícios, limpando-os depois, mas apenas uma vez na vida). Era Tlazolteotl que provocava também as doenças venéreas e as autopunições devidas às culpas e pecados morais.

Mãe de *Cinteotl* – o deus do milho – e de *Xochiquetzal* – a deusa do amor, Tlazolteotl era representada nua, com várias joias, segurando uma serpente, montada sobre uma vassoura vermelha, no nariz um enfeite em forma de foice (símbolo lunar), seus lábios cobertos por uma resina liquida e usando uma touca de algodão. Ela podia aparecer amamentando uma criança, oferecendo um prisioneiro para sacrifício, próxima de corujas, serpentes ou parindo. Com o advento do cristianismo, ela foi considerada a "Rainha das bruxas" e suas quatro filhas descritas como bruxas malvadas cavalgando vassouras, nuas e com chapéus pontudos. Originariamente, as irmãs eram aspectos lunares, simbolizando fases da vida da mulher: a adolescente instável e brilhante; a jovem mulher sensual e aventureira; a mulher na sua plenitude (associada com menstruação e gravidez, que abençoava as uniões e levava paz e fertilidade aos lares) e a face terrível e monstruosa, que destruía os namoros, roubava bens e punia os excessos sexuais. Era esta fase "da bruxa" que ia comer a sujeira, absorvendo os males da comunidade e purificando os pecadores, desde que eles confessassem seus pecados a um sacerdote e recebessem a expiação. Porém, esta confissão podia ser feita apenas uma vez na vida e por isso era adiada até após o auge das tentações sexuais masculinas, provocadas e alimentadas pela "luxúria das mulheres".

A mulher era considerada a causa dos desejos e associada ao ciclo lunar, bem como à geração, morte e regeneração. Os astecas do México central eram muito puritanos em relação a sexo; por ser uma aristocracia dominada por guerreiros patriarcais, as mulheres não participavam do governo ou da vida social. No entanto, paira no seu passado o respeito e o reconhecimento do poder misterioso e sagrado feminino. Na sua teogonia, o criador supremo *Ometeotl* tinha uma natureza dupla, que deu origem as 1600 divindades e a tudo que existia no mundo asteca. A Mãe Terra chamada *Tonantzin* era onipresente, abundante e fértil, mas tinha também um lado atemorizador, abarcando assim vida e morte, destruição e regeneração. Sendo a Grande Mãe, Tonantzin possuía inúmeros aspectos e nomes com qualidades benéficas e de cura, sendo regente do milho, das flores e dos animais, Senhora da noite, da sexualidade, fertilidade, nascimento, vida, morte, regeneração.

Tlazolteotl representava o conceito asteca sobre a sexualidade e o efeito das mulheres na sociedade, consideradas "bruxas" que traziam insanidade, luxúria, doenças venéreas, inspirando a vida promíscua, os pecados sexuais e os adultérios. O detalhe incompreensível nesta visão misógina e machista é a necessidade da confissão masculina e da absolvição a eles concedida pelos sacerdotes. Ao mesmo tempo, Tlazolteotl era a padroeira dos médicos e das doenças, da sujeira e da purificação. Ela era representada em algumas imagens de cócoras, defecando, pois para os astecas, o excremento simbolizava o desejo sexual e as doenças venéreas dele decorrentes. A sua tarefa de "comedora da sujeira" simbolizava a ingestão dos pecados daqueles que tinham confessado e assim sendo, eram purificados. Em algumas imagens, ela aparece com marcas de ocre amarelo ao redor do nariz e da boca, que indicavam a sujeira humana por ela engolida.

Nos rituais astecas era incluído "ouro líquido" (urina), sangue e "excrementos divinos" o termo *tzin* significando "nádegas". O festival da colheita *Ochpaniztli* celebrado no mês de setembro reverenciava *Tlazolteotl* na sua qualidade de "varredora" e as cerimônias incluíam limpeza ritual, purificação espiritual, oferendas de milho, danças e demonstrações militares (os astecas eram conhecidos como um povo guerreiro e sanguinário, que usava sacrifícios de vítimas para agradar aos deuses). Em algumas imagens Tlazolteotl aparece vestida com a pele de uma vítima sacrificada, carregando uma vassoura ou usando um feixe de algodão no seu adorno de cabeça. O algodão era ligado ao ciclo feminino, sua casca sendo usada para induzir contrações uterinas, enquanto o ato de fiar tinha uma conotação sexual, tecer e fiar sendo associados à vida da mulher no sentido metafórico e concreto. Em outras imagens, Tlazolteotl aparece de cócoras e parindo. Os guerreiros astecas eram acompanhados por prostitutas, dedicadas à deusa Tlazolteotl, mas como seu "trabalho" as tornava impuras, elas eram sacrificadas ritualisticamente e seus corpos jogados nos pântanos. Os guerreiros se purificavam depois na frente das imagens de Tlazolteotl, fazendo cortes no corpo e no pênis e oferecendo o sangue como expiação. Durante o festival da colheita, os prisioneiros eram sacrificados com flechadas e seu sangue ofertado à Deusa. O pecado do adultério era punido com a morte, mas se o transgressor confessasse na frente de Tlazolteotl, era absolvido e perdoado, pois ao mesmo tempo em que ela regia o amor ilícito e a luxúria, ela era a Mãe bondosa que perdoava os excessos, desde que reconhecidos e expiados.

Tlazolteotl era associada com a *trecene*, o período de treze dias do calendário lunar e o signo do jaguar. Ela foi cultuada pelos povos do Leste do México – huastecas, olmecas, mistecas e astecas –, que habitavam uma região fértil e produtora de milho e algodão. As mulheres que morriam durante o parto eram divinizadas e representadas com as vestes vermelhas e pretas típicas de Tlazolteotl, com ornamentos e joias em formas de semi-luas. Às vezes, a Deusa aparecia como parteira, segurando curativos pós-parto nas mãos, enquanto sua boca era pintada de preto com betume. Fazia parte do ritual pós-parto – das mulheres astecas e maias – a massagem feita por outras mulheres e a colocação de uma cinta abdominal bem apertada. O *betume* (um tipo de asfalto) era chupado apenas por moças solteiras e simbolizava o aspecto de "comedora dos pecados", sendo um alerta para as jovens evitarem o sexo. Como um produto resultante do processo de decomposição orgânica, esta tinta preta representava o aspecto erótico causador da transgressão sexual e passível de punição. Tlazolteotl era invocada nos nascimentos para purificar os pecados ancestrais, bem como para os moribundos, que não tinham feito suas confissões e precisavam ser limpos antes de morrer.

Como deusa da Lua e da terra escura e fértil, *Tlazolteotl* simbolizava o processo da *morte* e da *regeneração*, a transformação do lixo físico e moral em abundância; ela era a parteira e a curadora, a que pune, mas que também perdoa. Seu arquétipo simboliza o entrelaçamento do *nascimento* e da *morte* (ela veste a pele da vítima sacrificial, mas está parindo uma criança). Os astecas tinham uma reputação cruel e violenta, conhecidos como guerreiros impiedosos, que destruíam cidades, sacrificavam os prisioneiros e vestiam depois a pele das vítimas. As emoções fortes ativadas e liberadas durante a guerra precisavam ser direcionadas de outra forma nos períodos de paz. Por isso, eles se divertiam com lutas, jogos de azar, adultérios, prostitutas e farras. Eles atribuíam à deusa Tlazolteotl as tentações e a vida promíscua, recorrendo a ela depois para limpá-los, "comendo" sua sujeira física e moral e absolvendo seus pecados. Sendo ao mesmo tempo instigadora para os prazeres ilícitos e absolvidora das transgressões, Tlazolteotl equilibrava a balança da luz e da sombra, do bem e do mal, a capacidade de ferir e a habilidade de perdoar, aspectos encontrados em todas as relações humanas.

O ritual prescrito pelos sacerdotes astecas para obter a absolvição de Tlazolteotl era bastante demorado. O sacerdote consultava seus livros e calendários para designar o dia adequado quando ele iria à casa do penitente, pois se acreditava que a energia do sexo ilícito impregnava e adoecia os familiares, incluindo as crianças. O adúltero tirava toda a sua roupa e, na frente de todos, confessava suas transgressões sexuais em ordem cronológica, com sinceridade e contrição. Em função da gravidade da confissão (que era registrada codificada em um livro), o sacerdote prescrevia um jejum total para purificação do corpo, depois o penitente devia escolher o seu autossacrifício que incluía canto, dança, confecção de imagens e oferenda do seu sangue, obtido pela perfuração múltipla (entre 400 e 600 espetadas) da língua (que falou ou fez os pecados) e do pênis (que cometeu as transgressões). No final, ele ia para o templo de Tlazolteotl para orar humildemente, nu e deitado no chão sobre um papel pintado com tinta preta, durante uma noite. No dia seguinte, ele acordava renascido e puro, seus pecados tendo sido "comidos" pela deusa e removidos do seu corpo, coração, mente e espírito.

Prática ritualística

Tlazolteotl nos liberta da culpa e dos erros cometidos em relação a outras pessoas, para que possamos viver livres, sem dor, sofrimento, vergonha, culpa ou remorso. Ela nos ajuda abrir o coração e entregar-lhe o fardo das memórias negativas, aceitando e perdoando a nós mesmas e aos outros, pela dor provocada ou as falhas cometidas. Para nos conectarmos com ela, não precisamos usar os dolorosos procedimentos astecas, nem mortificar o corpo para aliviar lembranças dolorosas, arrependimentos, remorsos ou culpas passadas.

Escolhendo uma noite de lua negra, iremos procurar um lugar reservado e silencioso, onde podemos ficar recolhidas durante um tempo, vendo na nossa mente situações em que agimos de forma errada, magoando, humilhando, ofendendo ou nos aproveitando dos outros; anotando tudo, nos mínimos detalhes. Quando tivermos certeza de que não omitimos nada, iremos nos deslocar mentalmente para o templo de Tlazolteotl, nos ajoelhando na frente da sua estátua de pedra e falando para ela tudo o que lembramos e anotamos. Depois de ficar bastante tempo nesta conexão para poder ouvir ou intuir a mensagem da Deusa, pediremos o Seu perdão e lhe ofereceremos um compromisso de ação correta, justa e honrosa no futuro. Não basta lembrar, anotar ou falar, devemos acreditar e confiar de fato na nossa intenção de confessar e nos libertar do fardo desnecessário, e também de cumprir com a retificação oferecida à Deusa. Em seguida iremos rasgar o papel e enterrá-lo embaixo de uma árvore ou planta, pedindo à Mãe Terra que transforme o nosso "lixo" em adubo para nutrir o compromisso assumido. Como recompensa sensorial podemos nos deliciar com uma taça de chocolate forte e quente (a bebida costumeira dos astecas,) adoçado com mel e com uma pitada de pimenta, e nos "presentear" com um símbolo que representa a nossa libertação pelo perdão e nos lembre do compromisso a cumprir.

Se tivermos oportunidade, podemos participar de uma sauna sagrada para completar a purificação física, focalizando as nossas dores, culpas, medos, remorsos, infrações, sendo removidos com o suor. Podemos também participar de algum seminário ou curso para uma reprogramação neurolinguística, de uma terapia de regressão de memória ou de renascimento, auxílios preciosos para a concretização da nossa mudança. Em lugar de sauna, podemos tomar um banho bem quente de sal grosso, receber uma massagem profunda para dissolver os nós energéticos, participar de um retiro ou vivência xamânica de purificação e transformação. Redigir algumas medidas que possam reforçar a nossa autoestima e valorizar o nosso potencial através de aceitação, amor, lazer, cuidados e prazer para nós mesmas, pode nos servir como apoio, incentivo e recompensa no processo de fortalecimento interior, livres de culpa, mágoa, raiva, ódio ou sofrimento.

Reconhecer nossos erros ajuda ordenar e harmonizar o nosso traçado cármico, enquanto o perdão – recebido e dado – liberta e permite a renovação psíquica e energética. A energia flui para onde está a nossa atenção e depende de nós canalizarmos a nossa vontade para um propósito específico. Quando odiamos alguém, esse ódio se infiltra em nosso subconsciente e, mesmo que o esqueçamos no consciente, ele continua latente. Tendo ódio no subconsciente, a oração torna-se inútil, ainda que seja fervorosa. Portanto, é necessário, antes de orar por algo, fazer uma oração de perdão. Quem perdoa, é perdoado. Devemos sempre nos lembrar de que o perdão é um processo, não é um fim em si mesmo. Estamos sempre precisando perdoar algo, seja em nós mesmas, nos outros, nos eventos ou nas instituições.

Valquírias, Guerreiras Aladas e Protetoras Sobrenaturais

"Heil para as Valquírias! As Donzelas armadas com escudos, que escolhem os que vão morrer e tecem a trama das batalhas. Elas cavalgam os lobos nas tempestades, ouvem os pedidos e prometem as vitórias. Donzelas-cisne, Auxiliares divinas, Filhas de Freyja e Mensageiras de Odin, nós lhes chamamos e damos as boas-vindas, louvando suas dádivas e pedindo que conduzam os heróis que sucumbem para os salões brilhantes de Valhalla."

Invocation. Poetry by Authors. Larisa Hunter

"Valquírias, Guerreiras aladas, Mensageiras de Odin, ouçam o meu chamado. Retirem a minha dor e o meu sofrimento e levem-nos embora nas penas dos seus cisnes aliados, nos dentes dos valentes lobos e nas selas dos seus fiéis cavalos. Libertem-me e protejam-me aliviando a minha mente perturbada e o meu coração sofrido. Hailsa Valquírias."

Goddess alive. Michelle Skye

"As runas da vitória você deve conhecer se quiser vencer, devendo gravá-las sobre o cabo, na bainha e na empunhadura da espada, entremeadas nas incrustações e entoadas nas invocações."

Poetic Edda

Os nomes *Valkyrja* (plural *Valkyrjur*) em norueguês antigo e sua equivalência em inglês arcaico *Waelcyrge, Waelceasig* significam *Aquela que escolhe os que vão morrer*. Estes termos são mencionados nos Eddas, nas sagas norueguesas do século XIII e XIV, em diversos poemas, nos manuscritos anglo-saxões, em encantamentos, inscrições rúnicas, talismãs e gravações nos monumentos Vikings. Nas escavações arqueológicas foram recuperados inúmeros broches e amuletos com imagens estilizadas de mulheres com longas túnicas, cabelos trançados, levando chifres com bebidas ou em pé ao lado de um lobo ou cavaleiro. Listas de nomes antigos enfatizam a associação das Valquírias com batalhas, descrevem suas habilidades e atributos e, principalmente, sua missão para escolher aqueles guerreiros que seriam mortos nos campos de batalha e deles selecionados os mais valentes, que seriam conduzidos para os salões do deus Odin, em Valhalla.

Nos mitos nórdicos as Valquírias aparecem como *Filhas de Odin*, frequentemente chamadas de suas *Auxiliares e Mensageiras*. Atendendo seu pedido, elas "voavam" montadas em velozes e alados cavalos brancos para os locais das batalhas, escolhendo aqueles guerreiros que iam ser vitoriosos e os que iam morrer. Ser escolhido por uma Valquíria e por ela conduzido para Valhalla era a glória máxima para um guerreiro, pois elas davam preferência aos mais valentes, merecedores das festas eternas nos salões de Odin e que iam fazer parte dos *Einherjar*, a tropa de elite, que irá lutar na batalha final de Ragnarök. Aqueles que não eram considerados dignos da escolha das Valquírias iam para o reino subterrâneo da deusa Hel ou as moradas de alguns deuses.

Nas descrições mais recentes, as Valquírias apareciam como louras e lindas jovens, com pele alva, olhos azuis, longos cabelos louros, vestidas com reluzentes armaduras e elmos, portando escudos e, às vezes, espadas. Seus cavalos tinham sido criados de elementos etéreos e quando desciam para a terra, cristais de gelo e gotas de orvalho caíam das suas crinas e do seu suor, enquanto o reflexo das armaduras das Valquírias formava as luzes mutantes da Aurora Boreal. Por isso lhes eram atribuídas influências benéficas para fertilizar a terra e nutrir as plantas. Como tinham o dom da metamorfose, as Valquírias podiam se transformar em cisnes, corvos ou lobos, como camuflagem ou diversão. Quando eram associadas com a morte, usavam mantos de penas de corvo, o sangue dos guerreiros mortos sendo chamado de "vinho dos corvos". Metamorfoseadas em cisnes, buscavam locais reclusos para tirar a plumagem e se banhar nos rios. Um lazer perigoso, pois se algum homem encontrasse ou roubasse seus trajes de penas, não podiam mais retornar para Valhalla e eram obrigadas a segui-lo e casar com ele.

Por representar um *elo entre o mundo dos vivos e mortos, o plano divino e humano*, em algumas histórias essas mulheres aparecem como esposas de heróis ou almas que tinham sido sacerdotisas ou rainhas, tendo recebido uma elevação espiritual devido aos seus méritos enquanto em vida, o que as transformaram em Valquírias. Gerações de contadores de histórias e poetas criaram diversas apresentações e qualidades das

Valquírias, em que podem ser percebidos conceitos e traços comuns com: as *Nornes* (por decidirem a sorte dos guerreiros); as poderosas guardiãs individuais e familiares *Disir* (por darem sorte e proteção aos seus afilhados); as magas e videntes (por tecerem proteções mágicas para os heróis e vaticinarem seu destino); as mulheres guerreiras que lutavam junto dos seus homens (como as Amazonas, as heroínas e noivas celtas) e as "sacerdotisas da morte". Estas últimas eram oficiantes fúnebres, que realizavam para Odin sacrifícios de prisioneiros, escravos ou das consortes que, voluntariamente, se ofereciam para acompanhar seus maridos ou donos mortos em combate.

A origem dos espíritos femininos que participavam de forma ativa nas batalhas é muito antiga, precedendo as fontes escritas antes citadas. Existem referências sobre a existência de entidades sanguinárias nórdicas que eram semelhantes com outros arquétipos míticos como as *Erínias* gregas (as Fúrias), as *Górgonas* greco-romanas ou as deusas guerreiras celtas (como Andraste, Badb, Brigantia, Macha, Morrigan), que assumiam forma de corvos e prediziam a sorte dos homens nas batalhas. O conceito sobre a existência de uma companhia de *mulheres sobrenaturais* associadas com os combates nos cultos germânicos foi comprovado por dois encantamentos encontrados no século IX em Merseburg (Alemanha), que descrevem mulheres chamadas *Idisi* (ou *Disir*) "criando amarras ou soltando-as", para prender os inimigos ou auxiliar seus protegidos, e eram chamadas de *Sigewife* (mulheres vitoriosas). *Amarrar* ou *soltar* correntes ou amarras, *voar* sobre cavalos e *lançar flechas* eram atributos de Odin e das Valquírias, sendo que as "amarras" podiam ser mentais ou psíquicas (manifestadas como pânico, cegueira e paralisia temporária) e que deram origem a um dos nomes das Valquírias – *Herfjotur* – amarras de guerra. As Valquírias eram associadas com vários animais: cavalos, lobos, falcões, águias, corvos e cisnes. No final das batalhas, as aves de rapina e os lobos se alimentavam das carcaças dos guerreiros mortos, cujos espíritos eram conduzidos pelas Valquírias para Valhalla.

Além das descrições das Valquírias como guerreiras montadas em cavalos, com armaduras ou mantos de penas, registros mais antigos apresentam mulheres sobrenaturais gigantes e grotescas, verdadeiras *Mensageiras da Morte*, carregando baldes de sangue para despejar nos campos de batalha, cavalgando sobre lobos ou remando barcos sob uma chuva de sangue. Estas figuras eram consideradas presságios de combates sangrentos, derrotas e mortes, às vezes aparecendo nos sonhos dos homens e antecedendo os combates, ou nas visões das videntes, como maus augúrios para os guerreiros. A mais famosa e funesta descrição é encontrada no *Njals Saga*, em que é descrita a visão de um grupo de mulheres chamadas *Valquírias*, que teciam em um tear formado de entranhas de homens, os pesos dos fios sendo sustentados por crânios ensanguentados. Elas entoavam uma canção lúgubre, que prenunciava uma carnificina, com a sua participação como aparições sombrias no meio das nuvens, encarregadas da escolha daqueles que iriam morrer. A semelhança entre as descrições de mulheres sobrenaturais participando nas batalhas, encontradas nas lendas escandinavas, germânicas e celtas, sugere a existência de mitos antigos sobre espíritos femininos associados com deuses de guerra, cuja aparência tenebrosa e sanguinária era bem diferente das belas imagens do Período Viking. Foram os poetas, artistas e escritores medievais que transformaram as figuras assustadoras – mas fazendo jus ao título de *Aquelas que escolhem quem irá morrer* – em lindas princesas que escoltavam os guerreiros mortos para Valhalla e lhes ofereciam chifres com hidromel, ou as *donzelas luminosas* que os esperavam no além e até mesmo casavam com os heróis.

As Valquírias foram exaustivamente descritas e retratadas em diversos relatos épicos, poemas, histórias, lendas, inscrições rúnicas, amuletos, obras de arte, gravuras, teatro, filmes, óperas e temas musicais. Na segunda ópera de Wagner do ciclo *O anel dos Nibelungen – Die Walküre* – conta-se a lenda de Brünhilde e de Siegmund, enquanto *A cavalgada das Valquírias* passou a ser usada em vários filmes e apresentações. Nos textos dos *Eddas* é descrito outro aspecto da Valquíria como a consorte espiritual de um herói, que aparece para incentivá-lo, pressagiar conquistas ou derrotas e finalmente recebê-lo como amante, após sua morte em combate. Este conceito é encontrado também no poema *Völsunga Saga*, na história de conquista e amor de Sigurd e Brynhild, no mito das *donzelas-cisne* e nas lendas xamânicas, em que existiam menções sobre as *esposas espirituais*, que protegiam seus "maridos" contra espíritos hostis e os acompanhavam na sua última viagem para o Além.

Além das qualidades guerreiras, as Valquírias eram consideradas *deusas da fertilidade* (devido ao orvalho originado do suor dos cavalos) e *realizadoras dos desejos humanos* na sua qualidade de *Oskmeyjar* (aspecto associado com o título de Odin – *Oski* – e significando "realizador de desejos"). *Nos mitos mais antigos*, as Valquírias escolhiam seus protegidos e lhes ensinavam artes mágicas, resgatavam os guerreiros dos navios que se afundavam, incendiavam ou se perdiam nas tempestades, sendo suas protetoras durante toda a sua existência. Em caso de perigo iminente, os alertavam nos sonhos ou visões, podendo até mesmo discordar da decisão de Odin quanto à sua morte, protegendo-os no campo de batalha. *Nos mitos e histórias mais recentes*, são descritas punições das Valquírias rebeldes, como no famoso mito de Brynhild do *Völsunga Saga*, imortalizada pela ópera de Richard Wagner.

Refletindo sobre a suposta *punição da desobediência de uma Valquíria* (mesmo sendo a filha preferida do deus Odin), podemos perceber a legitimação da autoridade masculina – divina ou humana – que, ao se sentir desafiada por atos de liberdade e afirmação do poder guerreiro feminino, usava o casamento como castigo para retirar as características marciais e a liberdade da Valquíria. Assim como as "donzelas-cisne" que, ao serem capturadas por homens, tornam-se simples mulheres ao se casarem (porém buscando sempre a sua natureza livre e suas "asas"), a punição de uma Valquíria era o casamento. Mesmo se o escolhido por Odin como marido fosse um príncipe ou rei, elas se tornavam simples esposas e mães, funções que não iriam desafiar o poder guerreiro e patriarcal masculino. Apesar de a sociedade nórdica honrar e respeitar os direitos da livre expressão das mulheres, somente os homens podiam ser os "Senhores da guerra", glorificados após as vitórias que lhes garantiam a imortalidade nos salões de Valhalla, devidamente servidos e cuidados pelas Valquírias como *as copeiras de Odin e as condutoras dos heróis para o paraíso*.

Nas fontes antigas as Valquírias eram representadas como *Valmeyjar* (donzelas das batalhas), *Hjalmmeyjar* (donzelas com elmos) ou *Skjaldmeyjar* (donzelas com escudos) e seus nomes nos poemas épicos são relacionados com a guerra. No entanto, nas representações iconográficas do *período Viking*, as Valquírias aparecem usando vestidos longos, cabelos trançados e levando chifres com bebidas. A representação da jornada do herói do campo de guerra para Valhalla não podia ser esmaecida ou abalada pela atuação de uma Valquíria portando armas, armadura e cavalgando. Desta forma, no período Viking, em que prevalecia o culto odinista e a supremacia dos heróis, a participação das Valquírias foi minimizada como guerreiras e colocada em realce a sua transformação em "donzelas-cisne", um aspecto inofensivo à estrutura social patriarcal. Para que uma mortal se tornasse Valquíria e recebesse a imortalidade, ela devia permanecer virgem e obedecer a Odin, a mesma condição imposta também às Valquírias, vistas como "copeiras" dos *Einherjar* pela ótica Viking. Porém, mesmo assim, as Valquírias preservaram sua missão espiritual como intermediárias entre o plano divino e humano, agindo como agentes do destino e protetoras dos seus "afilhados".

Existem na literatura escandinava algumas descrições de gigantas que surgiam e se comportavam como Valquírias, ajudando jovens heróis ou assustando os inimigos com suas aparições ameaçadoras ou visões macabras. Elas apareciam em grupos de três, cavalgando lobos e acompanhadas de corvos, assumindo formas de animais como mensageiras xamânicas. A visão de um grupo de Valquírias cavalgando no meio das nuvens era um espetáculo misto de beleza e temor, entremeando o galope estrondoso dos cavalos e os faiscantes brilhos das suas armaduras com seus gritos de guerra. A sua cavalgada superava os trovões e suas vozes se fundiam no uivo do vento, enquanto raios relampejavam ao seu redor.

A associação com as Nornes coloca em evidência a atuação das Valquírias na modelagem do *orlög* (destino pessoal). Como emissárias de Odin, elas podiam transmitir a sabedoria mágica das runas e auxiliar os iniciados a atravessar a ponte de *Bifrost* (travessia impossível de fazer sem a sua ajuda). O desejo máximo de um herói ou iniciado era *casar-se com sua Valquíria*, ou seja, alcançar uma plena conexão, conscientemente, para aprender a ser conduzido e ficar em contato com ela. Porém, para merecer a sua proteção e suas dádivas, era necessária muita dedicação e aprendizado, pois somente assim poderia ser alcançada a "fusão", a elevação espiritual que permitia a expansão da consciência e a plenitude da integração, ainda em vida, para homens e mulheres. Alguns autores modernos atribuem à Valquíria a equivalência do Eu superior, a "Guardiã da alma" ou a "Noiva brilhante", com que a consciência almeja se unir. Porém, este conceito é mais condizente com os cultos odinistas, pois os adeptos de outros caminhos espirituais podem ter certa dificuldade ao atribuir à sua *anima* ou protetora o nome e o modelo da Valquíria, principalmente as mulheres que não têm conexão ou afinidade com a tradição nórdica.

O número e os nomes das Valquírias variavam segundo as fontes, no poema Völuspa são citadas seis, em outras fontes seu número aumenta para nove, doze, vinte e sete ou trinta, seus nomes descrevendo suas atribuições; o grupo que aparecia nos campos de batalha podia ser de nove, doze, treze ou vinte e sete Valquírias (nove sendo o número associado à autoimolação de Odin; doze, os salões dos deuses em Asgard e o número das acompanhantes de Frigga e treze, as lunações de um ano solar).

A título de curiosidade vou mencionar alguns dos nomes mais conhecidos: *Brynhild* (malha de aço), *Geirahod* (flecha), *Göll* (grito de guerra), *Gunnr* (luta), *Göndul* (bastão mágico), *Herfjötur* (algemas), *Hildr* (batalha), *Hlökk* (tumulto), *Hrist* (terremoto), *Kara* (coragem), *Mist* (névoa), *Randgridr* (escudo), *Reginleif* (herança divina), *Svava* (golpe), *Rota* (turbilhão), *Skeggjöld* (machado de combate), *Sigrdrifa* (raio da vitória), *Sigrun* (vitória), *Skögul* (combate), *Radgridr* (conselho de paz), *Thrundr* (poder), *Hildeberg* (fortaleza no combate), *Hildegund* (guerreira corajosa), *Thuor* (a poderosa), *Grimhildr* (o elmo da vitória). Outras fontes também mencionam *Alvitr, Geirabol, Goll, Herja, Hladgudr, Judur,* Ölrun, *Prudr, Reginleif* e *Svipul*. As líderes eram *Gundr, Rota* e a *Norne Skuld* (A que está sendo).

As Valquírias eram ligadas à deusa Freyja, sua condutora que, na sua condição de *Val Freyja – Deusa da guerra e da morte –* podia escolher metade dos guerreiros mortos e levá-los para sua morada em *Folkvang*, onde havia um salão especial para eles, chamado *Sessrumnir* (muitos assentos). Os povos nórdicos não consideravam Freyja como uma simples deusa do amor erótico, do prazer e da beleza. Ela possuía habilidades marciais que lhe permitiam liderar as incursões das Valquírias e escolher os espíritos dos guerreiros mais valorosos para levá-los consigo.

As Valquírias eram protótipos idealizados de mulheres perfeitas e inatingíveis, dignas da devoção dos guerreiros, que eram cientes da impossibilidade de as possuírem. Como psico-mensageiras de Odin e pela sua inacessibilidade, as Valquírias despertavam e fortaleciam a coragem dos guerreiros, transferindo-lhes a essência estática *Odhr* (contida no próprio nome de Odin) e que significava *deslumbramento, êxtase* e *arrebatamento místico*. Os combatentes aceitavam com alegria o anúncio do seu derradeiro combate quando viam diante de si a aparição de uma Valquíria, que os beijava para lhes sorver o último suspiro. Através deste beijo, era selado o vínculo entre as Valquírias e os espíritos dos guerreiros, aceitando-os eternamente como seus consortes. As Valquírias eram virgens perpétuas, pois assim elas exacerbavam sua energia sexual, a força motriz responsável – quando reprimida – pelo despertar da agressividade combativa e o aumento do seu campo áurico que intensificava seu carisma e heroísmo. Como *Deusas da Libertação*, elas proporcionavam tanto o silêncio da morte, quanto a confiança e coragem para vencer os medos. Enquanto serviam a Odin eram imortais, mas se quisessem se afastar da sua missão, retornavam à condição de simples mortais.

Às vezes, a Valquíria podia ser confundida ou equiparada com a *fylgja* ou as *Disir*, mas assim como existem semelhanças entre elas, cada arquétipo tem suas próprias características. A Valquíria não é ligada a uma família, nem é o espírito de uma ancestral como as *Disir*. Ela tem uma consciência própria e é detentora de sabedoria e poder mágico, enquanto a *fylgja* é um aspecto de estrutura psicoespiritual de cada ser e a ele ligada até a sua morte. As Valquírias atuavam principalmente como entidades guerreiras e *psicopompos*, condutoras dos mortos. As *Disir* podiam predizer ou induzir a morte, mas a sua principal ocupação era proteger, cuidar, orientar e assistir seus protegidos da sua linhagem familiar, sendo mais empenhadas com a perpetuação da vida do que com a supervisão dos mortos.

No folclore escandinavo e alemão existem histórias sobre *as Donzelas Cisne*, espíritos aéreos, meio mortais, que apareciam ora como mulheres, ora como cisnes. Originariamente havia uma separação entre as Donzelas Cisne e as Valquírias, mas suas lendas se fundiram entre o terceiro e o décimo século d.C. A metamorfose dependia da posse de um manto de penas de cisne ou de um par de asas que ao ser retirado, permitia a sua transformação em lindas mulheres. Além de escolherem os guerreiros que iam morrer, levá-los para Valhalla e servir-lhes taças de hidromel, as Valquírias possuíam o dom da profecia e da magia, tecendo encantamentos nos seus teares. Elas também apareciam como espíritos guardiões que acompanhavam certos indivíduos ao longo da vida, semelhantes aos seres alados ou angelicais de outras tradições.

Como semideusas multidimensionais, carismáticas e detentoras do dom da profecia e magia, as Valquírias usavam frequentemente o tear para tecer encantamentos de amarração ou libertação dos guerreiros, induzindo-os ora para pânico e desejo de abandonarem a batalha, ora infundindo-lhes coragem e estímulo para lutar. Elas criavam o desenrolar e desfecho das batalhas com a tessitura dos seus teares, determinando a vitória ou a derrota, amarrando nos seus fios e tramas os nomes dos guerreiros que iam morrer. Enfraquecer os ânimos e as habilidades dos inimigos era uma das suas proezas mágicas, podemos lembrar, como exemplo, o nome *algemas da guerra* (*Herfjötur*) de uma das Valquírias. Elas podiam amarrar um guerreiro com sua magia, imobilizando-o pelo pânico ou libertá-lo do sofrimento. Mesmo tendo que cumprir as diretrizes de Odin quanto à morte de um guerreiro, as Valquírias iam decidir como e quando ele iria morrer. Como ajudantes de Odin, as Valquírias conheciam a arte mágica dos *Galdr*, os cantos e sons das runas, reforçando assim o seu conhecimento de magia, direcionado para assuntos específicos: guerra, tempo, elementais, metamorfose, mensagens de certas divindades. O poder das Valquírias transcende o conceito moderno de simples guerreiras a serviço de Odin. Elas tinham a habilidade e a permissão de conferir morte, restrições ou liberdade, podiam controlar o tempo e se metamorfosear, previam acontecimentos e conheciam os recônditos profundos da alma humana para usar os medos e os desejos de cada guerreiro. Era o seu beijo que libertava o espírito e eram suas asas que o levavam para o céu. As Valquírias também tinham uma missão fertilizadora por trazerem à Terra e à humanidade *o orvalho e a umidade* – gerados pelo suor da crina dos seus cavalos – e as *luzes nórdicas* (Aurora Boreal), criadas pelo brilho dos seus escudos.

Alguns mitos contam que as *Donzelas Cisnes* tiravam seu manto de penas às margens de lagoas tranquilas, para que pudessem nadar e dançar à vontade. Se fossem surpreendidas por homens que confiscassem seus mantos, elas deviam segui-los e morar com eles como esposas.

Porém, continuavam procurando suas penas e se as achassem, voavam imediatamente sem jamais voltar, mesmo se tivessem filhos e uma vida familiar feliz. O cisne é um arquétipo universal que aparece em vários mitos e simboliza a união entre os mortais e os seres divinos, sendo uma referência à antiga crença de que as aves migratórias representavam as almas que regressavam para anunciar o início de um novo ano, no começo da primavera. Nas sepulturas nórdicas foram encontradas asas de cisne junto aos esqueletos, e os pássaros aquáticos que aparecem em algumas gravuras da Idade do Bronze eram relacionados com a morte. A Constelação do Cisne é atravessada pela Via Láctea, considerada na mitologia nórdica a "estrada dos mortos", sendo, portanto, uma guia no translado dos espíritos para o Outro Mundo. Em várias culturas arcaicas as aves aquáticas eram símbolos frequentes que caracterizam o "voo da alma" dos xamãs para o Mundo dos Espíritos; elas também agiam como guias das almas que retornavam ao mundo celeste. O cisne representa também a visão da estrutura tríplice do cosmos: mergulha a cabeça na água para se alimentar, move-se pela terra e voa na direção do céu. Ele pode ser considerado como *o impulso cíclico de translado e transformação ao longo dos três mundos (*inferior, mediano e superior). Com uma natureza ambivalente, representa os mistérios da luz solar e divina – sendo sinônimo da vida – e pela cor branca das penas é ligado à luz da Lua e aos mistérios da noite. Além da natureza soli-lunar, o seu canto parece comunicar mensagens secretas do "Outro Mundo".

É importante lembrar e honrar devidamente estes arquétipos ancestrais, pois independentemente dos seus nomes e características, eles fazem parte do passado ancestral, e seu poder e sabedoria são milenares, sendo preservados e atuantes até hoje.

Ritual de conexão com as Valquírias

Quando se menciona o aspecto guerreiro da Deusa, muitas mulheres recuam perante a ideia da conexão com ela. Imagens de guerra, violência, destruição e morte – tão presentes e contundentes no nosso cotidiano – afastam as mulheres, que esquecem que a "guerreira" existe no seu interior e é um aspecto inato e integrante dela. A guerreira luta contra a usurpação dos direitos femininos, se opõe à discriminação e opressão patriarcal e familiar, protege seus filhos e a si mesma, se defendendo em situações de perigo, abuso ou violência. Cada vez mais surge e se manifesta nas mulheres contemporâneas o arquétipo da *Guerreira Interior*, após séculos de dominação, subjugação, opressão, violentação, castração e marginalização. As mulheres atuais não mais aceitam se calar e se submeter à humilhação, dominação, controle, abusos domésticos, difamação, violência e perseguição (em todos os níveis ou situações).

Reconhecer o direito e o poder da Guerreira é o primeiro passo para que a mulher assuma a sua plenitude e se conecte com a Deusa, ousando até mesmo afirmar e expressar a sua sacralidade e opção pessoal e espiritual. O aspecto da "Guerreira" é necessário para refazer a conexão da mulher com a Deusa, pois como "Senhora das Mil Faces", ela não é apenas luz e amor, mas "Regente da Guerra, Senhora da Morte e Rainha do Mundo Subterrâneo". Assim como devemos reconhecer e integrar as Faces da *Donzela, Mãe, Rainha e Anciã* dentro da nossa psique e expressão individual e coletiva, precisamos saber como despertar e chamar a *Guerreira*, cada vez que passarmos por situações ameaçadoras ou opressoras. Ser uma Guerreira não significa tornar-se agressiva, contundente ou dominadora, mas saber defender qualquer aspecto da sua vida ou da sua pessoa, que é ameaçado ou invadido. Precisamos reaprender a nos defender, sozinhas ou em grupo, sem esperar que os homens façam isso. Somente assim as mulheres vão poder resgatar sua dignidade, autonomia e autossuficiência.

Para nos conectarmos com as Valquírias, precisamos ir além da sua definição como auxiliares do deus Odin e vê-las como *Guerreiras aladas* e *Sacerdotisas da deusa Freyja* na sua qualidade de Val Freyja, *Senhora da magia e da guerra*. Nos mitos alemães eram descritas guerreiras chamadas *Idisi*, que podiam amarrar ou desfazer feitiços e maldições, afastar inimigos, mudar o curso dos eventos, sobrevoar o mundo humano e se metamorfosear em animais, qualidades idênticas as das Valquírias. Os *Skalds* (bardos nórdicos) usavam *Kennings* (metáforas) para se referirem a elas como: "fogo das Valquírias" para designar a sua espada, "a canção mágica das Valquírias" para batalha e "alimentar os corvos" para o ato de matar os inimigos.

As mulheres corajosas e determinadas têm uma afinidade maior e se conectam mais facilmente com as Valquírias. Mas toda a mulher pode criar uma aura de confiança e segurança ao seu redor, se conectando com uma Valquíria, assumindo assim o controle da sua vida, sendo assertiva, determinada e altiva para expressar suas opiniões e defender seus direitos. É importante para cada mulher fazer uma autoavaliação em relação à maneira como reage às críticas, piadas ou investidas masculinas. Por exemplo:

- Você fica quieta, concorda e não se opõe àquilo que a ofende, oprime, ou agride?
- Se você não reage no intuito de manter a paz e não ter que mudar (de emprego, marido, situação, amigos) chegou a hora de se conectar com a sua Valquíria, para não mais permitir que seja magoada ou ferida no nível emocional, material, mental ou espiritual.

Para reforçar a sua decisão e manter vivo o seu propósito, pode criar um estandarte ou cartaz com símbolos rúnicos ou imagens adequadas e guardá-lo em um lugar visível, mas sem explicar aos familiares o seu real significado. A visão diária do estandarte vai ajudá-la manter o contato com a sua Valquíria e se libertar das programações subconscientes de submissão, omissão, desistência da expressão do seu real poder e da afirmação firme dos seus limites e direitos.

Encontrar a sua Valquíria

Sente-se numa posição confortável, sem cruzar braços ou pernas e relaxe o corpo com respirações profundas e compassadas.

Visualize-se entrando em uma floresta de pinheiros, sentindo o cheiro da resina e o contato com a terra coberta com musgo embaixo dos seus pés. O silêncio ao seu redor é interrompido de vez em quando pelos gritos de aves migratórias, que passam em revoadas no cenário outonal. Adiante vê uma clareira com uma cabana rústica de troncos e pedras. A porta está aberta e, sem medo, você entra no ambiente semiescuro e percebe à sua frente uma mulher alta e forte, vestindo uma armadura sobre as roupas de couro. Nos braços ela tem pulseiras de metal, e sobre seus longos cabelos louros, um elmo enfeitado com penas brancas e pretas. Ela segura nas mãos uma espada pesada e um escudo de metal, gravado com símbolos rúnicos e espirais entrelaçados. Seus brilhantes olhos azuis a perscrutam com atenção, como se ela quisesse explorar as profundezas do seu ser. Você permanece tranquila e, ao ser perguntada sobre o motivo da sua vinda, explica a necessidade do seu fortalecimento para a sua afirmação e realização no seu mundo. Ela acena com a cabeça e lhe diz o nome com o qual é conhecida entre as Valquírias. Por mais inusitado que lhe pareça, você o guarda na sua mente, pois sabe que poderá usá-lo para chamá-la sempre que precisar de ajuda.

De repente a fisionomia tranquila da Valquíria se modifica, ela segura com força seu braço e a leva para fora da cabana onde começa a lhe ensinar como agir para mostrar segurança e poder em situações de perigo ou humilhação. Aprenda como emitir o seu "grito de guerra", como usar "armas energéticas", para se defender ou alcançar a vitória. A Valquíria lhe entrega uma espada e um escudo e lhe diz o seu "nome mágico" que deverá usar com as "armas" no plano astral, até conseguir visualizar este procedimento com rapidez nos desafios e perigos da sua vida real. Após esta profunda conexão e aprendizado, você sente uma intensa energia irradiando da Valquíria na sua direção, impregnando a sua aura e se concentrando no seu vértice de poder (o hara, abaixo do seu umbigo). À medida que está absorvendo o poder da Guerreira (inato e agora reativado), a imagem da Valquíria vai esvanecendo até sumir. Ao seu redor, a floresta vai mergulhando na escuridão e você se vê voltando para o seu "aqui-agora".

Anote tudo o que viu, sentiu, ouviu e aprendeu. Saiba que para se fundir com a energia inata da sua "Guerreira interior" você deverá tomar algumas medidas e atitudes para substituir sua conduta anterior, caso fosse passiva e complacente. Descubra e transmute a sua raiva reprimida, liberte-se das mágoas, culpas e remorsos pela sua falta de decisão e a inação no passado. Veja-se como será de hoje em diante, consciente do seu poder, confiando na sua intuição e conexão espiritual, caminhando segura e livre, sem medo, mas também sem arrogância, agressividade ou prepotência. Use sua sabedoria mágica para enfrentar armadilhas e jogos de poder, teça a sua teia de proteção no tear mágico das tecelãs sobrenaturais, e saiba que a Valquíria irá lhe ajudar encontrar justiça e vitória nas suas aspirações e necessidades. Agradeça à Valquíria e busque encontrá-la e fortalecer a ligação sempre que perceber dúvidas e temores em relação ao seu poder e seus direitos como Filha da Deusa, em busca da sua plena realização.

Prática mágica para remover influências negativas

O período propício é numa noite na fase da luz negra, às 21 horas. Como material, precisará de um altar sobre o qual irá arrumar uma vela preta, um caldeirão ou recipiente de cerâmica à prova de fogo, seu *athame*, um punhal ou miniatura de espada, a reprodução da runa Algiz ᛉ (um Y com um traço vertical no meio) sobre quatro pedaços de cartolina, uma taça com água do mar (ou água comum com nove pitadas de sal marinho), uma imagem das Valquírias, lã ou linha preta, um tablete de cânfora, incenso de pinheiro ou cedro, uma taça com hidromel ou vinho tinto, papel e caneta preta. Se puder, faça o ritual ao ar livre, caso não, prepare um ambiente tranquilo e purifique-o com incenso, água com sal marinho e a chama da vela, caminhando ao redor no sentido anti-horário, começando e terminando na direção Norte.

Crie o círculo de proteção com o *athame* ou a espada, elevando a cartolina com a runa Algiz (ou riscando-a no ar com o punhal) para cada direção cardeal. Evoque os guardiões das direções e seus elementos: para NORTE: o poder da terra ancestral das divindades Nórdicas; para o LESTE: o poder do vento que afasta as energias negativas; para SUL: o poder do fogo que queima e purifica; para o OESTE: o poder do mar primordial, que renova e transmuta. No CENTRO, invoque a deusa Freyja e a Valquíria – a sua protetora pessoal – pedindo a permissão, proteção e ajuda em seu benefício (dizendo o seu nome mágico recebido da Valquíria) e a concretização do objetivo do ritual.

Vire-se para Norte, junte e firme as pernas, eleve os braços acima da cabeça formando a runa Algiz, simbolizando proteção, poder feminino, conexão com a Valquíria. Invoque-a com palavras que expressem as suas características (cavalgando um corcel veloz, vestindo armadura, tendo asas ou segurando escudo cintilante, cercada por lobos e corvos). Peça-lhe ajuda para remover obstáculos, entraves e interferências negativas na sua vida (no nível material, profissional, social ou familiar). Sente-se e medite por algum tempo, avaliando com calma e isenção de ânimo quais são os entraves, bloqueios ou amarras (influências externas ou os seus próprios conflitos interiores), as indecisões e os medos que a impedem de conseguir seus objetivos. Para cada obstáculo externo identificado, corte um pedaço de lã preta numa medida mágica sua (altura, circunferência da cabeça, tórax, abdômen ou o cumprimento do dedo mindinho até o cotovelo). Enrole a lã no pedaço de papel em que anotou de forma clara e concisa o obstáculo que quer, deseja e precisa remover. Jamais use nome de pessoas, anote apenas situações contrárias, injustiças, bloqueios ou dificuldades na concretização das suas metas. Use tantos papéis e lãs quantas precisar, mas sempre em função da magia numérica nórdica (múltiplos de três). Com determinação e concentração, queime no caldeirão cada pedaço de papel que enrolou com a lã. Ao terminar, visualize a Valquíria cortando os nós dos entraves, retirando os resíduos negativos, que serão devorados pelos lobos e corvos, abrindo espaço com sua espada para você caminhar livre, confiante e por ela protegida.

Em seguida faça uma purificação para a limpeza do seu campo vibratório. Assuma novamente a postura da runa Algiz e imagine uma brisa fresca que passa pela sua aura, vindo da esquerda para direita e limpando você. Após tomar nove inspirações profundas visualize uma areia dourada escoando por sua aura de cima para baixo e retirando as obstruções energéticas. Em seguida visualize chamas avermelhadas que sobem das entranhas da terra e "queimam" os bloqueios e revitalizam seus centros energéticos. A última visualização será de uma chuva prateada, vindo da direita para a esquerda. Feche o ritual com nove expirações profundas e depois visualize na sua frente, atrás, à esquerda, à direita, acima e abaixo de você a runa Algiz. Absorva o seu poder e sinta-se protegida, segura e confiante no seu desligamento das influências negativas e na retirada dos empecilhos e entraves energéticos. Para evitar que energias semelhantes às que foram retiradas voltem ocupando o espaço vazio, escreva uma "lista branca" para substituir "a negra", anotando os projetos, atitudes e ações que irão lhe beneficiar. Risque sobre o papel por três vezes a runa Algiz com o *athame* e guarde-a no seu altar com a imagem, ou dentro de uma pequena bolsa de pano vermelho na sua bolsa.

Para finalizar o ritual, fique na posição de Algiz, erga a taça com hidromel ou vinho e ofereça à Valquíria, com seus agradecimentos pela ajuda recebida. Desfaça o círculo mágico caminhando ao redor do altar na ordem inversa – do Norte para Oeste, Sul e Leste – agradecendo aos poderes evocados. Deixe a vela queimar até o fim e leve as cinzas e a bebida para perto de uma árvore, rocha, lago ou riacho, entregando-as à Mãe Terra como substrato para a transmutação.

As conhecedoras ou praticantes da magia rúnica podem encontrar rituais mais complexos no livro *Mistérios Nórdicos* (vide Bibliografia).

Um alerta: as Valquírias conhecem o poder das palavras por serem mestras da magia Galdr (os sons mágicos das runas). Sabemos que as palavras podem despertar alegria ou raiva, atrair ou afastar pessoas, ajudar ou prejudicar. Temos o poder de criar a perfeição e o sucesso ao nosso redor tendo o cuidado de escolher as palavras certas. Comece a prestar atenção às palavras que usa, evite difamar, criticar, mentir, amaldiçoar ou insultar, não use termos negativos ou de baixo nível, não grite com os outros, nem fale mal sobre nada e ninguém. Honre a sacralidade do ato de falar e as Valquírias irão lhe ajudar, com certeza.

Asteroide Walküre

O asteroide 877 foi descoberto em 1915 por um astrônomo russo e recebeu o nome original das Valquírias. Pouco estudado na astrologia, ele pode servir como um tema de pesquisa individual, observando sua colocação no mapa natal nas casas e signos, avaliando seus aspectos com os planetas, ângulos e outros asteroides. Na interpretação, devem ser levados em consideração os atributos e efeitos das qualidades guerreiras e protetoras das Valquírias.

O Chamado da Deusa Escura

"Viemos perante Ti Senhora, apegadas as nossas frágeis e quebradiças vidas, corpos, mentes e corações contraídos, rígidos e desesperados para proteger aquilo que sabemos que somos. Perante a Sua sacra e poderosa presença, rachamos, quebramos e nos abrimos, gritando, sangrando, chorando, os fragmentos espatifados das nossas ilusões caindo e se amontoando no chão. E assim descobrimos, na nossa crua e nua realidade, a beleza e o poder que estava escondido e guardado na nossa sombra."

Na frente do seu trono, o chão é salpicado com cacos e cascas. *Queen of the Great Below.* Janet Munin

Existem muitos caminhos pelos quais ouvimos, sentimos ou percebemos a presença da Deusa Escura. Ela pode aparecer em nossos sonhos, em momentos fugazes da nossa atribulada vida de mulheres contemporâneas, na névoa das percepções indefinidas ou nos acenar da floresta escura dos medos e desejos reprimidos.

- Quando sentimos que algo nos falta ou nos oprime, ou que tudo temos, mas não somos felizes, quando somos aprisionadas por dúvidas, medos, emoções negativas, depressão ou inércia – é a Ela que devemos recorrer.
- Quando ninguém nos compreende ou ajuda, nas situações em que não sabemos o que fazer ou em quem confiar, quando almejamos mudar, esquecer ou morrer – é a Sua presença que se faz necessária.
- Quando nos defrontamos com o mesmo modelo opressor de situações familiares ou afetivas sem saber como mudar ou evitar, quando

nossos planos de vida parecem impossíveis de realizar, quando sabemos que as mudanças são imprescindíveis, mas temos medo de mudar – é a voz da Deusa Escura que sussurra em nossa percepção.

Depende de nós seguirmos o chamado Dela ou fugir de novo, com medo da escuridão e do desconhecido, temendo nossa sombra, que na realidade é a nossa outra face, desconhecida e ignorada, mas vital para transformação e cura.

Não sabemos como Ela é ou como age, desconhecemos o que irá nos acontecer se seguirmos o Seu chamado, mas intuímos que algo vai mudar, pois a essência Dela é MUDANÇA. Ela rege o processo eterno de nascimento/vida/morte, é Iniciadora e "Ceifadora", o mistério do início e do fim, que age através da nossa voz interior, do chamado do Eu Divino, ativa a nossa vontade de mudar e impulsiona a nossa força para agir. Mas devemos abrir mão de conceitos limitantes, das crenças ultrapassadas, dos estereótipos que denigrem e repelem a força renovadora da escuridão. A Deusa Escura é ao mesmo tempo compassiva e impiedosa, castradora e fortalecedora, Ela é Aquela que cura as feridas da alma e mostra a nossa verdadeira face no espelho escuro da Sua essência libertadora.

Se reconhecermos que algo está errado em nossa vida, que as limitações cerceiam nosso potencial de crescimento, que desejamos e precisamos mudar, Ela se fará presente, desde que saíamos da acomodação no mundo cotidiano e previsível para darmos início à longa jornada de descida para o misterioso reino Dela. Se decidirmos por fazer mudanças, dedicar mais tempo para nos cuidar, meditar, ter uma prática espiritual, significa que começamos a ouvir a Sua voz antes que situações mais graves (doenças, acidentes, perdas, sofrimentos, sobrecargas, reveses) nos obriguem a isso. Mas como tudo na vida, há duas formas para iniciar a retificação do nosso caminho: a variante leve e mais lenta, com pequenos passos, ou a forma rápida e trepidante (com os perigos e desafios nela incluídos).

Porém algo é essencial: quando decidimos buscar ouvir a voz da Deusa Escura e seguir Seus conselhos, seguramente devemos persistir, sem desistir, por mais difíceis, dolorosas e onerosas que sejam as opções e decisões que devemos tomar. Precisamos lembrar-nos da árdua descida de Inanna para o escuro reino da sua irmã Ereshkigal, passando pelos sete portais em que ela se despe e desfaz – em cada um – de um adorno, atributo de poder ou apego.

Começando a prestar atenção à voz interior – de repente ou aos poucos – iremos perceber que certas situações (relacionamentos, trabalho, compromissos, valores, hábitos, pendências ou dependências) se tornaram intoleráveis, vazias, desnecessárias, nocivas e que devemos descartá-las ou delas nos desapegar. Assim como Inanna chegou até Ereshkigal "nua e humilde", devemos também nos despir de nossas máscaras, nosso falso Eu e ouvir com atenção o que a Deusa Escura irá nos dizer, sem resistência ou contestação. Seja o que for que iremos ouvir, devemos apenas abrir nossa mente e coração para acolher e agradecer. Quando estivermos prontas para "ascender" depois da nossa "descida", iremos ter certeza daquilo que devemos mudar, renovar ou descartar.

Os mistérios da morte, renovação e renascimento são sussurrados pela Deusa Escura e, somente ampliando a nossa percepção, conexão e aceitação, que estaremos aptas para ouvir, compreender ou agir, com desprendimento, paciência e gratidão.

Buscar e encontrar a Deusa Escura é uma vivência transformadora e renovadora, única na sua essência, poderosa e profunda.

Palavras Finais

"Quem sabe o mal que se esconde nos corações humanos?
"O sombra" sabe, pois ele tem o mal em seu próprio coração."
Frase de um programa de rádio da década de 30
e do seriado The Shadow de 1940.

A sombra – termo psicológico introduzido por Carl Jung – é *"tudo aquilo que foi reprimido ou negado em nós ou que está no nosso inconsciente"*. Todos nós temos uma *Sombra*, um lado escuro, arquetípico, assim como a Deusa Escura também é um arquétipo, que influencia aspectos e desafios da nossa vida. As Deusas Escuras representam nossos aspectos escondidos, que fomos ensinadas a reprimir e que atuam na escuridão do nosso inconsciente. Quanto mais os negamos ou evitamos, mais fortes eles se tornam. Nem toda sombra é nociva ou maléfica, muitas vezes reprimimos aspectos positivos e criativos, que poderiam auxiliar-nos na afirmação de dons ocultos ou latentes. Ao encontrar e liberar estas características do domínio das sombras, poderemos enriquecer e ampliar o nosso potencial e desenvolver novos dons.

Quem tem medo da escuridão? Poucas pessoas vão admitir isso de imediato, mas, se mergulharmos no nosso interior, poderemos encontrar, uma parcela que resiste ou teme a escuridão (no nível físico) ou os reflexos sombrios da realidade psíquica, que existem mesmo se os negarmos ou ignorarmos. A escuridão contém em si múltiplas camadas de significados e paradoxos, que podem exercer poder sobre nós, mesmo sem percebermos ou permitirmos a sua sutil atuação. A sombra é aquele aspecto emocional que não queremos encarar ou conhecer e é alimentada continuamente pelo medo e a rejeição. Em função das nossas próprias memórias de repressão e dos medos impregnados no inconsciente coletivo, o contato com a Deusa Escura pode ser atemorizador por acessar a programação negativa que associa escuridão com mal, perigo, morte.

Para Jung, compreender intelectualmente um sentimento negativo, ou reconhecer sua falsidade, não é suficiente para eliminá-lo. Os sentimentos não podem ser atacados pelo intelecto porque não têm base intelectual. É exatamente isso que os mitos e lendas nos ajudam a fazer: *reviver sentimentos escondidos ou resgatar os esquecidos.* As histórias, os contos de fadas e os mitos falam diretamente à alma do ser humano; por nos tornarmos a personagem principal do enredo, temos as imagens internas transferidas para as cenas da história, porém imbuídas com nossa carga de sentimentos e emoções. As imagens e figuras arquetípicas presentes nos mitos e lendas nos fornecem material simbólico que nos permitem trabalhar em todos os estágios da vida, lidando com diversos arquétipos, principalmente com a *sombra,* o lado escuro da personalidade, em que se encontram os aspectos desconhecidos e geralmente desprezados por nós, como a raiva, inveja, medo, ciúme, prepotência, agressividade etc.

É preciso dizer que o essencial não é a interpretação e compreensão das fantasias ou o conteúdo dos contos e mitos, mas sim a possibilidade de relembrar e reviver plenamente as emoções e suas repercussões, para poder transmutar os conceitos.

A Lua Negra favorece a introspecção e o resgate da memória, permitindo a renovação psíquica e o conhecimento mais profundo do nosso ser. As Deusas associadas com a Lua Negra regem a esfera inconsciente da nossa psique, o mundo subterrâneo, o reino das memórias pré-natais, atávicas e ancestrais. Ao abrirmos as portas para o nosso passado e explorarmos os recantos escuros do inconsciente, podemos compreender e transmutar aquilo que está guardado, esquecido e não nos serve mais. A morte simbólica e a regeneração dela decorrente fazem parte dos ciclos naturais da existência.

Durante a Lua Negra – e com a ajuda das Deusas Escuras – podemos nos libertar do excesso da bagagem emocional negativa, pesada, ultrapassada e inútil; a assim chamada "mala negra", que arrastamos atrás de nós.

A personificação da escuridão inclui arquétipos de deusas que foram cultuadas e veneradas durante milênios nas várias culturas, como as descritas neste trabalho. Porém, na nossa tradicional sociedade judaico-cristã fomos ensinadas a negar a escuridão e exaltar a luz. Não podemos expressar nossa raiva ou sexualidade, nem deixar aparecer nossos aspectos ditos escuros. Mas as emoções reprimidas não desaparecem apenas ao ignorá-las e, mais cedo ou tarde, elas emergem, se manifestam ou explodem. Se formos sinceras conosco e examinarmos a nossa alma, com certeza iremos descobrir – e ter que admitir – que não somos apenas seres angelicais luminosos e bondosos. Todos nós guardamos coisas que não reconhecemos, não gostamos e muito menos deixamos que os outros as percebam.

Tudo na natureza contém polaridade, e negar a nossa sombra por não ser aceita ou ser considerada "má" pela sociedade, nos impede de integrá-la e alcançar o equilíbrio tão bem representado pela mandala taoísta do Ying/Yang. Somente quando formos curar a cisão e procurarmos trazer a escuridão para a luz e a luz para a escuridão, é que começará a nossa jornada de transformação rumo à integridade. Uma jornada difícil e sofrida, mas que visa a nossa integração, cura e evolução. A polaridade é uma evidência inegável, a escuridão existe ao redor, nas nossas experiências, emoções e memórias. À medida que ampliamos a percepção e o reconhecimento das nossas sombras psíquicas, iremos diminuir o seu reflexo como projeções nas outras pessoas ou o reaparecimento nas circunstâncias e situações da realidade. No início, o reconhecimento e a aceitação das nossas sombras podem ser experiências desafiadoras e até mesmo traumáticas, mas, pela sua paulatina aceitação e integração, elas proporcionam transformações profundas e até mesmo lampejos de expansão da consciência e eventual iluminação.

Muitas pessoas têm medo de se aprofundar e trabalhar com as Deusas Negras, por temer que algo terrível possa lhes acontecer ou que energias destrutivas possam ser liberadas e manifestadas. Não é fácil encarar e reconhecer em si aspectos sombrios que, normalmente, são negados, condenados ou projetados nos outros. No entanto, conhecer e trabalhar com os arquétipos das Deusas Escuras pode nos mostrar e orientar como percorrer o labirinto do autoconhecimento e transmutar o negativo em positivo.

A Face Escura da Deusa pode nos assustar, ameaçar ou nos afastar do seu conhecimento e contato. Porém, ela existe na memória arcaica desde o tempo em que era foco da nossa reverência e fonte de evolução. Em sonhos e lembranças de eventos traumáticos, vislumbramos sua presença energética, mas precisamos conhecer a sua essência e usar a sua energia de forma consciente, responsável e construtiva na nossa vida.

Mais do que apenas uma sombra, a Face Escura da Deusa é um aspecto divino primordial, que nos permite reconhecer o nosso poder e falar a nossa verdade. Assim como a sombra é um aspecto que ignoramos, negamos ou negligenciamos, *a Face Escura* é uma parte do *Divino Feminino*. Foi pelo condicionamento limitante e pela milenar repressão patriarcal (religiosa e sociocultural) que rejeitamos este aspecto da Sacralidade Feminina e assim ignoramos a voz do nosso poder e aceitamos a cisão entre luz e sombra, bem ou mal, certo ou errado, céu e terra, masculino e feminino. Reconhecendo e cultuando novamente as Deusas Escuras, iremos alcançar a plenitude e afirmar a essência verdadeira, completa, integrada e sagrada.

Os arquétipos nos mostram caminhos para trabalhar e transformar o negativo em positivo, descobrir novas formas de expressão pessoal e de ampliação da consciência com as imagens míticas. Eles personificam características, padrões, motivos e experiências universais, que surgem do inconsciente coletivo e constituem o conteúdo básico das religiões e mitologias. Mitos, lendas e contos de fadas, vestígios artísticos antigos, memórias, registros, lugares e objetos de cultos, vivências e rituais, certos personagens dos nossos sonhos e visões, são expressões de arquétipos, responsáveis pelos temas e vivências recorrentes na vida.

Atuando como guias interiores que se refletem na personalidade, os arquétipos das Deusas Escuras influenciam nossos pensamentos, sentimentos, conceitos, valores, crenças, comportamentos e relacionamentos. Conhecendo os mitos e as lendas dos arquétipos sagrados femininos, teremos acesso a inúmeros e diversos meios e percepções para descobrir e acessar o arquétipo que está oculto, latente, reprimido, negado ou atuante em uma determinada fase da personalidade e da vida. O trabalho espiritual da Lua Negra não visa afastar a escuridão, mas conhecê-la, confrontá-la, aprender com ela e assimilá-la. O verdadeiro objetivo de empreender uma jornada na escuridão é olhar para dentro de nós, descobrir nossa verdadeira essência e valor, seguir nossa intuição e ativar nosso poder.

Quando a voz interior nos convida para entrar em locais psíquicos "escuros", não devemos recuar, nem ignorar o chamado, mas segui-lo, e assim achar o verdadeiro poder mágico. Se reconhecermos os reflexos da Lua Negra (os aspectos ocultos, inexplorados, renegados, reprimidos), e os aceitarmos como parte integrante de nós, retiraremos o poder negativo da escuridão e iniciaremos o processo de transformação interior. Não é a escuridão que deixa de existir ou se transforma repentinamente em luz, somos nós que mudamos o foco, reconhecendo que ela é o complemento da luz, parte componente do espectro de nuances da vida.

O caminho da Deusa Escura simboliza o reflexo da verdade no seu espelho mágico. Ela não é como a gentil Deusa Mãe luminosa, que nos convida com suavidade para explorarmos nossas vidas. A Deusa Escura traz a clareza cortante como a espada de Morrigan ou a adaga de Hécate, removendo sem titubear tudo o que não nos serve mais. Ela pode ser como Lilith, livre e selvagem, ou impiedosa e assustadora como Kali Ma, que nos separa das ilusões e falsas verdades e traz a morte para a renovação. A sua luz velada – como a lanterna de Hécate – ilumina nosso caminho, e é Ela que nos aguarda no final da nossa jornada e nos conduz pelo portal sombrio para o silêncio do repouso, regeneração e renascimento, à espera de um novo ciclo, na eterna espiral das existências.

As lições da Deusa Escura são intensas, mas elas nos conduzem para a libertação, ativam nossa habilidade de mudar ao desafiar comportamentos impostos e padrões limitantes. Elas ajudam na nossa transformação, mas nem sempre a transição é suave, precisamos seguir o exemplo da fênix e ressurgir das cinzas da profunda transmutação. Mudanças radicais exigem medidas extremas e para crescermos e nos curarmos, não basta falar e olhar apenas para a luz e agir com amor. Em situações opressivas, violentas ou escravizantes, devemos apelar para a Deusa Escura, para assim cortar as amarras das prisões e os condicionamentos de submissão. O poder de cura é um dom ancestral da sabedoria feminina, que nos conduz para o nosso fortalecimento e libertação, e a nossa intuição, assim como a fé, serão nossas aliadas neste caminho.

As Deusas Escuras representam o poder feminino ancestral, oriundo da nossa força vital, criativa, mas também destrutiva, pois elas simbolizam os aspectos arquetípicos que residem invisíveis nas sombras da personalidade. Estes aspectos sombrios são as características femininas que foram "demonizadas" pela sociedade patriarcal, condenadas pela religião cristã como forças caóticas, anarquistas, selvagens, pecaminosas e perigosas. Todavia, nós temos que conhecer e compreender a luz e a sombra do nosso ser; após a sua revelação e a aceitação sem julgamentos ou negações, poderemos realizar o processo alquímico de dissolução dos bloqueios e a integração dos polos opostos.

O nosso objetivo é a integração da sombra para evitar a supercompensação do desequilíbrio, criado pela supressão do feminino negativo e escuro e a valorização do masculino positivo e luminoso, processo que continuará o sofrimento da criança interior. As sombras criadas durante a nossa vida tinham como propósito a nossa proteção, evitando autocríticas, rejeição e vergonha por não corresponder aos padrões familiares, culturais, religiosos ou sociais. À medida que compreendermos a nossa missão e objetivos de vida, iremos perceber que a nossa Deusa Escura (o Eu interior reprimido) detém a chave para o livre-arbítrio. Vai depender de nós se iremos afirmar a nossa verdade, aceitar – ou não – as imposições alheias, continuarmos presas aos condicionamentos que nos limitam ou inferiorizam, ou nos soltar deles.

É necessário reavaliar nossas crenças e valores e nos permitirmos penetrar no nosso escuro labirinto interior, introspecção que é favorecida pela fase da *Lua Negra*. Esta fase lunar – ou seja, os três dias de total escuridão no final da minguante – pertence à Deusa Escura, a Face "Ceifadora" da Grande Mãe, a Madona Negra. Ela representa repouso, introspecção, ausência de estímulos, o que equivale a um retiro silencioso dentro de uma gruta, que representa o ventre da Deusa Escura, a Negra Mãe dos tempos. O aspecto menos compreendido da Grande Mãe – e por isso o mais temido – é a Sua Face Escura, a Deusa Negra, a "Ceifadora". Assim como a Donzela, a Mãe e a Anciã regem etapas do eterno ciclo da vida (nascimento, amadurecimento, declínio), a Deusa Negra finaliza o ciclo e representa a inevitável decomposição e morte. Como "Ceifadora", ela destrói e remove tudo o que esgotou seu tempo, cumpriu sua finalidade e não precisa existir mais. É ela "Aquela que engole a sujeira" e limpa a terra após a colheita para o repouso necessário à germinação de novas sementes. O seu poder é o da *Lua Negra*, dos mistérios ocultos na escuridão, a força do vazio silencioso que antecede o surgimento da luz, os últimos momentos da noite que precedem o raiar do dia e o começo de um novo ciclo. Como *Mestra da Escuridão* ela orienta e conduz ao encontro da "sombra", o aspecto perturbador e renegado do próprio Ser. Se pedir a ajuda Dela e tiver a coragem de mergulhar nas profundezas do seu mundo interior – para descobrir, reconhecer e aceitar a sua sombra – encontrará a autêntica identidade, livre das máscaras da personalidade.

A Lua Negra nos permite penetrar no mundo dos mistérios, revelando as verdades ocultas e as sombras, o que provoca o medo do seu poder desconhecido, mas também facilita as projeções astrais, as meditações xamânicas, o transe espontâneo e o uso de oráculos. A escuridão manifestada no plano material – a ausência da luz lunar e as sombras da noite – facilita a introspecção, o trabalho místico e mágico, a jornada para os meandros do labirinto interior. Esta jornada na escuridão auxilia a reconstrução e complementação do poder pessoal pela descoberta e integração das sombras individuais que, ao serem reconhecidas e aceitas, perdem sua ação nefasta e destrutiva.

O trabalho – individual ou coletivo – durante a lua negra possibilita confrontar a sombra, conhecê-la, assimilá-la e aprender com ela. Ao descobrir o "espelho negro interior", ele irá refletir a verdade intrínseca do ser, contribuindo para o fortalecimento pessoal. No plano material, este período é adequado para confeccionar e consagrar o espelho negro individual, para que seja usado posteriormente em práticas de contemplação e ampliação da percepção sutil e visão interior.

Confrontar, contemplar e assimilar o poder da sombra individual representa a verdadeira introdução aos mistérios da Deusa Escura e da Lua Negra, iniciação que exige como preço mudanças, transformações e novos rumos. Sem morte não há renascimento, sem fim não pode haver um novo começo, sem dissolução do velho não há renovação. Somente ao nos aceitarmos como as mulheres que realmente somos – mescla de luz e sombra, dor e alegria, medo e coragem, conquistas e perdas, sucessos e fracassos, acertos e erros – que poderá ser resgatado o completo e verdadeiro poder feminino, sagrado e eterno.

Como é possível os antigos arquétipos femininos auxiliar as mulheres modernas na compreensão, adaptação e transmutação da sua realidade atual e dos seus desafios cotidianos?

Descobrir a atuação – momentânea ou prolongada – de uma determinada Deusa Escura sobre uma mulher, poderá guiá-la para criar sua verdadeira história de vida, sem a influência ou intercessão alheia. Através desta compreensão e a percepção acurada da manifestação dos aspectos e lições de um determinado arquétipo, a mulher poderá fazer escolhas conscientes, para que a auxiliem na sua realização e crescimento. Ao conhecer e compreender como um arquétipo age no seu psiquismo ou na sua conduta, ela terá uma percepção mais verídica e acurada de si mesma, dos seus relacionamentos, da sua expressão criativa e da gama de dons inatos, evidentes ou latentes.

Nas últimas décadas surgiram novas maneiras de avaliação e orientação psicológica, levando em conta as profundezas das questões psíquicas, pessoais e espirituais da mulher. Em uma sociedade patriarcal – que negou ou deturpou os conceitos sagrados femininos –, descobrir e honrar a importância das qualidades, dos desafios e aprendizados dos arquétipos de Deusas Escuras das várias culturas, vai enriquecer o autoconhecimento das mulheres e sua aceitação respeitosa pelos homens. Eram necessárias a abertura mental e o conhecimento racional da influência das Deusas na vida das mulheres, para que elas apreciassem sua força e também aceitassem e contornassem seus desafios e vulnerabilidades. Ampliando a conscientização destas diversas energias, a mulher pode afirmar e expressar as qualidades positivas das Deusas, trazer à tona aquelas que estão ocultas e aprender como transmutar os aspectos desafiadores e sombrios.

Os mitos das Deusas fornecem atualmente às mulheres – que buscam expandir sua consciência – um espelho mágico que reflete sua sacralidade feminina como uma força arcaica, sobrenatural e benéfica, que vai nutrir a psique, tão sedenta e desprovida desta ajuda nos últimos quatro milênios do predomínio patriarcal e masculino. As Deusas permaneceram como arquétipos submersos no inconsciente feminino, mas a sua influência se manifestou na formação do nosso caráter, na maneira de ser, pensar, agir e expressar de cada uma de nós. A mulher é a mescla de vários aspectos, mas algumas qualidades podem predominar e outras permanecerem ocultas no inconsciente. Existe uma diferença entre a descrição e assimilação dos arquétipos no mundo antigo e no moderno. As deusas antigas continham em si as qualidades da luz e da sombra, a nutrição e a destruição. No mundo moderno, frequentemente há a omissão ou negação dos aspectos sombrios e a celebração exclusiva das assim chamadas qualidades positivas. Porém, em todos os seres, na natureza e também nas Deusas, a luz coexiste com a sombra.

À medida que conhecermos as sombras representadas simbolicamente nos mitos e as distinguirmos de fato dentro da nossa própria psique, cada vez mais seremos menos obrigadas a experimentar seus desafios e dificuldades através de outras pessoas ou circunstâncias externas. Mesmo que no início da nossa percepção e aceitação as sombras resistam, com o nosso autoconhecimento ampliado e o empenho em integrá-las na nossa consciência, elas irão se tornar preciosas auxiliares na nossa transmutação e conexão com os ciclos e atributos espirituais. Quanto mais iremos conhecer e integrar nossas sombras e expressar nosso poder, mais poderemos contribuir para a cura de outras pessoas e do mundo.

A Deusa contém em si o universo diversificado dos ciclos de desaparição/reaparição, criação/destruição, nutrição/aniquilação, nascimento/morte, dar/tirar, começo/fim. A morte não é um fim, é também um começo; os opostos são reconciliados e integrados pela sabedoria da Grande Mãe, que cuida e nutre não somente a vida física, mas a da alma também.

A essência do poder de transformação e renovação da Face Escura da Grande Mãe pode ser resumida nos versos simples de uma canção, que pertence ao hinário tradicional dos círculos sagrados das mulheres americanas e de outras nacionalidades, composta pela escritora e militante feminista Starhawk (do CD Reclaiming).

"Ela muda tudo o que Ela toca e tudo o que Ela toca, muda."

She changes everything she touches and everything she touches, changes;
She changes everything she touches and everything she touches, changes.
Change is, touch is; touch is, change is.
Change us, touch us; touch us, change us.
We are changers, everything we touch can change;
We are changers, everything we touch can change.

Bibliografia

AGUIAR, Cristina. *As máscaras da Grande Deusa. Um estudo esotérico sobre as Deusas Nórdicas e Germânicas*. Zéfiro – Edições e Atividades Culturais. Portugal, 2011.
AIMÉ, Jacqueline; GRAVELAINE, Jöelle. *L'Astrologie*. Editions Publications Premieres, Paris, 1969.
ALLARDICE, Pamela. *Mitos, Deuses e Lendas*. Publicações Europa-América. Portugal, 1990.
ARDINGER, Barbara. *Goddess Meditations*. Llewellyn Publications, USA, 1998.
AUSTEN, Hallie Igleheart. *The Heart of the Goddess. Art, Myth and Meditations of the World's Sacred Feminine*. Wingbow Press. Berkeley, 1990.
AZEVEDO, Vanda ALVES Torres. *Iyá Mi, símbolo ancestral feminino no Brasil*. PUC São Paulo, 2006.
BARING, Anne & CASHFORD, Jules. *The Myth of the Goddes*. Arkana, Penguin Books, England, 1993.
BEG, Ean. *The Cult of the Black Virgin*. Exon, England, 1985.
BIRNBAUM, Chiavola Lucia. *Black Madonnas. Feminism. Religion & Politics in Italy*. Northeastern University Press, USA, 1993.
BIRNBAUM, Chiavola Lucia. *Dark Mother. African Origins and Godmothers*.
BLY, Robert. *A Little Book on the Human Shadow*. Harper San Francisco. USA, 1988
BROCKWAY, Laurie Sue. *The Goddess Pages. A Divine Guide to Finding Love and Happiness*. Llewellyn Publ. USA, 2008.
BRONDWEN, C. C. *Clan of the Goddess. Celtic Wisdom and Ritual for Women*. New Page Books, USA, 2002.
BUDAPEST, Zsuzsanne. *Summoning the Fates. A Woman's Guide to Destiny*. Three Rivers Press, New York, 1998.

CARLSON, Kathie. *Life's Daughter/Death's Bride. Inner Transformations through the Goddess Demeter/Persephone*. Shambala Publications, USA, 1997.

CASSAGNES – BOUQUET, Sophie. *Les Vierges Noires*. Editions Du Rouergue, France, 2000.

COMELIN, P. *Mitologia Grega e romana*. Ediouro Editora Tecnoprint Ltda., R. J.

CONCANNON, Maureen. *The Sacred Whore. Sheela Goddess of the Celts*. The Collins Press, Cork, Ireland, 2004.

CONDREN, Mary. *The Serpent and the Goddess. Women, Religion and Power in Celtic Ireland*. Harper & Row Publishers, 1989.

CONWAY D.J. *Falcon, Feather & Valkyrie Sword. Feminine Shamanism, Witchcraft & Magick*. Llewellyn Publications, St. Paul MN, USA, 1995.

CONWAY, D. J. *Maiden, Mother, Crone*. Llewellyn Publications, USA, 1994.

CUNNINGHAM, Scott. *Hawaiian Religion & Magic*. Llewellyn Publications, USA, 1994.

D'ESTE, Sorita & RAKINE, David. *Hekate – Keys to the Crosroads*. BM Avalonia, England, 2006.

D'ESTE, Sorita & RAKINE, David. *Hekate – Liminal Rites*. BM Avalonia, England, 2009.

DAVIDSON, Ellis Hilda. *The Roles of the Northern Goddesses*. Routledge, Great Britain, 1998.

DELLA-MADRE, Leslene.*Midwifing Death.Returning to the Arms of the Ancient Mother*. Plain View Presss Tx., USA, 2003

DOWNING, Christine. Goddess. *Mythological Images of the Feminine*. The Crossroad Publishing Company New York, 1992.

ESTÉS, Clarissa Pinkola. *Mulheres que correm com os lobos*, Rocco, R.J., 1999.

FAUR, Mirella. *O Legado da Deusa*. Editora Alfabeto, São Paulo, 2016.

____. *O Anuário da Grande Mãe*. Editora Alfabeto, São Paulo, 2015.

____. *Círculos Sagrados para Mulheres Contemporâneas*. Editora Pensamento, São Paulo, 2012.

____. *Ragnarök. O Crepúsculo dos Deuses*. Editora Cultrix, São Paulo, 2011.

FORREST, M. Isidora. *Ísis Magic. Cultivating a Relationship with the Goddess of 10.000 Names*. Llewellym Publ. USA, 2001.

FUNK & WAGNALLS. *Standard Dictionary of Folklore, Mythology and Legend*. Harper San Francisco, USA, 1984.

GEARÓID Ó CRUALAOICH. *The Book of the Cailleach*. Cork University Press. Ireland, 2003.

GEORGE, Demetra. *Asteroid Goddesses. The Mythology, Psychology and Astrology of the Reemerging Feminine*. ACS Publications, San Diego, CA, USA, 1986.

GEORGE, Demetra. *Finding our Way through the Dark*. ACS Publications, San Diego CA, 1994.

GEORGE, Demetra. *Mysteries of the Dark Moon*. Harper San Francisco. USA, 1992.

GEORGE, Demetra. *The Black Moon Book. The Dark Goddess Lilith*. Sum Press, Fairfield. USA, 1994.

GIMBUTAS, Maria. *The Living Goddesses*. University os California Press. USA, 1999.

GLEASON, Judith. *Oyá, um louvor à Deusa Africana*. Bertrand Brasil, Brasil, 1999.

GOLDSTEIN-JACOBSON Ivy M. *The Dark Moon Lilith in Astrology*. American Federation of Astrologers, Inc. USA, 1961

GRAVELAINE, Joelle. *Lilith und das Loslassen*. Astrologie Heute Nr. 23.

GREEN, Miranda. *Celtic Goddesses. Warriors, Virgins and Mothers*. British Museum Press London, 1995.

GUSTAFSON, Frederick. *The Moonlit Path. Reflections on the Dark Feminine*. Nicolas-Hays USA, 2003.

HAWLEY, John Stratton & WULFF, Donna Marie. *Devi, Goddesses of Índia*. University of California Press, USA, 1996.

HAYDN, Paul. *A Rainha da Noite. Explorando a Lua Astrológica*. Editora Ágora Ltda. São Paulo, 1990.

HUNTER, Kelley. *Black Moon Lilith*. American Federation of Astrologers, Inc. USA, 2010

HUNTER, Kelley. *The Dark Goddess Lilith*. The Mountain Astrologer. April/May, 1999. CA USA.

HUNTER, M. Kelley. *Living Lilith: Four Dimensions of the Cosmic Feminine*. The Wessex Astrologer Ltd. England, 2009.

JAY, Delphine Gloria. *Interpreting Lilith*. American Federations of Astrologers, Inc. Tempe, AZ USA, 1981.

JOHNSON, Buffie. *Lady of the Beasts. The Goddess and Her Sacred Animals*. Inner Traditions International. Rochester, Hermont, 1994.

JOHNSON, Kenneth. *Slavic Sorcery. Shamanic Journey of Initiation*. Llewellyn Publications. USA, 1998.

JOSEPH, Frank. *Gods of Runes. The Divine Shapers of Fate*. Bear & Company, USA, 2010.

KANE, Herb Kawainui. *Pele, Goddess of Hawaii's Volcanoes*. The Kawainui Press, Hawaii, 1987.

KERENY, Karl. *Os Deuses Gregos. Mitologia Grega*. Editora Cultrix, S.P., 1993.

KING, Serge. *Mastering Your Hidden Self.* A Quest Book. USA, 1985

KINSLEY, R. David. *Hindu Goddesses. Visions of the Divine Feminine in the Hindu Religious Traditions*. University of California Press Berkeley, 1997.

KOLTUV, Barbara Black. *The Book of Lilith*. Nicolas Hays. Inc. Bervick, Maine, 1986.

LARRINGTON, Carolyne. *The Woman's Companion to Mythology*. Harper Collins Publishers. Great Britain, 1991.

LINDOW, John. *Norse Mythology. A Guide to the Gods, Heroes, Rituals and Beliefs*. Oxford University Press, 2001.

LUBELL, Winifred Milius. *The Metamorphosis of Baubo. Myths of Woman's Sacred Energy*. Vandervilt University Press, USA, 1994.

MARASHINSKY, Amy Sophia & JANTO, Hrana. *The Goddess Oracle. A Way to Wholeness through the Goddess and Ritual*. Element Books, Inc.USA, 1997.

MARCONDES DE MOURA, Carlos Eugênio. *As Senhoras do Pássaro da Noite*. Editora da USP. São Paulo, 1994.

MARKALE, Jean. *The Great Goddess: Reverence of the Divine Feminine from the Paleolithic to the Present*. Inner Traditions, Rochester, 1999

Mc COY, Edain. *Celtic Women's Spirituality. Accessing the Cauldron of Life*. Llewellyn Publications USA, 1999.

MEREDITH, Jane. *Journey to the Dark Goddess. How to return to your soul*. Moon Books United Kingdom, 2012.

MONAGHAN, Patricia. *The Goddess Path. Myths, Invocations & Rituals*. Llewellyn Publications USA, 1999.

MONAGHAN, Patricia. *The Goddess Companion. Daily Meditations on the Feminine Spirit*. Llewellyn Publications USA, 1999.

MOTZ, Lotte. *The Faces of the Goddess*. Oxford University Press USA, 1997

MUNIN, Janet. *Queen of the Great Below. An Anthology in Honor of Ereshkigal*. Bibliotheca Alexandrina, USA, 2010.

NOBLE, Vicki. *The Double Goddess. Women Sharing Power*. Bear & Company Vermont, USA, 2003.

NORMANDI, Ellis. *Feasts of Light. Celebrations for the Seasons of Life based on the Egyptian Goddess Mysteries*. The Theosophical Publ. House, USA, 1999.

NUNES, Marcelo Costa & ALVES, Rafael. *Oyé Orixá. Umbanda e a Síntese dos Princípios do Branco, do Vermelho e do Negro*. Editora Casa das Musas, Brasília, 2009.

OLSON, CARL. *The Book of the Goddess Past and Present*. Waveland Press Inc. USA, 1983.

PAI CIDO DE OSUN EYIN. *Candomblé. A panela do segredo*. Editora Mandarim, São Paulo, 2001.

PAXSON, Diana. *Protection of the Mother Durga*. Sage Woman Magazine, Issue 83, 2012, USA.

PAXSON, L. Diana. *Asatrú. Um guia essencial para o paganismo nórdico*. Editora Pensamento, São Paulo, 2009.

PERALBA – OLEZKIEWICZ, Malgorzata. *The Black Madonna in Latin America and Europe. Tradition and Transformation*. University of New México Press, Albuquerque, 2007.

PEREIRA, B. Sylvia. *Caminho para a iniciação feminina*. Edições Paulinas. São Paulo, 1985.

QUINTINO, Claudio Crow. *O Livro da Mitologia Celta. Vivenciando os Deuses e Deusas Ancestrais*. Hi-Brasil, São Paulo, 2002.

REGULA, De Traci. *The Mysteries of Ísis. Her Worship and Magick*. Llewellyn Publications, USA, 1996.

RINNE, Olga. *Medeia. O direito à ira e ao ciúme*. Cultrix, São Paulo, 1988.

ROBLES, Martha. *Mulheres, Mitos e Deusas. O feminino através dos tempos*. Editora Aleph, 1996.

RODERICK, Timothy. *Dark Moon Mysteries*. Llewellyn Publications, USA, 1996.

SAGE, Woman. *Celebrating the Goddess in Every Woman*. Vários números. USA, Point Arena CA.

SANCHEZ, Tara. *The Temple of Hecate. Exploring the Goddess Hecate through Ritual, Meditation and Divination*. Avalonia, London, 2011

SANTOS, Irineia Franco. *As Mães Ancestrais e o poder feminino na religião africana*. Revista Sankofa 02.

SANTOS, Juana Elbein. *Os Nagô e a morte*. Vozes, Petropolis, 1986.

SCHWARTZ, Jacob. *Asteroid Name Encyclopedia*. Llewellyn Publications, USA, 1995.

SJÖO, Monica & MOR, Barbara. *The Great Cosmic Mother. Rediscovering the Religion of the Earth*. Harper San Francisco, USA, 1991.

SKYE, Michelle. *Goddess Afoot. Practicing Magic with Celtic and Norse Goddesses*. Llewellyn Publ., 2008.

SKYE, Michelle. *Goddess Alive. Inviting Celtic and Norse Goddesses into Your Life*. Llewellyn Publ., 2007.

SKYE, Michelle. *Goddess Aloud. Transforming Your World through Rituals and Mantras.* Llewellyn Publ., 2010.

STARHAWK. *The Pagan Book of Living and Dying. Practical Rituals, Prayers, Blessings and Meditations on Crossing Over.* Harper San Francisco, USA, 1997.

STARK, Marcia. *The Dark God. Exploring the Male Shadow.* Earth Medicine Books. Santa Fe NM, 1995

STARK, Marcia & STERN, Gynne. *The Dark Goddess. Dancing with the Shadow.* The Crossing Press, Freedom Ca.1993

STONE, Merlin. *Ancient Mirrors of Womanhood.* Beacon Press, USA, 1979.

TEISH, Luisah. *Jambalaya. The Natural Woman's Book of Personal Charms and Practical Rituals.* Harper San Francisco, USA, 1985.

TROBE, Kala. *Invoke the Goddess. Visualizations of Hindu, Greek and Egyptian Deities.* Llewellyn Publications, USA, 2000.

VERGER, Pierre. *Grandeur et decadence du culte de Iyá Mi Oxoronga.* Cultura iorubá.wordpress.com/

WALKER, G. Barbara. *The Woman's Encyclopedia of Myths and Secrets.* Harper San Francisco, USA, 1983.

WALKER, Laura. *The Astrology of the Black Moon. A Guide to Healing the Shadow Side.* Ten Dog Publ Austin, USA, 2010.

WELCH C. Lynda. *Goddess of the North. A comprehensive study of the Norse Goddesses, from Antiquity to the Modern Age.* Weiser Books, USA, 2001.

WILSON-LUDLAM, Mae R. *Lilith Insight. New Light on the Dark Moon.* American Federation of Astrologers, Inc. USA, 1997

WOOD, Gail. *Sisters of the Dark Moon.* Llewellyn Publications, USA, 2001.

WOOD, Gail.*Rituals of the Dark Moon.13 Lunar Rites for a Magical Path.* Llewellyn Publ. USA, 2004

WOODFIELD, Stephanie. *Celtic Lore & Spellcraft of the Dark Goddesses. Invoking the Morrigan.* Llewellyn Publ., USA, 2011.

WOODMAN, Marcon & Dickson, Elinor. *Dancing in the Flames. The Dark Goddess in the Transformation of Consciousness.* Shambhala Boston & London, 1996.

WOOLGER, Jennifer Barker & WOOLGER J. Roger. *A Deusa Interior. Um guia sobre os eternos mitos femininos que moldam nossas vidas.* Editora Cultrix, São Paulo, 1989.

ZWEIG, Connie & ABRAMS, Jeremiah. *Ao encontro da sombra.* Cultrix, São Paulo, 1991.

Índice Remissivo

A

Adão 325-330
Água da Vida e da Morte 113, 115
Amazonas 396, 397, 399, 625
Ananke 411, 413
Anatha 395, 396, 402
Ancestrais 26, 49, 112, 124, 125, 127, 138, 149, 228, 231, 246, 249, 258, 260, 300-303, 308, 341, 381, 437, 441, 445, 482, 489, 491, 632
Anciã 21, 29, 32, 60, 108, 112, 115, 118-120, 123, 126-129, 131- 136, 140-145, 151, 170, 224, 232, 234, 267, 270, 299, 332, 378, 379, 396, 421, 424, 518, 522, 536, 540, 571, 578, 633, 648
Ankh 451, 453, 460, 567
Annwn 539
Anu 124, 125, 126, 435, 436
Ártemis 22, 28, 219, 221, 223, 224, 225, 232, 360, 361, 362, 364, 400, 401, 406, 521
Árvore da Vida 127, 282, 330, 474, 616
Atena 105, 107, 205, 206, 212, 213, 361, 395, 396, 397, 398, 399, 401, 402, 404, 405, 460, 521
Athana 397
Aumakua 502

Avalon 418-430
Axé 297, 301-305, 485, 487

B

Babilônia 280, 325-327, 360, 549, 564, 590, 593, 595, 596, 601
Badb 125, 347, 351, 431, 435, 436, 438, 441, 442, 444, 625
Banshee (Bean-sidhe) 124, 127, 138, 181, 434, 436, 444, 447
Bardo 56, 176
Bean Feasa 143
Bheara 131, 132, 137, 142, 143
Brigid 126, 134, 135, 139, 141, 144, 145, 148, 578, 579
Brimo 219, 233, 513, 522

C

Caça Selvagem 265, 266, 268, 271, 273
Cairn 137, 139, 377
Caldeirão da transmutação 151, 577
Carma 57, 62, 99, 182, 237, 408, 416, 428, 476, 483
Cavalo 110, 124, 224, 235, 247, 253, 272, 345, 346, 350-352, 372, 377, 397, 426, 438, 441, 486, 536, 540, 607, 624, 627, 631
Cérbero 223, 228

Chave 33, 42, 68, 78, 88, 97, 219, 223, 227, 230- 237, 242, 315, 603, 648

Cihuacoatl 167, 172, 173

Cloto 410, 412-414, 416, 417, 468

Coré 224, 513- 517, 520, 521, 530

Coruja 49, 67, 109, 132, 136, 184, 224, 235, 240, 241, 272, 288, 295, 307, 326, 329, 331, 341, 403, 404, 469, 617

Corvo 184, 198, 235, 251, 258, 344, 347, 351- 353, 421, 424, 435, 441, 442, 486, 624

Cu Chulainn 373, 421, 437, 438, 440, 545, 547

D

Dagda 126, 136, 437, 440

Deméter 22, 28, 219, 220, 222, 224, 225, 360, 361, 364, 513, 514, 515, 516, 517, 518, 519, 520, 521, 522, 524, 527, 573

Destino 10, 11, 54, 222, 410, 416, 468, 473, 482, 565, 592, 597

Destruidora 167, 169, 181, 316, 531, 575, 576

Deusa da Guerra 345, 629

Deusa Pássaro 449

Deusas Cinzentas 395

Deusa Serpente 280, 399, 402, 448, 449, 567

Dharma 176, 177, 189

Discórdia 211, 214- 217, 237

Doze dias brancos 268, 270, 271

Dona do cemitério 493

Dragão 113, 235, 252, 280, 401, 404, 443, 589, 591, 594- 596, 602- 605

Dumuzi 278, 279, 280, 281, 284, 285, 287, 289

E

Eguns 485, 486, 490, 493

Eixo Cósmico 250, 255

Elêusis 28, 220, 222, 398, 515, 519, 520, 523, 527

Eleyé 295, 297, 298, 299, 301, 486

Encruzilhadas 21, 219, 227, 228, 234, 237, 382

Erynia 210

Eva 325, 326-333, 335, 337, 342,420

F

Fay People 127, 135

Filhos de Eris 212, 214

Fylgja 248, 249, 256, 630

G

Galatur Galas 197, 198

Gato 49, 110, 126, 133, 136, 148, 182, 226, 235, 424, 469, 565, 590

Glastonbury 421, 422, 424, 425, 426

Górgona 64, 395, 397, 398, 399, 401, 402, 403, 404, 406

Grande Mãe 23, 99, 102, 125, 126, 130, 171, 191, 218, 219, 221, 257, 272, 278, 279, 304, 305, 309, 310, 312, 313, 315, 357, 359, 360, 363, 367, 383, 399, 450, 459, 460, 536, 546, 561, 575, 618, 648, 651

Guardiãs 93, 104, 206, 255, 271, 305, 307, 395, 400, 424, 427, 441, 449, 457, 467, 572, 616

Gugulana 197

Gwion 153, 154, 155, 156, 577

H

Hades 206, 224, 225, 229, 396, 397, 464, 468, 513, 514, 515, 516, 517, 519, 520, 521

Haumea 498, 510, 511, 512

Hecaterion 227, 228

Helheim 249, 250, 254, 255, 256

Hequit 220, 221

Hermes 222, 223, 396, 515, 521

Huldre Folk 265, 268, 272

Hvergelmir 251, 253, 254, 255

I

Iemanjá 301, 304, 305, 365, 486, 493

Ikú 486, 491

Imbolc 135, 144, 148, 159, 579

Inferno 32, 520

Inuit 552-556

Ísis 22, 28, 219, 279, 360, 362, 364, 365, 366, 453, 455- 462

Iyalodé 297, 304

K

Kahuna 504, 508

Kalika 136, 312, 316

Kali Yuga 310, 312

Knossos 399

Kundalini 77, 183, 331, 335, 336, 403, 407, 564

L

Lâmia 34, 325, 327, 330

La Gritona 173, 174

La Llorona 172, 173

Lamashtu 325

Lavadeira da Vazante 421, 441, 444, 446

Leão 182, 188, 190, 224, 235, 241, 278, 281, 288

Lilith 59, 60, 88, 107, 216, 282, 340, 341, 342, 362, 566, 647

Lo'hiau 498, 499, 500, 502

Lua Branca 51, 52

Lua Minguante 90, 219, 224, 378, 465, 469

Lua Negra 15, 16, 29, 32, 33, 35, 36, 44, 47, 48, 49, 50, 51, 53, 54, 55, 57, 59, 60, 62, 63, 64, 65, 68, 72, 73, 74, 75, 76, 77, 78, 80, 81, 82, 83, 84, 85, 86, 87, 88, 90, 91, 97, 98, 101, 105, 118, 120, 122, 250, 258, 335, 341, 393, 482, 644, 646, 647, 648, 649

Lua Vermelha 51, 52, 110, 135, 179, 182

M

Maçã 236, 240, 274, 281, 288, 333, 420, 474, 481, 527, 541, 543

Mãe Ceifadora 63, 65

Mãe Celeste 359

Mãe da Floresta 109

Mãe dos Males 211

Mãe do Tempo 309, 424

Mãe Escura 21, 22, 65, 116, 136, 312, 357, 602

Mãe Negra 21, 46, 79, 146, 166, 167, 257, 324, 359, 361, 363, 364, 466

Mãe Nutridora 65, 66

Mães Pássaro 491

Mãe Terra 32, 49, 69, 70, 94, 103, 165, 167, 170, 174, 248, 262, 264, 265, 283, 357, 358, 360, 367, 368, 400, 440, 443, 498, 504, 595, 618, 621, 638

Mãe Terrível 35, 143, 165, 191, 312, 316, 317, 318, 322, 323, 442

Mãe Vermelha 295

Maria 265, 272, 279, 285 358, 359, 360-365, 394

Matronas 265, 269, 419

Me 280, 283, 284, 288

Mindfulness 387

Mistérios Eleusínios 225, 513, 518

Mitos 23, 40, 89, 101, 103, 127, 130, 144, 165, 177, 196, 221, 646, 653, 657

Mordgud 252, 253, 254, 256, 260, 261, 611

Morgen 418, 419, 420, 421, 422, 423, 424, 425, 426, 427

Morte 65, 77, 88, 214, 216, 218, 244, 324, 415, 559, 570, 601

Mulher Corvo 351, 353, 441, 442

Mulher Selvagem 79, 112, 116, 118, 336

Mundo Subterrâneo 23, 103, 115, 127, 152, 162, 199, 207, 219, 222, 227, 246, 250, 258, 259, 266, 279, 281, 285, 289, 404, 430, 447, 455, 465, 517, 520, 611, 633

N

Neith 395, 457

Nekhebet 448, 567

Nemain 347, 435

Niflhel 251, 252, 254

Noite de Walpurgis 50, 273

O

Obaluaê 486, 489, 490

Odin 247, 250, 251, 259, 532, 582, 606, 624, 625- 629, 630, 631, 633

Oferendas 28, 112, 220, 235, 240, 262, 272, 281, 306, 352, 366, 383, 416, 445, 469, 495, 496, 502, 509, 616, 618

Olho da Medusa 64

Orixás 14, 299, 300, 301, 302, 304, 305, 306, 487, 489, 493, 502

Osíris 449, 455, 456, 457, 458, 459

Oxum 301, 304, 486, 489, 493

P

Pássaros 109, 134, 148, 155, 281, 295, 303, 307, 321, 379, 399,401, 449, 460, 486, 537, 632

Perchten 272, 273

Perdoar 171, 320, 428, 602, 622

Perseu 25, 60, 64, 395, 396, 397, 398, 399, 400, 401, 596, 604

Plutão 51, 68, 77, 78, 79, 88, 215, 216, 324, 393, 511, 528, 529, 530, 559

Poliahu 501

Proserpina 520, 521, 529, 530

Punhal 170, 211, 223, 237, 240-243, 379, 636

Pwyll 536, 537, 538, 539, 540

R

Ragnarök 247, 248, 249, 251, 532, 624, 654

Rainha 103, 135, 137, 143, 147, 200, 222, 225, 228, 232, 233, 235, 247, 251, 254, 265, 266, 267, 279, 280, 283, 286, 302, 326, 332, 343, 347, 351, 355, 360, 365, 374, 377, 378, 379, 396, 419, 434, 436, 439, 442, 444, 445, 457, 465, 480, 485, 486, 490, 492, 493, 513, 515, 520, 521, 522, 527, 529, 530, 532, 536, 543, 554, 562, 580, 585, 617, 633

Rainha da Morte 147, 254, 396,527

Rainha de Sheba 333

Rainha do Inverno 135, 137, 585

Rainha dos Fantasmas 444, 445

Raiva 35-37,44, 46, 54, 61, 63, 67, 85, 108, 173, 199-201, 205, 290, 307, 320, 329, 402, 495, 501, 505-510, 566, 568, 635

Regente da vida e da morte 162, 280, 332

Rigantona 536

Ritos de passagem 258, 429, 445, 613

S

Sabbat 50, 135, 137, 139, 141, 144, 159, 228, 231, 235, 258, 422, 433, 437, 445, 540, 573

Samhain 50, 138, 141, 144, 145, 146, 148, 159, 228, 231, 235, 258, 260, 262, 273, 433, 437, 445, 573

Samsara 176, 177, 179, 181

Santa Sara 365

Sara Kali 185, 365

Saptamatrikas 382, 383, 386

Saturno 50, 51, 77, 78, 88, 208, 209, 223, 258, 414, 415, 479, 480, 481

Seidhr 256, 257, 258, 262

Senhora Alada 456

Senhora da Morte 126, 244, 257, 395, 486, 531, 633

Senhora da Renovação 527

Senhora das Montanhas 139, 147

Senhora do fogo e do vento 495

Senhora do Lago 425, 426

Senhora do pano vermelho 486, 491

Senhora dos Animais 236, 272, 331, 399, 400, 552

Senhoras Brancas 270, 271

Sereias 533, 595

Serpente 25, 49, 109, 113, 165, 167, 169, 204, 207, 219-224, 227, 235, 241, 251, 259, 278, 282, 288, 323, 325, 331, 364, 393, 397, 399, 400, 403, 406, 448, 449, 450, 452, 581, 591

Shakti 191, 193, 311, 312, 314, 323, 383, 385, 566

Shiva 21, 186, 187, 189, 192, 193, 309, 311, 312, 314, 316, 323, 384, 385, 386

Sombra 13, 22, 33, 36-48, 65, 68, 74, 76, 90, 104, 118, 128, 155, 128, 155, 202, 205, 244, 247, 287, 289, 307, 318, 323, 335, 337, 505, 580, 643-651

T

Taliesin 152, 154, 155, 157, 422

Tantra 314, 335, 336

Tártaro 207, 208, 464, 465, 466

Teia de Thea 15, 159, 576

Thesmoforia 519

Tiamat 22, 25, 65, 66, 591-602

Titãs 205, 211, 221, 222, 390, 468

Tocha 206, 211, 222, 227, 230, 234, 532

Trácia 220, 222, 398

Troll 606

Trinacria 398

U

Ullr 583

Uraeus 449, 451-453, 563, 565

Urano 16, 51, 61, 78, 88, 205, 208, 209, 398, 465, 468

V

Valhalla 251, 252, 253, 532, 624, 625, 626, 627, 628, 630

Vassilissa 111, 112, 113, 115, 116, 117, 118

Velha mulher do mar 555

Virgens Negras 359, 360, 361, 363, 364, 366, 367, 368

W

Wadjet 448, 451, 456, 460, 567
Wakea 498, 504
Wyrd 474-477

X

Xalaquia 170
Xangô 298, 487, 488, 489, 493

Y

Yggdrasil 250, 251, 254, 260, 473, 479

Z

Zeus 22, 25, 212, 213, 215, 222, 330, 396, 398, 399, 411, 514, 515, 521

Conheça outros livros da Editora Alfabeto

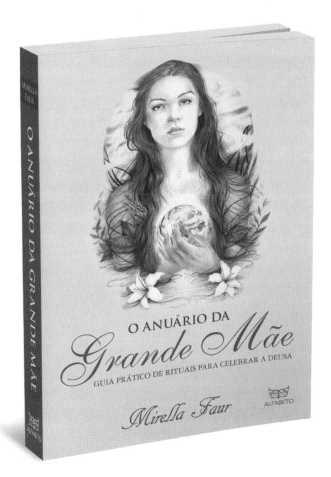

O ANUÁRIO DA GRANDE MÃE
Mirella Faur • 576 páginas

Amplamente documentado e ilustrado, o Anuário da Grande mãe é um precioso auxiliar na descoberta e na celebração da energia renovadora, fortalecedora e curadora do Sagrado Feminino. Com mais de 900 deusas, constitui-se no mais completo e diversificado estudo publicado em língua portuguesa sobre os arquétipos da Deusa existentes em várias culturas e tradições antigas. Praticantes, solitários ou em grupos, vão encontrar informações indispensáveis para os rituais e festejos dos plenilúnios (Esbats) e das comemorações da Roda do Ano (Sabbats) com suas correspondências astrológicas. Edição revisada e ampliada.

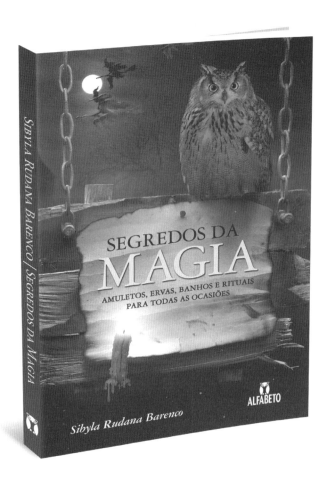

SEGREDOS DA MAGIA
Sibyla Rudana Barenco • 144 páginas

Segredos da Magia é um receituário mágico para todos os fins, capaz de colocar em ação o Mago ou Maga que existe em cada um de nós.
Sibyla Rudana Barenco, cigana Lowara, revela encantamentos, banhos, amuletos, rituais, benzeduras e muitas outras práticas magísticas das quais você pode se valer em momentos difíceis, sempre utilizando materiais e ingredientes fáceis de encontrar. Quem nunca precisou de uma magia? Com a leitura deste livro você mesmo fará seus encantamentos, mantendo sua energia espiritual e seu potencial energético sempre em alta.

O LEGADO DA DEUSA
Mirella Faur • 320 páginas

O Legado da Deusa analisa o culto da sacralidade feminina ao longo dos tempos; traz práticas e exercícios para facilitar o acesso à voz interior por meio da introspecção, meditação e imaginação; descreve e ensina como realizar rituais que celebram a feminilidade, determinam estágios e passagens, reconhecem e transmutam perdas e marcam a vida da mulher.

SERES DE LUZ E OS 12 RAIOS DA GRANDE FRATERNIDADE BRANCA
Doriana Tamburini • 128 páginas

O principal objetivo desta obra é permitir um encontro com a espiritualidade maior. Você receberá todas as instruções para o encontro com os Seres de Luz, com exercícios de concentração mental, visualizações, apelos e decretos. Em sintonia com os Mestres da Grande Fraternidade Branca, de forma simples, você terá acesso aos ensinamentos que o conduzirão a caminhos reveladores e maravilhosos.
Brinde: 1 CD de meditações.

CRISTAIS UM UNIVERSO EM SUAS MÃOS

Rosa Maria Biancardi • 160 páginas + caderno colorido de 16 páginas

Esta obra contém toda a preparação para o uso dos cristais e a prática da gemoterapia, incluindo análise detalhada dos chacras, técnicas de radiestesia, gráficos de avaliação, glossários de sintomas específicos para cada área e um índice de cristais, com as especificações para o uso, selecionados criteriosamente para atender a todas as necessidades do trabalho e ao alcance de todos. Inclui um caderno com fotos coloridas de mais de 100 cristais e pedras preciosas.

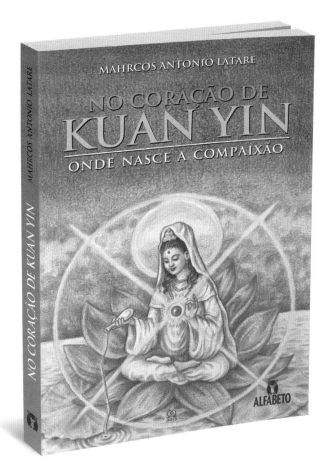

NO CORAÇÃO DE KUAN YIN
Mahrcos Antonio Latare • 160 páginas

No coração de Kuan Yin é uma obra de fácil compreensão, que apresenta ao leitor não somente uma abordagem ampla da origem da Senhora Kuan Shi Yin, que tem deixado milhares de seguidores por todo o mundo, mas um roteiro composto de orações, meditações, mantras e invocações, assim também a ritualística própria para cada ocasião, para o leitor que assim o desejar. Kuan Shi Yin, que dos Planos Espirituais tem auxiliado a evolução terrena, é mundialmente conhecida por expressar virtudes como compaixão, misericórdia, piedade e amor divino. Esperamos que os leitores desta obra sintam a energia maravilhosa que emana das palavras contidas no texto e dos próprios ensinamentos trazidos por Kuan Yin. Que possam sentir jorrar sobre si o néctar da vida e bênçãos das santas mãos de Kuan Yin, e igualmente a auxiliem a derramar sobre a Terra a Luz da Compaixão.

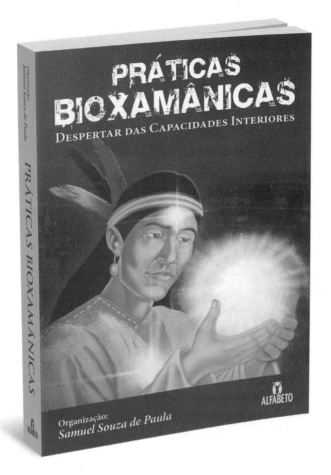

PRÁTICAS BIOXAMÂNICAS
Samuel Souza de Paula • 368 páginas

Por meio das práticas xamânicas, que promovem o autoconhecimento, possibilitando a identificação e a superação de limitações, dentre outros benefícios, você leitor vai descobrir o mundo invisível, os mistérios da natureza. E ao reconhecer que "o céu torna-se o Pai que ensina o caminho das estrelas e a origens ancestrais, e a Terra torna-se Mãe que ensina os caminhos das relações, das integrações e da evolução da matéria", você estará em conexão plena com o eu Superior. E ao adentrar completamente no universo do Xamanismo, entendido como um legado da consciência, você então voltará a sua atenção para a importância da intuição, da terapia do perdão, aprendendo que a arte da magia do "olho forte e do coração inteiro" é a via de mão única, o caminho que leva à liberdade, à cocriação de uma vida bem-sucedida e feliz.

XAMANISMO VISCERAL
Wagner Frota • 304 páginas

Wagner Frota, o 'Jaguar Dourado', através de uma narrativa de profundo teor emocional, de forma sensível e com segurança conduz pelas mãos o leitor a uma legítima jornada xamânica ao seu mundo interior e exterior. Mostra-nos, através de momentos de sua experiência pessoal, o despertar do guerreiro que habita seu Ser e o desenvolvimento de seus dotes de xamã, aperfeiçoando-os no que ele denomina Xamanismo Visceral... Talvez porque envolva totalmente nosso cérebro, corpo e consciências, e não apenas uma parte, aquela fração que utilizamos ao pensar. É algo que vai além da fé, uma experiência mística de um Guerreiro Desperto que dedicou parte de sua vida à incessante e inesgotável busca daquilo que tem sido objeto do maior anseio da condição humana: compreender e vivenciar os mistérios.